Ludwig von Mises

Die Gemeinwirtschaft
Untersuchungen über den Sozialismus

The International Carl Menger Library

Geschäftsführende Herausgeber:
Kurt R. Leube · Wien (A)
Albert H. Zlabinger · Jacksonville (FL · USA)

Mitherausgeber:
Friedrich A. von Hayek · Freiburg
Karl Menger · Chicago (IL · USA)
Barry Smith · Manchester (GB)

Philosophia Verlag · München

Ludwig von Mises

Die Gemeinwirtschaft
Untersuchungen
über den Sozialismus

Unveränderter Nachdruck der zweiten, umgearbeiteten Auflage, Jena 1932
mit einem Vorwort von Christian Watrin

Philosophia Verlag · München

CIP-Kurztitelaufnahme der Deutschen Bibliothek
VonMises, Ludwig:
Die Gemeinwirtschaft: Unters. über den Sozialismus/
Ludwig von Mises. – Unveränd. Nachdr. d. 2.,
umgearb. Aufl., Jena 1932 / mit e. Vorw. von
Christian Watrin. –
München: Philosophia Verlag, 1981.
(The International Carl Menger Library)
ISBN 3-88405-025-7 kart. (Studienausg.);
ISBN 3-88405-018-4 Gewebe

ISBN 3-88405-025-7
© 1932 by Verlag von Gustav Fischer, Jena
Vorwort Christian Watrin
© 1981 by Philosophia Verlag GmbH, München
Gesamtherstellung Pera Druck, Hanns Haug KG, Gräfelfing
Printed in Germany 1981

Vorwort zur Neuauflage

Ludwig von Mises (1881-1973) gehört zu den hervorragenden Gelehrten der dritten Generation der Österreichischen Schule. Er trat in den zwanziger und dreißiger Jahren im deutschen Sprachbereich mit wichtigen Arbeiten zur Geldtheorie, zur Sozialphilosophie und zur Ordnungspolitik hervor. Das Vordringen des Nationalsozialismus veranlaßte ihn zur Auswanderung in die Vereinigten Staaten von Amerika (1940). Von diesem Zeitpunkt an erschienen seine Publikationen in englischer Sprache. Das hat in den letzten Jahrzehnten mit dazubeigetragen, daß er als wissenschaftlicher und sozialphilosophischer Autor im deutschen Sprachbereich nur noch wenig bekannt ist. Für den angelsächsischen Raum gilt das nicht; hier wird er neben Friedrich A. von Hayek zu den wichtigsten geistigen Vätern der Neo-Österreichischen Schule gerechnet. Seine in englisch geschriebenen oder ins Englische übersetzten Bücher sind vor allem in den Vereinigten Staaten bekannt, auf dem Büchermarkt erhältlich und Gegenstand akademischer Diskussionen (siehe z. B. Lawrence S. Moss, *The Economics of Ludwig von Mises, Toward a Critical Appraisal,* Kansas City 1976).

Mit dem Nachdruck der letzten deutschen Auflage des Buches *Die Gemeinwirtschaft – Untersuchungen über den Sozialismus,* der drei englische Auflagen unter dem Titel *Socialism: An Economic and Sociological Analysis* folgten, wird den deutschen Lesern ein Text in seiner älteren Fassung wieder zugänglich, der in der Theoriegeschichte im Zusammenhang mit der Wirtschaftsrechnungsdebatte oft zitiert wird. Eines seiner zentralen Argumente wurde bereits zwei Jahre vor Erscheinen der ersten Auflage des vorliegenden Werkes (1922) in dem Aufsatz *Die Wirtschaftsrechnung im sozialistischen Gemeinwesen* (Archiv für Sozialwissenschaft und Sozialpolitik, Bd. 47, 1920-21) publiziert und bald international diskutiert, nämlich die Behauptung, daß eine auf Gemeineigentum beruhende Ordnung ökonomisch ineffizient sei.

Ob der Kern der Misesschen Einwände in der sich anschließenden Kritik durch Abba P. Lerner und Oskar Lange allerdings richtig erfaßt wurde, ist aus heutiger Sicht zweifelhaft. Bekanntlich versucht das Lange-Lerner Modell des Konkurrenzsozialismus den Misesschen Vorwurf, der fehlende Preismechanismus im sozialistischen Gemeinwesen lasse die Planbehörde ohne ein klar definiertes Kriterium für die zu lösenden Allokationsaufgaben, durch eine Uminterpretation im Lichte der wohlfahrtsökonomisch-neoklassischen Denktradition zu entkräften. Danach genügt es, ein Preissystem entweder über trial- und error-Prozesse zwischen Planbehörde und nachgeordneten Betrieben oder – wie spätere Beiträge meinen – durch Schattenpreise, die ein zentraler Computer ausrechnet, zu simulieren. Der damit gewählte Ausgangspunkt, die Walrassche Gleichgewichtstheorie, die unter der Annahme vollkommener Sicherheit, gegebener Faktorvorräte und Bedürfnisse das Wirtschaftsrechnungsproblem als eine Frage der optimalen Allokation vorhandener Ressourcen auf verschiedene Verwendungsmöglichkeiten auffaßt, verfehlt jedoch den von der jüngeren Österreichischen Schule in der Nachfolge von Carl Menger gewählten Ausgangspunkt. Für sie ist nicht das statische Modell vollkommener Konkurrenz mit unendlicher Reaktionsgeschwindigkeit maßgebend, sondern es wird im bewußten Gegensatz zum statisch-neoklassischen Ansatz betont, daß sich wirtschaftliches Handeln stets in einer Welt der Unsicherheit und des permanenten Wandels vollzieht, und daß das Wissen auf viele Wirtschaftssubjekte verstreut ist und nicht zentral gesammelt und manipuliert werden kann. In einer dynamischen Welt aber geht es nicht darum, vorhandene Ressourcen in einem einmaligen Akt optimal zu allozieren und die gefundene Lösung an wechselnde Umstände jeweils anzupassen, sondern um die Entwicklung von Institutionen, die in einer evolutorischen Wirtschaft die Wirtschaftspläne der einzelnen Akteure koordinieren und den sich wandelnden Bedürfnissen und Wünschen der Konsumenten anpassen. Folglich stehen im Vordergrund des Interesses nicht die Entwürfe optimaler Allokationsmechanismen und deren Gleichgewichts- und Optimalitätsbedingungen, sondern das unternehmerische Handeln und die aus den verschiedenen Eigentumsformen an den Produktionsmitteln folgenden gesellschaftlichen Konsequenzen.

Das vorliegende Werk enthält aber nicht nur eine frühe Fassung und Ausarbeitung dieser Gedankengänge, sondern es umspannt einen wesentlich weiteren Themenkreis, so die Auseinandersetzung mit verschiedenen Sozialismuskonzeptionen einschließlich des heute wieder modernen Syndikalismus, die Erörterung grundsätzlicher Fragen des Gesellschaftsverständnisses aus der Sicht des methodologischen Individualismus, die wissenschaftstheoretische Kritik historischer Entwicklungsgesetze und – in der Auseinandersetzung mit verschiedenen sozialistischen Richtungen – die Darstellung wesentlicher Aspekte der liberalen Gesellschaftsphilosophie. Mises vertritt luzide eine strenge Version des klassischen Liberalismus, deren Werturteile in der von sozialreformerischen Vorstellungen geprägten deutschen Welt seit jeher starken Widerspruch hervorgerufen haben. Je mehr jedoch die heutigen Sozial- und Wohlfahrtsstaaten an ökonomische Grenzen stoßen, um so wichtiger wird die erneute Erörterung konkurrierender Vorstellungen und ihres Problemlösungspotentials.

Im Streit um wirtschafts- und sozialpolitische Urteile sollte jedoch nicht das zentrale Anliegen des Misesschen Buches übersehen werden, die Betonung des Gesichtspunktes, daß Politik dem Wohl des einzelnen Menschen und nicht der Durchsetzung weltanschaulicher Blaupausen verpflichtet ist.

In einer abschließenden Gegenüberstellung von Liberalismus und Sozialismus drückt Mises das so aus (S. 473): »... der Liberalismus vergißt bei seiner Betrachtung nie den Gesamtprozeß und ordnet jede Erscheinung in den Zusammenhang der Dinge ein. Daß auch das Sondereigentum an den Produktionsmitteln nicht imstande sei, die Welt in ein Paradies umzuschaffen, weiß er sehr wohl; er hat nie mehr behaupten wollen als das, daß die sozialistische Gesellschaftsordnung undurchführbar und daher weniger geeignet sei, Wohlstand für alle zu schaffen als die kapitalistische.«

Christian Watrin, Köln
Im August, 1981

Die Gemeinwirtschaft

Untersuchungen über den Sozialismus

Von

Ludwig Mises

Zweite, umgearbeitete Auflage

Jena
Verlag von Gustav Fischer
1932

Alle Rechte vorbehalten

Printed in Germany

Vorwort zur zweiten Auflage.

Ob die Idee des Sozialismus — Vergesellschaftung der Produktionsmittel und demzufolge einheitliche Leitung der gesamten Produktion durch ein Organ der Gesellschaft oder, richtiger gesagt, des Staates — schon vor der Mitte des 19. Jahrhunderts klar gefaßt worden war oder nicht, ist eine Streitfrage, deren Beantwortung in erster Linie davon abhängt, ob man die Forderung nach einheitlicher Verwaltung der Produktionsmittel der ganzen Erde für ein wesentliches Merkmal des sozialistischen Gedankenbaus ansehen will. Die älteren Sozialisten haben die Autarkie kleiner Gebiete für „naturgemäß" und einen die Grenzen dieser Gebiete überschreitenden Güteraustausch für „künstlich" und schädlich zugleich erachtet. Erst als die englischen Freihändler die Vorzüge der internationalen Arbeitsteilung dargelegt und durch die Werbearbeit der Cobden-Bewegung volkstümlich gemacht hatten, sind auch die Sozialisten allmählich dazu übergegangen, den Dorf- und Bezirkssozialismus zum Nationalsozialismus und dann zum Weltsozialismus zu erweitern. Jedenfalls war, abgesehen von diesem einen Punkte, die Grundidee des Sozialismus im zweiten Viertel des 19. Jahrhunderts schon durchaus klar entwickelt und durch die Entwürfe einer sozialistischen Gesellschaftsordnung, die von den heute nach marxistischer Terminologie als „utopische Sozialisten" bezeichneten Schriftstellern erdacht worden waren, zur wissenschaftlichen Erörterung gestellt worden. Das Ergebnis dieser Erörterung war für die sozialistische Idee vernichtend. Es war den „Utopisten" nicht gelungen, Gesellschaftskonstruktionen zu ersinnen, die der Kritik der Nationalökonomen und Soziologen standzuhalten vermocht hätten. Unschwer konnten die Fehler ihrer Entwürfe aufgezeigt werden; man bewies, daß eine nach diesen Grundsätzen eingerichtete Gesellschaft nicht wirkungs- und lebensfähig sein könnte und daß sie gewiß nicht das leisten würde, was man von ihr erhoffte. Um die Mitte des 19. Jahrhunderts schien die Idee des Sozialismus abgetan. Die Wissenschaft hatte in streng logischer Beweisführung ihre Nichtigkeit erwiesen, und die Befürworter des Sozialismus waren nicht imstande, dagegen irgendein brauchbares Gegenargument vorzubringen.

Das war der Augenblick, in dem Marx hervortrat. Auf dem Boden der Hegelschen Dialektik wurzelnd, jener Methode, die leicht mißbrauchen kann, wer das Denken unter die Herrschaft willkürlicher Begriffsdichtung und metaphysischen Wortschwalls bringen will, um alles zu erweisen, was politisch genehm sein mag, fiel es ihm nicht schwer, einen Ausweg aus der Verlegenheit zu finden, in die der Sozialismus geraten war. Wenn Wissenschaft und logisches Denken gegen den Sozialismus zeugten, so mußte man ein System finden, das gegen die unliebsame Kritik der Wissenschaft und der Logik zu sichern versprach. Das ist die Aufgabe, die der Marxismus zu erfüllen unternahm. Drei Mittel dienen ihm dazu. Er bestreitet der Logik die allgemein für alle Menschen und Zeiten geltende Verbindlichkeit. Das Denken sei von dem Klassensein der Denker abhängig, es sei ein „ideologischer Überbau" ihrer Klasseninteressen. Jenes Denken, das die sozialistische Idee widerlegt hat, wird als „bürgerliches" Denken und als Apologetik des Kapitalismus „enthüllt". Der dialektische Prozeß führe, lehrt der Marxismus weiter, mit Notwendigkeit zum Sozialismus hin; Ziel und Ende aller Geschichte sei die Vergesellschaftung der Produktionsmittel durch die Expropriation der Expropriateure als Negation der Negation. Sich mit der Einrichtung des mit unentrinnbarer Notwendigkeit kommenden sozialistischen Landes der Verheißung zu befassen, wie es die Utopisten getan hatten, sei, wird endlich behauptet, unzulässig. Der Wissenschaft zieme es vielmehr, in Erkenntnis der Unentrinnbarkeit des Sozialismus auf alle Untersuchungen über sein Wesen zu verzichten.

Nie vorher in der Geschichte war einer Lehre ein schnellerer und vollständigerer Sieg zuteil geworden als diesen drei Grundsätzen des Marxismus. Man pflegt die Größe und Nachhaltigkeit dieses Erfolges zu verkennen, weil man sich daran gewöhnt hat, als Marxisten nur diejenigen anzusehen, die durch den formellen Anschluß an eine der Parteien, die sich selbst als Marxisten bezeichnen, die Verpflichtung auf sich genommen haben, an den Lehren von Marx und Engels in der Auslegung, die ihnen die Sekte gibt, wortwörtlich festzuhalten und sie als unverrückbare Grundlage und letzte Quelle alles Wissens über die Gesellschaft und als höchste Norm für das politische Handeln zu betrachten. Wollte man unter dem Ausdruck „Marxisten" alle jene verstehen, die die marxistischen Grundlehren von der Klassenbedingtheit des Denkens, von der Unentrinnbarkeit des Sozialismus und von der Unwissenschaftlichkeit der Untersuchungen über das Wesen und das Wirken sozialistischer Gemeinwirtschaft angenommen haben, dann würde man in den östlich des Rheins gelegenen Teilen Europas nur sehr wenige Nichtmarxisten finden und auch in Westeuropa und in den Vereinigten Staaten viel mehr Anhänger als Gegner des Marxismus zählen können. Die gläubigen Christen bekämpfen den Materialismus der Marxisten, die Monarchisten ihren Republikanismus, die Nationalisten ihren Internationalismus, doch sie selbst wollen als christliche Sozialisten, als Staatssozialisten, als Nationalsozialisten gelten und behaupten, daß gerade ihr Sozialismus der einzige richtige, nämlich der, der da kommen müsse und Glück und Zufriedenheit bringen werde, sei, und daß der Sozialismus der anderen nicht den echten Klassenursprung habe, der den ihren auszeichne. Sie beachten dabei streng das von Marx ausgesprochene Verbot, über die Einrichtung sozialistischer Wirtschaftsordnung zu forschen, und suchen das Geschehen der Wirtschaft unserer Tage in einer Weise zu interpretieren, die eine Entwicklung der Dinge zum Sozialismus hin als unausweichliche Notwendigkeit des Geschichtsprozesses hinstellt. Nicht nur die Marxisten, sondern auch die meisten von denen, die sich mit Emphase Antimarxisten nennen, denken durch und durch marxistisch und haben die willkürlichen, unbewiesenen und leicht widerlegbaren Dogmen von Marx übernommen; gelangen sie zur Macht, dann regieren und arbeiten sie durchaus im sozialistischen Sinne.

Der unvergleichliche Erfolg des Marxismus beruht auf dem Umstande, daß er tief verankerten uralten Wunschträumen und Ressentiments der Menschheit Erfüllung verheißt. Er verspricht ein Paradies auf Erden, ein Schlaraffenland voll Glück und Genuß und, was den Schlechtweggekommenen noch süßer mundet, Erniedrigung aller, die stärker und besser sind als die Menge. Er lehrt, Logik und Denken, die die Ungereimtheit solcher Wunschträume und Rachephantasien zeigen, beiseitezuschieben. Er ist unter allen Reaktionen, die sich gegen die vom Rationalismus aufgerichtete Herrschaft des wissenschaftlichen Denkens über Leben und Handeln kehren, die radikalste. Er ist Antilogik, Antiwissenschaft und Antidenken, wie denn auch seine vornehmste Grundlage ein Verbot des Denkens und Forschens — nämlich des Denkens und Forschens über die Einrichtung und das Wirken sozialistischer Wirtschaftsordnung — bildet, und es ist ein charakteristischer Kunstgriff seines Ressentiments, daß er sich gerade „wissenschaftlicher" Sozialismus nannte, um das Prestige, das die Wissenschaft durch die unbestreitbaren Erfolge der Ausbreitung ihrer Herrschaft über Leben und Handeln erworben hatte, auch für den Kampf gegen die Anwendung der Wissenschaft zur Einrichtung der gesellschaftlichen Wirtschaft nutzbar zu machen. Die russischen Bolschewiken wiederholen aufdringlich, Religion sei Opium für das Volk. Jedenfalls ist Marxismus Opium für die geistige Oberschicht, für die, die denken könnten und die er des Denkens entwöhnen will.

In dem Buche, das ich hier, in mancher Hinsicht neubearbeitet, wieder der Öffentlichkeit übergebe, wurde der Versuch gewagt, unter Mißachtung des seit Jahrzehnten nahezu allgemein beachteten marxistischen Verbotes, die Probleme sozialistischer Gesellschaftsgestaltung mit den Mitteln des wissenschaftlichen Denkens, d. h. mit dem Rüstzeug der soziologischen und nationalökonomischen Theorie, zu untersuchen. Dankbar der Männer gedenkend, die durch ihre Forschung wie aller Arbeit auf diesem Felde so auch meiner den Weg erschlossen haben, darf ich mit Genugtuung feststellen, daß es mir gelungen ist, den Bann zu brechen, den der Marxismus über die wissenschaftliche Behandlung dieser Probleme verhängt hatte. Aufgaben, die man bisher nicht beachtet hatte, traten in den Vordergrund des wissenschaftlichen Interesses, und die Erörterungen über Sozialismus und Kapitalismus wurden auf neuen Boden gestellt. Hatte man sich früher mit einigen vagen Ausführungen über den Segen, den der Sozialismus bringen würde, begnügt, so mußte man jetzt daran gehen, sich mit dem Wesen sozialistischer Gesellschaftsordnung zu befassen. Die Probleme waren nun einmal aufgezeigt worden, man konnte ihnen nicht länger ausweichen.

In zahlreichen Schriften und Aufsätzen haben Sozialisten aller Richtungen und Schattierungen, von den extremsten Bolschewiken des Sowjetvolkes bis zu den „Edelsozialisten" der Kulturwelt, es zunächst versucht, meine Gedankengänge zu widerlegen. Sie haben damit freilich keinen Erfolg erzielt, ja es gelang ihnen nicht einmal, zur Stützung ihres Standpunktes irgendwelche Argumente zu bringen, die ich nicht schon selbst beachtet und widerlegt hätte. Die wissenschaftliche Erörterung der Grundprobleme des Sozialismus bewegt sich heute durchaus in den Bahnen, die meine Untersuchungen gegangen sind.

Die Ausführungen, in denen ich nachgewiesen habe, daß in einem sozialistischen Gemeinwesen Wirtschaftsrechnung nicht möglich wäre, haben begreiflicherweise die stärkste Beachtung gefunden. Ich hatte dieses Stück meiner Untersuchungen schon zwei Jahre vor dem Erscheinen der ersten Auflage im ersten Heft des 47. Bandes des Archiv für Sozialwissenschaft nahezu in dem gleichen Wortlaute, in dem es im vorliegenden Buch in beiden Auflagen wiedergegeben wird, veröffentlicht, und sofort setzte nicht nur im deutschen Sprachgebiete, sondern auch im Auslande eine sehr lebhafte Erörterung dieses bis dahin kaum berührten Problems ein. Man kann ruhig sagen, daß diese Diskussion abgeschlossen ist; meine Auffassung wird heute kaum noch bestritten.

Kurze Zeit nach dem Erscheinen der ersten Auflage veröffentlichte das Haupt der kathedersozialistischen Schule, Heinrich Herkner, der Nachfolger Gustav Schmollers, einen Aufsatz, in dem er der von mir am Sozialismus geübten Kritik im wesentlichen zustimmte[1]). Herkners Ausführungen riefen unter den Sozialisten und ihrer literarischen Gefolgschaft einen wahren Sturm hervor. Mitten in der großen Katastrophe des Ruhrkampfes und der Hyperinflation entbrannte ein Federkrieg, für den man bald das Schlagwort „Krise der Sozialpolitik" fand. Das Ergebnis dieser Erörterungen war freilich recht mager; die „Sterilität" der sozialistischen Ideenwelt, die ein eifriger Sozialist selbst feststellen mußte[2]), trat auch hier sichtbar zutage. Wie fruchtbar unbefangene wissenschaftliche Beschäftigung mit den Problemen des Sozialismus werden kann, zeigen die ausgezeichneten Arbeiten von Pohle, Adolf Weber, Röpke, Halm, Sulzbach, Brutzkus, Robbins, Hutt, Withers, Benn u. a.

Doch es genügt nicht, die Probleme des Sozialismus wissenschaftlich zu erforschen. Man muß auch daran gehen, die Vorurteile zu zerstören, durch die die herrschende sozialistisch-etatistische Denkweise den Weg, der zur unbefangenen Betrachtung dieser Probleme führt, zu versperren gesucht hat. Wer für sozialistische Maßnahmen eintritt, gilt als Freund des Guten, des Edlen und des Sittlichen, als uneigennütziger Vorkämpfer einer notwendigen Reform, kurz als ein Mann, der seinem Volk und der ganzen Menschheit selbstlos dient, vor allem aber auch als wahrer und unerschrockener Forscher. Wer an den Sozialismus mit den Maßstäben des wissenschaftlichen Denkens herantritt, wird als Verfechter des bösen Prinzips, als Schurke, als feiler Söldling der eigensüchtigen Sonderinteressen einer das Gemeinwohl schädigenden Klasse und als Ignorant in Acht und Bann getan. Denn das ist das Eigentümliche dieser Denkweise: das, was erst das Ergebnis der Untersuchung klären kann, ob nämlich Sozialismus oder Kapitalismus dem Wohle des Ganzen besser

---

[1]) Vgl. Herkner, Sozialpolitische Wandlungen in der wissenschaftlichen Nationalökonomie (Der Arbeitgeber, 13. Jahrgang, S. 35).
[2]) Vgl. Cassau, Die sozialistische Ideenwelt vor und nach dem Kriege (in „Die Wirtschaftswissenschaft nach dem Kriege, Festgabe für Lujo Brentano zum 80. Geburtstag", München 1925, I. Bd., S. 149 ff.).

diene, wird von ihr als selbstverständlich vorweg im Sinne eines unumwundenen Bekenntnisses zum Sozialismus und der Verwerfung des Kapitalismus entschieden. Nicht Argumente werden den Ergebnissen der nationalökonomischen Untersuchungen entgegengestellt, sondern jenes „sittliche Pathos", von dem 1872 die Einladung zur Eisenacher Versammlung sprach und zu dem Sozialisten und Etatisten immer wieder greifen, weil sie der Kritik, die die Wissenschaft an ihren Lehren übt, nichts zu entgegnen vermögen.

Der ältere Liberalismus hatte, auf dem Boden der klassischen Nationalökonomie fußend, behauptet, daß die materielle Lage der lohnempfangenden Schichten auf keine andere Weise dauernd und allgemein gehoben werden könne als durch stärkere Kapitalbildung, die allein die auf dem Sondereigentum an den Produktionsmitteln beruhende kapitalistische Gesellschaftsordnung verbürgen kann. Die Grundlagen dieser Auffassung hat die moderne subjektivistische Nationalökonomie durch ihre Lohntheorie vertieft und bestätigt; der moderne Liberalismus stimmt daher in dieser Hinsicht ganz mit dem älteren Liberalismus überein. Der Sozialismus glaubt, daß er in der Vergesellschaftung der Produktionsmittel ein System gefunden habe, das Reichtum für alle bringen werde. Diesen Gegensatz der Auffassungen gilt es wissenschaftlich nüchtern zu prüfen; mit Ressentiments und sich moralisch gebärdendem Wehklagen kommt man da nicht weiter.

Es ist wahr, der Sozialismus ist vielen, vielleicht den meisten, heute vor allem Glaubenssache. Doch es ist die vornehmste Aufgabe der wissenschaftlichen Kritik, falschen Glauben zu zerstören.

Um das sozialistische Ideal der zermalmenden Wirkung der wissenschaftlichen Kritik zu entziehen, versucht man neuerdings, den Begriff des Sozialismus anders zu fassen, als es bisher allgemein üblich war. Ich habe — in Übereinstimmung mit dem gesamten wissenschaftlichen Schrifttum — den Begriff des Sozialismus dahin bestimmt, daß der Sozialismus eine Politik darstellt, die eine Gesellschaftsordnung aufrichten will, in der das Eigentum an den Produktionsmitteln vergesellschaftet ist. Es gehört m. E. vollkommene Geschichtsblindheit dazu, um nicht zu sehen, daß man dies und nichts anderes in den letzten hundert Jahren unter Sozialismus verstanden hat, und daß die große sozialistische Bewegung in diesem Sinne sozialistisch war und ist. Doch um die Terminologie soll man nicht streiten. Wenn jemand geneigt sein sollte, auch ein Gesellschaftsideal, das an dem Sondereigentum an den Produktionsmitteln festhalten will, als ein sozialistisches zu bezeichnen, so möge er es immerhin tun; wer will, mag die Katze Hund und die Sonne Mond nennen. Zweckmäßig wäre eine solche Verkehrung der üblichen und allgemein bekannten Ausdrucksweise in ihr Gegenteil gewiß nicht, da sie zu vielfachen Mißverständnissen führen müßte. Das, womit ich mich in diesem Buche beschäftige, ist das Problem der Vergesellschaftung des Eigentums an den Produktionsmitteln, d. h. jenes Problem, um das in der Welt seit hundert Jahren ein erbitterter Kampf geführt wird, jenes Problem, das $\varkappa\alpha\tau'\ \dot{\varepsilon}\xi o\chi\dot{\eta}\nu$ das Problem unserer Zeit ist.

Man kann dem Problem der Begriffsbestimmung des Sozialismus auch nicht dadurch ausweichen, daß man erklärt, zum Begriff des Sozialismus gehöre außer der Vergesellschaftung der Produktionsmittel auch noch anderes, z. B., daß man dieses Ziel aus bestimmt gearteten Motiven anstrebt, oder daß man es mit einem zweiten Ziel, etwa mit einer bestimmten religiösen Auffassung, verbindet. Die einen — Anhänger des Sozialismus — wollen von Sozialismus nur sprechen, wenn die Vergesellschaftung der Produktionsmittel aus „edlen" Motiven angestrebt wird, die anderen — vermeintliche Gegner des Sozialismus — wollen von Sozialismus nur sprechen, wenn die Vergesellschaftung der Produktionsmittel aus „unedlen" Motiven angestrebt wird. Religiöse Sozialisten nennen echten Sozialismus nur den, der mit Religion verknüpft wird, atheistische Sozialisten wieder nennen nur den Sozialismus echt, der mit dem Eigentum auch Gott abschaffen will. Doch das Problem, wie eine sozialistische Gesellschafts- und Wirtschaftsordnung funktionieren könnte, ist ganz unabhängig davon, ob diejenigen, die den Sozialismus anstreben, Gott anbeten wollen oder nicht, und ob sie von Motiven geleitet werden, die Herr X von seinem subjektiven Standpunkt aus als edel oder als unedel bezeichnet. Jede Gruppe der großen sozialistischen Bewegung nimmt begreiflicherweise für sich in Anspruch, daß nur ihr Sozialismus der richtige sei, und daß alle anderen sozialistischen Richtungen sich auf falschen Bahnen bewegen. Jede dieser Parteien ist naturgemäß bestrebt, den Unterschied zwischen der Besonderheit ihres sozialistischen Ideals und der Besonderheit der sozialistischen Ideale der anderen Parteien möglichst stark hervorzukehren. Ich glaube, daß ich in meinen Untersuchungen alles, was über diese Ansprüche gesagt werden kann, vorgebracht habe.

Eine besondere Rolle spielte bei dieser Betonung der Besonderheiten der einzelnen sozialistischen Richtungen das Moment ihrer Verbindung mit dem Gedanken der Demokratie und mit dem der Diktatur. Auch darüber habe ich dem, was ich in den einschlägigen Abschnitten dieses Buches (I. Teil, III., II. Teil, III. Abschnitt, I., und IV. Teil, V.) sage, nichts weiter beizufügen. Hier genügt die Feststellung, daß die

Planwirtschaft, die die Freunde der Diktatur aufrichten wollen, geradeso sozialistisch ist wie der Sozialismus, den diejenigen propagieren, die sich Sozialdemokraten nennen.

Die kapitalistische Gesellschaftsordnung ist die Verwirklichung dessen, was man Wirtschaftsdemokratie nennen müßte, wenn dieses Wort nicht durch einen Sprachgebrauch, der, wenn ich nicht irre, Lord Passfield und seiner Frau, Mrs. Beatrice Webb, den Ursprung verdankt, ausschließlich Anwendung finden würde auf einen Zustand, in dem die Arbeiter als Produzenten und nicht die Konsumenten darüber zu entscheiden hätten, was und wie produziert werden soll. Ein solcher Zustand wäre ebensowenig demokratisch wie es etwa eine Gesellschaftsverfassung wäre, in der die Träger des Staatsapparates und nicht die Volksgesamtheit zu entscheiden hätten, wie regiert werden soll; das wäre so ziemlich das Gegenteil von dem, was wir gewohnt sind, als Demokratie zu bezeichnen. Wenn man die kapitalistische Gesellschaft als eine Verbraucherdemokratie bezeichnet, so meint man damit, daß in ihr die Verfügung über die Produktionsmittel, die den Unternehmern und Kapitalisten zusteht, nicht anders erworben werden kann als durch die täglich erneut auf dem Markte vorgenommene Abstimmung der Verbraucher. Jedes Kind, das ein Spielzeug einem anderen Spielzeug vorzieht, legt seinen Stimmzettel in die Urne, aus der schließlich der Captain of Industry als Gewählter hervorgeht. Es ist wahr, in dieser Demokratie gibt es keine Gleichheit des Stimmrechtes, sondern Pluralstimmrecht. Doch die stärkere Stimmbefugnis, die die Verfügung über ein größeres Einkommen bedeutet, kann wieder nur dadurch erworben und erhalten werden, daß man sich in der Wahl bewährt hat. Daß der Konsum des Reichen stärker in die Waagschale fällt als der des Armen — wobei zu bemerken ist, daß man den Umfang, den der Konsum der wohlhabenderen Schichten im Vergleich zum Massenkonsum einnimmt, gewöhnlich beträchtlich zu überschätzen pflegt — ist insofern schon ein Ergebnis der Wahl, als Reichtum in der kapitalistischen Gesellschaft nur erworben und erhalten werden kann durch zweckmäßigste Befriedigung der Bedürfnisse der Konsumenten. So ist der Reichtum erfolgreicher Geschäftsleute stets das Ergebnis eines Plebiszits der Konsumenten, und der einmal erworbene Reichtum kann nur bewahrt werden, wenn er so verwendet wird, wie es die Konsumenten von ihrem Standpunkt aus am zweckmäßigsten erachten. Der Durchschnittsmensch ist als Konsument in seinen Entscheidungen viel sachkundiger und unbestechlicher als er es als Wähler in politischen Wahlen ist. Es soll Wähler geben, die, wenn sie zwischen Schutzzoll und Freihandel oder zwischen Goldwährung und

Papierinflation zu wählen haben, sich nicht alle Konsequenzen ihrer Entscheidung vor Augen zu halten vermögen. Da hat es der Käufer, der zwischen Biersorten oder zwischen Schokolademarken zu wählen hat, jedenfalls leichter.

Eine besondere Eigentümlichkeit der sozialistischen Bewegung liegt in ihrem Bestreben, für die Gestaltung ihres Idealstaates immer neue Bezeichnungen in Umlauf zu setzen. An die Stelle einer Bezeichnung, die sich abgenutzt hat, tritt eine neue, hinter der man die endliche Lösung des unlösbaren sozialistischen Grundproblems vermutet, bis man erkennt, daß sich bis auf den Namen nichts geändert hat. Das Schlagwort der jüngsten Zeit lautet: Staatskapitalismus. Daß sich unter diesem Ausdruck nichts anderes verbirgt als das, was man Planwirtschaft und Staatssozialismus nannte, und daß Staatskapitalismus, Planwirtschaft und Staatssozialismus nur in nebensächlichen Dingen von dem „klassischen" Ideal des egalitären Sozialismus abweichen, in allem Wesentlichen aber mit ihm übereinstimmen, wird viel zu wenig beachtet. Die Kritik, die in diesem Buche versucht wird, trifft ohne Unterschied alle denkbaren Gestaltungen des sozialistischen Gemeinwesens.

Grundsätzlich verschieden vom Sozialismus ist jedoch der Syndikalismus. Ihm mußte eine besondere Kritik gewidmet werden (II. Teil, III. Abschnitt, II, § 4).

Ich hoffe, daß diese Bemerkungen genügen werden, um zu verhindern, daß ein flüchtiger und allzu oberflächlicher Leser, dem mein Buch in die Hand kommen könnte, etwa zur Auffassung gelangt, daß meine Untersuchungen und meine Kritik nur dem marxistischen Sozialismus gelten. Da alle Richtungen des Sozialismus vom Marxismus die stärksten Anregungen empfangen haben, widme ich den marxistischen Auffassungen mehr Raum als denen der übrigen Spielarten des Sozialismus. Doch ich glaube, dabei nichts unberücksichtigt gelassen zu haben, was mit den Problemen wesensmäßig zusammenhängt, und alles das vorgebracht zu haben, was zur Kritik der Besonderheiten der Programme nichtmarxistischer Sozialisten zu sagen ist.

Mein Buch ist eine wissenschaftliche Untersuchung und keine politische Kampfschrift. Ich weiche, soweit es geht, mit Vorbedacht der Behandlung wirtschaftspolitischer Tagesfragen und der Auseinandersetzung mit der Politik von Regierungen und Parteien aus, um die grundsätzlichen Probleme zu erörtern. Doch ich glaube, daß ich gerade dadurch die Grundlagen für die Erkenntnis der Politik der letzten Jahrzehnte und Jahre und ganz besonders auch der Politik von morgen zu bereiten suche. Nur wer die Ideen des Sozialismus kritisch bis zu Ende gedacht hat, vermag das zu verstehen, was sich um uns herum abspielt.

Die Gepflogenheit, über wirtschaftspolitische Dinge zu reden und zu schreiben, ohne die Probleme, die in ihnen stecken, rücksichtslos bis ans Ende gedacht zu haben, hat die öffentliche Erörterung der Lebensfragen der menschlichen Gesellschaft entgeistigt und die Politik auf Bahnen gelenkt, die geradewegs zur Zerstörung aller Kultur führen. Die Verfemung der nationalökonomischen Wissenschaft, die von der deutschen historischen Schule ihren Ausgang genommen hat und heute ihre Vertretung vor allem auch im amerikanischen Institutionalismus findet, hat die Übung, über Fragen der Gesellschaft und der gesellschaftlichen Wirtschaft nachzudenken, in Vergessenheit geraten lassen. Unsere Zeitgenossen glauben, daß man ohne jede Vorbereitung über all die Dinge zu urteilen befähigt sei, die Gegenstand der Wissenschaften Nationalökonomie und Soziologie sind. Man meint, daß der Unternehmer und der Gewerkschaftsfunktionär durch ihre Stellung allein schon berufen wären, nationalökonomische Fragen zu entscheiden. Das angemaßte Prestige, das der „Praktiker" dieses Schlages — und charakteristischerweise oft genug der Praktiker, dessen Betätigung zu offenkundigem Mißerfolg und Bankerott geführt hat — heute als Nationalökonom genießt, muß endlich zerstört werden. Hier darf man sich keinesfalls — gleichviel ob aus Schwäche oder aus übel angebrachter Höflichkeit — mit Kompromissen begnügen. Man muß den nationalökonomisch dilettierenden Schwätzer als Ignoranten entlarven.

Die Lösung jeder einzelnen der vielen wirtschaftspolitischen Tagesfragen verlangt Denkoperationen, die nur der ausführen kann, der den Allzusammenhang der wirtschaftlichen Erscheinungen begreift. Nur theoretische Untersuchungen, die auf die Grundlagen der Wissenschaft zurückführen, haben wirklich praktischen Wert. Schriften, die sich mit den Augenblicksfragen befassen, die sich in Einzelheiten verlieren und das Allgemeine und Notwendige nicht sehen, weil sie nur auf das Besondere und Zufällige achten, sind unbrauchbar.

Alle wissenschaftlichen Untersuchungen über den Sozialismus wären, hört man immer wieder, nutzlos, weil sie doch allein zu der immerhin nur kleinen Zahl von Leuten sprechen, die die Fähigkeit besitzen, wissenschaftlichen Gedankengängen folgen zu können. Den Massen würden sie, meint man, immer unzugänglich bleiben. Den Massen klingen die Schlagwörter des Sozialismus verlockend, sie begehren ungestüm den Sozialismus, weil sie in ihrer Verblendung von ihm alles Heil erwarten und weil er ihrem Ressentiment Befriedigung verspricht. So werde man mithin fortfahren, auf die Herbeiführung des Sozialismus hinzuarbeiten, und damit die Gesittung, die die Völker des Abendlandes in Jahrtausenden aufgerichtet haben, dem sicheren Untergang entgegenführen. Vor uns liege unausweichlich das Chaos, das nackte Elend, die Nacht der Barbarei und der Vernichtung.

Ich teile diese düstere Auffassung nicht. Es kann so kommen, aber es muß durchaus nicht so kommen. Wahr ist, daß die Mehrzahl der Menschen schwierigen Gedankengängen nicht zu folgen vermag und daß es keiner Schulung gelingen wird, die, die kaum das Einfachste fassen können, zum Begreifen des Verwickelten zu bringen. Doch die Massen folgen, gerade weil sie nicht selbst denken können, der Führung durch die, die man die Gebildeten nennt. Gelingt es, diese zu überzeugen, dann hat man das Spiel gewonnen. Doch ich will hier das, was ich am Ende des letzten Abschnittes dieses Buches darüber schon in der ersten Auflage gesagt habe, nicht noch einmal wiederholen[1]).

Ich weiß nun sehr wohl, daß es heute ein aussichtsloses Beginnen scheint, die leidenschaftlichen Anhänger der sozialistischen Idee durch logische Beweisführung von der Verkehrtheit und Widersinnigkeit ihrer Auffassungen zu überzeugen. Ich weiß sehr wohl, daß sie nicht hören und nicht sehen und vor allem nicht denken wollen und daß sie keinem Argument zugänglich sind. Doch neue Geschlechter wachsen heran mit offenem Auge und offenem Sinn. Sie werden unbefangen und vorurteilslos an die Dinge herantreten, sie werden wägen und prüfen, sie werden wieder denken, um mit Vorbedacht zu handeln. Zu ihnen will dieses Buch sprechen.

Mehrere Menschenalter einigermaßen liberaler Wirtschaftspolitik haben den Reichtum der Welt gewaltig gemehrt. Der Kapitalismus hat die Lebenshaltung der Massen auf einen Stand gehoben, den unsere Vorfahren nicht ahnen konnten. Interventionismus und die auf Herbeiführung des Sozialismus gerichteten Bestrebungen sind seit einigen Jahrzehnten am Werke, das Gefüge der arbeitteilenden Weltwirtschaft zu zertrümmern. Wir stehen am Rande eines Abgrundes, der unsere Zivilisation zu verschlingen droht. Ob die menschliche Kultur für immer untergehen oder ob es in letzter Stunde noch gelingen wird, die Katastrophe zu vermeiden und auf den einzigen Weg, der Rettung bringen kann, den Weg zu der auf rückhaltloser Anerkennung des Sondereigentums an den Produktionsmitteln beruhenden Gesellschaftsordnung, zurückzufinden, wird

---

[1]) Vgl. S. 471 ff. der vorliegenden Auflage.

von den Ideen abhängen, die das Geschlecht erfüllen werden, das in den kommenden Jahrzehnten zu wirken berufen ist.

* * *

Freunden und Schülern bin ich für die Hilfe, die sie meiner Arbeit zuteil werden ließen, zu Dank verpflichtet. Ganz besonderen Dank schulde ich vor allem meiner langjährigen Mitarbeiterin Frau Therese Wolf für die Unterstützung bei der Herstellung des druckreifen Manuskripts, Dr. Fritz Machlup für die Hilfe beim Lesen der Korrekturen und Dr. Alfred und Frau Ilse Schütz für die Mühe, die sie der Herstellung des Sachregisters gewidmet haben.

Wien, im Januar 1932.

L. Mises.

Inhaltsverzeichnis.

	Seite
Vorwort zur zweiten Auflage	III
Inhaltsverzeichnis	XV

Einleitung.

§ 1. Der Erfolg der sozialistischen Ideen 1
§ 2. Die wissenschaftliche Behandlung des Sozialismus 4
§ 3. Soziologisch-nationalökonomische und kulturgeschichtlich-psychologische Methode der Betrachtung des Sozialismus 8

I. Teil.
Liberalismus und Sozialismus.

I. Das Eigentum 11
  § 1. Das Wesen des Eigentums 11
  § 2. Gewalt und Vertrag 16
  § 3. Gewalttheorie und Vertragstheorie 22
  § 4. Das Gemeineigentum an den Produktionsmitteln 25
  § 5. Theorien über die Entwicklung des Eigentums 27
II. Der Sozialismus 30
  § 1. Staat und Wirtschaft 30
  § 2. Die sozialistischen Grundrechte 32
  § 3. Kollektivismus und Sozialismus 38
III. Gesellschaftsordnung und politische Verfassung 44
  § 1. Gewaltpolitik und Vertragspolitik 44
  § 2. Die gesellschaftliche Funktion der Demokratie 46
  § 3. Das Gleichheitsideal 53
  § 4. Demokratie und Sozialdemokratie 56
  § 5. Die politische Verfassung sozialistischer Gemeinwesen 61
IV. Gesellschaftsordnung und Familienverfassung 63
  § 1. Die Stellung des Sozialismus zum Sexualproblem 63
  § 2. Mann und Weib im Zeitalter des Gewalteigentums 65
  § 3. Die Ehe unter der Einwirkung der Vertragsidee 70
  § 4. Die Probleme des ehelichen Lebens 74
  § 5. Die freie Liebe 78
  § 6. Die Prostitution 83

II. Teil.

Die Wirtschaft des sozialistischen Gemeinwesens.

I. Abschnitt.
Das isolierte sozialistische Gemeinwesen.

	Seite
I. Das Wesen der Wirtschaft	86
§ 1. Zur Kritik des Begriffes der Wirtschaft	86
§ 2. Das rationale Handeln	89
§ 3. Die Wirtschaftsrechnung	91
§ 4. Die kapitalistische Wirtschaft	101
§ 5. Der engere Begriff des Wirtschaftlichen	103
II. Der Charakter der sozialistischen Produktionsweise	107
§ 1. Die Vergesellschaftung der Produktionsmittel	107
§ 2. Die Wirtschaftsrechnung im sozialistischen Gemeinwesen	110
§ 3. Die jüngste sozialistische Doktrin und das Problem der Wirtschaftsrechnung	114
§ 4. Profitwirtschaft und Bedarfsdeckungswirtschaft; Rentabilität und Produktivität	117
§ 5. Rohertrag und Reinertrag	120
III. Die Verteilung des Einkommens	125
§ 1. Das Wesen der Verteilung in der liberalen und in der sozialistischen Gesellschaftsordnung	125
§ 2. Die Sozialdividende	127
§ 3. Die Grundsätze der Verteilung	129
§ 4. Die Durchführung der Verteilung	133
§ 5. Die Kosten der Verteilung	136
IV. Die Gemeinwirtschaft im Beharrungszustand	138
§ 1. Der Beharrungszustand	138
§ 2. Arbeitsgenuß und Arbeitsleid	139
§ 3. Die Arbeitsfreude	146
§ 4. Der Antrieb zur Überwindung des Arbeitsleids	149
§ 5. Die Produktivität der Arbeit	158
V. Die Einordnung des Einzelnen in die gesellschaftliche Arbeitsgemeinschaft	162
§ 1. Auslese und Berufswahl	162
§ 2. Kunst und Literatur, Wissenschaft und Tagespresse	164
§ 3. Die persönliche Freiheit	168
VI. Die Gemeinwirtschaft in Bewegung	173
§ 1. Die bewegenden Kräfte der Wirtschaft	173
§ 2. Veränderungen der Bevölkerungsgröße	174
§ 3. Veränderungen des Bedarfs	176
§ 4. Veränderungen in der Größe des Kapitals	178
§ 5. Der veränderliche Charakter der Gemeinwirtschaft	181
§ 6. Die Spekulation	182
§ 7. Gemeinwirtschaft und Aktiengesellschaften	186

	Seite
VII. Die Undurchführbarkeit des Sozialismus	188
§ 1. Die Probleme der nicht im Beharrungszustande befindlichen sozialistischen Wirtschaft	188
§ 2. Die Versuche zur Lösung dieser Probleme	189
§ 3. Die kapitalistische Wirtschaft als einzig mögliche Lösung	194

II. Abschnitt.
Das sozialistische Gemeinwesen im Verkehr.

I. Weltsozialismus und Staatensozialismus	197
§ 1. Die räumliche Ausdehnung des sozialistischen Gemeinwesens	197
§ 2. Das Problem der räumlichen Grenzen des sozialistischen Gemeinwesens im Marxismus	198
§ 3. Der Liberalismus und das Problem der Staatsgrenzen	200
II. Die Wanderungen als Problem des Sozialismus	201
§ 1. Die nationalen Gegensätze und die Wanderungen	201
§ 2. Die Tendenz zur Dezentralisation im Sozialismus	203
III. Die auswärtige Handelspolitik sozialistischer Gemeinwesen	205
§ 1. Autarkie und Sozialismus	205
§ 2. Der sozialistische Außenhandel	206
§ 3. Die Kapitalsanlage im Ausland	206

III. Abschnitt.
Besondere Gestaltungen des sozialistischen Ideals und pseudosozialistische Gebilde.

I. Besondere Gestaltungen des sozialistischen Ideals	209
§ 1. Das Wesen des Sozialismus	209
§ 2. Der Staatssozialismus	211
§ 3. Der Militärsozialismus	220
§ 4. Der kirchliche Sozialismus	223
§ 5. Die Planwirtschaft	227
§ 6. Der Gildensozialismus	230
II. Pseudosozialistische Gebilde	234
§ 1. Der Solidarismus	234
§ 2. Enteignungsvorschläge verschiedener Art	238
§ 3. Die Gewinnbeteiligung	239
§ 4. Der Syndikalismus	242
§ 5. Halbsozialismus	247

III. Teil.
Die Lehre von der Unentrinnbarkeit des Sozialismus.
I. Abschnitt.
Die gesellschaftliche Entwicklung.

I. Der sozialistische Chiliasmus	250
§ 1. Die Herkunft des Chiliasmus	250
§ 2. Chiliasmus und Gesellschaftstheorie	255

	Seite
II. Die Gesellschaft	258
§ 1. Das Wesen der Gesellschaft	258
§ 2. Die Arbeitsteilung als Prinzip der Vergesellschaftung	261
§ 3. Organismus und Organisation	265
§ 4. Individuum und Gesellschaft	267
§ 5. Die Entwicklung der Arbeitsteilung	269
§ 6. Die Veränderung des Individuums in der Gesellschaft	274
§ 7. Entgesellschaftung	276
§ 8. Das Sondereigentum in der gesellschaftlichen Entwicklung	282
III. Der Kampf als Faktor der gesellschaftlichen Entwicklung	284
§ 1. Der Gang der gesellschaftlichen Entwicklung	284
§ 2. Der Darwinismus	285
§ 3. Kampf und Wettkampf	290
§ 4. Der Völkerkampf	293
§ 5. Der Rassenkampf	295
IV. Klassengegensatz und Klassenkampf	299
§ 1. Der Begriff der Klasse und des Klassengegensatzes	299
§ 2. Stände und Klassen	303
§ 3. Der Klassenkampf	308
§ 4. Die Formen des Klassenkampfes	315
§ 5. Der Klassenkampf als treibender Faktor der gesellschaftlichen Entwicklung	317
§ 6. Die Verwendung der Klassenkampftheorie zur Erklärung der Geschichte	320
§ 7. Zusammenfassung	322
V. Die materialistische Geschichtsauffassung	325
§ 1. Sein und Denken	325
§ 2. Die Wissenschaft und der Sozialismus	329
§ 3. Die psychologischen Voraussetzungen des Sozialismus	330

II. Abschnitt.

Kapitalskonzentration und Monopolbildung als Vorstufe des Sozialismus.

I. Die Problemstellung	332
§ 1. Die marxistische Konzentrationstheorie	332
§ 2. Die Theorie der Antimonopolpolitik	336
II. Die Konzentration der Betriebe	337
§ 1. Die Betriebskonzentration als Kehrseite der Arbeitsteilung	337
§ 2. Das Optimum der Betriebsgröße in der Rohstoffgewinnung und im Verkehrswesen	338
§ 3. Das Optimum der Betriebsgröße in der Verarbeitung der Rohstoffe	340
III. Die Konzentration der Unternehmungen	341
§ 1. Die horizontale Konzentration der Unternehmungen	341
§ 2. Die vertikale Konzentration der Unternehmungen	341
IV. Die Konzentration der Vermögen	343
§ 1. Das Problem	343
§ 2. Die Vermögensbildung außerhalb des Tauschverkehrs	344

	Seite
§ 3. Die Vermögensbildung im Tauschverkehr	346
§ 4. Die Verelendungstheorie	351
V. Das Monopol und seine Wirkungen	354
§ 1. Das Wesen des Monopols und seine Bedeutung für die Preisgestaltung	354
§ 2. Die volkswirtschaftlichen Wirkungen des vereinzelten Monopols	358
§ 3. Die Grenzen der Monopolbildung	359
§ 4. Die Bedeutung der Monopole in der Urproduktion	361

IV. Teil.
Der Sozialismus als sittliche Forderung.

I. Sozialismus und Ethik	363
§ 1. Die Stellung des Sozialismus zur Ethik	363
§ 2. Die eudämonistische Ethik und der Sozialismus	364
§ 3. Zum Verständnis der eudämonistischen Lehre	369
II. Sozialismus als Ausfluß asketischer Lebensführung	372
§ 1. Die asketische Weltanschauung	372
§ 2. Askese und Sozialismus	376
III. Christentum und Sozialismus	378
§ 1. Religion und Sozialethik	378
§ 2. Die Bibel als Quelle der christlichen Sozialethik	380
§ 3. Die Lehren des Urchristentums und die Gesellschaft	382
§ 4. Das kanonische Zinsverbot	386
§ 5. Das Christentum und das Eigentum	387
§ 6. Der christliche Sozialismus	392
IV. Der ethische Sozialismus, besonders der des Neukritizismus	399
§ 1. Die Begründung des Sozialismus durch den kategorischen Imperativ	399
§ 2. Die Begründung des Sozialismus durch die Arbeitspflicht	403
§ 3. Einkommensgleichheit als ethisches Postulat	405
§ 4. Die ethisch-ästhetische Verdammung des Erwerbstriebs	406
§ 5. Die kulturellen Leistungen des Kapitalismus	409
V. Das Argument der wirtschaftlichen Demokratie	410
§ 1. Das Schlagwort „wirtschaftliche Demokratie"	410
§ 2. Die Verbraucher als Leiter der Produktion	414
§ 3. Der Sozialismus als Ausdruck des Willens der Mehrheit	418
VI. Kapitalistische Ethik	419
§ 1. Die kapitalistische Ethik und die Undurchführbarkeit des Sozialismus	419
§ 2. Die vermeintlichen Mängel der kapitalistischen Ethik	421

V. Teil.
Der Destruktionismus.

I. Die Triebkräfte des Destruktionismus	423
§ 1. Das Wesen des Destruktionismus	423
§ 2. Die Demagogie	425
§ 3. Der Destruktionismus der Literaten	429

	Seite
II. Der Weg des Destruktionismus	435
§ 1. Die Mittel des Destruktionismus	435
§ 2. Der gesetzliche Arbeiterschutz	436
§ 3. Die Zwangsversicherung	441
§ 4. Die Gewerkschaften	445
§ 5. Die Unterstützung der Arbeitslosen	450
§ 6. Die Sozialisierung	451
§ 7. Die Steuerpolitik	455
§ 8. Die Inflation	460
§ 9. Marxismus und Destruktionismus	462
III. Die Überwindung des Destruktionismus	464
§ 1. Der Widerstand der „Interessenten" des Kapitalismus	464
§ 2. Gewalt und Autorität	468
§ 3. Der Kampf der Geister	471

Schlußausführungen.

Die geschichtliche Bedeutung des modernen Sozialismus.

§ 1. Der Sozialismus in der Geschichte	475
§ 2. Die Reifezeit der Kultur	476

Anhang.

Zur Kritik der Versuche, ein System der Wirtschaftsrechnung für das sozialistische Gemeinwesen zu konstruieren	480
Sachregister	485

Einleitung.

§ 1. Sozialismus ist die Losung unserer Tage. Die sozialistische Idee beherrscht heute die Geister. Ihr hängen die Massen an, sie erfüllt das Denken und Empfinden aller, sie gibt der Zeit ihren Stil. Die Geschichte wird über den Abschnitt, in dem sie von uns berichtet, die Worte setzen: das Zeitalter des Sozialismus[1]).

Die Aufrichtung des sozialistischen Gemeinwesens, das dem Ideal der Sozialisten entspricht, ist freilich noch nicht vollendet. Doch seit mehr als einem Menschenalter ist die Politik der Kulturvölker auf nichts anderes gerichtet als auf die schrittweise Verwirklichung des Sozialismus. In den letzten Jahren hat die Politik der Sozialisierung an Kraft und Nachhaltigkeit noch beträchtlich gewonnen. Einige Völker sind daran gegangen, das sozialistische Programm mit einem Schlage bis in seine letzten Auswirkungen durchzuführen. Vor unseren Augen hat der russische Bolschewismus ein Werk vollbracht, das, wie immer man auch über seine Bedeutung denken mag, schon wegen der Großartigkeit seines Entwurfes zu dem Merkwürdigsten gerechnet werden muß, das die Weltgeschichte gesehen hat. Anderwärts ist man nicht so weit gelangt. Doch das, was die Vollendung der sozialistischen Pläne bei den übrigen Völkern hemmt, sind nur die inneren Widersprüche des Sozialismus und die Unmöglichkeit seiner Verwirklichung; auch sie haben ihn so weit zu bringen gesucht, als es unter den gegebenen Verhältnissen überhaupt anging. Eine grundsätzliche Gegnerschaft findet der Sozialismus nirgends. Es gibt heute keine einflußreiche Partei, die es wagen dürfte, frank und frei für das Sondereigentum an den Produktionsmitteln einzutreten. In dem Worte „Kapitalismus" drückt sich für unsere Zeit die Summe alles

---

[1]) „Man kann schon jetzt mit vollem Recht behaupten, daß die moderne sozialistische Philosophie nichts anderes ist, als die bewußte und bestimmte Anerkennung von gesellschaftlichen Grundsätzen, die zum großen Teil schon unbewußt befolgt werden. Die ökonomische Geschichte dieses Jahrhunderts ist eine fast ununterbrochene Aufzählung der Fortschritte des Sozialismus." Vgl. Sidney Webb, Die historische Entwicklung (Englische Sozialreformer, eine Sammlung „Fabian Essays", herg. v. Grunwald, Leipzig 1897) S. 44.

Bösen aus. Selbst die Gegner des Sozialismus stehen ganz und gar unter dem Banne seiner Ideen. Wenn sie — wie jene Parteien, die sich vorzüglich als die „bürgerlichen" oder „bäuerlichen" bezeichnen — den Sozialismus vom Standpunkte der Sonderinteressen ihrer Klassen bekämpfen wollen, dann geben sie mittelbar die Richtigkeit aller wesentlichen Teile des sozialistischen Gedankenbaues zu. Denn wenn man dem sozialistischen Programm nichts anderes entgegenzuhalten weiß als das, daß es die Sonderinteressen eines Teiles der Menschen verletzt, dann hat man es in Wahrheit bejaht. Wenn man der auf dem Sondereigentum an den Produktionsmitteln beruhenden Wirtschafts- und Gesellschaftsordnung vorwirft, daß sie die Interessen der Gesamtheit nicht genügend berücksichtige, daß sie nur den Zwecken einzelner Schichten diene, und daß sie die Produktivität hemme, und darum mit den Anhängern der verschiedenen „sozialpolitischen" und „sozialreformerischen" Richtungen staatliche Einmischung auf allen Gebieten der Volkswirtschaft fordert, dann hat man sich dem sozialistischen Programm grundsätzlich angeschlossen. Wenn man wieder gegen die sozialistische Gesellschaftsordnung nichts anderes einzuwenden vermag als das, daß sie wegen der Unvollkommenheit der menschlichen Natur derzeit noch undurchführbar sei, oder daß es im Hinblick auf die augenblickliche wirtschaftliche Lage unangebracht sei, schon jetzt mit der Durchführung des Sozialismus vorzugehen, so ist auch dies in Wahrheit nichts anderes als ein Bekenntnis zu den sozialistischen Ideen. Auch der Nationalismus bejaht den Sozialismus; was er ihm vorzuwerfen hat, ist lediglich das, daß er „international" sei. Der Nationalist will auch den Sozialismus mit den Gedanken des Imperialismus und des Kampfes gegen die fremden Völker verbinden. Er ist nicht internationaler, sondern nationaler Sozialist; aber auch er bekennt sich im Wesen zum Sozialismus[1]).

---

[1]) Fr. W. Foerster weist besonders darauf hin, daß die Arbeiterbewegung ihren wirklichen Triumph „in den Herzen der besitzenden Klassen" erzielt habe; dadurch sei „diesen Klassen die moralische Kraft zum Widerstande genommen worden". (Vgl. Foerster, Christentum und Klassenkampf, Zürich 1908, S. 111f.) — Schon 1869 stellte Prince-Smith die Tatsache fest, daß die sozialistischen Ideen auch in den Kreisen der Unternehmer Anhänger gefunden haben. Er spricht davon, daß unter den Geschäftsmännern „so sonderbar es auch klingt, es einige gibt, die ihr eigenes Wirken im Volkshaushalt so wenig klar erfassen, daß sie die sozialistischen Auffassungen für mehr oder weniger begründet halten, wenigstens die Gegengründe nicht einsehen, und darum wirklich ein böses Gewissen haben, als wenn sie sich eingestehen müßten, daß ihre Gewinne tatsächlich auf Kosten ihrer Arbeiter gemacht würden, was sie zaghaft und darum noch verwirrter macht. Dies ist das Allerschlimmste. Denn ernstlich gefährdet wäre unsere wirtschaftliche

Anhänger des Sozialismus sind nicht nur die russischen Bolschewiki und ihre Freunde außerhalb Rußlands, sind nicht nur jene, die sich zu irgendeiner der vielen sozialistischen Richtungen bekennen; wir müssen alle jene als Sozialisten bezeichnen, die die sozialistische Gesellschaftsordnung für wirtschaftlich vollkommener und sittlich höherwertig als die auf dem Sondereigentum an den Produktionsmitteln beruhende ansehen, mögen sie auch aus irgendwelchen Rücksichten für den Augenblick oder für immer ein Kompromiß zwischen ihrem sozialistischen Ideal und irgendwelchen Sonderinteressen und Sonderwünschen, die sie zu vertreten glauben, anstreben. Fassen wir den Begriff des Sozialisten so weit, dann erkennt man unschwer, daß die weitaus überwiegende Mehrzahl der Menschen heute im Lager des Sozialismus steht. Nur wenige bekennen sich zu den Grundsätzen des Liberalismus und erblicken in der auf dem Sondereigentum an den Produktionsmitteln beruhenden Wirtschaftsordnung die allein mögliche Form der gesellschaftlichen Wirtschaft.

Durch nichts kann die Größe des Erfolges der sozialistischen Ideen besser beleuchtet werden als gerade durch die Feststellung der Tatsache, daß man sich daran gewöhnt hat, nur jene Politik, die auf die sofortige und vollständige Durchführung des sozialistischen Programms hinzielt, als sozialistisch zu bezeichnen, und allen jenen Richtungen, die mit mehr Maß und Zurückhaltung zu demselben Ziele hinstreben oder den Sozialismus nur mit gewissen Einschränkungen verwirklichen wollen, diese Benennung verweigert, ja sie selbst als Gegner des Sozialismus bezeichnet. Dieser Sprachgebrauch konnte sich nur einbürgern, weil es wahre Gegner des Sozialismus kaum noch gibt. Selbst in England, dem Heimatland des Liberalismus, das durch seine liberale Politik groß und reich geworden ist, weiß man heute nicht mehr, was Liberalismus eigentlich ist. Die englischen „Liberalen" von heute sind mehr oder weniger gemäßigte Sozialisten[1]). In Deutschland, das den Liberalismus nie wirklich gekannt hat und das durch seine antiliberale Politik ohnmächtig und arm geworden ist, hat man kaum noch eine Ahnung davon, was Liberalismus eigentlich sein kann.

Kultur, wenn deren Träger nicht aus dem Gefühl voller Berechtigung den Mut schöpften, die Grundlagen derselben auf das Entschlossenste zu verteidigen." (Vgl. Prince-Smiths Gesammelte Schriften, I. Bd., Berlin 1877, S. 362.) Prince-Smith war freilich nicht der Mann, der es verstanden hätte, sich mit den sozialistischen Theorien kritisch auseinanderzusetzen.

[1]) Das zeigt deutlich die Programmschrift der englischen Liberalen von heute Britain's Industrial Future being the Report of the Liberal Industrial Inquiry, London 1928.

Auf dem vollen Siege, den die sozialistische Idee in den letzten Jahrzehnten errungen hat, beruht die große Macht des russischen Bolschewismus. Nicht die Kanonen und Maschinengewehre, über die die Sowjets verfügen, machen die Kraft des Bolschewismus aus, sondern der Umstand, daß seine Ideen in der ganzen Welt mit Sympathie aufgenommen werden. Viele Sozialisten halten das Unternehmen der Bolschewiken für verfrüht und erwarten die Verwirklichung des Sozialismus erst von der Zukunft. Doch kein Sozialist kann sich dem Einfluß der Worte entziehen, mit denen die „dritte Internationale" die Völker der Welt zum Kampfe gegen den Kapitalismus aufruft. Auf dem ganzen Erdenrund schlagen die Herzen dem Bolschewismus entgegen. Bei den Schwachen und Lauen findet er jene mit Grauen und Bewunderung gemischte Sympathie, die der mutige Bekenner beim ängstlichen Opportunisten erweckt. Die Kühneren und Folgerichtigeren aber begrüßen in ihm ohne Scheu die Morgenröte einer neuen Zeit.

§ 2. Der Ausgangspunkt der sozialistischen Lehren ist die Kritik der bürgerlichen Gesellschaftsordnung. Man weiß, daß sie dabei nicht gerade mit großem Geschick vorgegangen sind, daß sie die wichtigsten Zusammenhänge des Wirtschaftsmechanismus verkannt und daß sie kein Verständnis für die Funktion der einzelnen Einrichtungen der arbeitteilenden, auf dem Sondereigentum an den Produktionsmitteln aufgebauten Gesellschaftsordnung gezeigt haben. Es war nicht schwer, die Fehler aufzuweisen, die den sozialistischen Theoretikern bei der Analyse des ökonomischen Prozesses unterlaufen sind; es ist gelungen, alle ihre ökonomischen Lehren als grobe Irrtümer zu entlarven. Doch die Frage, ob die kapitalistische Gesellschaftsordnung mehr oder weniger mangelhaft sei, ist für die Entscheidung der Frage, ob der Sozialismus imstande wäre, etwas Besseres an ihre Stelle zu setzen, nicht allein ausschlaggebend. Es genügt nicht, nachgewiesen zu haben, daß die auf dem Sondereigentum an den Produktionsmitteln beruhende Gesellschaftsordnung nicht fehlerlos sei, und daß sie eine Welt geschaffen habe, die nicht die beste aller Welten sei; man muß auch zeigen können, daß die sozialistische Gesellschaftsordnung besser sei als sie. Diesen Nachweis haben nur wenige Sozialisten zu erbringen versucht; die es versuchten, haben es meist in durchaus unwissenschaftlicher, ja manche geradezu in leichtfertiger Art getan. Die Wissenschaft vom Sozialismus ist über die Anfänge nicht hinausgekommen. Schuld daran trägt nicht in letzter Linie gerade jene Richtung des Sozialismus, die sich den Namen „wissenschaftlicher Sozialismus" beigelegt hat. Der Marxismus hat sich nicht damit begnügt, das Kommen des Sozialismus als eine unentrinnbare Notwendigkeit der gesellschaftlichen Entwicklung hinzustellen; hätte er nur das getan, dann hätte er nicht jenen verderblichen Einfluß auf die wissenschaftliche Behandlung der Probleme des Gesellschaftslebens ausüben können, der ihm zur Last geschrieben werden muß. Wenn er nichts weiter getan hätte, als die sozialistische Gesellschaftsordnung als die denkbar beste Gestalt des gesellschaftlichen Zusammenlebens zu bezeichnen, hätte er noch nicht in solcher Weise schädlich werden können, wie er es durch die Kunstgriffe wurde, durch die er die wissenschaftliche Bearbeitung soziologischer Probleme unterbunden und die geistige Atmosphäre der Zeit vergiftet hat.

Nach marxistischer Auffassung bestimmt das gesellschaftliche Sein das Bewußtsein. Die Ansichten, die ein Schriftsteller äußert, sind durch seine Klassenzugehörigkeit bestimmt; es ist ihm nicht gegeben, über seine Klasse hinauszuwachsen und sein Denken von der Richtung, die ihm sein Klasseninteresse vorschreibt, zu befreien[1]). Damit wird die Möglichkeit einer allgemeinen, für alle Menschen ohne Rücksicht auf ihre Klassenzugehörigkeit geltenden Wissenschaft bestritten, und es ist nur folgerichtig, wenn Dietzgen daran ging, eine besondere proletarische Logik aufzubauen[2]). Die Wahrheit ist aber nur bei der proletarischen Wissenschaft; es sind „die Gedanken der proletarischen Logik nicht Parteigedanken, sondern Konsequenzen der Logik schlechthin"[3]). So schützt sich der Marxismus gegen alle unliebsame Kritik; der Gegner wird nicht widerlegt, es genügt, ihn als Bourgeois zu entlarven[4]). Er

---

[1]) „Die Wissenschaft existiert nur in den Köpfen der Forscher, und die sind Produkte der Gesellschaft, können nicht aus ihr und über sie hinaus." (Kautsky, Die soziale Revolution, 3. Aufl., Berlin 1911, II., S. 39.)

[2]) Vgl. Dietzgen, Briefe über Logik, speziell demokratisch-proletarische Logik (Internationale Bibliothek, 22. Bd., 2. Aufl., Stuttgart 1903), S. 112: „Schließlich verdient die Logik auch schon deshalb den proletarischen Beinamen, weil ihr Verständnis die Überwindung aller Vorurteile fordert, welche die Bourgeoiswelt im Leime halten."

[3]) Ebendort.

[4]) Es ist eine feine Ironie der Geschichte, daß selbst Marx von diesem Schicksale betroffen wurde. Untermann findet, daß „auch das Gedankenleben typischer proletarischer Denker marxistischer Richtung" noch „Überreste vergangener Gedankenepochen, sei es auch nur in rudimentärer Form" enthalte. „Diese Rudimente werden um so stärker hervortreten, je mehr die vor dem Übergang zum Marxismus verlebten Denkstadien in einem bürgerlichen oder feudalen Milieu zugebracht wurden, wie das bei Marx, Engels, Plechanow, Kautsky, Mehring und anderen hervorragenden Marxisten bekanntlich der Fall war." (Vgl. Untermann, Die logischen Mängel des engeren Marxismus, München 1910, S. 125.) Und De Man meint, man werde, um „Eigenart und Verschiedenheit der Lehren" zu begreifen „neben dem all-

selbst kritisiert die Leistungen aller Andersdenkenden in der Weise, daß er sie als feile Knechte der Bourgeoisie hinstellt. Marx und Engels haben es nie versucht, ihre Gegner mit Argumenten zu widerlegen. Sie haben sie beschimpft, verspottet, verhöhnt, verdächtigt, verleumdet, und ihre Nachfolger stehen darin nicht zurück. Ihre Polemik richtet sich nie gegen die Darlegungen, immer gegen die Person des Gegners. Solcher Kampfweise gegenüber haben die wenigsten Stand gehalten. Nur wenige, sehr wenige haben sich gefunden, die den Mut aufgebracht haben, dem Sozialismus mit jener Kritik gegenüberzutreten, die überall rücksichtslos anzuwenden Pflicht des wissenschaftlich Denkenden ist. Nur so ist es zu erklären, daß das Verbot, mit dem der Marxismus jede nähere Besprechung der wirtschaftlichen und gesellschaftlichen Verhältnisse des sozialistischen Gemeinwesens belegt hat, von Anhängern und Gegnern des Sozialismus streng befolgt wurde. Indem der Marxismus die Vergesellschaftung der Produktionsmittel einerseits als das Ende bezeichnet, zu dem die unaufhaltsame ökonomische Entwicklung mit Naturnotwendigkeit hinführe, sie andererseits aber als das Ziel seiner politischen Bestrebungen hinstellte, hat er das Bild der sozialistischen Gesellschaft im Wesen dargelegt. Das Verbot der Beschäftigung mit den Problemen der sozialistischen Wirtschaft, das mit einer Reihe von fadenscheinigen Argumenten begründet wurde, hatte den Zweck, zu verhindern, daß in der Diskussion des Aufbaues einer jeden denkbaren und möglichen sozialistischen Gesellschaft die Schwächen der marxistischen Lehren deutlich zutage treten. Die Klarlegung des Wesens der sozialistischen Gesellschaft hätte der Inbrunst, mit der die Massen vom Sozialismus die Erlösung von allen irdischen Übeln erwarteten, sehr gefährlich werden können. Es war einer der geschicktesten Schachzüge von Marx, daß er diese gefährlichen Untersuchungen, die allen älteren sozialistischen Theorien den Untergang bereitet hatten, mit Erfolg unterdrückte. Nur weil über das sozialistische Gemeinwesen nicht gesprochen und nicht nachgedacht werden durfte, konnte der Sozialismus zur herrschenden politischen Richtung des ausgehenden neunzehnten und des beginnenden zwanzigsten Jahrhunderts werden.

Man kann diese Ausführungen nicht besser belegen als durch Anführung einer Stelle aus den Schriften Hermann Cohens, der zu jenen gehört, die in den Jahrzehnten, die dem Weltkrieg unmittelbar voraus-

---

gemeinen gesellschaftlichen Hintergrunde, von dem sich ein Denker abhebt, auch sein eigenes wirtschaftliches und gesellschaftliches Schicksal erörtern müssen — ein ‚bürgerliches' Schicksal . . . im Falle des Akademikers Marx". Vgl. De Man, Zur Psychologie des Sozialismus, Neue Auflage, Jena 1927, S. 17.

gingen, den stärksten Einfluß auf das deutsche Geistesleben ausgeübt haben. „Heute", sagt Cohen, „wehrt sich kein Unverstand mehr gegen den ‚guten Kern' der sozialen Frage und demgemäß auch nur verstohlen gegen die unabwendbare Notwendigkeit einer Sozialpolitik; sondern nur noch der böse oder der nicht zureichend gute Wille. Aus solcher mangelhaften Gesinnung allein kann auch die Zumutung erklärlich werden, durch welche man den Partei-Sozialismus zu verwirren trachtet, daß er sein Bild des Zukunftsstaates zum allgemeinen Schauspiel aufrolle. Für die sittlichen Forderungen des Rechtes setzt man das Staatsbild ein, während doch der Staatsbegriff erst den Rechtsbegriff zur Voraussetzung hat. Bei solchem Umsturze der Begriffe verwechselt man die Ethik des Sozialismus mit der Poesie der Utopien. Die Ethik aber ist nicht Poesie, und die Idee hat Wahrheit ohne Bild. Ihr Bild ist die Wirklichkeit, die erst nach ihrem Vorbild entstehen soll. Der Rechts-Idealismus des Sozialismus darf heute als eine allgemeine Wahrheit des öffentlichen Bewußtseins bezeichnet werden, freilich als eine solche, die doch noch immer ein öffentliches Geheimnis ist. Nur der idealfeindliche Egoismus der nackten Habsucht, der der wahre Materialismus ist, versagt ihr den Glauben".[1]) Der so schrieb und dachte, wurde von manchen als der größte und kühnste deutsche Denker seiner Zeit gepriesen, und auch Gegner seiner Lehren achten seine Gedankenarbeit. Und gerade darum muß besonders hervorgehoben werden, daß Cohen nicht nur kritiklos die sozialistischen Forderungen ohne Vorbehalt annimmt und auch das Verbot der Beschäftigung mit den Verhältnissen des sozialistischen Gemeinwesens anerkennt, sondern daß er jeden, der den „Parteisozialismus" durch die Forderung nach Aufhellung der Probleme der sozialistischen Wirtschaftsverfassung „zu verwirren trachtet" als ein sittlich minderwertiges Individuum hinstellt. Daß die Kühnheit eines Denkers, dessen Kritik sonst nichts verschont, vor einem mächtigen Idol seiner Zeit Halt macht, ist eine Erscheinung, die man auch sonst in der Geistesgeschichte häufig genug beobachten kann; auch Cohens großem Vorbild, Kant, wird Ähnliches vorgeworfen[2]). Doch daß ein Philosoph nicht nur allen jenen, die anderer Meinung sind, sondern schon denen, die mit einer Frage an ein den Machthabern gefährliches Problem rühren sollten, bösen Willen, mangelhafte Gesinnung und nackte Habsucht vorwirft, ist doch

---

[1]) Vgl. Cohen, Einleitung mit kritischem Nachtrag zur neunten Auflage der Geschichte des Materialismus von Friedrich Albert Lange in dritter, erweiterter Auflage, Leipzig 1914, S. 115. Vgl. auch Natorp, Sozialpädagogik, 4. Aufl., Leipzig 1920, S. 201f.

[2]) Vgl. Anton Menger, Neue Sittenlehre, Jena 1905, S. 45, 62ff.

etwas, was in der Geschichte der Philosophie glücklicherweise nur durch wenige Beispiele belegt werden kann.

Verfehmt und vogelfrei war jeder, der sich nicht bedingungslos diesem Zwang fügte. So konnte es geschehen, daß von Jahr zu Jahr die Gemeinwirtschaft immer mehr an Boden gewann, ohne daß es jemand eingefallen wäre, ihre Verhältnisse grundsätzlich zu untersuchen. So konnte es geschehen, daß eines Tages der marxistische Sozialismus die volle Herrschaft antrat und nun, da er sich anschicken wollte, sein Programm ganz zu erfüllen, erkennen mußte, daß er keine Ahnung von dem hatte, was er durch Jahrzehnte angestrebt hatte.

Die Erörterung der Probleme der Gemeinwirtschaft ist nicht nur für das Verständnis des Gegensatzes zwischen liberaler und sozialistischer Politik von entscheidender Bedeutung. Ohne sie ist ein Begreifen der Zustände, wie sie sich seit dem Einsetzen der Verstaatlichungs- und Verstadtlichungsbewegung herausgebildet haben, nicht denkbar. Es war eine begreifliche, aber bedauerliche Einseitigkeit, daß die Nationalökonomie bisher ausschließlich den Mechanismus einer auf dem Sondereigentum an den Produktionsmitteln beruhenden Wirtschaft untersucht hat. Die Lücke, die dadurch entstanden ist, darf nicht länger offen bleiben.

Die Frage, ob die Gesellschaft auf Grundlage des Sondereigentums oder auf Grundlage des Gemeineigentums an den Produktionsmitteln aufgebaut werden soll, ist eine politische. Die Wissenschaft kann sie nie entscheiden; sie kann kein Urteil über Wert oder Unwert der gesellschaftlichen Organisationsformen abgeben. Doch sie allein vermag durch Untersuchung der Wirkungen bestimmter Einrichtungen die Grundlagen zu schaffen, durch die wir zur Erkenntnis der Gesellschaft vorzudringen vermögen. Mag auch der handelnde Mensch, der Politiker, die Ergebnisse dieser Arbeit mitunter achtlos übergehen, der denkende Mensch wird nie aufhören, nach den letzten unserer Einsicht noch zugänglichen Dingen zu forschen. Schließlich und endlich aber muß das Handeln durch das Denken bestimmt werden.

§ 3. Es gibt zwei Wege für die Behandlung der Probleme, die der Sozialismus der Wissenschaft stellt.

Man kann den Sozialismus kulturphilosophisch betrachten, indem man versucht, ihn in die Gesamtheit der Kulturerscheinungen einzuordnen. Man forscht nach seiner geistigen Abstammung, man prüft sein Verhältnis zu allen übrigen Erscheinungsformen des gesellschaftlichen Lebens, man spürt seinen in der Seele des Einzelnen verborgenen Quellen nach, man bemüht sich, ihn als Massenerscheinung zu verstehen. Man untersucht seine Auswirkungen in Religion und Philosophie, in Kunst und Literatur. Man bemüht sich nachzuweisen, in welchem Verhältnis er zur Naturwissenschaft und zur Geisteswissenschaft der Zeit steht. Man faßt ihn als Lebensstil auf, als Äußerung der Seelenstimmung, als Ausdruck ethischer und ästhetischer Anschauungen. Das ist der kulturgeschichtlich-psychologische Weg. Er wird immer wieder betreten, und die Zahl der Bücher und Aufsätze, die ihn wandeln, ist Legion.

Man kann über eine wissenschaftliche Methode nie von vornherein aburteilen. Es gibt nur einen Prüfstein für ihre Leistungsfähigkeit: den Erfolg. Es ist ganz gut möglich, daß es auch der kulturgeschichtlichpsychologischen Methode gelingen könnte, zur Lösung der Probleme, die der Sozialismus der Wissenschaft stellt, manches beizutragen. Daß ihre Ergebnisse bis nun nur wenig befriedigen können, ist jedoch nicht nur der Unzulänglichkeit und politischen Voreingenommenheit der Bearbeiter zuzuschreiben, sondern vor allem dem Umstande, daß der kulturgeschichtlich-psychologischen Behandlung der Probleme die soziologischnationalökonomische vorangehen muß. Denn der Sozialismus ist ein Programm der Umgestaltung der Gesellschafts- und Wirtschaftsverfassung nach einem bestimmten Ideal. Will man seine Auswirkung auf die übrigen Gebiete des Geistes- und Kulturlebens erkennen, so muß man vorerst Klarheit über seine gesellschaftliche und wirtschaftliche Bedeutung gewonnen haben. Solange man darüber noch im Zweifel ist, hat es keinen Sinn, sich an seine kulturgeschichtliche und psychologische Deutung zu wagen. Man kann von der Ethik des Sozialismus nicht reden, bevor man sein Verhältnis zu anderen sittlichen Zielsetzungen geklärt hat. Man kann über seine Rückwirkung auf Religion und öffentliches Leben nichts Zutreffendes vorbringen, wenn man von seinem eigentlichen Wesen nur undeutliche Vorstellungen hat. Es geht nicht an, über Sozialismus zu sprechen, ohne zunächst und vor allem anderen den Mechanismus einer auf dem Gemeineigentum an den Produktionsmitteln beruhenden Wirtschaftsordnung erforscht zu haben.

Das tritt bei jedem einzelnen der Punkte, an denen die kulturgeschichtlich-psychologische Betrachtungsweise anzusetzen pflegt, klar zutage. Man faßt den Sozialismus als letzte Konsequenz des demokratischen Gleichheitsgedankens auf, ohne darüber nachgedacht zu haben, was denn eigentlich Demokratie und was Gleichheit bedeuten und in welcher Beziehung sie untereinander stehen, und ohne geprüft zu haben, ob der Sozialismus in erster Linie oder auch nur überhaupt mit der Idee der Gleichheit etwas zu tun habe. Man spricht bald davon, daß der Sozialismus eine Reaktion der Psyche auf die seelische Verödung durch den vom Kapitalismus unzertrennlichen Rationalismus sei, bald wieder davon, daß er höchste Rationalisierung des äußeren Lebens, die der Kapitalismus nie zu erreichen vermöge, sich zum Ziel gesetzt habe[1]). Von jenen, die ihre kulturtheoretischen Ausführungen über den Sozialismus mit einem Wust von Mystik und unverstandenen Phrasen umgeben, sei dabei gar nicht die Rede.

Die Untersuchungen dieses Buches sollen vor allem den soziologisch-nationalökonomischen Problemen des Sozialismus gewidmet sein. Ihre Behandlung muß der der kulturpsychologischen Probleme vorangehen; nur auf den Ergebnissen solcher Arbeit können sich Untersuchungen über die Kulturpsychologie des Sozialismus aufbauen. Sie erst können eine feste Grundlage für die dem großen Publikum gewiß anziehender erscheinenden Abhandlungen zur allgemein menschlichen Würdigung des sozialistischen Gedankensystems abgeben.

---

[1]) Muckle (Das Kulturideal des Sozialismus, München 1919) bringt es sogar fertig, vom Sozialismus zu erwarten, daß er sowohl „höchste Rationalisierung des Wirtschaftslebens" als auch „Erlösung von der fürchterlichsten aller Barbareien: dem kapitalistischen Rationalismus" bringen werde (S. 208 und 213).

I. Teil.
Liberalismus und Sozialismus.
I.
Das Eigentum.

§ 1. Als soziologische Kategorie betrachtet erscheint das Eigentum als das Vermögen, die Verwendung wirtschaftlicher Güter zu bestimmen. Eigentümer ist, wer über ein wirtschaftliches Gut verfügt.

Die Eigentumsbegriffe der Soziologie und der Rechtslehre sind somit verschieden. Das ist übrigens selbstverständlich, und man kann nur darüber staunen, daß es noch immer mitunter übersehen wird. Für die soziologische und nationalökonomische Betrachtung ist Eigentum jenes Haben der Güter, das die wirtschaftlichen Zwecke der Menschen erfordern[1]. Dieses Haben kann man als das natürliche oder Ureigentum in dem Sinne bezeichnen, als es ein rein physisches Verhältnis des Menschen zu den Gütern darstellt, das von dem Bestand gesellschaftlicher Beziehungen zwischen den Menschen und von der Geltung einer Rechtsordnung unabhängig ist. Die Bedeutung des rechtlichen Eigentumsbegriffes liegt gerade darin, daß er zwischen diesem physischen Haben und dem rechtlichen Habensollen unterscheidet. Das Recht kennt Eigentümer und Besitzer, die das natürliche Haben entbehren, die nicht haben, aber haben sollten. Für das Recht bleibt der Bestohlene Eigentümer, kann der Dieb niemals Eigentum erwerben. Doch wirtschaftlich ist nur das natürliche Haben von Belang, und die wirtschaftliche Bedeutung des rechtlichen Habensollens liegt allein in der Unterstützung, die es der Erlangung, Erhaltung und Wiedergewinnung des natürlichen Habens leiht.

Für das Recht ist das Eigentum ein einheitliches Institut. Es macht keinen Unterschied aus, ob Güter erster Ordnung oder Güter höherer

---

[1] Vgl. Böhm-Bawerk, Rechte und Verhältnisse vom Standpunkte der volkswirtschaftlichen Güterlehre, Innsbruck 1881, S. 37.

Ordnung seinen Gegenstand bilden, und ob es sich um Verbrauchs- oder Gebrauchsgüter handelt. Der von der wirtschaftlichen Grundlage losgelöste Formalismus des Rechtes gelangt hierin scharf zum Ausdruck. Ganz kann sich freilich das Recht den wirtschaftlichen Verschiedenheiten, die in Frage kommen, nicht verschließen. Manches, wodurch dem Eigentum an Grund und Boden eine Sonderstellung eingeräumt wird, ist eben durch die Stellung des Bodens als Produktionsmittel bedingt. Deutlicher als im Eigentumsrecht selbst gelangen die wirtschaftlichen Unterschiede bei manchen, soziologisch dem Eigentum gleichwertigen, im juristischen Sinne ihm nur verwandten Verhältnissen, z. B. bei den Dienstbarkeiten, besonders beim Fruchtgenuß und beim Nießbrauch, zum Ausdruck. Doch im großen und ganzen verdeckt im Recht, wie es seinem Wesen entspricht, die formale Gleichheit die materielle Verschiedenheit.

Wirtschaftlich betrachtet ist das Eigentum durchaus nicht einheitlich. Eigentum an Genußgütern und Eigentum an Produktivgütern sind in vielem verschieden, und bei beiden Gruppen ist es wieder etwas anderes, ob es sich um Gebrauchs- oder um Verbrauchsgüter handelt.

Die Güter erster Ordnung, die Genußgüter, dienen unmittelbar der Bedürfnisbefriedigung. Soweit sie Verbrauchsgüter sind, d. h. ihrer Natur nach ihre Nutzleistung nur einmal abgeben und durch deren Abgabe ihre Gutseigenschaft erschöpfen, liegt die Bedeutung des Eigentums an ihnen praktisch allein in der Möglichkeit der Verzehrung. Der Eigentümer kann das Gut auch ungenossen verderben lassen oder es gar absichtlich zerstören, er mag es auch im Tausche fortgeben oder verschenken, in jedem Falle verfügt er über seine Verwendung, die nicht geteilt werden kann.

Ein wenig anders liegt die Sache bei den Gebrauchsgütern, das ist bei jenen Genußgütern, die mehr als eine Nutzleistung abzugeben haben. Sie vermögen mehreren Menschen nacheinander zu dienen. Auch hier sind wirtschaftlich als Eigentümer jene anzusehen, die in der Lage sind, die Nutzleistung des Gutes für sich zu verwenden. In diesem Sinne ist Eigentümer eines Zimmers der, der es jeweils bewohnt, sind Eigentümer des Ortlers, soweit sein Gebiet als Naturpark in Frage kommt, die, die ihn betreten, um die landschaftlichen Reize zu genießen, sind Eigentümer eines Bildes alle jene, die sich an seinem Anblick erfreuen[1]). Das Haben der Nutzleistungen, die das Gut abgibt,

---

[1]) Vgl. Fetter, The Principles of Economics, Third Edition, New York 1913, S. 408.

ist bei diesen Gütern teilbar, darum ist auch das natürliche Eigentum an ihnen teilbar.

Das Haben der Produktivgüter dient nur mittelbar dem Genuß. Sie finden ihre Verwendung in der Produktion von Genußgütern. Aus zielstrebiger gelungener Verbindung von Produktivgütern und Arbeit gehen schließlich Genußgüter hervor. In der Fähigkeit, solcherweise mittelbar der Bedürfnisbefriedigung zu dienen, liegt die Gutseigenschaft der Produktivgüter. Das natürliche Haben der Produktivgüter ist die Verfügung in der Produktion. Nur weil und insoweit ihr Haben schließlich zu einem Haben von Genußgütern führt, hat es wirtschaftliche Bedeutung.

An genußreifen Verbrauchsgütern ist nur ein Haben möglich, das jenes Menschen, der sie verzehrt. Genußreife Gebrauchsgüter lassen zwar in zeitlichem Hintereinander ein mehrfaches Haben zu, bei gleichzeitigem Gebrauch aber stört auch in ihrem Haben das Mithaben anderer, wenn es nicht der Beschaffenheit des Gutes nach überhaupt ausgeschlossen erscheint. Ein Bild können mehrere zugleich betrachten, wenn es auch den Genuß jedes einzelnen stören mag, daß neben ihm noch andere stehen und ihm etwa den günstigsten Platz wegnehmen; einen Rock können nicht zwei zugleich tragen. An Genußgütern ist das Haben, das zu der durch das Gut vermittelten Bedürfnisbefriedigung führt, nicht weiter teilbar als die Nutzleistungen, die von ihnen ausgehen. Das bedeutet, daß bei den Verbrauchsgütern das natürliche Eigentum des einen das aller anderen überhaupt ausschließt, und daß bei den Gebrauchsgütern die Ausschließlichkeit zumindest für einen und denselben Zeitpunkt und für den Umfang der kleinsten der von ihnen ausgehenden Nutzleistung besteht. Bei Genußgütern ist ein anderes Verhältnis von wirtschaftlicher Bedeutsamkeit als das des natürlichen Habens von Einzelpersonen undenkbar. Sie können — als Verbrauchsgüter überhaupt und als Gebrauchsgüter zumindest gleichzeitig und für Umfang der kleinsten der von ihnen ausgehenden Nutzleistung — nur im natürlichen Eigentum eines Menschen stehen. Das Eigentum ist hier auch in dem Sinne Privateigentum, als es die anderen der Vorteile, die von der Verfügung über das Gut abhängen, beraubt.

Daher wäre es denn auch ganz sinnlos, an eine Beseitigung oder auch nur an eine Reform des Eigentums an Genußgütern zu denken. An den natürlichen Tatsachen, daß ein Apfel, der genossen wird, aufgezehrt wird, und daß ein Rock sich im Tragen abnützt, kann man nichts ändern. Miteigentum mehrerer, Gemeineigentum aller sind in natürlichem Sinne an Genußgütern ausgeschlossen. Das, was man als Gütergemeinschaft zu bezeichnen pflegt, kann in bezug auf die Genußgüter immer nur eine Gemeinschaft vor dem Genusse sein; sie wird jedesmal in dem Augenblick gesprengt, in dem ein Gut dem Verbrauche oder Gebrauche zugeführt wird. Das Haben des einen, der die Nutzleistung konsumieren will, muß ein ausschließliches sein. Die Gütergemeinschaft kann nie etwas anderes sein als ein Grundsatz über die Aneignung von Gütern aus einem gemeinsamen Vorrat. Jeder einzelne Genosse ist Eigentümer jenes Teiles des ganzen Vorrats, den er für sich verwenden kann. Ob er es rechtlich schon von vornherein ist oder erst durch die Verteilung oder überhaupt nicht wird, und ob der Konsumtion eine besondere förmliche Verteilung vorangeht oder nicht, ist wirtschaftlich gleichgültig; materiell ist er auch ohne Verteilung Eigentümer seines Loses.

Die Gütergemeinschaft kann das Eigentum an den Genußgütern nicht aufheben, sie kann es nur anders verteilen, als es sonst geschehen mag. Sie beschränkt sich wie alle anderen Reformen, die bei den Genußgütern stehen bleiben, auf die Herbeiführung einer anderen Verteilung des vorhandenen Genußgütervorrates. Mit der Erschöpfung dieses Vorrats ist auch ihre Wirkung zu Ende. Daß die leeren Vorratskammern sich wieder füllen, kann sie nicht bewirken. Darüber können nur jene entscheiden, die über die Produktivgüter und über die Arbeit verfügen. Sind sie mit dem, was ihnen geboten wird, nicht zufrieden, dann stockt der Güterstrom, der die Vorräte neu auffüllen soll. Darum muß jeder Versuch, die Verteilung der Genußgüter zu ändern, auf die Verfügung über die Produktionsmittel zurückgreifen.

Das Haben der Produktivgüter ist — anders als das der Genußgüter — in natürlichem Sinne teilbar. In der isolierten Produktion ohne Arbeitsteilung gilt von der Teilbarkeit des Habens der Produktivgüter wohl dasselbe, was von der Teilbarkeit des Habens der Genußgüter unter allen Bedingungen der Wirtschaft Geltung hat. Sie geht nicht weiter als die Teilbarkeit der Nutzleistungen, die von dem Gute ausgehen. Das heißt, die verbrauchlichen Produktivgüter lassen überhaupt keine Teilung des Habens zu, wogegen das Haben der Gebrauchsgüter unter den Produktivgütern in der ihrer Natur entsprechenden Weise teilbar ist. Das Haben von Getreide kann nur einem zukommen, doch einen Hammer können mehrere hintereinander haben, ein Wasserlauf kann mehrere Räder treiben. Soweit ist für das Haben der Produktivgüter keine Besonderheit festzustellen. Doch in der arbeitsteilig verrichteten Produktion gibt es ein zweifaches Haben der Produktivgüter. Das Haben, das die wirtschaftlichen Zwecke erfordern, ist, soweit Produktivgüter, die vom Prozeß der Arbeitsteilung erfaßt werden, in Frage kommen, stets ein zweifaches: ein physisches (unmittelbares) und ein gesellschaftliches (mittelbares). Jenes steht dem zu, der das Gut physisch hat und produktiv verwendet, dieses dem, der, ohne physisch oder rechtlich über das Gut verfügen zu können, über seine Nutzwirkungen mittelbar zu verfügen in der Lage ist, also dem, der seine Produkte oder die Nutzdienste, die es gewährt, einzutauschen oder einzukaufen vermag. In diesem Sinne ist in der arbeitteilenden Gesellschaft das natürliche Eigentum an allen Produktivgütern zwischen dem Erzeuger und denen, für deren Bedarf er produziert, geteilt. Der selbstgenügsam außerhalb des Verbandes der Tauschgesellschaft lebende Landwirt kann seinen Acker, seinen Pflug, sein Zugtier in dem Sinne sein nennen, als sie nur ihm dienen. Der Landwirt, dessen Unternehmen in den Verkehr einbezogen ist, der für den Markt erzeugt und auf dem Markt einkauft, ist in einem ganz anderen Sinne Eigentümer der Produktionsmittel, mit denen er produziert. Er ist nicht Herr der Produktion wie der autarke Bauer. Er bestimmt nicht ihre Richtung; darüber entscheiden die, für die er arbeitet, die Verbraucher. Sie, nicht die Erzeuger setzen der Wirtschaft das Ziel. Die Erzeuger führen die Wirtschaft nur den Zielen zu, die die Verbraucher gewählt haben.

Die Eigentümer der Produktionsmittel sind aber auch nicht imstande, ihr physisches Haben der Produktionsmittel unmittelbar in den Dienst der Produktion zu stellen. Da alle Produktion in der Zusammenfassung verschiedener Produktionsmittel besteht, muß ein Teil der Eigentümer der Produktionsmittel ihr natürliches Eigentum an andere übertragen, damit diese die Kombinationen, aus denen die Produktion besteht, ins Werk setzen. Kapitalisten, Bodenbesitzer und Eigner der Arbeitskraft übertragen die Verfügung an den Unternehmer, der damit die unmittelbare Leitung im Produktionsprozeß übernimmt. Die Unternehmer führen nun die Wirtschaft nach den Weisungen der Verbraucher, die wieder keine anderen sind als die Eigner der Produktionsmittel: Kapitalbesitzer, Grundbesitzer, Arbeiter. Von dem Produkte aber fällt jedem Faktor jener Teil zu, der seiner produktiven Mitwirkung am Erfolge ökonomisch zugerechnet wird.

Das Wesen des natürlichen Eigentums an den Produktivgütern ist somit ein ganz anderes als das des natürlichen Eigentums an den Genußgütern. Um ein Produktivgut im wirtschaftlichen Sinne zu haben, d. h. es seinen eigenen wirtschaftlichen Zwecken dienstbar zu machen, muß man es nicht in der Weise physisch haben, in der man Konsumgüter haben muß, um sie zu verbrauchen oder zu gebrauchen. Um Kaffee zu trinken, muß ich nicht Eigentümer einer Kaffeepflanzung in Brasilien, eines Ozeandampfers und einer Kaffeerösterei sein, wenn auch alle diese Produktionsmittel verwendet werden müssen, damit eine Schale Kaffee auf meinen Tisch kommt. Es genügt, daß andere diese Produktionsmittel besitzen und für mich verwenden. In der arbeitteilenden Gesellschaft ist niemand ausschließlicher Eigentümer der Produktionsmittel, der sachlichen sowohl als auch der persönlichen, der Arbeitskraft. Alle Produktionsmittel stehen im Dienste der Gesamtheit der am Marktverkehr teilnehmenden Menschen. Wenn man hier nicht, ganz abgesehen von dem Verhältnisse, das zwischen den Unternehmern und den ihnen die Produktionsmittel zur produktiven Verwendung überlassenden Eigentümern besteht, von einer Teilung des Eigentums zwischen den Eigentümern der Produktionsmittel und den Verbrauchern sprechen will, müßte man wohl eher diesen das ganze Eigentum im natürlichen Sinne zuschreiben und jene als Verwalter fremden Eigentums bezeichnen[1]). Wir würden uns mit dieser Redeweise freilich allzu weit von dem üblichen Sprachgebrauch entfernen: um Mißdeutungen zu vermeiden, ist es notwendig, möglichst ohne neue Worte auszukommen und auf keinen Fall Ausdrücke, mit denen man üblicherweise einen bestimmten Begriff verbindet, für andere Begriffe zu gebrauchen. Darum sei unter Verzicht auf jede besondere Terminologie hier nur noch einmal hervorgehoben, daß das Wesen des Eigentums an den Produktivgütern in der arbeitteilenden Gesellschaft ein anderes ist als in der verkehrslosen Wirtschaft und als das des Eigentums an den Konsumgütern in jeder Wirtschaftsverfassung. Im übrigen aber soll in den folgenden Ausführungen unter Eigentum an den Produktionsmitteln die unmittelbare Verfügungsmöglichkeit verstanden werden.

§ 2. Jenes physische Haben der wirtschaftlichen Güter, das, soziologisch betrachtet, das Wesen des natürlichen Eigentums ausmacht, kann man sich nur durch Okkupation entstanden denken. Da das Eigentum nicht eine vom Wollen und Handeln des Menschen unabhängige Tatsache ist, kann man nicht absehen, wie es originär anders

---

[1]) Vgl. die Verse des Horaz:
Si proprium est quod quis libra mercatus et aere est,
quaedam, si credis consultis, mancipat usus:
qui te pascit ager, tuus est; et vilicus Orbi
cum segetes occat tibi mox frumenta daturas,
te dominum sentit. das nummos: accipis uvam
pullos ova, cadum temeti.
(2. Epistol., 2., 158—163.) — Die Aufmerksamkeit der Nationalökonomie hat auf diese Stelle zuerst Effertz (Arbeit und Boden, Neue Ausgabe, Berlin 1897, I. Bd., S. 72, 79 f.) gelenkt.

hätte ins Leben treten können als durch Aneignung von herrenlosem Gut. Ist es einmal ins Leben getreten, dann bleibt es, so lange sein Gegenstand nicht untergeht, fortbestehen, bis es entweder durch Wollen und Handeln des Eigners aufgegeben wird oder bis es trotz des auf das Gegenteil gerichteten Wollens und Handelns des Eigners aus seinem physischen Haben tritt. Jener Fall liegt vor, wenn der Eigentümer sich des Eigentums freiwillig entäußert, dieser, wenn er es an die Natur zurückverliert, z. B. wenn ein Stück Vieh sich verläuft, oder wenn es ihm durch einen anderen Menschen gewaltsam entrissen wird.

Alles Eigentum leitet sich von Okkupation und Gewalt her. Beachten wir, von der in den Gütern steckenden Arbeitskomponente absehend, allein die in ihnen enthaltene Naturkomponente, so gelangen wir, wenn wir den Rechtstitel eines rechtmäßigen Eigentümers zurückverfolgen, notwendigerweise zu einem Punkt, an dem es aus der Aneignung allgemein zugänglichen Gutes entstanden ist, wenn wir nicht schon vorher auf gewaltsame Enteignung eines Vorgängers stoßen, dessen Eigentum in letzter Linie sich auch wieder auf Aneignung oder Raub zurückführen läßt. Alles Recht führt auf tatsächliche Gewalt zurück, alles Eigentum war ursprünglich Aneignung oder Raub; das kann man den von naturrechtlichen Erwägungen ausgehenden Gegnern des Eigentums ruhig zugestehen. Nur freilich ist damit noch nicht das mindeste zum Beweise der Notwendigkeit, Zweckmäßigkeit oder sittlichen Rechtfertigung seiner Beseitigung gesagt.

Das natürliche Eigentum hat mit Anerkennung durch die Mitmenschen des Eigentümers nicht zu rechnen. Es wird so lange faktisch geduldet, als die Kraft fehlt, es umzustoßen; es besteht nicht länger als bis sich ein Gewaltigerer findet, der es an sich reißt. Durch Eigenmächtigkeit entstanden, muß es jeden Augenblick die stärkere Macht fürchten. Das ist der Zustand, den die naturrechtliche Doktrin als den Krieg aller gegen alle bezeichnet hat. Er wird beendet durch die Anerkennung des tatsächlichen Verhältnisses als eines, das wert ist, erhalten zu werden. Aus Gewalt wird Recht.

Die naturrechtliche Doktrin hat darin gefehlt, daß sie diese große Wandlung, die den Übergang der Menschen vom tierischen Nebeneinander und Gegeneinander zur menschlichen Gesellschaft bezeichnet, als das Ergebnis eines bewußten Handelns ansah, das sich über seine Beweggründe, über die anzustrebenden Ziele und über die Wege, die zu ihrer Erreichung eingeschlagen werden müßten, vollkommen klar gewesen sei. So sei es zum Abschlusse des Gesellschaftsvertrages gekommen, durch den die staatliche Gemeinschaft, die Rechtsordnung, ins Leben trat. Dem Rationalismus stand, nachdem er einmal die ältere Auffassung, die die gesellschaftlichen Einrichtungen auf göttliche Einsetzung oder zumindest auf die durch göttliche Eingebung den Menschen gewordene Erleuchtung zurückführte, überwunden hatte, keine andere Erklärungsmöglichkeit zu Gebote[1]). Wie sollte das, was man, weil es zum gegenwärtigen Zustand hergeführt hat, schlechthin als das an sich Zweckmäßige und Vernünftige ansah, anders haben ins Leben treten können als dadurch, daß man es in Erkenntnis seiner Zweckmäßigkeit und Vernünftigkeit bewußt erwählt hat? Wir haben heute andere Denkschemata hierfür zur Verfügung. Wir sprechen von natürlicher Auslese im Kampf ums Dasein und von Vererbung erworbener Eigenschaften, ohne freilich damit der Erkenntnis der letzten Rätsel um einen Schritt näher gekommen zu sein als die Theologen oder als die Rationalisten. Wir können die Entstehung und Fortbildung der gesellschaftlichen Einrichtungen so „erklären", daß wir sagen, sie seien im Kampfe ums Dasein förderlich, so daß die, die sie angenommen und am besten entwickelt haben, besser imstande gewesen waren, die Fährlichkeiten des Lebens zu überwinden als jene, die in ihrer Entwicklung zurückgeblieben waren. Es hieße wohl Eulen nach Athen tragen, wollte man heute neuerdings versuchen, auf das Unbefriedigende solcher Deutung hinzuweisen. Die Zeit, da man sich bei ihr beruhigt hat und da man dachte, mit ihr alle Probleme des Seins und Werdens endgültig gelöst zu haben, ist längst vorüber. Sie führt uns nicht einen Schritt weiter als Theologie und Rationalismus. Hier ist der Punkt, wo die Einzelwissenschaften in die große Wissenschaft einmünden, wo die große Frage der Philosophie beginnt und wo — alle unsere Weisheit zu Ende ist.

Es gehörte wahrlich nicht allzuviel Witz dazu, um zu zeigen, daß Recht und Staat nicht auf Verträge zurückgeführt werden können. Man mußte nicht erst den gelehrten Apparat der historischen Schule aufbieten, um die Behauptung zu belegen, daß sich ein Gesellschaftsvertrag nirgends in der Geschichte nachweisen lasse. An Kenntnissen, die man aus Pergamenten und Inschriften gewinnen kann, war die realistische Wissenschaft dem Rationalismus des 17. und 18. Jahrhunderts zweifellos überlegen; in soziologischer Einsicht blieb sie weit hinter ihm zurück. Denn was immer man auch der Sozialphilosophie des Rationalismus vorwerfen mag, man kann nicht bestreiten, daß sie für die Erkenntnis der Wirkungen der gesellschaftlichen Einrichtungen Unvergängliches ge-

---

[1]) Die etatistische Sozialphilosophie, die alle diese Einrichtungen auf den „Staat" zurückführt, kehrt wieder zur alten theologischen Erklärung zurück. In ihr nimmt der Staat die Stellung ein, die die Theologen Gott zuweisen.

schaffen hat. Ihr verdanken wir vor allem die erste Einsicht in die funktionale Bedeutung der Rechtsordnung und der staatlichen Gemeinschaft.

Wirtschaft verlangt Beständigkeit der Verhältnisse, weil sie weitausgreifendes, zeitraubendes Beginnen ist, das um so erfolgreicher ist, auf je größere Zeitspannen es eingestellt wird. Wirtschaft verlangt endlose Kontinuität, die ohne tiefsten Schaden nicht gestört werden kann. Das heißt: Wirtschaft fordert Frieden, Ausschluß von Gewalt. Frieden, sagt der Rationalist, ist der Sinn und der Zweck aller Rechtseinrichtungen; Frieden, sagen wir, ist ihre Wirkung, ist ihre Funktion[1]). Das Recht, sagt der Rationalist, ist aus Verträgen hervorgegangen; das Recht, sagen wir, ist ein Sichvertragen, ist Streitbeendung, Streitvermeiden. Gewalt und Recht, Krieg und Frieden, sind die beiden Pole der Form des gesellschaftlichen Lebens; sein Inhalt aber ist die Wirtschaft.

Das Ziel aller Gewalt ist das Eigentum des anderen. Die Person, d. i. das Leben und die Gesundheit, ist nur soweit Gegenstand von Angriffen, als sie der Erlangung von Eigentum im Wege steht. (Sadistische Ausschreitungen, Bluttaten, die um ihrer selbst willen vollbracht werden, sind Ausnahmserscheinungen; um sie zu verhindern, bedurfte man nicht der Rechtsordnung; und heute bekämpft sie der Arzt, nicht der Richter.) Es ist daher kein Zufall, daß das Recht gerade im Eigentumsschutz noch besonders deutlich den Charakter der Friedensbereitung erkennen läßt. In der zweifachen Ordnung des Schutzes, der dem Haben zuteil wird, in der Unterscheidung zwischen Eigentum und Besitz, tritt das Wesen des Rechts, Frieden, ja Frieden um jeden Preis zu schaffen, am klarsten zutage. Der Besitz wird geschützt, obgleich er — wie die Juristen sagen — kein Recht ist. Nicht bloß redliche, auch unredliche Besitzer, selbst Räuber und Diebe dürfen den Besitzesschutz für sich in Anspruch nehmen[2]).

Man glaubt, das Eigentum, wie es in der gegebenen Eigentumsverteilung zutage tritt, damit bekämpfen zu können, daß man auf seinen unrechtmäßigen Ursprung aus eigenmächtiger Aneignung und gewalttätigem Raub hinweist. Alles Recht sei so nichts anderes als verjährtes Unrecht. Darum müsse die bestehende Rechtsordnung, als dem ewigen unverlierbaren Gedanken des Rechts zuwiderlaufend, beseitigt und an ihre Stelle eine neue gesetzt werden, die den Forderungen der Idee des Rechts entspricht. Es könne nicht Aufgabe des Staates sein, „nur auf

---

[1]) Vgl. J. St. Mill, Principles of Political Economy, Peoples Edition, London 1867, S. 124.
[2]) Vgl. Dernburg, Pandekten, 6. Aufl., Berlin 1900, I. Bd., II. Abt., S. 12.

den Zustand des Besitzes, in welchem er seine Bürger antreffe, zu sehen, nach dem Rechtsgrunde der Erwerbung aber nicht zu fragen". Es sei vielmehr „die Bestimmung des Staats, jedem erst das Seinige zu geben, ihn in sein Eigentum erst einzusetzen, und sodann erst, ihn dabei zu schützen"[1]). Damit wird entweder die Existenz einer ewig geltenden Rechtsidee, die zu erkennen und zu verwirklichen Aufgabe des Staates sei, postuliert, oder aber es wird, ganz im Sinne der Vertragstheorie, der Ursprung des wahren Rechts in den Gesellschaftsvertrag verlegt, der nicht anders zustande kommen kann als durch einhelligen Beschluß aller Individuen, die sich in ihm eines Teiles ihrer natürlichen Rechte entäußern. Beiden Annahmen liegt die naturrechtliche Auffassung vom „Rechte, das mit uns geboren" zugrunde. Wir müssen uns darnach richten, sagt jene; indem wir uns seiner vertragsmäßig bedingt entäußern, entsteht die positive Rechtsordnung, sagt diese. Woher das absolute Recht herkommt, das wird verschieden erklärt; nach der Meinung der einen hat es die Vorsehung den Menschen geschenkt, nach der der anderen hat der Mensch es sich mit seiner Vernunft selbst erschaffen. Aber darin stimmen sie überein, daß der Mensch eben dadurch, daß er Recht und Unrecht zu scheiden vermag, sich vom Tier unterscheide; das sei seine „moralische Natur".

Wir können auf diese Gedankengänge heute nicht mehr eingehen, weil die Voraussetzungen, mit denen wir an das Problem herantreten, andere geworden sind. Uns ist die Vorstellung einer Menschennatur, die sich von der aller anderen Lebewesen grundsätzlich unterscheidet, fremd geworden. Wir denken uns den Menschen nicht mehr als ein von Anfang an mit der Idee des Rechts behaftetes Wesen. Und wenn wir auch vielleicht darauf verzichten müssen, die Frage zu beantworten, wie das Recht entstanden ist, so müssen wir uns doch darüber klar sein, daß es nicht rechtlich entstanden sein kann. Das Recht kann sich nicht aus sich selbst erzeugt haben. Der Ursprung des Rechts liegt jenseits der Rechtsordnung. Wenn man dem Recht vorwirft, daß es nichts anderes sei als sanktioniertes Unrecht, so verkennt man, daß es anders gar nicht sein könnte, außer es wäre von allem Uranfang an dagewesen. Wenn es einmal entstanden sein soll, dann kann das, was damals Recht wurde, nicht schon früher Recht gewesen sein. Wer vom Rechte verlangt, daß es rechtlich entstanden sein soll, fordert Unmögliches. Er wendet einen Begriff, der nur innerhalb des Rechtssystems Geltung hat, auf einen Zustand an, der außerhalb des Systems steht.

---

[1]) Vgl. Fichte, Der geschlossene Handelsstaat, herg. v. Medicus, Leipzig 1910, S. 12.

Wir, die wir nur die Wirkung des Rechts, die Friedensstiftung, sehen, müssen erkennen, daß es nicht anders ins Leben treten konnte als durch Anerkennung des Bestehenden, wie immer dieses auch entstanden sein mag. Jeder Versuch, es anders zu machen, hätte den Kampf erneuert und verewigt. Frieden kann nur werden, wenn man den augenblicklichen Zustand gegen gewaltsame Störung sichert und jede künftige Veränderung von der Zustimmung der Betroffenen abhängig macht. Das ist der wahre Sinn des Schutzes erworbener Rechte, der den Wesenskern aller Rechtsordnung ausmacht.

Das Recht ist nicht auf einmal entstanden. Seit Jahrtausenden ist es im Werden, es wird noch immer fort, und es ist ungewiß, ob einmal der Tag kommen wird, an dem es vollendet sein wird, der Tag des endgültigen Friedens. Die Systematiker des Rechts haben sich vergebens bemüht, die Scheidung zwischen privatem und öffentlichem Recht, die uns die Doktrin überliefert und die die Praxis nicht zu entbehren vermeint, dogmatisch durchzuführen. Der Mißerfolg dieser Versuche, die schließlich dazu geführt haben, daß diese Unterscheidung von vielen überhaupt aufgegeben wurde, darf uns nicht in Erstaunen setzen. Die Scheidung ist in der Tat keine dogmatische; das System des Rechts ist einheitlich und kann sie nicht kennen. Sie ist eine geschichtliche, ist das Ergebnis der allmählichen Entwicklung und Durchsetzung der Rechtsidee. Die Rechtsidee wird zunächst in jener Sphäre verwirklicht, in der die Friedenserhaltung für die Sicherung der Kontinuität der Wirtschaft am dringlichsten ist, in den Beziehungen zwischen den Einzelnen. Erst für die Kultur, die sich auf dieser Grundlage aufbaut, wird die Friedenserhaltung in weiterer Sphäre zum Bedürfnis der Fortentwicklung. Ihr dient das öffentliche Recht, das sich vom privaten formal nicht unterscheidet, aber als andersartig empfunden wird, weil es erst später jene Entwicklung erreicht, die dem Privatrecht schon früher beschieden war. Im öffentlichen Recht ist der Schutz erworbener Rechte noch nicht so stark entwickelt wie auf dem Gebiete des Privatrechts[1]). Äußerlich ist die Jugend des öffentlichen Rechts vielleicht am besten daran zu erkennen, daß es in der Systematik hinter dem privaten zurückgeblieben ist. Auf einer noch zurückgebliebeneren Entwicklungsstufe steht das Völkerrecht. Im Verkehr der Staaten ist

---

[1]) Der Liberalismus war bestrebt, den Schutz der erworbenen Rechte durch Ausbau der subjektiven öffentlichen Rechte und Ausdehnung des Rechtsschutzes durch die Gerichte zu erweitern. Etatismus und Sozialismus suchen umgekehrt den Umfang des Privatrechts zugunsten des öffentlichen Rechts immer mehr einzuengen.

die eigenmächtige Gewalt im Krieg noch als ein unter bestimmten Voraussetzungen zulässiges Auskunftsmittel anerkannt, während sie auf dem übrigen Gebiet, das das öffentliche Recht regelt, als Revolution, wenn auch noch nicht wirksam unterdrückt, bereits außerhalb des Rechts steht und auf dem Gebiete des Privatrechts, von den in Ausnahmefällen zur Ergänzung des Rechtsschutzes als zulässig erkannten Abwehrhandlungen abgesehen, durchweg rechtswidrig erscheint.

Daß das, was Recht wurde, früher Unrecht oder, genauer ausgedrückt, rechtlich indifferent gewesen ist, ist kein Mangel, der der Rechtsordnung anhaftet. Wer für sie eine juristische oder moralische Rechtfertigung sucht, mag ihn als solchen empfinden. Zur Begründung der Notwendigkeit oder Ersprießlichkeit einer Aufhebung oder Änderung der Eigentumsordnung kann aber diese Feststellung nichts beitragen. Völlig sinnlos aber wäre es, aus ihr die Forderung nach Aufhebung des Eigentums als rechtmäßig erweisen zu wollen.

§ 3. Nur schwer und langsam ringt sich der Rechtsgedanke durch; nur schwer und langsam drängt er das Gewaltprinzip zurück. Immer wieder gibt es Rückschläge, immer wieder fängt die Rechtsgeschichte von vorn an. Von den Germanen berichtet Tacitus: pigrum quin immo et iners videtur sudore adquirere quod possis sanguine parare[1]). Es ist ein weiter Weg, der von dieser Auffassung zu den Anschauungen führt, die das moderne Erwerbsleben beherrschen.

Der Gegensatz der Auffassung ist nicht auf das Eigentumsproblem beschränkt; er umfaßt den ganzen Stil des Lebens. Es ist der Gegensatz zwischen feudaler (ritterlicher, kavaliermäßiger) und bürgerlicher Denkungsart. Jene ist niedergelegt in den Werken der romantischen Dichtung, deren Schönheit unser Entzücken erregt, wenn wir uns ihrer Lebensauffassung auch nur unter dem frischen Eindruck ihrer Worte und dann auch nur für flüchtige Stunden hinzugeben vermögen[2]). Diese ist in der liberalen Sozialphilosophie zu einem gewaltigen System verarbeitet, an dessen Ausbau die größten Geister aller Zeiten mitgearbeitet haben und dessen Großartigkeit sich in der klassischen Dichtung widerspiegelt. Im Liberalismus gelangt die Menschheit zum Bewußtsein der Kräfte, die ihre Entwicklung leiten. Das Dunkel, das über Ziele und Wege der Geschichte gelagert war, weicht. Man beginnt das gesellschaftliche Leben zu begreifen, und man geht daran, es bewußt ablaufen zu lassen.

---

[1]) Vgl. Tacitus, Germania, 14.

[2]) Eine feine dichterische Verspottung des romantischen Sehnsuchtsmottos: wo Du nicht bist, da ist das Glück, findet sich in den Erlebnissen des Justizrates Knap im Andersenschen Märchen „Die Galoschen des Glücks".

Der feudalen Auffassung ist eine ähnlich geschlossene Systematisierung nicht zuteil geworden. Es war unmöglich, die Gewalttheorie folgerichtig bis ans Ende zu denken. Wenn man das Gewaltprinzip auch nur in Gedanken restlos durchzuführen versucht, gelangt man zu Folgerungen, die seinen unsozialen Charakter schonungslos enthüllen. An seinem Ende steht das Chaos des Krieges aller gegen alle. Darüber kann keine Sophistik hinweghelfen. Alle antiliberalen Sozialtheorien mußten notwendigerweise Bruchstücke bleiben oder zu den absurdesten Schlüssen gelangen. Wenn sie dem Liberalismus vorwerfen, daß er nur auf Irdisches Bedacht nehme, daß er über dem Streben des Alltags die Sorge um höhere Güter vernachlässige, dann rennen sie offene Türen ein. Denn der Liberalismus hat sich nie als mehr geben wollen denn als eine Philosophie des irdischen Lebens; was er lehrt, ist nur auf irdisches Tun und Lassen abgestellt; er hat nie beansprucht, das Letzte und Geheimste des Menschen auszuschöpfen. Die antiliberalen Lehren versprechen alles, sie wollen Glück und Seelenfrieden bringen, als ob dies von außen in die Menschen hineingetragen werden könnte. Nur das eine steht fest, daß ihr Gesellschaftsideal die Versorgung mit äußeren Gütern ganz bedeutend verschlechtert; über den Wert dessen, was sie als Ersatz dafür bringen, sind die Meinungen mindestens geteilt[1]).

Die Kritiker des liberalen Gesellschaftsideals werfen sich schließlich darauf, den Liberalismus mit seinen eigenen Waffen zu schlagen. Sie wollen aufzeigen, daß er nur den Interessen einzelner Schichten dienen wolle und diene; der Friede, den er bereiten will, sei nur einem engen Kreise günstig, schädige aber alle anderen. Auch die im Rechtsstaate realisierte Gesellschaftsordnung beruhe auf Gewalt. Die freien Verträge, auf die sie sich zu stützen vorgebe, seien in Wahrheit nur Gewaltfriedenssatzungen, die von Siegern den Besiegten auferlegt wurden und nur solange gelten, als die Machtverhältnisse Bestand haben, aus denen sie hervorgegangen sind. Alles Eigentum sei durch Gewalt begründet und werde nur durch Gewalt aufrechterhalten. Der freie Arbeiter der liberalen Gesellschaft sei nichts anderes als der Unfreie der Feudalzeit; der Unternehmer beute ihn nicht weniger aus als ein Grundherr seine Grundholden, ein Plantagenbesitzer seine Sklaven. Daß solche und ähnliche Einwendungen gemacht und geglaubt werden konnten, zeigt den Niedergang des Verständnisses für die liberalen Lehren. Doch sie ersetzen keineswegs den Mangel einer ausgearbeiteten Theorie der den Liberalismus bekämpfenden Richtung.

---

[1]) Vgl. Wiese, Der Liberalismus in Vergangenheit und Zukunft, Berlin 1917, S. 58 ff.

Die liberale Auffassung des gesellschaftlichen Zusammenlebens hat die arbeitteilende Volkswirtschaft geschaffen. Der sichtbarste Ausdruck der Verkehrswirtschaft ist die städtische Siedlung, die überhaupt nur in ihr möglich ist. In den Städten ist die liberale Lehre zu einem geschlossenen System ausgebildet worden, hier fand sie die meisten Anhänger. Doch je mehr und je schneller der Wohlstand wuchs und je zahlreicher deshalb die Zuzügler vom flachen Lande in die Städte strömten, desto stärker wurden die Anfechtungen, die sie vom Gewaltprinzipe erfuhr. Die Zugewanderten finden sich schnell im städtischen Erwerbsleben zurecht, sie nehmen bald äußerlich die städtischen Sitten und Lebensanschauungen an, doch dem bürgerlichen Denken bleiben sie lange fremd. Eine Sozialphilosophie kann man sich nicht so leicht zu eigen machen wie eine neue Tracht; sie muß durch eigenes Denken erarbeitet werden. So finden wir in der Geschichte immer wieder, daß Epochen stark fortschreitender Ausbreitung der liberalen Gedankenwelt und der dadurch bewirkten Erhöhung des Wohlstandes durch Ausgestaltung der Arbeitsteilung mit Epochen abwechseln, in denen das Gewaltprinzip wieder die Oberhand zu gewinnen sucht und demgemäß der Wohlstand sinkt, weil die Arbeitsteilung Rückschritte macht. Das Wachstum der Städte und des bürgerlichen Lebens war zu schnell, es war mehr extensiv als intensiv gewesen, die neuen Bürger waren zu Bürgern nur äußerlich, nicht auch innerlich geworden, sie hatten nichtbürgerlicher Gesinnung in den Bürgerschaften zur Herrschaft verholfen. Daran sind alle vom bürgerlichen Geiste des Liberalismus erfüllten Kulturepochen zugrunde gegangen, daran scheint auch unsere bürgerliche Kultur, die großartigste, die die bisherige Geschichte gesehen hat, zugrunde zu gehen. Nicht die Barbaren, die von außen her gegen die Mauern der Städte anstürmen, bedrohen sie mit Untergang; von den Scheinbürgern im Innern, von denen, die nur im äußeren Gehaben, aber nicht im Denken Bürger sind, ist Ärgeres zu fürchten.

Wir haben in den letzten Menschenaltern eine gewaltige Wiedererstarkung des Gewaltprinzips erlebt. Der moderne Imperialismus, dessen Frucht der Weltkrieg mit allen seinen fürchterlichen Folgen war, bringt die alten Gedanken der Verfechter des Gewaltprinzips in einem neuen Gewande. Auch er hat natürlich nicht vermocht, der liberalen Theorie seinerseits ein geschlossenes System entgegenzustellen. Das Kampfprinzip kann eben auf keine Weise zu einer Theorie des Zusammenwirkens — und das muß jede Sozialtheorie sein — führen. Was die Theorie des modernen Imperialismus kennzeichnet, das ist die Verwendung bestimmter Ausdrücke der modernen Naturwissenschaft, z. B.

der Lehre vom Kampf ums Dasein und des Rassenbegriffes. Damit konnte man leicht eine Menge von Schlagwörtern prägen, die sich für die Werbearbeit sehr wirksam erwiesen haben, aber nicht mehr. Alle Ideen, mit denen der moderne Imperialismus prunkt, sind schon längst vom Liberalismus schonungslos als Irrlehren bloßgelegt worden.

Ein Argument, vielleicht das stärkste, holt der moderne Imperialismus aus einer vollständigen Verkennung des Wesens, das dem Eigentum an den Produktionsmitteln in der arbeitteilenden Gesellschaft zukommt. Wenn der Imperialismus es als eines seiner wichtigsten Ziele betrachtet, seinem Volke eigene Kohlengruben, eigene Rohstoffbezugsquellen, eigene Schiffe, eigene Häfen zu schaffen, so geht er von der Vorstellung aus, daß das natürliche Eigentum an diesen Produktionsmitteln ungeteilt sei und daß nur die von ihnen Vorteil ziehen, die sie physisch haben. Er bemerkt nicht, daß das folgerichtige Festhalten an dieser Auffassung zu der sozialistischen Lehre über den Charakter des Eigentums an den Produktionsmitteln führt. Denn wenn es uns Deutschen nicht recht sein kann, daß wir nicht „eigene deutsche" Baumwollplantagen besitzen, warum sollte es jedem einzelnen Deutschen recht sein können, daß er nicht auch „sein" Kohlenwerk, „seine" Baumwollspinnerei besitzt? Darf denn ein Deutscher eine lothringische Erzfundstätte eher „sein" nennen, wenn ein deutscher Staatsbürger sie besitzt als wenn ein französischer Bürger dort Herr ist?

Soweit stimmt der Imperialist mit dem Sozialisten in der Kritik des bürgerlichen Eigentums überein. Doch der Sozialismus hat, was dem Imperialismus nicht gelingen konnte, ein geschlossenes System einer künftigen Gesellschaftsordnung auszubilden gesucht.

§ 4. Die älteren Bestrebungen zur Reform der Eigentumsordnung und des Eigentumsrechtes lassen sich, gleichviel ob sie sich als von Erwägungen sozialer Zweckmäßigkeit oder als von solchen sozialer Gerechtigkeit geleitet gegeben haben, samt und sonders als Bemühungen zur Herstellung möglichster Gleichheit in der Vermögensverteilung charakterisieren. Es soll jeder ein gewisses Mindestausmaß, keiner mehr als ein bestimmtes Höchstausmaß, es sollen alle ungefähr gleich viel besitzen; das ist so ziemlich das Ziel. Die Wege zum Ziel sind nicht immer dieselben; meist wird eine Einziehung alles Eigentums oder eines Teiles, an die sich dann eine Neuaufteilung anschließen soll, vorgeschlagen. Die Welt, bevölkert von lauter selbstgenügsam wirtschaftenden Landwirten, neben denen noch allenfalls für einige Handwerker Raum bleiben könnte, das war das Gesellschaftsideal, dem man zustrebte. Man braucht auf alle diese Reformentwürfe heute nicht mehr einzugehen. Sie sind unter den Verhältnissen der arbeitteilenden Volkswirtschaft nicht durchführbar; eine Eisenbahn, ein Walzwerk, eine Maschinenfabrik können nicht aufgeteilt werden. Hätte man sie vor Jahrhunderten oder Jahrtausenden verwirklicht, dann stünden wir noch immer auf der Stufe der wirtschaftlichen Entwicklung, die zu jener Zeit erreicht worden war, wenn wir nicht überhaupt in einen Zustand, der sich kaum über den tierischen erhebt, zurückgesunken wären. Die Erde würde nur einen kleinen Teil der Menschenzahl, die sie heute ernährt, tragen können, und jeder einzelne Mensch wäre weit schlechter versorgt, als es heute auch die Ärmsten im Industriestaate sind. Unsere Kultur beruht darauf, daß es immer wieder gelungen ist, den Ansturm der Neuverteiler abzuschlagen. Der Verteilungsgedanke hat noch immer selbst in den Industrieländern große Volkstümlichkeit; in jenen Gebieten, in denen die landwirtschaftliche Produktion vorherrscht, ist er — nicht gerade zutreffend Agrarsozialismus genannt — das Um und Auf aller sozialen Reformbestrebungen. Er war die Hauptstütze der großen russischen Revolution, die ihre aus dem Marxismus hervorgegangenen Führer wider ihren Willen vorübergehend zu seinen Vorkämpfern gemacht hat. Er wird vielleicht auch in der übrigen Welt siegen und die Kultur, die die Jahrtausende aufgebaut haben, in kurzer Zeit zerstören. Dennoch, es sei wiederholt, ist es überflüssig, ihm auch nur ein Wort der Kritik zu widmen. Die Meinungen über ihn sind nicht geteilt. Daß man mit Boden- und Heimatstättenkommunismus keine Sozialverfassung zu begründen vermag, die den Hunderten von Millionen Angehörigen der weißen Rasse Lebensmöglichkeit gewährt, bedarf heute wohl keines weiteren Beweises mehr.

Der naive Gleichheitsfanatismus der Aufteiler ist schon lange durch ein anderes Gesellschaftsideal verdrängt worden. Nicht Verteilung, Gemeineigentum ist die Losung des Sozialismus. Das Sondereigentum an den Produktionsmitteln zu beseitigen und sie in das Eigentum der Gesellschaft überzuführen, das und nichts anderes ist das Ziel des Sozialismus.

Der sozialistische Gedanke hat in seiner vollen Strenge und Reinheit mit dem Aufteilungsideal nichts mehr gemein. Er ist ebensoweit entfernt von der unklaren Vorstellung einer Gemeinschaft der Genußgüter. Sein Ziel ist, jedem ein auskömmliches Dasein zu ermöglichen. Doch er ist nicht mehr so naiv, dieses Ziel durch Zertrümmerung des arbeitteilenden Wirtschaftsbetriebes anstreben zu wollen. Die Abneigung gegen das Austauschsystem, die die Aufteilungsschwärmer kennzeichnet, ist ihm zwar geblieben. Doch er will den Verkehr anders beseitigen als durch Aufhebung der Arbeitsteilung und durch Rückkehr zur Autarkie der geschlossenen Hauswirtschaft oder mindestens zur einfacheren Austauschorganisation des sich selbst genügenden Landkreises.

Es ist klar, warum der sozialistische Gedanke nicht eher entstehen konnte, als bis das Sondereigentum an den Produktionsmitteln den Charakter angenommen hatte, der ihm in der arbeitteilenden Gesellschaft zukommt. Erst mußte die gesellschaftliche Verflechtung der Einzelwirtschaften jenen Grad erreichen, auf dem die Erzeugung für fremden Bedarf Regel ist, ehe der Gedanke des Gemeineigentums an den Produktionsmitteln feste Gestalt annehmen konnte. Zu voller Klarheit konnte es der sozialistische Ideenkreis erst bringen, nachdem die liberale Sozialphilosophie das Wesen der gesellschaftlichen Produktion enthüllt hatte. In diesem Sinne, doch in keinem anderen, mag man den Sozialismus als eine Frucht des Liberalismus bezeichnen.

Man muß zugeben, daß der Gedanke des Sozialismus, wie auch immer man über die Zweckmäßigkeit und Möglichkeit seiner Durchführung denken mag, großartig und einfach zugleich ist. Wer ihn noch so entschieden ablehnt, wird nicht leugnen können, daß er einer eingehenden Überprüfung wert ist. Ja, man darf sagen, daß er eine der gewaltigsten Schöpfungen des menschlichen Geistes darstellt. Das Beginnen, unter Bruch mit allen überlieferten Formen der gesellschaftlichen Organisation die Wirtschaft auf neuer Grundlage aufzubauen, aus dem Geiste heraus einen neuen Weltplan zu entwerfen und im Geiste die künftige Gestaltung, die die menschlichen Dinge annehmen müssen, zu erschauen, ist so großartig und kühn, daß es mit Recht die höchste Bewunderung gefunden hat. Man kann die Idee des Sozialismus überwinden, man muß sie überwinden, wenn man die Welt nicht in Barbarei und Elend zurücksinken lassen will, man kann sie aber nicht achtlos beiseite schieben.

§ 5. Es ist ein alter Kunstgriff der politischen Neuerer, daß sie das, was sie in der Zukunft verwirklicht sehen wollen, als das Alte und Naturgemäße bezeichnen, das von allem Anfang her bestanden habe und nur durch die Ungunst der geschichtlichen Entwicklung verloren gegangen sei; nun müsse man zu ihm zurückkehren und damit das goldene Zeitalter wieder herstellen. So hat das Naturrecht die Rechte, die es für das Individuum forderte, als angeborene unveräußerliche Rechte, die dem Menschen von Natur aus zustehen, erklärt; nicht um Neuerung handle es sich, sondern um Wiederherstellung der „ew'gen Rechte, die droben hangen unveräußerlich und unzerbrechlich wie die Sterne selbst". So ist auch die romantische Utopie vom Gemeineigentum einer grauen Vorzeit entstanden. Nahezu alle Völker kennen sie. Im alten Rom hat sie sich zur Sage vom goldenen saturnischen Zeitalter verdichtet. In prächtigen Farben schildern es Vergil, Tibull und Ovid; auch Seneca erging sich in seinem Preise[1]). Das waren herrliche, selige Zeiten! Es gab kein Sondereigentum; allen ging es gut, denn die Natur war freigebiger[2]). Der moderne Sozialismus wähnt sich über die Einfachheit und Kindlichkeit solcher Vorstellungen erhaben; doch er macht es kaum anders als die Römer der Kaiserzeit.

Die liberale Doktrin hatte die Bedeutung der sozialen Funktion des Sondereigentums an den Produktionsmitteln für die Entwicklung der Kultur nachdrücklich hervorgehoben. Der Sozialismus hätte sich damit begnügen können, die Ersprießlichkeit der weiteren Beibehaltung der Einrichtung des Eigentums zu leugnen, ohne zugleich den Nutzen, den sie in der Vergangenheit gestiftet hat, zu bestreiten. Der Marxismus versucht dies auch, indem er die Zeitalter der einfachen und der kapitalistischen Warenproduktion als notwendige Entwicklungsstufen der Gesellschaft hinstellt. Doch er trifft sich mit den anderen sozialistischen Lehren in dem Bestreben, mit einem starken Aufwand von sittlicher Entrüstung über alles Sondereigentum, das in der Geschichte aufgetreten ist, den Stab zu brechen. Es gab einst gute Zeiten, da noch kein Sondereigentum war; es wird wieder gute Zeiten geben, wenn man das Sondereigentum wieder beseitigt haben wird.

Zur Begründung mußte die junge Wissenschaft der Wirtschaftsgeschichte herhalten. Man konstruierte eine Theorie von der Ursprünglichkeit der Feldgemeinschaft. Alles Grundeigentum sei einst Gemeinbesitz aller Stammesgenossen gewesen. Zuerst sei es auch von allen gemeinsam benutzt worden; erst später seien, unter Aufrechterhaltung des Gemeineigentums, die Felder den einzelnen Genossen zur Sondernutzung auf bestimmte Zeit verteilt worden, doch hätten immer wieder, zuerst alljährlich, dann nach längeren Zeitabschnitten, Neuverteilungen stattgefunden. Das Sondereigentum selbst sei eine verhältnismäßig junge Einrichtung; wie es entstanden, sei nicht recht klar, doch wäre anzunehmen, daß es sich durch Unterlassung der Neuverteilung gewissermaßen durch Gewohnheit eingeschlichen habe, wenn man es nicht gar auf rechtswidrige Aneignung zurückführen wolle. Man sehe also, daß es ein Fehler gewesen sei, dem Eigentum eine große Bedeutung für die Geschichte der Kultur zuzusprechen. Es sei erwiesen, daß sich der

---

[1]) Vgl. Poehlmann, Geschichte der sozialen Frage und des Sozialismus in der antiken Welt, 2. Aufl., München 1912, II. Bd., S. 577ff.

[2]) ipsaque tellus, omnia liberius nullo poscente ferebat. (Vergil, Georg., I, 127f.).

Ackerbau unter der Herrschaft des Gemeineigentums mit periodischer Teilung entwickelt habe. „Damit der Mensch den Acker baut und säet, braucht man ihm nur den Ertrag der Arbeit zu gewährleisten, und dazu genügt zur Not der einjährige Besitz." Auch sei es falsch, die Entstehung des Grundeigentums auf Okkupation herrenlosen Bodens zurückzuführen. Das nichtokkupierte Land sei „keinen Augenblick eine herrenlose Sache gewesen. Überall, früher wie gegenwärtig, hat man es für dem Staate oder der Gemeinde gehörig erklärt; folglich hat früher ebensowenig als heute eine Besitzergreifung stattfinden können"[1]).

Von der Höhe der neugewonnenen geschichtlichen Erkenntnis sah man mit mitleidigem Lächeln auf die Ausführungen der liberalen Sozialphilosophie herab. Man war überzeugt, den Beweis erbracht zu haben, daß das Sondereigentum „nur" eine historisch-rechtliche Kategorie sei. Es habe nicht immer bestanden, es sei nichts anderes als ein nicht gerade empfehlenswertes Kulturgewächs, also könne man es auch wieder abschaffen. Die Sozialisten aller Richtungen, vor allem aber die Marxisten, waren eifrig darauf bedacht, diese Lehren zu verbreiten. Sie haben den Schriften ihrer Vorkämpfer zu einer Volkstümlichkeit verholfen, die wirtschaftsgeschichtlichen Forschungen sonst versagt bleibt.

Die Wissenschaft der Wirtschaftsgeschichte hat die Anschauung, daß das Gemeineigentum am Ackerlande ein notwendiges Durchgangsstadium bei allen Völkern — Ureigentum — gewesen sei, bald widerlegt. Sie hat nachgewiesen, daß der russische Mir in der Neuzeit unter dem Drucke der Leibeigenschaft und der Kopfsteuer entstanden ist, daß die Haubergenossenschaften des Kreises Siegen erst seit dem 16. Jahrhundert auftreten, daß die Trierer Gehöferschaften sich im 13., vielleicht erst im 17. und 18. Jahrhundert entwickelt haben, daß die südslawische Zadruga durch Einführung des byzantinischen Steuersystems entstanden ist[2]). Die älteste germanische Agrargeschichte konnte bis nun noch nicht genügend geklärt werden; es ist in wichtigeren Fragen noch nicht gelungen, Einhelligkeit der Meinungen zu erzielen. Die Deutung der spärlichen Nachrichten, die Cäsar und Tacitus übermitteln, bereitet besondere Schwierigkeiten. Doch man darf auf keinen Fall bei den Versuchen, sie zu verstehen, übersehen, daß die Verhältnisse des alten Germanien, wie sie uns diese beiden Schriftsteller schildern, vor allem dadurch gekennzeichnet sind, daß guter Ackerboden noch in so reichlichem Maße zur Verfügung steht, daß die Grundeigentumsfrage wirt-

---

[1]) Vgl. Laveleye, Das Ureigentum, Deutsch von Bücher, Leipzig 1879, S. 514f.
[2]) Vgl. Below, Probleme der Wirtschaftsgeschichte, Tübingen 1920, S. 13ff.

schaftlich noch nicht von Belang ist. Superest ager, das ist die Grundtatsache der deutschen Agrarverhältnisse zur Zeit des Tacitus[1]).

Man muß übrigens gar nicht erst auf die wirtschaftsgeschichtlichen Nachweise, die die Lehre vom Ureigentum widerlegen, eingehen, um zu erkennen, daß man aus ihr nichts gegen das Sondereigentum an den Produktionsmitteln folgern kann. Ob dem Sondereigentum überall Gemeineigentum vorausgegangen ist oder nicht, ist für die Beurteilung seiner geschichtlichen Leistungen und seiner Funktion in der Wirtschaftsverfassung der Gegenwart und der Zukunft ohne Belang. Wenn es auch gelingen könnte, nachzuweisen, daß alle Völker einst das Gemeineigentum als Grundeinrichtung ihres Bodenrechts gekannt hätten, und daß alles Sondereigentum durch rechtswidrige Aneignung entstanden sei, so wäre damit noch lange nicht bewiesen, daß rationelle Landwirtschaft mit intensiver Bewirtschaftung sich ohne Sondereigentum hätte entwickeln können. Noch weniger aber wäre es erlaubt, daraus zu schließen, daß man das Sondereigentum auch aufheben könne oder solle.

II.
Der Sozialismus.

§ 1. Sozialismus ist Überführung der Produktionsmittel aus dem Sondereigentum in das Eigentum der organisierten Gesellschaft, des Staates[2]). Der sozialistische Staat ist Eigentümer aller sachlichen Produktionsmittel und damit der Leiter der gesamten Produktion. Es ist, was immer wieder übersehen wird, nicht notwendig, daß die Überführung des Eigentums in die Verfügungsgewalt des Staates sich unter Beobachtung der Formen vollzieht, die das Recht der auf dem Sondereigentum an den Produktionsmitteln aufgebauten Geschichtsepoche für Eigentumsübertragungen ausgebildet hat; noch weniger kommt es darauf an, daß dabei am überlieferten Sprachgebrauch des Privatrechts festgehalten wird. Eigentum ist Verfügungsmöglichkeit, und wenn die Verfügungsmöglichkeit vom überlieferten Namen getrennt und damit ein eine neue Bezeichnung führendes Rechtsinstitut ausgestattet wird, so ist dies für das Wesen der Dinge ohne Bedeutung. Nicht auf das Wort,

---

[1]) Vgl. Germania 26.
[2]) Der Ausdruck „Kommunismus" besagt nichts anderes als „Sozialismus". Der Gebrauch der beiden Wörter hat in den letzten Jahrzehnten wiederholt die Bedeutung gewechselt, doch immer waren es nur Fragen der Taktik, die Sozialisten und Kommunisten schieden. Beide streben Vergesellschaftung der Produktionsmittel an.

auf die Sache ist zu sehen. Die Entwicklung zum Sozialismus hat sich nicht nur durch formelle Übertragung des Eigentums an den Staat vollzogen. Auch die Beschränkung der Befugnisse des Eigentümers ist ein Mittel der Sozialisierung. Wenn ihm die Verfügungsmöglichkeit stückweise genommen wird, indem der Staat sich immer mehr Einfluß auf die Bestimmung der Richtung und der Art der Produktion sichert und von dem Ertrag der Produktion einen immer größeren Anteil heischt, so wird dem Eigentümer immer mehr und mehr entzogen, bis ihm schließlich nur der leere Name des Eigentums bleibt, das Eigentum selbst aber ganz in die Hände des Staates übergegangen ist.

Man pflegt oft die grundsätzliche Verschiedenheit, die zwischen dem liberalen und dem anarchistischen Gedanken besteht, zu verkennen. Der Anarchismus lehnt alle gesellschaftliche Zwangsorganisation ab, er verwirft den Zwang als Mittel gesellschaftlicher Technik. Er will den Staat und die Rechtsordnung wirklich abschaffen, weil er der Meinung ist, daß die Gesellschaft sie ohne Schaden entbehren könnte. Er befürchtet von der Anarchie nicht Unordnung, denn er glaubt, daß die Menschen sich auch ohne Zwang zu gesellschaftlichem Zusammenwirken verbinden und dabei alle jene Rücksichten nehmen würden, die das Leben in der Gesellschaft verlangt. Der Anarchismus ist an sich weder liberal noch sozialistisch; er bewegt sich in einer anderen Ebene als Liberalismus und Sozialismus. Wer den Grundgedanken des Anarchismus als verfehlt ansieht, wer es für eine Illusion hält, daß es möglich sei oder je möglich werden könnte, die Menschen ohne den Zwang einer verpflichtenden Rechtsordnung zu friedlichem Zusammenwirken zu vereinen, der wird sowohl als Liberaler als auch als Sozialist sich von anarchistischen Ideen fernhalten. Alle liberalen und alle sozialistischen Theorien, die den Boden der streng logischen Gedankenverknüpfung nicht verlassen, haben ihr System unter bewußter und scharfer Ablehnung des Anarchismus ausgebaut. Inhalt und Umfang der Rechtsordnung sind im Liberalismus und im Sozialismus verschieden; doch beide erkennen ihre Notwendigkeit. Wenn der Liberalismus das Gebiet der staatlichen Tätigkeit einengt, so liegt es ihm fern, die Notwendigkeit des Bestandes einer Rechtsordnung zu bestreiten. Er ist nicht staatsfeindlich, er sieht den Staat nicht als ein — wenn auch notwendiges — Übel an. Seine Stellung zum Staatsproblem ist überhaupt nicht durch seine Abneigung gegen die „Person" des Staates gegeben, sondern durch seine Stellung zum Eigentumsproblem. Weil er das Sondereigentum an den Produktionsmitteln will, muß er folgerichtig alles ablehnen, was ihm entgegensteht. Der Sozialismus wieder muß, sobald er sich grundsätzlich vom Anarchismus abgewendet hat, das Gebiet, das die Zwangsordnung des Staates regelt, zu erweitern suchen; ist es doch sein ausgesprochenes Ziel, die „Anarchie der Produktion" zu beseitigen. Der Sozialismus hebt die staatliche Rechtsordnung mit ihrem Zwange nicht auf; er dehnt sie im Gegenteil auf ein Gebiet aus, das der Liberalismus staatsfrei lassen will.

Die sozialistischen Schriftsteller, besonders jene, die den Sozialismus aus ethischen Gründen empfehlen, lieben es, den Sozialismus als die Gesellschaftsform darzustellen, bei welcher das allgemeine Beste Berücksichtigung finde, wogegen der Liberalismus nur die Interessen einer Sonderschicht im Auge habe. Über Wert oder Unwert einer gesellschaftlichen Organisationsform kann man erst urteilen, bis man sich von ihren Wirkungen ein klares Bild gemacht hat; was Sozialismus und Liberalismus wirklich leisten, kann nur auf Grundlage eingehender Untersuchungen festgestellt werden. Die Behauptung des Sozialismus, daß er allein das Beste wolle, kann man aber von vornherein als unrichtig zurückweisen. Denn der Liberalismus tritt nicht aus Rücksicht auf die Sonderinteressen der Eigentümer für das Sondereigentum an den Produktionsmitteln ein, sondern weil er von einer auf dem Sondereigentum beruhenden Wirtschaftsverfassung eine bessere Versorgung erwartet. In der liberalen Wirtschaftsverfassung werde mehr erzeugt, als in der sozialistischen; dieser Überschuß kommt nicht nur den Besitzenden zugute, so daß die Bekämpfung der sozialistischen Irrlehren nicht etwa ein Sonderinteresse der Reichen sei; auch der Ärmste würde durch den Sozialismus geschädigt werden. Man mag sich zu dieser Behauptung wie immer stellen, keineswegs ist es gestattet, dem Liberalismus zu unterstellen, er wäre eine Politik, die nur auf die Wahrung von Sonderinteressen einer engen Schicht bedacht sei. Sozialismus und Liberalismus unterscheiden sich nicht durch das Ziel, das sie anstreben, sondern durch die Mittel, die sie anwenden wollen, um das Ziel zu erreichen.

§ 2. Der Liberalismus hatte sein Programm in eine Anzahl Punkte zusammengefaßt, die er als Forderungen des Naturrechtes empfahl. Das sind die Menschen- und Bürgerrechte, die in den Befreiungskämpfen des 18. und 19. Jahrhunderts den Gegenstand des Streites gebildet haben. Sie stehen mit ehernen Lettern in den Verfassungsgesetzen, die unter der Einwirkung der Volksbewegungen dieser Zeit zustande gekommen sind. Ob sie hier gerade am Platze sind, ist eine Frage, die recht wohl auch von Anhängern liberaler Denkungsart verneint werden könnte. Denn sie sind, ihrer Fassung und ihrem Wortlaute nach, weniger Rechtssätze, die zum Inhalte eines zur praktischen Handhabung bestimmten

Gesetzes geeignet sind, denn ein politisches Programm, das von der Gesetzgebung und von der Verwaltung befolgt werden will. Jedenfalls ist es klar, daß es nicht genügen kann, sie feierlich in Staatsgrundgesetze und Verfassungsurkunden aufzunehmen; sie müssen mit ihrem Geiste den ganzen Staat durchdringen. Es hat dem Bürger Österreichs wenig genützt, daß ihm vom Staatsgrundgesetz das Recht eingeräumt worden war, „durch Wort, Schrift, Druck oder bildliche Darstellung seine Meinung innerhalb der gesetzlichen Schranken frei zu äußern". Diese gesetzlichen Schranken behinderten die freie Meinungsäußerung nicht weniger, als wenn jenes Grundgesetz nie erlassen worden wäre. England kennt das Grundrecht der freien Meinungsäußerung nicht, doch Rede und Presse sind dort wirklich frei, weil der Geist, der sich in ihm äußert, die ganze englische Gesetzgebung durchdringt.

Nach dem Muster dieser politischen Grundrechte haben einzelne antiliberale Schriftsteller ökonomische Grundrechte aufzustellen versucht. Sie verfolgen damit einen doppelten Zweck; sie wollen einerseits die Unzulänglichkeit einer Gesellschaftsordnung dartun, die nicht einmal diese natürlichen Rechte des Menschen gewährleistet, andererseits wollen sie einige leicht zu merkende wirksame Schlagwörter schaffen, die für ihre Ideen werben sollen. Die Anschauung, daß es schon genügen könnte, diese Grundrechte gesetzlich festzulegen, um eine ihren Idealen entsprechende Gesellschaftsordnung aufzurichten, lag ihnen im allgemeinen fern. Die Mehrzahl der Autoren, wenigstens der späteren, war sich darüber klar, daß anders als auf dem Wege über die Vergesellschaftung der Produktionsmittel das, was sie anstreben, nicht zu erreichen sei. Die ökonomischen Grundrechte sollten nur zeigen, welchen Anforderungen eine Gesellschaftsordnung Genüge leisten müßte. Sie waren mehr eine Kritik als ein Programm. Wenn wir sie unter diesem Gesichtspunkte betrachten, erschließen sie uns die Einsicht in das, was der Sozialismus nach der Meinung seiner Vorkämpfer leisten soll.

Mit Anton Menger pflegt man drei ökonomische Grundrechte des Sozialismus anzunehmen: das Recht auf den vollen Arbeitsertrag, das Recht auf Existenz und das Recht auf Arbeit[1]).

Jede Produktion verlangt das Zusammenwirken sachlicher und persönlicher Produktionsfaktoren; sie ist zielstrebige Verbindung von Boden, Kapital und Arbeit. Wieviel die einzelnen dieser Faktoren zum Erfolge der Produktion physisch beigetragen haben, kann nicht ermittelt werden. Wieviel von dem Werte des Produkts den einzelnen

---

[1]) Vgl. Anton Menger, Das Recht auf den vollen Arbeitsertrag in geschichtlicher Darstellung, 4. Aufl., Stuttgart und Berlin 1910, S. 6.

Produktionsfaktoren zuzurechnen ist, ist eine Frage, die der wirtschaftende Mensch täglich und stündlich beantwortet, mag auch die wissenschaftliche Erklärung dieses Vorganges erst in der jüngsten Zeit zu einigermaßen befriedigenden Ergebnissen, die von einer endgültigen Lösung noch immer entfernt sind, geführt haben. Indem für alle Produktionsfaktoren Marktpreise gebildet werden, wird jedem die Bedeutung beigelegt, die seiner Mitwirkung am Ergebnisse der Produktion entspricht. Jeder Produktionsfaktor empfängt im Preise den Ertrag seiner Mitwirkung. Im Lohn bezieht der Arbeiter den vollen Arbeitsertrag. So erscheint im Lichte der subjektivistischen Wertlehre die sozialistische Forderung eines Rechtes auf den vollen Arbeitsertrag als völlig sinnlos. Sie ist es aber keineswegs. Nur der Sprachgebrauch, in den sie sich kleidet, erscheint unserem modernen wissenschaftlichen Denken unverständlich. Er entstammt einer Auffassung, die die Quelle des Wertes allein in der Arbeit erblickt. Wer in der Wertlehre diesen Standpunkt einnimmt, dem erscheint die Forderung nach Beseitigung des Sondereigentums an den Produktionsmitteln als Forderung nach dem vollen Arbeitsertrag für den Arbeiter. Es ist zunächst eine negative Forderung: Ausschluß alles Einkommens, das nicht auf Arbeit beruht. Doch sobald man daran geht, ein System zu konstruieren, in dem diesem Grundsatze genau Rechnung getragen werden soll, ergeben sich unüberwindliche Schwierigkeiten, die eben darauf beruhen, daß der Gedankengang, der zur Aufstellung des Rechtes auf den vollen Arbeitsertrag geführt hat, auf unhaltbaren Theorien über die Wertbildung beruht. Daran sind alle diese Systeme gescheitert. Ihre Urheber mußten schließlich gestehen, daß das, was sie wollen, nichts anderes sei als die Beseitigung des nicht durch Arbeit begründeten Einkommens Einzelner, und daß dies wieder nicht anders erreicht werden könne als durch Vergesellschaftung der Produktionsmittel. Von dem Recht auf den vollen Arbeitsertrag, das durch Jahrzehnte die Geister beschäftigt hatte, blieb nichts übrig als das für die Werbearbeit freilich sehr wirksame Schlagwort von der Beseitigung des „unverdienten" arbeitslosen Einkommens.

Das Recht auf Existenz kann verschieden aufgefaßt werden. Versteht man darunter nur den Anspruch der mittellosen Arbeitsunfähigen, für deren Unterhalt kein Angehöriger aufzukommen hat, auf eine notdürftige Versorgung, dann ist es eine harmlose Einrichtung, die in den meisten Gemeinwesen seit Jahrhunderten annähernd verwirklicht ist, mag auch seine Durchführung manches zu wünschen übrig lassen, und mag es aus Gründen, die auf seine Entstehung aus der charitativen Armenpflege und der Wohlfahrtspolizei zurückführen, im allgemeinen auch nicht den Charakter eines subjektiven öffentlichen Rechtes tragen. In diesem Sinne fassen es jedoch die Sozialisten nicht auf. Sie bestimmen es dahin, ,,daß jedes Mitglied der Gesellschaft einen Anspruch hat, daß ihm die zur Erhaltung seiner Existenz notwendigen Sachen und Dienstleistungen nach Maßgabe der vorhandenen Mittel zugewiesen werden, bevor minder dringende Bedürfnisse anderer befriedigt werden"[1]. Bei der Unbestimmtheit des Begriffes der Erhaltung der Existenz und bei der Unmöglichkeit, die Dringlichkeit der Bedürfnisse verschiedener Menschen an einem objektiven Merkmal zu erkennen und zu vergleichen, läuft das auf die Forderung möglichst gleichmäßiger Verteilung der Genußgüter hinaus. Die Fassung, die das Recht auf Existenz mitunter erhält: es soll niemand darben, solange andere im Überfluß leben, bringt diese Absicht noch deutlicher zum Ausdruck. Es ist klar, daß dieser Forderung nach ihrer negativen Seite hin nur Genüge geleistet werden kann, wenn alle Produktionsmittel vergesellschaftet werden und der Ertrag der Produktion vom Staate verteilt wird. Ob ihr nach ihrer positiven Seite hin überhaupt entsprochen werden kann, ist eine andere Frage, über die sich jene, die das Recht auf Existenz vertreten, kaum irgendwelche Sorgen gemacht haben. Der Gedankengang, von dem sie sich haben leiten lassen, ist der, daß die Natur selbst allen Menschen ein genügendes Auskommen gewähre, und daß nur verkehrte gesellschaftliche Einrichtungen an der ungenügenden Versorgung eines großen Teiles der Menschheit Schuld trügen. Würde es gelingen, den Reichen das abzunehmen, was sie über das ,,Notwendige" verzehren dürfen, dann könnten alle in die Lage versetzt werden, anständig zu leben. Erst unter dem Eindrucke der Kritik, die vom Malthusschen Bevölkerungsgesetz an diesen Illusionen geübt wurde[2], hat die sozialistische Doktrin sich zu ihrer Ummodelung genötigt gesehen Es wird zugegeben, daß unter den Verhältnissen der nichtsozialistischen Produktionsweise nicht genug erzeugt wird, um alle reichlich zu versorgen; der Sozialismus aber werde die Produktivität der Arbeit so ungeheuer steigern, daß es möglich sein werde, einer unbegrenzten Menge Menschen auf Erden ein Paradies zu schaffen. Selbst der sonst vorsichtig zurückhaltende Marx meint, die sozialistische Gesellschaft werde die Bedürfnisse jedes Einzelnen zum Maßstabe der Verteilung machen können[3].

---

[1] Vgl. Anton Menger, Das Recht auf den vollen Arbeitsertrag in geschichtlicher Darstellung, 4. Aufl., Stuttgart und Berlin 1910, S. 9.

[2] Vgl. Malthus, An Essay on the Principle of Population, Fifth Ed., London 1817, III. Bd., S. 154ff.

[3] Vgl. Marx, Zur Kritik des sozialdemokratischen Parteiprogramms von Gotha, herg. von Kreibich, Reichenberg 1920, S. 17.

Soviel ist jedenfalls gewiß, daß die Voraussetzung für die Anerkennung eines Rechtes auf Existenz in dem Sinne, in dem es von den Theoretikern des Sozialismus gefordert wird, nur durch die Vergesellschaftung der Produktionsmittel geschaffen werden könnte. Anton Menger hat zwar die Anschauung vertreten, daß sich die Fortdauer der privatrechtlichen Ordnung neben dem Recht auf Existenz recht wohl denken lasse. Die Ansprüche aller Staatsbürger auf Befriedigung ihrer Existenzbedürfnisse wären in diesem Falle gleichsam als eine Hypothek zu betrachten, die auf dem Nationaleinkommen ruht und berichtigt werden muß, bevor einzelnen begünstigten Personen ein arbeitsloses Einkommen gewährt werden kann. Doch auch er muß zugeben, daß eine vollständige Durchführung des Rechtes auf Existenz von dem arbeitslosen Einkommen einen so bedeutenden Teil in Anspruch nehmen und das Privateigentum seines wirtschaftlichen Nutzens so sehr entkleiden würde, daß dieses sich bald in Kollektiveigentum verwandeln müßte[1]). Hätte Menger nicht übersehen, daß das Recht auf Existenz schwerlich anders gehandhabt werden könnte denn als Recht auf gleichmäßige Verteilung der Genußgüter, so hätte er seine grundsätzliche Verträglichkeit mit dem Sondereigentum an den Produktionsmitteln nicht behaupten können.

Das Recht auf Arbeit steht in engstem Zusammenhang mit dem Recht auf Existenz[2]). Der Gedanke, der ihm zugrunde liegt, ist zunächst nicht der eines Rechtes auf Arbeit als vielmehr der einer Pflicht zur Arbeit. Die Gesetze, die dem Arbeitsunfähigen eine Art Anspruch auf Versorgung einräumen, schließen den Arbeitsfähigen von dieser Begünstigung aus; ihm wird nur ein Anspruch auf Zuweisung von Arbeit zugestanden. Die sozialistischen Schriftsteller und, ihnen folgend, die ältere sozialistische Politik haben freilich einen anderen Begriff von diesem Rechte. Sie verwandeln es, mehr oder weniger deutlich, in einen Anspruch auf eine den Neigungen und Fähigkeiten des Arbeiters entsprechende und zugleich einen seinen Existenzbedürfnissen genügenden Lohn abwerfende Arbeit. Dem Recht auf Arbeit in diesem erweiterten Sinne liegt dieselbe Anschauung zugrunde, die das Recht auf Existenz hat entstehen lassen, daß nämlich im „natürlichen" Zustande — den man sich vor und außerhalb der auf dem Sondereigentum beruhenden Gesellschaftsordnung zu denken hat, und der nach ihrer Beseitigung durch eine sozialistische Verfassung sogleich wieder hergestellt werden

---

[1]) Vgl. Anton Menger, Das Recht auf den vollen Arbeitsertrag, a. a. O., S. 10.
[2]) Ebendort S. 10ff.; vgl. ferner Singer-Sieghart, Das Recht auf Arbeit in geschichtlicher Darstellung, Jena 1895, S. 1ff.; Mutasoff, Zur Geschichte des Rechts auf Arbeit mit besonderer Rücksicht auf Charles Fourier, Bern 1897, S. 4ff.

könnte — jedermann imstande wäre, sich durch Arbeit ein auskömmliches Einkommen zu beschaffen. Die bürgerliche Gesellschaft, der die Beseitigung dieser befriedigenden Verhältnisse zur Last falle, schulde den dadurch Geschädigten ein Äquivalent dessen, um das sie gebracht wurden, und dieses Äquivalent soll eben das Recht auf Arbeit darstellen. Man sieht, es ist immer wieder derselbe Wahn von den schon durch die Natur selbst außerhalb der geschichtlich gewordenen Gesellschaft den Menschen gewährten ausreichenden Unterhaltsmöglichkeiten. Doch die Natur kennt und gewährt überhaupt keine Rechte, und gerade der Umstand, daß sie die Unterhaltsmittel gegenüber einem praktisch unbegrenzten Bedarf nur kärglich spendet, ist es, der den Menschen zum Wirtschaften nötigt. Aus der Wirtschaft aber entspringt erst die gesellschaftliche Zusammenarbeit; zu ihrer Entstehung führt die Erkenntnis, daß sie die Produktivität erhöht und die Versorgung verbessert. Die den naivsten naturrechtlichen Theorien entlehnte Vorstellung, daß die Gesellschaft die Lage des Individuums, das sich „im freien Urstand der Natur" wohler befunden hätte, verschlechtert habe und sich von ihm die Duldung gewissermaßen erst durch Einräumung von besonderen Rechten erkaufen müsse, bildet den Kern der Ausführungen aller Vorkämpfer des Rechtes auf Arbeit ebenso wie der des Rechtes auf Existenz.

Im Gleichgewichtszustand der Volkswirtschaft gibt es keine unbeschäftigten Arbeitskräfte. Die Arbeitslosigkeit ist eine Folge der wirtschaftlichen Veränderung, sie ist in der durch obrigkeitliche und gewerkschaftliche Eingriffe nicht behinderten Wirtschaft stets nur eine Übergangserscheinung, und die Verschiebung der Lohnsätze hat immer wieder die Tendenz, sie zum Verschwinden zu bringen. Durch zweckentsprechende Einrichtungen, wie zum Beispiel durch Ausgestaltung der Arbeitsvermittlung, die sich auf dem unbehinderten Markte, d. i. bei voller Freizügigkeit der Person und bei Aufhebung aller die Berufswahl und den Berufswechsel erschwerenden Umstände aus dem Wirtschaftsmechanismus heraus entwickeln würden, könnte man die Dauer der einzelnen Fälle von Arbeitslosigkeit so sehr verkürzen, daß sie kaum noch als ein ernstes Übel empfunden werden könnte[1]). Doch das Verlangen, jedem Bürger einen Anspruch auf Beschäftigung in seinem gewohnten Berufe zu einem Lohn zuzugestehen, der hinter dem Lohnsatz anderer Arbeit, die gerade mehr begehrt wird, nicht zurückbleibt, ist ganz und gar verkehrt. Die Wirtschaft kann ein Mittel zur Erzwingung des Berufswechsels nicht entbehren. In dieser Gestalt ist das Recht

---

[1]) Vgl. meine Schriften Kritik des Interventionismus, Jena 1929, S. 12 ff.; Die Ursachen der Wirtschaftskrise, Tübingen 1931, S. 15 ff.

auf Arbeit nicht nur in einer auf dem Sondereigentum an den Produktionsmitteln beruhenden Gesellschaftsordnung schlechterdings undurchführbar. Auch das sozialistische Gemeinwesen könnte dem Arbeiter nicht das Recht zugestehen, gerade in seinem gewohnten Berufe tätig zu sein; es müßte die Befugnis haben, die Arbeitskräfte dort zu verwenden, wo sie gerade benötigt werden.

Die drei ökonomischen Grundrechte — ihre Zahl ließe sich übrigens noch leicht vermehren — gehören einer überwundenen Epoche der sozialen Reformbestrebungen an. Sie haben heute nur noch als volkstümliche Schlagwörter von wirksamer Werbekraft Bedeutung. Das soziale Reformprogramm, das sie alle verdrängt hat, ist der Sozialismus mit seiner Forderung nach Vergesellschaftung der Produktionsmittel.

§ 3. Der Gegensatz von Realismus und Nominalismus, der die Geschichte des menschlichen Denkens seit Plato und Aristoteles durchzieht, tritt auch in der Sozialphilosophie zutage[1]). Durch die Stellung, die sie dem Problem der gesellschaftlichen Verbände gegenüber einnehmen, scheiden sich Kollektivismus und Individualismus nicht anders als Universalismus und Nominalismus durch die Stellung zum Problem der Gattungsbegriffe. Doch auf dem Boden der Sozialwissenschaft gewinnt dieser Gegensatz, der schon in der Philosophie durch die Stellung zum Gottesbegriff zu einer weit über die Grenzen der wissenschaftlichen Forschung hinausgehenden Bedeutung gelangt, höchste politische Wichtigkeit. Aus dem Gedankensystem des Kollektivismus holen die Mächte, die sind und nicht weichen wollen, die Waffen zur Verteidigung ihrer Rechte. Der Nominalismus ist aber auch hier die Kraft, die nie ruht und immer weiter will. Wie er in der Philosophie die alten Begriffe der metaphysischen Spekulation auflöst, so zerschlägt er auch die Metaphysik des soziologischen Kollektivismus.

Der politische Mißbrauch des ursprünglich nur erkenntnistheoretischen Gegensatzes wird in der teleologischen Gestalt, die er in der Ethik und Politik unversehens annimmt, deutlich sichtbar. Hier wird das Problem anders gestellt als in der reinen Philosophie. Ob der Einzelne oder ob die Gesamtheit der Zweck sein soll, lautet die Frage[2]).

---

[1]) Vgl. Pribram, Die Entstehung der individualistischen Sozialphilosophie, Leipzig 1912, S. 3ff.

[2]) So formuliert Dietzel (Artikel „Individualismus" im Handwörterbuch der Staatswissenschaften, 3. Aufl., V. Bd., S. 590) den Gegensatz von Individualprinzip und Sozialprinzip. Ähnlich Spengler, Preußentum und Sozialismus, München 1920, S. 14.

Damit wird ein Gegensatz zwischen den Zwecken der Individuen und jenen der Kollektivgebilde vorausgesetzt, der nur durch Opferung der einen zugunsten der anderen überwunden werden kann. Aus dem Streit über die Realität oder Nominalität der Begriffe wird ein Streit über den Vorrang der Zwecke. Für den Kollektivismus entsteht dabei eine neue Schwierigkeit. Da es verschiedene gesellschaftliche Kollektiva gibt, deren Zwecke gerade so einander zuwider zu laufen scheinen wie die der Einzelnen und die der Kollektiva, muß der Widerstreit ihrer Interessen ausgetragen werden. Der praktische Kollektivismus kümmert sich freilich wenig darum. Er fühlt sich nur als Apologetik der herrschenden Mächte und dient als Polizeiwissenschaft ebenso bereitwillig dem Schutze jener, die gerade am Ruder sitzen, wie die politische Polizei.

Der Gegensatz zwischen Individualismus und Kollektivismus wird durch die individualistische Sozialphilosophie des Aufklärungszeitalters überwunden. Sie wird als individualistisch bezeichnet, weil ihre erste Arbeit die Freilegung des Weges für jede spätere Sozialphilosophie durch Auflösung der Begriffe des herrschenden Kollektivismus gewesen ist. Doch sie hat keineswegs an Stelle der zertrümmerten Götzenbilder des Kollektivismus den Kult des Individuums gesetzt. Indem sie die Lehre von der Harmonie der Interessen zum Ausgangspunkt des soziologischen Denkens macht, begründet sie die moderne Sozialwissenschaft und zeigt, daß jener Gegensatz der Zwecke, um den sich der Streit drehte, in Wahrheit gar nicht besteht. Denn nur so sei Gesellschaft überhaupt möglich, daß das Individuum in ihr eine Verstärkung seines eigenen Ichs und seines eigenen Wollens findet.

Nicht aus einem inneren Bedürfnis des modernen wissenschaftlichen Denkens sondern aus dem politischen Wollen eines Romantik und Mystizismus fordernden Zeitalters schöpft das kollektivistische Streben der Gegenwart seine Kraft. Geistige Bewegungen sind Auflehnung des Denkens gegen die Trägheit, der Wenigen gegen die Vielen, derer, die allein am stärksten sind, weil sie im Geiste stark sind, gegen die, die sich nur im Haufen und in der Horde fühlen und nur zählen, weil sie zahlreich sind. Der Kollektivismus ist das Gegenteil von alledem, er ist die Waffe derer, die den Geist und das Denken ertöten wollen. So gebiert er den „neuen Götzen", „das kälteste aller kalten Ungeheuer", den Staat[1]). Indem er dieses geheimnisvolle Wesen zum Abgott erhebt, es in ausschweifender Phantasie mit allen Vorzügen schmückt und von

---

[1]) Vgl. Nietzsche, Also sprach Zarathustra (Werke, Krönersche Klassikerausgabe, VI. Bd.) S. 69.

allen Schlacken reinigt[1]), und seine Bereitwilligkeit ausspricht, ihm alles zu opfern, will er bewußt jedes Band zerschneiden, das das soziologische Denken mit dem Denken der Wissenschaft verbindet. Das wird am deutlichsten bei jenen Denkern sichtbar, die das wissenschaftliche Denken mit schärfster Kritik von aller Vermengung mit teleologischen Elementen zu befreien suchten, während sie auf dem Gebiete der gesellschaftlichen Erkenntnis nicht nur in den überkommenen Vorstellungen und Denkweisen der Teleologie verharrten, sondern selbst durch das Bestreben, eine Rechtfertigung für dieses Verfahren zu finden, von Neuem den Weg verrammelten, auf dem die Soziologie sich zur Freiheit des Denkens, die die Naturwissenschaft eben für sich gewonnen hatte, hätte durchkämpfen können. Für Kants Naturerkenntnis lebt kein Gott und kein Lenker der Natur, doch die Geschichte sieht er „als die Vollziehung eines verborgenen Planes der Natur" an, „um eine innerlich — und, zu diesem Zwecke, auch äußerlich — vollkommene Staatsverfassung zustande zu bringen, als den einzigen Zustand, in welchem sie alle ihre Anlagen in der Menschheit entwickeln kann"[2]). Es ist bei Kant besonders deutlich zu erkennen, daß der moderne Kollektivismus mit dem alten Begriffsrealismus nichts mehr zu tun hat, vielmehr, aus politischen, nicht aus philosophischen Bedürfnissen entsprungen, eine Sonderstellung außerhalb der Wissenschaft einnimmt, die durch erkenntniskritische Angriffe nicht erschüttert werden kann. Im zweiten Teile seiner „Ideen zu einer Philosophie der Geschichte der Menschheit" hatte Herder die kritische Philosophie Kants, die ihm als „Averroische" Hypostasierung des Allgemeinen erschien, mit Heftigkeit angegriffen. Wenn jemand behaupten wollte, daß nicht der einzelne Mensch, sondern das Geschlecht das Subjekt der Erziehung und Bildung sei, so spräche er unverständlich „da Geschlecht und Gattung nur allgemeine Begriffe sind, außer insofern sie im einzelnen Wesen existieren". Gäbe man diesem allgemeinen Begriff auch alle Vollkommenheiten der Humanität, Kultur und höchsten Aufklärung, die ein idealischer Begriff gestattet, so hätte man „zur wahren Geschichte unseres Geschlechtes ebensoviel gesagt, als wenn ich von der Tierheit, der Steinheit, der Metallheit im allgemeinen spräche und sie mit den herrlichsten, aber in einzelnen

---

[1]) „L'État étant conçu comme un être idéal, on le pare de toutes les qualités que l'on rêve et on le dépouille de toutes les faiblesses que l'on hait." (P. Leroy-Beaulieu, L'État moderne et ses fonctions, Troisième Éd., Paris 1900, S. 11); vgl. auch Bamberger, Deutschland und der Sozialismus, Leipzig 1878, S. 86 ff.

[2]) Vgl. Kant, Idee zu einer allgemeinen Geschichte in weltbürgerlicher Absicht (Sämtliche Werke, Inselausgabe, I. Bd., Leipzig 1912), S. 235.

Individuen einander widersprechenden Attributen auszierte"[1]). In der Antwort, die Kant darauf erteilt hat, vollzieht er die Scheidung des ethisch-politischen Kollektivismus vom philosophischen Begriffsrealismus. „Wer da sagte: kein einziges Pferd hat Hörner, aber die Pferdegattung ist doch gehörnt, der würde eine platte Ungereimtheit sagen. Denn Gattung bedeutet dann nichts weiter als das Merkmal, worin gerade alle Individuen übereinstimmen müssen. Wenn aber Menschengattung das Ganze einer ins Unendliche (Unbestimmbare) gehenden Reihe von Zeugungen bedeutet (wie dieser Sinn denn ganz gewöhnlich ist) und es wird angenommen, daß diese Reihe der Linie ihrer Bestimmung, die ihr zur Seite läuft, sich unaufhörlich nähere, so ist es kein Widerspruch, zu sagen: daß sie in allen ihren Teilen dieser asymptotisch sei, und doch im Ganzen mit ihr zusammenkomme, mit anderen Worten, daß kein Glied aller Zeugungen des Menschengeschlechtes, sondern nur die Gattung ihre Bestimmung völlig erreiche. Der Mathematiker kann hierüber Erläuterung geben: der Philosoph würde sagen: die Bestimmung des menschlichen Geschlechts im Ganzen ist unaufhörliches Fortschreiten, und die Vollendung derselben ist eine bloße, aber in aller Absicht sehr nützliche Idee von dem Ziele, worauf wir, der Absicht der Vorsehung gemäß, unsere Bestrebungen zu richten haben"[2]). Hier wird der teleologische Charakter des Kollektivismus offen zugegeben, und damit tut sich zwischen ihm und der Denkweise der reinen Erkenntnis ein Abgrund auf, der nicht überbrückt werden kann. Die Erkenntnis der verborgenen Absichten der Natur liegt jenseits aller Erfahrung, und unser Denken gibt uns nichts in die Hand, woraus wir auf ihren Bestand und auf ihren Inhalt einen Schluß ziehen könnten. Das Verhalten der einzelnen Menschen und der gesellschaftlichen Verbände, das wir zu beobachten vermögen, läßt keine dahingehende Annahme zu. Zwischen der Erfahrung und dem, was wir annehmen sollen oder wollen, läßt sich keine logische Verbindung herstellen; keine Hypothese kann uns über die Lücke, die hier klafft, hinweghelfen. Wir sollen glauben, weil es nicht bewiesen werden kann, daß der Mensch gegen seinen Willen das tut, was die Natur will, die es besser weiß, was dem Geschlechte, nicht dem Einzelnen

---

[1]) Vgl. Herder, Ideen zu einer Philosophie der Geschichte der Menschheit (Sämtliche Werke, herg. v. Suphan, XIII. Bd., Berlin 1887), S. 345f.
[2]) Vgl. Kant, Rezension zum zweiten Teil von Herders Ideen zur Philosophie der Geschichte der Menschheit (Werke, a. a. O., I. Bd.), S. 267. — Vgl. dazu Cassirer, Freiheit und Form, Berlin 1916, S. 504ff.

frommt[1]). Das ist nicht jenes Verfahren, das sonst in der Wissenschaft üblich ist.

Der Kollektivismus ist eben nicht aus wissenschaftlicher Notwendigkeit, sondern allein aus den Bedürfnissen der Politik zu erklären. Darum bleibt er nicht wie der Begriffsrealismus dabei stehen, die reale Existenz der gesellschaftlichen Verbände zu behaupten — sie als Organismen und Lebewesen im eigentlichen Sinne des Wortes zu bezeichnen —, er idealisiert sie und erhebt sie als Götter in den Himmel. Ganz offen und unverblümt erklärt Gierke, daß man an „dem Gedanken der realen Einheit der Gemeinschaft" festhalten müsse, weil nur er allein es ermögliche, vom Einzelnen zu fordern, daß er Kraft und Leben für Volk und Staat einsetze[2]). Daß der Kollektivismus nichts anderes sei als „Bemäntelung der Tyrannei" hat schon Lessing ausgesprochen[3]).

Bestünde der Gegensatz von Allgemeininteresse des Ganzen und Sonderinteressen der Einzelnen, so wie die kollektivistische Lehre es behauptet, dann wäre überhaupt gesellschaftliches Zusammenwirken der Menschen unmöglich. Der natürliche Zustand des Verkehrs zwischen den Menschen wäre der des Krieges aller gegen alle. Frieden und Sichvertragen könnte es nicht geben, nur vorübergehende Waffenruhe, die nicht länger währen könnte als die Erschöpfung eines oder aller Teile, durch die sie entstanden. Der Einzelne wäre zumindest potentiell immer in Auflehnung gegen das Ganze und gegen Alle, nicht anders wie er sich im ständigen Kampfe gegen Raubtiere und Bazillen befindet. Die kollektivistische Geschichtsauffassung, die durchaus asozial ist, kann sich daher die Entstehung der gesellschaftlichen Verbände nicht anders vorstellen denn als Ergebnis des Eingreifens eines Weltbildners von der Art des platonischen $\delta\eta\mu\iota o\nu\rho\gamma\acute{o}\varsigma$; dieser arbeitet in der Geschichte durch seine Werkzeuge, die Heroen, die die widerstrebenden Menschen dorthin führen, wohin er sie gebracht wissen will. So wird der Wille des Einzelnen gebrochen. Das Individuum, das sich selbst leben will, wird durch die Statthalter Gottes auf Erden zur Befolgung des Sittengesetzes gezwungen, das im Interesse des Ganzen und seiner künftigen Entwicklung von ihm das Opfer seines Wohlseins heischt.

Die Wissenschaft von der Gesellschaft beginnt damit, daß sie diesen Dualismus überwindet. Da sie innerhalb der Gesellschaft Verträglichkeit

---

[1]) Vgl. Kant, Idee zu einer allgemeinen Geschichte in weltbürgerlicher Absicht, a. a. O., S. 228.

[2]) Vgl. Gierke, Das Wesen der menschlichen Verbände, Leipzig 1902, S. 34f.

[3]) In „Ernst und Falk, Gespräche für Freimaurer" (Werke, Stuttgart 1873, V. Bd., S. 80).

der Interessen der einzelnen Individuen untereinander sieht und keinen Gegensatz zwischen der Gesamtheit und dem Einzelnen findet, vermag sie den Bestand der Gesellschaft zu verstehen, ohne erst Götter und Helden zur Hilfe zu rufen. Der Demiurg, der den Einzelnen wider seinen Willen in das Kollektivum hineinzwingt, wird entbehrlich, sobald man erkannt hat, daß die gesellschaftliche Bindung dem Einzelnen mehr gibt, als sie ihm nimmt. Die Entwicklung zu engeren Formen der Vergesellschaftung wird auch ohne die Annahme eines ,,verborgenen Planes der Natur" verständlich, wenn man begriffen hat, daß jeder neue Schritt auf diesem Wege schon denen, die ihn machen, nützt, nicht erst ihren entfernten Urenkeln.

Der Kollektivismus wußte der neuen Gesellschaftstheorie nichts entgegenzusetzen. Wenn er ihr immer wieder zum Vorwurf macht, daß sie die Bedeutung der Kollektiva, vor allem die des Staates und der Nation, verkenne, so zeigt er nur, daß er von der Wandlung, die sich unter dem Einfluß der liberalen Soziologie in der Problemstellung selbst vollzogen hat, nichts bemerkt hat. Der Kollektivismus hat es nicht mehr dazu gebracht, ein geschlossenes System des Gesellschaftslebens aufzustellen; alles, was er zu sagen wußte, waren im besten Falle geistreiche Aphorismen, nicht mehr. Er hat sich durchaus unfruchtbar erwiesen; wie in der allgemeinen Soziologie so hat er auch in der Nationalökonomie nichts geleistet. Es ist kein Zufall, daß der deutsche Geist, ganz beherrscht von den Sozialtheorien der klassischen Philosophie von Kant bis Hegel, lange in der Nationalökonomie nur Unbedeutendes hervorgebracht hat, und daß die, die den Bann gebrochen haben, zuerst Thünen und Gossen, dann die Österreicher Karl Menger, Böhm-Bawerk und Wieser, von jedem Einflusse der kollektivistischen Staatsphilosophie frei waren.

Wie wenig der Kollektivismus die Schwierigkeiten, die dem Ausbau seiner Lehre im Wege stehen, zu überwinden vermochte, zeigt am besten die Behandlung, die er dem Problem des Sozialwillens hat zuteil werden lassen. Damit, daß man immer wieder vom Willen des Staates, vom Volkswillen, von der Volksüberzeugung spricht, hat man das Problem keineswegs gelöst. Die Frage, wie sich der Kollektivwillen der gesellschaftlichen Verbände bildet, bleibt unbeantwortet. Da er von dem der einzelnen Individuen nicht nur verschieden ist, ihm vielmehr in entscheidenden Punkten geradezu entgegensteht, kann er nicht als Summe oder als Resultierende der Einzelwillen entstehen. Jeder Kollektivist nimmt nach seiner politischen, religiösen oder nationalen Überzeugung eine andere Quelle für die Emanation des Kollektivwillens an. Es ist im Grunde genommen einerlei, ob man dabei an die übernatürlichen Kräfte eines Königs oder Priesters denkt, oder ob man gleich eine ganze Kaste oder gar ein ganzes Volk für auserwählt ansieht. Friedrich Wilhelm IV. und Wilhelm II. waren von der Überzeugung durchdrungen, daß Gott sie mit besonderer Autorität bekleidet habe, und dieser Glaube war ihnen zweifellos Ansporn zur höchsten Kraftentfaltung und Gewissenhaftigkeit, deren sie nur fähig waren. Viele Zeitgenossen haben ganz wie sie gedacht und waren bereit, dem ihnen von Gott gesetzten König bis zum letzten Blutstropfen zu dienen. Doch die Wissenschaft ist ebensowenig in der Lage, den Beweis für die Wahrheit dieses Glaubens zu erbringen, wie sie die Wahrheit einer religiösen Lehre zu erweisen vermag. Der Kollektivismus ist eben nicht Wissenschaft, sondern Politik; was er lehrt, sind Werturteile.

Der Kollektivismus ist im allgemeinen für die Vergesellschaftung der Produktionsmittel, weil dies seiner Weltanschauung näher liegt. Doch es gibt auch Kollektivisten, die für das Sondereigentum an den Produktionsmitteln eintreten, weil sie dadurch das Wohl des sozialen Ganzen, wie sie es sich vorstellen, besser gewährleistet sehen[1]). Andererseits kann man auch ohne jede Beeinflussung durch kollektivistische Ideen zur Anschauung gelangen, daß das Sondereigentum an den Produktionsmitteln weniger geeignet ist, die menschlichen Zwecke zu erfüllen, als das Gemeineigentum.

III.
Gesellschaftsordnung und politische Verfassung.

§ 1. Die Herrschaft des Gewaltprinzips blieb naturgemäß nicht auf das Eigentum beschränkt. Der Geist, der allein auf die nackte Gewalt vertraut und die Grundlagen der Wohlfahrt nicht im Vertragen, sondern im fortwährenden Kämpfen sucht, durchdrang das ganze Leben. Alle menschlichen Beziehungen wurden nach dem Recht des Stärkeren, das in Wahrheit Negation des Rechts ist, geregelt. Es gibt keinen Frieden, es gibt höchstens Waffenstillstand.

Die Gesellschaft baut sich von den kleinsten Verbänden aus auf. Der Kreis jener, die sich zusammentun, um untereinander Frieden zu halten, war zunächst sehr eng; er erweiterte sich schrittweise im Laufe der Jahrtausende, bis die Völkerrechtsgemeinschaft, der weiteste Rechts- und Friedensverband, sich auf den größten Teil der Menschheit er-

---

[1]) Vgl. Huth, Soziale und individualistische Auffassung im 18. Jahrhundert, vornehmlich bei Adam Smith und Adam Ferguson, Leipzig 1907, S. 6.

streckte und nur die auf der untersten Stufe der Kultur dahinlebenden halbwilden Völkerschaften ausschloß. Innerhalb dieser Gemeinschaft hatte das Vertragsprinzip nicht überall die gleiche Kraft erreicht. Am vollständigsten gelangte es zur Anerkennung in allem, was mit dem Eigentum in Zusammenhang steht. Am schwächsten blieb es auf den Gebieten, auf denen es die Frage der politischen Herrschaft berührt. In allem, was die Außenpolitik berührt, ist es heute nicht viel weiter vorgedrungen als bis zur Beschränkung des Gewaltprinzips durch die Aufstellung von Kampfregeln. Der Prozeß zwischen Staaten spielt sich, von dem ganz jungen Schiedsgerichtsverfahren abgesehen, noch in den Formen ab, die für das älteste Gerichtsverfahren üblich waren; er ist im wesentlichen auf die Entscheidung der Waffen gestellt, nur daß der Kampf, aus dem sie hervorgehen soll, ähnlich dem gerichtlichen Zweikampf der alten Rechte, an bestimmte Regeln gebunden ist. Dennoch wäre es nicht richtig, zu behaupten, daß im Verkehr der Staaten untereinander die Furcht vor fremder Gewalt so ziemlich das einzige sei, was den Gebrauch der eigenen Stärke beschränke[1]). Auch in der auswärtigen Politik der Staaten sind seit Jahrtausenden Kräfte wirksam, die den Wert des Friedens über den eines siegreichen Krieges stellen. Kein noch so mächtiger Kriegsherr kann sich in unserer Zeit ganz dem Einfluß des Rechtssatzes entziehen, daß Kriege nur aus triftigen Ursachen begonnen werden dürfen; in dem Bestreben aller Kriegführenden, ihre Sache als die gerechte und ihren Kampf als Verteidigung, zumindest als Präventivverteidigung, keineswegs aber als Angriff hinzustellen, liegt geradezu eine feierliche Anerkennung des Rechts- und Friedensprinzips. Jede Politik, die sich offen zum Gewaltprinzip bekannt hat, hat gegen sich eine Weltkoalition herausgefordert, der sie endlich erlegen ist.

Die Überwindung des Gewaltprinzips durch das Friedensprinzip wird dem menschlichen Geiste in der liberalen Sozialphilosophie bewußt, in der sich die Menschheit zum erstenmal über ihr Handeln Rechenschaft gibt. Sie zerreißt den romantischen Nimbus, mit dem die Ausübung der Gewalt bis dahin umgeben war. Krieg, lehrt sie, ist schädlich, nicht nur für die Besiegten, sondern auch für die Sieger. Durch Werke des Friedens ist die Gesellschaft entstanden, ihr Wesen ist Friedensstiftung. Nicht der Krieg, der Frieden ist der Vater aller Dinge. Nur durch wirtschaftliche Arbeit ist der Wohlstand um uns herum entstanden; Arbeit, nicht Waffenhandwerk bringt den Völkern

---

[1]) Wie dies z. B. Lasson, Prinzip und Zukunft des Völkerrechts, Berlin 1871, S. 35, behauptete.

Glück. Der Frieden baut auf, der Krieg reißt nieder. Die Völker sind durchaus friedfertig, weil sie den überwiegenden Nutzen des Friedens erkennen; sie wollen den Krieg nur als Abwehr, der Gedanke eines Angriffskrieges liegt ihnen fern. Die Fürsten allein sind kriegslustig, weil sie durch den Krieg Geld, Gut und Macht zu gewinnen hoffen. Sache der Völker ist es, ihnen zu wehren, indem sie die Bereitstellung der Mittel für die Kriegführung verweigern.

Die Friedensliebe des Liberalismus entspringt nicht philantropischen Erwägungen wie der Pazifismus Bertha Suttners und anderer Friedensfreunde desselben Schlages. Er hat nichts von dieser Wehleidigkeit, die die Romantik des Blutrausches mit der Nüchternheit internationaler Kongresse zu bekämpfen strebt. Seine Vorliebe für den Frieden ist nicht ein Wohltätigkeitssport, der sich im übrigen mit allen möglichen Gesinnungen verträgt; sie entspricht seiner ganzen Gesellschaftstheorie, in die sie sich harmonisch einfügt. Wer die Solidarität der wirtschaftlichen Interessen aller Völker behauptet, wer dem Problem des Umfanges des Staatsgebietes und der Staatsgrenzen ganz gleichgültig gegenübersteht, wer die kollektivistischen Vorstellungen so sehr überwunden hat, daß ihm Ausdrücke wie „Ehre des Staates" unverständlich klingen, kann nirgends einen triftigen Grund für Angriffskriege finden. Der liberale Pazifismus erwächst aus dem System der liberalen Sozialphilosophie. Es sind zwei verschiedene Äußerungen eines und desselben Grundsatzes, wenn er das Eigentum geschützt wissen will und wenn er den Krieg verwirft[1]).

§ 2. In der inneren Politik verlangt der Liberalismus volle Freiheit der politischen Meinungsäußerung und Ausrichtung des Staates nach dem Willen der Mehrheit des Volkes: Gesetzgebung durch Vertreter des Volkes, Bindung der Regierung, die ein Ausschuß der Volksvertreter ist, an die Gesetze. Es ist nur ein Kompromiß, wenn sich der Liberalismus mit dem Königtum abfindet. Sein Ideal bleibt die Republik oder zumindest das

---

[1]) In ihrem Bestreben, alles Böse auf das Schuldkonto des Kapitalismus zu setzen, haben die Sozialisten es selbst versucht, den modernen Imperialismus und damit den Weltkrieg als Produkte des Kapitalismus zu bezeichnen. Es ist wohl nicht notwendig, sich mit diesem auf die Urteilslosigkeit der Masse berechneten Theorem eingehender zu befassen. Doch scheint es nicht unangebracht zu sein, daran zu erinnern, daß Kant den Sachverhalt richtig dargestellt hat, wenn er vom wachsenden Einfluß der „Geldmacht" die allmähliche Abnahme der kriegerischen Neigungen erwartete. „Es ist der Handelsgeist", sagt er, „der mit dem Kriege nicht zusammen bestehen kann". Vgl. Kant, Zum ewigen Frieden (Sämtliche Werke, a. a. O., V. Bd., S. 688). — Vgl. Sulzbach, Nationales Gemeinschaftsgefühl und wirtschaftliches Interesse, Leipzig 1929, S. 80 ff.

Schattenfürstentum wie in England. Denn sein oberster politischer Grundsatz ist Selbstbestimmung der Völker wie der Einzelnen. Es ist müßig, die Frage zu erörtern, ob man dieses politische Ideal demokratisch nennen soll oder nicht. Die neueren Schriftsteller neigen dazu, einen Gegensatz zwischen Liberalismus und Demokratie anzunehmen. Es scheint, daß sie dabei weder von dieser noch von jenem ganz klare Vorstellungen haben, und daß sie vor allem über den legislativen Grund der demokratischen Einrichtungen Ideen hegen, die ausschließlich dem naturrechtlichen Gedankenkreise entstammen.

Nun ist es wohl richtig, daß die Mehrzahl der liberalen Theoretiker die demokratischen Einrichtungen auch durch den Hinweis auf Gründe, die den naturrechtlichen Anschauungen von der Unveräußerlichkeit des Menschenrechts auf Selbstbestimmung entsprachen, zu empfehlen gesucht hat. Doch die Gründe, die eine politische Zeitströmung zur Rechtfertigung ihrer Postulate anzugeben pflegt, stimmen nicht immer mit jenen überein, aus denen sie genötigt ist, sich zu ihnen zu bekennen. Es ist oft leichter, politisch zu handeln, als sich über die letzten Motive seines Handelns klar zu werden. Der alte Liberalismus wußte, daß die demokratischen Forderungen sich mit Notwendigkeit aus seinem ganzen sozialphilosophischen System ergaben. Über ihre Stellung in diesem System war er aber durchaus nicht im Reinen. Daraus erklärt sich die Unsicherheit, die er immer wieder in grundsätzlichen Fragen bekundet hat, und die maßlose Überspannung, die einzelne pseudodemokratische Forderungen durch jene erfahren haben, die schließlich den Namen Demokraten für sich allein in Anspruch genommen haben und damit in einen Gegensatz zu den übrigen Liberalen, die nicht soweit gingen, geraten sind.

Die Bedeutung der demokratischen Verfassungsform liegt nicht darin, daß sie natürlichen und angeborenen Rechten der Menschen besser entspräche als eine andere, und auch nicht darin, daß sie die Ideen der Freiheit und Gleichheit besser verwirkliche als irgendeine andere Art der Regierung. Es ist ebensowenig an und für sich eines Menschen unwürdig, sich von anderen „regieren" zu lassen, als es an und für sich menschenunwürdig ist, irgendeine andere Arbeit durch andere für sich verrichten zu lassen. Daß der Bürger einer fortgeschrittenen Gesellschaft sich nur in der Demokratie frei und glücklich fühlt, daß er sie über alle anderen Staatsformen stellt, und daß er bereit ist, für die Erlangung oder für die Aufrechterhaltung der demokratischen Staatsform Opfer zu bringen, ist auch nicht daraus zu erklären, daß die Demokratie wert ist, um ihrer selbst willen geliebt zu werden, sondern daraus, daß sie Funktionen erfüllt, die man nicht missen will.

Man pflegt als die wesentliche Funktion der Demokratie ihre Bedeutung für die Auslese der politischen Führer hinzustellen. Im demokratischen Staatswesen entscheidet bei der Berufung für staatliche Stellungen, zumindest für die wichtigeren, der Wettbewerb in der Öffentlichkeit des politischen Lebens, durch den, meint man, die Tüchtigsten in die Höhe kommen. Doch es ist nicht abzusehen, warum die Demokratie in der Auswahl der für die Führung der Staatsämter berufenen Persönlichkeiten notwendigerweise eine glücklichere Hand haben müßte als die Autokratie oder die Aristokratie. Die Geschichte kennt genug Beispiele, daß sich auch in nicht demokratischen Staaten politische Talente durchgesetzt haben, und andererseits kann man nicht behaupten, daß die Demokratie immer die Besten in die Ämter beruft. Gegner und Freunde der Demokratie werden in diesem Punkte nie zu einer einheitlichen Meinung gelangen.

In Wahrheit ist die Bedeutung der demokratischen Verfassungsform eine ganz andere. Ihre Funktion ist Friedensstiftung, Vermeidung von gewaltsamen Umwälzungen. Auch in nicht demokratischen Staaten kann sich auf die Dauer nur eine solche Regierung behaupten, die auf die Zustimmung der öffentlichen Meinung rechnen kann. Die Kraft und die Macht aller Regierungen liegt nicht in den Waffen, sondern in dem Geist, der ihnen die Waffen gefügig macht. Die Regierenden, selbst immer notwendigerweise eine kleine Minderheit gegenüber einer ungeheueren Mehrheit, können die Herrschaft über die Mehrheit nur dadurch erlangen und bewahren, daß sie sich den Geist dieser Mehrheit gefügig machen. Tritt hier eine Änderung ein, verlieren jene, auf deren Meinung die Regierung aufgebaut ist, die Überzeugung, daß man diese Regierung stützen müsse, dann ist auch der Boden, auf dem ihre Macht aufgebaut ist, untergraben, und sie muß früher oder später einer anderen weichen. In nicht demokratischen Staatswesen kann sich Personen- und Systemwechsel in der Regierung nur auf gewaltsame Weise vollziehen. Der gewaltsame Umsturz beseitigt das System oder die Personen, die die Wurzel in der Bevölkerung verloren haben, und setzt an ihre Stelle andere Personen und ein anderes System.

Doch jede gewaltsame Umwälzung kostet Blut und Gut. Menschenopfer fallen, und der Gang der Wirtschaft wird durch Zerstörungen unterbrochen. Diese materiellen Kosten und die seelischen Erschütterungen, die mit jeder gewaltsamen Veränderung der politischen Verhältnisse verbunden sind, zu ersparen, ist die Funktion der demokratischen Verfassungsform. Die Demokratie schafft für die Übereinstimmung des durch die staatlichen Organe zum Ausdrucke gelangenden Staatswillens und des Mehrheitswillens eine Gewähr, indem sie die Staatsorgane in eine rechtliche Abhängigkeit von dem Willen der jeweiligen Mehrheit bringt. Sie verwirklicht für das Gebiet der inneren Politik das, was der Pazifismus für das Gebiet der äußeren Politik zu verwirklichen bestrebt ist[1]).

Daß dies allein die entscheidende Funktion der Demokratie ist, wird uns besonders klar, wenn wir an den oft gehörten Einwand denken, der gegen das demokratische Prinzip von den Gegnern der Demokratie geltend gemacht wird. Wenn die russischen Konservativen darauf hinwiesen, daß der Bestand des russischen Zartums und die von den Zaren betriebene Politik von der großen Masse der russischen Bevölkerung gebilligt wurden, so daß auch eine demokratische Staatsform in Rußland kein anderes Regierungssystem ergeben könnte, so haben sie mit dieser Behauptung zweifellos recht gehabt; die russischen Demokraten haben sich auch über diese Tatsache nie einer Täuschung hingegeben. Solange die Mehrheit der russischen Bevölkerung oder, besser gesagt, jenes Teiles derselben, der die politische Reife und die Gelegenheit hatte, in die Politik einzugreifen, hinter dem Zartum stand, hat das russische Reich die demokratische Verfassungsform in Wahrheit nicht entbehrt. Erst in dem Augenblick, in dem eine Divergenz zwischen der russischen öffentlichen Meinung und dem vom Zarismus befolgten politischen System eintrat, ward das Fehlen der demokratischen Verfassungsform für Rußland zum Verhängnis. Die Anpassung des Staatswillens an den Volkswillen konnte sich nicht auf friedlichem Wege vollziehen; es mußte zu einer politischen Katastrophe kommen, deren Folgen für das russische Volk verhängnisvoll geworden sind. Und was vom Rußland der Zaren gilt, gilt auch von dem der Bolschewiken, gilt ganz genau so auch von jedem anderen Staate, gilt genau so auch von Preußen-Deutschland. Was für einen gewaltigen Schaden, von dem es sich nie wieder ganz zu erholen vermochte, hat Frankreich in der großen Revolution erfahren! Welch gewaltiger Vorteil war es für England, daß es seit dem 17. Jahrhundert jede Revolution vermeiden konnte!

---

[1]) Es ist in manchem Sinne vielleicht nicht ganz Zufall, daß der Schriftsteller, der an der Schwelle der Renaissance zuerst die demokratische Forderung der Gesetzgebung durch das Volk aufstellte, Marsilius von Padua, seiner Schrift den Titel Defensor Pacis gegeben hat. Vgl. Atger, Essai sur l'Histoire des Doctrines du Contrat Social, Paris 1906, S. 75; Scholz, Marsilius von Padua und die Idee der Demokratie (Zeitschrift für Politik, I. Bd., 1908), S. 66 ff.

Man sieht daher, wie verkehrt es ist, die Begriffe demokratisch und revolutionär als gleichbedeutend oder nahe verwandt zu betrachten. Die Demokratie ist nicht nur nicht revolutionär, sie hat gerade die Funktion, die Revolution auszuschalten. Der Kultus der Revolution, des gewaltsamen Umsturzes um jeden Preis, der dem Marxismus eigentümlich ist, hat mit Demokratie nichts zu tun. Der Liberalismus, erkennend, daß die Erreichung der wirtschaftlichen Ziele des Menschen Frieden zur Voraussetzung hat, verlangt nach der Demokratie, weil er von ihr Ausschaltung aller Kampfursachen in der inneren und in der äußeren Politik erwartet. Die Gewaltanwendung, die mit Kriegen und Revolutionen verbunden ist, gilt ihm immer als ein Übel, das sich nur, solange es noch keine Demokratie gibt, mitunter nicht ganz umgehen läßt. Selbst dort, wo die Revolution fast unvermeidlich scheint, will der Liberalismus noch versuchen, sie dem Volke zu ersparen. Er gibt die Hoffnung nicht auf, daß es der Philosophie durch Überredung gelingen könnte, die Tyrannen so zu erleuchten, daß sie auf ihre der gesellschaftlichen Entwicklung entgegenstehenden Rechte freiwillig verzichten. Es ist ganz im Sinne dieses den Frieden über alles stellenden Liberalismus gedacht, wenn Schiller den Marquis Posa um Gedankenfreiheit geradezu bitten läßt, und die große Nacht vom 4. August 1789, in der die französischen Feudalherren auf ihre Vorrechte freiwillig Verzicht geleistet haben, und die englische Reform von 1832 zeigen, daß diese Hoffnungen nicht ganz eitel waren. Der Liberalismus hat nichts übrig für die heroische Großzügigkeit, mit der die berufsmäßigen Revolutionäre des Marxismus das Leben von Tausenden aufs Spiel setzen und Werte zerstören, die Jahrzehnte und Jahrhunderte mühsam geschaffen haben. Ihm gilt auch hier das wirtschaftliche Prinzip: er will den Erfolg mit dem geringsten Aufwand erreichen.

Demokratie ist Selbstherrschaft des Volkes, ist Autonomie. Das aber bedeutet nicht, daß alle in gleicher Weise an der Gesetzgebung und Verwaltung mitwirken müssen. Die unmittelbare Demokratie ist nur in kleinsten Verhältnissen zu verwirklichen. Selbst kleine Parlamente können ihre Aufgaben nicht in Vollversammlungen bewältigen; Ausschüsse müssen gewählt werden, und die eigentliche Arbeit wird immer nur von Einzelnen, von den Antragstellern, den Rednern, den Berichterstattern, vor allem aber von den Verfassern der Vorlagen geleistet. Auch hier bewährt sich schließlich die Tatsache, daß die Massen der Führung weniger Männer folgen. Daß die Menschen nicht gleichwertig sind, daß es unter ihnen von Natur aus Führer und Geführte gibt, daran kann auch durch demokratische Einrichtungen nichts geändert werden. Alle können nicht zugleich als Bahnbrecher an der Spitze marschieren, und die meisten wünschen es sich auch gar nicht und hätten nicht die Kraft dazu. Die Idee, daß in der reinen Demokratie das ganze Volk seine Tage ratend und beschließend etwa in der Weise zu verbringen hätte wie die Mitglieder eines Parlaments zur Zeit der Tagung, entstammt einer Vorstellung, die man sich nach dem Vorbild der Verhältnisse in den altgriechischen Stadtstaaten der Verfallszeit gebildet hat. Man übersieht dabei, daß jene Gemeinwesen in Wahrheit gar nicht demokratisch waren, da sie die Sklaven und alle jene, die nicht das Vollbürgerrecht besaßen, von jeder Teilnahme am öffentlichen Leben ausschlossen. Bei Heranziehung aller zur Mitwirkung ist das Ideal der „reinen" wie das der unmittelbaren Demokratie undurchführbar. Es ist aber auch nichts anderes als pedantischer naturrechtlicher Doktrinarismus, wenn man die Demokratie gerade in dieser unmöglichen Gestalt verwirklicht wissen will. Um das Ziel zu erreichen, dem die demokratischen Einrichtungen dienen wollen, ist nichts weiter erforderlich, als daß Gesetzgebung und Verwaltung sich nach dem Willen der Volksmehrheit richten; das aber leistet auch die mittelbare Demokratie ganz. Nicht daß jeder selbst Gesetze schreibt und verwaltet, macht das Wesen der Demokratie aus, sondern das, daß Gesetzgeber und Regierer vom Volkswillen in der Weise abhängig sind, daß sie friedlich gewechselt werden können, wenn sie sich in einen Gegensatz zu ihm gestellt haben.

Damit fallen viele von jenen Bedenken gegen die Möglichkeit, Demokratie zu verwirklichen, weg, die von Freunden und Gegnern der Volksherrschaft vorgebracht wurden[1]). Die Demokratie wird nicht schon dadurch aufgehoben, daß auch in ihr aus der Masse Führer heraustreten, die sich ganz der Politik widmen. Die Politik fordert den ganzen Mann wie jeder andere Beruf in der arbeitteilenden Gesellschaft; mit den Gelegenheitspolitikern allein ist ihr nicht gedient[2]). Doch wenn der Berufspolitiker in Abhängigkeit von der Volksmehrheit bleibt, so daß er nur das durchführen kann, wofür er die Mehrheit gewonnen hat, ist dem demokratischen Prinzip Genüge geschehen. Es ist auch durchaus keine Bedingung der Demokratie, daß die Führer aus den sozialen Schichten stammen, die im Volke am zahlreichsten vertreten sind, so

---

[1]) Vgl. auf der einen Seite besonders die Schriften der Vorkämpfer des preußischen Obrigkeitsstaates, auf der anderen Seite vor allem die Syndikalisten. Vgl. Michels, Zur Soziologie des Parteiwesens in der modernen Demokratie, 2. Auflage, Leipzig 1925, S. 463ff.

[2]) Vgl. Max Weber, Politik als Beruf, München und Leipzig 1920, S. 17ff.

daß das Parlament in verkleinertem Maßstab ein Abbild der sozialen Schichtung des Landes zu geben hätte und etwa in einem Lande, dessen Bevölkerung zum größten Teile aus Bauern und Industriearbeitern besteht, auch zum größten Teile aus Bauern und Industriearbeitern zusammengesetzt sein müßte[1]). Der beruflose Gentleman, der im englischen Parlament eine große Rolle spielt, der Advokat und der Journalist der Parlamente der romanischen Völker sind wohl bessere Volksvertreter als die Gewerkschaftsführer und Bauern, die den deutschen und den slawischen Parlamenten den Stempel geistiger Öde aufgedrückt haben. Wenn die Angehörigen der höheren Gesellschaftsschichten tatsächlich von der parlamentarischen Mitarbeit ausgeschlossen werden, können die Parlamente und die aus ihnen hervorgehenden Regierungen nicht den wahren Volkswillen darstellen. Denn in der Gesellschaft haben die höheren Schichten, deren Zusammensetzung ja schon selbst das Ergebnis einer von der öffentlichen Meinung bewirkten Auslese ist, weit stärkeren Einfluß auf die Geister, als der Zahl ihrer Angehörigen entsprechen würde. Wenn sie von der Mitwirkung an der Gesetzgebung und Verwaltung ausgeschlossen werden, weil man sie den Wählern als zur Bekleidung politischer Ämter offenbar ungeeignet hinzustellen wußte, dann entsteht zwischen der öffentlichen Meinung des Landes und dem, was die Meinung der parlamentarischen Körperschaften ist, ein Gegensatz, der das Funktionieren der demokratischen Einrichtungen erschwert, wenn nicht unmöglich macht. Auf die Gesetzgebung und Verwaltung machen sich außerparlamentarische Einwirkungen geltend; denn die geistigen Strömungen, die von den Ausgeschlossenen ausgehen, können durch die minderwertigen Elemente, die im parlamentarischen Leben führen, nicht überwunden werden. Der Parlamentarismus hat unter keinem anderen Übelstand so sehr zu leiden wie unter diesem; hier vor allem ist die Ursache seines vielbeklagten Niederganges zu suchen. Demokratie ist eben nicht Ochlokratie. Ein Parlament,

---

[1]) Die naturrechtlichen, das Wesen der Arbeitsteilung verkennenden Theorien der Demokratie klammern sich an den Gedanken der „Repräsentation" der Wähler durch den Gewählten. Es war nicht allzu schwer, das Gekünstelte dieser Vorstellung nachzuweisen. Der Abgeordnete, der für mich Gesetze macht und die Verwaltung des Postwesens kontrolliert, „repräsentiert" mich nicht mehr als der Arzt, der mich heilt, oder der Schuster, der für mich Schuhe macht. Nicht das unterscheidet ihn im Wesen vom Arzt und vom Schuster, daß er anderer Art Dienste für mich besorgt, sondern das, daß ich ihm, wenn ich unzufrieden bin, die Besorgung meiner Angelegenheiten nicht in der einfachen Weise entziehen kann wie dem Arzt und dem Schuster. Um mir jenen Einfluß auf die Regierung zu sichern, den ich auf die Heiltätigkeit und auf die Schuherzeugung habe, will ich Wähler sein.

das seinen Aufgaben gerecht werden soll, müßte die besten politischen Köpfe der Nation in seiner Mitte zählen.

Die folgenschwerste Verkennung aber hat der Begriff der Demokratie dadurch erfahren, daß man sie, in Überspannung des naturrechtlichen Souveränitätsbegriffes, als schrankenlose Herrschaft der volonté générale aufgefaßt hat. Die Allmacht des demokratischen Staates ist im Wesen durch nichts von der des unumschränkten Selbstherrschers verschieden. Die Vorstellung, die die Köpfe unserer Demagogen und ihrer Anhänger erfüllt, daß der Staat alles könne, was er wolle, und daß es gegenüber dem Willen des souveränen Volkes keinen Widerstand geben dürfe, hat vielleicht mehr Übel gestiftet als je der Cäsarenwahn entarteter Fürstensprossen. Wie dieser stammt auch er aus der rein machtpolitischen Auffassung des Staates her. Der Gesetzgeber fühlt sich frei von allen Beschränkungen, weil er aus der Rechtstheorie die Kunde schöpft, daß alles Recht auf seinen Willen zurückgeht. Es ist nur eine kleine, aber folgenschwere Verwechslung, wenn er seine formelle Freiheit für materielle nimmt und glaubt, auch über den natürlichen Bedingungen des gesellschaftlichen Lebens zu stehen. Die Konflikte, die daraus entstehen, zeigen, daß Demokratie nur im Liberalismus Sinn hat; nur in seinem Rahmen erfüllt sie eine gesellschaftliche Funktion. Demokratie ist ohne Liberalismus eine hohle Form.

§ 3. Der Liberalismus bedingt notwendigerweise politische Demokratie. Doch, meint man vielfach, das demokratische Prinzip müsse schließlich über den Liberalismus hinausführen; streng durchgeführt verlange es nicht nur politische sondern auch wirtschaftliche Gleichberechtigung; die aber sei im Liberalismus nicht zu erreichen. So entwickle sich der Sozialismus mit dialektischer Notwendigkeit aus dem Liberalismus. Der Liberalismus hebe sich im geschichtlichen Prozeß selbst auf.

Auch das Gleichheitsideal ist ursprünglich als naturrechtliche Forderung aufgestellt worden. Man hat versucht, es mit religiösen, physiologischen und philosophischen Erwägungen zu rechtfertigen. Doch alle diese Begründungen erweisen sich als unstichhaltig. Es steht ja gerade fest, daß die Menschen von Natur aus verschieden veranlagt sind. Man kann mithin die Forderung, daß alle gleich behandelt werden sollen, nicht darauf stützen, daß alle gleich seien. Nirgends erweist sich die naturrechtliche Begründung fadenscheiniger als gerade beim Gleichheitsprinzip.

Wenn wir das Gleichheitsideal verstehen wollen, müssen wir von seiner geschichtlichen Bedeutung ausgehen. Es ist, wie überall dort, wo es früher aufgetreten war, auch in der Neuzeit wieder als Verwerfung der ständischen Differenzierung der Rechtsfähigkeit der Einzelnen aufgestellt worden. So lange Schranken für die Entwicklung des Einzelnen und ganzer Volksschichten bestehen, kann man auf einen durch gewaltsame Umwälzungen nicht gestörten Gang des gesellschaftlichen Lebens nicht hoffen. Die Rechtlosen bilden immer eine Gefahr für den Bestand der gesellschaftlichen Ordnung. Das gemeinsame Interesse, das sie an der Beseitigung der sie bedrückenden Schranken haben, verbindet sie zu einer Gemeinschaft, die ihre Forderungen, da es auf friedlichem Wege nicht geht, auch gewaltsam durchzusetzen bereit ist. Der gesellschaftliche Frieden kann nur erreicht werden, wenn man alle Glieder der Gesellschaft an den demokratischen Einrichtungen teilnehmen läßt. Das aber bedeutet die Gleichheit aller vor dem Gesetz.

Dem Liberalismus spricht aber noch eine andere Erwägung für die Gleichheit vor dem Gesetze. Es liegt im Interesse der Gesellschaft, daß die Produktionsmittel in die Hände jener gelangen, die sie am besten zu nutzen verstehen. Die Abstufung der Rechtsfähigkeit nach dem Zufall der Geburt hindert die Produktivgüter auf dem Wege zum besten Wirt. Es ist bekannt, welche Rolle dieses Argument in den liberalen Kämpfen, vor allem bei der Bauernbefreiung, gespielt hat.

So sind es durchaus nüchterne Zweckmäßigkeitsgründe, die dem Liberalismus für das Gleichheitsprinzip sprechen. Er ist sich dabei voll bewußt, daß die Gleichheit vor dem Gesetze mitunter zu Ungeheuerlichkeiten führen und daß sie für den Einzelnen unter Umständen sehr drückend werden kann, weil den einen das hart treffen mag, was dem anderen willkommen ist. Doch die Gleichheitsidee des Liberalismus entspringt sozialen Rücksichten; wo die mitspielen, müssen die Empfindlichkeiten Einzelner zurücktreten. Wie alle anderen gesellschaftlichen Einrichtungen bestehen auch die Rechtsnormen um der Gesellschaftszwecke willen; der Einzelne muß sich ihnen beugen, weil seine eigenen Ziele nur in der Gesellschaft und mit der Gesellschaft erreicht werden können.

Es ist ein Verkennen des Wesens der Rechtseinrichtungen, wenn man sie als mehr auffaßt denn als solche und daraus neue Ansprüche abzuleiten sucht, die verwirklicht werden sollen, ob darunter auch die angestrebten Zwecke des gesellschaftlichen Zusammenwirkens leiden mögen. Die Gleichheit, die der Liberalismus schafft, ist Gleichheit vor dem Gesetze; eine andere hat er nie angestrebt. Es ist daher im Sinne des Liberalismus eine ungerechtfertigte Kritik, wenn man diese Gleichheit als unzulänglich tadelt und darüber hinaus volle Einkommensgleichheit durch gleichmäßige Verteilung der Genüsse als die wahre Gleichheit bezeichnet.

Gerade in dieser Gestalt findet aber das Gleichheitsprinzip immer freudige Zustimmung bei allen jenen, die bei der gleichmäßigen Verteilung der Güter mehr zu gewinnen als zu verlieren hoffen. Die Massen sind leicht für diese Gleichheit anzuwerben. Hier liegt ein dankbares Betätigungsfeld für Demagogen. Wer gegen die Reichen auftritt, wer immer wieder das Ressentiment der Wenigerbemittelten zu erwecken sucht, kann auf großen Zulauf rechnen. Die Demokratie schafft nur die günstigsten Vorbedingungen für die Entfaltung dieses Geistes, der verborgen immer und überall vorhanden ist[1]). Das ist die Klippe, an der alle demokratischen Staatswesen bisher zugrunde gegangen sind. Die Demokratie unserer Zeit ist auf dem besten Wege, ihnen zu folgen.

Es ist eigentümlich, daß man jene Auffassung des Gleichheitsprinzips, die die Gleichheit nur vom Gesichtspunkte der Erreichung der gesellschaftlichen Zwecke betrachtet und nur soweit durchgeführt wissen will, als sie diesen Zwecken dient, als unsozial bezeichnet, dagegen jene Auffassung, die ohne Rücksicht auf die Folgen daraus ein subjektives Recht auf Einräumung einer Kopfquote des Nationaleinkommens gemacht hat, als die soziale Auffassung ansieht. In den griechischen Stadtstaaten fühlte im vierten Jahrhundert der Bürger sich als Herr des Eigentums aller Staatsangehörigen und heischte gebieterisch seinen Anteil, wie ein Aktionär seine Dividende fordert. Äschines hat im Hinblicke auf die Übung, Austeilungen von gemeinem Gut und von konfisziertem Privatgut vorzunehmen, das treffende Wort gesprochen, die Athener kämen aus der Ekklesie nicht wie aus einer politischen Versammlung, sondern wie aus der Sitzung einer Genossenschaft, in der die Verteilung des Überschusses erfolgt ist[2]). Man kann nicht leugnen, daß auch heute der gemeine Mann dazu neigt, den Staat als eine Rentenquelle zu betrachten, aus der er möglichst viel Einkommen ziehen will.

Das Gleichheitsprinzip in der erweiterten Fassung ergibt sich keineswegs mit Notwendigkeit aus dem demokratischen; es ist gesondert zu betrachten. Man darf es ebensowenig wie eine andere Norm für das gesellschaftliche Leben von vornherein als gültig anerkennen. Man muß sich über seine Wirkungen Klarheit verschaffen, ehe man es beurteilen kann. Daß es bei der Masse im allgemeinen sehr beliebt ist und daher

---

[1]) Insofern kann man mit Proudhon sagen: la démocratie c'est l'envie. Vgl. Poehlmann, a. a. O., I. Bd., S. 317, Anm. 4.

[2]) Vgl. Poehlmann, a. a. O., I. Bd., S. 333.

in demokratischen Staaten leicht Anerkennung finden kann, stempelt es ebensowenig zu einem demokratischen Grundsatz, wie es den Theoretiker veranlassen darf, sich in seiner Prüfung Schranken aufzuerlegen.

§ 4. Die Vorstellung, daß Demokratie und Sozialismus innerlich eng verwandt seien, hat in den Jahrzehnten, die der bolschewistischen Revolution vorangingen, immer mehr um sich gegriffen. Viele waren schließlich dazu gelangt, die Begriffe Sozialismus und Demokratie für gleichbedeutend zu halten oder zu denken, daß Demokratie ohne Sozialismus und Sozialismus ohne Demokratie nicht möglich seien.

Es war vornehmlich die Verbindung zweier Gedankengänge, die beide in letzter Linie auf die Hegelsche Geschichtsphilosophie zurückgehen, was zu dieser Vorstellung führte. Für Hegel ist die Weltgeschichte „der Fortschritt im Bewußtsein der Freiheit". Dieser Fortschritt vollzieht sich in der Form, „daß die Orientalen nur gewußt haben, daß Einer frei sei, die griechische und römische Welt, daß einige frei sind, daß wir aber wissen, daß alle Menschen an sich frei, der Mensch als Mensch frei ist"[1]). Es ist kein Zweifel darüber zulässig, daß die Freiheit, die Hegel hier meinte, eine andere war als die, für die die radikalen Politiker seiner Tage kämpften. Hegel nahm Gedanken, die Gemeingut der politischen Lehren des Aufklärungszeitalters waren, auf und vergeistigte sie. Doch der Radikalismus der Junghegelianer las aus seinen Worten das heraus, was ihnen zusagte. Für sie ist es ausgemacht, daß die Entwicklung zur Demokratie eine Notwendigkeit im Hegelschen Sinne dieses Begriffes sei. Die Geschichtsschreibung schließt sich dem an. Für Gervinus ist „ganz im Großen in der Geschichte der Menschheit" wie „in dem Verlaufe der inneren Entwicklung der Staaten" „ein regelmäßiger Fortschritt zu gewahren von der geistigen und bürgerlichen Freiheit der Einzelnen zu der der Mehreren und der Vielen"[2]).

In der materialistischen Geschichtsauffassung gewinnt der Begriff der Freiheit der Vielen einen bestimmten Inhalt. Die Vielen, das sind die Proletarier; die aber müssen, weil das Bewußtsein durch das gesellschaftliche Sein bestimmt wird, notwendigerweise Sozialisten werden. So fallen Entwicklung zur Demokratie und Entwicklung zum Sozialismus zusammen. Die Demokratie ist das Mittel zur Verwirklichung des Sozialismus, der Sozialismus aber zugleich auch das Mittel zur Verwirklichung der Demokratie. In dem Parteinamen „Sozialdemokratie"

---

[1]) Vgl. Hegel, Vorlesungen über die Philosophie der Weltgeschichte, Ausgabe von Lasson, I. Bd., Leipzig 1917, S. 40.

[2]) Vgl. Gervinus, Einleitung in die Geschichte des neunzehnten Jahrhunderts, Leipzig 1853, S. 13.

gelangt die Gleichsetzung von Demokratie und Sozialismus am schärfsten zum Ausdruck. Mit dem Namen der Demokratie aber übernimmt die sozialistische Arbeiterpartei auch das geistige Erbe der Bewegungen des jungen Europa. Alle Schlagwörter des politischen Radikalismus des Vormärz finden sich in den sozialdemokratischen Parteiprogrammen wieder. Sie werben für die Partei auch Anhänger, die sich von den sozialistischen Forderungen nicht angezogen oder selbst abgestoßen fühlen.

Das Verhältnis des marxistischen Sozialismus zu den demokratischen Forderungen war dadurch bestimmt, daß er die sozialistische Partei der Deutschen, der Russen und der kleineren Völker, die die österreichisch-ungarische Monarchie und das Zarenreich bevölkerten, war. In diesen mehr oder weniger autokratischen Staaten mußte jede Oppositionspartei vor allem Demokratie fordern, um die Vorbedingungen für die Entfaltung politischer Tätigkeit zu schaffen. Damit war das Problem der Demokratie für die Sozialdemokratie gewissermaßen aus der Erörterung ausgeschaltet; es ging nicht an, die demokratische Ideologie pro foro externo überhaupt auch nur in Zweifel zu ziehen.

Im Innern der Partei konnte die Frage nach dem Verhältnis der beiden Ideen, die in ihrem Doppelnamen zum Ausdrucke gelangten, nicht ganz unterdrückt werden. Man begann damit, sie in zwei Teile zu zerlegen. Für das kommende Reich der endlichen Verwirklichung des Sozialismus hielt man auch weiterhin daran fest, daß Sozialismus und Demokratie in letzter Linie eins seien. Da man fortfuhr, die Demokratie an sich als ein Gut anzusehen, konnte man als gläubiger Sozialist, der vom sozialistischen Zukunftsparadies die Erfüllung allen Heils erwartet, zu keinem anderen Schlusse gelangen. Das Land der Verheißung hätte ja einen Fehler, wenn es nicht auch in politischer Hinsicht das denkbar beste wäre. So hörten denn die sozialistischen Schriftsteller nicht auf zu verkünden, daß es nur in der sozialistischen Gesellschaft wahre Demokratie geben könne, und daß alles das, was die kapitalistischen Staatswesen als solche bezeichnen, nur Zerrbilder seien, die die Herrschaft der Ausbeuter verdecken.

Doch wenn es auch festzustehen schien, daß Sozialismus und Demokratie sich am Ziel treffen müßten, war es nicht ebenso sicher, ob der Weg zum Ziel für beide gemeinsam sei. Man fing an, die Frage zu erörtern, ob man die Verwirklichung des Sozialismus — und damit im Sinne der eben besprochenen Anschauungen auch die der wahren Demokratie — immer nur mit den Mitteln der Demokratie anzustreben habe oder ob man im Kampfe von den Grundsätzen der Demokratie abgehen dürfe. Das ist der Streit um die Diktatur des Proletariats, der bis zur bolschewistischen Revolution einen Gegenstand der akademischen Erörterung in der marxistischen Literatur bildete, seither aber zu einem großen politischen Problem geworden ist.

Wie alle anderen Meinungsverschiedenheiten, die die Marxisten in Gruppen trennen, ist auch der Streit um die Diktatur des Proletariats aus der Zwiespältigkeit entsprungen, die jenes Bündel von Dogmen, die man das System des Marxismus zu nennen pflegt, durchzieht. Im Marxismus gibt es für alles und jedes stets mindestens zwei einander vollkommen widersprechende Auffassungen, zwischen denen durch dialektische Künsteleien nur eine scheinbare Übereinstimmung erzielt wird. Das wichtigste Mittel dieser Dialektik ist die Verwendung eines Wortes, dem je nach Bedarf ein anderer Sinn zugesprochen wird. Mit diesen Wörtern, die zugleich in der politischen Agitation als Schlagwörter zur Hypnotisierung der Massenpsyche dienen, wird ein wahrer Kultus getrieben, der an den Fetischdienst erinnert. Das Wesen der marxistischen Dialektik ist Wortfetischismus. Jeder marxistische Glaubenssatz ist in einem Wortfetisch vergegenständlicht, dessen doppelte oder gar mehrfache Bedeutung die Verbindung unverträglicher Gedanken und Forderungen vermitteln soll. Um die Auslegung dieser Ausdrücke, die wie die Worte der delphischen Pythia absichtlich so gewählt zu sein scheinen, daß sie verschiedene Deutungen zulassen, geht ein Streit, in dem jeder Teil in der Lage ist, zu seinen Gunsten Stellen aus den Schriften von Marx und Engels anzuführen, denen autoritative Bedeutung beigelegt wird.

Ein solcher Wortfetisch des Marxismus steckt in dem Ausdruck Revolution. Wenn der Marxismus von industrieller Revolution spricht, so meint er damit die allmählich vor sich gehende Umwandlung der vorkapitalistischen in die kapitalistische Produktionsweise. Hier erscheint der Ausdruck Revolution als gleichbedeutend mit Entwicklung, und der Gegensatz, in dem sonst die Begriffe Evolution und Revolution stehen, wird nahezu ausgelöscht. So wird es dem Marxismus möglich, dort, wo es ihm zusagt, den revolutionären Geist als Putschismus verächtlich zu machen. Die Revisionisten hatten nicht Unrecht, wenn sie sich für ihre Auffassung auf viele Stellen der Schriften von Marx und Engels beriefen. Doch der Marxismus gebraucht den Ausdruck Revolution noch in einem anderen Sinne. Wenn er die Arbeiterbewegung eine revolutionäre Bewegung, die Arbeiterklasse die einzige wahrhaft revolutionäre Klasse nennt, dann gebraucht er den Ausdruck Revolution in dem Sinne, bei dem man an Barrikaden und Straßenkämpfe zu denken hat. Darum hat auch der Syndikalismus recht, wenn er sich auf Marx beruft.

Ebenso unklar ist der Marxismus im Gebrauche des Ausdruckes Staat. Für ihn ist der Staat nichts anderes als ein Instrument der Klassenherrschaft; das Proletariat hebt, indem es die politische Macht erlangt, den Klassengegensatz auf und damit stirbt der Staat ab. „Sobald es keine Gesellschaftsklasse mehr in der Unterdrückung zu halten gibt, sobald mit der Klassenherrschaft und dem in der bisherigen Anarchie der Produktion begründeten Kampf ums Einzeldasein auch die daraus entspringenden Kollisionen und Exzesse beseitigt sind, gibt es nichts mehr zu reprimieren, das eine besondere Repressionsgewalt, einen Staat, nötig machte. Der erste Akt, worin der Staat wirklich als Repräsentant der ganzen Gesellschaft auftritt — die Besitzergreifung der Produktionsmittel im Namen der Gesellschaft — ist auch zugleich sein letzter selbständiger Akt als Staat. Das Eingreifen einer Staatsgewalt in gesellschaftliche Verhältnisse wird auf einem Gebiete nach dem anderen überflüssig und schläft dann von selbst ein"[1]. Das ist, so unklar und undurchdacht es auch in bezug auf die Erkenntnis des Wesens der politischen Organisation sein mag, in der Frage der Herrschaft des Proletariats so bestimmt, daß es scheint, man könne an der Auslegung nicht zweifeln. Es wird schon weniger bestimmt, wenn man dagegen die Worte von Marx hält, daß zwischen der kapitalistischen und der kommunistischen Gesellschaft die Periode der revolutionären Umwandlung der einen in die andere liegt, der „auch eine politische Übergangsperiode, deren Staat nichts anderes sein kann als die **revolutionäre Diktatur des Proletariats**", entspricht[2]. Will man aber — mit Lenin — annehmen, daß diese Übergangsperiode so lange währen werde, bis jene „höhere Phase der kommunistischen Gesellschaft" erreicht ist, in der „die knechtende Unterordnung der Individuen unter die Teilung der Arbeit, damit auch der Gegensatz geistiger und körperlicher Arbeit geschwunden ist", in der „die Arbeit nicht nur Mittel zum Leben, sondern selbst das erste Lebensbedürfnis geworden" ist, dann gelangt man freilich zu ganz anderen Ergebnissen zur Beurteilung der Stellung, die der Marxismus der Demokratie gegenüber einnimmt[3]. Denn dann ist zumindest für Jahrhunderte im sozialistischen Gemeinwesen von Demokratie nicht die Rede.

---

[1] Vgl. Engels, Herrn Eugen Dührings Umwälzung der Wissenschaft, 7. Aufl., Stuttgart 1910, S. 302.

[2] Vgl. Marx, Zur Kritik des sozialdemokratischen Programms, a. a. O., S. 23.

[3] Vgl. ebendort S. 17; dazu Lenin, Staat und Revolution, Berlin 1918, S. 89.

Der Marxismus hat trotz einzelner Bemerkungen über die geschichtlichen Leistungen des Liberalismus kein Verständnis für die Bedeutung, die den Gedanken des Liberalismus zukommt. Er weiß mit den liberalen Forderungen der Freiheit des Gewissens und der Meinungsäußerung, der grundsätzlichen Anerkennung jeder Opposition und der Gleichberechtigung aller Parteien nichts anzufangen. Er nimmt überall dort, wo er nicht herrscht, alle liberalen Grundrechte im weitesten Ausmaß für sich in Anspruch, weil er nur durch sie die Bewegungsfreiheit gewinnt, die er für seine Werbearbeit dringend benötigt. Doch er kann sie nie in ihrem Wesen verstehen, und er wird sich nie dazu bequemen, sie seinen Gegnern einzuräumen, wenn er selbst herrscht. Darin gleicht er vollkommen den Kirchen und den anderen Mächten, die sich auf das Gewaltprinzip stützen; auch diese scheuen sich nicht, mit Hilfe der demokratischen Freiheiten um die Herrschaft zu kämpfen, verweigern sie aber, wo sie selbst herrschen, ihren Gegnern. So enthüllt sich alles Demokratische am Sozialismus als Trug. „Die Partei der Kommunisten", sagt Bucharin, „fordert keinerlei Freiheiten (der Presse, des Wortes, der Verbände, der Versammlungen usw.) für die bürgerlichen Volksfeinde. Im Gegenteil." Und mit bemerkenswertem Zynismus rühmt er sich dessen, daß die Kommunisten früher, als sie noch nicht am Ruder saßen, für die Freiheit der Meinungsäußerung nur deshalb eingetreten seien, weil es „lächerlich" gewesen wäre, von den Kapitalisten die Freiheit der Arbeiterbewegung in anderer Weise zu fordern als indem man Freiheit überhaupt forderte[1]).

Der Liberalismus fordert immer und überall Demokratie. Er will nicht darauf warten, bis das Volk „reif" für die Demokratie geworden ist, denn die Funktion, die die Demokratie in der Gesellschaft zu erfüllen hat, duldet keinen Aufschub. Demokratie muß sein, weil es ohne sie keine friedliche Entwicklung der Staatlichkeit geben kann. Nicht darum will er Demokratie, weil er eine Politik des Kompromisses vertritt oder in Weltanschauungsfragen dem Relativismus huldigt[2]). Auch der Liberalismus beansprucht für seine Lehre absolute Gültigkeit. Doch er glaubt zu wissen, daß Macht immer nur auf der Herrschaft über die Geister beruht, und daß um diese nie anders gerungen werden kann als

---

[1]) Vgl. Bucharin, Das Programm der Kommunisten (Bolschewiki), Zürich 1918, S. 24ff.

[2]) Wie dies Kelsen („Vom Wesen und Wert der Demokratie" im „Archiv für Sozialwissenschaft", 47. Bd., S. 84) meint. Vgl. auch Menzel, Demokratie und Weltanschauung (Zeitschrift für öffentliches Recht, II. Bd., S. 701ff.).

mit geistigen Mitteln. Der Liberalismus tritt auch dort für Demokratie ein, wo er daraus für den Augenblick oder auch für längere Zeit Nachteile zu befürchten hat, weil er meint, daß man gegen den Willen der Mehrheit sich doch nicht behaupten könne, und daß die Vorteile, die aus einer künstlich und gegen die Stimmung des Volkes aufrechterhaltenen Herrschaft des liberalen Prinzips erwachsen könnten, gegenüber den Nachteilen, die aus der durch die Vergewaltigung des Volkswillens zu befürchtenden Störung des ruhigen Ganges der staatlichen Entwicklung entstehen müssen, verschwindend gering seien.

Wäre es möglich gewesen, das Doppelspiel mit dem Schlagworte Demokratie länger fortzusetzen, die Sozialdemokratie hätte es sicher getan. Daß die bolschewistische Revolution sie gezwungen hat, die Maske vorzeitig abzuwerfen und den Gewaltcharakter ihrer Lehren und ihrer Politik zu enthüllen, ist ein geschichtlicher Zufall.

§ 5. Jenseits der Diktatur des Proletariats liegt das Paradies der „höheren Phase der kommunistischen Gesellschaft", wo „mit der allseitigen Entwicklung der Individuen auch die Produktivkräfte gewachsen sind und alle Springquellen des genossenschaftlichen Reichtums voller fließen"[1]. In diesem Lande der Verheißung „gibt es nichts mehr zu reprimieren, das eine besondere Repressionsgewalt, einen Staat nötig machte. ... An Stelle der Regierung über Personen tritt die Verwaltung von Sachen und die Leitung von Produktionsprozessen"[2]. Es ist die Zeit angebrochen, in der „ein in neuen freien Gesellschaftszuständen herangewachsenes Geschlecht imstande sein wird, den ganzen Staatsplunder von sich abzutun"[3]. Die Arbeiterklasse hat „lange Kämpfe, eine ganze Reihe geschichtlicher Prozesse" durchgemacht, durch welche „die Menschen wie die Umstände gänzlich umgewandelt" wurden[4]. So kann die Gesellschaft ohne Zwangsordnung bestehen wie einst im Zeitalter der Gentilverfassung. Von dieser weiß Engels sehr viel Schönes und Gutes zu berichten[5]. Nur schade, daß man das alles schon schöner und besser bei Vergil, Ovid und Tacitus gelesen hat:

---

[1] Vgl. Marx, Zur Kritik des sozialdemokratischen Programms, a. a. O., S. 17.

[2] Vgl. Engels, Herrn Eugen Dührings Umwälzung der Wissenschaft, a. a. O., S. 302.

[3] Vgl. Engels, Vorwort zu Marx, Der Bürgerkrieg in Frankreich (Ausgabe der Politischen Aktions-Bibliothek, Berlin 1919), S. 16.

[4] Vgl. Marx, Der Bürgerkrieg, a. a. O., S. 54.

[5] Vgl. Engels, Der Ursprung der Familie, des Privateigentums und des Staates, 20. Aufl., Stuttgart 1921, S. 163ff.

Aurea prima sata est aetas, quae vindice nullo,
sponte sua, sine lege fidem rectumque colebat.
poena metusque aberant, nec verba minantia fixo
aere legebantur[1]).

So fehlt den Marxisten jede Veranlassung, sich mit den Problemen der politischen Verfassung des sozialistischen Gemeinwesens zu beschäftigen. Sie sehen gar nicht, daß es hier Probleme gibt, die sich nicht einfach damit abtun lassen, daß man über sie schweigt. Auch in der sozialistischen Gesellschaftsordnung wird die Notwendigkeit, in Gemeinschaft zu handeln, die Frage auftauchen lassen, wie gemeinschaftlich gehandelt werden soll. Dann wird man darüber zu entscheiden haben, wie das, was man mit einer metaphorischen Redensart den Willen der Gesamtheit oder den Volkswillen zu nennen pflegt, zu bilden ist. Wenn man auch ganz davon absehen will, daß es keine Verwaltung von Sachen gibt, die nicht Verwaltung von Menschen, d. h. die Bestimmung des einen menschlichen Willens durch den anderen ist, und keine Leitung von Produktionsprozessen, die nicht Regierung über Personen, d. h. Motivation des einen menschlichen Willens durch den anderen wäre[2]), so muß man doch fragen, wer die Sachen verwalten und die Produktionsprozesse leiten wird und welche Grundsätze dabei befolgt werden sollen. So haben wir wieder alle politischen Probleme der Organisation des rechtlich geregelten Zusammenlebens vor uns.

Wo wir in der Geschichte Versuche finden, dem sozialistischen Gesellschaftsideal nahezukommen, handelt es sich immer um Autokratien mit schärfster Ausprägung des obrigkeitlich-autoritären Charakters. Im Reiche der Pharaonen und in dem der Inkas und im Jesuitenstaat von Paraguay war nichts von Demokratie, von Selbstbestimmung durch die Volksmehrheit, zu merken. Nicht minder weit entfernt von der Demokratie sind die Utopien der älteren Sozialisten jeglicher Richtung. Weder Plato noch St. Simon waren Demokraten. Blickt man auf die Geschichte und auf die Literaturgeschichte der sozialistischen Theorien, dann kann man nichts finden, das für einen inneren Zusammenhang der sozialistischen Gesellschaftsordnung und der politischen Demokratie geltend gemacht werden könnte.

---

[1]) Vgl. Ovid, Metam., I, 89ff.; ferner Vergil, Aeneis, VII, 203f.; Tacitus, Annal., III, 26: dazu Poehlmann, a. a. O., II. Bd., S. 583f.

[2]) Vgl. Bourguin, Die sozialistischen Systeme und die wirtschaftliche Entwicklung, übers. v. Katzenstein, Tübingen 1906, S. 70f.; Kelsen, Sozialismus und Staat, 2. Auflage, Leipzig 1923, S. 105.

Sehen wir genauer zu, dann finden wir, daß auch das erst in weiter Ferne zu verwirklichende Ideal der höheren Phase der kommunistischen Gesellschaft, wie es die Marxisten im Auge haben, durchaus undemokratisch ist[1]). Auch in ihm soll es nach Absicht der Sozialisten ewigen ungestörten Frieden — das Ziel aller demokratischen Einrichtungen — geben; doch dieser Friedenszustand wird auf anderem Wege erreicht als auf dem, den die Demokraten gehen. Er wird nicht darauf beruhen, daß der Wechsel der Herrscher und der herrschenden Politik sich in friedlicher Weise vollzieht, sondern darauf, daß die Herrschaft verewigt wird, und daß weder die Herrscher noch die herrschende Politik gewechselt werden. Auch das ist Frieden, doch nicht der Frieden des lebendigen Fortschreitens, den der Liberalismus anstrebt, sondern der des Kirchhofs. Es ist nicht der Frieden der Pazifisten, sondern der der Pazifikatoren, der Gewaltmenschen, die dadurch Frieden herstellen wollen, daß sie sich alles unterwerfen. Es ist der Frieden, den jeder Absolutismus herstellt, indem er die absolute Herrschaft aufrichtet, und der gerade so lang dauert, als diese absolute Herrschaft aufrecht erhalten werden kann. Der Liberalismus hat das Vergebliche solcher Friedensstiftung erkannt. Der Frieden, den er anstrebt, ist gegen Gefahren, die von dem nie erlöschenden Veränderungsstreben her drohen, gefeit.

IV.
Gesellschaftsordnung und Familienverfassung.

§ 1. Mit dem sozialistischen Gedanken der Vergesellschaftung der Produktionsmittel gehen seit altersher Vorschläge zur Umgestaltung der Beziehungen zwischen den Geschlechtern Hand in Hand. Mit dem Sondereigentum soll auch die Ehe verschwinden und einem dem Wesen der Sexualität besser entsprechenden Verhältnisse Platz machen. Mit der Befreiung des Menschen vom Joche der wirtschaftlichen Arbeit, die der Sozialismus in Aussicht stellt, soll auch die Befreiung der Liebe von allem Wirtschaftlichen, das sie bisher geschändet habe, erfolgen. Der Sozialismus verheißt nicht nur Wohlstand, ja Reichtum für alle, sondern auch Liebesglück für alle. Ein gutes Stück seiner Volkstümlichkeit verdankt er gerade diesem Teile seines Programms. Es ist bezeichnend, daß kein zweites deutsches sozialistisches Buch mehr gelesen wurde und mehr für den Sozialismus geworben hat als Bebels

---

[1]) Vgl. auch Bryce, Moderne Demokratien, Übers. v. Loewenstein u. Mendelssohn-Bartholdy, München 1926, III. Bd., S. 289f.

„Die Frau und der Sozialismus", das vor allem der Verkündigung der freien Liebe gewidmet ist.

Daß die Ordnung der Sexualverhältnisse, in der wir leben, von vielen als unbefriedigend empfunden wird, kann nicht als besonders merkwürdig bezeichnet werden. Diese Ordnung ist auf einer weitgehenden Ablenkung der alles Menschliche beherrschenden Sexualität von sexuellen Zielen und Hinlenkung auf neue Ziele, die der Menschheit im Laufe der Kulturentwicklung erwachsen sind, aufgebaut. Um sie aufzurichten, mußten große Opfer gebracht werden, und neue werden täglich gebracht. Jeder Einzelne macht in seinem Leben den Prozeß durch, der die Sexualität von der diffusen Gestalt, die sie beim Kinde trägt, in ihre endgültige Gestaltung hinüberleitet. Jeder Einzelne muß dazu in seinem Innern die seelischen Mächte aufbauen, die dem Sexualtrieb als Hemmnisse in den Weg treten und gleich Dämmen seine Richtung beengen sollen. Dabei wird ein Teil der Energie, mit der die Natur den Geschlechtstrieb ausgestattet hat, von der sexuellen Verwendung abgeleitet und anderen Zwecken zugeführt. Nicht jedem glückt es, aus den Kämpfen und Nöten dieser Wandlung heil hervorzugehen. Mancher leidet Schiffbruch, wird zum Neurotiker oder gar zum Geisteskranken. Doch auch wer gesund bleibt und ein brauchbares Mitglied der Gesellschaft wird, trägt Narben davon, die ein unglücklicher Zufall aufzureißen vermag[1]). Und wird ihm auch die Sexualität zur Quelle höchsten Glücks, so wird sie ihm auch wieder zur Quelle des Leids, und zuletzt ist es ihr schließliches Schwinden, an dem der Alternde zuerst erkennt, daß auch er der Vergänglichkeit des Irdischen unterworfen ist. So ist es die Sexualität, die den Menschen durch Gewähren und Versagen immer wieder zu narren scheint, die ihn beglückt und ihn wieder ins Elend stößt und ihn nie zur Ruhe kommen läßt. Um die Sexualität drehen sich die bewußten Wünsche des Wachenden und die unbewußten des Träumenden. Sie durfte auch in den Gedanken der Gesellschaftsreformer nicht vergessen werden.

Das konnte um so weniger der Fall sein, als viele von ihnen Neurotiker waren, die unter den Folgen einer unglücklichen Entwicklung des Sexualtriebes zu leiden hatten. Fourier z. B. litt an einer schweren Psychose; aus jeder Zeile seiner Schriften spricht die kranke Seele eines Mannes, dessen Geschlechtsleben in größter Unordnung ist, und es ist nur zu bedauern, daß bisher noch nicht unternommen wurde, seine Lebensgeschichte mit den Methoden zu untersuchen, die die Psycho-

---

[1]) Vgl. Freud, Drei Abhandlungen zur Sexualtheorie, 2. Aufl., Leipzig und Wien 1910, S. 38ff.

analyse an die Hand gibt. Daß seine Bücher, die vom tollsten Aberwitz durchtränkt sind, weite Verbreitung und höchste Anerkennung finden konnten, haben sie aber gerade dem Umstande zu verdanken, daß sie mit krankhafter Phantasie in breiter Behaglichkeit die Liebesgenüsse schildern, die der Menschheit im Phalanstère-Paradiese harren.

Wie der Utopismus alle seine Zukunftsideale als Wiederherstellung eines goldenen Zeitalters, das die Menschheit durch eigene Schuld verloren hat, darstellt, so gibt er vor, auch im Geschlechtsleben nichts anderes als die Rückkehr zum Urstande, der volles Glück gebracht habe, zu fordern. Schon die Dichter der Antike preisen die alten herrlichen Zeiten der freien Liebe, wie sie auch das Lob der saturnischen Zeiten der Eigentumslosigkeit ertönen lassen[1]). Der Marxismus folgt auch hierin dem Beispiel des älteren Utopismus. Wie er die Abschaffung des Sondereigentums durch den Hinweis auf seinen geschichtlichen Ursprung und die Abschaffung des Staates damit zu begründen sucht, daß der Staat „nicht von Ewigkeit her" ist und daß es Gesellschaften gegeben habe, die „von Staat und Staatsgewalt keine Ahnung" gehabt hätten[2]), so sucht er auch die Ehe damit zu bekämpfen, daß er ihren geschichtlichen Ursprung zu erweisen sucht. Dem Marxisten ist die geschichtliche Forschung nichts als ein Mittel der politischen Agitation. Sie soll ihm Waffen zum Angriffe auf die verhaßte bürgerliche Gesellschaftsordnung liefern. Nicht das ist ihm in erster Reihe vorzuwerfen, daß er ohne sich auf eine eingehende Überprüfung des geschichtlichen Stoffes einzulassen leichtfertigerweise unhaltbare Theorien aufbaut; viel schlimmer noch ist es, daß er eine Wertung der Geschichtsepochen in die sich als wissenschaftlich gebende Darstellung einschmuggelt. Es gab einst eine goldene Zeit, auf die folgte eine schlechtere, aber noch immerhin erträgliche, bis schließlich der Kapitalismus kam und mit ihm alles nur erdenkliche Übel. So erscheint die kapitalistische Gesellschaftsordnung von vornherein als verdammt; man kann ihr nur ein einziges Verdienst zusprechen, daß sie nämlich gerade durch das Übermaß ihrer Abscheulichkeit die Welt für das erlösende Heil des Sozialismus reif macht.

§ 2. Die neuere ethnographische und urgeschichtliche Forschung hat reiches Material zur Beurteilung der Geschichte der Sexualbeziehungen gesammelt, und die junge Wissenschaft der Psychoanalyse hat den Grund zu einer wissenschaftlichen Theorie des Geschlechts-

---

[1]) Vgl. Poehlmann, a. a. O., II. Bd., S. 576.
[2]) Vgl. Engels, Der Ursprung der Familie, des Privateigentums und des Staates, a. a. O., S. 182.

lebens gelegt. Die Soziologie hat es bisher allerdings noch nicht verstanden, sich den Reichtum an Ideen und Material, der ihr von diesen Disziplinen zugeflossen ist, zunutze zu machen. Sie hat es noch nicht vermocht, die Probleme neu zu stellen, um sie den Fragen anzupassen, die sie heute in erster Linie zu beschäftigen hätten. Das, was sie noch über Exogamie und Endogamie, über Promiskuität und gar erst über Matriarchat und Patriarchat vorzubringen weiß, entspricht nicht mehr den Anforderungen, die man nun zu stellen berechtigt wäre. Die soziologische Erkenntnis der Urgeschichte der Ehe und der Familie ist so mangelhaft, daß man sie für die Deutung der Probleme, die uns hier beschäftigen, nicht heranziehen darf. Einigermaßen sicheren Boden hat die Soziologie erst dort unter den Füßen, wo es sich um die Beurteilung der Verhältnisse in der geschichtlichen Zeit handelt.

Der Charakter, den die Familienbeziehungen unter der Herrschaft des Gewaltprinzips tragen, ist der der unumschränkten Herrschaft des Mannes. Das schon in der Natur der sexuellen Beziehungen gelegene Moment, das das Männchen zum aggressiven Teil macht, wird hier auf die Spitze getrieben; der Mann ergreift vom Weibe Besitz und gestaltet das Haben des Sexualobjekts ganz nach derselben Weise, in der er die anderen Güter der Außenwelt hat. Das Weib wird damit völlig zur Sache. Es wird geraubt oder gekauft, es wird ersessen, es wird verschenkt, verkauft, letztwillig vermacht, kurz, es ist im Hause wie eine Sklavin. Im Leben ist der Mann ihr Richter; stirbt er, dann wird sie ihm mit anderer Habe ins Grab nachgesendet[1]). Das ist der Rechtszustand, den uns in nahezu vollkommener Übereinstimmung die älteren Rechtsquellen aller Völker zeigen. Die Historiker versuchen gewöhnlich, besonders wenn es sich um die Geschichte des eigenen Volkes handelt, den peinlichen Eindruck, den die Darstellung dieser Verhältnisse beim modernen Menschen hinterläßt, dadurch abzuschwächen, daß sie darauf hinweisen, daß das Leben milder gewesen sei als der Buchstabe des Gesetzes, und daß die Härte des Rechts die Beziehungen zwischen den Ehegatten nicht getrübt habe; im übrigen trachten sie mit einigen Bemerkungen über die alte Sittenstrenge und über die Reinheit des Familienlebens von dem Gegenstand, der sich schlecht in ihr System zu fügen scheint, loszukommen[2]). Doch diese Rechtfertigungsversuche, zu denen sie ihr nationalistischer Standpunkt und ihre Vorliebe für die

---

[1]) Vgl. Westermarck, Geschichte der menschlichen Ehe, aus dem Englischen übers. von Katscher und Grazer, 2. Aufl., Berlin 1902, S. 122; Weinhold, Die deutschen Frauen in dem Mittelalter, 3. Aufl., Wien 1897, II. Bd., S. 9ff.

[2]) Vgl. z. B. Weinhold, a. a. O., II. Bd., S. 7f.

Vergangenheit verleiten, sind schief. Die Auffassung, die die alten Gesetze und Rechtsbücher vom Charakter des Verhältnisses zwischen Mann und Weib haben, ist nicht das Ergebnis einer theoretischen Spekulation weltentrückter Phantasten; sie ist aus dem Leben geschöpft und gibt genau das wieder, was die Männer und auch die Frauen von Ehe und Geschlechtsverkehr hielten. Daß einer Römerin, die in der manus des Ehegatten oder unter Geschlechtsvormundschaft stand, oder einer Germanin, die zeitlebens der Munt unterworfen blieb, dieses Verhältnis durchaus natürlich und billig erschien, daß sie sich dagegen nicht innerlich aufbäumten und keinen Versuch unternahmen, das Joch abzuschütteln, ist kein Beweis dafür, daß zwischen dem Gesetze und seiner Handhabung eine breite Kluft bestand; es zeigt nur, daß die Einrichtung auch dem Empfinden der Frauen entsprach. Und das kann uns nicht wundern. Die herrschenden Rechts- und Moralauffassungen einer Zeit ergreifen nicht nur jene, denen sie zum Vorteil zu gereichen scheinen, sondern auch jene, die durch sie zu leiden scheinen; ihre Herrschaft kommt eben darin zum Ausdruck, daß sie auch von denen anerkannt werden, von denen sie Opfer heischen. Die Frau ist unter der Herrschaft des Gewaltsystems Dienerin des Mannes; auch sie erblickt darin ihre Bestimmung. Sie teilt die Auffassung, der das Neue Testament den bündigsten Ausdruck verliehen hat: Der Mann ist nicht geschaffen um des Weibes willen, sondern das Weib um des Mannes willen[1]).

Das Gewaltprinzip kennt überhaupt nur Männer. Sie allein sind Träger der Gewalt und daher auch sie allein Träger von Rechten und Ansprüchen. Das Weib ist nichts als Sexualobjekt. Es gibt nur Weiber, die über sich einen Herrn haben, sei es den Vater oder den Vormund, sei es den Gatten, sei es den Dienstherrn. Selbst die Dirnen sind nicht frei; sie sind dessen, dem das Frauenhaus gehört. Mit ihm, nicht mit den Freudenmädchen kontrahiert der Gast. Die Vagantin aber ist Freiwild, die jeder nach Belieben gebrauchen darf. Das Recht, sich den Mann zu wählen, steht dem Weibe nicht zu; sie wird dem Gatten gegeben und von ihm genommen. Daß sie ihn liebt, ist ihre Pflicht, vielleicht auch ihr Verdienst; es erhöht die Freuden, die dem Manne aus der Ehe kommen, doch es ist gleichgültig für den Eheabschluß. Man fragt das Mädchen nicht darnach. Der Mann hat das Recht, sie zu verstoßen oder sich von ihr scheiden zu lassen; sie selbst hat dieses Recht nicht.

So siegt im Zeitalter des Gewaltprinzips der Herrenstandpunkt des Mannes ganz über alle älteren Ansätze zur Entwicklung geschlecht-

---

[1]) Vgl. 1. Cor., 11, 9.

licher Gleichberechtigung. Die Sage bewahrt noch einige Spuren größerer Sexualfreiheit des Weibes — z. B. die Gestalt der Brunhilde — doch sie werden nicht mehr verstanden. Das Übergewicht des Mannes ist so stark, daß es wider die Natur des Geschlechtsverkehrs ist, und daß der Mann selbst aus rein sexuellen Gründen daran gehen muß, es im eigenen Interesse abzuschwächen.

Denn es ist wider die Natur, daß der Mann das Weib nimmt wie eine willenlose Sache. Der Geschlechtsakt ist ein wechselseitiges Geben und Nehmen, und bloß duldendes Verhalten des Weibes mindert auch des Mannes Lust am Verkehr. Der Mann muß des Weibes Entgegenkommen erwecken, um seine eigene Befriedigung zu erlangen. Der Sieger, der die Sklavin in sein Ehebett geschleppt hat, der Käufer, der die Tochter ihrem Vater abgehandelt hat, müssen um das werben, was ihnen die Vergewaltigung des widerstrebenden Weibes nicht gewähren kann. Der Mann, der nach außen hin als unumschränkter Gebieter seines Weibes erscheint, ist im Hause nicht so mächtig, als er glaubt; er muß einen Teil seiner Herrschaft an das Weib abtreten, mag er dies auch vor der Welt ängstlich verbergen.

Dazu kommt noch ein Zweites. Je mehr der Einzelne gerade durch das Gewaltprinzip, das alle Weiber eigen macht und damit den Geschlechtsverkehr erschwert, genötigt wird, im Alltag seinen natürlichen Trieben Zwang anzutun und moralische Hemmungen des Sexualtriebes aufzubauen, desto mehr wird der Geschlechtsakt zu einer außerordentlichen psychischen Anstrengung, die nur unter Zuhilfenahme besonderer Antriebe gelingt. Der Geschlechtsakt erfordert jetzt eine besondere seelische Einstellung auf das Sexualobjekt; das ist die Liebe, die dem Urmenschen und dem Gewaltmenschen, die wahllos jede Gelegenheit benützen, unbekannt ist. Das charakteristische Merkmal der Liebe, die Überschätzung des Sexualobjekts, ist mit der verachteten Stellung, die dem Weibe unter dem Gewaltprinzip zufällt, nicht vereinbar. Das Gewaltprinzip macht das Weib zur niederen Magd, die Liebe aber will sie als Königin sehen.

Aus diesem Gegensatze entsteht der erste große Konflikt im Verhältnisse der Geschlechter, den wir im vollen Lichte der Geschichte zu erkennen vermögen. Ehe und Liebe geraten in Widerspruch. Die Erscheinungsformen dieses Gegensatzes sind recht verschieden, sein Wesen bleibt überall gleich. Die Liebe hat ihren Einzug in das Fühlen und Denken der Männer und Frauen gehalten, sie wird immer mehr und mehr zum Mittelpunkte des Seelenlebens, sie gibt dem Dasein Sinn und Reiz; aber diese Liebe hat mit der Ehe und mit dem Verhältnisse der

Ehegatten zunächst noch nichts zu tun. Das muß zu schweren Konflikten führen, die wir aus der epischen und lyrischen Poesie des ritterlichen Zeitalters kennen lernen. Sie sind uns vertraut, weil sie in unvergänglichen Kunstwerken verewigt sind, und weil die Kunst der Epigonen und jene Kunst, die ihre Vorwürfe aus primitiven Verhältnissen der Gegenwart nimmt, sie noch immer behandeln. Doch ihr Wesen können wir Modernen nicht mehr fassen. Wir können es nicht begreifen, was der alle Teile befriedigenden Lösung der Konflikte entgegensteht, warum die Liebenden getrennt und an Ungeliebte gebunden bleiben sollen. Wo Liebe Gegenliebe findet, wo Mann und Weib nichts anderes begehren, als sich in wechselweiser Liebe auf ewig zugetan bleiben zu dürfen, ist nach unseren Anschauungen alles in schönster Ordnung. Jene Gattung Poesie, die von nichts anderem handelt als von diesem, kann unter den Verhältnissen, in denen wir leben, zu keinem anderen Ausgang gelangen als zu dem, daß Hans und Grete sich schließlich kriegen; das mag die Leser der Familienblattromane entzücken, tragische Konflikte können daraus nicht erwachsen.

Wären wir ohne Kenntnis von dem Inhalte jener überlieferten Literatur, und würden wir es versuchen, lediglich auf die Nachrichten gestützt, die aus anderen Quellen über die damaligen Beziehungen der Geschlechter fließen, uns ein Bild von den seelischen Konflikten der ritterlichen Galanterie zu machen, so würden wir wohl darauf geraten, sie in der zwiespältigen Stellung zu finden, die dem Manne zukommt, der zwischen zwei Frauen steht, zwischen der Ehefrau, an die seiner Kinder und seines Hauses Geschick gebunden ist, und der Dame, der sein Herz gehört, oder in der traurigen Lage der Frau, die ihr Ehegatte, ganz dem Dienste einer anderen zugewendet, vernachlässigt. Nichts aber liegt dem Empfinden einer von den Gedanken des Gewaltprinzips beherrschten Zeit ferner als das. Der Grieche, der seine Zeit zwischen Hetären und Lustknaben teilte, empfand das Verhältnis zu seiner Gattin keineswegs als seelische Belastung, und diese selbst erblickte in der Liebe, die der Buhlerin galt, keine Beeinträchtigung ihrer eigenen Rechte. Weder der Troubadour, der sich ganz der Dame seines Herzens widmete, noch sein Eheweib, das zu Hause geduldig harrte, litten unter dem Zwiespalt der Liebe und der Ehe. Sowohl Ulrich von Liechtenstein als auch seine brave Hausfrau fanden an dem ritterlichen Minnedienst alles in Ordnung. Der Konflikt des ritterlichen Liebeslebens kam von ganz wo anders her. Die Minne des Weibes verletzte, wenn sie bis zum Gewähren des Letzten fortschritt, die Rechte des Ehegatten. Mochte er selbst noch so eifrig darauf ausgehen, anderer Frauen Gunst zu gewinnen, daß andere in sein Eigentumsrecht eingreifen und seine Frau besitzen sollten, wollte er nicht dulden. Das ist ein Konflikt, der ganz aus dem Denken des Gewaltprinzips entspringt; nicht daß die Liebe der Gattin nicht ihm gilt, sondern daß ihr Leib, der sein eigen ist, einem anderen gehören soll, kränkt den Gatten. Wo die Liebe des Mannes nicht die Gattinnen anderer, sondern die außerhalb der Gesellschaft stehenden Dirnen, Sklavinnen und Lustknaben zum Gegenstande hatte, wie vielfach in der Antike und im Orient, konnte daher ein Konflikt überhaupt nicht entstehen. Die Liebe entzündet nur von Seite der männlichen Eifersucht her den Konflikt. Nur der Mann, als der Eigentümer seines Weibes, kann den Anspruch erheben, seine Frau ganz zu besitzen; der Gattin steht das gleiche Recht dem Manne gegenüber nicht zu. In der wesentlich verschiedenen Beurteilung, die der Ehebruch des Mannes und der der Frau noch findet, und in der ganz anderen Weise, in der Mann und Frau den Ehebruch des anderen Teiles zu tragen pflegen, erkennen wir noch heute die Nachwirkung jener im übrigen uns schon fremd gewordenen Auffassung.

Dem Liebesleben blieb unter solchen Umständen, solange das Gewaltprinzip herrschte, eine gedeihliche Entwicklung versagt. Vom häuslichen Herde verbannt sucht es allerlei Schlupfwinkel auf, in denen es krause Formen annimmt. Die Libertinage fängt zu wuchern an, Perversionen der natürlichen Triebe werden immer häufiger. In dem freien Geschlechtsverkehr, der neben dem ehelichen in immer steigender Ungebundenheit blüht, entwickeln sich alle Voraussetzungen, die der Ausbreitung der venerischen Krankheiten günstig sind. Es ist strittig, ob die Lustseuche seit altersher in Europa heimisch war oder ob sie erst nach der Entdeckung Amerikas eingeschleppt wurde. Jedenfalls steht fest, daß sie zu Beginn des 16. Jahrhunderts epidemieartig um sich zu greifen beginnt. In dem Elend, das sie mit sich bringt, versinkt das Liebesspiel der ritterlichen Romantik.

§ 3. Über die Einwirkung des „Wirtschaftlichen" auf die Sexualverhältnisse gibt es nur eine Meinung: daß sie sehr ungünstig gewesen sei. Die ursprüngliche natürliche Reinheit des Geschlechtsverkehres sei durch das Hineinspielen wirtschaftlicher Erwägungen getrübt worden. Auf keinem Gebiete des menschlichen Lebens sei der Einfluß des Kulturfortschrittes und vor allem der Reichtumsvermehrung ein verderblicherer gewesen als gerade auf diesem. In reinster Liebe hätten sich die Menschen der Urzeit gepaart, schlicht und natürlich seien Ehe und Familienleben im vorkapitalistischen Zeitalter gewesen. Erst der Kapitalismus habe Geldheiraten und Vernunftehen auf der einen Seite, Prostitution und geschlechtliche Ausschweifungen auf der anderen Seite gebracht. Die neuere geschichtliche und ethnographische Forschung hat diese Auffassung als völlig verkehrt erwiesen und neue Vorstellungen über das Geschlechtsleben der Vorzeit und der primitiven Völker gebildet; die moderne Literatur hat gezeigt, wie wenig die Zustände auf dem Lande dem entsprechen, was man sich noch vor Kurzem unter dem Schlagworte von der ländlichen Sitteneinfalt dachte. Doch das alte Vorurteil war viel zu fest gefügt, als daß es dadurch ernstlich hätte erschüttert werden können. Überdies hat die sozialistische Literatur die alte Legende mit neuem Pathos und der ihr eigentümlichen Eindringlichkeit volkstümlich zu machen gesucht. So gibt es denn kaum jemand, der nicht der Meinung wäre, daß die moderne Auffassung der Ehe als eines Vertrags dem Wesen der Geschlechtsverbindung abträglich sei, und daß der Kapitalismus die Reinheit des Familienlebens zerstört habe.

Für die wissenschaftliche Betrachtung des Verhältnisses von Ehe und Wirtschaft hält es schwer, zu dieser weniger von Einsicht als von braver Gesinnung zeugenden Behandlung der Probleme überhaupt eine Stellung zu gewinnen. Was gut, edel, sittlich und tugendsam sein mag, kann sie selbst nicht beurteilen; hier muß sie das Feld anderen überlassen. Doch sie wird nicht umhin können, die landläufige Auffassung sogleich in einem wichtigen Punkte zu berichtigen. Das Ideal der Geschlechtsbeziehung, das unsere Zeit vor Augen hat, ist durchaus ein anderes als das, das die Vorzeit hatte, und es hat nie eine Zeit gegeben, das seiner Erreichung näher gewesen wäre als unsere. Die Sexualverhältnisse der gepriesenen guten alten Zeit erscheinen, an diesem unserem Ideal gemessen, durchaus unbefriedigend. Dieses Ideal muß mithin im Laufe eben der Entwicklung entstanden sein, die die landläufige Theorie verdammt und dafür verantwortlich macht, daß es von unseren Zuständen nicht vollkommen erreicht wird. Wir sehen somit gleich, daß die herrschende Lehre den Verhältnissen nicht entsprechen kann, daß sie die Dinge offenbar auf den Kopf stellt und für die Erkenntnis der Probleme ohne jeden Wert ist.

Unter der Herrschaft des Gewaltprinzips gibt es überall Vielweiberei. Jeder Mann hat soviel Weiber, als er verteidigen kann. Weiber sind ein Besitz, von dem es immer besser ist, mehr zu haben als wenig. Wie man darnach strebt, mehr Sklaven und Kühe zu besitzen, so strebt man auch darnach, mehr Weiber zu besitzen. Die sittliche Einstellung des Mannes zu seinen Weibern ist auch keine andere als die zu seinen Sklaven und zu seinen Kühen. Er fordert vom Weibe Treue, er ist der einzige, der über seine Arbeit und über seinen Leib verfügen darf, doch er selbst fühlt sich in keiner Weise an das Weib gebunden. Männertreue bedingt Einweiberei[1]). Wo es über dem Gatten noch einen mächtigeren Herrn gibt, da hat vor allem auch dieser das Recht, über die Weiber seiner Untertanen zu verfügen[2]). Das vielberufene Recht der ersten Nacht war ein Nachklang dieser Zustände, die in dem Verkehr zwischen Schwiegervater und Schwiegertochter in der Großfamilie einen letzten Ausläufer fanden.

Die Vielweiberei ist nicht durch Sittenreformer aufgehoben worden. Nicht die Kirche ist zuerst gegen sie aufgetreten; das Christentum setzte Jahrhunderte lang der Vielweiberei der Barbarenkönige keine Schranken; noch Karl der Große hielt sich viele Kebsweiber[3]). Die Polygamie war, ihrem Wesen nach, nie eine Einrichtung gewesen, von der auch der arme Mann Gebrauch machen konnte; sie war stets auf die Reichen und Vornehmen beschränkt gewesen[4]). Bei diesen mußte sie aber in dem Maße größere Schwierigkeiten erregen, als die Frauen als Erbinnen und Besitzerinnen in die Ehe traten, mit reicherer Mitgift ausgestattet und mit größeren Rechten zur Verfügung über die Mitgift bedacht wurden. Die Frau aus reichem Haus, die dem Manne Reichtum in die Ehe bringt, und ihre Verwandten haben allmählich die Monogamie erzwungen; sie ist geradewegs die Folge des Eindringens der kapitalistischen Denkungs- und Rechnungsart in die Familie. Zum vermögensrechtlichen Schutze der Frau und ihrer Kinder wird die scharfe Grenze zwischen legitimer und illegitimer Verbindung und Nachkommenschaft gezogen, wird das Verhältnis der Gatten als wechselseitiger Vertrag anerkannt[5]).

Indem der Vertragsgedanken seinen Einzug in das Eherecht hält, bricht er die Herrschaft des Mannes und macht das Weib zur gleichberechtigten Genossin. Aus einem einseitigen Gewaltverhältnis wird die Ehe zu einem wechselseitigen Vertrag, aus einer rechtlosen Magd wird das Weib zur Ehegattin, die vom Manne alles das fordern darf, was er von ihr zu verlangen berechtigt ist. Schritt für Schritt erkämpft

---

[1]) Vgl. Weinhold, Die deutschen Frauen in dem Mittelalter (1. Aufl.), Wien 1851, S. 292 ff.

[2]) Vgl. Westermarck, a. a. O., S. 74 ff.; Weinhold, a. a. O., Bd. I., S. 273 (3. Aufl.).

[3]) Vgl. Schröder, Lehrbuch der deutschen Rechtsgeschichte, 3. Aufl., Leipzig 1898, S. 70, 110; Weinhold, a. a. O., II. Bd., S. 12 ff.

[4]) Vgl. Tacitus, Germania c. 17.

[5]) Vgl. Marianne Weber, Ehefrau und Mutter in der Rechtsentwicklung, Tübingen 1907, S. 53 ff., 217 ff.

sie sich im Hause die Stellung, die sie heute einnimmt, und die von der des Mannes nur durch die Rücksichtnahme auf die anders geartete Tätigkeit im Erwerbsleben verschieden ist. Was sonst an Vorrechten des Mannes übrig geblieben ist, hat wenig Bedeutung; es sind Ehrenvorrechte wie das, daß die Frau den Namen des Mannes führt.

Diese Entwicklung der Ehe hat den Weg über das eheliche Güterrecht genommen. Die Stellung der Frau in der Ehe hob sich in dem Maße, in dem die Zurückdrängung des Gewaltprinzips und das Vordringen des Vertragsgedankens auf den übrigen Gebieten des Vermögensrechts die Umgestaltung der vermögensrechtlichen Beziehungen zwischen den Ehegatten nach sich ziehen mußte. Die Rechtsfähigkeit der Frau in bezug auf das von ihr in die Ehe Eingebrachte und das in der Ehe Erworbene und die Umwandlung des vom Manne ihr üblicherweise Geleisteten in klagbare Pflichtleistungen hat sie zuerst aus der Gewalt des Mannes befreit.

So ist die Ehe, die wir kennen, ganz ein Ergebnis des Eindringens des Vertragsgedankens in diesen Bezirk des menschlichen Lebens. Alle Idealvorstellungen, die wir von der Ehe hegen, sind ganz aus dieser Auffassung heraus erwachsen. Daß die Ehe einen Mann und ein Weib verbinde, daß sie nur aus freiem Willen beider Teile entstehen könne und den Gatten die Pflicht wechselseitiger Treue auferlege, daß die Verletzung der ehelichen Pflichten nicht anders beim Manne zu beurteilen sei als beim Weibe, daß die Rechte von Mann und Frau in jeder entscheidenden Beziehung die gleichen seien, das alles sind Forderungen, die sich nur aus dieser Einstellung zum Problem der Geschlechtsgemeinschaft ergeben. Kein Volk kann sich dessen rühmen, daß schon seine entfernten Vorfahren so über die Ehe gedacht hätten, wie wir heute über sie denken. Ob die Sittenstrenge einst größer gewesen sei als heute, entzieht sich der Beurteilung durch die Wissenschaft. Nur das haben wir festzustellen, daß unsere Anschauungen von dem, was die Ehe sein soll, andere sind als jene der vergangenen Geschlechter, und daß ihr Ideal der Ehe in unseren Augen als unsittlich erscheint.

Wenn die Lobredner der alten guten Zucht gegen die Einrichtung der Ehescheidung und Ehetrennung eifern, so haben sie mit der Behauptung, daß es früher nichts derartiges gegeben habe, wohl recht. Die Befugnis, die Frau zu verstoßen, die dem Manne einst zustand, hat mit dem modernen Eheauflösungsrecht nichts gemein. Nichts zeigt besser den großen Wandel der Anschauungen als ein Vergleich dieser beiden Einrichtungen. Und wenn im Kampfe gegen die Ehetrennung die Kirche an der Spitze marschiert, so ist es gut, daran zu erinnern, daß die Herausarbeitung des modernen Eheideals der Monogamie gleichberechtigter Gatten, zu dessen Verteidigung sie einschreiten will, nicht das Ergebnis der kirchlichen, sondern das der kapitalistischen Entwicklung ist.

§ 4. In der modernen Vertragsehe, die aus dem Willen des Mannes und des Weibes hervorgeht, sind Ehe und Liebe vereint. Die Ehe erscheint nur dann als sittlich gerechtfertigt, wenn sie aus Liebe geschlossen wird; lieben sich die Brautleute nicht, dann wird dies als anstößig empfunden. Die auf Entfernung geschlossenen fürstlichen Heiraten, bei denen noch, wie überhaupt im Denken und Handeln der regierenden Häuser, die Anschauungen des Gewaltzeitalters zum Ausdruck kommen, muten uns fremd an; daß man das Bedürfnis empfindet, sie der Öffentlichkeit gegenüber als „Liebesheiraten" hinzustellen, zeigt, daß man selbst in Fürstenhäusern sich dem bürgerlichen Eheideal nicht hat entziehen können.

Die Konflikte des modernen Ehelebens entspringen zunächst daraus, daß die Liebesglut ihrem Wesen nach nicht von unbegrenzter Dauer sein kann, daß aber die Ehe auf Lebenszeit geschlossen wird. „Die Leidenschaft flieht, die Liebe muß bleiben" sagt Schiller, der Schilderer des bürgerlichen Ehelebens. Bei der Mehrzahl der mit Kindern gesegneten Ehen vollzieht sich das Schwinden der Gattenliebe langsam und unmerklich, an ihre Stelle tritt eine freundschaftliche Zuneigung, die lange Zeit hindurch noch immer wieder durch ein kurzes Aufflackern der alten Liebe unterbrochen wird; das Zusammenleben wird zur Gewohnheit, und in den Kindern, mit deren Entwicklung die Eltern die eigene Jugend noch einmal miterleben, finden sie Trost in dem notwendigen Verzicht, zu dem das allmähliche Schwinden der eigenen Kräfte jeden Einzelnen mit dem Fortschreiten des Alters nötigt. Es gibt gar viele Wege, auf denen der Mensch dazu gelangt, sich mit der Vergänglichkeit seines Erdenwallens abzufinden. Dem Gläubigen gibt die Religion Trost und Stärkung, indem sie sein Einzeldasein in den unendlichen Strom des ewigen Lebens verwebt, ihm eine feste Stellung im unvergänglichen Plan des Weltenschöpfers und Welterhalters zuweist und ihn so über Zeit und Raum, Altern und Sterben hoch hinaushebt in göttliche Gefilde. Andere wieder holen sich Trost aus der Philosophie. Sie verzichten auf alle Hilfsannahmen, die der Erfahrung widersprechen, und verschmähen den billigen Trost, der in der Aufrichtung eines willkürlichen Gebäudes von Vorstellungen liegt, durch das man sich eine andere Weltordnung vorzuspiegeln sucht als die, die wir um uns herum zu erkennen genötigt sind. Die große Menge sucht freilich einen dritten Weg. Dumpf und stumpf gehen sie im Alltäglichen unter, denken nicht an den kommenden Tag, werden zu Sklaven der Gewohnheit und der Leidenschaften.

Zwischen all diesen aber steht eine vierte Gruppe, die nicht weiß, wie und wo den Frieden zu finden. Glauben können sie nicht mehr, weil sie vom Baume der Erkenntnis genossen haben; in Stumpfheit unterzugehen vermögen sie nicht, weil ihre Natur sich dagegen wehrt. Für das philosophische Sich-in-die-Verhältnisse-schicken aber sind sie zu unruhig und zu wenig ausgeglichen. Sie wollen das Glück um jeden Preis erringen und festhalten. Mit Aufbietung aller Kräfte rütteln sie an den Stäben der Gitter, die den Trieben im Wege stehen. Sie wollen sich nicht bescheiden. Sie wollen das Unmögliche: sie suchen das Glück nicht im Streben, sondern in der Erfüllung, nicht im Kämpfen, sondern im Sieg.

Diese Naturen sind es, die die Ehe nicht mehr ertragen können, wenn das wilde Feuer der ersten Liebe allmählich zu erlöschen beginnt. Da sie an die Liebe selbst die höchsten Anforderungen stellen und sich in der Überschätzung des Sexualobjekts nicht genug zu tun wissen, müssen sie, schon aus physiologischen Gründen, schneller als die, die in beidem maßvoller gewesen waren, in der engeren Gemeinschaft des Zusammenlebens Enttäuschungen erfahren, die dann leicht zu einem Umschlagen der ursprünglichen Gefühle in ihr Gegenteil führen können. Die Liebe verkehrt sich in Haß, das Zusammenleben wird zur Qual. Wer sich nicht zu bescheiden weiß, wer nicht die Illusionen, mit denen er in die Liebesehe eingetreten ist, herabzustimmen gewillt ist, wer es nicht lernt, den Teil seines Liebesbedürfnisses, den die Ehe nicht mehr befriedigen kann, sublimiert auf die Kinder zu übertragen, ist für die Ehe nicht geschaffen. Er wird von der Ehe weg zu neuen Liebeszielen streben, um in den neuen Beziehungen immer wieder die alte Erfahrung zu machen.

Das alles hat mit den sozialen Voraussetzungen der Ehe gar nichts zu schaffen. Die Ehen, die unglücklich werden, gehen nicht daran zugrunde, daß die Gatten in der kapitalistischen Gesellschaftsordnung leben, und daß es Sondereigentum an Produktionsmitteln gibt. Der Keim der Krankheit, an der sie leiden, kommt nicht von außen, sondern von innen, aus den Anlagen der Gatten. Daß diese Konflikte in der vorkapitalistischen Gesellschaft gefehlt haben, ist nicht etwa darauf zurückzuführen, daß dort in der Ehe das erfüllt war, was diesen kranken Ehen fehlt, vielmehr darauf, daß dort Liebe und Ehe gesondert waren, und daß man von der Ehe nicht verlangte, daß sie ewig ungetrübtes

Liebesglück gewähre. Erst die folgerichtige Durchführung des Vertrags- und Konsensgedankens läßt die Ehegatten von der Ehe verlangen, daß sie ihre Liebessehnsucht dauernd befriedige. Damit wird an die Ehe eine Forderung gestellt, der sie unmöglich entsprechen kann. Das Glück der Liebe liegt im Kampfe um die Gunst des geliebten Wesens und in der Erfüllung des Wunsches, sich mit ihm zu vereinen. Ob das Glück der Liebe, der die physiologische Befriedigung versagt blieb, dauern kann, mag dahingestellt bleiben. Sicher aber ist, daß die Liebe, die bis ans letzte Ziel gelangt ist, sich schneller oder langsamer abkühlt, und daß es ein vergebliches Bemühen wäre, das flüchtige Glück der Schäferstunden zu verewigen. Daß auch die Ehe nicht imstande ist, das Erdendasein in eine unendliche Reihe von wonnigen Tagen herrlichsten Liebesgenusses umzugestalten, ist weder an ihr gelegen noch an den Verhältnissen der sozialen Umwelt.

Die durch die gesellschaftlichen Verhältnisse bedingten Konflikte des Ehelebens sind von untergeordneter Bedeutung. Daß Ehen auch um der Mitgift der Frau oder um des Reichtums des Mannes willen ohne Liebe geschlossen werden, und daß manche Ehe aus wirtschaftlichen Gründen unglücklich wird, ist nicht so wichtig, wie nach der Häufigkeit der literarischen Behandlung dieses Problems anzunehmen wäre. Aus diesen Konflikten findet sich leicht ein Ausweg, wenn man ihn nur suchen will.

Als soziales Institut ist die Ehe eine Eingliederung des Einzelnen in die gesellschaftliche Ordnung, durch die ihm ein bestimmter Wirkungskreis mit seinen Aufgaben und Anforderungen zugewiesen wird. Den Zwang solcher Einfügung in den Lebensstand der Masse können außerordentliche Naturen, die mit ihren Fähigkeiten über den Durchschnitt weit emporragen, nicht ertragen. Wer den Beruf in sich fühlt, Unerhörtes zu ersinnen und auszuführen, und bereit ist, eher sein Leben zu lassen als seiner Sendung untreu zu werden, ist weit entfernt davon, um eines Weibes oder um ihrer Kinder willen davon abzustehen. Im Leben des Genies, mag es noch so liebesfähig sein, nimmt das Weib und was mit ihm zusammenhängt, nur einen beschränkten Raum ein. Wir sehen dabei ganz ab von jenen Großen, bei denen das Geschlechtliche sich überhaupt ganz in anderes Streben sublimiert hatte, wie z. B. bei Kant, und von jenen, deren Feuergeist in unersättlichem Jagen auch nach Liebe sich mit den unausbleiblichen Enttäuschungen des Ehelebens nicht abzufinden vermochte und ruhelos von einer Liebschaft zur anderen drängte. Auch der geniale Mensch, dessen Eheleben einen scheinbar normalen Verlauf zu nehmen beginnt, dessen Einstellung zum Geschlechtsleben sich von der anderer Leute nicht unterscheidet, kann sich auf die Dauer durch die Ehe nicht für gebunden erachten, ohne sein eigenes Selbst zu vergewaltigen. Das Genie läßt sich in der Ausführung seiner Absichten durch keinerlei Rücksichtnahme auf die Bequemlichkeit der Mitmenschen — und stünden sie ihm auch besonders nahe — abhalten. Ihm werden daher die Bande der Ehe zu unerträglichen Fesseln, die es abzustreifen oder doch so weit zu lockern versucht, daß es frei auszuschreiten vermag. Die Ehe ist ein Wandern zu zweien in Reih und Glied der großen Marschkolonne der Menge; wer seine eigenen Wege wandeln will, muß sich von ihr lösen. Nur selten wird ihm das Glück zuteil, eine Frau zu finden, die gewillt und befähigt ist, ihn auf seinen einsamen Pfaden zu begleiten.

Das alles hatte man schon lange erkannt, und es war so sehr zum Gemeingut der Menge geworden, daß jeder sich darauf zu berufen für berechtigt hielt, der seine Frau betrog. Doch Genies sind selten, und eine gesellschaftliche Einrichtung wird dadurch allein, daß einzelne Ausnahmemenschen sich ihr nicht anzupassen verstehen, noch nicht unmöglich. Von dieser Seite drohte der Ehe keine Gefahr.

Weit bedenklicher schienen jedoch die Angriffe zu werden, die von der Frauenbewegung des 19. Jahrhunderts gegen die Ehe gemacht wurden. Sie zwinge, so hieß es da, die Frau, ihre Persönlichkeit zum Opfer zu bringen. Nur dem Manne gewähre sie Raum zur Entfaltung seiner Kräfte, der Frau aber versage sie alle Freiheit. Das liege in dem Charakter der Ehe, die Mann und Weib zusammenspannt, und damit die schwächere Frau zur Dienerin des Mannes erniedrige. Keine Reform könne daran etwas ändern; Abhilfe könne nur durch die Beseitigung der ganzen Einrichtung geschaffen werden. Nicht nur um sich geschlechtlich ausleben zu können, sondern schon um ihre Individualität zu entwickeln, müsse die Frau die Erlösung von diesem Joche anstreben. An die Stelle der Ehe müßten lose Verhältnisse treten, die jedem Teile volle Freiheit gewähren.

Der radikale Flügel der Frauenbewegung, der diesen Standpunkt festhält, übersieht, daß es nicht die Einrichtung der Ehe ist, die der Entwicklung der Persönlichkeit im weiblichen Menschen Hindernisse in den Weg legt. Was das Weib in der Entfaltung seiner Kräfte und Fähigkeiten hemmt, ist nicht die Bindung an Mann, Kinder und Haushalt, sondern der Umstand, daß die Sexualfunktion den weiblichen Körper in weit stärkerem Maße ergreift als den männlichen. Schwangerschaft und Stillen der Säuglinge beanspruchen die besten Jahre der Frau, die Jahre, in denen der Mann seine Kräfte zu größten Leistungen sammeln kann.

Man mag die ungleiche Verteilung der Lasten des Fortpflanzungsdienstes als eine Unbilligkeit der Natur bezeichnen, man mag der Ansicht sein, daß es der Frau unwürdig sei, Kindergebärerin und Amme abzugeben, doch man kann damit an den natürlichen Tatsachen nichts ändern. Die Frau hat vielleicht die Wahl, entweder auf das tiefste weibliche Glück, das der Mutterschaft, oder auf die männergleiche Entfaltung ihrer Persönlichkeit in Taten und Kämpfen zu verzichten; es mag schon bezweifelt werden, ob ihr überhaupt solche Wahl gelassen ist oder ob nicht ihrem Wesen durch die Unterdrückung der Mutterschaft ein Schaden zugefügt wird, der auch auf alle anderen Lebensfunktionen zurückwirkt. Doch wenn sie Mutter wird, dann wird sie mit und ohne Ehe daran gehindert, so frei und unabhängig durchs Leben zu gehen wie der Mann. Außerordentlichen Frauen mag es gegeben sein, trotz der Mutterschaft auf manchem Gebiete Tüchtiges zu leisten; daß die größten Leistungen, daß die Genialität dem weiblichen Geschlechte versagt geblieben ist, ist auf seine Beanspruchung durch die Sexualität zurückzuführen.

Soweit die Frauenbewegung sich darauf beschränkt, die Rechtsstellung des Weibes der des Mannes anzugleichen und der Frau die rechtliche und wirtschaftliche Möglichkeit zu bieten, sich so auszubilden und zu betätigen, wie es ihren Neigungen, Wünschen und ökonomischen Verhältnissen entspricht, ist sie nichts weiter als ein Zweig der großen liberalen Bewegung, die den Gedanken der friedlichen freien Entwicklung vertritt. Soweit sie, darüber hinausgehend, Einrichtungen des gesellschaftlichen Lebens in der Meinung bekämpft, damit naturgegebene Schranken des menschlichen Daseins aus dem Wege räumen zu können, ist sie ein Geisteskind des Sozialismus; denn es ist dem Sozialismus eigentümlich, die Wurzel naturgegebener, der menschlichen Einwirkung entrückter Umstände in gesellschaftlichen Einrichtungen zu suchen und durch deren Reform die Natur reformieren zu wollen.

§ 5. Die radikale Lösung, die die Sozialisten für die sexuellen Probleme vorschlagen, ist die freie Liebe. Die sozialistische Gesellschaft beseitigt die sexualökonomische Abhängigkeit der Frau, die darin besteht, daß die Frau auf das Einkommen des Mannes angewiesen ist. Mann und Frau erhalten die gleichen wirtschaftlichen Rechte und, soweit nicht die Rücksichtnahme auf die Mutterschaft eine Sonderstellung der Frau bedingt, auch die gleichen Pflichten. Unterhalt und Erziehung der Kinder werden aus öffentlichen Mitteln bestritten; sie sind überhaupt Sache der Gesellschaft, nicht mehr die der Eltern. Die Beziehungen zwischen den Geschlechtern sind somit aller ökonomischen und gesellschaftlichen Beeinflussung entzogen. Die Paarung hört auf, die einfachste Gestalt sozialer Verbindung, Ehe und Familie, zu begründen; die Familie verschwindet, der Gesellschaft stehen nur noch einzelne Individuen gegenüber. Damit wird die Liebeswahl vollkommen frei. Mann und Weib vereinigen und trennen sich, wie es gerade ihren Wünschen entspricht. Der Sozialismus schaffe da nichts neues, sondern stelle „nur auf höherer Kulturstufe und unter neuen gesellschaftlichen Formen her, was auf primitiverer Kulturstufe und ehe das Privateigentum die Gesellschaft beherrschte, allgemeine Geltung hatte"[1]).

Das ist ein Programm, das sich nicht einfach mit den bald salbungsvollen, bald giftspritzenden Ausführungen der Theologen und anderer Moralprediger bekämpfen läßt. Die Auffassung der Mehrzahl der Schriftsteller, die sich mit den Problemen des Geschlechtsverkehrs beschäftigt haben, ist von den klösterlich-asketischen Ideen der Moraltheologen beherrscht. Der Geschlechtstrieb gilt als das schlechthin Böse, Sinnlichkeit ist Sünde, Wollust ein Geschenk des Teufels; schon das Denken an solche Dinge erscheint als unsittlich. Ob man diese absolute Verdammung des Geschlechtstriebes teilen will, ist durchaus von den Neigungen und Wertungen des Einzelnen abhängig. Das Bemühen der Ethiker, für oder gegen sie vom wissenschaftlichen Standpunkte einzutreten, ist vergebens geleistete Arbeit; man verkennt die Grenzen, die der wissenschaftlichen Erkenntnis gezogen sind, wenn man ihr den Beruf zuspricht, Werturteile zu fällen und das Handeln nicht nur durch Klärung der Wirksamkeit der Mittel, sondern auch durch Einordnung der Ziele in eine Stufenfolge zu beeinflussen. Wohl aber wäre es der wissenschaftlichen Bearbeitung der ethischen Probleme obgelegen, zu zeigen, daß, wer einmal dazu gelangt ist, den Sexualtrieb als an sich böse zu verwerfen, keinen Weg frei läßt, der unter bestimmten Voraussetzungen doch noch zur sittlichen Billigung oder auch nur zur Duldung des Geschlechtsaktes führen kann. Die übliche Wendung, die die Sinneslust im Geschlechtsverkehr verdammt, dennoch aber die pflichtgemäße Erfüllung des debitum coniugale zum Zwecke der Erzielung von Nachkommenschaft als sittliche Handlung erklärt, ist ein Erzeugnis ärmlicher Sophistik. Auch die Eheleute finden sich in Sinnlichkeit; aus pflichtgemäßer Rücksichtnahme auf den Bedarf des Staates an Rekruten und Steuerzahlern ist noch nie ein Kind gezeugt und empfangen worden. Eine Ethik, die den Fortpflanzungsakt zu einer Handlung, deren man sich zu schämen hat, zu stempeln wußte, müßte folgerichtig

---

[1]) Vgl. Bebel, Die Frau und der Sozialismus, 16. Aufl., Stuttgart 1892, S. 343.

bedingungslos vollkommene Enthaltsamkeit verlangen. Wer das Leben nicht erlöschen lassen will, darf den Quell, aus dem es sich erneuert, nicht einen Pfuhl des Lasters nennen. Nichts hat die Moral der modernen Gesellschaft mehr vergiftet als diese Ethik, die, indem sie weder folgerichtig verwirft noch folgerichtig billigt, die Grenzen zwischen Gut und Böse verwischt und die Sünde mit einem prickelnden Reiz umkleidet. Ihr ist es vor allem zuzuschreiben, daß der moderne Mensch in den Fragen der geschlechtlichen Sittlichkeit haltlos schwankt und die großen Probleme des Verhältnisses der Geschlechter nicht einmal richtig zu sehen versteht.

Im Leben des Mannes kommt dem Geschlechtlichen eine geringere Bedeutung zu als in dem des Weibes. Für ihn tritt mit der Befriedigung eine Entspannung ein, er wird durch sie frei und leicht. Das Weib aber wird abhängig von der Last der Mutterschaft, die es nun zu tragen hat. Sein Schicksal ist durch das Geschlechtliche ganz umschrieben; im Leben des Mannes ist es nur Zwischenfall. Der Mann bleibt, mag er noch so glühend und von ganzem Herzen lieben, mag er auch für das Weib das Schwerste auf sich nehmen, doch immer über dem Sexuellen stehen. Von dem, der in ihm ganz aufgeht und in ihm untergeht, wenden sich zuletzt auch die Frauen voll Verachtung ab. Das Weib aber erschöpft sich als Geliebte und als Mutter im Dienste des Geschlechtstriebes. Für den Mann ist es oft schwer, in den Kämpfen und Mühen, in die ihn das Berufsleben stellt, die innere Freiheit zu bewahren, um seine Individualität zu entfalten; sein Liebesleben ist ihm hier weit weniger im Wege. Für die Individualität des Weibes aber liegt die Gefahr im Sexuellen.

Der Kampf der Frau um die Persönlichkeit, das ist der Sinn der Frauenfrage. Es ist keine Angelegenheit, die bloß die Frauen angeht; sie ist für die Männer nicht weniger wichtig als für die Frauen. Denn den Weg zu den Höhen individueller Kultur können die Geschlechter nur vereint zurücklegen. Der Mann, den das Weib immer wieder in die niederen Sphären innerer Unfreiheit herabzieht, kann sich auf die Dauer nicht frei entwickeln. Dem Weibe Freiheit des Innenlebens zu bewahren, das ist die wahre Frauenfrage; sie ist ein Stück des Kulturproblems der Menschheit.

Der Orient ist daran zugrunde gegangen, daß er es nicht vermocht hat, sie zu lösen. Das Weib ist ihm Gefäß für des Mannes Lust, Gebärerin und Amme. Jeder Aufschwung, den die Persönlichkeitskultur im Morgenlande zu nehmen begann, ist frühzeitig dadurch gehemmt worden, daß das Weibliche den Mann immer wieder in den Dunstkreis des Frauengemaches heruntergezogen hat. Nichts trennt heute Ost und West stärker als die Stellung des Weibes und die Stellung zum Weibe. Oft wird behauptet, die Lebensweisheit der Orientalen habe die letzten Fragen des Daseins tiefer erfaßt als alle Philosophie Europas; daß sie mit dem Sexuellen nicht fertig zu werden vermochten, hat jedenfalls das Schicksal ihrer Kulturen besiegelt.

Zwischen Morgenland und Abendland in der Mitte erwuchs die eigenartige Kultur der alten Hellenen. Doch auch der Antike glückte es nicht, die Frau auf die Höhe zu heben, auf die sie den Mann gestellt hat. Die griechische Kultur schloß das Eheweib aus. Die Gattin blieb im Frauengemach von der Welt geschieden, sie war für den Mann nichts anderes als die Mutter seiner Erben und die Beschließerin seines Hauses. Seine Liebe galt allein der Hetäre; doch auch hier unbefriedigt, wendet der Hellene sich schließlich der gleichgeschlechtlichen Liebe zu. Die Knabenliebe sieht Plato durch die geistige Gemeinschaft der Liebenden und durch die freudige Hingabe an die Schönheit der Seele und des Körpers verklärt, die Liebe zum Weibe ist ihm nur grobsinnliche Befriedigung der Lust.

Für den Abendländer ist das Weib Gefährtin, für den Orientalen Beischläferin. Die Europäerin hat die Stellung, die ihr heute zukommt, nicht von allem Anfang an besessen; sie hat sie erst allmählich im Laufe der Entwicklung vom Gewaltprinzip zum Vertragsprinzip errungen. Diese Entwicklung hat ihr rechtlich volle Gleichberechtigung gebracht. Vor dem Gesetze sind Mann und Weib heute gleich. Die kleinen Unterschiede, die im Privatrechte noch bestehen, sind ohne praktische Bedeutung. Ob z. B. das Gesetz die Ehefrau verpflichtet, dem Manne Folge zu leisten, ist ziemlich gleichgültig; so lange die Ehe bestehen bleibt, wird sich der eine Teil dem anderen fügen müssen, und ob dabei Mann oder Weib die stärkeren sind, wird gewiß nicht durch Paragraphen eines Gesetzbuches entschieden. Daß die Frauen in der Betätigung politischer Rechte vielfach behindert sind, daß ihnen Stimmrecht und Ämterfähigkeit versagt werden, mag wohl als Kränkung ihrer persönlichen Ehre erachtet werden, hat aber kaum darüber hinaus Bedeutung. Denn die politischen Machtverhältnisse eines Landes werden durch die Verleihung des Wahlrechtes an die Frauen im großen und ganzen nicht stark verschoben werden; die Frauen jener Parteien, die durch die zu erwartenden — freilich nicht allzu bedeutenden — Veränderungen leiden müssen, müßten sachliche Interessen eher zu Gegnern denn zu Anhängern des Frauenstimmrechtes machen. Die Fähigkeit, öffentliche Ämter zu bekleiden, wird den Frauen weniger durch die gesetzlichen

Schranken, die ihren Rechten gezogen sind, als durch die Eigenheiten ihres Geschlechtscharakters genommen. Man kann, ohne den Kampf der Feministen um die Ausgestaltung der bürgerlichen Rechte der Frau damit zu unterschätzen, ruhig die Behauptung wagen, daß durch die Reste der rechtlichen Zurücksetzung der Frau, die die Gesetzgebung der Kulturstaaten noch kennt, weder den Frauen noch der Gesamtheit ein wesentlicher Schaden zugefügt wird.

Das Mißverständnis, dem das Prinzip der Gleichheit vor dem Gesetze in allgemein gesellschaftlicher Beziehung ausgesetzt war, ist auch auf dem besonderen Gebiete der Beziehungen zwischen den Geschlechtern nicht ausgeblieben. Gerade so wie die pseudo-demokratische Bewegung durch Dekrete die natürlichen und die gesellschaftlich bedingten Ungleichheiten auszumerzen bestrebt ist, wie sie Starke und Schwache, Begabte und Unbegabte, Gesunde und Kranke gleich machen will, so will der radikale Flügel der Frauenbewegung Männer und Weiber gleich machen[1]. Wenn man auch nicht darauf ausgehen kann, die physische Last der Mutterschaft zur Hälfte dem Manne aufzubürden, so will man doch Ehe und Familienleben auslöschen, um dem Weibe zumindest alle jene Freiheit zu geben, die mit der Mutterschaft noch verträglich scheint. Das Weib soll sich, ohne durch Rücksichten auf Gatten und Kinder beschwert zu sein, frei bewegen und betätigen, sich selbst und der Entwicklung seiner Persönlichkeit leben können.

Doch die Verschiedenheit der Geschlechtscharaktere und des Geschlechtsschicksals läßt sich ebensowenig wegdekretieren wie die sonstige Verschiedenheit der Menschen. Dem Weibe fehlt, um dem Manne in Wirken und Tun gleichzukommen, weit mehr, als Gesetze zu geben vermögen. Und nicht die Ehe macht das Weib innerlich unfrei; sondern das, daß sein Geschlechtscharakter der Hingabe an einen Mann bedarf, und daß die Liebe zum Manne und zu den Kindern seine besten Kräfte verzehrt. Kein menschliches Gesetz hindert die Frau, die ihr Glück in der Hingabe an einen Beruf zu finden glaubt, auf Liebe und Ehe zu verzichten. Denen aber, die darauf nicht verzichten können, bleibt nicht genug Kraft überschüssig, um das Leben gleich dem Manne frei zu meistern. Nicht Ehe und Familie fesseln das Weib, sondern die Stärke, mit der das Sexuelle ihre ganze Persönlichkeit erfaßt. Wenn man die Ehe „abschaffen" wollte, so würde man die Frau nicht freier und nicht

---

[1] Zu untersuchen, wie weit die radikalen Forderungen des Feminismus von Männern und Weibern, deren Geschlechtscharakter nicht rein ausgebildet ist, geschaffen wurden, würde über den Rahmen, der diesen Ausführungen gesteckt ist, hinausgehen.

glücklicher machen, man würde ihr nur das nehmen, was den eigentlichen Inhalt ihres Lebens ausmacht, ohne ihr dafür etwas anderes bieten zu können.

Der Kampf des Weibes um die Behauptung seiner Persönlichkeit in der Ehe ist ein Stück des Ringens um Persönlichkeit, das für die rationalistische Gesellschaft der auf dem Sondereigentum an den Produktionsmitteln aufgebauten Wirtschaftsverfassung charakteristisch ist. Es ist kein Sonderinteresse der Weiblichkeit, wie denn nichts törichter ist als die Gegenüberstellung von Männerinteressen und Fraueninteressen, wie sie von den extremen Frauenrechtlerinnen versucht wird. Die ganze Menschheit müßte leiden, wenn es den Frauen nicht gelingen sollte, ihr Ich so zu entwickeln, daß sie sich als ebenbürtige freie Gefährtinnen und Genossinnen mit dem Manne vereinigen können.

Man nimmt dem Weibe ein Stück seines Lebens, wenn man ihm die Kinder fortnimmt, um sie in staatlichen Anstalten aufwachsen zu lassen, und man nimmt den Kindern die wichtigste Schule des Lebens, wenn man sie aus dem Schoße der Familie reißt. Erst jüngst hat die Lehre Freuds, des genialen Erforschers der menschlichen Seele, gezeigt, wie tief die Eindrücke sind, die das Elternhaus auf das Kind ausübt. Von den Eltern lernt das Kind lieben und empfängt damit von ihnen die Kräfte, die es befähigen, zum gesunden Menschen heranzuwachsen. Konvikte züchten Homosexualität und Neurose. Es ist kein Zufall, daß der Vorschlag, Männer und Frauen in radikaler Weise gleich zu behandeln, den Geschlechtsverkehr von Staats wegen zu regeln, die Neugeborenen sofort nach der Geburt in öffentliche Pflegeanstalten zu bringen und dafür Sorge zu tragen, daß Kinder und Eltern sich völlig unbekannt bleiben, von Plato herrührt, dem die Beziehungen der Geschlechter als nichts anderes denn als Befriedigung einer körperlichen Notdurft erschienen.

Die Entwicklung, die vom Gewaltprinzip zum Vertragsprinzip geführt hat, hat die Beziehungen der Geschlechter auf die freie Liebeswahl gestellt. Das Weib darf sich jedem verweigern, es kann vom Manne, dem es sich hingibt, Treue und Beharrlichkeit fordern. Damit erst wurde die Grundlage für die Entwicklung der weiblichen Individualität gelegt. Indem der Sozialismus in bewußter Verkennung des Vertragsgedankens wieder zum Gewaltprinzip, wenn auch bei gleichmäßiger Verteilung der Beute, zurückkehrt, muß er im Geschlechtsleben schließlich dazu gelangen, Promiskuität zu fordern.

§ 6. Das Kommunistische Manifest erklärt, daß die „bürgerliche Familie" ihre „Ergänzung" in der öffentlichen Prostitution finde; „mit dem Verschwinden des Kapitals" werde auch die Prostitution verschwinden[1]). In Bebels Buch über die Frau ist ein Abschnitt überschrieben: „Die Prostitution eine notwendige soziale Institution der bürgerlichen Welt." Darin wird ausgeführt, die Prostitution sei für die bürgerliche Gesellschaft ebenso notwendig wie „Polizei, stehendes Heer, Kirche, Unternehmerschaft usw.[2]"). Seither hat sich die Anschauung, die Prostitution sei ein Produkt des Kapitalismus, außerordentlich stark verbreitet; und da auch noch alle Sittenprediger über den Verfall der guten alten Sitten klagen und der modernen Kultur den Vorwurf machen, sie hätte die Ausschweifung geschaffen, ist jedermann überzeugt, daß alle sexuellen Mißstände eine Verfallerscheinung darstellen, die unserer Zeit eigentümlich ist.

Es genügt dem entgegenzuhalten, daß die Prostitution eine uralte Einrichtung ist, die kaum je bei einem Volke gefehlt hat[3]). Sie ist ein Rest alter Sitten, nicht eine Verfallerscheinung höherer Kultur. Das, was ihr heute am wirksamsten entgegentritt, die Forderung nach Enthaltsamkeit des Mannes außerhalb der Ehe, ist als Prinzip moralischer Gleichberechtigung von Mann und Frau ganz und gar ein Ideal der kapitalistischen Zeit. Das Zeitalter des Gewaltprinzips hatte nur von der Braut, nicht auch vom Bräutigam geschlechtliche Reinheit gefordert. Alle jene Umstände, die heute die Prostitution begünstigen, haben mit dem Sondereigentum und mit dem Kapitalismus nichts zu tun. Der Militarismus, der junge Männer länger als sie es wünschen von der Ehe fernhält, ist nichts weniger als ein Produkt des friedliebenden Liberalismus. Daß Staatsbeamte und ähnliche Funktionäre nur reich heiraten können, weil sie sonst nicht „standesgemäß" leben könnten, ist — wie alles Ständische — ein Überbleibsel vorkapitalistischen Denkens. Der Kapitalismus kennt den Begriff des Standes und des Standesgemäßen nicht; in ihm lebt jeder nach seinem Einkommen.

Es gibt Frauen, die sich aus Männersucht prostituieren, und es gibt solche, die es aus ökonomischen Beweggründen tun. Bei vielen wird beides zusammenwirken. Es ist ohne weiteres zuzugeben, daß die ökonomische Versuchung in einer Gesellschaft, in der es keine Unterschiede in der Höhe des Einkommens gibt, entweder ganz wegfallen oder auf ein Mindestmaß herabgesetzt werden könnte. Überlegungen darüber anzustellen, ob in einer Gesellschaft ohne Einkommensverschie-

---

[1]) Vgl. Marx und Engels, Das Kommunistische Manifest, 7. deutsche Ausgabe, Berlin 1906, S. 35.
[2]) Vgl. Bebel, a. a. O., S. 141 ff.
[3]) Vgl. Marianne Weber, a. a. O., S. 6 f.

denheit nicht neue soziale Quellen der Prostitution entstehen könnten, wäre müßig. Jedenfalls geht es nicht an, ohne weiteres anzunehmen, daß die geschlechtliche Sittlichkeit einer sozialistischen Gesellschaft befriedigender sein könnte als die der kapitalistischen Gesellschaft.

Auf keinem Gebiet gesellschaftlicher Erkenntnis wird man mehr umlernen müssen als auf dem der Beziehungen zwischen Sexualleben und Eigentumsordnung. Die Behandlung, die dem Problem heute zuteil wird, ist von Vorurteilen jeglicher Art durchsetzt. Es wird notwendig sein, die Dinge anders zu betrachten als mit den Augen jener, die von einem verlorenen Paradiese träumen, die Zukunft im rosigen Lichte sehen und alles das, was um sie her lebt, verdammen.

II. Teil.

Die Wirtschaft des sozialistischen Gemeinwesens.

I. Abschnitt.
Das isolierte sozialistische Gemeinwesen.

I.
Das Wesen der Wirtschaft.

§ 1. Die nationalökonomische Theorie hat ihren Ausgang genommen von Betrachtungen über die Geldpreise der wirtschaftlichen Güter und der Dienstleistungen. Ihr ältester Kern sind münztheoretische Untersuchungen, die sich dann zu Forschungen über die Preisverschiebungen erweitern. Das Geld und die Geldpreise und alles, was mit der Geldrechnung im Zusammenhange steht, bilden die Probleme, an die die Wissenschaft zuerst herantritt. Die Ansätze zu ökonomischen Untersuchungen, die in Arbeiten über Haushaltung und über Einrichtung der Produktion — besonders der landwirtschaftlichen — enthalten waren, sind in der Richtung der gesellschaftlichen Erkenntnis nicht weiter entwickelt worden; sie wurden nur für die Technologie und manche Naturwissenschaft zum Ausgangspunkt. Das war kein Zufall. Der menschliche Geist konnte nicht anders als auf dem Wege über die Rationalisierung, die in der auf dem Geldgebrauche beruhenden Wirtschaftsrechnung steckt, dazu gelangen, die Gesetzmäßigkeit seines Handelns zu erfassen und ihr nachzuspüren.

Die ältere Nationalökonomie hat die Frage, was Wirtschaft und Wirtschaften eigentlich sei, noch nicht aufgeworfen. Sie hatte mit den großen Aufgaben, die ihr die Einzelprobleme selbst stellten, vollauf zu tun; methodologische Untersuchungen lagen ihr fern. Erst spät begann man damit, sich über die Wege und über die letzten Ziele der Nationalökonomie und über ihre Einordnung in das System der Wissenschaft Rechenschaft zu geben. Da gelangte man schon beim Problem der Objektbestimmung an eine Klippe, die man nicht zu umfahren wußte. Alle theoretischen Untersuchungen — sowohl die der Klassiker als auch die der modernen Schule — gehen von dem Prinzip der Wirtschaftlichkeit aus; man mußte aber bald erkennen, daß von hier aus eine scharfe Abgrenzung des Erkenntnisobjekts, das ihnen zugrunde liegt, nicht zu gewinnen sei, da das Prinzip der Wirtschaftlichkeit ein allgemeines Prinzip des rationalen Handelns ist, nicht ein spezifisches Prinzip des Handelns, das den Gegenstand der nationalökonomischen Forschung bildet[1]). Alles vernünftige und daher einer Erkenntnis zugängliche Handeln ist von ihm geleitet; um das spezifisch „Wirtschaftliche" im Sinne des überlieferten Umkreises der gegebenen nationalökonomischen Probleme von dem „Außerwirtschaftlichen" abzugrenzen, schien es schlechterdings unbrauchbar[2]).

Andererseits war es auch nicht möglich, das rationale Handeln nach dem nächsten Ziel, dem es zugekehrt ist, zu sondern, und als Gegenstand der nationalökonomischen Betrachtung nur jenes anzusehen, das auf die Versorgung der Menschen mit Gütern der Außenwelt bedacht ist. Dieser Auffassung mußte schon der Umstand entgegengehalten werden, daß die Versorgung mit Sachgütern in letzter Linie nicht nur der Erreichung solcher Ziele, die man als wirtschaftliche zu bezeichnen pflegt, dient, daß sie vielmehr auch die Erreichung anderer Ziele vermitteln kann. Wenn man die Motive des rationalen Handelns in dieser Weise zu unterscheiden sucht, gelangt man zu einem Dualismus des Handelns — auf der einen Seite das aus wirtschaftlichen Beweggründen, auf der anderen Seite das aus nichtwirtschaftlichen Beweggründen —, der mit der notwendigen Einheit des Wollens und des Handelns in unlösbaren Widerspruch tritt. Eine Theorie des rationalen Handelns muß dieses Handeln als einheitliches zu begreifen wissen.

An der Außerachtlassung dieser Forderung krankt auch der jüngste Versuch, eine Begriffsbestimmung der Wirtschaft zu geben. Für Spann zerfällt die Gesellschaft in Gebiete, die dem Bereich der Werte angehören, Wert- oder Zwecksysteme, und in Gebiete, die dem

---

[1]) Nur der empirisch-realistischen Richtung der historisch-sozialpolitischen Schule blieb es in ihrer heillosen Verwirrung aller Begriffe vorbehalten, das wirtschaftliche Prinzip als ein Spezifikum der geldwirtschaftlichen Produktion zu erklären. Vgl. z. B. Lexis, Allgemeine Volkswirtschaftslehre, Berlin und Leipzig 1910, S. 15.

[2]) Vgl. Amonn, Objekt und Grundbegriffe der theoretischen Nationalökonomie, 2. Auflage, Wien und Leipzig 1927, S. 185.

Bereich der Mittel angehören. Werte sind Endzwecke, die zu ihrer Rechtfertigung eines Höheren nicht bedürfen, sondern die Rechtfertigung schon in sich selbst haben, wie das Heilige, Wahre, Gute, Schöne, Edle. Die Mittel sind die Verwirklicher der Werte, Vorstufe oder Vorzweck auf dem Wege zum Werte. „In der strengsten Abgrenzung, in der unbedingten Auseinanderhaltung der Mittel von den Zielen liegt das wichtigste Geheimnis des Begriffes der Wirtschaft beschlossen." Wirtschaft „ist ein Inbegriff von Mitteln für Ziele"[1]). Der Mangel dieser Begriffsbestimmung, die das Wesen der Wirtschaft im übrigen unzweifelhaft richtig erfaßt, liegt in der Annahme einer Mehrheit von Endzwecken. Wenn der Endzwecke mehrere sind, dann ist einheitliches Handeln nicht denkbar. Nimmt man aber, wie es auch Spann tut, an, daß die Werte in einer „Stufenfolge" nach „Höher" und „Niedriger" geordnet erscheinen, dann sind sie eben nicht mehr Endzwecke. Indem sie in die Rangordnung eintreten, werden sie nach einem für sie alle maßgebenden Gesichtspunkt gewertet. Dieser Gesichtspunkt aber kann kein anderer sein als ein letzter Zweck, dem sie alle als Mittel dienen. Die Endzwecke, von denen Spann spricht, sind daher in Wahrheit samt und sonders nur Zwischenzwecke, und sie sind dies nicht, wie Spann meint, nur mitunter, nämlich dann, wenn sie als Mittel in den Dienst anderer Endzwecke treten, sondern immer, da sie, auch als Endzwecke im Sinne Spanns, stets in der Rangordnung stehen und das allein schon ihre Mittelhaftigkeit ausmacht. Der wahre Endzweck muß einzig und unteilbar sein; er ist in der Sphäre des Wollens und des Handelns das Absolute im Gegensatz zu den Mitteln, die immer nur relativ sind, weil sie auf ihn bezogen werden.

Zwei Umstände haben Spann dies verkennen lassen. Zunächst übersieht er, daß zwischen den einzelnen Sphären, in denen seine verschiedenen Endzwecke das „für sich Wertvolle" darstellen, keinerlei Verbindung besteht, solange man daran festhält, daß sie Eigenwert haben. Es mag dahingestellt bleiben, ob es überhaupt zulässig ist, von „Eigenwert" und „Wert für sich" zu sprechen. Der moderne Subjektivismus kennt nur einen den Dingen vom Menschen verliehenen Wert; sie sind nicht wertvoll, man gibt ihnen Wert. Wenn man ein Ding als Zweck setzt, so kann dies immer nur als Setzung eines Zwischenzweckes gelten; letzter, höchster und alleiniger Zweck ist immer nur der Mensch, nie etwas außerhalb des Menschen Befindliches. Innerhalb der

---

[1]) Vgl. Spann, Fundament der Volkswirtschaftslehre, 4. Aufl., Jena 1929, S. 20 ff.

Grenzen, die der Wertsetzung auf diese Weise gezogen werden, mag man der Kürze und Einfachheit wegen einen Zwischenzweck als Endzweck bezeichnen. Doch man muß sich stets dessen bewußt bleiben, was dieser Sprachgebrauch bedeutet. Sobald man jedoch das enge Gebiet verläßt, auf dem ein Zwischenzweck der Bequemlichkeit des Ausdrucks halber als Endzweck angesehen wurde, darf man nicht vergessen, sich seiner Mittelhaftigkeit bewußt zu werden. Das Wahre ist in der Logik Endzweck, das Heilige in der Religion. Logik und Religion stehen aber als Systeme der Erkenntnis oder der Normen — und nur im Systeme gilt dieser Endzweck — außerhalb der Gesellschaft. Wenn aber das Wahre und das Heilige aus dem System ins Leben und in die Gesellschaft treten und damit einander entgegentreten, wenn es gilt, zwischen beiden zu wählen, dann hören sie auf, Endzweck zu sein und werden Mittel. Wenn Spann als die Gebiete der Gesellschaft, die ihrem Wesen nach das Wertvolle, die Zwecke, zum Inhalt haben, beispielsweise Wissenschaft, Kunst, Religion, Sittlichkeit, Recht, Staat bezeichnet, da das Logische, das Schöne, das Heilige, das Gute, das Rechte schon an und für sich Werte seien, und ihnen die Wirtschaft als das einzige Gebiet, dem Wert in jenem Sinn des Selbstbestandes fehlt, gegenüberstellt, dann übersieht er, daß von seinen Werten zu seinem Begriff der Wirtschaft überhaupt keine Brücke führt. Es hätte ihm nicht entgehen sollen, daß auch seine Eigenwerte untereinander und mit den von ihm nur als Mittel anerkannten Zwischenzwecken der Wirtschaft in eine Rangordnung treten, die sie zu Mitteln im Dienste eines letzten Endzweckes erniedrigt.

Der zweite Umstand, der Spann in die Irre führt, ist seine grundsätzliche Ablehnung des Eudämonismus und des Utilitarismus. Jener letzte Endzweck, dem gegenüber alle anderen Zwecke nur Mittel sind, kann kein anderer sein als der Mensch selbst, als sein Wohlbefinden, seine Lust. Wenn man in den Mißverständnissen über den Eudämonismus, an denen die Ethik des Pflichtgedankens festhält, befangen ist, kann man allerdings zu diesem Schlusse nicht gelangen. Dann verschließt man sich den Zugang zur Erkenntnis des rationalen Handelns. Die Theorie des Handelns kann immer nur eudämonistisch und utilitaristisch sein.

§ 2. Das vernünftige und daher allein vernunftgemäß zu begreifende Handeln kennt nur ein Ziel: die höchste Lust des handelnden Individuums. Es will Lust erlangen, Unlust vertreiben. Wer gegen diese Auffassung mit den Schlagwörtern, die im Kampfe gegen Eudämonismus und Utilitarismus üblich sind, losziehen will, der sei auf die Schriften verwiesen, in denen Mill[1]) und Feuerbach[2]) die Mißverständnisse, die über den Inhalt dieser Lehre verbreitet sind, aufdecken und den unwiderleglichen Nachweis erbringen, daß vernünftiges menschliches Handeln anders als so motiviert nicht einmal denkbar ist. Es wäre schade, daran auch nur ein weiteres Wort zu verschwenden. Wer noch immer nicht weiß, was die Ethik unter Lust und Unlust, unter Glückseligkeit und unter Nutzen verstehen will, wer noch immer dem „gemeinen" Hedonismus die „hehre" Pflichtethik gegenüberstellen will, der wird sich nicht überzeugen lassen, weil er nicht überzeugt werden will.

Der Mensch handelt überhaupt nur, weil er nicht voll befriedigt ist. Stünde er stets im Vollgenusse höchsten Glücks, dann wäre er wunschlos, willenlos, tatenlos. Im Schlaraffenland wird nicht gehandelt. Nur der Mangel, das Unbefriedigtsein, löst das Handeln aus. Handeln ist zielstrebiges Wirken nach außen. Sein letztes Ziel ist immer Beseitigung eines als mißlich erkannten Zustandes, Behebung eines Mangels, Befriedigung, Steigerung des Glücksgefühls. Stünden dem handelnden Menschen alle äußeren Hilfsquellen in so reichem Maße zur Verfügung, daß er durch sein Handeln volle und höchste Befriedigung zu erlangen imstande wäre, dann könnte er mit ihnen achtlos umgehen. Nur sein persönliches Wirken, den Einsatz seiner eigenen Kräfte und seiner dahinfließenden Lebenszeit, hätte er, weil in einem gegenüber der Fülle der Bedürfnisse nur begrenzten Maße verfügbar, so zu verwenden, daß der größtmögliche Erfolg erzielt wird; nur mit der Arbeit und mit der Zeit, nicht auch mit den Sachgütern würde er dann wirtschaften. Da aber auch die Sachgüter im Verhältnis zum Bedarf knapp sind, werden auch sie in der Weise verwendet, daß zunächst die dringenderen Bedürfnisse vor den minder dringenden befriedigt werden, und daß für jeden Erfolg die geringste Menge davon aufgebraucht wird.

Das Gebiet des rationalen Handelns und das der Wirtschaft fallen zusammen; alles rationale Handeln ist Wirtschaften, alles Wirtschaften ist rationales Handeln. Das theoretische Denken hingegen ist kein Wirtschaften. Was gedacht wird, um ein Begreifen und Verstehen der Welt zu ermöglichen, trägt seinen Wert zwar nicht in sich — die moderne Wissenschaft kennt keinen valor intrinsecus mehr — doch in der Befriedigung, die der Denker und die, die unter seiner Führung dasselbe wieder durchdenken, darob unmittelbar empfinden. Im Denken selbst ist

---

[1]) Vgl. J. St. Mill, Das Nützlichkeitsprinzip, Übers. v. Wahrmund (Gesammelte Werke, Deutsche Ausgabe von Th. Gomperz, I. Bd., Leipzig 1869, S. 125—200).

[2]) Vgl. Ludwig Feuerbach, Der Eudämonismus (Sämtliche Werke, herg. v. Bolin und Jodl, X. Bd., Stuttgart 1911, S. 230—293).

Ökonomie kein Erfordernis, so wenig sie es im Schönen oder im Schmackhaften ist. Ob etwas besser oder weniger gut schmeckt, ist ganz unabhängig davon, ob es ökonomisch ist oder nicht; die Lustempfindung wird dadurch nicht beeinflußt. Erst wenn das Schmackhafte aus dem Gebiet der theoretischen Erkenntnis in das des Handelns tritt, wenn es gilt, sich Schmackhaftes zu verschaffen, dann wird es von der Ökonomie erfaßt, und es wird wichtig, einerseits für die Beschaffung dieses Genusses nichts aufzuwenden, was dringenderen Bedürfnissen entzogen werden müßte, und andererseits das der Beschaffung des Schmackhaften in Anbetracht seiner Bedeutung Gewidmete so auszunützen, daß dabei nichts verloren geht, da sonst die Deckung anderer, wenn auch minderwichtiger Bedürfnisse verschlechtert würde. Mit dem Denken steht es nicht anders. Das Erfordernis der logischen Richtigkeit und Wahrheit ist von aller Ökonomie unabhängig. Die Lustempfindung, die das Denken auslöst, löst es durch Richtigkeit und Wahrheit, nicht durch Wirtschaftlichkeit in der Verwendung der Mittel aus. Daß eine Definition nicht mehr enthalten soll, als notwendig ist, ist kein Erfordernis der Ökonomie, sondern der logischen Richtigkeit; würde sie mehr enthalten, dann wäre sie falsch, würde daher nicht Lust, sondern Unlust erregen. Die Forderung eindeutiger Bestimmtheit der Begriffe ist nicht ökonomischer, sondern spezifisch logischer Natur. Auch dort, wo das Denken aufhört theoretisch zu sein und ein Vorbedenken des Handelns wird, ist nicht Ökonomie des Gedachten, sondern Ökonomie der vorbedachten Handlung das Erfordernis. Das aber ist wohl etwas anderes[1]).

Alles rationale Handeln ist zunächst individual. Nur das Individuum denkt, nur das Individuum ist vernünftig. Und nur das Individuum handelt. Wie aus dem Handeln der Individuen die Gesellschaft entsteht, wird später zu zeigen sein.

§ 3. Alles menschliche Handeln erscheint, sofern es rational ist, als ein Vertauschen eines Zustandes mit einem anderen. Die zur Verfügung stehenden Gegenstände des Handelns — die wirtschaftlichen Güter und die eigene Arbeit und Zeit — werden in die Verwendung gebracht, die den höchsten unter den gegebenen Verhältnissen erreich-

---

[1]) Diese kurzen Bemerkungen wollen der Behandlung, die das Problem der Denkökonomie durch die moderne Philosophie erfahren hat, nichts hinzufügen oder entgegensetzen. Sie stehen nur hier, um zu verhindern, daß das Mißverständnis entstehe, wer alles rationale Handeln als Wirtschaften ansieht, müßte auch den Methoden des Denkens ökonomische Natur zusprechen. Zu diesem Mißverständnis könnte man leicht durch die Ausführungen verleitet werden, mit denen Spann (a. a. O. S. 56ff.) die Vorstellung der Denkökonomie zurückweist.

baren Grad von Wohlfahrt verbürgt. Auf die Befriedigung weniger dringender Bedürfnisse wird verzichtet, um dringendere zu befriedigen. Das ist das Um und Auf der Wirtschaft. Sie ist die Durchführung von Tauschoperationen[1][2].

Jedermann, der, im wirtschaftlichen Leben handelnd, zwischen der Befriedigung zweier Bedürfnisse wählt, von denen nur das eine befriedigt werden kann, setzt Werturteile. Die Werturteile erfassen zunächst und unmittelbar nur die Bedürfnisbefriedigung selbst; von dieser gehen sie auf die Güter erster Ordnung und dann weiter auf die Güter höherer Güterordnungen zurück. In der Regel ist der seiner Sinne mächtige Mensch ohne weiteres in der Lage, die Güter erster Ordnung zu bewerten. Unter einfachen Verhältnissen gelingt es ihm auch ohne Mühe, sich über die Bedeutung, die die Güter höherer Ordnung für ihn haben, ein Urteil zu bilden. Wo aber die Lage der Dinge etwas verwickelter wird und die Zusammenhänge schwieriger zu durchblicken sind, müssen feinere Erwägungen angestellt werden, um die Bewertung von Produktionsmitteln richtig — natürlich nur im Sinne des wertenden Subjektes und nicht in einem objektiven, irgendwie allgemein gültigen Sinne gesprochen — durchzuführen. Es mag dem isoliert wirtschaftenden Landwirt nicht schwer fallen, eine Entscheidung zwischen der Erweiterung der Viehhaltung und der Ausdehnung der Jagdtätigkeit zu treffen. Die einzuschlagenden Produktionswege sind hier noch verhältnismäßig kurz, und der Aufwand, den sie erfordern, und der Ertrag, den sie in Aussicht stellen, können leicht überblickt werden. Aber ganz anders ist es, wenn man etwa zwischen der Nutzbarmachung eines Wasserlaufs für die Erzeugung von elektrischer Kraft und der Ausdehnung des Kohlenbergbaues und der Schaffung von Anlagen zur besseren Ausnützung der in den Kohlen steckenden Energie wählen soll. Hier sind der Produktionsumwege so viele, und jeder einzelne von ihnen ist so lange, hier sind die Bedingungen für den Erfolg der einzuleitenden Unternehmungen so vielfältig, daß man es keinesfalls bei bloß vagen Schätzungen bewenden lassen kann und es genauer Berechnungen bedarf, um sich über die Wirtschaftlichkeit des Vorgehens ein Urteil zu bilden.

Rechnen kann man nur mit Einheiten. Eine Einheit des subjektiven Gebrauchswertes der Güter kann es aber nicht geben. Der Grenz-

---

[1] Vgl. Schumpeter, Das Wesen und der Hauptinhalt der theoretischen Nationalökonomie, Leipzig 1908, S. 50, 80.

[2] In den folgenden Ausführungen sind Teile meines Aufsatzes: Die Wirtschaftsrechnung im sozialistischen Gemeinwesen (Archiv für Sozialwissenschaft, 47. Bd., S. 86—121) wiedergegeben.

nutzen stellt keine Werteinheit dar, da der Wert zweier Einheiten aus einem gegebenen Vorrat nicht doppelt so groß ist als der ein er Einheit, sondern notwendig größer oder kleiner sein muß. Das Werturteil mißt nicht, es stuft ab, es skaliert[1]). Auch der isolierte Wirt einer verkehrslosen Wirtschaft kann daher, wenn er dort, wo das Werturteil nicht unmittelbar evident aufscheint, eine Entscheidung treffen soll und sein Urteil auf einer mehr oder weniger genauen Rechnung aufbauen muß, nicht mit dem subjektiven Gebrauchswert allein operieren; er muß Substitutionsbeziehungen zwischen den Gütern konstruieren, an deren Hand er dann rechnen kann. Es wird ihm dabei in der Regel nicht gelingen, alles auf eine Einheit zurückzuführen. Doch er wird, sobald es ihm nur überhaupt glückt, alle in die Rechnung einzubeziehenden Elemente auf solche wirtschaftliche Güter zurückzuführen, die von einem unmittelbar evidenten Werturteil erfaßt werden können, also auf die Güter erster Ordnung und auf das Arbeitsleid, für seine Rechnung damit das Auslangen finden. Daß das nur in recht einfachen Verhältnissen möglich ist, leuchtet wohl ein. Für verwickeltere und längere Produktionsverfahren würde es keineswegs ausreichen.

In der Verkehrswirtschaft tritt der objektive Tauschwert der Güter als Einheit der Wirtschaftsrechnung in Erscheinung. Das bringt dreifachen Vorteil. Einmal ermöglicht es, die Rechnung auf der Wertung aller am Verkehr teilnehmenden Wirte aufzubauen. Der subjektive Gebrauchswert des Einzelnen ist als rein individuelle Erscheinung mit dem subjektiven Gebrauchswert anderer Menschen unmittelbar nicht vergleichbar. Er wird es erst im Tauschwert, der aus dem Zusammenspiel der subjektiven Wertschätzungen aller am Tauschverkehr teilnehmenden Wirte entsteht. Erst die Rechnung nach Tauschwert bringt eine Kontrolle über die zweckmäßige Verwendung der Güter. Wer einen komplizierten Produktionsprozeß kalkulieren will, merkt es gleich, ob er wirtschaftlicher als die anderen arbeitet oder nicht; kann er im Hinblick auf die auf dem Markte herrschenden Austauschverhältnisse die Produktion nicht rentabel durchführen, so liegt darin der Hinweis darauf, daß andere die fraglichen Güter höherer Ordnung besser zu verwerten verstehen. Endlich aber ermöglicht die Rechnung nach Tauschwert die Zurückführung der Werte auf eine Einheit. Dafür kann, da die Güter untereinander nach der Austauschrelation des Marktes substituierbar sind, jedes beliebige Gut gewählt werden. In der Geldwirtschaft wird das Geld gewählt.

---

[1]) Vgl. Čuhel, Zur Lehre von den Bedürfnissen, Innsbruck 1907, S. 198 ff.

Die Geldrechnung hat ihre Grenzen. Das Geld ist kein Maßstab des Wertes, auch kein Maßstab des Preises. Der Wert wird ja nicht in Geld gemessen. Auch die Preise werden nicht in Geld gemessen, sie bestehen in Geld. Das Geld ist als wirtschaftliches Gut nicht „wertstabil", wie man bei seiner Verwendung als standard of deferred payments naiv anzunehmen pflegt. Das zwischen den Gütern und dem Gelde bestehende Austauschverhältnis ist beständigen, wenn auch in der Regel nicht allzu heftigen Schwankungen, die nicht nur von seiten der übrigen wirtschaftlichen Güter, sondern auch von seiten des Geldes herrühren, unterworfen. Das stört freilich die Wertrechnung am allerwenigsten, die ja im Hinblick auf die nie rastenden Veränderungen der übrigen wirtschaftlichen Bedingungen nur kurze Zeiträume ins Auge zu fassen pflegt, Zeiträume, in denen wenigstens das „gute" Geld in der Regel nur kleineren Schwankungen der Austauschverhältnisse von seiner Seite her zu unterliegen pflegt. Die Unzulänglichkeit der Geldrechnung des Wertes stammt zum Hauptteil nicht daher, daß in einem allgemein gebräuchlichen Tauschmittel, im Geld, gerechnet wird, sondern daher, daß es überhaupt der Tauschwert ist, der der Rechnung zugrunde gelegt wird, und nicht der subjektive Gebrauchswert. So können in die Rechnung alle jene wertbestimmenden Momente nicht eingehen, die außerhalb des Tauschverkehres stehen. Wer die Rentabilität des Ausbaues einer Wasserkraft berechnet, kann in diese Rechnung die Schönheit des Wasserfalles, die unter der Anlage leiden müßte, nicht einsetzen, es wäre denn, daß er etwa den Rückgang des Fremdenverkehrs u. dgl., was im Verkehr seinen Tauschwert hat, berücksichtigt. Und doch liegt hier ein Umstand vor, der bei der Frage, ob der Bau ausgeführt werden soll oder nicht, mit in Erwägung gestellt wird. Man pflegt diese Momente als „außerwirtschaftliche" zu bezeichnen. Das wollen wir vorläufig gelten lassen. Über Terminologien soll nicht gestritten werden. Aber unrationell darf man die Erwägungen, die dazu führen, auch sie zu berücksichtigen, nicht bezeichnen. Die Schönheit einer Gegend oder eines Gebäudes, die Gesundheit von Menschen, die Ehre Einzelner oder ganzer Völker, sind, wenn sie von den Menschen als bedeutungsvoll erkannt werden, auch dann, wenn sie nicht im Verkehr substituierbar erscheinen und daher in kein Tauschverhältnis eingehen, ebenso Motive des rationalen Handelns wie die im gewöhnlichen Sinne des Wortes wirtschaftlichen. Daß die Geldrechnung sie nicht erfassen kann, ist in ihrem Wesen gelegen, kann aber die Bedeutung der Geldrechnung für unser wirtschaftliches Tun und Lassen nicht herabmindern. Denn alle jene ideellen Güter sind Güter erster Ordnung, sie können von unserem

Werturteil unmittelbar erfaßt werden, und es macht daher keine Schwierigkeiten, sie zu berücksichtigen, auch wenn sie außerhalb der Geldrechnung bleiben müssen. Daß die Geldrechnung sie nicht berücksichtigt, macht ihre Beachtung im Leben nicht schwieriger. Wenn wir genau wissen, wie teuer uns die Schönheit, die Gesundheit, die Ehre, der Stolz zu stehen kommen, kann uns nichts hindern, sie entsprechend zu berücksichtigen. Es mag einem zartfühlenden Gemüt peinlich scheinen, ideelle Güter gegen materielle abwägen zu müssen. Aber daran ist nicht die Geldrechnung schuld, das liegt im Wesen der Dinge. Auch wo unmittelbar ohne Wert- und Geldrechnung Werturteile gesetzt werden, kann man die Wahl zwischen materieller und ideeller Befriedigung nicht umgehen. Auch der isolierte Wirt, auch die sozialistische Gesellschaft müssen zwischen „ideellen" und „materiellen" Gütern wählen. Edle Naturen werden es nie peinlich empfinden, wenn sie zwischen Ehre und etwa Nahrung zu wählen haben. Sie werden wissen, wie sie in solchen Fällen zu handeln haben. Wenn man Ehre auch nicht essen kann, so kann man doch auf Essen um der Ehre willen verzichten. Nur die, die der Qual solcher Wahl enthoben sein wollen, weil sie sich nicht entschließen könnten, um ideeller Vorteile willen auf materielle Genüsse zu verzichten, sehen schon in der Wahl an sich eine Profanation.

Die Geldrechnung hat nur in der Wirtschaftsrechnung Sinn. Hier wendet man sie an, um die Verfügung über wirtschaftliche Güter den Regeln der Wirtschaftlichkeit anzupassen. Die wirtschaftlichen Güter treten dabei in sie nur in jenen Mengen ein, die im gegebenen Zeitpunkt gegen Geld ausgetauscht werden. Jede Erweiterung des Anwendungsgebietes der Geldrechnung führt zu Mißgriffen. Die Geldrechnung versagt, wenn man sie in geschichtlichen Untersuchungen über die Entwicklung der wirtschaftlichen Verhältnisse als Maßstab der Güterwerte zu verwenden sucht, sie versagt, wenn man an ihrer Hand Volksvermögen und Volkseinkommen zu schätzen sucht, und wenn man mit ihr den Wert von Gütern berechnen will, die außerhalb des Tauschverkehrs stehen, wie etwa, wenn man die Menschenverluste durch Auswanderung oder durch Krieg in Geld zu berechnen strebt[1]). Das sind dilettantische Spielereien, mögen sie auch mitunter von sonst einsichtigen Nationalökonomen betrieben werden.

Doch innerhalb dieser Grenzen, die sie im praktischen Leben nie überschreitet, leistet die Geldrechnung all das, was wir von der Wirt-

---

[1]) Vgl. Wieser, Über den Ursprung und die Hauptgesetze des wirtschaftlichen Wertes, Wien 1884, S. 185ff.

schaftsrechnung verlangen müssen. Sie gibt uns einen Wegweiser durch die erdrückende Fülle der wirtschaftlichen Möglichkeiten. Sie gestattet uns, das Werturteil, das sich in unmittelbarer Evidenz nur an die genußreifen Güter und bestenfalls noch an die Produktivgüter der niedrigsten Güterordnungen knüpft, auf alle Güter höherer Ordnung auszudehnen. Sie macht den Wert rechenbar und gibt uns damit erst die Grundlagen für alles Wirtschaften mit Gütern höherer Ordnung. Hätten wir sie nicht, dann wäre alles Produzieren mit weit ausholenden Prozessen, dann wären alle längeren kapitalistischen Produktionsumwege ein Tappen im Dunkeln.

Zwei Bedingungen sind es, die die Wertrechnung in Geld ermöglichen. Zunächst müssen nicht nur die Güter erster Ordnung, sondern auch die Güter höherer Ordnung, soweit sie von ihr erfaßt werden sollen, im Tauschverkehr stehen. Stünden sie nicht im Tauschverkehr, dann würde es nicht zur Bildung von Austauschverhältnissen kommen. Es ist wahr, auch die Erwägungen, die der isolierte Wirt anstellen muß, wenn er innerhalb seines Hauses durch Produktion Arbeit und Mehl gegen Brot eintauschen will, sind von jenen, die er anstellt, wenn er auf dem Markte Brot gegen Kleider eintauschen will, nicht verschieden, und man ist daher im Recht, wenn man jedes wirtschaftliche Handeln, also auch das Produzieren des isolierten Wirtes als Tausch bezeichnet. Doch der Geist eines Menschen allein — und sei es auch der genialste — ist zu schwach, um die Wichtigkeit eines jeden einzelnen von unendlich vielen Gütern höherer Ordnung zu erfassen. Kein Einzelner kann die unendliche Fülle verschiedener Produktionsmöglichkeiten dermaßen beherrschen, daß er imstande wäre, ohne Hilfsrechnung unmittelbar evidente Werturteile zu setzen. Die Verteilung der Verfügungsgewalt über die wirtschaftlichen Güter der arbeitsteilig wirtschaftenden Sozialwirtschaft auf viele Individuen bewirkt eine Art geistiger Arbeitsteilung, ohne die Produktionsrechnung und Wirtschaft nicht möglich wären.

Die zweite Bedingung ist die, daß ein allgemein gebräuchliches Tauschmittel, ein Geld, in Verwendung steht, das auch im Austausch der Produktivgüter seine Vermittlerrolle spielt. Wäre dies nicht der Fall, dann wäre es nicht möglich, alle Austauschverhältnisse auf einen einheitlichen Nenner zurückzuführen.

Nur unter einfachen Verhältnissen vermag die Wirtschaft ohne Geldrechnung auszukommen. In der Enge der geschlossenen Hauswirtschaft, wo der Familienvater das ganze wirtschaftliche Getriebe zu überblicken vermag, kann man die Bedeutung von Veränderungen des Erzeugungsverfahrens auch ohne die Stütze, die sie dem Geist gewährt, mehr oder weniger genau abschätzen. Der Produktionsprozeß wickelt sich hier unter verhältnismäßig geringer Anwendung von Kapital ab. Er schlägt wenig kapitalistische Produktionsumwege ein; was erzeugt wird, sind in der Regel Genußgüter oder doch den Genußgütern nicht allzu fernstehende Güter höherer Ordnung. Die Arbeitsteilung ist noch in den ersten Anfängen; ein Arbeiter bewältigt die Arbeit eines ganzen Produktionsverfahrens von seinem Anfang bis zur Vollendung des genußreifen Gutes. Das alles ist in der entwickelten gesellschaftlichen Produktion anders. Es geht nicht an, in den Erfahrungen einer längst überwundenen Zeit einfacher Produktion ein Argument für die Möglichkeit zu suchen, im Wirtschaften ohne Geldrechnung auszukommen.

Denn in den einfachen Verhältnissen der geschlossenen Hauswirtschaft kann man den ganzen Weg vom Beginn des Produktionsprozesses bis zu seiner Vollendung übersehen und immer beurteilen, ob das eine oder das andere Verfahren mehr genußreife Güter gibt. Das ist in den unvergleichlich verwickelteren Verhältnissen unserer Wirtschaft nicht mehr möglich. Es wird auch für die sozialistische Gesellschaft ohne weiteres klar sein, daß 1000 Liter Wein besser sind als 800 Liter, und sie kann ohne weiteres die Entscheidung treffen, ob ihr 1000 Liter Wein lieber sind als 500 Liter Öl oder nicht. Um dies festzustellen, bedarf es keiner Rechnung; hier entscheidet der Wille der handelnden Wirtschaftssubjekte. Aber wenn einmal diese Entscheidung gefallen ist, dann beginnt erst die eigentliche Aufgabe der rationellen Wirtschaftsführung: die Mittel in ökonomischer Weise in den Dienst der Zwecke zu stellen. Das kann nur mit Hilfe der Wirtschaftsrechnung geschehen. Der menschliche Geist kann sich in der verwirrenden Fülle der Zwischenprodukte und der Produktionsmöglichkeiten nicht zurecht finden, wenn ihm diese Stütze fehlt. Er stünde allen Verfahrens- und Standortsfragen ratlos gegenüber[1]).

Es ist eine Illusion, wenn man glaubt, man könnte die Geldrechnung in der sozialistischen Wirtschaft durch die Naturalrechnung ersetzen. Die Naturalrechnung kann in der verkehrslosen Wirtschaft immer nur die genußreifen Güter erfassen; sie versagt vollkommen bei allen Gütern höherer Ordnung. Sobald man die freie Geldpreisbildung der Güter höherer Ordnung aufgibt, hat man rationelle Produktion überhaupt unmöglich gemacht. Jeder Schritt, der uns vom Sondereigentum an

---

[1]) Vgl. Gottl-Ottlilienfeld, Wirtschaft und Technik (Grundriß der Sozialökonomik, II. Abteilung, Tübingen 1914), S. 216.

den Produktionsmitteln und vom Geldgebrauch wegführt, führt uns auch von der rationellen Wirtschaft weg.

Man konnte dies übersehen, weil all das, was wir vom Sozialismus bereits um uns herum verwirklicht sehen, nur sozialistische Oasen in der bis zu einem gewissen Grade doch immerhin noch freien Wirtschaft mit Geldverkehr sind. In dem einen Sinne kann der im übrigen unhaltbaren und nur aus agitatorischen Gründen vertretenen Behauptung der Sozialisten, daß Verstaatlichung und Verstadtlichung von Unternehmungen noch kein Stück Sozialismus darstellen, zugestimmt werden, daß nämlich diese Betriebe in ihrer Geschäftsführung durch den sie umgebenden Organismus der Verkehrswirtschaft soweit gestützt werden, daß die wesentliche Eigentümlichkeit sozialistischer Wirtschaft bei ihnen gar nicht zutage treten konnte. In Staats- und Gemeindebetrieben werden technische Verbesserungen durchgeführt, weil man ihre Wirkung in gleichartigen privaten Unternehmungen des In- und Auslandes beobachten kann. Man kann in diesen Betrieben die Vorteile von Umgestaltungen feststellen, weil sie rings umgeben sind von einer auf dem Sondereigentum an den Produktionsmitteln und auf dem Geldverkehr beruhenden Gesellschaft, so daß sie zu rechnen und Bücher zu führen vermögen, was sozialistische Betriebe in einer rein sozialistischen Umgebung nicht könnten.

Ohne Wirtschaftsrechnung keine Wirtschaft. Im sozialistischen Gemeinwesen kann es, da die Durchführung der Wirtschaftsrechnung unmöglich ist, überhaupt keine Wirtschaft in unserem Sinne geben. Im Kleinen und in nebensächlichen Einzeldingen mag auch weiterhin rational gehandelt werden. Doch im allgemeinen könnte von rationeller Erzeugung nicht mehr gesprochen werden. Es gäbe kein Mittel, zu erkennen, was rationell ist, und so könnte die Erzeugung nicht wirksam auf Wirtschaftlichkeit eingestellt werden. Eine Zeitlang mag immerhin die Erinnerung an die im Laufe der Jahrtausende freier Wirtschaft gesammelten Erfahrungen den vollen Verfall der Wirtschaftskunst aufzuhalten imstande sein. Die alten Verfahrensarten werden beibehalten werden, nicht weil sie rationell, sondern weil sie durch die Überlieferung geheiligt erscheinen. Sie werden mittlerweile unrationell geworden sein, weil sie den neuen Verhältnissen nicht mehr entsprechen. Sie werden durch die allgemeine Rückbildung des wirtschaftlichen Denkens Veränderungen erfahren, die sie unwirtschaftlich machen werden. Die Versorgung wird nicht mehr anarchisch vor sich gehen, das ist wahr. Über allen der Bedarfsdeckung dienlichen Handlungen wird der Befehl einer obersten Behörde walten. Doch an die Stelle der Wirtschaft der anarchischen Produktionsweise wird das nutzlose Gebaren eines zweckwidrigen Apparates getreten sein. Die Räder werden sich drehen, doch sie werden leer laufen.

Man vergegenwärtige sich die Lage des sozialistischen Gemeinwesens. Da gibt es Hunderte und Tausende von Werkstätten, in denen gearbeitet wird. Die wenigsten von ihnen erzeugen gebrauchsfertige Waren; in der Mehrzahl werden Produktionsmittel und Halbfabrikate erzeugt. Alle diese Betriebe stehen untereinander in Verbindung. Sie durchwandert der Reihe nach jedes wirtschaftliche Gut, bis es genußreif wird. In dem rastlosen Getriebe dieses Prozesses fehlt aber der Wirtschaftsleitung jede Möglichkeit, sich zurecht zu finden. Sie kann nicht feststellen, ob das Werkstück auf dem Wege, den es zu durchlaufen hat, nicht überflüssigerweise aufgehalten wird, ob an seine Vollendung nicht Arbeit und Material verschwendet werden. Welche Möglichkeit hätte sie, zu erfahren, ob diese oder jene Erzeugungsart die vorteilhaftere ist? Sie kann bestenfalls die Güte und Menge des genußreifen Endergebnisses der Erzeugung vergleichen, aber sie wird nur in den seltensten Fällen in der Lage sein, den bei der Erzeugung gemachten Aufwand zu vergleichen. Sie weiß genau, welchen Zielen ihre Wirtschaftsführung zustreben soll oder glaubt es zu wissen, und sie soll darnach handeln, d. h. sie soll die angestrebten Ziele mit dem geringsten Aufwand erreichen. Um den billigsten Weg zu finden, muß sie rechnen. Diese Rechnung kann natürlich nur eine Wertrechnung sein; es ist ohne weiteres klar und bedarf keiner näheren Begründung, daß sie nicht „technisch" sein, nicht auf dem objektiven Gebrauchswert (Nutzwert) der Güter und Dienstleistungen aufgebaut werden kann.

In der auf dem Sondereigentum an den Produktionsmitteln beruhenden Wirtschaftsordnung wird die Wertrechnung von allen selbständigen Gliedern der Gesellschaft geführt. Jedermann ist an ihrem Zustandekommen in zweifacher Weise beteiligt, einmal als Verbraucher, das andere Mal als Erzeuger. Als Verbraucher setzt er die Rangordnung der gebrauchs- und verbrauchsreifen Güter fest; als Erzeuger zieht er die Güter höherer Ordnung in jene Verwendung, in der sie den höchsten Ertrag abzuwerfen versprechen. Damit erhalten auch alle Güter höherer Ordnung die ihnen nach dem augenblicklichen Stand der gesellschaftlichen Produktionsverhältnisse und der gesellschaftlichen Bedürfnisse zukommende Rangordnung. Durch das Zusammenspiel der beiden Wertungsprozesse wird dafür Sorge getragen, daß das wirtschaftliche Prinzip überall, im Verbrauch sowohl als in der Erzeugung, zur Herrschaft gelangt. Es bildet sich jenes genau abgestufte System der Preise heraus, das jedermann in jedem Augenblick gestattet, seinen eigenen Bedarf mit dem Kalkül der Wirtschaftlichkeit in Einklang zu bringen.

Das alles fehlt notwendigerweise im sozialistischen Gemeinwesen. Die Wirtschaftsleitung mag genau wissen, was für Güter sie am dringendsten benötigt. Aber damit hat sie erst den einen Teil des für die Wirtschaftsrechnung Erforderlichen gefunden. Den anderen Teil, die Bewertung der Produktionsmittel, muß sie entbehren. Den Wert, der der Gesamtheit der Produktionsmittel zukommt, vermag sie festzustellen; der ist selbstverständlich gleich dem Wert, der der Gesamtheit der durch sie befriedigten Bedürfnisse zukommt. Sie vermag auch festzustellen, wie groß der Wert eines einzelnen Produktionsmittels ist, wenn sie die Bedeutung des Ausfalles an Bedürfnisbefriedigung kennt, der durch seinen Wegfall entsteht. Doch sie kann ihn nicht auf einen einheitlichen Preisausdruck zurückführen, wie dies die Verkehrswirtschaft, in der alle Preise auf einen gemeinsamen Ausdruck in Geld zurückgeführt werden können, vermag.

In der sozialistischen Wirtschaft, die zwar nicht notwendigerweise das Geld vollständig beseitigen muß, wohl aber den Ausdruck der Preise der Produktionsmittel (einschließlich der Arbeit) in Geld unmöglich macht, kann das Geld in der Wirtschaftsrechnung keine Rolle spielen[1].

Man denke an den Bau einer neuen Eisenbahnstrecke. Soll man sie überhaupt bauen, und wenn ja, welche von mehreren denkbaren Strecken soll gebaut werden? In der Verkehrs- und Geldwirtschaft vermag man die Rechnung in Geld aufzustellen. Die neue Strecke wird bestimmte Gütersendungen verbilligen und man vermag nun zu berechnen, ob diese Verbilligung so groß ist, daß sie die Ausgaben, die der Bau und der Betrieb der neuen Linie erfordern, übersteigt. Das kann nur in Geld berechnet werden. Durch die Gegenüberstellung von verschiedenartigen Naturalausgaben und Naturalersparungen vermag man hier nicht zum Ziele zu kommen. Wenn man keine Möglichkeit hat, Arbeitsstunden verschieden qualifizierter Arbeit, Eisen, Kohle, Baumaterial jeder Art, Maschinen und andere Dinge, die Bau und Betrieb von Eisenbahnen erfordern, auf einen gemeinsamen Ausdruck zu bringen, dann kann man die Rechnung nicht durchführen. Die wirt-

---

[1] Das hat auch Neurath (Durch die Kriegswirtschaft zur Naturalwirtschaft, München 1919, S. 216 f.) zugegeben. Er stellt die Behauptung auf, daß jede vollständige Verwaltungswirtschaft letzten Endes Naturalwirtschaft ist. „Sozialisieren heißt daher die Naturalwirtschaft fördern." Neurath hat nur die unüberwindbaren Schwierigkeiten, die der Wirtschaftsrechnung im sozialistischen Gemeinwesen erwachsen müssen, nicht erkannt.

schaftliche Trassierung ist nur möglich, wenn man alle in Betracht kommenden Güter auf Geld zurückzuführen vermag. Gewiß, die Geldrechnung hat ihre Unvollkommenheiten und ihre schweren Mängel, aber wir haben eben nichts Besseres an ihre Stelle zu setzen; für die praktischen Zwecke des Lebens reicht die Geldrechnung eines gesunden Geldwesens immerhin aus. Verzichten wir auf sie, dann wird jeder Wirtschaftskalkul schlechthin unmöglich.

Die sozialistische Gemeinwirtschaft wird sich freilich zu helfen wissen. Sie wird ein Machtwort sprechen und sich für oder gegen den geplanten Bau entscheiden. Doch diese Entscheidung wird bestenfalls auf Grund vager Schätzungen erfolgen; niemals wird sie auf der Grundlage eines genauen Wertkalküls aufgebaut sein.

Eine stationäre Wirtschaft könnte zur Not ohne Wirtschaftsrechnung auskommen. Hier wiederholt sich nur immer wieder dasselbe. Wenn wir annehmen, daß die erste Einrichtung der sozialistischen Wirtschaft auf Grund der letzten Ergebnisse der Verkehrswirtschaft erfolgt und weiter annehmen, daß alle Veränderungen in Hinkunft unterbleiben, dann könnten wir uns allenfalls eine rationell geführte sozialistische Produktion vorstellen. Doch das ist eben nur in Gedanken möglich. Ganz abgesehen davon, daß es stationäre Wirtschaft im Leben nie geben kann, da sich die Daten immerfort verändern, so daß die ruhende Wirtschaft nur eine — wenn auch für unser Denken und für die Ausbildung unserer Erkenntnis vom Wirtschaftlichen notwendige — gedankliche Annahme ist, der im Leben kein Zustand entspricht, müssen wir doch annehmen, daß der Übergang zum Sozialismus schon infolge der Ausgleichung der Einkommensunterschiede und der durch sie bedingten Verschiebungen im Verbrauch und mithin auch in der Erzeugung alle Daten derart verändert, daß die Anknüpfung an den letzten Zustand der Verkehrswirtschaft unmöglich ist. Dann aber haben wir eine sozialistische Wirtschaftsordnung vor uns, die im Ozean der möglichen und denkbaren Wirtschaftskombinationen ohne die Bussole der Wirtschaftsrechnung planlos umherfährt.

Jede wirtschaftliche Veränderung wird so im sozialistischen Gemeinwesen zu einem Unternehmen, dessen Erfolg weder im vorhinein abgeschätzt noch auch später rückschauend festgestellt werden kann. Alles tappt hier im Dunkeln. Sozialismus ist Aufhebung der Rationalität und der Wirtschaft.

§ 4. Die Ausdrücke „Kapitalismus" und „kapitalistische Produktionsweise" sind Schlagwörter des politischen Kampfes. Sie sind von sozialistischen Schriftstellern geprägt worden, nicht um die Erkenntnis zu fördern, sondern um zu kritisieren, anzuklagen und zu verurteilen. Man braucht sie heute nur zu nennen, um sogleich die Vorstellung blutsaugerischer Ausbeutung armer Lohnsklaven durch erbarmungslose Reiche aufsteigen zu lassen; man erwähnt sie kaum je anders als in Verbindung mit dem Gedanken eines sittlichen Tadels der Verhältnisse, die sie bezeichnen sollen. Begrifflich sind sie so unklar und vieldeutig, daß sie überhaupt keinen Erkenntniswert besitzen. Die sie gebrauchen, stimmen nur darin überein, daß sie sie zur Kennzeichnung der Wirtschaftsweise der neuesten Zeit verwenden. Worin aber die charakteristischen Merkmale dieser Produktionsweise zu suchen seien, wird durchaus verschieden beurteilt. So haben die Wörter „Kapitalismus" und „kapitalistisch" nur verderblich gewirkt; der Vorschlag, sie überhaupt aus der Sprache der Nationalökonomie auszumerzen und ganz den Matadoren der volkstümlichen Haßliteratur zu überlassen, verdient daher ernste Bedeutung[1]).

Wenn wir dennoch den Versuch machen wollen, sie zu verwenden, so wollen wir dabei von dem Begriffe der Kapitalrechnung ausgehen. Da es sich nur um eine Analyse der wirtschaftlichen Vorgänge handelt und nicht um eine solche der Begriffe der nationalökonomischen Theorie, die den Ausdruck Kapital vielfach in einem erweiterten, besonderen Aufgaben angepaßten Sinne gebraucht, müssen wir zunächst darnach fragen, welche Auffassung das Leben, d. h. das wirtschaftliche Handeln, mit dem Worte Kapital verbindet. Der Ausdruck Kapital findet sich da nur in der Wirtschaftsrechnung. Er faßt das in Geld bestehende oder in Geld gerechnete Stammvermögen einer Erwerbswirtschaft zusammen[2]). Der Zweck dieser Zusammenfassung ist der, festzustellen, wie sich der Wert dieses Vermögens im Verlaufe der Geschäftsoperationen verändert hat. Der Begriff des Kapitals kommt von der Wirtschaftsrechnung her; seine Heimat ist die Buchführung, dieses vornehmste Mittel der ausgebildeten Rationalisierung des Handelns. Die Geldwertrechnung ist ein wesentliches Element des Kapitalbegriffes[3]).

Gebraucht man den Ausdruck Kapitalismus zur Bezeichnung einer Wirtschaftsweise, in der die wirtschaftlichen Handlungen nach den Er-

---

[1]) Vgl. Passow, „Kapitalismus", eine begrifflich-terminologische Studie, Jena 1918, S. 1ff. In der zweiten, 1927 veröffentlichten Auflage dieser Schrift hat Passow dann (S. 15, Anm. 2) im Hinblick auf die jüngste Literatur die Ansicht ausgesprochen, es könnte der Ausdruck „Kapitalismus" im Laufe der Zeit die moralische Färbung allmählich verlieren.

[2]) Vgl. Karl Menger, Zur Theorie des Kapitals (S. A. aus den Jahrbüchern f. Nationalökonomie und Statistik, XVII. Bd.), S. 41.

[3]) Vgl. Passow, a. a. O. (2. Aufl.), S. 49ff.

gebnissen der Kapitalrechnung ausgerichtet werden, so gewinnt er eine besondere Bedeutung für die Charakteristik des wirtschaftlichen Handelns. Dann ist es durchaus nicht schief, von „Kapitalismus" und von „kapitalistischer Produktionsweise" zu sprechen; auch Ausdrücke wie „kapitalistischer Geist" und „antikapitalistische Gesinnung" gewinnen dann einen fest umschriebenen Inhalt. In diesem Sinne kann man dem üblichen Sprachgebrauch folgen, der „Sozialismus" und „Kapitalismus" einander gegenüberstellt. Der Ausdruck „Kapitalismus" eignet sich besser als Gegenstück zum Ausdruck „Sozialismus" denn der oft dafür gebrauchte Ausdruck „Individualismus". Wer Individualismus und Sozialismus zur Kennzeichnung der beiden Gesellschaftsformen verwendet, geht in der Regel von der stillschweigenden Annahme aus, daß zwischen den Interessen der einzelnen Individuen und denen der Gesellschaft ein Gegensatz bestehe, und daß Sozialismus jene Gesellschaftsordnung sei, in der das Gemeinwohl zum Ziel gesetzt wird, wogegen der Individualismus den Sonderinteressen der Einzelnen diene. Da in dieser Auffassung einer der folgenschweren soziologischen Irrtümer unserer Zeit steckt, muß man eine Ausdrucksweise, die sie heimlich einschmuggeln könnte, sorgfältig zu vermeiden trachten.

Passow meint, daß in den meisten Fällen, in denen man mit dem Worte „Kapitalismus" überhaupt einen Begriff verbindet, das Wesen der Sache in der Entwicklung und Ausbreitung großer Unternehmungen liege[1]). Das mag zutreffen, wenn auch darauf hinzuweisen ist, daß mit dieser Auffassung nicht ganz in Übereinstimmung zu bringen ist, daß man auch von Großkapital und von Großkapitalisten und dann wieder von Kleinkapitalisten spricht. Bedenkt man jedoch, daß die Ausbildung des rationellen Großbetriebs und der Großunternehmung nur durch die Kapitalrechnung ermöglicht wurde, so kann dies gegen die von uns vorgeschlagene Verwendung der Ausdrücke „Kapitalismus" und „kapitalistisch" nicht sprechen.

§ 5. Die in der Nationalökonomie übliche Scheidung des Handelns in das Gebiet des „Wirtschaftlichen" oder des „Reinwirtschaftlichen" und in das des „Außerwirtschaftlichen" ist ebenso unzulänglich wie die Sonderung der stofflichen und der idealen Güter. Denn das Wollen und Handeln ist einheitlich; das Zwecksystem ist notwendigerweise ungeteilt und umfaßt nicht nur jene Wünsche, Begehrungen und Bestrebungen, die durch Einwirkung auf die dingliche Außenwelt, durch äußeres Handeln und Unterlassen erreicht werden, sondern gerade so auch alles das, was

---

[1]) Vgl. Passow, a. a. O. (2. Aufl.), S. 132 ff.

man als Befriedigung ideeller Bedürfnisse zu bezeichnen pflegt. Auch die „ideellen" Güter müssen in die einheitliche Wertskala eingehen, da das Individuum im Leben gezwungen ist, zwischen ihnen und den „materiellen" Gütern zu wählen. Wer zwischen „Ehre" und „Essen", zwischen „Treue" und „Reichtum", zwischen „Liebe" und „Geld" die Entscheidung zu treffen hat, stellt beides in eine Reihe.

Das „Wirtschaftliche" ist somit kein abgegrenzter Bezirk des menschlichen Handelns, den man von dem übrigen Handeln scharf trennen kann. Wirtschaft ist rationales Handeln, und ihr Gebiet reicht so weit, als rational gehandelt wird, weil Allbefriedigung nicht möglich ist. Sie ist zunächst Wertung der Ziele und wird dann zur Wertung der Mittel, die zu diesen Zielen führen. Alles Wirtschaften ist somit durchaus von der Zielsetzung abhängig; die Ziele beherrschen die Wirtschaft, von ihnen empfängt sie erst ihren Sinn.

Da das Wirtschaftliche alles menschliche Handeln umspannt, muß man große Behutsamkeit walten lassen, wenn man innerhalb seines Gebietes das „reinwirtschaftliche" vom übrigen Handeln sondern will. Diese Sonderung, die für viele Aufgaben der wissenschaftlichen Betrachtung unentbehrlich ist, hebt ein bestimmtes Ziel heraus und stellt es den anderen Zielen gegenüber. Dieses so herausgehobene Ziel — es bleibt zunächst dahingestellt, ob es ein letztes Ziel oder selbst nur ein Mittel zu anderen Zielen ist — ist die Erreichung eines möglichst hohen in Geld errechenbaren Ertrages, wobei unter Geld, streng im Sinne der nationalökonomischen Theorie, das oder die zur Zeit allgemein gebräuchlichen Tauschmittel zu verstehen sind. Eine feste Abgrenzung dieses Gebietes des „reinwirtschaftlichen" von den anderen Gebieten des Handelns kann daher nicht vollzogen werden. Es hat ja auch für den Einzelnen, je nach seiner Einstellung zum Leben und Handeln, einen verschiedenen Umfang. Es ist ein anderes für den, dem Ehre, Treue und Überzeugung nicht feil sind, der diese Dinge nicht in die Geldrechnung eingehen läßt, und ein anderes für den Verräter, der seine Freunde um Geld oder Geldeswert verläßt, für Dirnen, die ihre Liebe verkaufen, für den Richter, der sich bestechen läßt. Die Ausscheidung des „reinwirtschaftlichen" aus dem größeren Gebiet des rationalen Handelns ist weder durch die Art des Zieles, noch durch die Besonderheit der Mittel gerechtfertigt. Was es vom übrigen rationalen Handeln sondert, ist nur die Besonderheit des Vorgehens auf diesem Teilgebiet des rationalen Handelns. Daß hier zahlenmäßig gerechnet werden kann, das allein scheidet es von allem übrigen Handeln.

Das, was man das „Reinwirtschaftliche" nennt, ist nichts anderes als das Gebiet der Geldrechnung. Daß sich aus dem Gebiete des menschlichen Handelns ein Stück aussondern läßt, auf dem man die einzelnen Mittel untereinander mit aller Genauigkeit, die das Rechnen an die Hand gibt, bis ins Kleinste zu vergleichen vermag, bedeutet so viel für unser Denken und Handeln, daß wir leicht dazu neigen, diesem Stück eine vorzügliche Geltung einzuräumen. Man übersieht darüber leicht, daß die Sonderstellung dieses „Reinwirtschaftlichen" nur eine denktechnische und handlungstechnische ist, und daß es ein dem Wesen nach von dem ganzen einheitlichen System der Ziele und Mittel nicht geschiedenes Gebiet darstellt. Das Mißlingen aller Versuche, das „Wirtschaftliche" als Sondergebiet des rationalen Handelns und im „Wirtschaftlichen" wieder das „Reinwirtschaftliche" als ein scharf abgegrenztes engeres Gebiet auszuscheiden, ist nicht auf die Unzulänglichkeit der geistigen Mittel, die daran gewendet wurden, zurückzuführen. Es ist kein Zweifel, daß zur Lösung dieses schwierigen Problems der größte Scharfsinn aufgeboten wurde. Wenn es doch nicht gelöst werden konnte, dann beweist dies deutlich, daß es sich um eine Fragestellung handelt, auf die eine befriedigende Antwort überhaupt nicht gegeben werden kann. Das Gebiet der Wirtschaft fällt mit dem des rationalen menschlichen Handelns schlechthin zusammen, und das Gebiet des „Reinwirtschaftlichen" ist nichts anderes als das Gebiet, auf dem Geldrechnung durchführbar erscheint.

Streng genommen kennt jeder einzelne Mensch nur ein Ziel: Die höchste Glückseligkeit zu erlangen, die unter den gegebenen Umständen erlangbar ist. Der Eudämonismus mag von der idealistischen Ethik noch so sehr angefochten werden; jede soziologische und nationalökonomische Betrachtung muß ihn, auch wenn sie es mitunter energisch in Abrede stellt, als selbstverständlich voraussetzen. Das fatale Mißverständnis, das den Bekämpfern der eudämonistischen Ethik widerfährt, wenn sie die Begriffe Lust und Unlust und Glückseligkeit grob materialistisch fassen, ist so ziemlich das einzige Argument, das sie gegen die arg angefeindete Lehre vorzubringen wissen. Hat man aber einmal erkannt, daß es ein Kampf gegen Windmühlen ist, wenn man darauf hinweist, daß des Menschen Handeln nicht nur auf die Erlangung sinnlicher Genüsse gerichtet ist, hat man einmal erfaßt, was alles in den Begriffen Lust und Unlust und Glückseligkeit enthalten ist, dann tritt die Nichtigkeit aller nicht eudämonistischer Versuche, menschliches Handeln vernunftgemäß zu deuten, klar zutage.

Glückseligkeit ist subjektiv zu verstehen. Das hat die neuere Sozialphilosophie so scharf gegenüber anderen älteren Auffassungen hervorgehoben, daß man darob anfängt, zu vergessen, daß schon die äußeren physiologischen Bedingungen der Menschennatur und die durch die gesellschaftliche Entwicklung geschaffene Gemeinsamkeit der Anschauungen und Empfindungen eine weitgehende Gleichartigkeit der subjektiven Meinungen über Glückseligkeit und noch mehr über die Mittel zu ihrer Erlangung erzeugt haben. Gerade auf der Tatsache dieser Gleichartigkeit beruht doch das gesellschaftliche Zusammenleben. Weil ihre Wege gleich laufen, können sich die Menschen zu gemeinsamem Handeln vereinigen. Daß es überdies auch noch Wege zum Glück gibt, die nur ein Teil wandelt, spielt gegenüber dem Umstand, daß die große Masse der Wege, und zwar gerade die wichtigsten, die gleichen sind, nur eine untergeordnete Rolle.

Die übliche Trennung von wirtschaftlichen und nichtwirtschaftlichen Motiven des Handelns ist schon aus dem Grunde unzulänglich, als einerseits das letzte Ziel jedes Wirtschaftens außerhalb der Wirtschaft liegt und andererseits jedes rationale Handeln ein Wirtschaften ist. Nichtsdestoweniger hat es seinen guten Sinn, wenn man das reinwirtschaftliche Handeln, also jenes, das der Geldrechnung zugänglich ist, von dem übrigen Handeln trennt. Da, wie wir schon gesehen haben, außerhalb der Geldrechnung nur solche Zwischenziele bleiben, deren Bewertung und Einschätzung auf Grund unmittelbar evidenter Urteile erfolgen kann, ist es, sobald man den Bereich des „Reinwirtschaftlichen" verläßt, notwendig, die Abschätzung von Nutzen und Kosten auf Grund solcher Urteile zu fällen. Die Erkenntnis dieser Notwendigkeit ist es, die zur Trennung des reinwirtschaftlichen vom außerwirtschaftlichen, zum Beispiel politisch beeinflußten Handeln Anlaß gibt.

Wenn man aus irgendwelchen Gründen Krieg führen will, so kann man dies nicht von vornherein als unrationell bezeichnen, auch wenn das Ziel dieses Krieges so außerhalb desjenigen, was man das Wirtschaftliche zu nennen pflegt, liegen mag, wie es etwa bei einem Glaubenskrieg der Fall ist. Wenn man in voller Erkenntnis der Opfer, die ein solcher Krieg erfordert, dennoch entschlossen ist, ihn zu führen, weil man das angestrebte Ziel höher bewertet als die Kosten, die er auferlegt, und weil man den Krieg als das tauglichste Mittel zur Erreichung dieses Zieles ansieht, dann ist Kriegführen nicht als unrationelles Handeln zu betrachten. Es mag dahingestellt bleiben, ob diese Voraussetzung wirklich zutrifft und ob sie überhaupt zutreffen kann. Das gerade ist aber zu prüfen, wenn zwischen Krieg und Frieden gewählt werden soll. Die

Unterscheidung des reinwirtschaftlichen Handelns vom anderen rationalen Handeln hat eben den Zweck, auf diese Klarheit des Denkens zu dringen.

Es genügt, darauf hinzuweisen, wie man Kriege vom „wirtschaftlichen" Standpunkt als gutes Geschäft zu empfehlen gesucht hat oder wie man Schutzzollpolitik aus „wirtschaftlichen" Motiven zu verteidigen unternommen hat, um zu zeigen, daß man gegen diesen Grundsatz immer wieder verstößt. Es hätte die politischen Erörterungen der letzten Jahrzehnte außerordentlich erleichtert, wenn man stets auf die Unterscheidung von „reinwirtschaftlichen" und „nichtreinwirtschaftlichen" Gründen des Handelns geachtet hätte.

II.
Der Charakter der sozialistischen Produktionsweise.

§ 1. In der sozialistischen Gemeinschaft sind alle Produktionsmittel Eigentum des Gemeinwesens. Das Gemeinwesen allein kann über sie verfügen und ihre Verwendung in der Produktion bestimmen. Das Gemeinwesen produziert, das Ergebnis der Produktion fällt ihm zu, und von seiner Verfügung hängt es ab, wie die Produkte zu nutzen sind.

Die modernen Sozialisten, vor allem die der marxistischen Schule, pflegen das sozialistische Gemeinwesen als die „Gesellschaft" zu bezeichnen und demgemäß die Überführung der Produktionsmittel in die ausschließliche Verfügungsgewalt des Gemeinwesens „Vergesellschaftung" der Produktionsmittel zu nennen. Gegen diese Ausdrucksweise wäre an sich nichts einzuwenden, hätte man sie nicht eigens zu dem Zwecke ersonnen, um über einen der wichtigsten Punkte des Sozialismus eine Unklarheit zu schaffen, deren die sozialistische Propaganda nicht entraten zu können glaubt.

Das Wort „Gesellschaft" hat in unserer Sprache drei Bedeutungen. Es bezeichnet einmal abstrakt den Inbegriff der gesellschaftlichen Wechselbeziehungen, dann konkret eine Vereinigung von Individuen selbst. Zwischen diese beiden begrifflich scharf gesonderten Bedeutungen schiebt sich im täglichen Sprachgebrauch eine dritte ein: die abstrakte Gesellschaft wird als „die menschliche Gesellschaft", als „bürgerliche Gesellschaft" u. dgl. personifiziert gedacht. Marx gebraucht den Ausdruck in allen diesen Bedeutungen. Das ist sein gutes Recht, solange er sie begrifflich trennt. Er macht aber gerade das Gegenteil. Er vertauscht sie mit dialektischer Taschenspielergewandtheit, wo ihm dies gerade paßt. Spricht er vom „gesellschaftlichen Charakter" der kapitalistischen Produktion, dann meint er den abstrakten Begriff der Gesellschaft; spricht er von der „Gesellschaft", die unter den Krisen leidet, dann meint er die personifizierte Gemeinschaft der Menschen. Spricht er aber von der „Gesellschaft", die die Expropriateure expropriiert und die Produktionsmittel „vergesellschaftet", so meint er eine konkrete Gestalt gesellschaftlicher Vereinigung. Und alle diese Bedeutungen werden immer wieder in den Beweisketten so vertauscht, wie es das Beweisthema gerade erfordert, um Unbeweisbares scheinbar zu beweisen. Diese mit klugem Vorbedacht gewählte und festgehaltene Redeweise verfolgt zugleich den Zweck, den Ausdruck „Staat" oder einen gleichbedeutenden zu vermeiden. Denn dieses Wort hatte bei den Freiheitsmännern und Demokraten, auf deren Gefolgschaft der Marxismus in seinen Anfängen nicht verzichten wollte, einen bösen Klang. Ein Programm, das den Staat zum alleinigen Träger und Leiter der gesamten Produktion machen will, hatte keine Aussicht, in diesen Kreisen beliebt zu werden. Und darum mußte und muß der Marxismus nach einer Phraseologie suchen, die den Kern seines Programms verhüllt. Damit gelingt es ihm, den tiefen, unüberbrückbaren Gegensatz, der zwischen der Demokratie und dem Sozialismus klafft, zu verschleiern. Es zeugt nicht gerade von großer Denkkraft der Menschen, die in den dem Weltkrieg unmittelbar vorangegangenen Jahrzehnten gelebt haben, daß sie diese Sophismen nicht durchschaut haben.

Die moderne Staatslehre versteht unter „Staat" einen Herrschaftsverband, einen „Zwangsapparat", der nicht durch seinen Zweck, sondern durch seine Form charakterisiert wird. Der Marxismus hat den Begriff „Staat" willkürlich so eingeschränkt, daß der sozialistische Staat in ihm nicht eingeschlossen war. „Staat" sollen nur jene Staaten und Staatsformen genannt werden, die das Mißfallen der sozialistischen Schriftsteller erregten. Für den von ihnen angestrebten Zukunftsstaat wurde diese als schimpflich und herabsetzend angesehene Ausdrucksweise mit Entrüstung zurückgewiesen. Er wird als Gesellschaft bezeichnet. So konnte es geschehen, daß die marxistische Sozialdemokratie auf der einen Seite vom „Zerbrechen" der Staatsmaschine, vom „Absterben" des Staates phantasieren konnte, während sie auf der anderen Seite alle anarchistischen Bestrebungen auf das schärfste bekämpfte und eine Politik verfolgte, die geradewegs zur Staatsallmacht hinführt[1]).

Auf den Namen, den man dem Zwangsapparat des sozialistischen Gemeinwesens beilegt, kommt es am allerwenigsten an. Nennt man

---

[1]) Vgl. die dogmenkritische Untersuchung von Kelsen, Staat und Gesellschaft, a. a. O., S. 11 ff.

ihn Staat, dann folgt man dem außerhalb der unkritischen marxistischen Literatur üblichen Sprachgebrauch und bedient sich eines Ausdruckes, der allgemein verständlich ist und bei jedermann die Vorstellung erweckt, die man zu erwecken beabsichtigt. Man kann in einer nationalökonomischen Untersuchung ohne Schaden diesen Ausdruck, bei dem für sehr Viele Gefühle der Zu- und Abneigung mitschwingen, auch vermeiden und statt dessen vom Gemeinwesen sprechen. Ob man aber diesen oder jenen Ausdruck wählt, ist lediglich eine Frage der Schreibart; sachlich ist es gleichgültig.

Bedeutungsvoller ist das Problem der Organisation dieses sozialistischen Staates oder Gemeinwesens. Es ist ein feiner Brauch der englischen Sprache, dort, wo von den Äußerungen des Staatswillens die Rede ist, nicht Staat sondern Regierung zu sagen. Nichts ist besser geeignet, den Staatsmystizismus des etatistischen Denkens zu vermeiden, den der Marxismus auch in diesem Punkte bis zum äußersten treibt. Die Marxisten sprechen harmlos von Willensäußerungen der Gesellschaft, ohne sich irgendwelche Gedanken darüber zu bilden, wie diese „Gesellschaft" wollend und handelnd aufzutreten vermöchte.

Das Gemeinwesen kann nicht anders handeln als durch Organe, die es bestellt hat. Für das sozialistische Gemeinwesen — das folgt aus dem Begriff — ist die Einheit des Organs notwendig. Es kann im sozialistischen Gemeinwesen nur ein Organ geben, das alle wirtschaftlichen und sonstigen staatlichen Funktionen vereinigt. Dieses Organ kann selbstverständlich instanzenmäßig gegliedert sein. Es können untergeordnete Stellen bestehen, denen bestimmte Aufgaben übertragen werden. Doch notwendigerweise muß die Einheit der Willensbildung, ohne die das Wesentliche der Vergesellschaftung der Produktionsmittel und der Produktion nicht zum Ausdruck gelangen könnte, dazu führen, daß über allen mit der Wahrnehmung einzelner Geschäfte betrauten Stellen eine Stelle steht, in der alle Macht zusammenfließt, so daß sie alle Gegensätze in der Willensbildung ausgleichen und für die Einheitlichkeit der Leitung und Durchführung Sorge tragen kann.

Wie dieses Organ gebildet wird, und wie in ihm und durch es der Gesamtwille zum Ausdruck gelangt, ist für die Untersuchung der Probleme der sozialistischen Wirtschaft von untergeordneter Bedeutung. Es ist gleichgültig, ob dieses Organ ein absoluter Fürst, oder die in mittelbarer oder unmittelbarer Demokratie organisierte Gesamtheit aller Volksgenossen ist. Es ist gleichgültig, wie dieses Organ seinen Willen faßt und wie es ihn durchführt. Für unsere Untersuchung müssen wir es als vollkommen denken und brauchen uns daher auf die Frage, wie solche Vollkommenheit erreicht werden könnte, ob sie überhaupt erreichbar ist, und ob die Verwirklichung des Sozialismus nicht schon daran scheitern müßte, daß sie nicht erreicht werden kann, gar nicht einzulassen.

Das sozialistische Gemeinwesen müssen wir uns räumlich grenzenlos vorstellen. Es umfaßt die gesamte Erde und die ganze die Erde bewohnende Menschheit. Denken wir es räumlich begrenzt, so daß es nur einen Teil der Erdoberfläche und der darauf wohnenden Menschen umfaßt, so müssen wir annehmen, daß mit den außerhalb dieser Grenze liegenden Gebieten und den darauf wohnenden Menschen überhaupt keine Beziehungen bestehen. Wir sprechen daher vom geschlossenen sozialistischen Gemeinwesen.

Die Möglichkeit des Nebeneinanderbestehens mehrerer sozialistischer Gemeinwesen wird im nächsten Abschnitt zu besprechen sein.

§ 2. Die Theorie der Wirtschaftsrechnung zeigt, daß im sozialistischen Gemeinwesen Wirtschaftsrechnung nicht möglich ist.

In jedem größeren Unternehmen sind die einzelnen Betriebe oder Betriebsabteilungen in der Verrechnung bis zu einem gewissen Grade selbständig. Sie verrechnen gegenseitig Materialien und Arbeit, und es ist jederzeit möglich, für jede einzelne Gruppe eine besondere Bilanz aufzustellen, und die Ergebnisse ihrer Tätigkeit rechnerisch zu erfassen. Man vermag auf diese Weise festzustellen, mit welchem Erfolg jede einzelne Abteilung gearbeitet hat, und darnach Entschlüsse über die Umgestaltung, Einschränkung oder Erweiterung bestehender Gruppen und über die Einrichtung neuer zu fassen. Gewisse Fehler sind bei solchen Berechnungen freilich unvermeidlich. Sie rühren zum Teil von den Schwierigkeiten her, die sich bei der Aufteilung der Generalunkosten ergeben. Andere Fehler wieder entstehen aus der Notwendigkeit, in mancher Hinsicht mit nicht genau ermittelbaren Daten zu rechnen, z. B. wenn man bei Ermittlung der Rentabilität eines Verfahrens die Amortisation der verwendeten Maschinen unter Annahme einer bestimmten Dauer ihrer Verwendungsfähigkeit berechnet. Doch alle derartige Fehler können innerhalb gewisser enger Grenzen gehalten werden, so daß sie das Gesamtergebnis der Rechnung nicht stören. Was an Ungewißheit übrig bleibt, kommt auf Rechnung der Ungewißheit künftiger Verhältnisse, die in keinem denkbaren System behoben werden könnte.

Es scheint nun nahezuliegen, in analoger Weise es auch im sozialistischen Gemeinwesen mit selbständiger Verrechnung der einzelnen Produktionsgruppen zu versuchen. Das wäre jedoch unmöglich, denn jene selbständige Verrechnung der einzelnen Zweige eines und desselben

Unternehmens beruht ausschließlich darauf, daß im Marktverkehr für alle Arten von verwendeten Gütern und Arbeitern Marktpreise gebildet werden, die zur Grundlage der Rechnung genommen werden können. Wo der Marktverkehr fehlt, gibt es keine Preisbildung; ohne Preisbildung gibt es keine Wirtschaftsrechnung.

Man könnte etwa daran denken, zwischen den einzelnen Betriebsgruppen den Austausch zuzulassen, um auf diesem Wege zur Bildung von Austauschverhältnissen (Preisen) zu gelangen und so eine Grundlage für die Wirtschaftsrechnung auch im sozialistischen Gemeinwesen zu schaffen. Man konstruiert im Rahmen der einheitlichen Wirtschaft, die kein Sondereigentum an den Produktionsmitteln kennt, die einzelnen Arbeitsgruppen gesondert als Verfügungsberechtigte, die sich zwar nach den Weisungen der obersten Wirtschaftsleitung zu benehmen haben, sich jedoch gegenseitig Sachgüter und Arbeitsleistungen nur gegen Entgelt, das in einem allgemeinen Tauschmittel zu leisten wäre, überweisen. So ungefähr stellt man sich wohl die Einrichtung des sozialistischen Betriebes der Produktion vor, wenn man heute von Vollsozialisierung u. dgl. spricht. Aber wieder kommt man dabei um den entscheidenden Punkt nicht herum. Austauschverhältnisse der Produktivgüter können sich nur auf dem Boden des Sondereigentums an den Produktionsmitteln bilden. Wenn die „Kohlengemeinschaft" an die „Eisengemeinschaft" Kohle liefert, kann sich kein Preis bilden, es wäre denn, die beiden Gemeinschaften seien Eigentümer der Produktionsmittel ihrer Betriebe. Das wäre aber kein Sozialismus, sondern Syndikalismus.

Für den auf dem Boden der Arbeitswerttheorie stehenden sozialistischen Theoretiker steht die Sache freilich recht einfach. „Sobald die Gesellschaft sich in den Besitz der Produktionsmittel setzt und sie in unmittelbarer Vergesellschaftung zur Produktion verwendet, wird die Arbeit eines jeden, wie verschieden auch ihr spezifisch nützlicher Charakter sei, von vornherein und direkt gesellschaftliche Arbeit. Die in einem Produkt steckende Menge gesellschaftlicher Arbeit braucht dann nicht erst auf einem Umweg festgestellt zu werden; die tägliche Erfahrung zeigt direkt an, wieviel davon im Durchschnitt nötig ist. Die Gesellschaft kann einfach berechnen, wieviel Arbeitsstunden in einer Dampfmaschine, einem Hektoliter Weizen der letzten Ernte, in hundert Quadratmeter Tuch von bestimmter Qualität stecken . . . Allerdings wird auch dann die Gesellschaft wissen müssen, wieviel Arbeit jeder Gebrauchsgegenstand zu seiner Herstellung bedarf. Sie wird den Produktionsplan einzurichten haben nach den Produktionsmitteln, wozu besonders auch die Arbeitskräfte gehören. Die Nutzeffekte der verschiedenen Gebrauchsgegenstände, abgewogen untereinander und gegenüber den zu ihrer Herstellung nötigen Arbeitsmengen, werden den Plan schließlich bestimmen. Die Leute machen alles sehr einfach ab, ohne Dazwischenkunft des vielberühmten „Werts"["[1])].

Es ist hier nicht unsere Aufgabe, die kritischen Einwände gegen die Arbeitswerttheorie noch einmal vorzubringen. Sie können uns in diesem Zusammenhang nur soweit interessieren, als sie für die Beurteilung der Verwendbarkeit der Arbeit für die Wertrechnung eines sozialistischen Gemeinwesens von Belang sind.

Die Arbeitsrechnung berücksichtigt dem ersten Anschein nach auch die natürlichen, außerhalb des Menschen gelegenen Bedingungen der Produktion. Im Begriff der gesellschaftlich notwendigen Arbeitszeit wird schon das Gesetz vom abnehmenden Ertrag soweit berücksichtigt, als es wegen der Verschiedenheit der natürlichen Produktionsbedingungen wirksam wird. Steigt die Nachfrage nach einer Ware und müssen daher schlechtere natürliche Produktionsbedingungen zur Ausbeutung herangezogen werden, dann steigt auch die zur Erzeugung einer Einheit durchschnittlich benötigte gesellschaftliche Arbeitszeit. Gelingt es, günstigere natürliche Produktionsbedingungen ausfindig zu machen, dann sinkt das gesellschaftlich benötigte Arbeitsquantum[2]). Diese Berücksichtigung der natürlichen Bedingungen der Produktion reicht aber nur genau so weit, als sie sich in Veränderungen der gesellschaftlich notwendigen Arbeitsmenge äußert. Darüber hinaus versagt die Arbeitsrechnung. Sie läßt den Verbrauch an sachlichen Produktionsfaktoren ganz außer acht. Die zur Erzeugung der beiden Waren P und Q erforderliche gesellschaftlich notwendige Arbeitszeit betrage je 10 Stunden. Zur Erzeugung sowohl einer Einheit von P als auch einer Einheit von Q sei außer der Arbeit auch das Material a, von dem eine Einheit in einer Stunde gesellschaftlich notwendiger Arbeit erzeugt wird, zu verwenden, und zwar benötigt man zur Erzeugung von P zwei Einheiten von a und überdies 8 Arbeitsstunden, für die Erzeugung von Q eine Einheit von a und überdies 9 Arbeitsstunden. In der Arbeitsrechnung erscheinen P und Q als Äquivalente, in der Wertrechnung müßte P höher bewertet werden als Q. Jene ist falsch, diese allein entspricht dem Wesen und dem Zweck der Rechnung. Es ist wahr, daß dieses Mehr, um das die Wertrechnung P höher stellt als Q, dieses materielle Substrat, „ohne Zutun des Menschen

---

[1]) Vgl. Engels, Herrn Eugen Dührings Umwälzung der Wissenschaft, a. a. O., S. 335 f.

[2]) Vgl. Marx, Das Kapital, a. a O., I. Bd., S. 5 ff.

von Natur aus vorhanden ist"[1]). Doch wenn es nur in einer solchen Menge vorhanden ist, daß es ein Gegenstand der Bewirtschaftung wird, muß es auch in irgendeiner Form in die Wertrechnung eingehen.

Der zweite Mangel der Arbeitsrechnung ist die Nichtberücksichtigung der verschiedenen Qualität der Arbeit. Für Marx ist alle menschliche Arbeit ökonomisch von gleicher Art, weil sie immer „produktive Verausgabung von menschlichem Hirn, Muskel, Nerv, Hand usw." ist. „Komplizierte Arbeit gilt nur als potenzierte oder vielmehr multiplizierte einfache Arbeit, so daß ein kleineres Quantum komplizierter Arbeit gleich einem größeren Quantum einfacher Arbeit. Daß diese Reduktion beständig vor sich geht, zeigt die Erfahrung. Eine Ware mag das Produkt der kompliziertesten Arbeit sein, ihr Wert setzt sie dem Produkt einfacher Arbeit gleich und stellt daher selbst nur ein bestimmtes Quantum einfacher Arbeit dar"[2]). Böhm-Bawerk hat nicht unrecht, wenn er diese Argumentation „ein theoretisches Kunststück von verblüffender Naivität" nennt[3]). Man kann es für die Beurteilung von Marxens Behauptung füglich dahingestellt sein lassen, ob es möglich ist, ein einheitliches physiologisches Maß aller menschlichen Arbeit — der physischen sowohl als auch der sogenannten geistigen — zu finden. Denn fest steht, daß unter den Menschen selbst Verschiedenheiten der Fähigkeit und Geschicklichkeit bestehen, die es mit sich bringen, daß die Arbeitsprodukte und Arbeitsleistungen verschiedene Qualität haben. Das, was für die Entscheidung der Frage, ob die Arbeitsrechnung als Wirtschaftsrechnung verwendbar ist, den Ausschlag geben muß, ist, ob es möglich ist, verschiedenartige Arbeit ohne das Zwischenglied der Bewertung ihrer Produkte durch die wirtschaftenden Subjekte auf einen einheitlichen Nenner zu bringen. Der Beweis, den Marx hierfür zu erbringen sucht, ist mißlungen. Die Erfahrung zeigt wohl, daß die Waren ohne Rücksicht darauf, ob sie Produkte einfacher oder komplizierter Arbeit sind, in Austauschverhältnisse gesetzt werden. Doch dies wäre nur dann ein Beweis dafür, daß bestimmte Mengen einfacher Arbeit unmittelbar bestimmten Mengen komplizierter Arbeit gleichgesetzt werden, wenn es ausgemacht wäre, daß die Arbeit die Quelle des Tauschwertes ist. Das ist aber nicht nur nicht ausgemacht, sondern gerade das, was Marx mit jenen Ausführungen erst beweisen will.

---
[1]) Vgl. Marx, Das Kapital, a. a. O., I. Bd., S. 5ff.
[2]) Ebendort S. 10f.
[3]) Vgl. Böhm-Bawerk, Kapital und Kapitalzins, 3. Aufl., I. Abt., Innsbruck 1914, S. 531.

Daß im Tauschverkehre sich im Lohnsatz ein Substitutionsverhältnis zwischen einfacher und komplizierter Arbeit herausgebildet hat — worauf Marx in jener Stelle nicht anspielt — ist ebensowenig ein Beweis für diese Gleichartigkeit. Diese Gleichsetzung ist ein Ergebnis des Marktverkehrs, nicht seine Voraussetzung. Die Arbeitsrechnung müßte für die Substitution der komplizierten Arbeit durch einfache Arbeit ein willkürliches Verhältnis festsetzen, was ihre Verwendbarkeit für die Wirtschaftsführung ausschließen würde.

Man hat lange gemeint, die Arbeitswerttheorie sei für den Sozialismus notwendig, um die Forderung nach der Vergesellschaftung der Produktionsmittel ethisch zu begründen. Wir wissen heute, daß dies ein Irrtum ist. Wenn auch die Mehrzahl ihrer sozialistischen Anhänger sie in dieser Weise verwendet hat, und wenn selbst auch Marx sich, wiewohl er grundsätzlich einen anderen Standpunkt einnahm, von diesem Mißgriff nicht freizuhalten vermochte, so ist doch klar, daß einerseits das politische Verlangen nach Einführung der sozialistischen Produktionsweise weder einer Unterstützung durch die Arbeitswerttheorie bedarf, noch auch eine Unterstützung von dieser Lehre erhalten kann, und daß andererseits auch diejenigen, die eine andere Anschauung über das Wesen und den Ursprung des wirtschaftlichen Wertes vertreten, der Gesinnung nach Sozialisten sein können. Doch in einem anderen Sinn, als man es gewöhnlich meint, ist die Arbeitswerttheorie eine innere Notwendigkeit für die, die die sozialistische Produktionsweise befürworten. Sozialistische Produktion in einer Gesellschaft, die die Arbeitsteilung kennt, könnte rationell nur durchführbar erscheinen, wenn es eine objektiv erkennbare Wertgröße geben würde, die die Wirtschaftsrechnung auch in der verkehrs- und geldlosen Wirtschaft ermöglichen würde. Als solche aber könnte wohl nur die Arbeit in Betracht kommen.

§ 3. Das Problem der Wirtschaftsrechnung ist das Grundproblem der Lehre vom Sozialismus. Daß man jahrzehntelang über Sozialismus sprechen und schreiben konnte, ohne dieses Problem zu behandeln, zeigt, wie verheerend die Beachtung des marxistischen Verbotes, Wesen und Wirksamkeit sozialistischer Wirtschaftsordnung wissenschaftlich zu untersuchen, gewirkt hat[1]).

---

[1]) Hier sei darauf hingewiesen, daß schon 1854 Gossen gewußt hat, ,,daß nur durch Feststellung des Privateigentums der Maßstab gefunden wird zur Bestimmung der Quantität, welche den Verhältnissen angemessen am zweckmäßigsten von jedem Gegenstande zu produzieren ist. Darum würde denn die von den Kommunisten projektierte Zentralbehörde zur Verteilung der verschiedenen Arbeiten und ihrer Belohnung sehr bald die Erfahrung machen, daß sie sich eine Aufgabe gestellt habe,

Der Nachweis, daß im sozialistischen Gemeinwesen Wirtschaftsrechnung nicht möglich wäre, ist zugleich der Beweis dafür, daß der Sozialismus undurchführbar ist. Alles, was zugunsten des Sozialismus seit hundert Jahren in Tausenden von Schriften und Reden angeführt wurde, alle Wahlerfolge und Siege sozialistischer Parteien, alles Blut, das von Anhängern des Sozialismus vergossen wurde, können den Sozialismus nicht wirkungsfähig machen. Die Massen mögen mit noch so viel Inbrunst sein Kommen herbeisehnen, man mag für ihn noch so viele Revolutionen und Kriege entfesseln, er wird doch niemals verwirklicht werden. Jeder Versuch, ihn durchzuführen, wird entweder zum Syndikalismus oder in anderer Weise zu einem Chaos führen, das die arbeitteilende Gesellschaft schnell in kleinste autarke Gruppen auflöst.

Die Feststellung dieses Sachverhaltes ist den sozialistischen Parteien recht unbequem. In einer Flut von Schriften haben Sozialisten aller Richtungen den Versuch unternommen, meine Ausführungen zu widerlegen und ein System sozialistischer Wirtschaftsrechnung zu erfinden. Der Erfolg blieb ihnen versagt. Es ist nicht gelungen, auch nur einen Gesichtspunkt, den ich nicht schon in meinen Ausführungen berücksichtigt und entsprechend behandelt habe, neu in die Erörterung zu bringen[1]). Der Nachweis der Unmöglichkeit sozialistischer Wirtschaftsrechnung kann nicht erschüttert werden[2]).

---

deren Lösung die Kräfte einzelner Menschen weit übersteigt". (Vgl. Gossen, Entwicklung der Gesetze des menschlichen Verkehrs. Neue Ausgabe, Berlin 1889, S. 231.) — Pareto (Cours d'Économie Politique, II. Bd., Lausanne 1897, S. 364 ff.) und Barone (Il Ministro della Produzione nello Stato Colletivista im Giornale degli Economisti, Vol. XXXVII, 1908, S. 409 f.) sind nicht bis zum Kern des Problems gelangt. Vollkommen klar erkannte das Problem 1902 Pierson. Vgl. seine Abhandlung Das Wertproblem in der sozialistischen Gesellschaft (Deutsch von Hayek, Zeitschrift für Volkswirtschaft, Neue Folge, 4. Bd., 1925, S. 607 ff.).

[1]) Ich habe mich mit den wichtigsten dieser Entgegnungen in zwei kleinen Aufsätzen kurz auseinandergesetzt: Neue Beiträge zum Problem der sozialistischen Wirtschaftsrechnung (Archiv für Sozialwissenschaft, 51. Bd., S. 488—500) und Neue Schriften zum Problem der sozialistischen Wirtschaftsrechnung (ebend., 60. Bd., S. 187—190). Vgl. Anhang.

[2]) Im wissenschaftlichen Schrifttum besteht darüber kein Zweifel mehr. Vgl. Max Weber, Wirtschaft und Gesellschaft (Grundriß der Sozialökonomik, III. Abt.), Tübingen 1922, S. 45—59; Adolf Weber, Allgemeine Volkswirtschaftslehre, 4. Aufl., München und Leipzig 1932, II. Bd., S. 369 ff.; Brutzkus, Die Lehren des Marxismus im Lichte der russischen Revolution, Berlin 1928, S. 21 ff.; C. A. Verrijn Stuart, Winstbejag versus behoeftenbevrediging (Overdruk Economist, 76 Jaargang, Aflevering 1), S. 18 f.; Pohle-Halm, Kapitalismus und Sozialismus, 4. Aufl., Berlin 1931, S. 237 ff.

Der Versuch des russischen Bolschewismus, den Sozialismus aus dem Parteiprogramm ins Leben zu übertragen, hat das Problem sozialistischer Wirtschaftsrechnung nicht zutage treten lassen. Denn die Sowjetrepubliken stehen inmitten einer Welt, in der Geldpreise aller Produktionsmittel gebildet werden. Diese Preise legen die Machthaber der Sowjetrepublik den Berechnungen, auf die sie ihre Entschließungen aufbauen, zugrunde. Ohne die Hilfe, die ihnen diese Preise bieten, wäre ihr Handeln ziel- und planlos. Nur im Hinblick auf dieses Preissystem vermögen sie zu rechnen und Buch zu führen, konnten sie ihren „Fünfjahrplan" entwerfen.

Ebensowenig wie für das bolschewistische Rußland ist das Problem der sozialistischen Wirtschaftsrechnung im Staats- und Kommunalsozialismus der anderen Länder schon heute aktuell. Alle Unternehmungen, die von den Staatsregierungen und von den Gemeindeverwaltungen geführt werden, rechnen mit den Preisen der Produktionsmittel und der Güter erster Ordnung, die auf den Märkten der Verkehrswirtschaft gebildet werden. Es ist daher voreilig, aus dem Umstande, daß Staats- und Kommunalbetriebe bestehen, den Schluß zu ziehen, daß sozialistische Wirtschaftsrechnung möglich wäre.

Es ist bekannt, daß sozialistische Betriebsführung in einzelnen Zweigen der Produktion oder in einzelnen Gebieten materiell nur möglich wird durch die Hilfe, die von der nichtsozialistischen Umwelt geleistet wird; Staats- und Kommunalbetriebe können geführt werden, weil ihre Betriebsverluste durch die von den kapitalistischen Unternehmungen entrichteten Steuern gedeckt werden, und der Sozialismus in Rußland, der, sich selbst überlassen, schon längst gescheitert wäre, wird durch die Finanzierung von Seite der kapitalistischen Länder gestützt. Unvergleichlich wichtiger noch als diese materielle Förderung der sozialistischen Betriebsführung durch die kapitalistische Wirtschaft ist jedoch die geistige. Ohne die Rechnungsgrundlage, die der Kapitalismus dem Sozialismus in Gestalt der Marktpreise zur Verfügung stellt, wäre sozialistische Wirtschaftsführung auch in der Beschränkung auf einzelne Produktionszweige oder Länder undurchführbar.

Die sozialistischen Literaten mögen noch lange fortfahren, Bücher über das Ende des Kapitalismus und über das Kommen des sozialistischen Millennismus auf den Markt zu bringen, sie mögen die Übel des Kapitalismus in noch so grellen Farben schildern und ihnen die Segnungen des Sozialismus noch so verlockend gegenüberstellen, sie mögen mit ihren Schriften bei Denkunfähigen noch so große Erfolge erzielen, an dem

Schicksal der sozialistischen Idee kann dies nichts ändern[1]). Der Versuch, die Welt sozialistisch zu gestalten, könnte die Zivilisation zertrümmern, er wird aber nie zur Aufrichtung eines sozialistischen Gemeinwesens führen können.

§ 4. Die Wirtschaft des sozialistischen Gemeinwesens steht unter denselben äußeren Bedingungen, die die auf dem Sondereigentum an den Produktionsmitteln beruhende Wirtschaftsverfassung und jede denkbare menschliche Wirtschaftsverfassung beherrschen. Auch für sie gilt das wirtschaftliche Prinzip in der gleichen Weise, in der es für jede andere Wirtschaft, weil für alle Wirtschaft, gilt. Auch sie kennt eine Rangordnung der Ziele und muß danach streben, die wichtigeren vor den minderwichtigen zu erreichen. Darin allein liegt das Wesen alles Wirtschaftens.

Auch das sozialistische Gemeinwesen wird in der Produktion nicht nur Arbeit, sondern auch sachliche Produktionsmittel verwenden. Die sachlichen produzierten Produktionsmittel werden einer weit verbreiteten Übung zufolge als Kapital oder Realkapital bezeichnet. Kapitalistische Produktion ist dann die, die kluge Umwege einschlägt, im Gegensatz zur kapitallosen, die geradeaus mit der nackten Faust auf das Ziel zugeht[2]). Hält man an diesem Sprachgebrauch fest, so muß man sagen, daß auch das sozialistische Gemeinwesen mit Kapital arbeiten und daher kapitalistisch produzieren wird. Das Kapital als Inbegriff der Zwischenprodukte, die auf den einzelnen Etappen der Produktionsumwege zur Entstehung kommen, wird durch den Sozialismus zunächst[3])

---

[1]) Bezeichnend für diese Literaturgattung ist die vor kurzem veröffentlichte Arbeit von C. Landauer, Planwirtschaft und Verkehrswirtschaft, München und Leipzig 1931. Hier wird das Problem der Wirtschaftsrechnung ganz harmlos zunächst mit der Behauptung abgetan, in einer sozialistischen Gesellschaft könnten „die einzelnen Unternehmungen ... voneinander kaufen, ganz ebenso, wie kapitalistische Unternehmungen voneinander kaufen". (S. 114.) Einige Seiten später wird dann erklärt, daß der sozialistische Staat „daneben" eine „naturalwirtschaftliche Kontrollrechnung aufzustellen haben" wird; er sei dazu „allein in der Lage, weil er im Gegensatz zur kapitalistischen Wirtschaft die Produktion selbst beherrscht" (S. 122). Landauer kann nicht begreifen, daß und warum es unzulässig ist, verschieden benannte Zahlen zu addieren oder zu substrahieren. Da ist freilich nicht zu helfen.

[2]) Vgl. Böhm-Bawerk, Kapital und Kapitalzins, II. Bd., 3. Aufl., Innsbruck 1912, S. 21.

[3]) Die Einschränkung, die in der Beifügung des Wörtchens „zunächst" liegt, soll nicht besagen, daß der Sozialismus später, etwa nach Erreichung „einer höheren Phase der kommunistischen Gesellschaft" seiner Absicht nach zur Abschaffung des — in diesem Sinne verstandenen — Kapitals schreiten wird. Nie kann vom Sozialismus die Rückkehr zum von der Hand in den Mund leben geplant werden.

nicht abgeschafft, sondern nur aus der Verfügungsgewalt Einzelner in die der Gesamtheit übergeführt.

Will man aber, wie wir es oben getan haben, unter kapitalistischer Produktionsweise jene Wirtschaftsweise verstehen, in der in Geld gerechnet wird, so daß man die einer Produktion gewidmete Gütermenge, nach ihrem Geldwert gerechnet, als Kapital zusammenfassen kann und den Erfolg des Wirtschaftens an den Veränderungen des Kapitals festzustellen sucht, so ist es klar, daß die sozialistische Produktionsweise nicht als kapitalistisch bezeichnet werden kann. In einem anderen Sinn als es der Marxismus tut, können wir dann zwischen sozialistischer und kapitalistischer Produktionsweise, zwischen Sozialismus und Kapitalismus unterscheiden.

Als charakteristisches Merkmal der kapitalistischen Produktionsweise erscheint den Sozialisten die Tatsache, daß der Produzent arbeitet, um einen Gewinn zu erzielen. Die kapitalistische Produktion sei Profitwirtschaft, die sozialistische werde Bedarfsdeckungswirtschaft sein. Daran ist so viel richtig, daß jede kapitalistische Produktion auf Gewinn gerichtet ist. Doch Gewinn, d. h. einen Wertüberschuß des Erfolges gegenüber den Kosten, zu erzielen, muß auch die Absicht des sozialistischen Gemeinwesens sein. Wenn die Wirtschaft rationell betrieben wird, d. h. wenn sie die dringenderen vor den weniger dringenden Bedürfnissen befriedigt, dann hat sie schon Gewinne erzielt. Denn dann sind die Kosten, d. i. der Wert der wichtigsten unter den nicht mehr gedeckten Bedürfnissen, kleiner als der erzielte Erfolg. In der kapitalistischen Wirtschaft kann Gewinn nur erzielt werden, wenn man durch die Produktion einem verhältnismäßig dringenden Bedarf entgegenkommt. Wer produziert, ohne auf das Verhältnis von Vorrat und Bedarf Rücksicht zu nehmen, erzielt nicht jenes Ergebnis, das er anstrebt. Die Ausrichtung der Produktion nach dem Gewinn bedeutet nichts anderes als ihre Einstellung auf den Bedarf der Volkswirtschaft; in diesem Sinne steht sie in einem Gegensatz zur Produktion für den eigenen Bedarf der verkehrslosen Wirtschaft. Doch auch diese strebt nach Gewinn in der oben umschriebenen Bedeutung dieses Ausdruckes. Zwischen Erzeugung für Gewinn und Erzeugung für Bedarf besteht demnach kein Gegensatz[1]).

Die Gegenüberstellung der Profitwirtschaft und der Bedarfsdeckungswirtschaft steht in engster Verbindung mit der üblichen Gegen-

---

Vielmehr soll nur schon hier darauf hingewiesen werden, daß sozialistische Produktion kraft ihrer inneren Notwendigkeit zur schrittweisen Aufzehrung des Kapitals führen muß.

[1]) Vgl. Pohle-Halm, a. a. O., S. 12ff.

überstellung von Produktivität und Rentabilität oder des „volkswirtschaftlichen" und des „privatwirtschaftlichen" Standpunkts. Ein Wirtschaftsakt wird rentabel genannt, wenn er in der kapitalistischen Wirtschaft einen Überschuß des Ertrages über die Kosten abwirft; ein Wirtschaftsakt wird produktiv genannt, wenn er auch in einer als Einheit gedachten Volkswirtschaft, also in einem sozialistischen Gemeinwesen, als ein solcher erkannt werden würde, bei dem der Ertrag die aufgewendeten Kosten übersteigt. Produktivität und Rentabilität decken sich in manchen Fällen nicht. Es gibt Wirtschaftsakte, die rentabel aber nicht produktiv, und umgekehrt solche, die produktiv aber nicht rentabel sind. Für die naive Voreingenommenheit zugunsten des Sozialismus, in der die Mehrzahl der Volkswirte befangen ist, liegt schon in dieser Feststellung ein hinreichender Grund, um die kapitalistische Gesellschaftsordnung zu verdammen. Das, was die sozialistische Gesellschaft tun würde, erscheint ihnen schlechthin als das Gute und Vernünftige; daß in der kapitalistischen Gesellschaftsordnung anderes geschehen kann, wird als ein Mißstand angesehen, den man nicht dulden dürfe. Die Prüfung der Fälle, in denen Rentabilität und Produktivität auseinandergehen, wird zeigen, daß dieses Urteil durchaus subjektiv ist, und daß der Schein der Wissenschaftlichkeit, mit dem es umkleidet wird, ein erborgter ist[1]).

In der Mehrzahl der Fälle, in denen man einen Gegensatz von Rentabilität und Produktivität anzunehmen pflegt, ist er überhaupt nicht vorhanden. Das gilt zum Beispiel von den Spekulationsgewinnen. Die Spekulation erfüllt in der kapitalistischen Wirtschaft eine Aufgabe, die in jeder wie immer gestalteten menschlichen Wirtschaft erfüllt werden muß: sie sorgt für die zeitliche und örtliche Anpassung von Angebot und Nachfrage. Die Quelle der Spekulationsgewinne ist eine Werterhöhung, die von der besonderen Form der Wirtschaftsverfassung unabhängig ist. Wenn der Spekulant Produkte, die auf dem Markte in verhältnismäßig großer Menge vorhanden sind, zu billigem Preise aufkauft und sie teurer verkauft, wenn die Nachfrage wieder gestiegen ist, so ist das, um was er aus dem Geschäfte bereichert wurde, auch vom volkswirtschaftlichen Standpunkt ein Wertzuwachs. Daß dieser viel beneidete und viel angefeindete Gewinn in einem sozialistischen Gemeinwesen nicht Einzelnen, sondern dem Gemeinwesen zufallen würde, ist nicht zu bestreiten. Doch das ist für die Frage, die uns hier interessiert, nicht von Bedeutung. Für uns ist allein das von Wichtigkeit, daß der

---

[1]) Vgl. über den Fall des Monopols weiter unten S. 354 ff. und über den Fall des „unwirtschaftlichen" Verbrauchs weiter unten S. 415 ff.

behauptete Gegensatz zwischen Rentabilität und Produktivität hier nicht besteht. Der Spekulationshandel erfüllt eine Aufgabe, die man sich aus der Wirtschaft nicht fortdenken kann. Schaltet man ihn aus, wie es in der sozialistischen Gemeinschaft geschehen soll, dann muß seine Funktion von anderen Organen übernommen werden, dann muß das Gemeinwesen selbst zum Spekulanten werden. Ohne Spekulation gibt es kein über den Augenblick hinausgreifendes Wirtschaften.

Mitunter gelangt man zur Feststellung eines Gegensatzes von Produktivität und Rentabilität dadurch, daß man einzelne Teilhandlungen herausgreift und für sich betrachtet. Man bezeichnet etwa aus der besonderen Gestaltung der kapitalistischen Wirtschaftsordnung entspringende Aufwendungen wie Absatzspesen, Werbekosten u. dgl. als unproduktiv. Das ist nicht zulässig. Man muß den Ertrag der gesamten Produktion vergleichen, nicht die einzelnen Teile. Man darf die Aufwendungen nicht betrachten, ohne ihnen den Erfolg, den sie vermitteln, gegenüberzustellen[1]).

§ 5. Das Prunkstück in den Auseinandersetzungen über Produktivität und Rentabilität bilden die Untersuchungen des Verhältnisses zwischen Rohertrag und Reinertrag. Jeder einzelne Wirt arbeitet in der kapitalistischen Wirtschaft auf die Erzielung des höchsten erreichbaren Reinertrages hin. Nun wird behauptet, daß vom volkswirtschaftlichen Standpunkt nicht die Erzielung des höchsten Reinertrages, sondern die des höchsten Rohertrages das Ziel des Wirtschaftens zu bilden hätte.

Der Trugschluß, der in dieser Behauptung steckt, entstammt dem primitiven naturalwirtschaftlichen Denken und ist, entsprechend der großen Verbreitung, die dieses auch noch gegenwärtig findet, sehr häufig. Man kann ihn alle Tage hören, wenn z. B. einem Produktionszweig zugute gehalten wird, daß er viele Arbeiter beschäftigt, oder wenn gegen eine Verbesserung der Produktion geltend gemacht wird, daß durch sie Leute ums Brot kommen könnten.

Wollte man folgerichtig denken, dann müßte man das Rohertragsprinzip nicht nur für den Aufwand an Arbeit, sondern auch für den an sachlichen Produktionsmitteln gelten lassen. Der Unternehmer bricht die Produktion bei dem Punkte ab, bei dem sie aufhört, Reinertrag zu liefern. Nehmen wir an, die Fortsetzung der Produktion über diesen Punkt hinaus erfordere nur Sachaufwand, jedoch keinen weiteren Arbeitsaufwand. Ist die Gesellschaft daran interessiert, daß der Unternehmer

---

[1]) Vgl. weiter unten S. 160 ff.

die Produktion weiter führt, um einen höheren Rohertrag zu erzielen? Würde sie selbst, wenn sie die Leitung der Produktion in Händen hätte, dies tun? Beide Fragen müssen entschieden verneint werden. Daß der weitere Sachaufwand nicht lohnt, zeigt, daß für diese Produktionsmittel in der Volkswirtschaft eine bessere, das ist dringendere Verwendungsmöglichkeit besteht. Würde man sie trotzdem in die unrentable Produktion stecken, so müßten sie an einer Stelle, wo sie dringender benötigt werden, fehlen. Das ist in der kapitalistischen Wirtschaft nicht anders als in der sozialistischen. Auch die sozialistische Gemeinwirtschaft wird, vorausgesetzt, daß sie rationell vorgeht, nicht einige Produktionstätigkeiten ins Endlose fortsetzen und andere vernachlässigen; auch sie wird jede Produktion dort abbrechen, wo die Fortsetzung den Aufwand nicht mehr lohnt, das ist dort, wo ihre Fortsetzung die Nichtbefriedigung eines dringenderen Bedarfes bedeuten würde.

Was von der Vergrößerung des Aufwandes an sachlichen Produktionsmitteln gilt, gilt aber ganz in der gleichen Weise auch von der Vergrößerung des Aufwandes an Arbeit. Auch die Arbeit, die einer Produktion gewidmet wird, in der sie nur den Rohertrag steigert, während der Reinertrag zurückgeht, wird einer anderen Verwendung entzogen, in der sie wertvollere Dienste leisten könnte. Auch hier wäre der Erfolg der Nichtberücksichtigung des Reinertragsprinzipes nur der, daß wichtigere Bedürfnisse unbefriedigt bleiben, während minderwichtige befriedigt werden. Das, und nichts anderes, wird im Mechanismus der kapitalistischen Wirtschaft durch das Sinken des Reinertrages zum Ausdruck gebracht. In der sozialistischen Gemeinwirtschaft müßte es Aufgabe der Wirtschaftsleitung sein, darüber zu wachen, daß derartige Verschwendung — unwirtschaftliche Verwendung — der Arbeit unterbleibt. Von einem Gegensatz zwischen Rentabilität und Produktivität kann also hier nicht die Rede sein. Auch vom volkswirtschaftlichen Gesichtspunkte betrachtet muß die Erzielung des größtmöglichen Reinertrages, nicht die des größtmöglichen Rohertrages, Ziel der Wirtschaft bleiben.

Ungeachtet der Klarheit dieses Sachverhalts pflegt man bald im allgemeinen, bald nur für den Arbeitsaufwand, bald wieder für das Gebiet der landwirtschaftlichen Produktion anders zu urteilen. Daß die kapitalistische Wirtschaftsordnung durchaus auf die Erzielung höchsten Reinertrages bedacht ist, wird abfällig kritisiert und staatliche Intervention zur Abhilfe eines angeblichen Mißstandes angerufen. Ricardo hat gegenüber den Ausführungen von Adam Smith, der die verschiedenen Produktionszweige je nach der größeren oder geringeren Menge von

Arbeit, die sie in Bewegung setzen, als mehr oder weniger produktiv bezeichnet[1]), nachgewiesen, daß der Wohlstand eines Volkes nur durch Vergrößerung des Reinertrages, nicht aber durch Vergrößerung des Rohertrages steigt[2]). Ob dieser Ausführungen ist er heftig angegriffen worden. Schon J. B. Say hat sie mißverstanden und Ricardo vorgeworfen, daß er die Wohlfahrt so vieler Menschenleben für nichts achte[3]). Sismondi, der es liebt, nationalökonomischen Darlegungen sentimentale Deklamationen entgegenzusetzen, glaubt das Problem durch einen Witz lösen zu können; er meint, ein König, der durch Drehung einer Kurbel Reinertrag erzeugen könnte, würde nach Ricardo die Nation überflüssig machen[4]). Bernhardi schließt sich dem Standpunkt Sismondis an[5]). Proudhon endlich formuliert scharf den Gegensatz zwischen dem sozialwirtschaftlichen und dem privatwirtschaftlichen Interesse: obgleich die Gesellschaft nach dem höchsten Rohertrag streben müsse, sei das Ziel des Unternehmers höchster Reinertrag[6]). Marx vermeidet es, sich offen zu diesem Satz zu bekennen. Er füllt jedoch zwei Kapitel des ersten Buches des „Kapital" mit sentimentalen Ausführungen, in denen der Übergang von intensiver zu extensiver Bodenbewirtschaftung nach einem Wort des Thomas Morus als ein System, wo „Schafe die Menschen auffressen", in den grellsten Farben dargestellt wird. Dabei wird das durch die politische Machtstellung des Adels ermöglichte „Bauernlegen" und „Einhegen", also gewaltsame Enteignungen, die die europä-

---

[1]) Vgl. A. Smith, An Inquiry into the Nature and Causes of the Wealth of Nations, Book II., Chap. V (Ausgabe Basil 1791, II. Bd., S. 138ff.)

[2]) Vgl. Ricardo, Principles of Political Economy and Taxation, Chap. XXVI (Works, ed. MacCulloch, Sec. Ed., London 1852, S. 210ff.).

[3]) Vgl. Say, in seinen Zusätzen zu der von Constancio veranstalteten französischen Ausgabe des Ricardoschen Werkes, II. Bd., Paris 1819, S. 222ff.

[4]) Vgl. Sismondi, Nouveaux Principes d'Économie Politique, Paris 1819, II. Bd., S. 331 Anm.

[5]) Vgl. Bernhardi, Versuch einer Kritik der Gründe, die für großes und kleines Grundeigentum angeführt werden, Petersburg 1849, S. 367ff.; vgl. dazu Cronbach, Das landwirtschaftliche Betriebsproblem in der deutschen Nationalökonomie bis zur Mitte des 19. Jahrhunderts, Wien 1907, S. 292ff.

[6]) „La societé recherche le plus grand produit brut, par conséquent la plus grande population possible, parce que pour elle produit brut et produit net sont identiques. Le monopole, au contraire, vise constamment au plus grand produit net, dût-il ne l'obtenir qu'au prix de l'extermination du genre humain" (Proudhon, Système des contradictions économiques ou philosophie de la misère, Paris 1846, I. Bd., S. 270). „Monopole" bedeutet in der Sprache Proudhons so viel wie Sondereigentum. (Vgl. ebendort I. Bd., S. 236; ferner Landry, L'utilité sociale de la propriété individuelle, Paris 1901, S. 76).

ische Agrargeschichte der ersten Jahrhunderte der Neuzeit kennzeichnen, in einem fort mit dem von den Grundbesitzern vorgenommenen Wechsel der Bewirtschaftungsmethoden durcheinander geworfen[1]). Deklamationen über dieses Thema gehören seither zum eisernen Bestand der sozialdemokratischen Agitationsschriften und -reden.

Ein deutscher landwirtschaftlicher Schriftsteller, Freiherr von der Goltz, hat versucht, die Erzielung des höchsten erreichbaren Rohertrages nicht nur als volkswirtschaftlich produktiv, sondern auch als privatwirtschaftlich rentabel hinzustellen. Er meint, ein hoher Rohertrag bilde allerdings die Voraussetzung für einen hohen Reinertrag und insofern seien die Interessen der einzelnen Landwirte, die zunächst Erzielung hoher Reinerträge verlangen, und die des Staates, die Erzielung hoher Rohertäge verlangen, gleichlaufend.[2]). Einen Beweis hat er dafür freilich nicht zu erbringen vermocht. Folgerichtiger als diese Bemühungen, über den scheinbaren Widerspruch zwischen volkswirtschaftlichem und privatwirtschaftlichem Interesse damit hinwegzukommen, daß man vor den Tatsachen der landwirtschaftlichen Betriebsrechnung die Augen verschließt, ist die Stellung, die die Anhänger der romantischen Schule der Wirtschaftspolitik und dann die deutschen Etatisten eingenommen haben: Der Landwirt habe eine amtliche Stellung inne und in dieser die Pflicht, das zu bauen, was dem öffentlichen Interesse entspricht. Da dieses möglichst große Rohertäge verlange, müsse auch der Landwirt, der sich nicht von „Händlergeist, Händlerauffassung und Handelsinteressen" beeinflussen lassen dürfe, ungeachtet der ihm daraus etwa entstehenden Nachteile sich die Erzielung der höchsten Rohertäge zur Aufgabe machen[3]). Alle diese Schriftsteller nehmen es als selbstverständlich an, daß die Gesellschaft an hohen Rohertägen interessiert sei. Sie geben sich gar nicht erst besondere Mühe, dies zu

---

[1]) Vgl. Marx, Das Kapital, a. a. O., I. Bd., S. 613—726; die Ausführungen über die „Kompensationstheorie bezüglich der durch die Maschinerie verdrängten Arbeiter" (ebendort, S. 403—412) sind der Grenznutzentheorie gegenüber gegenstandslos.

[2]) Vgl. Goltz, Agrarwesen und Agrarpolitik. 2. Aufl., Jena 1904, S. 53; vgl. dazu Waltz, Vom Reinertrag in der Landwirtschaft, Stuttgart und Berlin 1904, S. 27ff. — Goltz widerspricht sich in seinen Ausführungen, denn er fügt der oben erwähnten Behauptung unmittelbar die Sätze an: „Indessen ist die Quote, welche vom Rohertrage nach Abzug der Wirtschaftskosten als Reinertrag übrig bleibt, eine sehr verschiedene. Durchschnittlich ist sie größer bei extensivem als bei intensivem Betrieb."

[3]) Vgl. Waltz, a. a. O., S. 19ff., über Adam Müller, Bülow-Cummerow und Philipp v. Arnim, und, S. 30ff., über Rudolf Meyer und Adolf Wagner.

erweisen. Wo sie es versuchen, bringen sie nichts als Hinweise auf machtpolitische und nationalpolitische Gesichtspunkte: Der Staat habe ein Interesse an einer starken landwirtschaftlichen Bevölkerung, da die landwirtschaftliche Bevölkerung konservativ sei; die Landwirtschaft stelle am meisten Soldaten; es müsse für die Ernährung des Landes in Kriegszeiten vorgesorgt werden u. dgl. m.

Dagegen meint Landry das Rohertragsprinzip nationalökonomisch beweisen zu können. Er will das Streben nach Erzielung des höchsten Reinertrages nur soweit als vom volkswirtschaftlichen Standpunkt vorteilhaft ansehen, als die nicht mehr rentierenden Kosten durch Sachgüteraufwand entstehen. Wo aber die Verwendung von Arbeit in Frage kommt, sei es anders. Denn, volkswirtschaftlich betrachtet, koste die Verwendung von Arbeitskraft nichts; der gesellschaftliche Reichtum werde durch sie nicht vermindert. Lohnersparnis, die zu einer Verminderung des Rohertrages führe, sei schädlich[1]). Landry gelangt zu diesem Schluß durch die Annahme, daß die Arbeitskräfte, die freigesetzt werden, anderweitig keine Verwendung finden könnten. Das ist durchaus unrichtig. Der Bedarf der Gesellschaft an Arbeitern ist niemals gesättigt, solange nicht die Arbeit ein freies Gut geworden ist. Die freigesetzten Arbeiter finden anderweitig Verwendung, wo sie vom volkswirtschaftlichen Standpunkte dringendere Arbeit zu versehen haben. Hätte Landry recht, dann wären alle arbeitsparenden Maschinen, die je eingeführt wurden, besser nie in Dienst gestellt worden; das Verhalten jener Arbeiter, die alle technischen Neuerungen, die mit Arbeitersparnis verbunden sind, bekämpfen und neue Maschinen dieser Art zerstören, wäre gerechtfertigt. Es ist nicht abzusehen, warum zwischen der Verwendung von Sachgütern und der Verwendung von Arbeitskraft ein Unterschied bestehen sollte. Daß die Verwendung von Sachgütern für die Ausdehnung der Produktion im Hinblick auf den Preisstand dieser sachlichen Produktionsmittel und auf den Preisstand der zu erzielenden Produkte nicht rentiert, ist die Folge des Umstandes, daß sie in einer anderen Produktion zur Deckung wichtigerer Bedürfnisse benötigt werden. Ganz das Gleiche gilt aber auch von den Arbeitskräften. Die Arbeiter, die für die unrentable Erhöhung des Rohertrages verwendet werden, werden einer anderen Produktion, in der sie dringender benötigt werden, entzogen. Daß ihr Lohn höher ist, als daß die Ausdehnung der Produktion zur Erhöhung des Rohertrages noch rentierte, ist eben die Folge des Umstandes, daß die Grenzproduktivität der Arbeit

---

[1]) Vgl. Landry, a. a. O., S. 81.

in der Volkswirtschaft noch höher ist als in dem fraglichen Produktionszweig, falls man ihn über die durch das Reinertragsprinzip gezogene Grenze ausdehnt. Hier ist nirgends ein Gegensatz zwischen volkswirtschaftlichem und privatwirtschaftlichem Standpunkt zu entdecken. Auch eine sozialistische Wirtschaft könnte, verstünde sie zu rechnen, nicht anders handeln als die einzelnen Wirte in der kapitalistischen.

Nun werden freilich auch noch andere Gesichtspunkte ins Treffen geführt, um zu zeigen, daß das Festhalten am Reinertragsprinzip schädlich sei. Sie gehören alle dem nationalpolitisch-militaristischen Gedankensystem an; es sind die bekannten Argumente, die zugunsten jeder Schutzzollpolitik vorgebracht werden. Eine Nation müsse volkreich sein, weil davon ihre politische und militärische Weltgeltung abhänge; sie müsse nach wirtschaftlicher Autarkie streben, zumindest die Lebensmittel im Inlande erzeugen u. dgl. Auf diese Argumente muß dann auch Landry zurückgreifen, um seine These besser zu stützen[1]). Ein Eingehen auf sie erübrigt sich in einer Theorie des geschlossenen sozialistischen Gemeinwesens.

Auch das sozialistische Gemeinwesen muß den Reinertrag, nicht den Rohertrag zur Richtschnur der Wirtschaft nehmen. Auch das sozialistische Gemeinwesen wird Äcker in Weiden verwandeln, wenn es anderwärts ertragsfähigeres Land unter den Pflug zu nehmen vermag. Trotz Thomas Morus werden auch in Utopien „Schafe die Menschen auffressen"; die Leiter des sozialistischen Gemeinwesens werden nicht anders handeln als die Herzogin von Sutherland, „diese ökonomisch geschulte Person", wie sie Marx höhnisch nennt[2]), gehandelt hat. Das Reinertragprinzip gilt für jede Produktion. Auch die Landwirtschaft bildet keine Ausnahme. Es bleibt bei dem Satze Thaers, daß das Ziel des Landwirtes ein hoher Reinertrag sein muß „selbst in Hinsicht auf das allgemeine Beste"[3]).

III.
Die Verteilung des Einkommens.

§ 1. Die Behandlung des Einkommenproblems würde eigentlich an das Ende der Darlegungen gehören, die das Leben des sozialistischen Gemeinwesens untersuchen. Zuerst muß produziert werden, dann erst kann man an die Verteilung schreiten. Logisch wäre es demnach, vor

---

[1]) Vgl. Landry, a. a. O., S. 109, 127 f.
[2]) Vgl. Marx, a. a. O., I. Bd., S. 695.
[3]) Zitiert bei Waltz, a. a. O., S. 29.

der Behandlung des Verteilungsproblems die Frage der Produktion zu erörtern. Doch im Sozialismus steht das Verteilungsproblem so sehr im Vordergrund, daß es angezeigt erscheint, es möglichst nahe der Spitze der Ausführungen zu behandeln. Im Grunde genommen ist der Sozialismus nichts anderes als eine Theorie einer „gerechten" Verteilung und die sozialistische Bewegung nichts anderes als das Bestreben, dieses Ideal zu verwirklichen. Alle sozialistischen Pläne gehen daher vom Verteilungsproblem aus und münden wieder in das Verteilungsproblem ein. Für den Sozialismus ist das Verteilungsproblem schlechthin das Problem der Wirtschaft.

Das Verteilungsproblem ist auch eine Besonderheit des Sozialismus. Es besteht nur in der sozialistischen Wirtschaftsordnung. Man pflegt zwar auch in der auf dem Sondereigentum beruhenden Wirtschaftsordnung von Verteilung zu sprechen, und die nationalökonomische Theorie behandelt die Probleme der Einkommensbildung und der Preisbildung der Produktionsfaktoren unter dem Namen Verteilung. Diese Bezeichnung ist herkömmlich und hat sich so sehr eingebürgert, daß an ihre Ersetzung durch einen anderen Ausdruck nicht zu denken ist. Sie ist nichtsdestoweniger unzweckmäßig und trifft nicht das Wesen der Dinge, die sie benennen will. In der kapitalistischen Gesellschaftsordnung entstehen die Einkommen als Ergebnis von Marktvorgängen, die mit der Produktion in untrennbarer Verbindung sind. Hier wird nicht zuerst produziert und dann verteilt. Wenn die Produkte genußreif dem Verbrauch und Gebrauch zugeführt werden, dann ist die Einkommensbildung, die sich auf dem Produktionsprozeß, aus dem sie hervorgehen, aufbaut, zum größeren Teil schon abgeschlossen. Arbeiter, Grundbesitzer und Kapitalisten und ein großer Teil der an der Herstellung beteiligten Unternehmer haben ihre Anteile schon erhalten, bevor das Produkt konsumreif geworden ist. Durch die Preise, die für das Endprodukt auf dem Markt erzielt werden, wird nur das Einkommen, das ein Teil der Unternehmer aus diesem Produktionsprozeß erhält, bestimmt. Die Bedeutung, die diese Preise für das Einkommen der anderen Schichten haben, ist schon vorweggenommen. Wie in der kapitalistischen Gesellschaftsordnung die Zusammenfassung der Einkommen der Einzelnen in dem Begriff des Sozialeinkommens nur die Bedeutung einer gedanklichen Konstruktion hat, so ist es auch mit dem Begriff der Verteilung, die hier nur figürlich gemeint sein kann. Daß man gerade diesen Ausdruck gewählt hat, statt zutreffender einfach nur von der Einkommensbildung zu sprechen, ist dem Umstande zuzuschreiben, daß die Begründer der wissenschaftlichen Nationalökonomie, die Physiokraten und die englischen Klassiker, sich von den etatistischen Anschauungen des Merkantilismus nur allmählich freizumachen gewußt haben. Obwohl gerade die Erfassung der Einkommensgestaltung als einer Resultante von Marktvorgängen eine ihrer Großtaten ist, haben sie — glücklicherweise ohne daß dies auf den Inhalt ihrer Lehre irgendwelchen störenden Einfluß gehabt hätte — die Gewohnheit angenommen, jene Kapitel der Katallaktik, die von den Einkommenszweigen handeln, unter dem Titel „Verteilung" zusammenzufassen[1]).

Nur im sozialistischen Gemeinwesen findet im wahren Sinne des Wortes eine Verteilung eines Vorrates von Genußgütern statt. Wenn man sich bei Betrachtung der Verhältnisse der kapitalistischen Wirtschaftsordnung des Ausdruckes Verteilung anders als bloß figürlich bedient, dann stellt man in Gedanken einen Vergleich zwischen der Einkommensgestaltung in der sozialistischen und der in der kapitalistischen Wirtschaftsordnung an. Einer den Eigentümlichkeiten der kapitalistischen Wirtschaftsordnung entspringenden Untersuchung ihres Mechanismus muß die Vorstellung einer Einkommensverteilung fremd bleiben.

§ 2. Nur die genußreifen Güter können, der Grundidee des Sozialismus entsprechend, überhaupt für die Verteilung in Betracht gezogen werden. Die erzeugten Güter höherer Ordnung verbleiben zur weiteren Produktion im Eigentum der Gemeinschaft; sie sind von der Verteilung ausgeschlossen. Die Güter erster Ordnung gelangen hingegen ausnahmslos zur Verteilung; sie bilden die Sozialdividende. Man pflegt gewöhnlich, da man sich von Vorstellungen, die nur der kapitalistischen Wirtschaftsordnung angemessen sind, auch bei Betrachtung der sozialistischen Gesellschaftsordnung nicht ganz freizumachen versteht, davon zu sprechen, daß das Gemeinwesen einen Teil der genußreifen Güter für die Zwecke der gemeinschaftlichen Konsumtion zurückbehalten wird. Man denkt dabei an jene Konsumtion, die man in der kapitalistischen Wirtschaftsordnung als den öffentlichen Aufwand zu bezeichnen pflegt. Dieser öffentliche Aufwand besteht bei strenger Durchführung des Sondereigentums an den Produktionsmitteln ausschließlich in den Kosten, die mit der Erhaltung jenes Apparates verbunden sind, der den ungestörten Gang der Dinge zu sichern hat. Dem Staate des reinen Liberalismus obliegt als alleinige Aufgabe die Sicherung des Lebens und des Sondereigentums gegen alle Störungen von innen oder außen. Er ist Sicherheits-

---

[1]) Vgl. Cannan, A History of the Theories of Production and Distribution in English Political Economy from 1776 to 1848, Third Edition, London 1917, S. 183 ff. Vgl. weiter unten S. 301.

produzent oder, wie Lassalle höhnend gesagt hat, Nachtwächterstaat. Im sozialistischen Gemeinwesen entspricht dem die Aufgabe, den ungestörten Bestand der sozialistischen Gesellschaftsordnung und den ruhigen Gang der sozialistischen Produktion zu sichern. Ob man den Zwangs- und Gewaltapparat, der diesen Aufgaben dient, dann noch besonders als „Staat" bezeichnen oder ihn mit einem anderen Wort benennen will, und ob man ihm rechtlich eine Sonderstellung inmitten der übrigen Aufgaben, die dem sozialistischen Gemeinwesen obliegen, einräumen will oder nicht, ist für uns ganz belanglos. Wir haben nur festzustellen, daß alle Auslagen, die für diesen Zweck gemacht werden, im sozialistischen Gemeinwesen als Generalunkosten der Produktion erscheinen. Sie sind, soweit sie Arbeitsaufwand darstellen, bei der Verteilung der Sozialdividende nicht anders zu berücksichtigen, als daß auch jene Genossen, die im Dienste dieser Aufgabe tätig waren, mitbedacht werden.

Zum öffentlichen Aufwand zählen aber auch noch andere Auslagen. Die meisten Staaten und Gemeinden stellen ihren Bürgern gewisse Genußnutzleistungen in natura zur Verfügung, mitunter ohne ein Entgelt dafür zu verlangen, mitunter gegen ein Entgelt, das nur einen Teil der ihnen daraus erwachsenden Kosten deckt. In der Regel handelt es sich dabei um die einzelnen Nutzleistungen, die von Gebrauchsgütern abgegeben werden. So werden Lustgärten, Kunstsammlungen und Büchereien, Gotteshäuser jedem, der sich ihrer bedienen will, zugänglich gemacht. In ähnlicher Weise stehen die Straßen und Wege jedermann zur Verfügung. Aber auch die unmittelbare Verteilung von Verbrauchsgütern kommt vor, so wenn Kranken Heilmittel und Krankenkost oder Schülern Lehrmittel gewährt werden; auch persönliche Dienste werden in ähnlicher Weise geleistet, zum Beispiel durch Gewährung ärztlicher Behandlung. All das ist kein Sozialismus, keine Produktion auf Grundlage von Gemeineigentum an den Produktionsmitteln. Verteilung liegt hier wohl vor, aber das, was verteilt werden soll, wird erst durch Abgaben der Bürger zusammengebracht. Nur so weit, als solche Verteilung Produkte staatlicher oder kommunaler Produktion betrifft, kann man sie als ein Stück Sozialismus im Rahmen einer im übrigen liberalen Gesellschaftsordnung bezeichnen. Wie weit dieser Zweig der Staats- und Gemeindetätigkeit durch Anschauungen, die der sozialistischen Kritik der kapitalistischen Gesellschaftsordnung Rechnung tragen, veranlaßt ist, und wie weit er durch die besondere Natur gewisser besonders ausdauernder Verbrauchsgüter, die praktisch unbeschränkt viele Nutzleistungen abzugeben vermögen, angezeigt erscheint, brauchen wir hier nicht zu untersuchen. Für uns ist nur das eine wichtig, daß es sich bei diesem öffentlichen Aufwand auch im sonst kapitalistischen Gemeinwesen um echte Verteilung handelt.

Auch das sozialistische Gemeinwesen wird nicht alle Güter erster Ordnung im physischen Sinne des Wortes verteilen. Es wird nicht etwa von jedem neu erschienenen Buch jedem Genossen ein Exemplar ausfolgen, sondern die Bücher in öffentlichen Lesehallen zur allgemeinen Benutzung aufstellen. Es wird ähnlich bei der Errichtung von Schulen und bei der Erteilung von Unterricht, bei der Anlage von öffentlichen Gärten, von Spielplätzen, Versammlungshäusern u. dgl. vorgehen. Der Aufwand, den alle diese Anstalten erfordern, ist kein Abzug von der Sozialdividende, vielmehr ein Teil von ihr.

Nur die eine Eigentümlichkeit weist dieser Teil der Sozialdividende auf, daß unbeschadet der Grundsätze, die für die Verteilung der Gebrauchsgüter und eines Teiles der Verbrauchsgüter zur Anwendung gelangen, für ihn, der besonderen Natur der dabei zur Verteilung gelangenden Nutzleistungen entsprechend, immer besondere Grundsätze der Verteilung bestehen bleiben können. Die Art und Weise, in der man Kunstsammlungen und wissenschaftliche Büchereien der Benutzung durch die Öffentlichkeit zugänglich macht, ist ganz unabhängig von den Regeln, die man im übrigen für die Verteilung der Güter erster Ordnung in Anwendung bringen will.

§ 3. Das sozialistische Gemeinwesen ist dadurch charakterisiert, daß in ihm jede Verbindung zwischen der Wirtschaft und der Verteilung fehlt. Die Größe der Anteile, die dem einzelnen Genossen zum Genuß zugewiesen werden, ist ganz unabhängig von der Bewertung, die seine Arbeitsleistung als produktiver Beitrag zum Prozeß der Güterversorgung im Haushalt des Gemeinwesens erfährt. Es wäre schon aus dem Grunde unmöglich, die Verteilung auf der Wertrechnung aufzubauen, weil es im Wesen der sozialistischen Produktionsweise liegt, daß in ihr die Anteile der einzelnen Produktionsfaktoren am Ertrag der Produktion nicht ermittelt werden können, da sie jeder rechnerischen Überprüfung des Verhältnisses zwischen Produktionsaufwand und Produktionsertrag unzugänglich ist. Es geht daher nicht an, auch nur ein Stück der Verteilung auf die ökonomische Zurechnung des Ertrages an die einzelnen Produktionsfaktoren aufzubauen, etwa vorweg dem Arbeiter den vollen Ertrag seiner Arbeit zukommen zu lassen, den er in der kapitalistischen Gesellschaftsordnung in der Gestalt des Lohnes empfängt, und dann die Anteile, die den sachlichen Produktionsfaktoren und der Unternehmungstätigkeit zugerechnet werden, einer besonderen Verteilung zu unterziehen. Den Sozialisten fehlt zwar die klare Erkenntnis dieser Zusammenhänge. Doch schimmert eine dunkle Ahnung davon in der marxistischen Lehre durch, daß in der sozialistischen Gesellschaftsordnung die Kategorien des Lohns, des Profits und der Rente undenkbar seien.

Es sind vier verschiedene Grundsätze für die sozialistische Verteilung der Genußgüter an die einzelnen Genossen denkbar: Die gleiche Verteilung nach Köpfen, die Verteilung nach Maßgabe der dem Gemeinwesen geleisteten Dienste, die Verteilung nach den Bedürfnissen und die Verteilung nach der Würdigkeit. Diese Grundsätze können auch in verschiedener Weise verbunden werden.

Der Grundsatz der gleichmäßigen Verteilung wird von dem uralten naturrechtlichen Postulat der Gleichheit alles dessen, was Menschenantlitz trägt, gestützt. Streng durchgeführt würde er sich ganz widersinnig erweisen. Er würde keine Unterscheidung zwischen Erwachsenen und Kindern, zwischen Kranken und Gesunden, zwischen Fleißigen und Faulen, zwischen Guten und Bösen zulassen. Man könnte an seine Durchführung nicht anders als mit einem gewissen Entgegenkommen an die drei anderen erörterbaren Verteilungsgrundsätze denken. Es wäre zumindest notwendig, dem Grundsatz der Verteilung nach den Bedürfnissen dadurch Rechnung zu tragen, daß man den Empfang nach Alter, Geschlecht, Gesundheitszustand, besonderen Berufsnotwendigkeiten u. dgl. abstuft, den Grundsatz der Verteilung nach den geleisteten Diensten in der Weise mitzuberücksichtigen, daß man zwischen fleißigen und weniger fleißigen und zwischen besseren und schlechteren Arbeitern unterscheidet, und schließlich auch den Grundsatz der Verteilung nach der Würdigkeit durch Belohnung oder Strafe zur Geltung zu bringen. Doch indem man sich in dieser Weise von dem Grundsatz der gleichen Verteilung entfernt und den anderen denkbaren Verteilungsgrundsätzen annähert, werden die Schwierigkeiten, die der sozialistischen Verteilung entgegenstehen, nicht behoben. Diese Schwierigkeiten sind überhaupt nicht zu überwinden.

Welche Schwierigkeiten bei der Durchführung des Grundsatzes der Verteilung nach Maßgabe der der Gesellschaft geleisteten Dienste auftauchen, ist schon gezeigt worden. In der kapitalistischen Gesellschaftsordnung fließt jedem das Einkommen zu, das dem Werte des von ihm im gesellschaftlichen Produktionsprozeß geleisteten Beitrages entspricht. Jeder Dienst wird nach seinem Wert entlohnt. Diese Ordnung will der Sozialismus gerade umstoßen und an ihre Stelle eine setzen, in der das, was den sachlichen Produktionsfaktoren und der Unternehmungstätigkeit zugerechnet wird, in einer Weise verteilt wird, die keinem Eigentümer oder Unternehmer eine von den anderen Volksgenossen grundsätzlich verschiedene Stellung einräumt. Damit aber wird die Verteilung vollkommen von der ökonomischen Zurechnung losgelöst. Sie hat dann mit der Bewertung der Dienstleistungen, die der Einzelne der Gesellschaft leistet, nichts mehr zu tun. Nur äußerlich kann sie mit der Arbeitsleistung dadurch in Zusammenhang gebracht werden, daß man die Dienste des Genossen nach irgendwelchen äußeren Merkmalen zum Maßstab der Verteilung macht. Das Nächstliegende scheint zu sein, von der Anzahl der geleisteten Arbeitsstunden auszugehen. Doch die Bedeutung, die eine der Gesellschaft geleistete Arbeit für die Güterversorgung hat, bemißt sich nicht nach der Länge der Arbeitszeit. Der Wert der geleisteten Arbeit ist nicht nur verschieden nach der Verwendung, die man ihr im Wirtschaftsplan gegeben hat, so daß die gleiche Leistung verschiedenen Ertrag abwirft, je nachdem ob man sie am richtigen Ort, d. h. dort, wo sie am dringendsten benötigt wird, eingesetzt hat, oder ob man sie am falschen Platz verschwendet; dafür kann in der sozialistischen Gesellschaftsordnung schließlich nicht der Arbeiter zur Verantwortung gezogen werden, sondern der, der ihm die Arbeit zuweist. Er ist auch verschieden je nach der Qualität der Arbeit und nach der besonderen Befähigung des Arbeiters, er ist verschieden je nach seinem Kräftezustand und nach seinem größeren oder geringeren Arbeitseifer. Es ist nicht schwer, ethische Momente für die gleiche Entlohnung der tüchtigen und der weniger tüchtigen Arbeiter geltend zu machen. Das Talent und das Genie sind Gaben Gottes, für die der Einzelne nichts kann, pflegt man zu sagen. Doch damit ist die Frage, ob es zweckmäßig oder überhaupt nur durchführbar wäre, alle Arbeitsstunden gleich zu entlohnen, nicht entschieden.

Der dritte Verteilungsgrundsatz ist der nach den Bedürfnissen des Einzelnen. Die Formel à chacun selon ses besoins ist ein altes Schlagwort der naivsten Kommunisten. Man pflegt sie mitunter durch den Hinweis auf die Gütergemeinschaft der urchristlichen Gemeinde zu begründen[1]). Andere wieder meinen, die Möglichkeit ihrer Anwendung ergebe sich schon daraus, daß sie sich im Rahmen der Familie als Verteilungsgrundsatz bewährt hätte. Sie ließe sich gewiß verallgemeinern, wenn man die Gefühle der Mutter, die lieber selbst hungert als daß sie ihre Kinder hungern läßt, verallgemeinern könnte. Das übersehen die Anhänger dieser Verteilungsformel. Sie übersehen aber auch noch manches andere. Sie übersehen, daß, solange überhaupt noch Wirt-

---

[1]) Vgl. Apostelgeschichte 2, 45.

schaft notwendig ist, nur ein Teil unserer Bedürfnisse befriedigt werden kann, so daß immer ein Teil unbefriedigt bleiben muß. Der Verteilungsgrundsatz: jedem nach seinen Bedürfnissen bleibt nichtssagend, solange nicht zum Ausdruck gebracht wird, bis zu welchem Grade jeder Einzelne seine Bedürfnisse befriedigen darf. Die Formel ist illusorisch, da sich jeder zum Verzicht auf vollständige Befriedigung aller Bedürfnisse genötigt sieht[1]). Innerhalb enger Grenzen könnte sie allerdings angewendet werden. Kranken und Leidenden können Heilmittel, Pflege und Wartung, bessere Verpflegung und besondere Behelfe ihren besonderen Bedürfnissen gemäß zugewiesen werden, ohne daß durch diese Berücksichtigung von Ausnahmefällen eine allgemeine Regel für alle geschaffen wird.

Ganz unmöglich ist es, die Würdigkeit des Einzelnen zum allgemeinen Grundsatz der Verteilung zu erheben. Wer sollte über die Würdigkeit entscheiden? Die politischen Machthaber haben oft sehr merkwürdige Ansichten über Wert und Unwert ihrer Zeitgenossen gehabt. Und auch Volkesstimme ist nicht Gottesstimme. Wen würde das Volk heute wohl als den Besten unter den Zeitgenossen erwählen? Es ist nicht ausgeschlossen, daß die Wahl auf einen Kinostar fällt, bei manchen Völkern vielleicht auf einen Preisboxer. Heute würde das englische Volk vielleicht geneigt sein, Shakespeare als den größten Engländer zu bezeichnen; aber hätten es auch seine Zeitgenossen getan? Und wie würden sie einen zweiten Shakespeare werten, wenn er heute unter ihnen wandelte? Sollen übrigens jene, denen die Natur nicht die großen Gaben des Genies oder des Talents in den Schoß gelegt hat, dafür gestraft werden? Die Berücksichtigung der Würdigkeit des Einzelnen bei der Verteilung der Genußgüter würde Tür und Tor der Willkür öffnen und das Individuum schutzlos der Vergewaltigung durch die Mehrheit preisgeben. Man würde damit Zustände schaffen, die das Leben unerträglich machen.

Für die nationalökonomische Betrachtung der Probleme des sozialistischen Gemeinwesens ist es übrigens ziemlich gleichgültig, welche Grundsätze oder welche Verbindung verschiedener Grundsätze für die

---

[1]) Vgl. die Kritik dieser Verteilungsformel bei Pecqueur, Théorie nouvelle d'Économie sociale et politique, Paris 1842, S. 613ff. Pecqueur zeigt sich Marx weit überlegen, der sich unbedenklich der Illusion hingibt, es könnte „in einer höheren Phase der kommunistischen Gesellschaft ... der enge bürgerliche Rechtshorizont ganz überschritten werden und die Gesellschaft auf ihre Fahnen schreiben: Jeder nach seinen Fähigkeiten, jedem nach seinen Bedürfnissen!". Vgl. Marx, Zur Kritik des sozialdemokratischen Programms, a. a. O., S. 17.

Verteilung gewählt werden. Welche Grundsätze auch immer zur Anwendung gelangen, die Sache wird stets so sein, daß jeder Einzelne vom Gemeinwesen eine Zuweisung empfängt. Der Genosse erhält ein Bündel von Anweisungen, die innerhalb einer bestimmten Zeit gegen eine bestimmte Menge verschiedener Güter eingelöst werden. So kann er dann täglich mehrmals speisen, ständig Unterkunft finden, dann und wann Vergnügungen nachgehen, von Zeit zu Zeit ein neues Kleidungsstück empfangen. Ob die auf diese Weise vermittelte Befriedigung der Bedürfnisse mehr oder weniger reichlich ausfällt, wird von der Ergiebigkeit der gesellschaftlichen Arbeit abhängen.

§ 4. Es ist nicht notwendig, daß jeder den ganzen Anteil, der ihm zugewiesen wurde, auch selbst verzehrt. Er kann einiges davon ungenossen verderben lassen, verschenken oder, sofern dies mit der Beschaffenheit des Gutes vereinbar ist, für späteren Bedarf aufheben. Er kann aber auch einiges vertauschen. Der Biertrinker wird auf die ihm zukommenden alkoholfreien Getränke gerne verzichten, wenn er dafür mehr Bier erhalten kann; der Enthaltsame wird bereit sein, auf seinen Teil an geistigen Getränken zu verzichten, wenn er dafür andere Genüsse zu erwerben vermag. Der Kunstfreund wird auf den Besuch der Lichtspieltheater verzichten wollen, um öfter gute Musik hören zu können; der Banause wird den Wunsch haben, die Karten, die ihn zum Eintritt in die Stätten der Kunst berechtigen, gegen Genüsse hinzugeben, für die er mehr Verständnis hat. Sie alle werden zum Tauschen bereit sein. Gegenstand des Tauschverkehrs werden aber immer nur Genußgüter sein können. Die Produktivgüter sind res extra commercium.

Der Tauschverkehr kann sich auch im engen Rahmen, den ihm die sozialistische Gesellschaftsordnung zuweist, vermittelt abspielen. Es ist nicht notwendig, daß er sich immer in den Formen des direkten Tausches abwickelt. Die gleichen Gründe, die auch sonst zur Herausbildung des indirekten Tausches geführt haben, werden ihn auch in der sozialistischen Gesellschaft im Interesse der Tauschenden als vorteilhaft erscheinen lassen. Daraus folgt, daß die sozialistische Gesellschaft auch Raum bietet für die Verwendung eines allgemein gebräuchlichen Tauschmittels, des Geldes. Seine Rolle wird in der sozialistischen Wirtschaft grundsätzlich dieselbe sein wie in der freien Wirtschaft; in beiden ist es der allgemein gebräuchliche Tauschvermittler. Doch die Bedeutung dieser Rolle ist in der auf dem Gemeineigentum an den Produktionsmitteln beruhenden Gesellschaftsordnung eine andere als in der auf dem Sondereigentum an den Produktionsmitteln beruhenden. Sie ist in der sozialistischen Gemeinschaft unvergleichlich geringer, weil der

Tausch in dieser Gesellschaft eine viel geringere Bedeutung hat, weil er hier überhaupt nur Konsumgüter erfaßt. Da kein Produktivgut im Tauschverkehre umgesetzt wird, ist es nicht möglich, daß Geldpreise der Produktivgüter entstehen. Die Rolle, die das Geld in der Verkehrswirtschaft auf dem Gebiete der Produktionsrechnung spielt, kann es in der sozialistischen Gemeinschaft nicht behalten. Die Wertrechnung in Geld wird in ihr unmöglich.

Die Austauschverhältnisse, die sich im Verkehre zwischen den Genossen herausbilden, können von der Leitung der Produktion und Verteilung nicht unbeachtet gelassen werden. Sie muß diese Austauschverhältnisse zugrunde legen, wenn sie bei der Zuweisung der Anteile verschiedene Güter wechselseitig vertretbar machen will. Wenn sich im Tauschverkehr das Verhältnis 1 Zigarre gleich 5 Zigaretten ausgebildet hat, so könnte die Leitung nicht ohne weiteres erklären, 1 Zigarre sei gleich 3 Zigaretten, um nach diesem Verhältnis den einen nur Zigarren, den anderen nur Zigaretten zuzuweisen. Wenn die Tabakanweisung nicht gleichmäßig für jedermann zu einem Teil in Zigarren und zum anderen in Zigaretten eingelöst werden soll, wenn, entweder weil sie es so wünschen oder weil die Einlösungsstelle augenblicklich nicht anders kann, die einen nur Zigarren, die anderen nur Zigaretten erhalten sollen, dann müßten dabei die Austauschverhältnisse des Marktes berücksichtigt werden. Sonst würden dabei alle, die Zigaretten empfangen haben, denen gegenüber, die Zigarren empfangen haben, benachteiligt werden. Denn der, der eine Zigarre empfangen hat, kann dafür 5 Zigaretten eintauschen, während ihm die Zigarre nur mit 3 Zigaretten angerechnet wird.

Veränderungen der Austauschverhältnisse im Verkehre zwischen den Genossen werden mithin die Wirtschaftsleitung zu entsprechenden Änderungen in den Ansätzen für die Vertretbarkeit der verschiedenen Genußgüter veranlassen müssen. Jede solche Veränderung zeigt an, daß das Verhältnis zwischen den einzelnen Bedürfnissen der Genossen und ihrer Befriedigung sich verschoben hat, daß die einen Güter nun stärker begehrt werden als die anderen. Die Wirtschaftsleitung wird wohl voraussichtlich bestrebt sein, dies auch in der Produktion zu beachten. Sie wird danach streben, die Erzeugung der stärker begehrten Artikel zu erweitern, die der schwächer begehrten einzuschränken. Aber eines wird sie nicht tun können: sie wird es nicht dem einzelnen Genossen überlassen dürfen, seine Tabakkarte nach Belieben entweder in Zigarren oder in Zigaretten einzulösen. Würde sie dem Genossen das Recht geben, zu wählen, ob er Zigarren oder Zigaretten beziehen will, dann könnte es geschehen, daß mehr Zigarren oder mehr Zigaretten verlangt werden, als erzeugt werden, daß andererseits aber Zigaretten oder Zigarren in den Abgabestellen liegen bleiben, weil sie niemand abverlangt hat.

Stellt man sich auf den Standpunkt der Arbeitswerttheorie, dann gibt es auch für dieses Problem eine einfache Lösung. Der Genosse empfängt für die geleistete Arbeitsstunde eine Marke, die ihn zur Empfangnahme eines Produktes einer Arbeitsstunde (gemindert um den Abzug zur Bestreitung der der gesamten Gesellschaft obliegenden Lasten, wie Unterhalt der Erwerbsunfähigen, Kulturausgaben u. dgl.) berechtigt. Sieht man von diesem Abzug für die Deckung des von der Gemeinschaft zu tragenden Aufwandes ab, dann hätte jeder Arbeiter, der eine Stunde gearbeitet hat, das Recht, Produkte, zu deren Erzeugung eine Stunde Arbeit aufgewendet wurde, zu empfangen. Die gebrauchs- oder verbrauchsreifen Güter und Nutzleistungen können aus der Vorratskammer von jedermann, der imstande ist, für sie die für ihre Erzeugung aufgewendete Arbeitszeit zu vergüten, herausgenommen und dem eigenen Verbrauch zugeführt werden.

Eine derartige Regelung der Verteilung wäre jedoch undurchführbar, da die Arbeit keine einheitliche und gleichartige Größe darstellt. Zwischen den verschiedenen Arbeitsleistungen besteht qualitativ ein Unterschied, der mit Rücksicht auf die Verschiedenheit der Gestaltung von Nachfrage und Angebot nach ihren Erzeugnissen zu verschiedener Bewertung führt. Man kann das Angebot an Bildern caeteris paribus nicht vermehren, ohne daß die Qualität des Erzeugnisses leidet. Man kann dem Arbeiter, der eine Stunde einfachster Arbeit geleistet hat, nicht das Recht geben, das Produkt einer Stunde höher qualifizierter Arbeit zu verzehren. Es ist im sozialistischen Gemeinwesen überhaupt unmöglich, zwischen der Bedeutung einer Arbeitsleistung für die Gesellschaft und ihrer Beteiligung am Ertrag des gesellschaftlichen Produktionsprozesses eine Verbindung herzustellen. Die Entlohnung der Arbeit kann hier nur willkürlich sein; auf der wirtschaftlichen Zurechnung des Ertrages wie in der auf dem Privateigentum an den Produktionsmitteln beruhenden freien Verkehrswirtschaft kann man sie nicht aufbauen, da, wie wir gesehen haben, die Zurechnung im sozialistischen Gemeinwesen nicht möglich ist. Die ökonomischen Tatsachen ziehen der Macht der Gesellschaft, die Entlohnung des Arbeiters nach Belieben zu bestimmen, eine feste Grenze: auf keinen Fall wird die Lohnsumme auf die Dauer das gesellschaftliche Einkommen übersteigen können. Innerhalb dieser Grenze aber kann die Wirtschaftsleitung frei schalten.

Sie kann festsetzen, daß alle Arbeiten als gleichwertig erachtet werden, so daß für jede Arbeitsstunde, ohne Unterschied ihrer Qualität, dieselbe Vergütung geleistet wird; sie kann ebensogut eine Unterscheidung zwischen den einzelnen Arbeitsstunden, je nach der Qualität der geleisteten Arbeit machen. Doch in beiden Fällen müßte sie sich vorbehalten, über die Verteilung der Arbeitsprodukte besonders zu verfügen. Daß der, der eine Arbeitsstunde geleistet hat, auch berechtigt sein sollte, das Produkt einer Arbeitsstunde zu konsumieren, könnte sie — auch wenn man von der Verschiedenheit der Qualität der Arbeit und ihrer Erzeugnisse absehen und überdies annehmen wollte, daß es möglich sei, festzustellen, wieviel Arbeit in jedem Arbeitsprodukt steckt — nie verfügen. Denn in den einzelnen wirtschaftlichen Gütern sind außer der Arbeit auch Sachkosten enthalten. Ein Erzeugnis, für welches mehr Rohstoff verwendet wurde, darf nicht einem anderen gleichgesetzt werden, für das weniger Rohstoffe gebraucht wurden.

§ 5. In der sozialistischen Kritik der kapitalistischen Gesellschaftsordnung nehmen die Klagen über die hohen Kosten dessen, was man, wenn auch nicht mit den Worten, so doch im Sinne dieser Kritik, den gesellschaftlichen Verteilungsapparat nennen könnte, einen weiten Raum ein. Die Kosten aller staatlichen und politischen Einrichtungen einschließlich des Aufwandes, der für militärische Zwecke erfordert wird und den die Kriege verursachen, werden von ihr hierher gerechnet. Dazu kommen dann die Spesen, die der Gesellschaft durch den freien Wettbewerb erwachsen. Alles, was die Reklame und die Tätigkeit der im Konkurrenzkampf beschäftigten Personen, wie Agenten, Geschäftsreisenden u. dgl. verschlingt, dann die Kosten, die daraus erwachsen, daß die im Wettbewerb stehenden Unternehmungen ihre Selbständigkeit bewahren, statt sich zu größeren Betrieben zusammenzuschließen oder die Produktion durch Kartellierung zu spezialisieren und damit zu verbilligen, werden zu Lasten des Verteilungsdienstes in der kapitalistischen Wirtschaftsordnung gebucht. Die sozialistische Gesellschaftsordnung werde, meint man, ungeheuer viel ersparen, da sie dieser Verschwendung ein Ende machen wird.

Die Erwartung der Sozialisten, daß das sozialistische Gemeinwesen jene Auslagen, die man als die im eigentlichen Sinne staatlichen bezeichnen kann, werde ersparen können, folgt aus der vielen Anarchisten und den marxistischen Sozialisten eigentümlichen Lehre von der Überflüssigkeit staatlichen Zwanges in einer nicht auf dem Sondereigentum an den Produktionsmitteln beruhenden Gesellschaftsordnung. Wenn man meint, daß im sozialistischen Gemeinwesen „die Innehaltung der einfachen Grundregeln für jedes menschliche Zusammenleben sehr bald infolge der Notwendigkeit zur Gewohnheit werden wird", dies aber doch nicht anders zu begründen vermag, als durch den Hinweis darauf, daß „die Umgehung der vom ganzen Volke getätigten Registrierung und Kontrolle zweifelsohne . . . ungeheuer schwierig" sein und eine „rasche und ernste Bestrafung zur Folge haben" wird (denn „die bewaffneten Arbeiter" wären nicht „sentimentale Intellektuelle" und „lassen nicht mit sich spotten"[1])), so spielt man mit Worten. Kontrolle, Waffen, Strafe, sind sie nicht „eine besondere Repressionsgewalt", also nach Engels eigenen Worten ein „Staat"?[2]) Ob der Zwang von bewaffneten Arbeitern — solange sie mit der Waffe dienen, können sie nicht arbeiten — oder von in Gendarmenuniformen gekleideten Arbeitersöhnen ausgeübt wird, wird für die Kosten, die seine Durchführung bereitet, keinen Unterschied machen.

Der Staat ist aber nicht nur seinen Angehörigen gegenüber ein Zwangsapparat; er wendet auch nach außen Zwang an. Nur ein die ganze Ökumene umspannender Staat würde nach außen hin keinen Zwang anzuwenden haben, doch lediglich aus dem Grunde, weil es für diesen Staat kein Ausland, keinen Staatsfremden und keinen fremden Staat geben würde. Der Liberalismus strebt in seiner grundsätzlichen Abneigung gegen alle Kriegführung eine staatsgleiche Organisation der Welt an. Ist eine solche einmal durchgeführt, dann ist sie auch ohne Zwangsapparat nicht denkbar. Sind alle Heere der einzelnen Staaten dann abgeschafft, so kann zunächst doch ein Weltzwangsapparat, eine Weltgendarmerie zur Sicherung des Weltfriedens, nicht entbehrt werden. Ob der Sozialismus alle Gemeinwesen der Welt zu einem einheitlichen zusammenschließen oder ob er sie nebeneinander bestehen lassen wird, in jedem Fall wird auch er einen Zwangsapparat nicht entbehren können.

Auch die Unterhaltung des sozialistischen Zwangsapparates wird irgendwelche Kosten bereiten. Ob sie größer oder kleiner sein werden als die Kosten des Staatsapparates der kapitalistischen Gesellschaftsordnung, kann natürlich in keiner Weise untersucht werden. Hier genügt die Feststellung, daß die Sozialdividende um den Betrag dieser Kosten gemindert werden wird.

Da es in der kapitalistischen Gesellschaftsordnung keine Verteilung im eigentlichen Sinne des Wortes gibt, fehlen hier auch Verteilungs-

---

[1]) Vgl. Lenin, Staat und Revolution, a. a. O., S. 96.
[2]) Vgl. Engels, Herrn Eugen Dührings Umwälzung der Wissenschaft, a. a. O., S. 302.

kosten. Das, was an Handelsspesen und ähnlichen Kosten des Güterverkehrs aufläuft, kann man nicht nur aus dem Grunde nicht als Verteilungskosten bezeichnen, weil es nicht die Spesen einer besonders vor sich gehenden Verteilung sind, sondern auch aus dem Grunde nicht, weil die Wirkung der Dienste, die diesen Zwecken gewidmet sind, weit über das bloße Verteilen der Güter hinausreicht. Der Wettbewerb erschöpft seine Wirksamkeit nicht in der Verteilung; das ist nur ein kleiner Teil seiner Leistungen. Er dient zugleich der Produktionsleitung, und zwar einer Produktionsleitung, die eine besonders hohe Produktivität der gesellschaftlichen Arbeit verbürgt. Es genügt daher nicht, den Kosten, die durch den Wettbewerb hervorgerufen werden, allein die im sozialistischen Gemeinwesen durch den Verteilungsapparat und die Wirtschaftsleitung erwachsenden Kosten gegenüberzustellen. Wenn die sozialistische Produktionsweise die Produktivität herabsetzen sollte — davon wird noch zu sprechen sein —, dann kommt es gar nicht mehr darauf an, daß sie die Arbeit der Handlungsreisenden, der Makler, des Ankündigungswesens u. dgl. sparen wird.

IV.
Die Gemeinwirtschaft im Beharrungszustand.

§ 1.• Die Annahme eines wirtschaftlichen Beharrungszustandes ist ein Hilfsmittel unseres Denkens, kein Versuch, die gegebene Wirklichkeit zu beschreiben. Wir können ohne diese Denkform nicht auskommen, wenn wir zur Erkenntnis der Gesetze der wirtschaftlichen Veränderungen gelangen wollen. Um die Bewegung zu studieren, müssen wir uns zunächst einen Zustand denken, in dem sie fehlt: jene Gleichgewichtslage, der wir uns alle Objekte des wirtschaftlichen Handelns im Augenblicke zustrebend denken, und die sie wirklich erreichen würden, wenn nicht früher der Eintritt neuer Tatsachen einen anderen Gleichgewichtszustand bedingen würde. Im gedachten Gleichgewichtszustand sind alle Teilchen der Produktionsfaktoren in der wirtschaftlichsten Verwendung; es ist kein Anlaß vorhanden, irgendwelche Veränderungen mit ihnen vorzunehmen.

Wenn es auch unmöglich ist, sich eine lebende, d. i. veränderliche, sozialistische Wirtschaft zu denken, weil Wirtschaft ohne Wirtschaftsrechnung nicht denkbar erscheint, so kann man sich doch eine sozialistische Wirtschaft im Beharrungszustand ganz gut vorstellen. Man darf nur nicht darnach fragen, wie der Beharrungszustand erreicht wurde. Doch wenn wir davon absehen, bereitet es keine Schwierigkeiten, sich in die Lage eines sozialistischen Gemeinwesens hineinzudenken. Alle sozialistischen Theorien und Utopien haben immer nur den ruhenden Zustand vor Augen.

§ 2. Die sozialistischen Schriftsteller schildern das sozialistische Gemeinwesen als Schlaraffenland. Fouriers krankhaft erregte Phantasie geht darin am weitesten. In seinem Zukunftsreich werden die schädlichen Tiere verschwunden sein und an ihrer Statt werden Tiere erstehen, die den Menschen bei der Arbeit unterstützen oder sie ihm ganz abnehmen werden. Ein Anti-Biber wird den Fischfang besorgen, ein Anti-Walfisch die Seeschiffe in den Windstillen ziehen, ein Anti-Flußpferd die Flußschiffe schleppen. An Stelle des Löwen wird es einen Anti-Löwen geben, ein Reittier von wunderbarer Schnelligkeit, auf dessen Rücken der Reiter so weich sitzen wird wie in einem Federwagen. „Es wird ein Vergnügen sein, diese Welt zu bewohnen, wenn man solche Diener haben wird"[1]. Godwin hält es immerhin für möglich, daß die Menschen nach Abschaffung des Eigentums unsterblich werden[2]. Kautsky belehrt uns dahin, daß unter den Bedingungen der sozialistischen Gesellschaft „ein neuer Typus des Menschen erstehen wird, ... ein Übermensch ... ein erhabener Mensch"[3]. Trotzki weiß darüber noch Genaueres zu sagen: „Der Mensch wird unvergleichlich stärker, klüger, feiner werden. Sein Körper — harmonischer, seine Bewegungen — rhythmischer, seine Stimme — musikalischer ... Der menschliche Durchschnitt wird sich bis zum Niveau eines Aristoteles, Goethe, Marx erheben. Über diesen Berggrat werden sich neue Gipfel erheben"[4]. Und Schriftsteller, die solches Zeug vorbrachten, wurden immer wieder neu aufgelegt, in fremde Sprachen übertragen und eingehenden dogmengeschichtlichen Studien unterzogen!

Andere Sozialisten sind in der Ausdrucksweise vorsichtiger, gehen aber im Wesen von ähnlichen Annahmen aus. Den marxistischen Theorien liegt stillschweigend die nebelhafte Vorstellung zugrunde, daß mit den natürlichen Produktionsfaktoren nicht gewirtschaftet werden muß. Dieser Schluß muß sich mit zwingender Notwendigkeit aus einem System ergeben, das nur die Arbeit als Kostenelement gelten läßt, das Gesetz des abnehmenden Ertrages nicht aufgenommen hat, das Malthussche Bevölkerungsgesetz bestreitet und sich in unklaren Phantasien

---

[1] Vgl. Fourier, Oeuvres complètes, IV. Bd., 2. Aufl., Paris 1841, S. 254f.
[2] Vgl. Godwin, Das Eigentum (von Bahrfeld besorgte Übersetzung des das Eigentumsproblem behandelnden Teiles von Political Justice), Leipzig 1904, S. 73ff.
[3] Vgl. Kautsky, Die soziale Revolution, 3. Aufl., Berlin 1911, II., S. 48.
[4] Vgl. Trotzki, Literatur und Revolution, Wien 1924, S. 179.

über die grenzenlose Steigerungsfähigkeit der Produktivität der Arbeit ergeht[1]). Es ist nicht notwendig, auf diese Dinge näher einzugehen. Es genügt wohl, festzustellen, daß auch dem sozialistischen Gemeinwesen die natürlichen Produktionsfaktoren nur in beschränktem Maße zur Verfügung stehen werden, so daß es mit ihnen wird wirtschaften müssen.

Das zweite Element, mit dem gewirtschaftet wird, ist die Arbeit. Arbeit — wir sehen hier von ihrer Qualitätsverschiedenheit vollkommen ab — steht nur in beschränktem Maße zur Verfügung, weil der einzelne Mensch nur ein gewisses Maß von Arbeit zu leisten vermag. Auch wenn die Arbeit ein reines Vergnügen wäre, müßte mit ihr gewirtschaftet werden, weil das menschliche Leben zeitlich begrenzt ist und die menschlichen Kräfte nicht unerschöpflich sind. Auch wer nur seinem Vergnügen lebt und mit dem Gelde nicht zu sparen braucht, müßte sich seine Zeit einteilen, d. h. unter verschiedenen Verwendungsmöglichkeiten die Auswahl treffen.

Gewirtschaftet wird, weil gegenüber der Grenzenlosigkeit der Bedürfnisse die Summe der von der Natur bereitgestellten Güter erster Ordnung nicht ausreicht, die Güter höherer Ordnung bei einem gegebenen Stand der Produktivität der Arbeit nur mit steigendem Arbeitsaufwand zur Bedürfnisbefriedigung herangezogen werden können und die Vermehrung der Arbeitsmenge, ganz abgesehen davon, daß sie nur bis zu einem bestimmten Maße erfolgen kann, mit steigendem Leid verbunden ist.

Fourier und seine Schule halten das Arbeitsleid für eine Folge verkehrter Gesellschaftseinrichtungen. Nur die sind schuld daran, daß in unserer Vorstellung die Worte „Arbeit" und „Mühsal" gleichbedeutend seien. Die Arbeit an sich sei nicht widerwärtig. Im Gegenteil, alle Menschen hätten das Bedürfnis, tätig zu sein; die Untätigkeit löse unerträgliche Langeweile aus. Will man die Arbeit anziehend machen, dann müsse man sie in gesunden reinlichen Werkstätten verrichten lassen,

---

[1]) „Heute sind alle . . . Unternehmungen in erster Linie eine Frage der ‚Rentabilität' . . . Eine sozialistische Gesellschaft kennt keine andere Frage als die nach genügenden Arbeitskräften, und sind diese da, so wird das Werk . . . vollbracht." (Bebel, Die Frau und der Sozialismus, a. a. O., S. 308.) „Überall sind es die sozialen Einrichtungen und der damit zusammenhängende Erzeugungs- und Verteilungsmodus der Produkte, was Mangel und Elend erzeugt, und nicht die Zahl der Menschen." (Ebendort S. 368.) „Wir leiden . . . nicht an Mangel, sondern an Überfluß an Nahrungsmitteln, wie wir Überfluß an Industrieprodukten haben." (Ebendort S. 368; ähnlich auch Engels, Herrn Eugen Dührings Umwälzung der Wissenschaft, a. a. O., S. 305.) „Wir haben . . . nicht zu viel, sondern eher zu wenig Menschen." (Ebendort S. 370.)

müsse durch gesellige Vereinigung der Arbeiter die Arbeitsfreudigkeit heben und zwischen den Arbeitern einen fröhlichen Wetteifer entstehen lassen. Die Hauptursache des Widerwillens, den die Arbeit auslöst, sei aber ihre Kontinuität. Selbst Genüsse ermüden ja bei allzu langer Dauer. Man müsse den Arbeiter nach Belieben abwechselnd verschiedene Arbeit verrichten lassen, dann werde die Arbeit eine Freude werden und keinen Widerwillen mehr erregen[1]).

Es ist nicht schwer, den Fehler aufzudecken, der in dieser von den Sozialisten aller Richtungen anerkannten Argumentation enthalten ist. Der Mensch spürt den Drang sich zu betätigen. Auch wenn die Bedürfnisse ihn nicht zur Arbeit treiben würden, würde er sich nicht immer im Grase wälzen und von der Sonne bestrahlen lassen. Auch junge Tiere und Kinder, für deren Nahrung die Eltern sorgen, regen ihre Glieder,

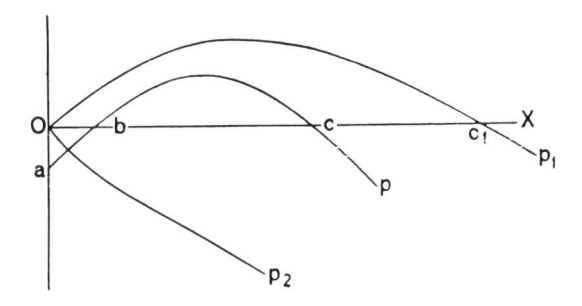

tanzen, springen und laufen, um die Kräfte, die noch keine Arbeit in Anspruch nimmt, spielend zu gebrauchen. Sich zu regen, ist körperliches und seelisches Bedürfnis. So bereitet im allgemeinen auch die zielstrebige Arbeit Genuß. Doch nur bis zu einem gewissen Punkte, über den hinaus sie nur Mühsal wird. In der obenstehenden Zeichnung scheidet die Linie ox, auf die wir den Arbeitsertrag auftragen, das Arbeitsleid und den Genuß, den die Betätigung der Kraft gewährt, und den wir unmittelbaren Arbeitsgenuß nennen wollen. Die Kurve a b c p stellt Arbeitsleid und Arbeitsgenuß im Verhältnis zum Arbeitsertrag dar. Wenn die Arbeit einsetzt, wird sie als Leid empfunden. Sind die ersten Schwierigkeiten überwunden und haben sich Körper und Geist besser an sie angepaßt, dann sinkt das Arbeitsleid. Bei b ist weder Arbeitsleid noch unmittelbarer Arbeitsgenuß vorhanden. Zwischen b und c wird unmittelbarer Arbeitsgenuß empfunden. Über c hinaus beginnt

---

[1]) Vgl. Considerant, Exposition abrégée du Systême Phalanstérien de Fourier, 4. Tirage de la 3. Édition, Paris 1846, S. 29ff.

wieder das Arbeitsleid. Bei anderer Arbeit kann die Kurve anders verlaufen, etwa so, wie $o\, c_1\, p_1$ oder so wie $o\, p_2$. Das hängt von der Natur der Arbeit und von der Persönlichkeit des Arbeiters ab. Es ist anders beim Kanalräumen und beim Rosselenken, es ist anders beim stumpfen und beim feurigen Menschen[1]).

Warum wird die Arbeit fortgesetzt, wenn das Leid, das ihre Fortsetzung verursacht, den unmittelbaren Arbeitsgenuß überwiegt? Weil eben noch etwas anderes außer dem unmittelbaren Arbeitsgenuß in die Rechnung eingestellt wird, nämlich derjenige Vorteil, der aus dem Genuß des Arbeitsertrages entspringt; wir wollen ihn mittelbaren Arbeitsgenuß nennen. Die Arbeit wird so lange fortgesetzt, als das Unlustgefühl, das sie erweckt, durch das Lustgefühl, das der Arbeitsertrag erweckt, ausgeglichen wird. Die Arbeit wird erst an dem Punkte abgebrochen, an dem ihre Fortsetzung mehr Leid als der durch die Fortsetzung zu gewinnende Güterzuwachs Lust schaffen würde.

Die Methode, durch die Fourier der Arbeit ihre Widerwärtigkeit nehmen will, geht zwar von einer richtigen Beobachtung aus, vergreift sich aber dabei vollkommen in der Beurteilung der Quantitäten und der Qualitäten. Fest steht, daß jene Menge Arbeit, die noch unmittelbaren Arbeitsgenuß gewährt, nicht mehr als einen verschwindenden Bruchteil jener Bedürfnisse deckt, die die Menschen für so wichtig halten, daß sie um ihrer willen die Mühsal der Verrichtung leiderzeugender Arbeit auf sich nehmen. Doch es ist ein Irrtum, anzunehmen, daß man daran irgendeine ins Gewicht fallende Änderung vornehmen könnte, wenn man die Arbeiter nach kurzer Zeit ihre Tätigkeit wechseln läßt. Einmal würde dabei infolge der geringeren Geschicklichkeit, die dem Einzelnen wegen verminderter Übung in jedem Zweig, in dem er tätig sein soll, zur Verfügung stünde, infolge des Zeitverlustes, der bei jedesmaligem Schichtwechsel eintreten müßte, und auch infolge des Arbeitsaufwandes, den das Hin- und Herschieben der Arbeiter erforderte, der Ertrag der Arbeit geschmälert werden. Zweitens ist zu beachten, daß das Überwiegen des Arbeitsleides über den unmittelbaren Arbeitsgenuß nur zum geringsten Teil darauf zurückzuführen ist, daß der Arbeiter anfängt, gerade der Arbeit, mit der er beschäftigt ist, überdrüssig zu werden, ohne daß seine Empfänglichkeit, bei anderer Arbeit unmittelbaren Arbeitsgenuß zu empfinden, beeinträchtigt wäre. Der größere Teil des Arbeitsleides ist auf die allgemeine Ermüdung des Organismus

---

[1]) Vgl. Jevons, The Theory of Political Economy, Third Edition, London 1888, S. 169, 172 ff.

und auf seine Sucht nach Freisein von jedem weiteren Zwang zurückzuführen. Der Mann, der durch Stunden am Schreibtisch gearbeitet hat, wird lieber eine Stunde lang Holz spalten, als eine weitere Stunde am Schreibtisch zubringen. Doch das, was ihm die Arbeit leidbringend macht, ist nicht nur der Mangel an Abwechslung, sondern mehr noch ihre Länge. Die Länge des Arbeitstages könnte man aber ohne Schmälerung des Ertrages nur durch Steigerung der Produktivität abkürzen. Die viel verbreitete Anschauung, als ob es Arbeit gäbe, die nur den Geist, und solche, die nur den Körper ermüdet, ist, wie jedermann an sich selbst erfahren kann, nicht richtig. Alle Arbeit greift den ganzen Organismus an. Man täuscht sich darüber, weil man bei Beobachtung fremder Arbeit nur den unmittelbaren Arbeitsgenuß zu sehen pflegt. Der Schreiber beneidet den Kutscher, weil er gerne ein wenig Rosselenker spielen möchte; doch er möchte es nur so lange tun, als die Lust daran die Mühe überwiegt. So werden Jagd und Fischerei, Bergsteigen, Reiten und Fahren als Sport betrieben. Doch Sport ist nicht Arbeit im wirt- schaftlichen Sinne. Daß die Menschen mit der geringen Menge Arbeit, die noch unmittelbaren Arbeitsgenuß auslöst, nicht auskommen können, das — und nicht die schlechte Organisation der Arbeit — macht es notwendig, das Arbeitsleid auf sich zu nehmen.

Daß man durch Verbesserungen der äußeren Arbeitsbedingungen den Ertrag der Arbeit bei gleichbleibendem Arbeitsleid erhöhen oder bei gleichbleibendem Ertrag das Arbeitsleid mindern kann, ist klar. Doch die äußeren Arbeitsbedingungen können nur mit Kostenaufwand über das in der kapitalistischen Gesellschaftsordnung gegebene Maß hinaus verbessert werden. Daß gesellig verrichtete Arbeit den unmittelbaren Arbeitsgenuß hebt, ist seit jeher bekannt, und die gesellige Arbeit hat darum überall dort ihren Platz, wo sie ohne Schmälerung des Reinertrages durchgeführt werden kann.

Es gibt freilich Ausnahmenaturen, die über das Gemeine hinausragen. Die großen schöpferischen Genies, die sich in unsterblichen Werken und Taten ausleben, kennen die Kategorien Arbeitsleid und Arbeitsgenuß nicht. Ihnen ist das Schaffen zugleich höchste Freude und bitterste Qual, vor allem aber innere Notwendigkeit. Das, was sie schaffen, hat für sie nicht als Erzeugnis Wert: sie schaffen um des Schaffens willen, nicht um des Ertrages willen. Sie selbst kostet das Produkt nichts, weil sie, indem sie arbeiten, nicht auf etwas verzichten, das ihnen lieber wäre. Die Gesellschaft kostet aber ihr Produkt nur das, was sie durch andere Arbeit erzeugen könnten; im Vergleich zum Wert der Leistung kommt das kaum in Betracht. So ist das Genie in Wahrheit eine Gabe Gottes.

Jedermann kennt die Lebensgeschichte der großen Männer. So kann es leicht geschehen, daß der Sozialreformer sich versucht sieht, das, was er von ihnen gehört hat, als allgemeine Erscheinung anzusehen. Immer wieder begegnet man der Neigung, den Lebensstil des Genies als die typische Lebensgewohnheit des einfachsten Genossen eines sozialistischen Gemeinwesens anzusprechen. Doch nicht jeder ist ein Sophokles oder Shakespeare, und hinter der Drehbank stehen ist etwas anderes als Goethesche Gedichte machen oder Napoleonische Weltreiche begründen.

Man kann danach ermessen, was für eine Bewandtnis es mit den Illusionen hat, denen sich der Marxismus über die Stellung der Arbeit in der Lust- und Leidökonomie der Genossen des sozialistischen Gemeinwesens hingibt. Der Marxismus bewegt sich auch hier ganz wie in allem anderen, was er über das sozialistische Gemeinwesen zu sagen weiß, in den von den Utopisten gebahnten Wegen. Unter ausdrücklicher Bezugnahme auf Fouriers und Owens Ideen, der Arbeit „den ihr durch die Teilung abhanden gekommenen Reiz der Anziehung" dadurch wiederzugeben, daß in ihr derart abgewechselt wird, daß jeder einzelnen Arbeit nur eine kurze Dauer gewidmet wird, erblickt Engels im Sozialismus eine Organisation der Produktion, „in der ... die produktive Arbeit, statt Mittel der Knechtung, Mittel der Befreiung der Menschen wird, indem sie jedem Einzelnen die Gelegenheit bietet, seine sämtlichen Fähigkeiten, körperliche wie geistige, nach allen Richtungen hin zu bilden und zu betätigen, und in der sie so aus einer Last eine Lust wird"[1]). Und Marx spricht von „einer höheren Phase der kommunistischen Gesellschaft, nachdem die knechtende Unterordnung der Individuen unter die Teilung der Arbeit, damit auch der Gegensatz geistiger und körperlicher Arbeit verschwunden ist", in der „die Arbeit nicht nur Mittel zum Leben, sondern selbst das erste Lebensbedürfnis geworden" sein wird[2]). Max Adler verspricht, daß die sozialistische Gesellschaft jeden „zumindest" nicht zu solchen Arbeiten stellen werde, die „ihm Unlust bereiten müssen"[3]). Von den Ausführungen Fouriers und seiner Schule unterscheiden sich diese Äußerungen nur dadurch, daß sie nicht einmal den Versuch eines Beweises enthalten.

---
[1]) Vgl. Engels, Herrn Eugen Dührings Umwälzung der Wissenschaft, a. a. O., S. 317.
[2]) Vgl. Marx, Zur Kritik des sozialdemokratischen Programms, a. a. O., S. 17.
[3]) Vgl. Max Adler, Die Staatsauffassung des Marxismus, Wien 1922, S. 287.

Fourier und seine Schule wissen aber außer der Abwechslung noch ein zweites Mittel, um die Arbeit anziehender zu machen: den Wettbewerb. Die Menschen seien der höchsten Leistung fähig, wenn sie „un sentiment de rivalité joyeuse ou de noble émulation" beseelt. Hier auf einmal erkennen sie die Vorzüge des Wettbewerbes an, den sie sonst als verderblich bezeichnen. Wenn Arbeiter Mangelhaftes leisten, genüge es, sie in Gruppen zu teilen; sofort werde zwischen den einzelnen Gruppen ein heißer Wettkampf entbrennen, der die Energie des Einzelnen verdoppelt und bei allen plötzlich „un acharnement passioné au travail" erweckt"[1]).

Die Beobachtung, daß durch den Wettbewerb die Leistungen gesteigert werden, ist zwar durchaus richtig, aber sie haftet an der Oberfläche der Erscheinungen. Denn der Wettbewerb ist nicht an sich eine menschliche Leidenschaft. Die Anstrengungen, die die Menschen im Wettbewerb machen, machen sie nicht um des Wettbewerbs, sondern um des Zieles willen, das sie dadurch erreichen wollen. Der Kampf wird wegen des Preises, der dem Sieger winkt, ausgetragen, nicht um seiner selbst willen. Welche Preise aber sollten die Arbeiter im sozialistischen Gemeinwesen zum Wetteifer anspornen? Ehrentitel und Ehrenpreise werden erfahrungsgemäß nur wenig geschätzt. Materielle Güter, die die Bedürfnisbefriedigung verbessern, können nicht als Preise gegeben werden, da der Verteilungsschlüssel von der individuellen Leistung unabhängig ist und die Erhöhung der Kopfquote durch erhöhte Anstrengung eines Arbeiters so unbedeutend ist, daß sie nicht ins Gewicht fällt. Die eigene Befriedigung ob der getanen Pflicht kann auch nicht Ansporn sein; gerade weil man diesem Antrieb nicht trauen kann, sucht man ja nach anderen Antrieben. Und wenn auch dieses Motiv wirksam wäre, so wäre die Arbeit damit immer noch Mühsal. Sie wäre aber nicht an sich anziehend geworden.

Der Fourierismus erblickt den Kernpunkt seiner Lösung des sozialen Problems darin, daß er die Arbeit aus einer Qual zu einer Freude machen will[2]). Leider sind die Mittel, die er dafür angibt, durchaus unbrauchbar.

---

[1]) Vgl. Considerant, a. a. O., S. 33.

[2]) Vgl. Considerant, Studien über einige Fundamentalprobleme der sozialen Zukunft (enthalten in „Fouriers System der sozialen Reform", übersetzt von Kaatz, Leipzig 1906) S. 95ff. — Fourier hat das Verdienst, die Heinzelmännchen in die Sozialwissenschaft eingeführt zu haben. In seinem Zukunftsreich werden die Kinder, in „Petites Hordes" organisiert, das vollbringen, was die Erwachsenen nicht leisten. Zu ihren Aufgaben gehört u. a. die Erhaltung der Straßen. „C'est à leur amour propre que l'Harmonie sera redevable d'avoir, par toute la terre, des chemins plus somptueux que les allées de nos parterres. Ils seront entretenus d'arbres et d'arbustes,

Hätte Fourier wirklich den Weg weisen können, auf dem man die Arbeit anziehend machen kann, dann hätte er wohl die abgöttische Verehrung verdient, die ihm seine Schule dargebracht hat[1]). Doch seine viel gefeierten Lehren sind nichts anderes als Phantasien eines Menschen, dem es nicht gegeben war, die Dinge der Welt klar zu sehen.

Auch im sozialistischen Gemeinwesen wird die Arbeit Unlustgefühle erwecken, nicht Lustgefühle[2]).

§ 3. Mit dieser Erkenntnis bricht eine der Hauptstützen des sozialistischen Gedankenbaus zusammen. Es ist daher nur zu gut zu verstehen, daß die Sozialisten mit Hartnäckigkeit daran festzuhalten suchen, daß dem Menschen von Natur aus ein Trieb und Drang zur Arbeit innewohnen, daß die Arbeit an sich Freude bereite und daß nur die Ungunst der Bedingungen, unter denen die Arbeit in der kapitalistischen Gesellschaft geleistet wird, diese natürliche Arbeitsfreude zu hemmen und in Unlust zu verwandeln vermochte[3]).

Um diesen Satz zu erweisen, werden sorgsam Äußerungen gesammelt, in denen Arbeiter moderner Fabriken sich über die Freude, die ihnen die Arbeit bereitet, äußern. Man legt den Befragten Suggestivfragen vor und ist dann außerordentlich befriedigt, wenn die Äußerungen so lauten, wie sie der Fragende hören möchte. Man vergißt, darauf zu

---

même de fleurs, et arrosés au trottoir. Les petites Hordes courent frénétiquement au travail, qui est exécuté comme oeuvre pie, acte de charité envers la Phalange, service de Dieu et de l'Unité." Um 3 Uhr morgens sind sie immer schon auf den Beinen, reinigen die Ställe, warten das Vieh und die Pferde und arbeiten in den Schlachthäusern, wo sie darauf achten, daß nie ein Tier gequält, sondern stets auf die sanfteste Weise getötet werde. „Elles ont la haute police du règne animal." Ist ihre Arbeit getan, so waschen sie sich, kleiden sich an und erscheinen dann im Triumph beim Frühstück. Vgl. Fourier, a. a. O., V. Bd., 2. Aufl., Paris 1841, S. 149, 159.

[1]) Vgl. z. B. Fabre des Essarts, Odes Phalanstériennes, Montreuil-Sous-Bois, 1900. Auch Béranger und Victor Hugo haben Fourier verehrt; jener widmete ihm ein Gedicht, das bei Bebel (Charles Fourier, Stuttgart 1890, S. 294f.) abgedruckt ist.

[2]) Von dieser Erkenntnis sind die sozialistischen Schriftsteller noch weit entfernt. Kautsky (Die soziale Revolution, a. a. O., II., S. 16f.) sieht es als eine Hauptaufgabe eines proletarischen Regimes an, „die Arbeit, die heute eine Last ist, zu einer Lust zu machen, so daß es ein Vergnügen wird, zu arbeiten, daß die Arbeiter mit Vergnügen an die Arbeit gehen". Er gibt zu, daß „das nicht eine so einfache Sache" ist und gelangt zum Schlusse: „Es wird kaum gelingen, die Arbeit in Fabriken und Bergwerken bald zu einer sehr anziehenden zu machen." Doch begreiflicherweise kann er sich nicht dazu entschließen, von der Grundillusion des Sozialismus ganz Abschied zu nehmen.

[3]) Vgl. Veblen, The Instinct of Workmanship, New York 1922, S. 31 ff.; De Man, Zur Psychologie des Sozialismus, a. a. O., S. 45 ff. De Man, Der Kampf um die Arbeitsfreude, Jena 1927, S. 149 ff.

achten, ob nicht zwischen dem Handeln der Befragten und ihren Antworten ein Widerspruch besteht, der aufgeklärt werden müßte. Wenn die Arbeit Freude bereitet, warum wird dann der Arbeiter, der sie leistet, entlohnt? Warum wird nicht der Arbeitgeber vom Arbeitnehmer für die Freude, die er ihm durch die Gewährung der Arbeitsgelegenheit bereitet, entlohnt? Freuden werden doch sonst dem, dem sie bereitet werden, nicht bezahlt, und der Fall, daß Freuden entlohnt werden, müßte immerhin zu denken geben. Ex definitione kann Arbeit nicht unmittelbar Lust bereiten, da doch allgemein Arbeit gerade das genannt wird, was unmittelbar keine Lustgefühle bereitet und eben nur darum geleistet wird, weil mittelbar durch den Arbeitsertrag Lustgefühle erzeugt werden, die jene primären Unlustgefühle aufwiegen[1]).

Das, was gewöhnlich zum Beweise dafür angeführt wird, daß die Arbeit Lust- und nicht Unlustgefühle erweckt, und was wir, um uns möglichst dem Sprachgebrauch des — freilich von sozialistischem Ressentiment durch und durch erfüllten — sozialpolitischen Schrifttums anzuschließen, gleichfalls Arbeitsfreude nennen wollen, beruht auf drei ganz verschiedenen Empfindungen.

Zunächst kommt die Freude in Frage, die der Arbeitende durch den Mißbrauch seiner Arbeit zu erzielen weiß. Wenn der öffentliche Beamte seine Stellung dazu mißbraucht, um sich — oft bei äußerlich und formal korrekter Versehung seines Amtes — Befriedigung der Machtinstinkte zu verschaffen, oder um sadistischen Neigungen freien Lauf zu lassen, oder um erotischen Gelüsten zu frönen — wobei nicht immer an strafrechtlich oder moralisch verpönte Dinge zu denken ist — so sind die Freuden, die hier entstehen, zweifellos nicht Freuden der Arbeit, sondern Freuden gewisser Begleitumstände. Ähnliche Dinge gibt es aber auch bei anderen Arbeiten. In der psychoanalytischen Literatur wurde wiederholt darauf hingewiesen, in welchem Maße derartige Rücksichten die Berufswahl beeinflussen. Soweit diese Freuden geeignet sind, die Unlust der Arbeit aufzuwiegen, kommen sie auch im Lohnsatz zur Geltung, da der stärkere Andrang den Lohn drückt. Die „Freude" wird vom Arbeiter in Gestalt einer Einkommensminderung bezahlt.

Von Arbeitsfreude spricht man aber auch dort, wo die Genugtuung über die Vollendung einer Arbeit freudig stimmt. Dies ist nicht Freude über die Arbeit, sondern gerade Freude über die Befreiung von der Arbeit. Hier haben wir vor uns einen Sonderfall der auch sonst überall nachweisbaren Freude, etwas Schweres, Unangenehmes, Peinliches, kurz

---

[1]) Wir sehen dabei von der oben besprochenen praktisch bedeutungslosen Lust am Anfange der Arbeit ab. Vgl. oben S. 141 f.

Unlust hinter sich gebracht zu haben, die Freude des: Ich hab's überstanden. Die sozialistische Romantik und der romantische Sozialismus preisen das Mittelalter als eine Zeit, in der die Arbeitsfreude ungehemmt zur Wirkung gelangen konnte. Zuverlässige Mitteilungen mittelalterlicher Handwerker, Bauern und ihrer Gehilfen über die Arbeitsfreude liegen uns nicht vor, doch es ist zu vermuten, daß auch ihre Arbeitsfreude der vollbrachten Arbeit galt und Freude über den Eintritt der Muße- und Feierstunden war. Mittelalterliche Mönche, die in der beschaulichen Ruhe ihres Klosters Handschriften kopierten, haben uns Äußerungen hinterlassen, die jedenfalls echter und zuverlässiger sind als die Behauptungen unserer Romantiker. Am Ende so mancher schönen Handschrift lesen wir: Laus tibi sit Christe, quoniam liber explicit iste[1]). Also: Dank dem Herrn, weil die Arbeit vollendet ist, nicht etwa: weil sie an sich Freude bereitet hätte.

Schließlich aber darf man die dritte und wichtigste Quelle der Arbeitsfreude nicht vergessen, das ist die Genugtuung, die der Arbeitende empfindet, daß ihm die Arbeit so gut von der Hand geht, daß er durch sie seinen und seiner Familie Lebensunterhalt gewinnen kann. Daß diese Arbeitsfreude ihre Wurzel in der Freude über den mittelbaren Arbeitsgenuß hat, ist klar. Der Arbeiter freut sich, weil er in der Fähigkeit zu arbeiten, und im Können die Grundlage seiner Existenz und seiner gesellschaftlichen Geltung sieht; er freut sich darüber, daß es ihm gelungen ist, im gesellschaftlichen Wettbewerb eine bessere Stellung zu erreichen als andere, er freut sich, weil er in seiner Arbeitsfähigkeit die Gewähr künftiger wirtschaftlicher Erfolge erblickt. Er ist stolz, weil er was „Rechtes", d. h. etwas, das die Gesellschaft schätzt und was daher auf dem Arbeitsmarkt bezahlt wird, kann. Nichts hebt das Selbstbewußtsein mehr als dieses Empfinden. Es ist die Quelle des Berufsstolzes und des Bestrebens, nichts halb, lässig oder unzulänglich zu besorgen. In nicht allzu seltenen Fällen wird es bis zum lächerlichen Glauben, man sei unentbehrlich, übertrieben. Dem gesunden Menschen aber gibt es die Kraft, sich mit der unabänderlichen Tatsache, daß er seine Bedürfnisse nur durch Aufwendung von Mühe und Plage befriedigen kann, einigermaßen abzufinden; er gewinnt, wie man zu sagen pflegt, diesem Übel seine guten Seiten ab.

Von den drei Quellen dessen, was man die Arbeitsfreude nennen mag, wird im sozialistischen Gemeinwesen zweifellos die erste, die durch

---

[1]) Vgl. Wattenbach, Das Schriftwesen im Mittelalter, 3. Auflage, Leipzig 1896, S. 500; unter den vielen ähnlichen Sprüchen und Versen, die Wattenbach mitteilt, ist noch drastischer: Libro completo saltat scriptor pede leto.

Mißbrauch der Arbeitsbedingungen entsteht, nicht fehlen. Sie wird auch dort ebenso wie in der kapitalistischen Gesellschaft naturgemäß auf einen engen Kreis beschränkt bleiben. Die beiden anderen Quellen der Arbeitsfreude werden aber voraussichtlich in einem sozialistischen Gemeinwesen ganz versiegen. Wenn der Zusammenhang zwischen dem Arbeitserfolg und dem Einkommen des Arbeiters gelöst wird, wie dies in einer sozialistischen Gesellschaft notwendigerweise der Fall ist, wird der Einzelne stets die Empfindung haben, daß ihm verhältnismäßig zu viel Arbeit aufgebürdet wurde. Es wird sich jene überhitzte neurasthenische Abneigung gegen die Arbeit entwickeln, die in öffentlichen Ämtern und in Unternehmungen, die von der öffentlichen Hand geführt werden, nahezu ausnahmslos zu beobachten ist. In diesen Betrieben, in denen die Entlohnung schematisch geregelt ist, glaubt jeder, daß gerade er überbürdet ist, daß gerade ihm zu viel und zu unangenehme Arbeit auferlegt wurde, und daß seine Leistung nicht gebührend gewürdigt und entlohnt wird. Aus solchem Empfinden erwächst ein dumpfer Arbeitshaß, der selbst die Freude über die Vollendung der Arbeit nicht aufkommen läßt.

Mit „Arbeitsfreude" wird das sozialistische Gemeinwesen nicht zu rechnen haben.

§ 4. Dem Genossen obliegt es, nach Kräften und Fähigkeiten für das Gemeinwesen zu arbeiten; dagegen hat er wieder gegen das Gemeinwesen den Anspruch auf Berücksichtigung bei der Verteilung. Wer sich der Arbeitspflicht ungerechtfertigterweise entziehen will, wird durch die üblichen Mittel staatlichen Zwanges zum Gehorsam verhalten. Die Gewalt, die die Wirtschaftsleitung über den einzelnen Genossen haben wird, wird eine so große sein, daß kaum anzunehmen ist, es könnte sich jemand auf die Dauer widersetzlich zeigen.

Es genügt aber nicht, daß die Genossen pünktlich zur Arbeit antreten und die vorgeschriebene Anzahl von Stunden dabei ausharren. Sie müssen während dieser Zeit auch wirklich arbeiten.

In der kapitalistischen Gesellschaftsordnung fällt dem Arbeiter das Ergebnis seiner Arbeit zu. Der statische oder natürliche Lohnsatz setzt sich in einer solchen Höhe fest, daß dem Arbeiter der Ertrag seiner Arbeit, d. h. alles das, was der Arbeit zugerechnet wird, zukommt[1]). Der Arbeiter selbst ist daher daran interessiert, daß der Ertrag der von ihm geleisteten Arbeit möglichst groß ist. Das gilt nicht nur dort, wo Stücklohn herrscht. Auch die Höhe des Zeitlohnes ist von der Grenz-

---

[1]) Vgl. Clark, Distribution of Wealth, New York 1907, S. 157ff.

produktivität der betreffenden Art von Arbeit abhängig. Die verkehrstechnische Form der Lohnbildung ändert auf die Dauer nichts an der Lohnhöhe. Der Lohnsatz hat stets die Tendenz, zum statischen Lohn zurückzukehren. Auch der Zeitlohn macht davon keine Ausnahme.

Schon der Zeitlohn bietet aber Gelegenheit, Beobachtungen darüber anzustellen, wie sich die Arbeitsleistung gestaltet, wenn der Arbeiter die Empfindung hat, nicht für sich zu arbeiten, weil zwischen seiner Leistung und der ihm zufallenden Entlohnung kein Zusammenhang besteht. Im Zeitlohn ist auch der geschicktere Arbeiter nicht geneigt, mehr als jenes Mindestmaß zu leisten, das von jedem Arbeiter gefordert wird. Der Stücklohn spornt zur Höchstleistung an, der Zeitlohn führt zur Mindestleistung. In der kapitalistischen Gesellschaftsordnung wird die soziale Rückwirkung dieser Tendenz des Zeitlohnes dadurch außerordentlich abgeschwächt, daß die Zeitlohnsätze für die verschiedenen Kategorien von Arbeit stark abgestuft sind. Der Arbeiter hat ein Interesse daran, eine Arbeitsstelle aufzusuchen, wo das geforderte Mindestmaß an Leistung so hoch ist, als er es nur zu leisten vermag, weil mit der Höhe der geforderten Mindestleistung auch der Lohn steigt.

Erst in dem Maße, in dem man von der Abstufung der Zeitlohnsätze nach der Arbeitsleistung abgeht, beginnt der Zeitlohn produktionshemmend zu wirken. Das tritt besonders deutlich bei den Angestellten des Staates und der Gemeinden zutage. Hier wurde in den letzten Jahrzehnten auf der einen Seite das Mindestmaß, das vom einzelnen Arbeiter verlangt wird, immer mehr heruntergesetzt und auf der anderen Seite jener Antrieb zu besserer Leistung beseitigt, der in der verschiedenen Behandlung der einzelnen Beamtenklassen und in dem beschleunigten Aufstieg der fleißigeren und fähigeren Arbeiter in höhere Besoldungsstufen gelegen war. Der Erfolg dieser Politik hat gezeigt, daß der Arbeiter nur dann ernstliche Anstrengungen macht, wenn er weiß, daß er davon etwas hat.

In der sozialistischen Gesellschaftsordnung kann zwischen Arbeitsleistung und Arbeitsentgelt keine derartige Beziehung bestehen. An der Unmöglichkeit, rechnerisch die produktiven Beiträge der einzelnen Produktionsfaktoren zu ermitteln, müßten alle Versuche scheitern, den Ertrag der Arbeit des Einzelnen festzustellen und danach den Lohn zu bestimmen. Das sozialistische Gemeinwesen kann wohl die Verteilung von gewissen äußerlichen Momenten der Arbeitsleistung abhängig machen; aber jede derartige Differenzierung beruht auf Willkür. Nehmen wir an, es werde für jeden Produktionszweig das Mindestmaß der Leistungen festgesetzt. Nehmen wir an, daß das in der Weise geschähe, wie es Rodbertus als „normalen Werkarbeitstag" vorschlägt. Für jedes Gewerbe werden die Zeit, die ein Arbeiter mit mittlerer Kraft und Anstrengung dauernd arbeiten kann, und dann die Leistung, die ein mittlerer Arbeiter bei mittlerer Geschicklichkeit und mittlerem Fleiß während dieser Zeit vollbringen kann, festgesetzt[1]). Von den technischen Schwierigkeiten, die dann in jedem einzelnen konkreten Falle der Beurteilung der Frage, ob dieses Mindestmaß tatsächlich erreicht wurde oder nicht, entgegenstehen, wollen wir dabei ganz absehen. Doch es ist klar, daß eine derartige allgemeine Festsetzung nicht anders als willkürlich sein kann. Eine Einigung darüber wird zwischen den Arbeitern der einzelnen Gewerbe nie zu erzielen sein. Jeder wird behaupten, durch die Festsetzung überbürdet worden zu sein, und nach Herabminderung der ihm auferlegten Aufgaben streben. Mittlere Qualität des Arbeiters, mittlere Geschicklichkeit, mittlere Kraft, mittlere Anstrengung, mittlerer Fleiß sind vage Begriffe, die nicht exakt festgestellt werden können.

Nun aber ist es klar, daß ein Mindestmaß an Leistung, das auf die Arbeiter von mittlerer Qualität, mittlerer Geschicklichkeit und mittlerer Kraft berechnet ist, nur von einem Teil, sagen wir, von der Hälfte der Arbeiter, erreicht werden kann. Die anderen werden weniger leisten. Wie soll dann geprüft werden, ob einer aus Unfleiß oder aus Unvermögen hinter der Mindestleistung zurückgeblieben ist? Auch hier muß entweder dem freien Ermessen der Organe ein weiter Spielraum gelassen werden, oder man muß sich entschließen, gewisse allgemeine Merkmale festzulegen. Zweifellos wird aber der Erfolg der sein, daß die Menge der geleisteten Arbeit immer mehr und mehr sinkt.

In der kapitalistischen Gesellschaftsordnung ist jeder einzelne in der Wirtschaft Tätige darauf bedacht, daß jeder Arbeit ihr voller Ertrag zufalle. Der Unternehmer, der einen Arbeiter, der seinen Lohn wert ist, entläßt, schädigt sich selbst. Der Zwischenvorgesetzte, der einen guten Arbeiter entläßt und einen schlechten behält, schädigt das Geschäftsergebnis der ihm anvertrauten Abteilung und damit mittelbar sich selbst. Hier ist die Aufstellung formaler Merkmale zur Einschränkung des Ermessens derer, die die Arbeitsleistungen zu beurteilen haben, nicht erforderlich. In der sozialistischen Gesellschaftsordnung müssen solche aufgestellt werden, weil sonst die den Vorgesetzten eingeräumten Rechte

---

[1]) Vgl. Rodbertus-Jagetzow, Briefe und sozialpolitische Aufsätze, herausgegeben von R. Meyer, Berlin o. J. (1881), S. 553f. — Auf die weiteren Vorschläge, die Rodbertus an die Aufstellung des normalen Werkarbeitstages knüpft, wird hier nicht eingegangen; sie sind durchaus auf den unhaltbaren Anschauungen gegründet, die Rodbertus sich über das Wertproblem gebildet hat.

willkürlich mißbraucht werden könnten. Dann aber hat kein Arbeiter ein Interesse mehr, wirklich etwas zu leisten. Er hat nur noch das Interesse, die formalen Bedingungen zu erfüllen, die er erfüllen muß, wenn er nicht straffällig werden will.

Was für Ergebnisse Arbeiter, die am Ertrag der Arbeit nicht interessiert sind, erzielen, lehrt die Erfahrung, die man in Jahrtausenden mit der unfreien Arbeit gemacht hat. Ein neues Beispiel bieten die Beamten und Angestellten der staats- und kommunalsozialistischen Betriebe. Man mag die Beweiskraft dieser Beispiele damit abzuschwächen suchen, daß man darauf hinweist, diese Arbeiter hätten kein Interesse am Erfolg ihrer Arbeit, weil sie selbst bei der Verteilung leer ausgehen; im sozialistischen Gemeinwesen werde jeder wissen, daß er für sich arbeitet, und das werde ihn zu höchstem Eifer anspornen. Doch darin liegt ja gerade das Problem: Wenn der Arbeiter sich bei der Arbeit mehr anstrengt, dann hat er um so viel mehr Arbeitsleid zu überwinden. Von dem Erfolg der Mehranstrengung kommt ihm aber nur ein verschwindender Bruchteil zu. Die Aussicht darauf, ein halbes Milliardstel dessen, was durch seine Mehranstrengung erzielt wurde, auch wirklich für sich behalten zu dürfen, kann keinen genügenden Anreiz zur Anspannung der Kräfte bieten[1]).

Die sozialistischen Schriftsteller pflegen über diese heiklen Fragen mit Stillschweigen oder mit einigen nichtssagenden Bemerkungen hinwegzugleiten. Sie wissen nichts anderes vorzubringen als einige moralisierende Sentenzen[2]). Der neue Mensch des Sozialismus werde von niedriger Selbstsucht frei sein, er werde sittlich unendlich hoch über dem Menschen der bösen Zeit des Sondereigentums stehen und aus vertiefter Erkenntnis des Zusammenhanges der Dinge und aus edler Auffassung seiner Pflicht seine Kräfte in den Dienst des allgemeinen Besten stellen. Sieht man aber näher zu, dann bemerkt man unschwer, daß sich ihre Ausführungen nur um jene beiden allein denkbaren Alternativen drehen: Freie Befolgung des Sittengesetzes ohne jeden anderen Zwang als den des eigenen Gewissens oder Erzwingung der Leistungen durch ein System von Belohnungen und Strafen. Keine von beiden kann zum Ziele führen. Jene bietet, auch wenn sie tausendmal öffentlich gepriesen und in allen Schulen und Kirchen verkündet wird, keinen genügenden Antrieb, immer wieder das Arbeitsleid zu überwinden; diese kann nur

---

[1]) Vgl. Schäffle, Die Quintessenz des Sozialismus, 18. Aufl., Gotha 1919, S. 30f.
[2]) Vgl. Degenfeld-Schonburg, Die Motive des volkswirtschaftlichen Handelns und der deutsche Marxismus, Tübingen 1920, S. 80ff.

eine formale Erfüllung der Pflicht, niemals eine Erfüllung mit höchstem Einsatz der eigenen Kraft erzielen.

Der Schriftsteller, der sich am eingehendsten mit dem Problem befaßt hat, ist John Stuart Mill. Alle späteren Ausführungen knüpfen an seine an. Seine Gedanken begegnen uns nicht nur allenthalben in der Literatur und in der politischen Wechselrede des Alltags; sie sind geradezu volkstümlich geworden. Jedermann ist mit ihnen vertraut, wenn auch nur die wenigsten ihren Urheber kennen[1]). Sie sind seit Jahrzehnten eine Hauptstütze der Idee des Sozialismus und haben zu seiner Beliebtheit mehr beigetragen als die haßerfüllten, aber vielfach widerspruchsvollen Ausführungen der sozialistischen Agitatoren.

Ein Haupteinwand, der gegen die Verwirklichung der sozialistischen Ideen gemacht werde, meint Mill, sei der, daß im sozialistischen Gemeinwesen jedermann bestrebt sein werde, sich der ihm auferlegten Arbeitsaufgabe möglichst zu entziehen. Diejenigen, die diesen Einwurf machen, hätten aber nicht bedacht, in wie hohem Maße die gleichen Schwierigkeiten schon bei dem System bestehen, in dem neun Zehntel der gesellschaftlichen Geschäfte gegenwärtig besorgt werden. Der Einwand nehme an, daß gute und wirksame Arbeit nur von solchen Arbeitern zu haben sei, die die Früchte ihrer Bemühungen für sich beziehen können. Dies sei aber in der gegenwärtigen Gesellschaftsordnung nur bei einem kleinen Teile aller Arbeit der Fall. Taglohn und feste Bezüge seien die herrschenden Formen der Vergütung. Die Arbeit werde von Leuten besorgt, die weniger persönliches Interesse an ihrer Ausführung haben als die Mitglieder eines sozialistischen Gemeinwesens, da sie nicht wie diese für ein Unternehmen arbeiten, dessen Teilhaber sie selbst sind. In der Mehrzahl der Fälle werden sie nicht einmal unmittelbar von solchen, die ein eigenes Interesse mit dem Ertrag des Unternehmens verknüpft, überwacht und geleitet. Auch diese überwachende, leitende und geistige Tätigkeit werde von im Zeitlohn stehenden Angestellten besorgt. Man könne zugeben, daß die Arbeit ergiebiger sei bei einem System, bei dem der ganze Ertrag oder ein großer Teil des Ertrages der besonderen Überleistung dem Arbeiter zufalle. Aber bei dem gegenwärtigen Wirtschaftssystem fehle eben dieser Antrieb. Wenn die Arbeit in einem sozialistischen Gemeinwesen weniger intensiv sein werde als die eines auf eigenem Grund wirtschaftenden Bauern oder eines auf eigene

---

[1]) Vgl. Mill, Principles, a. a. O., S. 126f.; inwieweit Mill diese Gedanken von anderen übernommen hat, kann hier nicht untersucht werden. Zumindest ihre weite Verbreitung verdanken sie der trefflichen Darstellung, die ihnen Mill in seinem viel gelesenen Werk gegeben hat.

Rechnung arbeitenden Handwerkers, so werde sie wahrscheinlich ertragreicher sein als die eines Lohnarbeiters, der überhaupt kein persönliches Interesse an der Sache hat.

Man erkennt unschwer, wo Mills Irrtümer ihre Wurzeln haben. Es fehlt ihm, dem letzten Vertreter der klassischen Schule der Nationalökonomie, der die Umwälzung der Nationalökonomie durch die Grenznutzentheorie nicht mehr erlebt hat, die Erkenntnis des Zusammenhanges zwischen Lohnhöhe und Grenzproduktivität der Arbeit. Er sieht nicht, daß der Arbeiter ein Interesse daran hat, soviel zu leisten, als er kann, weil sein Einkommen von dem Werte der Leistung abhängt, die er vollbringt. Sein noch nicht durch die Denkmethoden der modernen Nationalökonomie geschärfter Blick sieht nur das, was an der Oberfläche vorgeht; er dringt nicht in das Wesen der Erscheinungen ein. Gewiß, der einzelne für Zeitlohn tätige Arbeiter hat kein Interesse, mehr zu leisten als das Mindestmaß, das er leisten muß, um die Stelle nicht zu verlieren. Doch wenn er mehr leisten kann, wenn seine Kenntnisse, Fähigkeiten und Kräfte dazu ausreichen, dann strebt er eine Stelle an, in der mehr zu leisten ist, weil er dann sein Einkommen erhöhen kann. Es kann vorkommen, daß er aus Trägheit darauf verzichtet. Doch daran ist die Gesellschaftsordnung ohne Schuld. Sie tut alles, was sie machen kann, um jedermann zum höchsten Fleiß anzuspornen, indem sie jedermann die Früchte seiner Arbeit ganz zufallen läßt. Daß die sozialistische Gesellschaftsordnung das nicht kann, das wird ihr ja gerade vorgeworfen, das ist der große Unterschied, der zwischen ihr und der kapitalistischen Gesellschaftsordnung besteht.

Im äußersten Falle hartnäckiger Verweigerung der Pflichterfüllung würde, meint Mill, dem sozialistischen Gemeinwesen dasselbe Mittel zu Gebote stehen, das die kapitalistische Gesellschaftsordnung für solche Fälle bereit hat: die Unterbringung des Arbeiters in einer Zwangsanstalt. Denn die Entlassung, die gegenwärtig das einzige Gegenmittel ist, sei in Wahrheit gar keines, wenn jeder andere Arbeiter, der an Stelle des entlassenen angestellt werden kann, nicht besser arbeitet als sein Vorgänger. Die Befugnis, den Arbeiter zu entlassen, gebe dem Unternehmer nur die Möglichkeit, von seinen Arbeitern den üblichen Arbeitsaufwand (the customary amount of labour) zu erzielen; dieses übliche Maß mag unter Umständen sehr gering sein. Man sieht wieder deutlich, wo die Fehler in Mills Ausführungen liegen. Er verkennt den Umstand, daß der Lohnsatz eben diesem üblichen Maß der Leistung angepaßt ist, und daß der Arbeiter, der mehr verdienen will, mehr leisten muß. Es ist ohne weiteres zuzugeben, daß überall dort, wo Zeitlohn herrscht, der einzelne Arbeiter dann genötigt ist, sich nach einer Arbeit umzusehen, bei der das übliche Maß der Leistung höher ist, weil es ihm nicht möglich ist, bei Verbleiben in der Stelle durch Mehrleistung sein Einkommen zu erhöhen. Er muß unter Umständen zur Akkordarbeit übergehen, einen Berufswechsel vornehmen oder selbst auswandern. So sind aus jenen europäischen Ländern, in denen das landesübliche Maß der Arbeitsintensität niedriger ist, Millionen nach Westeuropa oder nach den Vereinigten Staaten ausgewandert, wo sie mehr arbeiten müssen, aber auch mehr verdienen. Die schlechteren Arbeiter blieben zurück und begnügten sich hier bei niedrigerer Leistung mit niedrigeren Löhnen.

Hält man sich dies vor Augen, dann sieht man gleich, was es für eine Bewandtnis damit hat, daß in der Gegenwart auch die beaufsichtigende und leitende Tätigkeit von Angestellten besorgt wird. Auch diese Kräfte werden nach dem Werte ihrer Leistungen bezahlt; sie müssen soviel leisten, als sie nur können, wenn sie ihr Einkommen so hoch als möglich steigern wollen. Man kann und muß ihnen die Befugnis, namens des Unternehmers die Arbeiter anzustellen und zu entlassen, übertragen, ohne befürchten zu müssen, daß sie damit etwa Mißbrauch treiben. Sie erfüllen die soziale Aufgabe, die ihnen obliegt, dem Arbeiter nur soviel Lohn zukommen zu lassen, als seine Leistung wert ist, ohne sich durch irgendwelche Nebenrücksicht beeinflussen zu lassen[1]). Über den Erfolg ihres Handelns kann man sich auf Grund der Wirtschaftsrechnung ein genaues Bild machen. Durch dieses zweite Moment unterscheidet sich ihr Tun von jeder Kontrolle, die im sozialistischen Gemeinwesen geübt werden kann. Sie würden sich selbst schädigen, wenn sie etwa zur Befriedigung von Rachegelüsten einen Arbeiter schlechter behandeln wollten als er es verdient. (Natürlich ist hier „verdienen" nicht in irgendeinem moralischen Sinne gemeint.) Die sozialistische Lehre sieht in der dem Unternehmer und den von ihm eingesetzten Werkleitern zustehenden Befugnis, die Arbeiter zu entlassen und ihren Lohn festzusetzen, eine Macht, die Privaten einzuräumen bedenklich sei. Sie übersieht, daß der Unternehmer in der Ausübung dieser Befugnis nicht frei ist, daß er aus Willkür weder entlassen noch schlecht behandeln darf, weil das Ergebnis ihn schädigen würde. Indem der Unternehmer bestrebt ist, die Arbeit möglichst billig einzukaufen, vollbringt er eine der wichtigsten sozialen Aufgaben.

Daß die als Lohnarbeiter tätigen Angehörigen der niederen Volksklassen in der gegenwärtigen Gesellschaftsordnung die übernommene

---

[1]) Dafür, daß der Lohn nicht unter dieses Maß sinkt, sorgt der Wettbewerb der Unternehmer.

Pflicht nachlässig erfüllen, sei, meint Mill, offenkundig. Aber das sei nur auf den niederen Stand ihrer Bildung zurückzuführen. In der sozialistischen Gesellschaft, in der die Bildung allgemein sein werde, werden alle Genossen ihre Pflicht gegenüber dem Gemeinwesen unzweifelhaft so eifrig erfüllen, als dies schon jetzt von der Mehrzahl der den höheren und mittleren Klassen angehörigen Besoldeten geschehe. Es ist immer wieder derselbe Fehler, den das Denken Mills begeht. Er sieht nicht, daß auch hier Lohn und Leistung sich decken. Aber schließlich gibt auch Mill zu, daß es keinem Zweifel unterliege, daß im allgemeinen „remuneration by fixed salaries" bei keiner Art von Tätigkeit das höchste Maß von Eifer („the maximum of zeal") hervorbringe. Soviel, meint er, könne man vernünftigerweise gegen die sozialistische Arbeitsverfassung einwenden.

Aber selbst daß diese Minderergiebigkeit notwendigerweise auch in einem sozialistischen Gemeinwesen fortbestehen müsse, ist nach Mill nicht ganz so sicher, wie jene annehmen, die nicht gewöhnt sind, sich in ihrem Denken von den Verhältnissen der Gegenwart zu befreien. Es sei nicht ausgeschlossen, daß im sozialistischen Gemeinwesen der Gemeingeist allgemein sein werde, daß an Stelle der Selbstsucht uneigennützige Hingabe an das Gemeinwohl treten werde. Und nun verfällt auch Mill in die Träumereien der Utopisten, hält es für denkbar, daß die öffentliche Meinung stark genug sein werde, die Einzelnen zu erhöhtem Arbeitseifer anzuspornen, daß Ehrgeiz und Eitelkeit zu wirksamen Triebfedern werden, u. dgl. m. Da ist nur noch einmal darauf hinzuweisen, daß wir keinen Anhaltspunkt haben, der uns berechtigen würde anzunehmen, die menschliche Natur werde im sozialistischen Gemeinwesen eine andere sein als sie gegenwärtig ist. Und nichts spricht dafür, daß Belohnungen, bestehen sie nun in Auszeichnungen, materiellen Gaben oder bloß in der ehrenden Anerkennung durch die Mitbürger, die Arbeiter zu mehr veranlassen können als zur formalen Erfüllung der an sie geknüpften Bedingnisse. Nichts kann eben den Antrieb zur Überwindung des Arbeitsleides ersetzen, der in dem Bezug des vollen Wertes der Arbeit liegt.

Viele Sozialisten meinen freilich diesem Einwand mit dem Hinweis auf jene Arbeit begegnen zu können, die schon jetzt oder in der Vergangenheit ohne den Anreiz, der im Lohn liegt, geleistet wurde. Sie nennen den Forscher und den Künstler, die sich unermüdlich mühen, den Arzt, der sich am Bette des Kranken aufopfert, den Soldaten, der den Heldentod stirbt, den Politiker, der seinem Ideal alles darbringt. Aber der Künstler und der Forscher finden ihre Befriedigung in dem

Genuß, den ihnen die Arbeit unmittelbar gewährt, und in der Anerkennung, die sie einmal, wenn auch vielleicht erst von der Nachwelt, zu ernten hoffen, auch in dem Falle, daß der materielle Erfolg ausbleiben sollte. Mit dem Arzt und mit dem Berufssoldaten steht es aber nicht anders als mit den vielen anderen Arbeitern, deren Arbeit mit Lebensgefahr verbunden ist. Im Angebot von Arbeitern für diese Berufe gelangt auch ihre mindere Anziehungskraft zum Ausdruck; dem entsprechend setzt sich der Lohn fest. Wer aber einmal trotz dieser Gefahren mit Rücksicht auf die höhere Entlohnung und andere Vorteile und Vorzüge sich dem Berufe gewidmet hat, kann nicht mehr der konkreten Gefahr ausweichen, ohne sich im übrigen selbst auf das schwerste zu schädigen. Der Berufssoldat, der feig davonläuft, der Arzt, der sich weigert, den Seuchekranken zu behandeln, gefährden ihre Zukunft in dem erwählten Beruf so sehr, daß es für sie kaum ein Schwanken geben kann. Daß es Ärzte gibt, die auch dort, wo es ihnen niemand übelnehmen würde, sich zu schonen, ihre Pflicht bis zum äußersten tun, daß es Berufssoldaten gibt, die sich auch dann in Gefahr begeben, wenn niemand es ihnen nachtragen würde, wenn sie es nicht täten, soll nicht geleugnet werden. Aber in diesen seltenen Fällen, denen man noch den des gesinnungstreuen Politikers, der für seine Überzeugung zu sterben bereit ist, zuzählen kann, erhebt sich der einfache Mensch zum höchsten Menschentum, das nur wenigen gegeben ist, zur völligen Vereinigung von Wollen und Tat. In ausschließlicher Hingabe an ein einziges Ziel, die alles andere Wollen, Denken und Fühlen zurückdrängt, die den Selbsterhaltungstrieb aufhebt und unempfindlich macht gegen Schmerz und Leid, versinkt dem, der solcher Selbstentäußerung fähig ist, die Welt und nichts bleibt übrig als das eine, dem er sich und sein Leben opfert. Von solchen Menschen pflegte man früher, je nach der Wertung, die man für ihr Ziel empfand, zu sagen, daß der Geist des Herrn in sie gefahren sei oder daß sie vom Teufel besessen seien; so unverständlich blieben ihre Beweggründe der Masse.

Gewiß ist, daß die Menschheit nicht aus dem tierischen Zustande emporgestiegen wäre, wenn sie nicht solche Führer gehabt hätte. Aber ebenso sicher ist, daß die Menschheit nicht aus lauter solchen Männern besteht. Das soziale Problem liegt eben darin, auch die gemeine Masse in die gesellschaftliche Arbeitsordnung als brauchbare Glieder einzuordnen.

Die sozialistischen Schriftsteller haben es denn auch schon lange aufgegeben, ihren Scharfsinn an diesen unlösbaren Problemen weiter abzumühen. Nichts anderes weiß Kautsky uns darüber zu sagen, als daß Gewohnheit und Disziplin die Arbeiter auch weiterhin veranlassen werden zu arbeiten. „Das Kapital hat den modernen Arbeiter daran gewöhnt, tagaus tagein zu arbeiten, er hält es ohne Arbeit gar nicht lange mehr aus. Es gibt sogar Leute, die so sehr an ihre Arbeit gewöhnt sind, daß sie nicht wissen, was sie mit ihrer freien Zeit anfangen sollen, die sich unglücklich fühlen, wenn sie nicht arbeiten können." Daß man diese Gewohnheit leichter ablegen könnte als andere Gewohnheiten, etwa als die des Ruhens oder des Essens, scheint Kautsky nicht zu befürchten. Aber er will sich doch auf diesen Antrieb allein nicht verlassen und gesteht freimütig zu „er ist der schwächste". Darum empfiehlt er Disziplin. Natürlich nicht die „militärische Disziplin", nicht den „blinden Gehorsam gegen eine von oben eingesetzte Autorität", sondern die „demokratische Disziplin, die freiwillige Unterwerfung unter eine selbst gewählte Führung". Aber dann steigen ihm auch da Bedenken auf, die er damit zu zerstreuen sucht, daß die Arbeit im sozialistischen Gemeinwesen so anziehend sein werde, „daß es ein Vergnügen wird, zu arbeiten". Schließlich aber gesteht er, daß es auch damit zumindest vorerst nicht gehen wird, um endlich zu dem Geständnis zu kommen, daß neben der Anziehungskraft der Arbeit noch eine andere Anziehungskraft in Wirkung treten muß: „Die des Lohnes der Arbeit"[1]).

So muß denn Kautsky selbst, wenn auch unter mannigfachen Einschränkungen und Bedenken, zum Ergebnis gelangen: Das Arbeitsleid wird nur dann überwunden, wenn der Ertrag der Arbeit, und nur der Ertrag seiner eigenen Arbeit, dem Arbeiter (soweit er nicht auch Eigentümer und Unternehmer ist) zufällt. Damit wird die Möglichkeit einer sozialistischen Arbeitsordnung verneint. Denn man kann das Sondereigentum an den Produktionsmitteln nicht aufheben, ohne auch die Entlohnung des Arbeiters durch den Ertrag seiner Arbeit aufzuheben.

§ 5. Die Theorien des „Teilens" gingen von der Annahme aus, daß es nur einer gleichmäßigen Verteilung der Güter bedürfe, um allen Menschen, wenn auch nicht Reichtum, so doch den Wohlstand eines auskömmlichen Daseins zu bieten. Das schien so selbstverständlich zu sein, daß man sich gar nicht erst die Mühe gab, es zu beweisen. Der ältere Sozialismus hat diese Auffassung ganz übernommen. Er erwartet schon von der Durchführung gleicher Verteilung des Nationaleinkommens Wohlstand für alle. Erst als die Kritik seiner Gegner ihn darauf aufmerksam gemacht hatte, daß die gleichmäßige Verteilung des Einkommens, das der ganzen Volkswirtschaft zufließt, die Lage der großen

---

[1]) Vgl. Kautsky, Die soziale Revolution, a. a. O., II., S. 15ff.

Masse kaum merklich zu verbessern imstande wäre, ging er dazu über, die Behauptung aufzustellen, die kapitalistische Produktionsweise hemme die Produktivität der Arbeit; der Sozialismus werde diese Schranken beseitigen und die Produktivkräfte vervielfältigen, so daß es möglich sein werde, jedem Genossen ein Leben in behaglichen Verhältnissen zu bieten. Ohne sich darum zu kümmern, daß es ihnen nicht gelungen war, den Einwand der Liberalen, die Produktivität der Arbeit werde im sozialistischen Gemeinwesen so sehr sinken, daß Not und Elend allgemein werden müßten, zu widerlegen, fingen die sozialistischen Schriftsteller an, sich in phantastischen Ausführungen über die Steigerung der Produktivität, die vom Sozialismus zu erwarten sei, zu ergehen.

Kautsky weiß zwei Mittel zu nennen, durch die beim Übergange von der kapitalistischen zur sozialistischen Gesellschaftsordnung eine Steigerung der Produktion erzielt werden könnte. Das eine ist die Konzentration der Gesamtproduktion auf die vollkommensten Betriebe und die Stillegung aller übrigen, weniger auf der Höhe stehenden Betriebe[1]). Daß dies ein Mittel zur Steigerung der Produktion ist, kann nicht in Abrede gestellt werden. Aber dieses Mittel ist gerade in der Verkehrswirtschaft in bester Wirksamkeit. Die Konkurrenz merzt schonungslos alle minderertragreichen Unternehmungen und Betriebe aus. Daß sie es tut, wird ihr immer wieder von den Betroffenen zum Vorwurf gemacht; darum gerade fordern die schwächeren Unternehmungen staatliche Subventionen und besondere Berücksichtigung bei öffentlichen Lieferungen, überhaupt Einschränkung der Freiheit des Wettbewerbs auf jede mögliche Weise. Daß die auf privatwirtschaftlicher Grundlage stehenden Trusts in höchstem Maße mit diesen Mitteln zur Erzielung höherer Produktivität arbeiten, muß auch Kautsky zugeben, ja er führt sie geradezu als Vorbilder der sozialen Revolution an. Es ist mehr als fraglich, ob der sozialistische Staat auch die gleiche Nötigung verspüren wird, solche Produktionsverbesserungen durchzuführen. Wird er nicht einen Betrieb, der nicht mehr rentabel ist, fortführen, um nicht durch seine Auflassung lokale Nachteile hervorzurufen? Der private Unternehmer löst rücksichtslos Betriebe auf, die nicht mehr rentieren; er nötigt dadurch die Arbeiter zum Ortswechsel, mitunter auch zum Berufswechsel. Das ist zweifellos für die Betroffenen zunächst schädlich, aber für die Gesamtheit ein Vorteil, da es eine billigere und bessere Versorgung des Marktes ermöglicht. Wird der sozialistische Staat das auch tun? Wird er nicht gerade im Gegenteil aus politischen Rück-

---

[1]) Vgl. Kautsky, Die soziale Revolution, a. a. O., II., S. 21 ff.

sichten bestrebt sein, die lokale Unzufriedenheit zu vermeiden? Bei den meisten Staatsbahnen sind alle Reformen dieser Art daran gescheitert, daß man die Schädigung einzelner Orte, die aus der Auflassung überflüssiger Direktionen, Werkstätten und Heizhäuser erfolgt wäre, zu vermeiden suchte. Selbst die Heeresverwaltung hat parlamentarische Schwierigkeiten gefunden, wenn sie aus militärischen Rücksichten einem Orte die Garnison entziehen wollte.

Auch das zweite Mittel zur Steigerung der Produktion, das Kautsky erwähnt, „Ersparnisse der verschiedensten Art", findet er nach seinem eigenen Geständnis bei den heutigen Trusts bereits verwirklicht. Er nennt vor allem Ersparnisse an Materialien, Transportkosten, Inseraten und Reklamespesen[1]). Was nun die Ersparnisse an Material und am Transporte anbelangt, so zeigt die Erfahrung, daß nirgends in dieser Hinsicht so wenig sparsam verfahren wird, und daß nirgends mehr Verschwendung mit Arbeitskraft und mit Material jeder Art betrieben wird als im öffentlichen Dienste und in den öffentlichen Betrieben. Die Privatwirtschaft dagegen sucht schon im eigenen Interesse der Besitzer möglichst sparsam zu arbeiten.

Der sozialistische Staat wird freilich alle Reklamespesen, alle Kosten für Geschäftsreisende und für Agenten sparen. Doch es ist mehr als fraglich, ob er nicht viel mehr Personen in den Dienst des gesellschaftlichen Verteilungsapparates stellen wird. Wir haben im Kriege bereits die Erfahrung gemacht, daß der sozialistische Verteilungsapparat recht schwerfällig und kostspielig sein kann. Oder sind die Kosten der Brot-, Mehl-, Fleisch-, Zucker- und anderen Karten wirklich geringer gewesen als die Kosten der Inserate? Ist der große persönliche Apparat, der zur Ausgabe und Verwaltung dieser Rationierungsbehelfe benötigt wird, billiger gewesen als der Aufwand an Geschäftsreisenden und Agenten?

Der Sozialismus wird die kleinen Kramläden beseitigen. Aber er wird an ihren Platz Warenabgabestellen setzen müssen, die nicht billiger sein werden. Auch die Konsumvereine haben ja nicht weniger Angestellte als der modern organisierte Detailhandel verwendet, und sie könnten oft, gerade wegen ihrer hohen Spesen, die Konkurrenz der Kaufleute nicht aushalten, wenn sie nicht in der Besteuerung begünstigt wären.

Es geht überhaupt nicht an, einzelne Aufwendungen, die in der kapitalistischen Gesellschaft gemacht werden, herauszugreifen und aus dem Umstande, daß sie in einer sozialistischen Gesellschaft entfallen könnten, ohne weiteres den Schluß zu ziehen, daß die Ergiebigkeit der

---

[1]) Vgl. Kautsky, Die soziale Revolution, a. a. O., II., S. 26.

sozialistischen Wirtschaftsweise die der kapitalistischen übersteigen werde. Man hat die Gesamtaufwendungen und die Gesamterträge beider Systeme zu vergleichen. Wenn man die Wirtschaftlichkeit des Benzinwagens und die des Elektromobils vergleichen will, wird man auch nicht aus dem Umstand, daß für das Elektromobil kein Benzin erfordert wird, ohne weiteres den Schluß ziehen dürfen, daß sein Betrieb billiger sei.

Man sieht, auf wie schwachen Füßen die Argumentation Kautskys hier steht. Wenn er nun behauptet, ,,durch Anwendung dieser beiden Mittel kann ein proletarisches Regime die Produktion sofort auf ein so hohes Niveau steigern, daß es möglich wird, die Löhne erheblich zu erhöhen und gleichzeitig die Arbeitszeit zu reduzieren", so ist dies eine Behauptung, für die bisher keinerlei Beweis erbracht wurde[1]).

Nicht besser steht es mit den anderen Argumenten, die zum Beweise der angeblichen höheren Produktivität der sozialistischen Wirtschaftsordnung vorgebracht zu werden pflegen. Wenn man z. B. darauf hinweist, daß im sozialistischen Gemeinwesen jeder Arbeitsfähige auch werde arbeiten müssen, so gibt man sich einer argen Täuschung über die Zahl der Müßiggänger in der kapitalistischen Gesellschaft hin.

Soweit man auch Umschau halten mag, nirgends läßt sich ein triftiger Grund dafür finden, daß die Arbeit im sozialistischen Gemeinwesen produktiver sein sollte als im kapitalistischen. Es muß im Gegenteil festgestellt werden, daß in einer Gesellschaftsordnung, die dem Arbeiter keinen Anreiz bietet, das Arbeitsleid zu überwinden und sich anzustrengen, die Produktivität der Arbeit wesentlich sinken müßte. Doch das Problem der Produktivität darf nicht lediglich im Rahmen der Betrachtung des Beharrungszustandes untersucht werden. Unvergleichlich wichtiger als die Frage, ob der Übergang zum Sozialismus selbst die Produktivität steigern werde, ist die, ob es innerhalb einer schon bestehenden Gemeinwirtschaft Raum für die weitere Steigerung der Produktivität, für den wirtschaftlichen Fortschritt, geben wird. Sie führt uns zu den Problemen der Bewegung und Veränderung.

---

[1]) Man hat in Jahren der Zwangswirtschaft oft genug von erfrorenen Kartoffeln, verfaultem Obst, verdorbenem Gemüse gehört. Ist dergleichen früher nicht vorgekommen? Gewiß, aber in viel kleinerem Umfang. Der Händler, dessen Obst verdarb, erlitt Vermögensverluste, die ihn für die Zukunft achtsamer machten, und wenn er nicht besser achtgab, dann mußte dies schließlich zu seinem wirtschaftlichen Untergang führen. Er schied aus der Leitung der Produktion aus und wurde auf einen Posten im wirtschaftlichen Leben versetzt, in dem er hinfort nicht mehr zu schaden vermochte. Anders im Verkehr mit staatlich bewirtschafteten Artikeln. Hier steht hinter der Ware kein Eigeninteresse, hier wirtschaften Beamte, deren Verantwortung so geteilt ist, daß keiner sich über ein kleines Mißgeschick sonderlich aufregt.

V.
Die Einordnung des Einzelnen in die gesellschaftliche Arbeitsgemeinschaft.

§ 1. Das sozialistische Gemeinwesen ist ein großer herrschaftlicher Verband, in dem befohlen und gehorcht wird. Das ist es, was die Worte „Planwirtschaft" und „Abschaffung der Anarchie der Produktion" zum Ausdrucke bringen sollen. Man kann das sozialistische Gemeinwesen in seinem inneren Aufbau am besten mit einer Armee vergleichen, wie denn auch manche Sozialisten mit Vorliebe von einer „Arbeitsarmee" sprechen. Wie in einem Kriegsheer ist im sozialistischen Gemeinwesen alles von den von der Oberleitung ausgehenden Verfügungen abhängig. Jeder hat den Platz einzunehmen, auf den er gestellt wurde, und solange auf dem Platze zu verbleiben, bis er auf einen anderen versetzt wird. Der Mensch ist dabei immer nur Objekt der Handlungen der Vorgesetzten. Man steigt nur auf, wenn man befördert wird, man sinkt, wenn man degradiert wird. Es ist nicht notwendig, bei der Beschreibung dieser Verhältnisse länger zu verweilen. Sie sind jedem Untertan des Beamtenstaates ohnehin bekannt.

Die Berufung zu allen Stellungen soll nach der persönlichen Eignung erfolgen. Für jede Stelle soll der genommen werden, der die beste Eignung besitzt, vorausgesetzt, daß er nicht für eine wichtigere Stelle dringender benötigt wird. So wollen es die Grundregeln aller systematisch ausgebauten Herrschaftsorganisationen, des chinesischen Mandarintums sowohl wie der modernen Bureaukratie. Das erste Problem, das bei der Durchführung dieses Grundsatzes zu lösen ist, ist die Bestellung des obersten Organs. Für seine Lösung gibt es nur eine Möglichkeit, die charismatische, wenn auch zwei Wege zu ihr hinführen: der monarchisch-oligarchische und der demokratische. Der oder die obersten Leiter sind durch die Gnade, die von dem göttlichen Wesen auf sie herabströmt, auserkoren; sie besitzen überirdische Kraft und Fähigkeit, die sie über die anderen Sterblichen hinaus erheben. Sich gegen sie aufzulehnen, hieße nicht nur die irdische Ordnung stören, sondern zugleich auch die ewigen göttlichen Gebote mißachten. Das ist der Grundgedanke der Theokratien, der mit der Priesterschaft verbündeten Aristokratien und des Königtums „der Gesalbten Gottes". Das ist aber ebenso auch die Ideologie des Gewaltregimes der Bolschewiken in Rußland. Von der geschichtlichen Entwicklung zur Erfüllung einer besonders hehren Aufgabe berufen, tritt der bolschewistische Flügel des Proletariats als Repräsentant der Menschheit, als Vollstrecker der Notwendigkeit, als Vollender des Weltenplans auf. Widerstand gegen ihn ist das größte aller Verbrechen; ihm selbst aber sind im Kampfe gegen seine Widersacher alle Mittel erlaubt. Es ist, in neuem Gewande, die alte aristokratisch-theokratische Ideologie.

Der andere Weg ist der demokratische. Die Demokratie ruft überall die Mehrheitsentscheidung an. An die Spitze des Gemeinwesens hat der oder haben die durch Mehrzahl der Stimmen Berufenen zu treten. Auch diese Theorie ist wie jene andere charismatisch, nur daß die Gnade kein Vorzug eines einzigen oder einiger weniger ist. Sie ruht auf allen; Volkesstimme ist Gottesstimme. Im Sonnenstaat des Tommaso Campanella tritt dies besonders klar zutage. Der Regent, den die Volksversammlung wählt, ist zugleich Oberpriester, und sein Name ist „Hoh", das ist Metaphysik[1]). Die Demokratie wird in der Ideologie des herrschaftlichen Verbandes nicht nach ihren sozialen Funktionen gewertet, sondern als Mittel zur Erkenntnis des Absoluten[2]).

Nach der charismatischen Anschauung überträgt das oberste Organ die ihm zuteil gewordene Gnade durch die Amtsverleihung an alle von ihm Abhängigen. Der gewöhnliche Sterbliche wird durch seine Bestellung zur Amtsperson über die Masse emporgehoben; er gilt nun mehr als die anderen. Sein Wert steigert sich noch besonders, wenn er im Dienste ist. An seiner Befähigung und an seiner Würdigkeit zur Bekleidung des Amtes ist kein Zweifel erlaubt. Das Amt macht den Mann.

Alle diese Theorien sind, von ihrem apologetischen Werte abgesehen, rein formal. Sie sagen nichts darüber, wie die Berufung zur höchsten Macht wirklich erfolgt. Sie wissen nichts davon, ob die Dynasten und Aristokraten als glückbegünstigte Krieger zur Herrschaft gelangt sind. Sie geben keine Auskunft über den Mechanismus der Parteibildung, die den Führer der Demokratie ans Ruder bringt. Sie wissen nichts von den Einrichtungen, die der Träger der obersten Gewalt trifft, um die Amtsbewerber auszusieben.

Besondere Einrichtungen müssen nämlich dafür getroffen werden, weil nur ein allwissender Herrscher ohne sie auszukommen vermöchte. Da er sich nicht selbst ein Urteil über die Befähigung jedes Einzelnen zu bilden vermag, muß er zumindest die Bestellung der untergeordneten Organe seinen Gehilfen überlassen. Um deren Machtbefugnis nicht zur

---

[1]) Vgl. Georg Adler, Geschichte des Sozialismus und Kommunismus, Leipzig 1899, S. 185f.

[2]) Über die gesellschaftsdynamischen Funktionen der Demokratie vgl. oben S. 48ff.

Willkür ausarten zu lassen, müssen ihnen bestimmte Schranken gezogen werden. So kommt es schließlich nicht mehr auf die wirkliche Befähigung an, sondern auf den formalen Nachweis der Befähigung durch Prüfungen, Zurücklegung bestimmter Schulen, Verbringen einer gewissen Anzahl von Jahren in untergeordneter Stellung u. dgl. m. Über die Mangelhaftigkeit dieser Methode besteht nur eine Meinung. Zur guten Versehung von Geschäften sind andere Eigenschaften erforderlich als zur erfolgreichen Ablegung einer Prüfung, mag diese auch einen Stoff umfassen, der mit der Amtstätigkeit in einem gewissen Zusammenhang steht. Wer sich auf einem untergeordneten Posten bewährt hat, ist darum noch lange nicht für den höheren geeignet; es ist nicht wahr, daß sich das Befehlen am besten durch Gehorchen erlernt. Auch das Alter kann die persönlichen Fähigkeiten nicht ersetzen. Kurz, das System ist mangelhaft. Zu seiner Rechtfertigung kann man eben nur anführen, daß man an seine Stelle nichts Besseres zu setzen weiß.

In der jüngsten Zeit geht man daran, die Probleme der Berufseignung mit den Methoden der experimentellen Psychologie und Physiologie zu bearbeiten. Manche versprechen sich davon Ergebnisse, die dem Sozialismus sehr zustatten kommen könnten. Es ist kein Zweifel, daß im sozialistischen Gemeinwesen etwas, das den ärztlichen Tauglichkeitsprüfungen im militärischen Dienstbetriebe entspricht, in großem Maßstabe und mit verfeinerten Methoden wird durchgeführt werden müssen. Man wird jene, die körperliche Mängel vorschützen, um sich unangenehmen oder schweren Arbeiten zu entziehen, ebenso untersuchen müssen, wie jene, die sich zu angenehmeren Arbeiten drängen, denen sie nicht gewachsen sind. Daß es aber möglich sein sollte, mit diesen Methoden mehr zu leisten als eine noch immer recht weit gezogene Grenze der gröbsten Willkür der Behörden zu ziehen, werden selbst ihre wärmsten Fürsprecher wohl nicht zu behaupten wagen. Für alle jene Arbeitsgebiete, auf denen mehr verlangt wird als bloße Muskelkraft und gute Entwicklung einzelner Sinne, sind sie überhaupt nicht anwendbar.

§ 2. Die sozialistische Gesellschaft ist eine Gesellschaft von Beamten. Das bestimmt den Stil des Lebens, der in ihr herrscht, und die Denkungsart ihrer Mitglieder. Leute, die auf Beförderung warten, die stets ein „Oben" über sich haben, zu dem sie ängstlich aufschauen, weil sie von ihm abhängen, Leute, denen das Verständnis für den Zusammenhang, der zwischen ihrer Bedürfnisbefriedigung und der Güterproduktion besteht, abgeht, weil sie im Genusse „fester Bezüge" stehen. Man hat diesen Typus Mensch in den letzten Jahrzehnten allenthalben in Europa, besonders aber in Deutschland entstehen sehen. Der sozialpsychologische Habitus unserer Zeit wird von ihm bestimmt.

Das sozialistische Gemeinwesen kennt nicht die Freiheit der Berufswahl. Jeder hat das zu tun, was ihm aufgetragen wird, und dorthin zu gehen, wohin er geschickt wird. Anders ist es nicht denkbar. Welche Folgen das für die Entwicklung der Produktivität der Arbeit im allgemeinen nach sich ziehen muß, wird später in anderem Zusammenhang zu erörtern sein. Hier soll zunächst die Stellung besprochen werden, die der Kunst, der Wissenschaft, der Literatur und der Presse im sozialistischen Gemeinwesen zukommen wird.

Der russische und der ungarische Bolschewismus haben jeden, der von den amtlich dafür bestellten Richtern als Künstler, Forscher oder Schriftsteller anerkannt wurde, von der allgemeinen Arbeitspflicht befreit, mit den erforderlichen Arbeitsbehelfen versehen und mit einem Gehalt bedacht, während alle nichtanerkannten der allgemeinen Arbeitspflicht unterworfen blieben und keine Behelfe zur Ausübung der künstlerischen oder wissenschaftlichen Tätigkeit beigestellt erhielten. Die Presse wurde verstaatlicht.

Das ist die einfachste Lösung des Problems und jedenfalls die einzige, die dem Aufbau des sozialistischen Gemeinwesens entspricht. Das Beamtentum wird auf das Gebiet der geistigen Produktion ausgedehnt. Wer den Machthabern nicht gefällt, darf nicht malen, meißeln, dirigieren, dessen Werke werden nicht gedruckt und nicht aufgeführt. Daß die Entscheidung darüber nicht im freien Ermessen der Wirtschaftsleitung liegt, sondern an das Gutachten eines Sachverständigenkollegiums gebunden ist, ändert nichts an der Sache. Im Gegenteil, man wird zugeben müssen, daß solche Kollegien, die sich naturgemäß aus den Älteren und Angeseheneren zusammensetzen, aus jenen, die schon anerkannt und geschätzt sind, noch weniger als Laien geeignet sind, das Aufkommen jüngerer Talente zu fördern, die in ihrem Wollen und in ihrer Auffassung von den Alten abweichen und sie in ihrem Können vielleicht übertreffen. Aber auch wenn man das ganze Volk zur Entscheidung mit berufen sollte, würde man das Aufkommen selbständiger Naturen, die sich gegen die überkommene Kunstweise und gegen überlieferte Meinungen auflehnen, nicht erleichtern. Mit solchen Methoden züchtet man nur Epigonentum.

Auch in Cabets Ikarien werden nur die Bücher gedruckt, die der Republik gefallen. Die Bücher aus der vorsozialistischen Zeit läßt die Republik einer Durchsicht unterziehen; die halbwegs brauchbaren werden umgearbeitet, die anderen, die man als gefährlich oder unnütz ansieht, verbrannt. Den Einwand, daß das nichts anderes sei, als was Omar durch die Einäscherung der Alexandrinischen Bibliothek getan habe, hält Cabet für ganz unstichhaltig. Denn ,,nous faisons en faveur de l'humanité ce que ces oppresseurs faisaient contre elle: nous avons fait du feu pour brûler les méchants livres, tandis que des brigands ou des fanatiques allumaient les bûchers pour brûler d'innocents hérétiques"[1]). Von diesem Standpunkte kann man freilich niemals zum Verständnis des Toleranzproblems gelangen. Jedermann — frivole Opportunisten ausgenommen — ist von der Richtigkeit seiner eigenen Überzeugung durchdrungen. Wenn dieses Vertrauen allein schon ausreichen sollte, den Grundsatz der Unduldsamkeit zu erweisen, dann hätten alle recht, die sie fordern und die Andersdenkenden verfolgen wollen[2]). Dann bleibt die Forderung nach Toleranz immer nur ein Vorrecht der Schwachen, und mit der Stärke, die es ermöglicht, Minderheiten zu unterdrücken, kommt auch die Intoleranz. Doch dann gibt es eben zwischen den Menschen nur Krieg und Feindschaft, dann ist friedliches gesellschaftliches Zusammenwirken nicht möglich. Weil sie Frieden will, fordert die liberale Politik Duldsamkeit gegen jede fremde Meinung.

Im kapitalistischen Gemeinwesen stehen dem Künstler und dem Forscher verschiedene Wege offen. Sie können, wenn sie reich sind, frei ihren Zielen zustreben, sie können reiche Mäzene finden, sie können auch als öffentliche Beamte wirken. Sie können aber auch versuchen, von dem Ertrag ihrer schöpferischen Arbeit selbst zu leben. Jeder dieser Wege hat seine Gefahren für den Gehalt des Schaffens; die meisten bergen die beiden letztgenannten. Es kann geschehen, daß Einer, der der Menschheit neue Werte bringt oder bringen könnte, in Not und Elend verkommt. Doch es gibt keine Möglichkeit, dem wirksam vorzubauen. Der schöpferische Geist ist ein Neuerer, er muß sich durchringen und durchsetzen, muß das Alte zertrümmern und Neues an seine Stelle setzen.

---

[1]) Vgl. Cabet, Voyage en Icarie, Paris 1848, S. 127.

[2]) Luther forderte die Fürsten seiner Partei auf, Klosterwesen und Messe nicht länger zu dulden. Es wäre, meint er, unangebracht, darauf zu antworten, da Kaiser Karl von der Richtigkeit der papistischen Lehre überzeugt sei, sei es wohl von seinem Standpunkt billig, die Lutherische Lehre als Ketzerei zu vertilgen. Denn wir wissen, ,,daß er des nicht gewiß ist, noch gewiß sein kann, weil wir wissen, daß er irret und wider das Evangelium streitet. Denn wir sind nicht schuldig, zu glauben, daß er gewiß sei, weil er ohne Gottes Wort und wir mit Gottes Wort fahren; sondern er ist schuldig, daß er Gottes Wort erkenne und gleich wie wir mit aller Kraft fordere." Vgl. Dr. Martin Luthers Briefe, Sendschreiben und Bedenken, hrsg. v. de Wette, IV. Teil, Berlin 1827, S. 93f.; Paulus, Protestantismus und Toleranz im 16. Jahrhundert, Freiburg 1911, S. 23.

Es ist nicht denkbar, daß ihm diese Last abgenommen werden könnte; er wäre kein Bahnbrecher, wenn er es geschehen ließe. Man kann den Fortschritt nicht organisieren[1]). Es ist nicht schwer, dafür Sorge zu tragen, daß das Genie, das sein Werk vollbracht hat, mit dem Lorbeer gekrönt werde, daß seine sterblichen Reste in einem Ehrengrab beigesetzt und daß seinem Andenken Standbilder errichtet werden. Doch es ist unmöglich, ihm den Weg zu ebnen, den es zu gehen hat, um seinen Beruf zu erfüllen. Die Gesellschaftsordnung kann nichts zur Förderung des Fortschritts tun; wenn sie den Einzelnen nur nicht in unzerreißbare Ketten legt, wenn sie um den Kerker, in den sie ihn sperrt, nur nicht unübersteigbare Mauern zieht, hat sie alles getan, was man von ihr erwarten kann. Das Genie wird dann schon selbst die Mittel finden, um sich ins Freie durchzukämpfen.

Die Verstaatlichung des geistigen Lebens, die der Sozialismus anstreben muß, würde jeden geistigen Fortschritt unmöglich machen. Man täuscht sich vielleicht über die Wirkung dieses Systems, weil es in Rußland neuen Kunstrichtungen zur Herrschaft verholfen hat. Doch diese Neuerer waren schon da, als die Sowjets ans Ruder kamen; sie haben sich ihnen angeschlossen, weil sie, die bisher noch nicht anerkannt waren, von dem neuen Regime Förderung erhofften. Die Frage ist nur, ob es dann späteren neuen Richtungen gelingen kann, die einmal ans Ruder Gelangten wieder zu verdrängen.

In Bebels Utopie wird nur die physische Arbeit von der Gesellschaft anerkannt. Kunst und Wissenschaft werden in die Mußestunden verwiesen. So wird, meint Bebel, die künftige Gesellschaft „Gelehrte und Künstler jeder Art und in ungezählter Menge besitzen". Jeder von ihnen wird in seiner freien Zeit „nach Geschmack seinen Studien und Künsten" obliegen[2]). Bebel läßt sich dabei vom banausischen Ressentiment des Handarbeiters gegen alles, was nicht Lastenschleppen und Kurbeldrehen ist, leiten. Er hält alle geistige Arbeit für Tändelei. Das erhellt schon daraus, daß er sie mit dem „geselligen Umgang" in eine Reihe stellt[3]). Dennoch muß man untersuchen, ob es nicht denkbar

---

[1]) „Es ist ein irreführendes Wort: Man solle den Fortschritt organisieren; das eigentlich Produktive läßt sich nicht in vorgebildeten Formen fassen; es gedeiht nur in unbehinderter Freiheit; die Nachtreter mögen sich dann organisieren, was man auch ‚eine Schule bilden' nennt." (Spranger, Begabung und Studium, Leipzig 1917, S. 8); vgl. auch Mill, On Liberty, Third Ed., London 1864, S. 114ff.

[2]) Vgl. Bebel, a. a. O., S. 284.

[3]) Wie sich in Bebels Kopf das Leben im sozialistischen Gemeinwesen malte, zeigt folgende Schilderung: „Hier ist sie (nämlich die Frau) unter denselben Bedingungen wie der Mann tätig. Eben noch praktische Arbeiterin in irgendeinem Gewerbe,

wäre, für die geistige Arbeit auf diese Weise jene Freiheit zu schaffen, ohne die sie nicht bestehen kann.

Für alle jene künstlerische und wissenschaftliche Arbeit, die nicht ohne großen Zeitaufwand, nicht ohne Reisen, nicht ohne die Erlangung einer technischen Ausbildung und nicht ohne Zuhilfenahme eines großen Sachaufwandes betrieben werden kann, ist das von vornherein ausgeschlossen. Wir wollen annehmen, daß es möglich sei, nach getaner Tagesarbeit die Abendstunden der Schriftstellerei oder der musikalischen Produktion zu widmen. Wir wollen weiter annehmen, daß die Wirtschaftsleitung dieses Tun nicht durch böswilliges Dazwischentreten, etwa durch Versetzung des schlecht angeschriebenen Autors in ein entferntes Nest, unmöglich macht, daß der Urheber eines Werkes — allenfalls mit Unterstützung von aufopfernden Freunden — sich soviel vom Mund abspart, daß er jene Mittel aufbringt, die die Staatsdruckerei für die Herstellung einer kleinen Auflage fordert. Vielleicht gelingt es, auf diesem Wege auch eine kleine unabhängige periodische Publikation zu schaffen, vielleicht sogar Aufführungen in den Theatern zu ermöglichen[1]). Aber all das hätte gegen die überlegene Konkurrenz der durch das Gemeinwesen auf jede Weise geförderten offiziellen Richtung zu kämpfen und könnte jederzeit durch die Wirtschaftsleitung unterbunden werden. Denn man darf nicht vergessen, daß bei der Unmöglichkeit, die durch den Druck und Vertrieb eines Werkes erwachsenden Kosten zu berechnen, dem freien Ermessen der Wirtschaftsleitung in der Regelung der dem Herausgeber zu stellenden geschäftlichen Bedingungen vollkommen freier Spielraum gelassen wäre. Keine Zensur, kein Kaiser und kein Pabst haben je die Macht zur Unterdrückung der geistigen Freiheit gehabt, die ein sozialistisches Gemeinwesen haben würde.

§ 3. Man pflegt die Stellung, die dem Einzelnen im Rahmen eines sozialistischen Staatswesens zukommt, in der Weise zu umschreiben, daß man sagt, es werde dort die Freiheit fehlen; das sozialistische Gemeinwesen werde ein Zuchthausstaat sein. In diesem Ausdruck ist ein Werturteil enthalten, dessen Überprüfung nicht Aufgabe des wissenschaftlichen Denkens ist. Ob die Freiheit ein Gut oder ein Übel oder ein Adia-

---

ist sie in der nächsten Stunde Erzieherin, Lehrerin, Pflegerin, übt sie an einem dritten Teile des Tages irgendeine Kunst aus oder pflegt eine Wissenschaft, und versieht in einem vierten Teil irgendeine verwaltende Funktion. Sie genießt Studien, Vergnügungen und Unterhaltung mit ihresgleichen oder mit Männern, ganz wie es ihr beliebt, und die Gelegenheit sich bietet. In der Liebeswahl ist sie gleich wie der Mann frei und ungehindert. Sie freit oder läßt sich freien" usw. (Bebel, a. a. O., S. 342).

[1]) Das entspricht ungefähr den Ideen Bellamys (Ein Rückblick, Übers. von Hoops, Ausgabe von Meyers Volksbüchern, S. 130ff.).

phoron ist, das zu entscheiden ist die Wissenschaft nicht berufen. Sie kann nur fragen, was ist Freiheit, und wo ist Freiheit.

Der Begriff der Freiheit ist ein Begriff des soziologischen Denkens. Es ist widersinnig, ihn auf Verhältnisse, die außerhalb des gesellschaftlichen Verbandes liegen, überhaupt anzuwenden. Das beweisen am besten die Mißverständnisse, von denen der berühmte Streit um die Willensfreiheit voll ist. Das Leben des Menschen ist von natürlichen Bedingungen abhängig, die zu ändern ihm keine Macht gegeben ist. Er wird, lebt und stirbt unter diesen Bedingungen; er muß sich ihnen anpassen, weil sie sich nicht ihm unterordnen. Alle Handlungen, die er setzt, wirken sich unter diesen Bedingungen aus. Wenn er einen Stein schleudert, dann beschreibt der die Bahn, die die Natur ihm vorschreibt; wenn er Speise und Trank zu sich nimmt, dann wird daraus in seinem Leib das, was die Natur daraus macht. In der Vorstellung von der unbeirrbaren und unbeeinflußbaren Gesetzlichkeit alles Naturgeschehens suchen wir uns diese Abhängigkeit des Weltenlaufs von bestimmten, zwischen den Gegebenheiten bestehenden funktionellen Beziehungen anschaulich zu machen. Der Mensch lebt unter der Herrschaft dieser Gesetze, er ist von ihnen ganz umfangen. Sein Wollen und sein Handeln ist überhaupt nur in ihrem Rahmen denkbar. Der Natur gegenüber und in der Natur gibt es keine Freiheit.

Auch das gesellschaftliche Leben ist ein Stück Natur, und auch in ihm walten unbeirrbare Naturgesetze. Sie bedingen das menschliche Handeln und dessen Erfolg. Wenn sich an die Entstehung der Handlungen aus dem Wollen und an ihre Auswirkung in der Gesellschaft eine Vorstellung von Freiheit knüpft, so geschieht dies nicht in der Hinsicht, daß dabei an eine Losgelöstheit dieser Handlungen von den natürlichen Bedingungen des Weltgeschehens zu denken wäre. Der Sinn dieser Freiheitsvorstellung ist ganz anders zu denken.

Wir haben es hier nicht mit dem Problem der inneren Freiheit, das sich an die Entstehung der Willensakte knüpft, zu tun, sondern allein mit dem der äußeren Freiheit, das sich an die Auswirkung der Handlungen knüpft. Jeder einzelne Mensch ist von dem Verhalten seiner Mitmenschen abhängig; ihre Handlungen wirken auf ihn in mannigfacher Weise zurück. Muß er es sich gefallen lassen, daß sie so handeln, als ob er nicht auch ein Mensch mit eigenem Wollen wäre, daß sie in ihrem Handeln unbekümmert über sein Wollen hinwegschreiten, dann fühlt er sich in einseitiger Abhängigkeit von ihnen, dann sagt er, er sei unfrei. Er muß sich, wenn er schwächer ist, dem Zwang fügen. In der gesellschaftlichen Vereinigung des Handelns zu gemeinsamer Arbeit wird die einseitige Abhängigkeit zu einer wechselweisen. Indem jeder sein Leben so einrichtet, daß sein Handeln ein Stück gesellschaftlichen Handelns wird, ist er genötigt, es dem Wollen der Mitmenschen anzupassen. So ist jeder vom anderen nicht stärker abhängig als der andere von ihm selbst. Das ist es, was man unter äußerer Freiheit zu verstehen pflegt. Sie ist die Einfügung des Einzelnen in den Rahmen der gesellschaftlichen Notwendigkeit, auf der einen Seite Begrenzung der eigenen Handlungsfreiheit in Beziehung auf die übrigen, auf der anderen Seite Begrenzung der Handlungsfreiheit aller übrigen in Beziehung auf ihn.

Ein Beispiel mag dies anschaulich machen. Der Arbeitgeber hat in der kapitalistischen Gesellschaft scheinbar große Macht über den Arbeitnehmer. Es hängt von ihm ab, ob er einen Mann als Arbeiter einstellt, wie er ihn verwendet und entlohnt, und ob er ihn entläßt. Doch diese Freiheit des einen und die ihr entsprechende Unfreiheit des anderen sind nur scheinbar. Das Verhalten des Arbeitgebers gegenüber dem Arbeitnehmer steht im Rahmen gesellschaftlicher Auswirkung. Wenn er den Arbeiter anders behandelt als ihm nach der gesellschaftlichen Wertung seiner Leistung zukommt, dann erwachsen daraus Folgen, die er selbst zu tragen hat. Er kann wohl den Arbeiter willkürlich schlechter behandeln, doch für die Kosten seiner Laune muß er selbst aufkommen. Der Arbeiter ist mithin von ihm nicht anders abhängig als jedermann im Rechtsstaat von seinem Nachbar abhängt, der ihm auch nach freiem Belieben die Fenster einwerfen oder einen Körperschaden zufügen darf, wenn er die Folgen, die ihm selbst daraus erwachsen, auf sich nimmt.

In diesem Sinne kann es strenggenommen keine unbehinderte Willkür des gesellschaftlichen Handelns geben. Auch der Khan, der scheinbar frei nach Gutdünken und Laune über das Leben eines gefangenen Feindes verfügen kann, muß auf die Folgen seines Tuns Bedacht nehmen. Doch es gibt Gradunterschiede nach dem Verhältnis, in dem die Kosten des willkürlichen Verfahrens zu der Befriedigung stehen, die aus ihm dem Handelnden erwächst. Keine Rechtsnorm kann mir Schutz gegen die widerrechtlichen Angriffe einer Person bieten, deren Haß alle Folgen, die ihr selbst aus der Verletzung meiner Rechte erwachsen, mit in Kauf nimmt. Doch schon dann, wenn diese Rechtsfolgen groß genug sind, um im allgemeinen ruhigen Verlauf der Dinge meine Unverletzlichkeit zu sichern, fühle ich mich in einem hohen Grade von dem Übelwollen meiner Mitmenschen unabhängig. Daß die Kriminalstrafen im Laufe der Geschichte immer milder werden konnten, ist nicht auf eine Milderung der Sitten oder auf dekadente Schwäche der Gesetzgeber zurückzuführen, sondern darauf, daß die Strenge der Strafe ohne Gefährdung ihrer Präventivkraft in dem Maße herabgesetzt werden konnte, in dem ruhiges Abwägen der Folgen der Handlung das Ressentiment zurückgedrängt hat. Die Androhung einer kurzen Gefängnisstrafe ist heute ein wirksamerer Schutz gegen Körperverletzung als einst die Talion.

Soweit die vollkommene Rechenbarkeit des Handelns durch das Mittel der genauen Geldrechnung reicht, ist für Willkür kein Platz. Wenn man sich in den üblichen Klagen über die Härte eines alles nach Heller und Pfennig berechnenden Zeitalters ergeht, übersieht man in der Regel, daß gerade in dieser Bindung des Handelns an die in Geld errechnete Rentabilität die wirksamste Begrenzung der Willkür der Mitmenschen liegt, die im gesellschaftlichen Verband erreichbar ist. Gerade sie macht den Unternehmer, den Kapitalisten, den Grundbesitzer und den Arbeiter, kurz alle, die für fremden Bedarf tätig sind, auf der einen Seite und die Verbraucher auf der anderen Seite in ihrem Tun und Lassen von den Bedingungen des gesellschaftlichen Zusammenwirkens abhängig. Nur ein völliges Verkennen dieser Wechselseitigkeit der Bindung konnte zum Aufwerfen der Frage führen, ob der Schuldner vom Gläubiger abhänge oder dieser von jenem. In Wahrheit sind sie wechselseitig in Abhängigkeit, und nicht anders steht es zwischen Käufer und Verkäufer und zwischen Arbeitgeber und Arbeitnehmer. Man beklagt es, daß das Persönliche aus dem Geschäftsleben ausgeschaltet wurde, und daß das Geld alle Beziehungen beherrscht. Doch das, was man hier beklagt, ist nichts anderes, als daß die Willkür, die Gunst und die Laune in jenem Teil des gesellschaftlichen Lebens, den wir den rein wirtschaftlichen zu nennen pflegen, kaum noch etwas zu bedeuten haben, und daß hier alles nach jenen Erwägungen vor sich geht, die die gesellschaftliche Kooperation erfordert.

Das ist die Freiheit im äußeren Leben des Menschen, daß er unabhängig ist von dem Wohlwollen der Mitmenschen. Diese Freiheit ist kein Urrecht des Menschen, sie hat es im Urzustande nicht gegeben, sie ist erst im Laufe der gesellschaftlichen Entwicklung erwachsen; ihre volle Ausbildung ist ein Werk des entwickelten Kapitalismus. Der Mensch der vorkapitalistischen Zeit hatte über sich einen gnädigen Herrn, um dessen Gunst er werben mußte. Der Kapitalismus kennt keine Gnade und keine Ungnade, er unterscheidet nicht mehr gestrenge Herren und gehorsame Knechte; alle Beziehungen sind sachlich und unpersönlich, sind rechenbar und vertretbar. Mit der Rechenhaftigkeit der kapitalistischen Geldwirtschaft steigt die Freiheit aus dem Reich der Träume in das der Wirklichkeit herunter.

Der von den reinwirtschaftlichen Beziehungen an Freiheit gewöhnte Mensch will auch im übrigen Leben Freiheit. Daher geht Hand in Hand mit der Entwicklung des Kapitalismus das Bestreben, im Staate alle Willkür und alle persönliche Abhängigkeit auszuschalten. Subjektive Rechte der Staatsbürger auch im öffentlichen Rechte zu erlangen, das freie Ermessen der Behörden möglichst einzuschränken, ist das Ziel der bürgerlichen Freiheitsbewegung. Sie fordert Recht, nicht Gnade. Und sie erkennt bald, daß es zur Verwirklichung dieser Forderung kein anderes Mittel gibt als stärkste Zurückdrängung der Gewalt des Staates über den Einzelnen, daß die Freiheit in der Freiheit vom Staate besteht.

Denn der Staat, dieser von einer Personenmehrheit — der Regierung — gehandhabte gesellschaftliche Zwangsapparat, ist nur soweit für die Freiheit ungefährlich, als er in seinem Handeln an eindeutige, allgemein verbindliche Normen gebunden werden kann, oder als er genötigt ist, die für alle auf Rentabilität hinarbeitenden Unternehmungen verbindlichen Grundsätze zu befolgen. Jenes ist auf den Gebieten der Fall, auf denen seine Tätigkeit eine richterliche ist; der Richter ist an das Gesetz gebunden, das seinem Ermessen nur einen engen Spielraum gibt. Dieses — Bindung an das Rentabilitätsprinzip — ist dort der Fall, wo der Staat als Unternehmer auftritt, der durch seine Betriebsführung geschäftliche Erfolge anstrebt. Was darüber hinausgeht, kann weder an Gesetze gebunden noch auf andere Weise so beschränkt werden, daß die Willkür der Organe genug begrenzt wird. Dann steht der Einzelne den Entscheidungen der Beamten schutzlos gegenüber. Er kann, wenn er handelt, nicht berechnen, welche Folgen sein Handeln für ihn haben wird, weil er nicht wissen kann, wie es bei jenen aufgenommen werden wird, von denen er abhängt. Das ist Unfreiheit.

Man pflegt das Problem der äußeren Freiheit in der Weise zu fassen, daß man dabei an größere oder geringere Abhängigkeit des Einzelnen von der Gesellschaft denkt[1]). Doch die politische Freiheit ist noch nicht das Ganze der Freiheit. Um frei in seinem Handeln zu sein, genügt es nicht, daß man alles das, was andere nicht schädigt, tun darf, ohne von der Regierung oder von der formlos arbeitenden Repressionskraft der Sitte gehindert zu werden. Man muß auch darüber hinaus in der Lage sein, handeln zu können, ohne im voraus nicht absehbare gesellschaftliche Folgen der Handlung befürchten zu müssen. Und diese Freiheit verbürgt nur der Kapitalismus mit seiner nüchternen Zurückführung aller Wechselbeziehungen auf das kalte, von allem Persönlichen losgelöste Tauschprinzip des do ut des.

---

[1]) So formuliert es auch J. St. Mill, On Liberty, a. a. O., S. 7.

Der Sozialismus pflegt das Freiheitsargument gewöhnlich damit zurückzuweisen, daß er erklärt, in der kapitalistischen Gesellschaftsordnung gebe es nur für die Besitzenden Freiheit. Der Proletarier sei unfrei, denn er müsse arbeiten, um sein Leben zu fristen. Man kann sich keine ärgere Verkennung des Begriffes der Freiheit denken als diese. Daß der Mensch arbeiten muß, wenn er mehr verzehren will als das frei in Wald und Feld herumschweifende Tier, ist eine der Bedingungen, die die Natur seinem Leben gesetzt hat. Daß die Besitzenden auch ohne zu arbeiten leben können, ist ein Gewinn, den sie aus der gesellschaftlichen Arbeitsvereinigung ziehen, ohne jemand, etwa die Nichtbesitzenden, zu schädigen. Auch für diese bringt die Arbeitsvereinigung Gewinn durch Erhöhung der Produktivität der Arbeit. Die sozialistische Gesellschaftsordnung könnte die Abhängigkeit des Einzelnen von den natürlichen Lebensbedingungen nur dadurch mildern, daß sie die Produktivität der Arbeit weiter steigert. Kann sie das nicht, führt sie im Gegenteil zur Verminderung der Produktivität, dann macht sie den Menschen der Natur gegenüber unfreier.

VI.
Die Gemeinwirtschaft in Bewegung.

§ 1. Der Beharrungszustand der Wirtschaft ist ein gedankliches Hilfsmittel der theoretischen Spekulation. Im Leben gibt es kein Beharren. Denn die Bedingungen, unter denen gewirtschaftet wird, sind beständigen Veränderungen unterworfen, die zu hemmen außerhalb des Bereiches menschlicher Kraft liegt.

Man kann die Einflüsse, die die Wirtschaft in beständiger Bewegung erhalten, in sechs große Gruppen zusammenfassen. Zunächst und an allererster Stelle müssen die Veränderungen, die die natürliche Umwelt mitmacht, genannt werden. Dazu gehören nicht nur alle großen und kleinen Veränderungen der klimatischen und sonstigen natürlichen Verhältnisse, die sich ohne jedes Zutun des Menschen vollziehen. Man muß dazu auch jene Veränderungen rechnen, die unter der Einwirkung des Menschen auf die Natur vor sich gehen, wie Erschöpfung der Bodenkräfte und Verbrauch von Holzbeständen und Lagern von Mineralien. An zweiter Stelle kommen die Veränderungen in der Größe und in der Zusammensetzung der Bevölkerung, dann die Veränderungen in der Größe und in der Beschaffenheit des Kapitals, dann die Veränderungen in der Produktionstechnik, dann die Veränderungen in der gesellschaftlichen Organisation der Arbeit und schließlich die Veränderungen des Bedarfes[1]).

Von allen diesen Ursachen der Veränderung ist die erstgenannte die allerwichtigste. Es mag sein — wir wollen es zunächst dahingestellt sein lassen, ob dies möglich ist — daß ein sozialistisches Gemeinwesen die Bevölkerungsbewegung und die Bedarfsbildung so regelt, daß jede Störung des wirtschaftlichen Gleichgewichtes durch diese Elemente vermieden wird. Dann wäre es wohl auch möglich, daß jede Veränderung in den übrigen Bedingungen der Wirtschaft unterbleibt. Doch nie wird das sozialistische Gemeinwesen auf die natürlichen Bedingungen der Wirtschaft einen Einfluß gewinnen können. Die Natur paßt sich nicht dem Menschen an, der Mensch muß sich der Natur anpassen. Auch das sozialistische Gemeinwesen wird den Veränderungen der Natur Rechnung tragen müssen; es wird sich genötigt sehen, die Folgen großer Elementarereignisse zu berücksichtigen, und es wird dem Umstand, daß die zur Verfügung stehenden Naturkräfte und Naturschätze nicht unerschöpflich sind, Rechnung tragen müssen. In den ruhigen Gang der sozialistischen Wirtschaft werden mithin von außen her Störungen eindringen. Sie wird ebensowenig stationär sein können, wie es die kapitalistische Wirtschaft sein kann.

§ 2. Für die naive sozialistische Auffassung gibt es auf Erden einfach genug Güter, damit jeder glücklich und zufrieden werde. Der Mangel ist nur eine Folge verkehrter sozialer Einrichtungen, die einerseits die Entfaltung der Produktivkraft hemmen, andererseits durch ungleiche Verteilung den Armen um das zu wenig zukommen lassen, was die Reichen zu viel erhalten[2]).

Das Malthussche Bevölkerungsgesetz und das Gesetz vom abnehmenden Ertrag haben diesen Illusionen ein Ende bereitet. Caeteris paribus ist die Vermehrung der Bevölkerung über ein bestimmtes Maß hinaus nicht mit einer proportionalen Zunahme der Unterhaltsmittel verbunden; durch das Wachstum der Bevölkerung über diesen Punkt hinaus (absolute Übervölkerung) wird die Kopfquote der Versorgung mit Gütern vermindert. Die Frage, ob dieser Punkt unter den gegebenen Verhältnissen schon erreicht ist oder nicht, ist eine Tatsachenfrage, die mit der Erkenntnis des prinzipiellen Gesichtspunktes nicht vermengt werden darf.

---

[1]) Vgl. auch Clark, Essentials of Economic Theory, New York 1907, S. 131f.
[2]) Vgl. Bebel, a. a. O., S. 340. Bebel zitiert dabei auch die bekannten Heineschen Verse.

Die Sozialisten haben sich dieser Einsicht gegenüber verschieden verhalten. Die einen haben sie einfach verworfen. Kaum ein zweiter Schriftsteller ist im 19. Jahrhundert mit mehr Heftigkeit bekämpft worden als Malthus. Die Schriften von Marx, Engels, Dühring und manchen anderen sind voll von Beschimpfungen des „Pfaffen" Malthus[1]). Widerlegt haben sie ihn nicht. Man kann heute die Erörterungen über das Bevölkerungsgesetz als abgeschlossen betrachten. Auch das Ertragsgesetz wird heute nicht mehr angefochten. So erübrigt es sich, auf jene Schriftsteller einzugehen, die diese Lehre ablehnen oder ignorieren.

Andere Sozialisten wieder glauben, alle Bedenken damit zerstreuen zu können, daß sie auf die ungeheure Steigerung der Produktivität hinweisen, die durch die Vergesellschaftung der Produktionsmittel erzielt werden soll. Ob tatsächlich auf eine Steigerung der Produktivität im sozialistischen Gemeinwesen zu rechnen ist, wird noch weiter zu untersuchen sein. Gesetzt den Fall, sie würde wirklich eintreten, so würde dies an der Tatsache nichts ändern können, daß bei jedem gegebenen Stand der Produktivität ein bestimmtes Optimum der Bevölkerungszahl gegeben ist, über das hinaus jede Vermehrung der Menschenzahl zu einer Verminderung der Kopfquote des Arbeitsertrages führen muß. Wenn man die Wirksamkeit des Bevölkerungsgesetzes und des Gesetzes vom abnehmenden Ertrag in einer sozialistischen Gesellschaftsordnung widerlegen will, müßte man beweisen, daß jedes Kind, das über die optimale Bevölkerungszahl hinaus geboren wird, zugleich auch eine so große Verbesserung der volkswirtschaftlichen Produktivität mit auf die Welt bringt, daß die Kopfquote der Erträge durch sein Hinzutreten nicht geschmälert wird.

Eine dritte Gruppe wieder beruhigt sich damit, daß bei steigender Kultur, bei steigender Rationalisierung des Lebens, bei zunehmendem Wohlstand und bei wachsenden Lebensansprüchen erfahrungsgemäß das Wachstum der Bevölkerung sich verlangsame. Dabei wird übersehen, daß die Geburtenzahl nicht fällt, weil der Wohlstand größer wurde, sondern daß die Ursache des Geburtenrückganges allein in dem moral restraint zu erblicken ist, und daß für den Einzelnen jede Veranlassung, sich der Zeugung zu enthalten, in dem Augenblick fortfällt, in dem die Gründung einer Familie ohne eigene wirtschaftliche Opfer erfolgen kann, weil der Unterhalt der Kinder der Gesellschaft obliegt. Das ist im Grunde genommen derselbe Trugschluß, den Godwin gemacht hat, wenn er darauf hinwies, daß es „a principle in human society" gebe, das die Bevölkerung

---
[1]) Vgl. Heinrich Soetbeer, Die Stellung der Sozialisten zur Malthusschen Bevölkerungslehre, Berlin 1886, S. 33ff., 52ff., 85ff.

dauernd in den durch den Nahrungsmittelspielraum gezogenen Grenzen hält. Malthus hat das Wesen dieses geheimnisvollen Prinzipes enthüllt[1]).

Ein sozialistisches Gemeinwesen ist ohne zwangsweise Regelung der Bevölkerungsbewegung nicht denkbar. Die sozialistische Gesellschaft muß es in der Hand haben, zu verhindern, daß die Bevölkerungszahl über ein gewisses Maß ansteigt oder unter ein gewisses Maß sinkt; sie muß trachten, die Bevölkerungszahl stets um jenes Optimum herum zu erhalten, das die größte Kopfquote des Ertrages zuläßt. Sie muß, gerade so wie jede andere Gesellschaft, sowohl Untervölkerung als auch Übervölkerung als ein Übel ansehen. Und da in ihr jene Motive, die in einer auf dem Sondereigentum an den Produktionsmitteln beruhenden Gesellschaftsordnung wirksam sind, um die Zahl der Zeugungen und Geburten mit dem Nahrungsspielraum in Einklang zu bringen, nicht mehr bestehen werden, wird sie die Regelung selbst in die Hand nehmen müssen. Welche Maßnahmen zur Durchführung der angestrebten bevölkerungspolitischen Ziele im einzelnen gewählt werden, brauchen wir hier nicht zu erörtern. Ebensowenig ist es für uns von Interesse, ob das sozialistische Gemeinwesen mit diesen Maßnahmen auch Eugenik und rassenzüchterische Ideen verwirklichen will oder nicht. Sicher ist, daß ein sozialistisches Gemeinwesen zwar „freie Liebe", doch keineswegs Gebärfreiheit bringen kann. Von einem Recht auf Existenz für jeden Geborenen könnte nur dann die Rede sein, wenn man den unerwünschten Geburten zuvorkommen würde. Auch im sozialistischen Gemeinwesen wird es solche geben, für die „bei dem großen Banquet der Natur kein Gedeck aufgelegt" sein wird und denen der Befehl gegeben wird, sich sobald als möglich wieder zu entfernen. Daran kann alle Entrüstung, die über diese Worte von Malthus aufgebracht wurde, nichts ändern.

§ 3. Aus den Grundsätzen, die das sozialistische Gemeinwesen bei der Verteilung der Genußgüter einhalten muß, ergibt sich, daß es der Entwicklung des Bedarfes nicht freies Spiel lassen kann. Wäre im sozialistischen Gemeinwesen Wirtschaftsrechnung und damit eine auch nur annähernde Ermittlung der Produktionskosten denkbar, dann könnte jedem einzelnen Genossen freigestellt werden, im Rahmen der ihm zum Verbrauch zugewiesenen Einheiten den Bedarf frei zu bestimmen. Jeder könnte dann das auswählen, was ihm gerade zusagt. Es wäre bei einigem bösen Willen des Leiters der Produktion wohl möglich, bestimmte Genüsse durch unrichtige Berechnung der Kosten, etwa durch zu hohe Ansetzung der auf sie entfallenden Generalunkosten, oder durch un-

---

[1]) Vgl. Malthus, a. a. O., II. Bd., S. 245 ff.

zweckmäßige Herstellung so zu verteuern, daß sie höher zu stehen kommen als es sein müßte, und die dadurch benachteiligten Genossen hätten kein anderes Mittel, sich dagegen zu wehren als den politischen Kampf gegen die Regierung. Sie selbst wären, solange sie in der Minderheit sind, nicht in der Lage, die Rechnung anders aufzustellen oder die Produktion zu verbessern. Doch schon der Umstand, daß wenigstens der größte Teil der in Betracht kommenden Faktoren rechnungsmäßig erfaßt und daß damit die ganze Frage verhältnismäßig klargestellt werden könnte, würde ihrem Standpunkt eine Stütze geben.

Daß im sozialistischen Gemeinwesen nicht gerechnet werden kann, muß aber notwendigerweise dazu führen, daß alle Fragen der Bedarfsgestaltung der Regierung überlassen werden. Die Gesamtheit der Genossen wird auf sie denselben Einfluß haben, den sie auf das Zustandekommen jedes anderen Regierungsaktes nehmen kann. Der Einzelne wird aber daran nur soweit teilnehmen können, als er an der Bildung des Gesamtwillens teil hat. Die Minderheit wird sich dem Willen der Mehrheit beugen müssen. Das System der Verhältniswahl, das seiner Natur nach nur für Wahlen, nicht auch für Abstimmungen über Handlungen anwendbar ist, wird ihr keinen Schutz gewähren können.

Der Gesamtwille, das ist der Wille der gerade Herrschenden, wird mithin jene Funktionen übernehmen, die in der Verkehrswirtschaft der Nachfrage zukommen. Nicht der Einzelne wird darüber zu entscheiden haben, welche Bedürfnisse die wichtigsten sind und daher zunächst befriedigt werden sollen, sondern die Regierung.

Der Bedarf wird damit viel einförmiger, besonders aber auch viel weniger veränderlich werden als in der kapitalistischen Wirtschaft. Die Kräfte, die hier beständig am Werke sind, ihn zu verändern, werden in der Gemeinwirtschaft fehlen. Wie sollte es Neuerern gelingen, ihren von dem Hergebrachten abweichenden Ideen zur allgemeinen Anerkennung zu verhelfen? Wie sollte ein Führer die träge Masse aufrütteln? Wie sie veranlassen, von der liebgewordenen Gewohnheit des Alten zu lassen und das ungewohnte Bessere dafür einzutauschen? In der kapitalistischen Wirtschaftsordnung, in der jeder Einzelne seinen Konsum einrichten kann, wie es ihm seine Mittel erlauben, genügt es, einen oder wenige zur Erkenntnis zu bringen, daß der neue Weg ihre Bedürfnisse besser befriedigt; die anderen folgen allmählich dem Beispiel nach. Diese schrittweise Einbürgerung einer neuen Art der Bedürfnisbefriedigung wird ganz besonders dadurch gefördert, daß die Einkommen ungleich verteilt sind. Die Reicheren nehmen die Neuheiten zuerst auf und gewöhnen sich an ihren Gebrauch. Damit wird den anderen ein Vorbild gesetzt, das sie nachzuahmen bestrebt sind. Haben die oberen Schichten einmal eine bestimmte Lebensgewohnheit angenommen, dann empfängt die Produktion die Anregung, durch Verbesserungen des Verfahrens es dahin zu bringen, daß auch die ärmeren Schichten sich bald in die Möglichkeit versetzt sehen, es den reicheren nachzutun. Das ist die fortschrittfördernde Funktion des Luxus. Die Neuheit „ist die Laune einer Elite, bevor sie ein Bedürfnis des Publikums wird und zum Notwendigen gehört. Denn der Luxus von heute ist das Bedürfnis von morgen"[1]). Der Luxus ist der Bahnbrecher des Fortschrittes, indem er die latenten Bedürfnisse entwickelt und die Leute unzufrieden macht. Die Sittenprediger, die den Luxus verdammen, gelangen denn auch, wenn sie nur halbwegs folgerichtig denken, schließlich dazu, die verhältnismäßige Bedürfnislosigkeit des im Walde frei schweifenden Wildes als das Ideal sittlicher Lebensführung hinzustellen.

§ 4. Die Kapitalgüter, die in die Produktion eingehen, werden in ihr schneller oder langsamer aufgebraucht. Das gilt nicht nur von jenen Gütern, aus denen das umlaufende Kapital zusammengesetzt ist, sondern auch von jenen, aus denen das stehende Kapital besteht; auch sie werden früher oder später durch die Produktion aufgezehrt. Damit das Kapital in der gleichen Größe erhalten oder gemehrt wird, bedarf es immer erneuter Handlungen jener, die der Produktion die Richtung weisen. Es muß dafür Sorge getragen werden, daß die in der Produktion aufgebrachten Kapitalgüter wieder hergestellt werden, und daß darüber hinaus neues Kapital geschaffen wird; von selbst reproduziert sich das Kapital nicht.

In einer vollkommen ruhenden Wirtschaft bedarf es zur Vornahme dieser Operationen keiner besonderen gedanklichen Vorarbeit. Wo alles in der Wirtschaft unverändert beharrt, da ist es nicht besonders schwer, das, was aufgebraucht wurde, zu ermitteln und danach festzustellen, was zum Ersatz vorgekehrt werden muß. In der sich verändernden Wirtschaft ist das ganz anders. Die Richtung der Produktion und die dabei eingeschlagenen Verfahrensarten werden hier immer wieder geändert. Hier werden nicht einfach die abgenützten Anlagen und die verbrauchten Halbfabrikate durch gleichartige ersetzt; hier treten an deren Stelle andere — bessere oder zumindest der neuen Richtung des Bedarfes besser entsprechende — oder es wird der Ersatz der in einem Produktionszweig, der eingeschränkt werden soll, verbrauchten Kapital-

---

[1]) Vgl. Tarde, Die sozialen Gesetze, Deutsch von Hammer, Leipzig 1908, S. 99; vgl. dazu die zahlreichen Beispiele bei Roscher, Ansichten der Volkswirtschaft vom geschichtlichen Standpunkt, 3. Aufl., Leipzig 1878, I. Bd., S. 112ff.

güter durch Einstellung von neuen Kapitalgütern in anderen zu erweiternden oder neu zu begründenden Produktionszweigen vorgenommen. Um solche verwickelte Operationen vorzunehmen, muß man rechnen. Ohne Wirtschaftsrechnung ist Kapitalrechnung nicht durchführbar. Die sozialistische Wirtschaft, die keine Wirtschaftsrechnung führen kann, muß hier ganz hilflos einem der Grundprobleme der Wirtschaft gegenüberstehen. Es wird ihr beim besten Willen nicht möglich sein, die Gedankenoperationen vorzunehmen, um Produktion und Konsum in einen solchen Einklang zu bringen, daß die Wertsumme des Kapitals zumindest erhalten wird, und daß nur die darüber hinaus erzielten Überschüsse zum Verbrauch gelangen.

Aber ganz abgesehen von diesen allein schon ganz unüberwindbaren Schwierigkeiten stehen einer rationellen Kapitalwirtschaft im sozialistischen Gemeinwesen noch ganz andere Schwierigkeiten entgegen.

Alle Kapitalerhaltung und alle Kapitalvermehrung bereiten Kosten. Sie legen den Verzicht auf Gegenwartsgenüsse auf, wogegen reichlichere Genüsse in der Zukunft eingetauscht werden. Das Opfer, das hier zu bringen ist, bringen in der auf dem Sondereigentum an den Produktionsmitteln beruhenden Wirtschaft die Eigner der Produktionsmittel und jene, die durch Beschränkung des eigenen Verbrauchs auf dem Wege dazu sind, Besitzer von Produktionsmitteln zu werden. Der Vorteil, der damit für die Zukunft erkauft wird, fließt nicht ganz ihnen zu. Sie müssen ihn mit den Arbeitern teilen, da durch die Vermehrung des Kapitals caeteris paribus die Grenzproduktivität der Arbeit und damit der Lohn steigt. Doch schon der Umstand, daß das Nichtverschwenden (das ist: Nichtaufzehren des Kapitals) und das Sparen (das ist: Mehren des Kapitals) sich überhaupt für sie bezahlt machen, ist ausreichend, sie zum Erhalten und zur Erweiterung des Kapitals anzuspornen. Der Antrieb dazu ist um so stärker, je reichlicher ihre augenblicklichen Bedürfnisse befriedigt sind. Denn je weniger dringlich die gegenwärtigen Bedürfnisse erscheinen, die nicht zur Befriedigung gelangen, wenn für die Zukunft Sorge getragen wird, desto leichter fällt die Entscheidung zugunsten der künftigen Befriedigung. Das Erhalten und Neuansammeln des Kapitals sind in der kapitalistischen Gesellschaft eine Funktion der Ungleichheit der Einkommens- und Vermögensverteilung.

In der sozialistischen Wirtschaft sind Erhaltung und Mehrung des Kapitals Aufgaben der organisierten Gesamtheit, des Staates. Der Nutzen rationeller Kapitalwirtschaft ist hier derselbe wie in der kapitalistischen Wirtschaftsordnung. Der Vorteil der Kapitalerhaltung und der Kapitalneubildung kommt allen Gliedern der Gemeinschaft in gleichem

Maße zugute; auch die Kosten werden von allen in gleicher Weise getragen. Die Entscheidung über die Kapitalwirtschaft wird in die Hand des Gemeinwesens gelegt sein, zunächst in die der Wirtschaftsleitung, mittelbar in die aller Genossen. Die werden darüber zu entscheiden haben, ob mehr Genußgüter oder Produktivgüter zu erzeugen sind, ob Produktionsumwege gewählt werden sollen, die kürzer sind, aber dafür auch geringeren Ertrag abwerfen, oder solche, die länger währen, aber dann auch größeren Ertrag abwerfen. Wie solche Mehrheitsentscheidungen ausfallen werden, kann man nicht wissen. Es hätte keinen Sinn, darüber Vermutungen anzustellen. Die Voraussetzungen für die Entscheidungen sind hier andere als in der kapitalistischen Wirtschaft; in dieser ist das Sparen Sache der Wirtschaftlicheren und der Wohlhabenderen, in der sozialistischen Gemeinwirtschaft wird die Entscheidung darüber, ob gespart werden soll, allen ohne Unterschied zufallen, also auch den Fauleren und den Leichtlebigeren. Überdies ist zu bedenken, daß hier jener Antrieb, den höherer Wohlstand für das Sparen gibt, wegfallen wird. Dann ist zu beachten, daß der Demagogie der Führer und jener, die es werden wollen, Tür und Tor geöffnet sein wird. Die Opposition wird immer gerne bereit sein, zu beweisen, daß man mehr für den augenblicklichen Bedarf zur Verfügung stellen könnte als ihm tatsächlich gerade zugewiesen wird, und die Regierung wird nicht abgeneigt sein, sich durch Verschwendung etwas länger am Ruder zu erhalten. Après nous le déluge ist eine alte Regierungsmaxime.

Die Erfahrungen, die man bisher mit der Kapitalwirtschaft öffentlicher Körperschaften gemacht hat, lassen von der Spartätigkeit künftiger sozialistischer Regierungen nicht allzu viel erwarten. Im allgemeinen sind aus öffentlichen Mitteln Neuanlagen nur dann geschaffen worden, wenn man die dazu erforderlichen Summen durch Anleihen, also durch die Spartätigkeit der einzelnen Bürger, aufgebracht hat. Aus Steuergeldern oder sonstigen öffentlichen Einkünften ist nur sehr selten Kapital akkumuliert worden. Dagegen können zahlreiche Beispiele dafür beigebracht werden, daß die im Eigentum der öffentlichen Körperschaften stehenden Produktionsmittel dadurch in der Wertsumme vermindert wurden, daß man, um den gegenwärtigen Ausgabenetat möglichst zu entlasten, für ihre Instandhaltung nicht entsprechend Sorge getragen hat.

Die Sowjetregierung hat verkündet, daß sie ein großes Investitionsprogramm, den Fünfjahrplan, durchzuführen beabsichtige, und die Leichtgläubigkeit, mit der in der ganzen Welt alles hingenommen wird, was die Bolschewiken verbreiten, läßt viele schon behaupten, daß in Rußland Kapital gebildet werde.

Der Fünfjahrplan ist ein Plan zur Durchführung jener wirtschaftlichen Maßnahmen, die ein offener Krieg der Bolschewiken gegen alle übrigen Staaten erfordert. Die Bolschewiken empfinden es als unerträglich, daß sie heute noch nicht genug autark sind, um die versteckten Feindseligkeiten in offene zu verwandeln. Sie wollen daher aufrüsten. Sie errichten Anlagen, um sich in der Versorgung mit Waffen, Kriegsmaterial und den allernotwendigsten Industrieartikeln vom Ausland unabhängig zu machen. Die Mittel dazu liefern ihnen die Kredite der europäischen und amerikanischen Industrieunternehmungen. Es ist sehr bezeichnend für die probolschewistische Verblendung, daß Regierungen, die finanziell so schwach sind wie die des Deutschen Reiches oder Österreichs, für solche Kredite die Haftung übernommen haben. Die Kapitalbildung in Rußland vollzieht sich mithin in der Weise, daß die Ausländer an Rußland Kredite gewähren, die die Russen nie zurückzahlen wollen. Zur Aufhebung des Sondereigentums, die den Kern ihres Programms bildet, gehört doch wohl auch das Unwirksamwerden der Schuldverträge[1]). Die Kapitalbildung vollzieht sich mithin nicht durch Sparen im Sowjetgebiet, sondern durch Sparen im kapitalistischen Land. Daß die Russen darben, beweist noch nicht, daß sie sparen und Kapital bilden; sie darben, weil die sozialistische Produktion unergiebig ist. Der russische Kommunismus bildet nicht Kapital; er hat einen großen Teil des in der vorbolschewistischen Zeit in Rußland gebildeten Kapitals aufgezehrt und konfisziert weiter Kapital, das andere in kapitalistischer Wirtschaft gebildet haben.

§ 5. Aus dem Gesagten erhellt bereits zur Genüge, daß es auch in einer sozialistischen Wirtschaft keinen reinen Beharrungszustand geben könnte. Nicht nur die rastlos vor sich gehenden Veränderungen in den natürlichen Bedingungen des Wirtschaftens sorgen dafür; auch abgesehen davon sind in den Veränderungen der Bevölkerungsgröße, der Bedarfsgestaltung und der Kapitalsgröße unablässig bewegende Kräfte wirksam, die man sich aus dem Bild der sozialistischen Wirtschaft nicht fortzudenken vermag. Ob alle diese Umwälzungen auch zu Änderungen der gesellschaftlichen Organisation der Arbeit und der in der Produktion angewendeten Verfahren führen werden, kann man unter solchen Umständen dahingestellt sein lassen. Denn, wenn einmal die Wirtschaft den Beharrungszustand verloren hat, ist es gleichgültig, ob die Menschen in der Wirtschaft auf Neues sinnen und es ins Werk zu setzen trachten.

---

[1]) Die Russen haben bisher die Wechsel bei Verfall eingelöst. Doch die Mittel dazu beschaffen sie sich durch neue, größere Kredite, so daß ihr Schuldenstand von Jahr zu Jahr wächst.

Sobald einmal alle Verhältnisse im Flusse sind, ist alles, was in der Wirtschaft geschieht, Neuerung; auch wenn das Alte nur wiederholt wird, ist es, weil es unter den neuen Verhältnissen ganz anders wirkt, in seinen Folgen ein Neues.

Das bedeutet nun keinesfalls schon, daß die sozialistische Wirtschaft eine fortschreitende ist. Wirtschaftliche Veränderung und wirtschaftlicher Fortschritt sind keineswegs ein und dasselbe; daß eine Wirtschaft nicht im Beharrungszustand ist, beweist noch nicht, daß sie auch fortschreitet. Wirtschaftsveränderung ist schon durch die Tatsache der Änderung der Bedingungen des Wirtschaftens gegeben; unter anderen Bedingungen muß jede Wirtschaft eine andere sein. Wirtschaftlicher Fortschritt sind aber nur solche Veränderungen, die sich in einer ganz bestimmten Richtung vollziehen, nämlich jene, die uns dem Ziele des Wirtschaftens, möglichst reicher Güterversorgung, näherbringen. Der Begriff des Fortschrittes ist dabei ganz wertfrei gefaßt. Wenn für mehr Leute oder für die gleiche Zahl reichlicher vorgesorgt wird, dann ist die Wirtschaft im Fortschreiten. Daß sich der wirtschaftliche Fortschritt wegen der Unmöglichkeit der Wertmessung nicht exakt feststellen läßt, und daß es gar nicht ausgemacht ist, daß er die Menschen auch „glücklicher" macht, hat mit unserem Problem nichts zu tun.

Der Wege, die der Fortschritt gehen kann, gibt es viele. Die wirtschaftliche Organisation wird verbessert, die Produktionstechnik wird auf einen höheren Stand gebracht, die Kapitalansammlung wird vergrößert; kurz, es gibt viele Wege, die zum Ziele führen[1]). Wird die sozialistische Gesellschaft sie einschlagen?

Wir wollen ohne weiteres annehmen, daß es der sozialistischen Gesellschaft gelingen könnte, die geeignetsten Personen mit der Leitung der Wirtschaft zu betrauen. Doch wie sollen die, und mögen sie auch noch so genial sein, rationell handeln können, wenn Rechnen und Berechnen nicht möglich ist? Schon daran allein müßte alles im Sozialismus scheitern.

§ 6. In der in Bewegung befindlichen Wirtschaft ist jede wirtschaftliche Handlung auf ungewisse künftige Verhältnisse eingestellt. Sie ist daher mit einem Risiko verbunden, sie ist Spekulation.

Die Spekulation ist bei der großen Masse, die nicht erfolgreich zu spekulieren versteht, und bei den sozialistischen Schriftstellern aller

---

[1]) Über die Schwierigkeiten, die sozialistische Gemeinwirtschaft dem Werden und in noch höherem Maße der Durchsetzung technischer Neuerungen bereiten müßte vgl. Dietzel, Technischer Fortschritt und Freiheit der Wirtschaft, Bonn und Leipzig 1922, S. 47ff.

Schattierungen sehr schlecht angeschrieben. Der geschäftsfremde Literat und der wirtschaftslose Beamte sind voll von Neid und Groll, wenn sie an den glücklichen Spekulanten, an den erfolgreichen Unternehmer, denken. Ihrem Ressentiment verdanken wir die Bemühungen vieler nationalökonomischer Schriftsteller, subtile Unterschiede zwischen Spekulation einerseits und wirkliche Werte schaffendem Produzieren und dem „legitimen" Handel andererseits zu entdecken[1]). In Wahrheit ist alle Wirtschaft außerhalb der im reinen Beharrungszustand befindlichen Volkswirtschaft Spekulation. Zwischen dem biederen Handwerksmeister, der in einer Woche ein Paar Schuhe um einen festen Preis zu liefern verspricht, und dem Kohlenwerk, das auf Jahre hinaus den Verschleiß seiner Produkte vergibt, ist nur ein gradueller Unterschied. Auch wer sein Geld in festverzinslichen mündelsicheren Werten anlegt, geht, auch abgesehen von dem Risiko der Zahlungsfähigkeit des Schuldners, eine Spekulation ein; er kauft Geld auf Termin, wie der Baumwollespekulant Baumwolle auf Termin kauft. Die Wirtschaft ist notwendig Spekulation, weil sie auf die ungewisse Zukunft eingestellt ist; die Spekulation ist das geistige Band, das die einzelnen Wirtschaftshandlungen zu einem sinnvollen Ganzen, zur Wirtschaft, zusammenfaßt.

Man pflegt die bekannte Minderergiebigkeit der gemeinwirtschaftlichen Unternehmungen gewöhnlich darauf zurückzuführen, daß der Einzelne dort mit seinen Interessen nicht genügend an den Erfolg der Arbeit geknüpft ist. Würde es gelingen, jeden Volksgenossen auf eine solch hohe Stufe der Erkenntnis zu heben, daß er den Zusammenhang zwischen seinem eigenen Fleiß und dem Ertrage der gesellschaftlichen Arbeit, von dem ihm eine Quote zufällt, begreift, und ihn moralisch so zu kräftigen, daß er gegenüber den Verlockungen zur Nachlässigkeit

---

[1]) Vgl. die treffende Kritik dieser mehr von guter Gesinnung als von wissenschaftlicher Gedankenschärfe zeugenden Bestrebungen bei Michaelis, Volkswirtschaftliche Schriften, Berlin 1873, II. Bd., S. 3ff., und bei Petritsch, Zur Lehre von der Überwälzung der Steuern mit besonderer Beziehung auf den Börsenverkehr, Graz 1903, S. 28ff. Über Adolf Wagner bemerkt Petritsch, daß er „obgleich er das wirtschaftliche Leben mit Vorliebe einen ‚Organismus' nennt und als solchen betrachtet wissen will und obgleich er stets das Interesse der ‚Gesamtheit' gegenüber jenem einzelner Personen betont, trotzdem bei konkreten ökonomischen Fragen über die einzelnen Personen und ihre mehr oder weniger moralischen Absichten nicht hinauskommt und den organischen Zusammenhang, in dem diese mit anderen volkswirtschaftlichen Erscheinungen stehen, geflissentlich übersieht, also dort endigt, wo streng genommen der Ausgangs-, nicht der Endpunkt einer jeden ökonomischen Untersuchung liegen sollte" (S. 59). Das gleiche gilt von allen Schriftstellern, die gegen die Spekulation gewettert haben.

standhaft bleibt, dann werde auch der gemeinwirtschaftliche Betrieb nicht weniger ergiebig arbeiten als der private Unternehmer. Das Problem der Sozialisierung erscheint somit als ein sittliches; es ist nur notwendig, den Menschen entsprechend hoch zu heben, ihm den Unverstand und die Unmoral, die ihm die schreckliche Zeit des Kapitalismus anerzogen hat, zu nehmen, um auch der sozialistischen Gemeinwirtschaft die Lebensmöglichkeit zu schaffen. Solange man noch nicht so weit sei, müsse man trachten, durch Prämien oder dergleichen den Einzelnen zu höherem Fleiß anzuspornen.

Es wurde schon gezeigt, daß das Fehlen eines im einzelnen Individuum wirkenden Antriebs zur Überwindung des Arbeitsleids die Produktivität der Arbeit im sozialistischen Gemeinwesen auf das geringste Maß herabdrücken müßte. Doch zu diesem schon im Beharrungszustand bestehenden Hindernis gemeinwirtschaftlicher Tätigkeit tritt ein zweites, das der in Bewegung befindlichen Volkswirtschaft eigentümlich ist. Das ist die Schwierigkeit, die sich der Spekulation im sozialistischen Gemeinwesen entgegenstellt.

In der auf dem Sondereigentum an den Produktionsmitteln beruhenden Wirtschaftsordnung ist der Spekulant an dem Erfolg der Spekulation auf das stärkste interessiert. Ist sie von Erfolg begleitet, dann ist es in erster Linie sein Vorteil; hat sie Mißerfolg, so spürt er zunächst den Verlust. Der Spekulant steht im Dienste der Gesamtheit; doch er selbst spürt Erfolg oder Mißerfolg seines Handelns in dem Maße stärker als die Gesamtheit, als Gewinn und Verlust im Verhältnis zu seinen Mitteln viel größer erscheinen als im Verhältnis zum Gesamtvermögen der Gesellschaft. Je erfolgreicher er spekuliert, desto mehr Produktionsmittel kommen in seine Verfügung, desto größer wird sein Einfluß auf die Führung der gesellschaftlichen Geschäfte. Je weniger erfolgreich er spekuliert, desto geringer wird sein Vermögen, desto geringer sein Einfluß auf die Geschäfte. Hat er sich ganz verspekuliert, dann verschwindet er überhaupt aus den Reihen jener, die zur Leitung der Wirtschaft berufen sind.

In der Gemeinwirtschaft ist das anders. Hier ist der Wirtschaftsleiter an Gewinn und Verlust nur insoweit beteiligt, als er — einer unter Millionen — als Volksgenosse daran teilnimmt. Sein Handeln entscheidet über das Schicksal aller, er kann das Volk zu Reichtum führen, er kann es aber auch ebensogut in Elend und Not stürzen. Sein Genie kann der Menschheit zum Heil ausschlagen, seine Unfähigkeit oder Nachlässigkeit bringen Zerstörung und Vernichtung. In seinen Händen liegen Glück und Unglück wie in den Händen einer Gottheit. Gottähnlich müßte dieser

Leiter der sozialistischen Wirtschaft sein, um das zu vollbringen, was ihm obliegt. Sein Blick müßte alles umspannen können, was für die Wirtschaft von Bedeutung sein kann; er müßte ein unfehlbares Urteil haben, das auch die Verhältnisse entfernter Gegenden und künftiger Jahrzehnte richtig abzuschätzen weiß.

Daß der Sozialismus ohne weiteres durchführbar wäre, wenn ein allwissender und allmächtiger Gott persönlich niedersteigen wollte, um die Regierung der menschlichen Angelegenheiten in die Hand zu nehmen, ist nicht zu bestreiten. Solange man aber darauf nicht mit Bestimmtheit rechnen kann, ist nicht zu erwarten, daß die Menschen einem aus ihrer Mitte freiwillig eine solche Stellung einzuräumen bereit wären. Daß die Menschen ihre eigenen Gedanken und ihren eigenen Willen haben, das ist eine jener Grundtatsachen alles gesellschaftlichen Zusammenlebens, mit denen auch der Sozialreformer rechnen muß. Es ist nicht anzunehmen, daß die Menschen sich auf einmal freiwillig und auf alle Zeiten zum willenlosen Werkzeug eines aus ihrer Mitte, und wäre es auch der Weiseste und Beste, machen wollten.

Sowie man aber davon absieht, die Leitung der Wirtschaft dauernd in eine Hand zu legen, muß man notwendigerweise dazu gelangen, sie von Mehrheitsbeschlüssen irgendwelcher Ausschüsse, Kollegien, Ratsversammlungen und in letzter Linie der gesamten mitbestimmungsberechtigten Bevölkerung abhängen zu lassen. Damit beschwört man aber jene Gefahr herauf, an der alle Gemeinwirtschaft unfehlbar zugrunde geht: die Lähmung der Initiative und des Verantwortlichkeitsgefühls. Dann ist es unmöglich, Neuerungen einzuführen, weil man die Masse der Mitberater in den zuständigen Kollegien nicht mitzureißen vermag.

Die Sache wird dadurch nicht besser, daß die Unmöglichkeit, alle Entschlüsse von einem einzigen Mann oder von einem einzigen Kollegium fassen zu lassen, zahllose Instanzen schafft, in denen Entscheidungen getroffen werden. Alle diese Instanzen sind nur Unterabteilungen der einheitlichen Leitung, die der Sozialismus als zentralisierte, nach einem einheitlichen Plan geleitete Wirtschaft fordert. Man kann ihnen keine Freiheit lassen, weil sich dies mit der Einheitlichkeit der Leitung nicht verträgt. Man muß sie an die Weisungen der obersten Stelle binden und züchtet damit Verantwortungslosigkeit.

Das Bild, das der Apparat sozialistischer Wirtschaft bietet, ist allgemein bekannt: eine Unzahl von Posteninhabern, die darauf bedacht sind, ihre Zuständigkeit eifrig wahrzunehmen, indem sie jedermann verhindern, sich in den ihnen eingeräumten Wirkungskreis einzumengen, und zugleich ängstlich bemüht sind, jede Tätigkeit möglichst abzuschieben. Bei aller Geschäftigkeit bietet so eine Bureaukratie ein merkwürdiges Beispiel menschlicher Trägheit. Nichts geht vom Fleck, wenn nicht von außen ein Anstoß kommt. In den verstaatlichten Betrieben einer im übrigen noch unter der Herrschaft des Sondereigentums an den Produktionsmitteln stehenden Gesellschaftsordnung geht der Anlaß zu Produktionsverbesserungen und Reformen von jenen Unternehmern aus, die als Lieferanten der Halbfabrikate und Maschinen sich davon einen Gewinn erhoffen. Die Leitungen der öffentlichen Betriebe würden selbst nie zu einer Neuerung schreiten; sie würden sich damit begnügen, das nachzuahmen, was ähnliche im Sondereigentum stehende Unternehmungen geschaffen haben. Wo alle Betriebe vergesellschaftet sein werden, wird von Reformen und Verbesserungen kaum noch die Rede sein.

§ 7. Zu den landläufigen sozialistischen Irrtümern gehört die Behauptung, daß die Aktiengesellschaft eine Vorstufe des sozialistischen Betriebes darstelle. Auch die Leiter der Aktiengesellschaft seien ja nicht Eigentümer der Produktionsmittel, und doch blühten die Unternehmungen unter ihrer Leitung. Wenn an Stelle der Aktionäre die Gesellschaft (der Staat) in das Eigentum der Produktionsmittel träte, werde sich nichts ändern. Die Direktoren würden für den Staat nicht schlechter arbeiten als für die Interessen der Aktionäre.

Die Vorstellung, daß in der Aktiengesellschaft die Unternehmerfunktion allein dem Aktionär zukomme und daß alle Organe der Gesellschaft nur als Beamte der Aktionäre tätig sind, durchdringt auch die juristische Lehre, und man hat es daher unternommen, sie zur Grundlage der Konstruktion des Aktienrechts zu machen. Ihr ist es zuzuschreiben, daß der geschäftliche Gedanke, der der Errichtung der Aktiengesellschaft zugrunde liegt, verfälscht wurde, daß es bis heute nicht gelungen ist, für die Aktiengesellschaft eine Rechtsform zu finden, die es ihr ermöglichen würde, ohne Reibungen zu arbeiten, und daß das Aktienwesen überall unter schweren Mißständen leidet.

Niemals und nirgends hat es prosperierende Aktiengesellschaften gegeben, die dem Ideal, das sich etatistische Juristen von der Aktiengesellschaft machen, entsprochen hätten. Erfolg haben stets nur jene Aktiengesellschaften erzielt, bei denen die Geschäftsführer ein durchschlagendes persönliches Interesse an dem Gedeihen der Gesellschaft gehabt haben. Die Lebenskraft und Wirkungsmöglichkeit der Aktiengesellschaft liegen in einem Gesellschaftsverhältnis zwischen den eigentlichen Leitern der Gesellschaft, die in den meisten Fällen auch wohl über einen Teil, wenn nicht über die Mehrheit des Aktienkapitals verfügen, auf der einen Seite und den übrigen Aktionären auf der anderen Seite. Nur dort, wo diese Geschäftsführer das gleiche Interesse an dem Gedeihen der Unternehmung haben wie jeder Eigentümer, nur dort, wo ihre Interessen sich mit dem Interesse des Aktionärs decken, werden die Geschäfte im Interesse der Aktiengesellschaft geführt. Dort, wo die Geschäftsführer andere Interessen haben als ein Teil, die Mehrheit oder als alle Aktionäre, werden die Geschäfte gegen das Interesse der Gesellschaft geführt. Denn in allen Aktiengesellschaften, die nicht in Bürokratismus verdorren, führen die wirklichen Machthaber die Geschäfte stets in ihrem eigenen Interesse, mag dies mit dem Interesse der Aktionäre zusammenfallen oder nicht. Daß ihnen ein großer Teil des vom Unternehmen erzielten Gewinnes zufließt und das Mißgeschick des Unternehmens sie in erster Linie trifft, ist eine unumgängliche Voraussetzung des Gedeihens der Gesellschaften. In allen blühenden Aktiengesellschaften üben solche Männer — es ist dabei gleichgültig, welche Stellung ihnen juristisch zukommt — den maßgebenden Einfluß aus. Nicht der in seiner Denkungsart dem Beamten ähnelnde Generaldirektor, der vielfach selbst aus dem öffentlichen Verwaltungsdienst hervorgegangen ist und dessen wichtigste Eigenschaft gute Beziehungen zu den politischen Machthabern bilden, ist der Typus, dem die in Aktienform betriebenen Unternehmungen ihre Erfolge danken, sondern der auch durch Aktienbesitz interessierte Leiter und der Promoter und Faiseur.

Die sozialistisch-etatistische Lehre will das freilich nicht gelten lassen. Sie bemüht sich, die Aktiengesellschaft in eine Rechtsform zu zwängen, in der sie verkümmern muß. Sie will in den Leitern der Gesellschaften nichts weiter sehen als Beamte; der Etatist will eben die ganze Welt nur von Beamten bevölkert wissen. Der Etatismus kämpft mit den gewerkschaftlich organisierten Angestellten und Arbeitern voll von Ressentiment gegen die hohen Bezüge der Leiter an, wobei er wohl glaubt, daß die Erträgnisse der Gesellschaft von selbst entstehen und durch die Bezüge der Leiter geschmälert werden. Schließlich wendet man sich auch gegen den Aktionär. Die jüngste Doktrin will „im Hinblick auf die Entwicklung des Begriffs der guten Sitten nicht das Eigeninteresse des Aktionärs" entscheiden lassen, sondern „das Interesse und Wohl des Unternehmens, nämlich seine wirtschaftliche, juristische und soziologische Eigen- und Dauerwertigkeit und seine Unabhängigkeit von wechselnden Majoritäten wechselnder Aktionäre". Man will den Verwaltungen der Gesellschaften eine Machtposition schaffen, die sie von dem Willen derjenigen, die die Majorität des Aktienkapitals aufgebracht haben, unabhängig macht[1]).

---

[1]) Vgl. die Kritik dieser Lehren und Bestrebungen bei Passow, Der Strukturwandel der Aktiengesellschaft im Lichte der Wirtschaftsenquete, Jena 1930, S. 1ff.

Es ist eine Fabel, daß in der Verwaltung erfolgreicher Aktiengesellschaften je „altruistische Motive" oder dergleichen den Ausschlag gegeben hätten. Die Versuche, das Aktienrecht nach einem wirklichkeitsfremden Ideal etatistischer Wirtschaftspolitiker zu gestalten, haben nicht vermocht, aus der Aktiengesellschaft ein Stück der erträumten „Verwaltungswirtschaft" zu machen; sie haben aber die Unternehmungsform der Aktiengesellschaft zerrüttet.

VII.
Die Undurchführbarkeit des Sozialismus.

§ 1. Der Gang der bisherigen Untersuchungen hat gezeigt, welche Schwierigkeiten der Aufrichtung einer sozialistischen Wirtschaftsordnung entgegenstehen. Im sozialistischen Gemeinwesen fehlt die Möglichkeit, in der Wirtschaft zu rechnen, so daß es unmöglich wird, Aufwand und Erfolg einer wirtschaftlichen Handlung zu ermitteln, und das Ergebnis der Rechnung zum Richtmaß des Handelns zu machen. Das allein würde schon ausreichen, um den Sozialismus als undurchführbar erscheinen zu lassen. Aber auch ganz abgesehen davon, stünde seiner Verwirklichung ein zweites unüberwindbares Hindernis entgegen. Es erweist sich als unmöglich, eine Organisationsform zu finden, die das wirtschaftliche Handeln des Einzelnen von der Mitwirkung der übrigen Genossen unabhängig macht, ohne es zu einem jeder Verantwortung baren Hasardieren zu machen. Das sind die beiden Probleme, ohne deren Lösung der Sozialismus einer nicht im Zustand voller Beharrung befindlichen Wirtschaft undenkbar und undurchführbar erscheint.

Man hat diesen beiden Grundfragen bisher zu wenig Aufmerksamkeit zugewendet. Die erste hat man so ziemlich überhaupt übersehen. Daran trägt der Umstand schuld, daß man sich von dem Gedanken, daß die Arbeitszeit ein brauchbarer Maßstab des Wertes sei, nicht ganz frei zu machen vermochte. Aber selbst viele von denjenigen, die die Unhaltbarkeit der Arbeitswerttheorie erkannt hatten, halten doch noch an der Idee fest, es sei möglich, den Wert zu messen. Zeugnis davon geben die vielen Versuche, die unternommen wurden, einen Maßstab des Wertes zu entdecken. Es war notwendig, sich zur Erkenntnis der Unmöglichkeit der Wertmessung durchzuringen und den wahren Charakter der in den Preisen des Marktes zum Ausdruck gelangenden Austauschverhältnisse zu erfassen, um Einsicht in das Problem der Wirtschaftsrechnung zu erhalten. Daß hier überhaupt ein Problem — und gar eines der allerwichtigsten — liegt, das zu entdecken konnte nur mit den Mitteln der modernen subjektivistischen Nationalökonomie gelingen. Im täglichen Leben der zwar auf dem besten Wege zum Sozialismus, aber doch noch nicht ganz auf dem Boden des Sozialismus befindlichen Volkswirtschaft war es noch nicht so brennend geworden, als daß man es hätte bemerken müssen.

Anders steht es mit dem zweiten Problem. Je mehr der gemeinwirtschaftliche Betrieb sich ausbreitet, desto mehr mußte die allgemeine Aufmerksamkeit auf die schlechten Geschäftsergebnisse der verstaatlichten und verstadtlichten Unternehmungen gelenkt werden. Es konnte nicht ausbleiben, daß man auf den Sitz des Übels kam. Jedes Kind mußte sehen, wo es fehlte. Man kann nicht sagen, daß man sich mit diesem Problem nicht beschäftigt hätte. Doch die Art und Weise, in der man sich mit ihm beschäftigte, war durchaus unzulänglich. Man übersah seinen organischen Charakter; man meinte, daß es sich nur um eine Frage der besseren Auslese der Personen und der Eigenschaften dieser Personen handle. Daß auch glänzend begabte und sittlich hochstehende Männer den Aufgaben, die die sozialistische Wirtschaftsführung stellt, nicht entsprechen könnten, hat man nicht bemerken wollen.

§ 2. Den Sozialisten der meisten Richtungen versperrt nicht nur ihr starres Festhalten an der Arbeitswerttheorie sondern ihre ganze Auffassung des Wirtschaftens den Weg zu diesen Problemen. Es fehlt ihnen das Bewußtsein, daß die Wirtschaft immer in Bewegung sein muß; ihr Bild des sozialistischen Gemeinwesens malt immer nur den Beharrungszustand. Solange sie sich mit der Kritik der kapitalistischen Wirtschaftsordnung befassen, verweilen sie durchaus bei den Erscheinungen der fortschreitenden Wirtschaft und schildern in grellen Farben die Reibungen, die sich aus den wirtschaftlichen Umwälzungen ergeben. Doch sie neigen dazu, alle Veränderung, nicht nur die Reibungen, die sich bei ihrer Durchsetzung ergeben, als eine Besonderheit der kapitalistischen Gesellschaftsordnung anzusehen. In dem seligen Reich der Zukunft werde sich alles bewegungs- und reibungslos abwickeln.

Das erkennt man am besten, wenn man sich das Bild vergegenwärtigt, das der Sozialismus vom Unternehmer zu entwerfen pflegt. Der Unternehmer erscheint ihm lediglich durch die besondere Stellung charakterisiert, die er beim Einkommensbezug innehat. Eine Analyse der kapitalistischen Wirtschaftsordnung müßte in den Mittelpunkt nicht das Kapital, auch nicht den Kapitalisten, sondern den Unternehmer stellen. Doch der Sozialismus, auch der von Marx, sieht im Unternehmer einen der gesellschaftlichen Produktion Fremden, dessen ganzes Tun sich im Aneignen von Mehrwert erschöpft. Er meint, es genüge, diese

Parasiten zu enteignen, um den Sozialismus herzustellen. Ihm und noch deutlicher manchen anderen Sozialisten schwebt dabei die Erinnerung an die Bauernbefreiung und an die Aufhebung der Sklaverei vor. Doch die Stellung des Grundherrn war eine ganz andere als die des Unternehmers. Der Grundherr hatte auf die Produktion keinen Einfluß. Er stand außerhalb des Produktionsprozesses; erst wenn der beendet war, trat er mit seiner Forderung auf einen Teil des Ertrages auf. Der Gutsherr und der Sklavenbesitzer aber behielten ihre Stellung als Leiter der Produktion auch nach Aufhebung der Fronden und der Sklaverei. Daß sie fortan die Arbeiter voll entlohnen mußten, änderte nichts an ihrer wirtschaftlichen Funktion. Doch der Unternehmer erfüllt eine Aufgabe, die auch im sozialistischen Gemeinwesen versehen werden müßte. Das sieht der Sozialismus nicht oder will es nicht sehen.

Das Unverständnis des Sozialismus für die Stellung des Unternehmers artet in Idiosynkrasie aus, sobald das Wort Spekulant fällt. Hier hat schon Marx, ungeachtet der guten Vorsätze, die ihn geleitet haben, sich ganz im „kleinbürgerlichen" Fahrwasser bewegt, und seine Schule hat ihn hierin noch übertroffen. Alle Sozialisten übersehen, daß auch im sozialistischen Gemeinwesen jede wirtschaftliche Handlung auf eine ungewisse Zukunft abgestellt werden muß, und daß ihr wirtschaftlicher Erfolg auch dann ungewiß bleibt, wenn sie technisch geglückt ist. Sie sehen in der Unsicherheit, die zur Spekulation führt, eine Folge der Anarchie der Produktion, wo sie in Wahrheit eine Folge der Veränderlichkeit der Bedingungen des Wirtschaftens ist.

Die große Menge ist unfähig, zu erkennen, daß im Wirtschaftlichen nichts beständig ist als der Wechsel. Sie sieht den augenblicklichen Stand der Dinge als den ewigen an, so sei es stets gewesen und so werde es stets sein. Wäre sie aber selbst imstande, das πάντα ῥεῖ einzusehen, sie würde den Problemen, die es dem Handeln stellt, ratlos gegenüberstehen. Vorauszusehen und vorzusorgen, neue Wege einzuschlagen, ist stets nur Sache der wenigen, der Führer, gewesen. Der Sozialismus ist die Wirtschaftspolitik der Massen, der vielen, die dem Wesen der Wirtschaft fernestehen; die sozialistischen Theorien sind der Niederschlag ihrer Anschauungen über das Wirtschaftsleben. Wirtschaftsfremde und Wirtschaftslose haben ihn geschaffen und hängen ihm an.

Von den Sozialisten hat nur Saint Simon die Stellung des Unternehmers in der kapitalistischen Volkswirtschaft einigermaßen erkannt. Man pflegt ihm darum auch mitunter den Namen Sozialist zu verweigern. Den anderen fehlt vollkommen der Blick dafür, daß die Funktionen, die den Unternehmern in der kapitalistischen Gesellschaftsordnung obliegen, auch im sozialistischen Gemeinwesen erfüllt werden müssen. Am besten erhellt dies aus den Schriften von Lenin. Das Um und Auf der Tätigkeit, die in der kapitalistischen Wirtschaftsordnung von jenen besorgt wird, denen er das Prädikat „werktätig" versagt, ist seiner Meinung nach „Produktions- und Verteilungskontrolle" und „Arbeits- und Produktenregistrierung". Das könne leicht „durch bewaffnete Arbeiter, durch das gesamte bewaffnete Volk" besorgt werden[1]). Lenin trennt dabei ganz richtig diese Funktionen der „Kapitalisten und Beamten" von der Arbeit des technisch höher gebildeten Personals, nicht ohne übrigens die Gelegenheit vorübergehen zu lassen, um durch einen Seitenhieb auf das wissenschaftlich vorgebildete Personal jener Verachtung für alle qualifizierte Arbeit, die den marxistischen Proletarier-Snobismus auszeichnet, Ausdruck zu verleihen. „Diese Registrierung, die Ausübung dieser Kontrolle" meint nun Lenin, „hat der Kapitalismus auf das äußerste vereinfacht, hat sie in außergewöhnlich einfache, jedem des Lesens und Schreibens Kundigen zugängliche Operationen der Beaufsichtigung und Notierung verwandelt, für deren Ausübung die Kenntnis der vier Rechnungsarten und die Ausstellung entsprechender Quittungen genügt"[2]). Es sei also ohne weiteres möglich, es dahin zu bringen, daß alle Mitglieder der Gesellschaft fähig werden, diese Aufgaben selbst zu besorgen[3]). Das ist alles, aber auch rein alles, was Lenin über dieses Problem zu sagen wußte; und kein Sozialist weiß ein Wort mehr darüber. Sie sind in der Erkenntnis des Wesens der Wirtschaft kaum weiter gekommen als der Laufbursche, der von der Tätigkeit des Unternehmers nur das eine beobachtet hat, daß er irgendwelche Blätter Papier mit Buchstaben und Ziffern beschreibt.

Darum war es Lenin auch ganz unmöglich, die Ursachen des Versagens seiner Politik zu erkennen. Durch sein Leben und durch seine Lektüre war er dem Wirtschaftsleben so entrückt geblieben, daß er dem Tun der „Bourgeoisie" so fremd gegenüberstand wie ein Zulukaffer dem Tun eines Entdeckungsreisenden, der geographische Messungen vornimmt. Da er sah, daß es so, wie er es angefangen hat, nicht weiter gehen konnte, entschloß er sich, die „bürgerlichen" Fachmänner nicht länger mehr nur durch den Hinweis auf die „bewaffneten Arbeiter" zur Mitwirkung zu zwingen; sie sollten für eine kurze Übergangszeit „hohe Bezüge" erhalten, damit sie die sozialistische Wirtschaft in Gang setzen und sich

---

[1]) Vgl. Lenin, Staat und Revolution, a. a. O., S. 94.
[2]) Ebendort S. 95.
[3]) Ebendort S. 96.

selbst damit überflüssig machen. Er hielt es für möglich, daß dies schon nach einem Jahr der Fall sein werde[1]).

Jene Sozialisten, die sich das sozialistische Gemeinwesen nicht so straff zentralistisch eingerichtet denken, wie es der folgerichtige Sozialismus allein denken kann und wie es allein denkbar ist, glauben, daß durch demokratische Einrichtungen in den Betrieben alle Schwierigkeiten, die sich der Wirtschaftsleitung entgegenstellen, gelöst werden könnten. Sie glauben, daß es möglich wäre, die einzelnen Betriebe sich bis zu einem gewissen Grade selbständig betätigen zu lassen, ohne daß dadurch die Einheitlichkeit und das richtige Zusammenwirken der Wirtschaft gefährdet würden. Wenn man dann in jedem Betrieb die Leitung unter die Kontrolle von Arbeiterausschüssen stellt, könne es keine weiteren Schwierigkeiten geben. In all dem stecken ganze Bündel von Trugschlüssen und Irrtümern. Die Probleme der Wirtschaftsleitung, die uns hier beschäftigen, machen sich innerhalb der einzelnen Betriebe viel weniger bemerkbar als gerade im Zusammenstimmen der Leistungen der einzelnen Arbeitsstätten zu dem Ganzen der Volkswirtschaft. Es handelt sich da um Fragen, die, wie Erweiterung, Umgestaltung, Einschränkung, Auflösung bestehender Betriebe und Neuerrichtung von Betrieben, niemals von den Arbeitern eines Betriebes allein entschieden werden können. Die Probleme, die der Wirtschaftsleitung gestellt sind, reichen über den einzelnen Betrieb hinaus.

Der Staats- und Kommunalsozialismus hat genug ungünstige Erfahrungen gemacht, um zur eingehendsten Beschäftigung mit dem Problem der Wirtschaftsleitung angeregt zu werden. Die Behandlung, die er ihm hat angedeihen lassen, ist nicht weniger unzulänglich gewesen als die, die es im Rußland der Bolschewiki erfahren hat. Die herrschende Meinung erblickt den Hauptübelstand der gemeinwirtschaftlichen Betriebe darin, daß in ihnen nicht „kaufmännisch" gearbeitet wird. Bei diesem Schlagwort könnte man an eine zutreffende Beurteilung der Dinge denken. In der Tat fehlt dem gemeinwirtschaftlichen Betrieb der Geist des Kaufmanns, und das Problem, das dem Sozialismus hier gestellt ist, ist eben das, für diesen Mangel Ersatz zu schaffen. Doch so will dieses Schlagwort gar nicht verstanden sein. Es ist aus der Seele von „Beamten" geboren, also von Leuten, denen sich alles menschliche Handeln als Erfüllung von formalen Amts- und Berufspflichten darstellt. Das Beamtentum klassifiziert die Tätigkeit nach der durch Prüfungen und durch die Zurücklegung einer bestimmten Dienstzeit zu erlangenden

---

[1]) Vgl. Lenin, Die nächsten Aufgaben der Sowjetmacht, Berlin 1918, S. 16ff.

formalen Befähigung zu ihrer Vornahme. „Vorbildung" und „Dienstalter" sind das Um und Auf dessen, was der Beamte in seine „Stelle" mitbringt. Erscheinen die Leistungen eines Beamtenkörpers als unbefriedigend, dann könne dies nur daran liegen, daß die Beamten nicht die richtige Vorbildung haben. Man müsse demnach künftig bei der Bestellung anders verfahren. Man schlägt also vor, von den Anwärtern künftig eine andere Vorbildung zu fordern. Werden einmal die Beamten der gemeinwirtschaftlichen Betriebe kaufmännische Vorbildung mitbringen, dann werde der Betrieb kaufmännischen Charakter erhalten. Darunter stellt sich der Beamte, dem es nicht gegeben ist, in den Geist der kapitalistischen Wirtschaft einzudringen, aber nichts anderes vor als gewisse Äußerlichkeiten der Geschäftstechnik: flotte Erledigung der Einläufe, Verwendung gewisser technischer Hilfsmittel des Bureaubetriebes, die in die Staatsämter noch nicht genug Eingang gefunden haben, als da sind moderne Buchführungseinrichtungen u. dgl., Verminderung der Vielschreiberei, und anderes. So ziehen denn die „Kaufleute" in die Kanzleiräume der gemeinwirtschaftlichen Betriebe ein. Und man ist sehr erstaunt, daß auch sie versagen, ja noch mehr versagen als die vielgeschmähten Juristen, die sich wenigstens an formaler Schulung ihnen überlegen erweisen.

Es ist nicht schwer, die Trugschlüsse, die in diesem Gedankengang stecken, aufzudecken. Die Kaufmannseigenschaft ist von der Stellung des Unternehmers in der kapitalistischen Wirtschaftsordnung nicht zu trennen. Das „Kaufmännische" ist keine Eigenschaft der Person, die angeboren ist; nur die geistigen Eigenschaften, die ein Kaufmann benötigt, können angeboren sein. Es ist ebensowenig eine Fertigkeit, die durch Studium erworben werden kann; nur die Kenntnisse und Fertigkeiten, die ein Kaufmann braucht, können gelehrt und gelernt werden. Kaufmann wird man nicht dadurch, daß man eine Reihe von Jahren in der kaufmännischen Lehre oder an einer Handelslehranstalt zubringt, nicht dadurch, daß man von der Buchhaltung etwas versteht und mit Ausdrücken des Kaufmannsjargons Bescheid weiß, nicht dadurch, daß man Sprachkenntnisse und Fertigkeiten im Maschinschreiben und in der Kurzschrift besitzt. Das alles sind Dinge, die der Bureauarbeiter benötigt. Doch der Bureauarbeiter ist kein Kaufmann, mag ihn auch die Sprache des täglichen Lebens als „gelernten Kaufmann" bezeichnen.

Man hat es schließlich damit versucht, Unternehmer, die sich jahrelang erfolgreich betätigt haben, zu Leitern gemeinwirtschaftlicher Betriebe zu bestellen. Der Erfolg war kläglich. Sie haben die Sache nicht besser gemacht als die anderen, dafür es an jenem Sinn für formale Ordnung fehlen lassen, der den Berufsbeamten auszeichnet. Ein Unternehmer, den man seiner charakteristischen Stellung im Wirtschaftsleben entkleidet, hört auf, Kaufmann zu sein. Er mag in seine neue Stellung noch so viel Erfahrung und Routine mitbringen, er wird in ihr doch nur Beamter sein.

Ebensowenig geht es an, das Problem durch Besoldungsreformen zu lösen. Man meint, wenn man die Leiter der gemeinwirtschaftlichen Betriebe besser bezahlte, dann werde ein Wettbewerb um diese Stellen einsetzen, der es ermöglichen wird, die Besten auszuwählen. Manche gehen noch weiter und glauben, durch Gewinnbeteiligung der Leiter der Schwierigkeiten Herr werden zu können. Es ist bezeichnend, daß diese Vorschläge bisher kaum Verwirklichung gefunden haben, obwohl sie, solange gemeinwirtschaftliche Betriebe neben privaten Unternehmungen bestehen, durchführbar erscheinen, da solange auch die Möglichkeit der Wirtschaftsrechnung die Ermittlung des vom gemeinwirtschaftlichen Betrieb erreichten Erfolges zuläßt, was im rein sozialistischen Gemeinwesen nicht der Fall sein wird. Das Problem liegt nämlich gar nicht so sehr in der Frage der Teilnahme des Leiters am Gewinn als in seiner Teilnahme an Verlusten, die durch seine Geschäftsführung entstehen. Für Verluste kann man den vermögenslosen Leiter eines gemeinwirtschaftlichen Betriebes nur zu einem verhältnismäßig sehr geringen Teile anders als bloß moralisch haftbar machen. Ist er nun auf der einen Seite am Gewinn materiell interessiert, am Verlust aber kaum beteiligt, so fördert man seinen Leichtsinn. Das ist eine Erfahrung, die nicht bloß die gemeinwirtschaftlichen Betriebe, sondern auch die privaten Unternehmungen überall machen mußten, wo sie mittellose Angestellte in leitenden Posten mit Tantiemenberechtigung bedacht haben.

Es ist ein Verzicht auf die Lösung der Probleme, die uns beschäftigen, wenn man sich damit zu trösten versucht, die sittliche Läuterung der Menschen, die sich die Sozialisten von der Durchführung ihrer Pläne erwarten, werde von selbst alles auf das schönste in Ordnung bringen. Ob der Sozialismus die sittliche Wirkung, die man von ihm erwartet, haben wird oder nicht, mag hier füglich dahingestellt bleiben. Denn die Probleme, die uns beschäftigen, entspringen nicht einer sittlichen Unvollkommenheit der Menschen. Es sind Probleme der Logik des Willens und der Tat, die ohne zeitliche und örtliche Beschränkungen für alles menschliche Handeln gelten.

§ 3. Ungeachtet der gewonnenen Erkenntnis, daß alle bisherigen sozialistischen Bestrebungen an diesen Problemen gescheitert sind, soll nun der Versuch unternommen werden, Wege aufzuspüren, auf denen ihre Lösung gesucht werden müßte. Nur so können wir uns Klarheit darüber verschaffen, ob sie im Rahmen einer sozialistischen Gesellschaftsordnung überhaupt gelöst werden können.

Der erste Schritt, den man machen müßte, wäre der, innerhalb des sozialistischen Gemeinwesens Abteilungen zu bilden, denen die Besorgung bestimmter Geschäftszweige zugewiesen wird. Solange die Wirtschaft des sozialistischen Gemeinwesens von einer einzigen Stelle aus geleitet wird, die allein alle Verfügungen trifft und allein alle Verantwortung trägt, ist an ihre Lösung nicht zu denken, weil dann alle übrigen Tätigen nur ausführende Werkzeuge ohne selbständig abgegrenzten Wirkungskreis und mithin ohne besondere Verantwortung sind. Das, was wir anstreben müssen, ist gerade die Möglichkeit, nicht nur den gesamten Prozeß überblicken und kontrollieren zu können, sondern auch die einzelnen Teilprozesse, die sich im engeren Rahmen abspielen, gesondert betrachten und beurteilen zu können.

Wir befinden uns, wenn wir dieses Verfahren einschlagen, in Übereinstimmung mit allen im Dunkel tappenden Versuchen, die bis nun zur Lösung unserer Probleme gemacht wurden. Es ist allen klar, daß man zum angestrebten Ziel nur gelangen kann, wenn man die Verantwortlichkeit von unten aufbaut. Dazu muß man vom einzelnen Betrieb oder vom einzelnen Geschäftszweig ausgehen. Es ist dabei ganz gleichgültig, welche Einheit zugrunde gelegt wird. Es macht nichts aus, ob die Einheit, die wir zum Ausgang nehmen, größer oder kleiner ist, weil das gleiche Prinzip, das wir einmal zur Zerlegung angewendet haben, immer wieder angewendet werden kann, wo es nottut, eine zu große Einheit weiter zu zerlegen. Viel wichtiger als die Frage, wo und wie oft der Schnitt geführt wird, ist die, wie trotz der Zerlegung der Wirtschaft in Teile die Einheit des Zusammenwirkens, ohne die gesellschaftliche Wirtschaft nicht möglich ist, gewahrt bleiben kann.

Wir denken uns die Wirtschaft des sozialistischen Gemeinwesens zunächst in eine beliebige Anzahl von Abteilungen zerlegt, deren jede einem besonderen Abteilungsleiter unterstellt wird. Jeder Abteilungsleiter wird mit der vollen Verantwortlichkeit für sein Handeln bekleidet. Das heißt, ihm fließt der Gewinn oder doch ein größerer Teil des Gewinnes zu; andererseits wird ihm der Verlust insoferne zur Last gelegt, daß ihm jene Produktionsmittel, die er durch schlechte Maßnahmen verwirtschaftet, nicht von der Gesellschaft ersetzt werden. Hat er ganz abgewirtschaftet, dann hört er überhaupt auf, Abteilungsleiter zu sein und tritt in die Masse der übrigen Genossen zurück.

Soll nun diese Selbstverantwortung des Abteilungsleiters nicht bloßer Schein sein, dann muß sein Handeln von dem der anderen Abteilungsleiter deutlich unterscheidbar sein. Alles, was er an Rohstoffen und Halbfabrikaten von anderen Abteilungsleitern zur Weiterverarbeitung oder zur Verwendung als Werkzeug in seiner Abteilung übernimmt, und alle Arbeit, die er in seiner Abteilung leisten läßt, werden ihm zur Last geschrieben; alles, was er an andere Abteilungen oder an die Konsumtion abgibt, wird ihm gutgeschrieben. Dazu ist es notwendig, daß ihm freie Wahl gelassen wird, zu entscheiden, welche Maschinen, Rohstoffe, Halbfabrikate und Arbeitskräfte er in seiner Abteilung verwenden will und was er in ihr erzeugen will. Wäre das nicht der Fall, dann könnte man ihm keine Verantwortung aufbürden. Denn es wäre ja nicht seine Schuld, wenn er auf Befehl der Oberleitung irgend etwas erzeugt hätte, wofür unter den gegebenen Verhältnissen kein entsprechender Bedarf besteht, oder wenn seine Abteilung darunter leiden würde, daß sie die Vorerzeugnisse von den anderen Abteilungen in ungeeignetem Zustand oder, was dasselbe ist, mit zu hoher Belastung bekäme. In jenem Fall würde der Mißerfolg seiner Abteilung auf Verfügungen der obersten Leitung, in diesem auf die Mißerfolge der Abteilungen, die Vorerzeugnisse herstellen, zurückzuführen sein. Andererseits aber muß es auch der Gesellschaft freistehen, dasselbe Recht, das sie dem Abteilungsleiter einräumt, für sich selbst in Anspruch zu nehmen. Das heißt, sie übernimmt die Produkte, die er erzeugt hat, auch nur nach Maßgabe ihres Bedarfes und nur dann, wenn sie sie mit dem geringsten Belastungssatz erhalten kann, und sie berechnet ihm die Arbeit, die sie ihm liefert, zu dem höchsten Satz, den sie dafür zu empfangen in der Lage ist; sie gibt sie gewissermaßen dem Höchstbietenden.

Die Gesellschaft als Produktionsgemeinschaft zerfällt nun in drei Gruppen. Die eine bildet die Leitung. Der obliegt lediglich die Aufsicht über den ordnungsmäßigen Verlauf des gesamten Produktionsprozesses, dessen Durchführung ganz den Abteilungsleitern überantwortet ist. Die dritte Gruppe bilden die Genossen, die weder im Dienste der Oberleitung stehen, noch Abteilungsleiter sind. Zwischen den beiden Gruppen stehen als besondere Gruppe die Abteilungsleiter; sie haben von der Gesellschaft bei Einführung des Regimes eine einmalige Ausstattung mit Produktionsmitteln empfangen, wofür sie kein Entgelt zu leisten hatten, und empfangen von ihr immer wieder die Arbeitskraft der Angehörigen der dritten Gruppe, die dem Meistbietenden unter ihnen zugewiesen werden. Die genußreifen Güter werden dann von der Leitung, die jedem Genossen der dritten Gruppe alles das gutzuschreiben hat, was sie für seine Arbeitskraft von den Abteilungsleitern erlöst hat, oder, falls sie ihn in ihrem eigenen Wirkungskreis verwendet, alles das, was sie für seine Arbeitskraft von den Abteilungsleitern hätte erlösen können, wieder durch Zuschlag an den Meistbietenden, er sei Genosse welcher der drei Gruppen immer, verteilt. Der Erlös wird den Abteilungsleitern, die sie geliefert haben, gutgeschrieben.

Bei dieser Gliederung der Gesellschaft können die Abteilungsleiter voll zur Verantwortung für ihr Tun und Lassen herangezogen werden. Das Gebiet, für das sie die Verantwortung tragen, ist scharf von dem abgegrenzt, für das den anderen die Verantwortung obliegt. Hier steht man nicht mehr dem Gesamterfolg des Wirtschaftsprozesses der gesamten Wirtschaftsgemeinschaft gegenüber, in dem man die Beiträge der Einzelnen nicht mehr zu scheiden vermag. Der „produktive Beitrag" eines jeden einzelnen Abteilungsleiters ist gesonderter Beurteilung zugänglich; ebenso aber auch der eines jeden einzelnen Genossen der dritten Gruppe.

Den Abteilungsleitern muß aber auch die Möglichkeit gegeben werden, ihre Abteilung so umzugestalten, auszudehnen oder zu verkleinern, wie es die jeweilige Richtung der Nachfrage der Genossen, die bei der Versteigerung der genußreifen Güter sichtbar wird, erfordert. Dazu müssen sie in der Lage sein, die Produktionsmittel ihrer Abteilung, die in anderen Abteilungen dringender benötigt werden, an diese zu überlassen; und dafür dürfen sie soviel fordern, als sie überhaupt unter den gegebenen Verhältnissen erreichen können.

Man braucht diese Konstruktion nicht weiter auszuführen; man erkennt unschwer, daß sie nichts anderes darstellt als das System der kapitalistischen Gesellschaftsordnung. In der Tat bietet nur diese die Form gesellschaftlicher Wirtschaft, in der die strenge Durchführung des Gedankens der persönlichen Verantwortlichkeit jedes einzelnen Genossen möglich ist. Der Kapitalismus ist die Gestaltung der gesellschaftlichen Wirtschaft, in der alle jene Mängel des sozialistischen Systems, die oben auseinandergesetzt wurden, behoben sind. Der Kapitalismus ist die einzig denkbare und mögliche Gestalt arbeitteilender gesellschaftlicher Wirtschaft.

II. Abschnitt.

Das sozialistische Gemeinwesen im Verkehr.

I.

Weltsozialismus und Staatensozialismus.

§ 1. Der ältere Sozialismus ist durch seine Vorliebe für die Rückkehr zur einfacheren Produktionsweise der Vorzeit gekennzeichnet. Sein Ideal ist das autarke Dorf oder, wenn es hoch kommt, die autarke Landschaft: eine Stadt, um die sich eine Anzahl Dörfer gruppieren. Allem

Handel und Verkehr abhold, sehen seine Vorkämpfer im Außenhandel vollends etwas Schädliches, das beseitigt werden müsse. Der Außenhandel bringe überflüssige Waren ins Land; da man sie früher entbehren konnte, sei es erwiesen, daß man sie nicht brauche und nur durch die leichte Möglichkeit der Beschaffung zu unnötigem Aufwand verleitet wurde. Er verderbe die Sitten und schleppe fremde Bräuche und Anschauungen ein. Der kynisch-stoische Lebensgrundsatz der Autarkie wird frühzeitig in der Utopie in wirtschaftliche Selbstgenügsamkeit umgedeutet. Dem romanhaft idealisierten lykurgischen Sparta rühmt Plutarch nach, daß kein Schiff mit Kaufmannsgütern in seine Häfen einlief[1]).

Das Festhalten am Ideal der wirtschaftlichen Autarkie und die völlige Verständnislosigkeit für das Wesen des Verkehrs und des Handels lassen die Utopisten das Problem der räumlichen Ausdehnung des Idealstaates übersehen. Ob die Grenzen ihres Märchenlandes weiter oder enger gesteckt sind, spielt in ihren Erwägungen keine Rolle. Im kleinsten Dorf ist Raum genug für die Verwirklichung ihrer Pläne. So kann der Gedanke entstehen, die Utopie probeweise in kleinem Maßstabe zu verwirklichen. Owen gründet in Indiana New Harmony, Cabet in Texas ein kleines Ikarien, Considerant gleichfalls in Texas ein Musterphalanstère. „Duodez-Ausgabe des neuen Jerusalem" spottet das Kommunistische Manifest.

Allmählich nur begannen die Sozialisten einzusehen, daß man die Autarkie des engen Raumes nicht zum Grundsatz des Sozialismus machen könne. Thompson, ein Schüler Owens, bemerkt, daß die Durchführung der Gleichheit innerhalb der Mitglieder einer Gemeinde noch lange nicht die Durchführung der Gleichheit zwischen den Mitgliedern verschiedener Gemeinden bedeute. Unter dem Einfluß dieser Erkenntnis nimmt sein Ideal die Formen des zentralistischen Sozialismus an[2]). Saint Simon und seine Schule waren durchaus Zentralisten. Pecqueurs Reformpläne nannten sich national und universell[3]).

Damit taucht ein besonderes Problem des Sozialismus auf. Kann es auf Erden räumlich begrenzten Sozialismus geben oder muß notwendigerweise die ganze bewohnte Erde ein einheitliches sozialistisches Gemeinwesen bilden?

§ 2. Für den Marxismus kann es nur eine Lösung dieses Problems geben: die ökumenische.

---

[1]) Vgl. Poehlmann, a. a. O., I. Bd., S. 110ff., 123f.
[2]) Vgl. Tugan-Baranowsky, Der moderne Sozialismus in seiner geschichtlichen Entwicklung, Dresden 1908, S. 136.
[3]) Vgl. Pecqueur, a. a. O., S. 699.

Der Marxismus geht davon aus, daß schon der Kapitalismus aus innerer Notwendigkeit der ganzen Welt seinen Stempel aufgedrückt hat. Schon der Kapitalismus ist nicht auf ein einziges oder auf einige wenige Völker beschränkt; er ist übernational und kosmopolitisch. „An die Stelle der alten lokalen und nationalen Selbstgenügsamkeit und Abgeschlossenheit tritt ein allseitiger Verkehr, eine allseitige Abhängigkeit der Nationen voneinander." Mit den wohlfeilen Preisen ihrer Waren, die ihre „schwere Artillerie" bilden, zwinge die Bourgeoisie alle Nationen, sich die Produktionsweise der Bourgeoisie anzueignen, wenn sie nicht zugrunde gehen wollen. „Sie zwingt sie, die sogenannte Zivilisation bei sich selbst einzuführen, d. h. Bourgeois zu werden. Mit einem Wort, sie schafft sich eine Welt nach ihrem eigenen Bild." Das gilt nicht nur von der materiellen, sondern auch von der geistigen Produktion. „Die geistigen Erzeugnisse der einzelnen Nationen werden Gemeingut. Die nationale Einseitigkeit und Beschränktheit wird mehr und mehr unmöglich, und aus den vielen nationalen und lokalen Literaturen bildet sich eine Weltliteratur[1]."

Daraus folgt im Sinne der materialistischen Geschichtsauffassung, daß auch der Sozialismus keine nationale, sondern nur eine internationale Erscheinung sein kann. Er ist eine geschichtliche Phase der ganzen Menschheit, nicht eines einzigen Volkes. Die Frage, ob diese oder jene Nation schon „reif" sei für den Sozialismus, kann im Sinne des Marxismus überhaupt nicht gestellt werden. Der Kapitalismus macht die Welt für den Sozialismus reif, nicht ein einzelnes Land oder gar eine einzelne Industrie. Die Exproprieteure, durch deren Expropriation der letzte Schritt zur Verwirklichung des Sozialismus einst geschehen soll, darf man sich nicht anders vorstellen denn als Großkapitalisten, deren Kapitalien in der ganzen Welt angelegt sind. Für den Marxisten sind daher die sozialistischen Experimente der „Utopisten" ebenso widersinnig wie der Bismarcksche, natürlich nicht ernst gemeinte Vorschlag, in einem der polnischen Kreise des preußischen Staates probeweise den Sozialismus einzuführen[2]. Der Sozialismus ist eine Geschichtsepoche, die man nicht künstlich in der Retorte zur Probe und im Kleinen herstellen kann. So kann es für den Marxismus das Problem der Autarkie eines sozialistischen Gemeinwesens gar nicht geben. Das sozialistische Gemeinwesen, das er allein denken kann, umfaßt die ganze Menschheit und die

---

[1] Vgl. Marx-Engels, Das Kommunistische Manifest, a. a. O., S. 26.
[2] Vgl. Bismarcks Rede in der Sitzung des deutschen Reichstages vom 19. Februar 1878 (Fürst Bismarcks Reden, herg. v. Stein, VII. Bd., S. 34).

ganze Erdoberfläche. Die Wirtschaftsleitung ist für die ganze Welt einheitlich.

Die späteren Marxisten haben freilich erkannt, daß man auch damit rechnen muß, daß, zumindest eine Zeitlang, mehrere unabhängige sozialistische Gemeinwesen nebeneinander bestehen werden[1]). Gibt man aber das zu, dann muß man weiter gehen und auch den Fall ins Auge fassen, daß ein oder mehrere sozialistische Gemeinwesen neben einer im großen und ganzen auf kapitalistischer Grundlage wirtschaftenden Umwelt bestehen.

§ 3. Wenn Marx und ihm folgend die Mehrzahl aller neueren sozialistischen Schriftsteller sich die Verwirklichung des Sozialismus allein in der Gestalt eines einheitlichen sozialistischen Weltstaates denken, übersehen sie, daß gewaltige Kräfte der Ökumenisierung entgegenwirken.

Man geht wohl nicht fehl, wenn man annimmt, daß die Leichtigkeit, mit der sie über diese Probleme hinweggehen, auf eine — wie wir sehen werden, durch nichts gerechtfertigte — Herübernahme der zur Zeit der Ausbildung des Marxismus herrschenden Anschauungen über die künftige politische Gestaltung der Welt zurückzuführen ist. Die liberale Doktrin glaubte damals alle regionale und staatliche Absonderung als einen politischen Atavismus ansehen zu dürfen. Sie hatte, unwiderlegbar für alle Zeiten, ihre Lehre von den Wirkungen der Schutzzölle und des Freihandels vorgetragen, hatte gezeigt, daß alles, was den Verkehr hemmen kann, zum Nachteile aller Beteiligten ausschlägt und hatte sich mit Erfolg daran gemacht, den Staat auf die Funktion des Sicherheitsproduzenten zu beschränken. Für den Liberalismus besteht das Problem der Staatsgrenzen nicht. Wenn man die staatlichen Aufgaben darauf beschränkt, Leben und Eigentum gegen Mörder und Diebe zu schützen, ist es weiter von keinem Belang, ob dieses oder jenes Land noch „zu uns" gehört oder nicht. Ob der Staat sich räumlich über ein weiteres oder engeres Gebiet erstreckt, erscheint einem Zeitalter gleichgültig, das die Zollschranken zerstört und daran ist, die einzelnen staatlichen Rechts- und Verwaltungssysteme einander anzugleichen. Um die Mitte des 19. Jahrhunderts mochte den Optimisten unter den Liberalen der Gedanke eines Völkerbundes, eines wahren Weltstaates, als in nicht allzu weiter Ferne erfüllbar erscheinen.

Schon die Liberalen haben das größte Hindernis, das sich der Entwicklung des Weltfreihandels in den Weg stellen sollte, nicht genügend

---

[1]) Vgl. Bauer, Die Nationalitätenfrage und die Sozialdemokratie, Wien 1907, S. 519.

beachtet: das nationale Problem. Die Sozialisten aber übersehen vollkommen, daß dieses Hindernis für die sozialistische Gesellschaft noch unendlich viel größer ist. Die Unfähigkeit, im nationalökonomischen Denken über Ricardo hinauszugehen, die die Marxisten kennzeichnet, und ihr Unverständnis für alle nationalpolitischen Fragen haben es ihnen unmöglich gemacht, das Problem, das hier liegt, auch nur zu ahnen.

II.
Die Wanderungen als Problem des Sozialismus.

§ 1. Bei voller Freiheit des Verkehrs würde es dazu kommen, daß nur die günstigsten Produktionsbedingungen zur Verwertung herangezogen werden. Die Urproduktion würde jene Grundstücke aufsuchen, die unter gleichen Umständen die höchste Ausbeute geben. Die verarbeitende Industrie würde ihren Standort dort nehmen, wo zur Erzeugung einer Gütereinheit (bis zur vollen Genußreife, also einschließlich des Transportes zum Konsumtionsort) die geringste Transportleistung benötigt wird. Da die Arbeiter sich in der Nähe der Produktionsstätten ansiedeln, müssen sich die Siedlungsverhältnisse den natürlichen Produktionsbedingungen anpassen.

Die natürlichen Produktionsverhältnisse sind nur im Beharrungszustand der Wirtschaft unveränderlich. Die Kräfte der Bewegung gestalten sie beständig um. In der sich verändernden Wirtschaft sind die Menschen auf der Wanderung von den Stätten der weniger günstigen zu den Stätten der günstigeren Produktionsbedingungen. In der kapitalistischen Wirtschaftsordnung wandern Kapital und Arbeit unter dem Drucke des Wettbewerbes zu den günstigsten Standorten hin. Im geschlossenen sozialistischen Gemeinwesen wird dasselbe Ergebnis durch Verfügungen der Wirtschaftsleitung erzielt. Es ist immer das gleiche: die Menschen wandern den Stätten der günstigsten Lebensbedingungen zu[1].

Diese Wanderungen sind von den schwerwiegendsten Folgen für die Gestaltung der nationalen Verhältnisse. Sie führen Angehörige von Nationen, deren Siedlungsgebiete weniger günstige Produktionsmöglichkeiten aufweisen, in das Gebiet jener Nationen, die sich eines von der Natur besser bedachten Siedlungsgebietes erfreuen. Sind die Bedingungen, unter denen sich die Wanderungen vollziehen, so beschaffen,

---

[1] Vgl. meine Ausführungen in „Nation, Staat und Wirtschaft", Wien 1919, S. 45 ff. und in „Liberalismus", Jena 1927, S. 93 ff.

daß die Einwanderer von ihrer neuen Umgebung assimiliert werden, dann wird die Auswanderungsnation dadurch zahlenmäßig geschwächt; sind sie so, daß die Einwanderer in der neuen Heimat ihr Volkstum bewahren oder gar die Ureinwohner sich assimilieren, dann ist es an der das Einwanderungsland bewohnenden Nation, von der Einwanderung eine Beeinträchtigung ihrer nationalen Stellung zu befürchten.

Angehöriger einer nationalen Minderheit zu sein, bringt mannigfache politische Nachteile mit sich[1]). Diese Nachteile sind um so stärker fühlbar, je weiter der Wirkungskreis der politischen Gewalt ist. Sie sind in einem rein liberalen Staatswesen am kleinsten, in einem sozialistischen am stärksten. Je stärker sie aber empfunden werden, desto stärker wieder wächst in jedem Volk das Bestreben, seine Angehörigen vor dem Schicksal, das die nationale Minderheit trifft, zu bewahren. Groß an Zahl zu werden, die Majorität in weiten und reichen Landstrecken zu besitzen, wird zu einem erstrebenswerten Ziel der Politik. Das aber ist Imperialismus[2]). Das beliebteste Mittel des Imperialismus waren in den letzten Jahrzehnten des 19. und in den ersten des 20. Jahrhunderts handelspolitische Eingriffe, also Schutzzölle und Einfuhrverbote, Ausfuhrprämien, Frachtbegünstigungen und was alles damit zusammenhängt. Weniger Aufmerksamkeit hat man einem anderen wichtigen Mittel imperialistischer Politik geschenkt, das immer größere Bedeutung erhält: den Einwanderungs- und Auswanderungserschwerungen. Die ultima ratio imperialistischer Politik ist aber der Krieg. Ihm gegenüber erscheinen alle anderen Mittel, die sie anwendet, nur als unzulängliche Aushilfen.

Nichts berechtigt uns anzunehmen, daß es im sozialistischen Gemeinwesen weniger nachteilig sein sollte, einer nationalen Minderheit anzugehören. Gerade das Gegenteil muß der Fall sein. Je mehr der Einzelne in allen Belangen von der Obrigkeit abhängt, je mehr Bedeutung die Entscheidungen der politischen Körper für das Leben des Einzelnen haben, desto stärker wird die politische Ohnmacht, zu der nationale Minderheiten verurteilt sind, empfunden werden.

Doch wir können, wenn wir das Wanderproblem im sozialistischen Gemeinwesen betrachten, davon absehen, ein besonderes Augenmerk den Reibungen zu schenken, die durch die Wanderungen zwischen den Nationen entstehen. Denn schon zwischen den Angehörigen einer und derselben Nation müssen sich in einem sozialistischen Gemeinwesen

---

[1]) Vgl. Nation, Staat und Wirtschaft, a. a. O., S. 37 ff.
[2]) Vgl. ebendort S. 63 f.; Liberalismus, a. a. O., S. 107 ff.

Gegensätze herausbilden, die das Problem der Verteilung der Erde, das dem Liberalismus durchaus gleichgültig ist, zu einem Hauptproblem des Sozialismus machen müssen.

§ 2. In der kapitalistischen Wirtschaft sind Kapital und Arbeit so lange in Bewegung, bis überall das gleiche Grenznutzenniveau erreicht ist. Der Ruhezustand ist erreicht, wenn Kapital und Arbeit in allen Verwendungen die gleiche Grenzproduktivität aufweisen.

Betrachten wir zunächst die Arbeiterwanderungen allein, ohne auf die Wanderungen des Kapitals Rücksicht zu nehmen. Die zuströmenden Arbeiter drücken dort, wohin sie sich begeben, die Grenzproduktivität der Arbeit. Daß der Ertrag der Arbeit, der Lohn, sinkt, schädigt unmittelbar die Arbeiter, die vor der Zuwanderung dort tätig waren. Sie sehen im Zugewanderten einen Lohndrücker. Ihr Sonderinteresse verlangt nach Einwanderungsverboten; Zuzug fernzuhalten, wird zu einem Programmpunkt der Sonderpolitik aller Arbeitergruppen.

Der Liberalismus hat gezeigt, wer die Kosten dieser Politik trägt. Zunächst sind die Arbeiter betroffen, die sich an Stätten ungünstigerer Produktionsbedingungen bei geringerer Grenzproduktivität der Arbeit mit niedrigeren Löhnen begnügen müssen, und die Eigentümer der günstigere Bedingungen gewährenden Produktionsmittel, die nicht jenen Ertrag zu erzielen vermögen, den sie durch Einstellung einer größeren Zahl von Arbeitern erhalten könnten. Aber damit sind die Wirkungen nicht erschöpft. Ein System, das die nächstliegenden Sonderinteressen der einzelnen Gruppen schützt, hemmt allgemein die Produktivität und schädigt damit in letzter Linie alle, auch die, die es zunächst begünstigt. Wie sich das Endergebnis für den Einzelnen gestaltet, ob er im Schutzsystem gegenüber dem, was ihm bei voller Freiheit des Verkehres zufallen würde, gewinnt oder verliert, das hängt von dem Grade des Schutzes ab, der ihm und anderen gewährt wird. Wenn auch das Gesamtergebnis der Produktion im Schutzsystem hinter dem der freien Wirtschaft zurückbleibt, so daß das Durchschnittseinkommen niedriger sein muß, so ist es doch wohl möglich, daß Einzelne dabei besser fahren als bei der freien Wirtschaft. Je stärker der Schutz der Sonderinteressen durchgeführt ist, je größer daher die Gesamteinbuße wird, desto geringer wird die Wahrscheinlichkeit, daß es Einzelne geben kann, die dadurch mehr gewinnen als verlieren.

Sobald überhaupt grundsätzlich die Möglichkeit besteht, Sonderinteressen wahrzunehmen und Privilegien durchzusetzen, entbrennt der Kampf der Interessenten um den Vorrang. Jeder sucht dem anderen zuvorzukommen und mehr Vorrechte als die anderen zu erhalten, um mehr Vorteile einheimsen zu können. Der Gedanke des lückenlosen gleichen Schutzes aller Interessen ist ein Wahngebilde einer schlecht durchdachten Theorie. Denn würden alle Sonderinteressen gleichmäßig geschützt, so hätte niemand einen Vorteil vom Schutz; alle würden nur gleichmäßig die Nachteile der Verringerung der Produktivität spüren. Nur die Hoffnung jedes Einzelnen, für sich einen stärkeren Schutz durchsetzen zu können, der ihn den anderen, weniger Geschützten gegenüber in Vorteil bringt, macht das Schutzsystem dem Einzelnen begehrenswert. Es wird von jenen gefordert, die die Macht haben, für sich besondere Privilegien zu erwerben und sie festzuhalten.

Indem der Liberalismus die Wirkungen der Schutzpolitik enthüllt hat, hat er die Macht zur Erkämpfung von Sonderprivilegien gebrochen. Denn nun ward es klar, daß es im besten Falle immer nur wenige sein können, die durch das Schutzsystem absolut gewinnen, daß die große Mehrzahl dabei verlieren muß. Diese Erkenntnis entzog den Vorkämpfern des Schutzsystems die Anhängerschaft der Masse; die Privilegien fielen, weil sie die Volkstümlichkeit eingebüßt hatten.

Die Wiederbelebung des Schutzsystems setzte die Vernichtung des Liberalismus voraus, die von zwei Seiten in Angriff genommen wurde: vom nationalistischen Gesichtspunkt aus und vom Gesichtspunkt der durch den Kapitalismus gefährdeten Interessen des Mittelstandes und der Arbeiter. Jener Gedankengang hat die territorialen Abschließungsbestrebungen gezeitigt, dieser die Sonderrechte der dem Konkurrenzkampfe nicht gewachsenen Unternehmer und der Arbeiter. Sobald jedoch einmal der liberale Gedanke vollständig überwunden ist und das Schutzsystem von ihm keine weitere Beeinträchtigung erfahren kann, steht der Ausdehnung des Gebietes der Sonderprivilegien nichts mehr entgegen. Man hat lange geglaubt, daß die territorial wirksamen Schutzmaßnahmen an nationale und an politische Grenzen gebunden seien, so daß etwa an die Wiederaufrichtung von Inlandszollschranken, an die Aufhebung der inneren Freizügigkeit und an ähnliche Maßnahmen nicht mehr zu denken sei. Man konnte daran freilich nicht denken, solange man noch auf einen Rest liberaler Anschauungen Rücksicht nehmen mußte. Als man sich in Deutschland und Österreich in der Kriegswirtschaft davon befreit hatte, wurden über Nacht allenthalben regionale Absperrungsmaßnahmen eingeführt. Die Bezirke landwirtschaftlicher Überschußproduktion schlossen sich gegen die Bezirke, die ihre Bevölkerung nur durch Zufuhr von Lebensmitteln ernähren können, ab, um ihrer Bevölkerung billigere Lebensmittelpreise zu sichern. Die Städte und Industriebezirke erschwerten die Zuwanderung, um dem Steigen der

Lebensmittelpreise und der Wohnungsmieten entgegenzutreten. Die regionalen Sonderinteressen durchbrachen die Einheit des Wirtschaftsgebietes, auf der der etatistische Neomerkantilismus alle seine Pläne aufgebaut hatte.

Angenommen, der Sozialismus wäre überhaupt durchführbar, so würden sich der einheitlichen Durchführung des Weltsozialismus große Schwierigkeiten in den Weg stellen. Man muß mit der Möglichkeit rechnen, daß die Arbeiter der einzelnen Länder, Bezirke, Gemeinden, Unternehmungen und Betriebe sich auf den Standpunkt stellen werden, daß die auf ihrem Gebiet befindlichen Produktionsmittel ihr Eigentum seien und daß von ihren Früchten kein Außenstehender Gewinn ziehen soll. Dann aber zerfällt der Sozialismus in zahlreiche selbständige sozialistische Gemeinwesen, wenn er nicht überhaupt gänzlich in Syndikalismus aufgeht. Der Syndikalismus ist ja nichts anderes als die folgerichtige Durchführung des Grundsatzes der Dezentralisation.

III.

Die auswärtige Handelspolitik sozialistischer Gemeinwesen.

§ 1. Für ein sozialistisches Gemeinwesen, das nicht die ganze Menschheit umfaßt, würde kein Grund bestehen, sich selbstgenügsam gegen das ganze Ausland abzuschließen. Es mag den Machthabern eines solchen Staates unbequem sein, daß mit den fremden Produkten auch fremde Gedanken über die Grenzen hereinkommen. Sie mögen für den Fortbestand des sozialistischen Systems fürchten, wenn es den Genossen ermöglicht wird, Vergleiche zwischen ihrer Lage und der der Ausländer, die nicht sozialistischen Gemeinwesen angehören, zu ziehen. Doch das sind politische Rücksichten. Sie fallen weg, wenn das Ausland auch auf sozialistischer Grundlage eingerichtet ist. Übrigens müßte ein von der Ersprießlichkeit des Sozialismus überzeugter Staatsmann vom Verkehr mit den Angehörigen nichtsozialistischer Staaten erwarten, daß er die Ausländer zum Sozialismus bekehren werde, und keineswegs fürchten, daß er die sozialistische Gesinnung seiner Landsleute erschüttern könnte.

Welche Nachteile aus der Abschließung der Grenzen gegen die Einfuhr ausländischer Waren für die Versorgung der Genossen des sozialistischen Gemeinwesens erwachsen müßten, zeigt die Freihandelstheorie. Kapital und Arbeit müßten unter relativ ungünstigeren Produktionsbedingungen verwendet werden, wo sie einen geringeren Ertrag abwerfen. Ein krasses Beispiel stellt die Sache am leichtesten klar. Ein sozialistisches Deutschland könnte, wenn auch unter enormem Aufwand von Kapital und Arbeit, in Treibhäusern Kaffee bauen. Es wäre aber weitaus vorteilhafter, anstatt Kaffee im Lande unter großen Kosten zu erzeugen, ihn aus Brasilien zu beziehen und dagegen Produkte auszuführen, für deren Erzeugung die Verhältnisse in Deutschland günstiger sind als für den Kaffeebau[1]).

§ 2. Damit sind auch die Richtlinien gegeben, die die Handelspolitik eines sozialistischen Gemeinwesens befolgen müßte. Sie wird, wenn sie rein wirtschaftlich verfahren will, nichts anderes zu erreichen trachten als das, was sich bei vollkommener Handelsfreiheit durch das freie Spiel der wirtschaftlichen Kräfte einstellen würde. Das sozialistische Gemeinwesen wird seine Erzeugung auf jene Güter beschränken, für deren Erzeugung relativ günstigere Produktionsbedingungen als im Auslande gegeben sind, und jede einzelne Produktion nur soweit ausdehnen, als diese relative Überlegenheit reicht. Alle anderen Waren wird es im Tauschwege aus dem Auslande beziehen.

Es ist für diese grundsätzliche Feststellung zunächst ohne Belang, ob sich der Verkehr mit dem Auslande unter Zuhilfenahme eines allgemein gebräuchlichen Tauschmittels, des Geldes, abspielt oder nicht. Wie das Wirtschaften im sozialistischen Gemeinwesen selbst, so wird auch der Verkehr mit dem Auslande, der sich durch nichts von jenem unterscheidet, nicht rationell eingerichtet werden können, wenn es keine Geldrechnung und keine Geldpreisbildung für die Produktionsmittel gibt. Da ist dem, was darüber schon gesagt wurde, nichts beizufügen. Doch wir wollen uns ein sozialistisches Gemeinwesen in einer im übrigen nicht sozialistischen Welt vorstellen. Ein solches Gemeinwesen könnte in Geld rechnen und berechnen wie eine Staatsbahn oder ein städtisches Wasserwerk, die inmitten einer im übrigen auf dem Sondereigentum an den Produktionsmitteln beruhenden Gesellschaftsordnung bestehen.

§ 3. Es ist für niemand gleichgültig, wie es bei seinem Nachbar bestellt ist. Da die Produktivität der Arbeit durch die Arbeitsteilung erhöht wird, liegt es in jedermanns Interesse, daß sie soweit durchgeführt wird als es unter den gegebenen Verhältnissen nur immer mög-

---

[1]) Es ist überflüssig, sich mit den Autarkie-Plänen auseinanderzusetzen, die von den ahnungslosen Literaten des „Tat"-Kreises am eifrigsten verkündet werden. (Vgl. Fried, Das Ende des Kapitalismus, Jena 1931.) Autarkie würde die Lebenshaltung des deutschen Volkes wohl unvergleichlich stärker herabdrücken als die Verhundertfachung der Reparationslasten es vermöchte.

lich ist. Es schädigt auch mich, daß es noch Leute gibt, die an der Autarkie ihrer Hauswirtschaft festhalten; würden sie in den Verkehr eintreten, dann könnte die Arbeitsteilung umfassender durchgeführt werden. Wenn Produktionsmittel in den Händen von weniger geeigneten Wirten liegen, ist der Schaden ebenso allgemein. In der kapitalistischen Gesellschaftsordnung wird dieses Interesse aller und der Gesamtheit durch das Gewinnstreben jedes einzelnen Unternehmers wirksam. Der Unternehmer sucht auf der einen Seite immerfort nach neuen Absatzgebieten und unterbietet mit seinen billigeren und besseren Waren die teueren und schlechteren Erzeugnisse der weniger rationell arbeitenden Produktion. Auf der anderen Seite sucht er immer billigere und ergiebigere Quellen für die Beschaffung der Rohstoffe und erschließt günstigere Produktionsbedingungen. Das ist das wahre Wesen der Expansionstendenz des Kapitalismus, die die neomarxistische Verlegenheitsphrase als „Verwertungsstreben des Kapitals" ganz mißversteht und erstaunlicherweise zur Erklärung des modernen Imperialismus heranzuziehen sucht.

Die ältere Kolonialpolitik der europäischen Mächte war durchaus merkantilistisch, militaristisch und imperialistisch. Nach Überwindung des Merkantilismus durch den Liberalismus änderte sich der Charakter der Kolonialpolitik vollkommen. Von den alten Kolonialmächten hatten einige — Spanien, Portugal und Frankreich — den größten Teil ihrer Besitzungen verloren. England, das die erste Kolonialmacht geworden war, ging daran, seinen Besitz so zu verwalten, wie es den Grundsätzen der Freihandelslehre entsprach. Wenn die englischen Freihändler von Englands Beruf sprachen, die rückständigen Völker in die Kultur einzubeziehen, so war das nicht cant. England hat bewiesen, daß es seine Stellung in Indien, in den Kronkolonien und in den Protektoraten wirklich als Mandat der europäischen Kultur aufgefaßt hat. Es ist nicht Heuchelei, wenn der englische Liberalismus Englands Herrschaft in den Kolonien als ebenso nützlich für die Unterworfenen und für die übrigen Völker der Welt als für England erklärt hat. Allein die Tatsache, daß England in Indien am Freihandel festgehalten hat, zeigt, daß es die Kolonialpolitik ganz anders aufgefaßt hat als die Staaten, die in die Kolonialpolitik in den letzten Jahrzehnten des 19. Jahrhunderts neueingetreten oder wiedereingetreten sind: Frankreich, Deutschland, Vereinigte Staaten, Japan, Belgien und Italien. Die Kriege, die England in der Ära des Liberalismus zur Ausdehnung seines Kolonialbesitzes und zur Erschließung von Gebieten, die dem fremden Handel den Zutritt wehrten, geführt hat, haben die Grundlage für die moderne

Weltwirtschaft geschaffen[1]). Um ihre Bedeutung zu ermessen, braucht man sich nur vorzustellen, was es hieße, wenn China und Indien samt ihrem Hinterland außerhalb des Weltverkehrs stünden. Jeder Chinese und jeder Hindu, aber auch jeder Europäer und jeder Amerikaner wären um ein Beträchtliches schlechter versorgt. Wenn England heute Indien verlieren würde und dieses an Naturschätzen reiche Land, in Anarchie versinkend, für den Weltmarkt weniger als bisher oder nichts liefern würde, dann wäre dies eine wirtschaftliche Katastrophe ersten Ranges.

Der Liberalismus will dem Handel alle verschlossenen Türen öffnen. Es liegt ihm fern, jemand zum Kaufen oder Verkaufen zu zwingen. Er will nur die Regierungen beseitigen, die durch Handelsverbote und andere Verkehrsbeschränkungen ihre Untertanen von den Vorteilen der Teilnahme am Weltverkehr auszuschließen suchen und damit die Versorgung aller Menschen verschlechtern. Seine Politik hat mit dem Imperialismus, der erobern will, um Gebiete vom Weltverkehr abzusperren, nichts gemein.

Auch die sozialistischen Gemeinwesen werden nicht anders handeln können als die liberalen Politiker. Auch sie werden es nicht dulden können, daß Gebiete, die die Natur verschwenderisch ausgestattet hat, vom Verkehr abgesperrt werden, und daß ganze Völker am Güteraustausch nicht teilnehmen sollen. Für den Sozialismus wird es aber ein Problem geben, das er nicht lösen kann, weil es nur die kapitalistische Gesellschaftsordnung zu lösen vermag: das des Eigentums an ausländischen Produktionsmitteln.

In der kapitalistischen Welt, wie sie die Freihändler haben wollen, sind die Staatsgrenzen bedeutungslos. Der Verkehr strömt ungehindert über sie hinweg. Sie hemmen weder den Weg der unbeweglichen Pro-

---

[1]) Bei der Beurteilung der englischen Politik zur Erschließung Chinas pflegt man immer wieder die Tatsache in den Vordergrund zu stellen, daß es der Opiumhandel war, der den unmittelbaren Anstoß zum Ausbruch der kriegerischen Verwicklungen gegeben hat. Doch in den Kriegen, die die Engländer und Franzosen zwischen 1839 und 1860 gegen China geführt haben, ging es um die Handelsfreiheit im allgemeinen und nicht nur um die des Opiumhandels. Daß vom Standpunkte der Freihändler auch dem Handel mit Giften keine Hindernisse in den Weg gelegt werden dürfen und jedermann aus eigenem Antrieb sich der Genüsse, die seinem Organismus schädlich sind, enthalten soll, ist nicht so niederträchtig und gemein, wie es sozialistische und anglophobe Schriftsteller darzutun pflegen. Rosa Luxemburg (Die Akkumulation des Kapitals, Berlin 1913, S. 363ff.) wirft den Engländern und Franzosen vor, es sei kein Heldenstück gewesen, mit europäischen Waffen die nur mit unmodernen Waffen versehenen Chinesen zu besiegen. Hätten sie auch nur mit alten Flinten und Spießen zu Felde ziehen sollen?

duktionsmittel zum besten Wirt noch können sie die Anlage der beweglichen Produktionsmittel an den Orten, die die günstigsten Produktionsbedingungen aufweisen, stören. Das Eigentum an den Produktionsmitteln ist von der Staatszugehörigkeit unabhängig. Es gibt Kapitalsanlagen im Auslande.

Im Sozialismus ist das anders. Ein sozialistisches Gemeinwesen kann Produktionsmittel, die außerhalb der Grenzen seines Staatsgebietes liegen, nicht eigentümlich besitzen und Kapitalsanlagen, die vom Standpunkte der Erzielung höchsten Ertrages besser im Auslande zu machen wären, nicht durchführen. Ein sozialistisches Europa müßte untätig zusehen, wenn im sozialistischen Indien die Bodenschätze schlecht ausgenützt werden, so daß Indien im Austausche auf dem Weltmarkt weniger Güter abzugeben hätte, als es bei besserer Bewirtschaftung abgeben könnte. Neuanlagen von Kapitalien müßten von den Europäern in Europa unter ungünstigeren Bedingungen vorgenommen werden, während in Indien günstigere Produktionsbedingungen wegen Kapitalmangel nicht ausgenützt werden könnten. Ein Nebeneinanderstehen von unabhängigen sozialistischen Gemeinwesen, die miteinander nur durch den Austausch von Gütern in Verbindung sind, müßte sich als geradezu widersinnig erweisen. Es würde Zustände herbeiführen, die, ganz abgesehen von allen anderen Umständen, schon für sich allein ausreichend wären, um die Produktivität ganz beträchtlich herabzusetzen.

Diese Schwierigkeiten können nicht behoben werden, solange man selbständige sozialistische Gemeinwesen nebeneinander bestehen läßt Um sie zu überwinden, müßten die einzelnen sozialistischen Gemeinwesen zu einem einheitlichen, die ganze Welt umspannenden Gemeinwesen zusammengeschlossen werden

III. Abschnitt.

Besondere Gestaltungen des sozialistischen Ideals und pseudosozialistische Gebilde.

I.

Besondere Gestaltungen des sozialistischen Ideals.

§ 1. Das Wesen des Sozialismus ist das: alle Produktionsmittel stehen in der ausschließlichen Verfügungsgewalt des organisierten Gemeinwesens. Das allein und nichts anderes ist Sozialismus. Alle anderen Begriffsbestimmungen sind irreführend.

Man mag wohl der Ansicht sein, daß die Durchführung des Sozialismus nur unter ganz bestimmten politischen und sittlichen Voraussetzungen möglich ist. Das berechtigt aber noch nicht dazu, nur eine ganz bestimmte Form des Sozialismus mit diesem Namen zu bezeichnen und allen anderen denkbaren Möglichkeiten der Verwirklichung des sozialistischen Ideals diesen Namen vorzuenthalten. Der marxistische Sozialismus war ganz besonders rührig darin, sein besonderes sozialistisches Ideal als den einzig wahren Sozialismus zu preisen und zu behaupten, daß alle anderen sozialistischen Ideale und alle von anderen eingeleiteten Wege zur Verwirklichung des Sozialismus mit dem richtigen Sozialismus gar nichts zu tun hätten. Politisch war dieses Verhalten der Sozialdemokratie außerordentlich klug. Es hätte ihr die Agitation sehr erschwert, wenn sie hätte zugeben wollen, daß ihr Ideal irgend etwas gemein habe mit den Idealen, die die Politik der anderen Parteien anstrebt. Sie hätte niemals vermocht, die Millionen unzufriedener Deutscher um ihre Fahnen zu sammeln, wenn sie offen zugegeben hätte, daß das, was sie anstrebt, sich grundsätzlich nicht von dem unterscheidet, was die herrschenden Schichten des preußischen Staates sich zum Ziel gesetzt haben. Stellte man an einen Marxisten vor dem Oktober 1917 die Frage, wodurch sich denn sein Sozialismus von dem Sozialismus anderer Richtungen, vor allem von jenem der konservativen Mächte, unterscheide, so erhielt man die Antwort, es hätten sich im marxistischen Sozialismus Demokratie und Sozialismus untrennbar vereinigt; der marxistische Sozialismus sei überdies staatslos, weil er den Staat zum Absterben bringe. Was von diesen Argumenten zu halten ist, wurde bereits gezeigt. Sie sind übrigens seit dem Sieg der Bolschewiken schnell aus den Reihen der marxistischen Schlagwörter ausgeschieden worden. Zumindest sind die Vorstellungen von Demokratie und Staatslosigkeit, die die Marxisten heute haben, ganz andere als die, die sie vorher hatten.

Eine andere Antwort, die man von den Marxisten auf jene Frage erhalten konnte, war die, ihr Sozialismus sei revolutionär im Gegensatz zu dem reaktionären oder konservativen Sozialismus der anderen. Diese Antwort führt viel eher zur Erkenntnis des Unterschiedes, der zwischen der marxistischen Sozialdemokratie und den anderen sozialistischen Richtungen besteht. Revolution bedeutet für den Marxisten nicht gewaltsame Änderung eines bestehenden Zustandes schlechthin, sondern im Sinne des marxistischen Chiliasmus eine Handlung, die die Menschheit der Vollendung ihrer Bestimmung näherbringt[1]). Die bevor-

---

[1]) Über die anderen Bedeutungen, die der Ausdruck Revolution für die Marxisten hat, vgl. oben S. 58.

stehende soziale Revolution vollends, die den Sozialismus verwirklichen soll, ist der letzte Akt, der zum ewigen Heil führt. Revolutionäre sind jene, die die Geschichte zur Verwirklichung ihres Planes zum Werkzeug erwählt hat. Revolutionärer Geist ist der heilige Geist, der über sie gekommen ist und sie befähigt, dieses Große zu vollbringen. In diesem Sinne erblickt der marxistische Sozialist die höchste Eigenschaft seiner Partei darin, daß sie eine revolutionäre Partei sei. In diesem Sinne sieht er in allen anderen Parteien eine einheitliche reaktionäre Masse, weil sie sich seiner Façon, selig zu werden, entgegensetzen.

Daß dies alles nichts mit dem soziologischen Begriffe des sozialistischen Gemeinwesens zu tun hat, ist klar. Daß eine Gruppe von Personen mit dem Anspruche auftritt, daß nur sie allein auserkoren sei, uns das Heil zu bringen, ist gewiß bemerkenswert. Wenn aber diese Personen keinen anderen Weg zum Heil kennen als jenen, der auch von vielen anderen als dahinführend angesehen wird, so genügt die Behauptung ihrer besonderen Weihe noch nicht, um zwischen ihrem Ziel und dem der anderen einen grundsätzlichen Gegensatz zu entdecken.

§ 2. Um zum Begriff des Staatssozialismus zu gelangen, darf man sich nicht damit begnügen, den Ausdruck etymologisch zu erklären. Die Geschichte des Wortes spiegelt nur die Tatsache wieder, daß der Staatssozialismus ein Sozialismus war, zu dem sich die Machthaber des preußischen und anderer deutscher Staaten bekannt haben. Weil sie sich mit dem Staat und der Gestalt, die ihr Staat trug, und mit dem Staatsbegriff überhaupt identifizierten, lag es nahe, den Sozialismus, den sie meinten, Staatssozialismus zu nennen. Dieser Sprachgebrauch bürgerte sich um so leichter ein, je mehr Unklarheit über den Staatsbegriff durch die marxistische Lehre vom Klassencharakter des Staates und vom Absterben des Staates gestiftet wurde.

Der marxistische Sozialismus hatte ein lebhaftes Interesse daran, zwischen Verstaatlichung und Vergesellschaftung der Produktionsmittel zu unterscheiden. Die sozialdemokratischen Schlagwörter hätten niemals volkstümlich werden können, wenn sie als letztes Ziel der sozialistischen Bestrebungen die Verstaatlichung der Produktionsmittel hingestellt hätten. Denn der Staat, den die Völker, unter denen der Marxismus seine stärkste Verbreitung gefunden hat, vor Augen hatten, war nicht darnach angetan, daß man sich von seinem Eingreifen in die Wirtschaft viel versprechen durfte. Die deutschen, österreichischen und russischen Bekenner des Marxismus lebten in offener Fehde mit den Machthabern, die ihnen gegenüber den Staat vorstellten. Sie hatten überdies Gelegenheit, die Ergebnisse der Verstaatlichungs- und Verstadtlichungstätigkeit zu prüfen; auch mit bestem Willen ließen sich die schweren Mängel der Staats- und Gemeinderegie nicht übersehen. Es war ganz undenkbar, Begeisterung für ein Programm zu erwecken, das die Verstaatlichung zum Ziele hatte. Eine Oppositionspartei mußte vor allem den verhaßten Obrigkeitsstaat bekämpfen; nur damit konnte man die Mißvergnügten gewinnen. Aus diesem Bedürfnis der politischen Agitation heraus entstand die marxistische Lehre vom Absterben des Staates. Die Liberalen hatten Beschränkung der Staatsgewalt und Übergabe der Regierung an die Vertreter des Volkes verlangt; sie hatten den freien Staat gefordert. Marx und Engels suchten sie dadurch zu übertrumpfen, daß sie bedenkenlos die anarchistische Lehre von der Aufhebung aller Staatsgewalt übernahmen, ohne sich darum zu kümmern, daß der Sozialismus nicht Aufhebung, sondern unendliche Verstärkung des Staates bedeuten muß.

Gerade so unhaltbar und widersinnig wie die Lehre vom Absterben des Staates im Sozialismus ist die mit ihr im engsten Zusammenhang stehende scholastische Unterscheidung zwischen Verstaatlichung und Vergesellschaftung. Die Marxisten sind sich selbst der Schwäche ihrer Beweisführung so wohl bewußt, daß sie es in der Regel unterlassen, auf diesen Punkt überhaupt einzugehen, und sich damit begnügen, dadurch, daß sie immer nur von Vergesellschaftung der Produktionsmittel sprechen, ohne diesen Begriff irgendwie näher zu umschreiben, den Anschein zu erwecken, als wäre Vergesellschaftung etwas anderes als Verstaatlichung, von deren Wesen jedermann eine Vorstellung hat. Wo es nicht zu umgehen ist, auf dieses heikle Thema einzugehen, müssen sie zugeben, daß die Verstaatlichung von Unternehmungen „Vorstufe zur Besitzergreifung aller Produktivkräfte durch die Gesellschaft selbst"[1]) oder „der natürliche Ausgangspunkt jener Entwicklung, die zur sozialistischen Genossenschaft führt"[2]) ist. Engels wehrt sich denn auch schließlich nur dagegen, daß man „jede" Verstaatlichung „ohne weiteres für sozialistisch erklärt". Er möchte vor allem Verstaatlichungen aus staatsfinanziellen Rücksichten, solche, die vorgenommen werden „hauptsächlich um sich eine neue, von Parlamentsbeschlüssen unabhängige Einkommensquelle zu verschaffen" nicht als „sozialistische Schritte" bezeichnen. Doch auch Verstaatlichung aus solchen Beweggründen würde, in die Sprache des Marxismus übersetzt, wohl nichts anderes bedeuten, als daß in einem Teile der Produktion die Aneignung des

---

[1]) Vgl. Engels, Herrn Eugen Dührings Umwälzung der Wissenschaft, a. a. O., S. 299.

[2]) Vgl. Kautsky, Das Erfurter Programm, 12. Aufl., Stuttgart 1914, S. 129.

Mehrwertes durch Kapitalisten beseitigt wird. Nicht anders steht es bei den Verstaatlichungen aus politischen und militärpolitischen Rücksichten, die Engels gleichfalls als nicht sozialistisch bezeichnen will. Er erblickt das Kriterium der sozialistischen Verstaatlichung darin, daß die von ihr ergriffenen Produktions- und Verkehrsmittel „der Leitung durch Aktiengesellschaften wirklich entwachsen sind, daß also die Verstaatlichung ökonomisch unabweisbar geworden". Diese Notwendigkeit tritt, meint er, zuerst „bei den großen Verkehrsanstalten: Post, Telegraphen, Eisenbahnen" hervor[1]). Doch gerade die größten Eisenbahnlinien der Welt, die nordamerikanischen, und die wichtigsten Telegraphenlinien, die Unterseekabel, sind nicht verstaatlicht worden, wogegen kleinere, unbedeutendere Linien in den etatistischen Ländern längst verstaatlicht wurden. Für die Verstaatlichung der Post aber waren durchaus politische Gründe und für die der Eisenbahnen militärpolitische Gesichtspunkte maßgebend gewesen. Kann man sagen, daß diese Verstaatlichungen „ökonomisch unabweisbar" geworden waren? Und was heißt überhaupt „ökonomisch unabweisbar"?

Auch Kautsky begnügt sich damit, die Meinung zu bekämpfen, „daß jede Verstaatlichung einer wirtschaftlichen Funktion oder eines wirtschaftlichen Betriebes ein Schritt zur sozialistischen Genossenschaft sei, und daß diese aus einer allgemeinen Verstaatlichung des gesamten wirtschaftlichen Betriebes hervorgehen könne, ohne daß sich im Wesen des Staates etwas zu verändern braucht"[2]). Doch niemand hat je bestreiten wollen, daß sich das Wesen des Staates sehr stark verändert, wenn er sich durch Verstaatlichung des gesamten wirtschaftlichen Betriebes in ein sozialistisches Gemeinwesen umwandelt. Kautsky weiß denn auch nichts weiter darüber zu sagen, als daß „solange die besitzenden Klassen auch die herrschenden sind" es zu keiner vollen Verstaatlichung kommen wird; die werde erst durchgeführt werden, bis „die arbeitenden Klassen im Staat die herrschenden geworden sind". Die Proletarier erst werden, wenn sie die politische Macht erobert haben, „den Staat in eine große, im wesentlichen sich völlig selbstgenügende Wirtschaftsgenossenschaft verwandeln"[3]). Der Kernfrage, die allein zu beantworten ist, ob auch eine durch eine andere Partei als die sozialdemokratische durchgeführte volle Verstaatlichung den Sozialismus begründen würde, weicht auch Kautsky behutsam aus.

Es besteht allerdings zwischen Verstaatlichung und Verstadtlichung einzelner Unternehmungen, die inmitten einer im übrigen am

---

[1]) Vgl. Engels, Herrn Eugen Dührings Umwälzung der Wissenschaft, a. a. O., S. 298 f.
[2]) Vgl. Kautsky, Das Erfurter Programm, a. a. O., S. 129.
[3]) Ebendort S. 130.

Sondereigentum an den Produktionsmitteln festhaltenden Gesellschaftsordnung als öffentliche oder gemeinwirtschaftliche geführt werden, und zwischen der vollen Durchführung des Sozialismus, die an den Produktionsmitteln kein Sondereigentum Einzelner neben dem Eigentum des Gemeinwesens duldet, ein grundsätzlicher Unterschied von höchster Bedeutung. Solange nur einzelne Unternehmungen durch den Staat betrieben werden, werden noch Preise für die Produktionsmittel auf dem Markte gebildet. Damit ist auch für die staatlichen Unternehmungen die Möglichkeit zu rechnen gegeben. Wie weit sie das Ergebnis der Rechnung zur Norm ihres Verhaltens machen wollen oder können, ist eine andere Frage. Doch schon der Umstand allein, daß bis zu einem bestimmten Grade wenigstens eine rechnerische Ermittlung des Betriebserfolges möglich ist, gibt der Geschäftsführung solcher öffentlicher Betriebe einen Rückhalt, der der Führung eines rein sozialistischen Gemeinwesens fehlen muß. Die Art und Weise, in der das Staatsunternehmen geführt wird, mag mit Recht den Namen schlechte Wirtschaft verdienen, doch es ist immerhin noch Wirtschaft. In einem sozialistischen Gemeinwesen kann es, wie wir gesehen haben, Wirtschaft im strengen Sinne des Wortes überhaupt nicht geben[1]).

Eine Verstaatlichung aller Produktionsmittel der Volkswirtschaft bringt jedoch den vollen Sozialismus. Die Verstaatlichung einzelner Produktionsmittel ist ein Schritt auf dem Wege zur Vollsozialisierung. Ob man sich mit dem einen Schritt begnügt oder ob man noch weitere tun will, kann an seinem Charakter nichts ändern. Auch wenn man alle Unternehmungen in das Eigentum der organisierten Gesellschaft überführen will, kann man nichts anderes machen, als jede einzelne, alle gleichzeitig oder eine nach der anderen verstaatlichen.

Die Unklarheit, die durch den Marxismus über den Begriff der Vergesellschaftung erzeugt worden war, hat sich in Deutschland und Österreich nach dem Übergang der Herrschaft an die Sozialdemokraten im November 1918 empfindlich bemerkbar gemacht. Über Nacht wurde ein neues, bis dahin kaum gehörtes Schlagwort volkstümlich: „Sozialisierung" wurde die Losung. Das sollte wohl eine Umschreibung des deutschen Wortes Vergesellschaftung durch ein schön klingendes Fremdwort sein. Der Gedanke, daß Sozialisierung nichts anderes sei als Verstaatlichung oder Verstadtlichung konnte kaum aufkommen; wer derartiges behaupten wollte, dem wurde bedeutet, daß er von den Dingen einfach nichts verstehe, da zwischen beiden ein himmelweiter Unterschied klaffe. Den bald nach dem Übergang der Herrschaft an die sozialdemo-

---
[1]) Vgl. oben S. 98 ff.

kratische Partei eingesetzten Sozialisierungskommissionen fiel nun die Aufgabe zu, für die Sozialisierung eine Form ausfindig zu machen, die sie wenigstens äußerlich von den Verstaatlichungen und Verstadtlichungen der früheren Regierung unterscheiden sollte.

Der erste Bericht, den die deutsche Sozialisierungskommission über die Sozialisierung des Kohlenbergbaues erstattet hat, lehnt den Gedanken, die Sozialisierung durch Verstaatlichung des Kohlenbergbaues und des Kohlenhandels durchzuführen, ab, indem er in treffender Weise die Mängel des staatlichen Bergbaubetriebes hervorhebt. Was aber Sozialisierung anders sein könnte als Verstaatlichung, wird nicht gesagt. Der Bericht bekennt sich zur Ansicht, ,,daß eine isolierte Verstaatlichung des Bergbaues beim Weiterbestehen der kapitalistischen Wirtschaft in anderen Wirtschaftszweigen nicht als eine Sozialisierung betrachtet werden kann, sondern nur die Ersetzung eines Arbeitgebers durch einen anderen bedeuten würde", aber er läßt die Frage offen, ob eine isolierte ,,Sozialisierung", wie er sie meint und vorschlägt, unter denselben Bedingungen etwas anderes bedeuten könnte[1]). Es wäre zu verstehen gewesen, wenn die Kommission darauf hingewiesen hätte, daß es zur Herbeiführung der beglückenden Wirkungen sozialistischer Gesellschaftsordnung nicht genüge, einzelne Produktionszweige zu verstaatlichen, und beantragt hätte, mit einem Schlage alle Unternehmungen durch den Staat zu übernehmen, wie es die Bolschewiken in Rußland und Ungarn getan haben und wie es von den Spartakisten in Deutschland angestrebt wurde. Das hat sie aber nicht getan. Sie hat vielmehr Vorschläge für die Sozialisierung ausgearbeitet, die die isolierte Verstaatlichung einzelner Produktionszweige, zunächst des Kohlenbergbaues und des Handels mit seinen Produkten, beantragen. Daß sie den Ausdruck Verstaatlichung dabei vermeidet, ist ganz unwesentlich. Bloß juristische Haarspalterei ist es, wenn nach den Anträgen der Kommission als Eigentümer der sozialisierten deutschen Kohlenwerke nicht der deutsche Staat, sondern eine ,,Deutsche Kohlengemeinschaft" auftreten soll. Wenn der Bericht der Kommissionsmehrheit ausführt, daß dieses Eigentum ,,lediglich in einem formalen juristischen Sinne gedacht" sei, daß aber der Kohlengemeinschaft ,,die materielle Stellung des Privateigentümers und damit die Möglichkeit, Arbeiter und Konsumenten auszubeuten" versagt wird[2]), übernimmt er die hohlsten Schlagwörter der Gasse, wie

---

[1]) Vgl. Bericht der Sozialisierungskommission über die Frage der Sozialisierung des Kohlenbergbaues vom 31. Juli 1920, mit Anhang: Vorläufiger Bericht vom 15. Februar 1919, 2. Aufl., Berlin 1920, S. 32f.

[2]) Ebendort S. 37.

denn überhaupt der Bericht nichts als eine Zusammenfassung aller volkstümlichen Irrtümer über die Schädlichkeit des kapitalistischen Wirtschaftssystems darstellt. Das einzige, wodurch sich die nach den Anträgen der Kommissionsmehrheit sozialisierte Kohlenwirtschaft von anderen öffentlichen Betrieben unterscheiden würde, ist die Zusammensetzung ihrer Oberleitung. An die Spitze der Kohlenwerke soll kein einzelner Beamter gestellt werden, sondern ein Kollegium, das auf besondere Art gebildet wird. Parturiunt montes, nascetur ridiculus mus!

Der Staatssozialismus ist nicht dadurch besonders gekennzeichnet, daß der Staat der Träger der gemeinwirtschaftlichen Organisation ist, denn Sozialismus ist anders überhaupt nicht denkbar. Wenn wir sein Wesen erfassen wollen, dürfen wir uns nicht an das Wort klammern; wir kämen damit nicht weiter als jemand, der den Begriff Metaphysik aus dem Wortsinn der Teile, die das Kompositum bilden, zu deuten suchte. Wir müssen uns fragen, welche Vorstellungen jene mit diesem Ausdruck verknüpft haben, die man als Anhänger der staatssozialistischen Richtung zu bezeichnen pflegt: die radikalen Etatisten.

Der etatistische Sozialismus ist in zwei Punkten von den anderen sozialistischen Systemen verschieden. Er will, im Gegensatz zu vielen anderen sozialistischen Richtungen, die an eine möglichst gleichmäßige Verteilung des Einkommens der sozialistischen Gesellschaft unter die einzelnen Genossen denken, zum Grundsatz der Verteilung die Würdigkeit des Einzelnen machen. Daß das Urteil über die Würdigkeit durchaus subjektiv ist und in keiner Weise vom Standpunkt einer wertfreien Beurteilung der menschlichen Verhältnisse überprüft werden kann, braucht wohl nicht erst besonders gesagt zu werden. Der Etatismus hat ganz bestimmte Anschauungen über die sittliche Einschätzung der einzelnen Schichten der Gesellschaft. Er ist erfüllt von Hochschätzung des Königtums, des Adels, des ländlichen Großgrundbesitzes, der Geistlichkeit, des Berufskriegertums, insbesondere des Offizierkorps, und des Beamtentums; auch den Gelehrten und den Künstlern billigt er unter gewissen Voraussetzungen eine bevorzugte Stellung zu. Den Bauern und den Kleingewerbetreibenden wird ein bescheidener Platz zugewiesen, schlechter kommen schon die gewöhnlichen Handarbeiter weg, am schlechtesten die unzuverlässigen Elemente, die, mit dem Wirkungskreis und dem Einkommen, die ihnen nach dem Plane des Etatismus zukommen sollen, nicht zufrieden, nach materieller Besserung ihrer Lage streben. Der Etatist ordnet im Geiste alle Glieder, aus denen sich sein Zukunftsstaat zusammensetzen soll, in Rangstufen ein. Der Edlere soll mehr zu sagen haben und mehr soziale Ehrungen und mehr Einkommen empfangen als der weniger Edle. Was aber edel und was unedel ist, darüber entscheidet vor allem die Tradition. Nichts macht der Etatist der kapitalistischen Gesellschaftsordnung mehr zum Vorwurf als das, daß sie die Einkommen nicht nach seiner Wertung verteilt. Daß ein Milchhändler oder ein Fabrikant von Hosenknöpfen ein größeres Einkommen beziehen kann als der Sprosse eines alten Adelsgeschlechtes, als ein Geheimrat oder als ein Leutnant, dünkt ihm unerträglich. Hauptsächlich um diese Mißstände abzustellen, meint er, müsse die kapitalistische Gesellschaftsordnung durch die etatistische ersetzt werden.

Dem Etatismus liegt es, entsprechend seinem Bestreben, die überkommene gesellschaftliche Rangordnung und ethische Wertung der einzelnen Schichten der Gesellschaft zu erhalten, ferne, durch einen vollkommenen Umsturz der geschichtlich gewordenen Rechtsordnung alles Eigentum an den Produktionsmitteln auch formal in Staatseigentum zu verwandeln. Nur die großen Unternehmungen sollen verstaatlicht werden, und auch da wird zugunsten der landwirtschaftlichen Großbetriebe, besonders des ererbten Familienbesitzes, eine Ausnahme gemacht. In der Landwirtschaft und im Mittel- und im Kleingewerbe soll das Sondereigentum dem Worte nach bestehen bleiben. Daneben wird selbst den freien Berufen unter gewissen Einschränkungen ein Spielraum gelassen. Aber alle Unternehmungen sollen dem Wesen nach Staatsbetriebe werden. Dem Landwirt werden Namen und Ehren eines Eigentümers gelassen. Doch es wird ihm untersagt, „egoistisch bloß auf den merkantilen Gewinn zu sehen"; er hat die „Pflicht, dem Staatszwecke zuvorzukommen"[1]). Denn die Landwirtschaft ist in der Idee der Etatisten ein öffentliches Amt. „Der Landwirt ist ein Staatsbeamter und muß das bauen, was nach bestem Wissen und Gewissen oder nach Staatsvorschriften dem Lande nottut. Hat er seine Zinsen und ein auskömmliches Gehalt, so hat er alles, was er verlangen darf[2])." Nicht anders soll es um den Handwerker und um den Kaufmann stehen. Für den selbständigen Unternehmer, der über die Produktionsmittel frei verfügt, ist im Staatssozialismus ebensowenig Raum wie in irgendeinem anderen Sozialismus. Die Preise werden obrigkeitlich geregelt, die Obrigkeit bestimmt, was und wie und in welcher Menge produziert werden soll. Es gibt keine

---

[1]) Vgl. Philipp v. Arnim, Ideen zu einer vollständigen landwirtschaftlichen Buchhaltung, 1805, S. VI (zitiert bei Waltz, a. a. O., S. 20).

[2]) Ebendort S. 2 (zitiert bei Waltz, a. a. O., S. 21); vgl. ferner Lenz, Agrarlehre und Agrarpolitik der deutschen Romantik, Berlin 1912, S. 84. — Vgl. ähnliche Äußerungen des Prinzen Alois Liechtenstein, eines Führers der österreichischen Christlichsozialen, zit. bei Nitti, Le socialisme catholique, Paris 1894, S. 370f.

Spekulation auf „übermäßigen" Gewinn. Die Behörden wachen darüber, daß jeder nur einen angemessenen bürgerlichen Nutzen zieht, d. h. einen solchen, der ihm die Lebenshaltung auf die seinem Stande gebührende Weise sichert. Was zuviel ist, wird „weggesteuert".

Daß man, um den Sozialismus zu verwirklichen, die kleinen Betriebe nicht unmittelbar in Staatseigentum überführen müsse, ja daß dies eigentlich gar nicht möglich sei, so daß die formelle Belassung des Eigentums bei dem Betriebsinhaber und die bloße Unterstellung unter eine alles Wesentliche bestimmende Staatsaufsicht die einzige Art ist, in der hier die Sozialisierung durchgeführt werden kann, ist auch die Ansicht marxistischer Schriftsteller. Kautsky meint selbst „noch kein Sozialist, der ernsthaft zu nehmen ist, hat je verlangt, daß die Bauern expropriiert oder gar ihre Güter konfisziert werden sollen"[1]). Auch den gewerblichen Kleinbetrieb will Kautsky nicht durch die förmliche Enteignung des Besitzes vergesellschaften[2]). Der Bauer und der Handwerker sollen auf die Weise in das Getriebe des sozialistischen Gemeinwesens eingegliedert werden, daß ihre Produktion und die Verwertung der Produkte den Befehlen der Wirtschaftsleitung unterstellt werden, wobei ihnen jedoch dem Namen nach das Eigentum belassen wird. Die Aufhebung des freien Marktes verwandelt sie aus selbstwirtschaftenden Eigentümern und Unternehmern in Funktionäre des sozialistischen Gemeinwesens, die sich nur durch die Form ihrer Entlohnung von den anderen Genossen unterscheiden[3]). Eine Besonderheit des etatistischen Gesellschaftsplanes kann also darin, daß in dieser Form dem Namen nach Reste des Sondereigentums an den Produktionsmitteln erhalten bleiben, nicht behauptet werden. Eine charakteristische Besonderheit liegt allein in dem Umfang, der dieser Art von Ordnung der gesellschaftlichen Produktionsverhältnisse zugewiesen wird. Daß der Etatismus im allgemeinen auch den Großgrundbesitz — vielleicht mit Ausnahme des Latifundienbesitzes — in dieser Weise formell im Sondereigentum belassen will, wurde schon erwähnt. Wichtiger noch ist es, daß er von der Anschauung ausgeht, daß der größere Teil der Bevölkerung in bäuerlichen und kleingewerblichen Betrieben sein Unterkommen finden wird, so daß nur verhältnismäßig wenige als Angestellte von gewerblichen Großbetrieben in den unmittelbaren Staatsdienst treten werden. Der Etatismus ist nicht nur im Gegensatz zu den orthodoxen Marxisten vom Schlage Kautskys der Ansicht,

---

[1]) Vgl. Kautsky, Die soziale Revolution a. a. O., II., S. 33.
[2]) Ebendort S. 35.
[3]) Vgl. Bourguin, a. a. O., S. 62ff.

daß der landwirtschaftliche Kleinbetrieb dem Großbetrieb in der Produktivität nicht nachsteht; er ist auch der Meinung, daß dem gewerblichen Kleinbetriebe neben dem Großbetriebe noch ein weites Feld der Betätigung offen sei. Das ist die zweite Besonderheit, die den Staatssozialismus von anderen sozialistischen Systemen, vor allem von dem der Sozialdemokratie, unterscheidet.

Es ist wohl nicht notwendig, noch länger bei der Ausmalung des Bildes zu verweilen, das sich der Staatssozialismus vom idealen Staatswesen macht. In großen Gebieten Europas ist er seit Jahrzehnten das stille Ideal ungezählter Millionen und daher jedermann bekannt, wenn er auch nirgends klar umschrieben wurde. Er ist der Sozialismus des ruhigen loyalen Beamten, des Gutsbesitzers, des Bauern, des Kleingewerbetreibenden und zahlreicher Arbeiter und Angestellten. Er ist der Sozialismus der Professoren, der berühmte Kathedersozialismus; er ist der Sozialismus der Künstler, der Dichter und der Schriftsteller in einer freilich alle Merkmale des Verfalles tragenden Epoche der Kunstgeschichte. Er ist der Sozialismus, dem die Kirchen aller Bekenntnisse Unterstützung liehen. Er ist der Sozialismus des Cäsarismus und des Imperialismus, er ist das Ideal des sozialen Königtums. Er ist das, was die Politik der meisten europäischen Staaten, vor allem die der deutschen Staaten, als fernes Ziel angesehen hat, dem man zustreben müsse. Er ist das Gesellschaftsideal der Zeit, die den großen Weltkrieg vorbereitet hat und mit ihm zusammengebrochen ist.

Ein Sozialismus, der die Anteile des Einzelnen an der gesellschaftlichen Dividende nach der Würdigkeit abstuft, ist kaum anders als in der Gestalt des Staatssozialismus zu denken. Die Rangordnung, die er der Verteilung zugrunde legen will, ist die einzige, die soweit volkstümlich ist, daß gegen sie nicht allzu heftiger Widerstand auftauchen würde. Mag sie auch weniger noch als viele andere, die man vorschlagen könnte, einer rationalistischen Kritik standhalten können, so ist sie doch durch das Alter ihrer Geltung geheiligt. Indem der Staatssozialismus sie zu verewigen trachtet und jede Verschiebung in den gesellschaftlichen Rangverhältnissen zu verhindern sucht, rechtfertigt er die Bezeichnung konservativer Sozialismus, die ihm mitunter beigelegt wird[1]).

Er ist in der Tat mehr noch als jede andere Gestalt des Sozialismus von Anschauungen getragen, die an die Möglichkeit völliger Erstarrung und Bewegungslosigkeit der wirtschaftlichen Verhältnisse glauben; seine

---

[1]) Diesen Charakter des Staatssozialismus hebt besonders hervor Andler, Les origines du Socialisme d'État en Allemagne, Deuxième Édition, Paris 1911, S. 2.

Anhänger halten zumindest jede wirtschaftliche Neuerung für überflüssig oder gar für schädlich. Dem entspricht auch der Weg, auf dem die Etatisten ihr Ziel erreichen wollen. Haben wir im marxistischen Sozialismus das Gesellschaftsideal von Menschen, die alles nur vom radikalen Umsturz des Bestehenden in blutigen Revolutionen erwarten, so ist der Staatssozialismus das Gesellschaftsideal jener, die gegen alle Mißstände die Hilfe der Polizei anrufen. Der Marxismus baut auf die unfehlbare Einsicht der vom revolutionären Geist erfüllten Proletarier, der Etatismus auf die Unfehlbarkeit der überkommenen Autoritäten. In dem politischen Absolutismus, der die Möglichkeit eines Irrtums nicht zuläßt, stimmen freilich beide überein.

Im Gegensatz zum Staatssozialismus ist der Gemeindesozialismus keine besondere Gestaltung des sozialistischen Gesellschaftsideals. Die Kommunalisierung von Unternehmungen ist nicht als ein allgemeines Prinzip gedacht, auf dem sich eine Neugestaltung des Wirtschaftslebens durchführen läßt. Sie soll nur Unternehmungen, deren Absatz örtlich beschränkt ist, umfassen. Im streng durchgeführten Staatssozialismus sollen sich die Gemeindebetriebe der obersten Wirtschaftsleitung unterordnen und keinen freieren Spielraum zur Entfaltung haben als die dem Namen nach im Sondereigentum verbliebenen landwirtschaftlichen und gewerblichen Unternehmungen.

§ 3. Der Militärsozialismus ist der Sozialismus eines Staates, in dem alle Einrichtungen auf die Kriegführung abgestellt sind. Er ist Staatssozialismus, in dem die Würdigkeit, die für die soziale Geltung und für die Zumessung des Einkommens der Genossen entscheidend ist, ausschließlich oder vorzugsweise nach der Stellung im Heeresverband beurteilt wird. Je höher der militärische Rang, desto höher die gesellschaftliche Wertschätzung und der Anteil an der gesellschaftlichen Dividende.

Der Militärstaat, das ist der Staat der Krieger, in dem alles dem Zwecke der Kriegführung untergeordnet wird, kann Sondereigentum an den Produktionsmitteln nicht zulassen. Die Organisation der ständigen Kriegsbereitschaft ist undurchführbar, wenn neben der Kriegführung noch andere Ziele dem Leben des Einzelnen den Weg weisen. Alle Kriegerkasten, die ihren Gliedern grundherrliche oder gutsherrliche Einkünfte, eigene Landwirtschaftsbetriebe oder gar durch Ausstattung mit unfreien Arbeitern Gewerbebetriebe zum Unterhalt zugewiesen haben, haben sich im Laufe der Zeit ihres kriegerischen Wesens entäußert. Der Lehensträger ging in seiner wirtschaftlichen Betätigung auf, er bekam andere Interessen als die, Krieg zu führen und militärische Ehren einzuheimsen. In der ganzen Welt hat der Feudalismus zur Entmilitarisierung der Krieger geführt. Die Nachkommen der Reisigen wurden Landjunker. Besitz macht wirtschaftlich und unkriegerisch. Nur die Fernhaltung des Sondereigentums kann einem Staatswesen den militärischen Charakter erhalten. Nur der Krieger, der außer dem Krieg kein anderes Betätigungsfeld kennt als die Vorbereitung für den Krieg, ist immer zum Krieg bereit. Mit Männern, die an ihre Wirtschaft denken, lassen sich Verteidigungskriege führen, aber keine lange dauernden Eroberungskriege.

Der Militärstaat ist ein Staat von Räubern. Er lebt vorzugsweise von Beute und Tributen. Neben diesen Einkünften spielt der Ertrag eigener wirtschaftlicher Tätigkeit nur eine untergeordnete Rolle; vielfach fehlt sie auch vollkommen. Fließen Beute und Tribute aus dem Auslande, dann ist es klar, daß sie nicht Einzelnen zufließen können, sondern nur dem Fiskus, der sie nach keinem anderen Schlüssel verteilen kann als nach dem militärischen Rang des Einzelnen. Das Heer, das allein die Stetigkeit dieser Quelle sichert, würde eine andere Verteilungsart gar nicht für denkbar halten. Dann liegt es nahe, dieselben Grundsätze auch auf die Verteilung des Ertrages der inländischen Produktion, der den Genossen gleichfalls als Tribut und Hörigenzins zufließt, anzuwenden. So ist der „Kommunismus" der hellenischen Seeräuber von Lipara und aller anderen Piratenstaaten zu erklären[1]). Es ist „Räuber- und Kriegerkommunismus"[2]), geboren aus der Übertragung militärischen Denkens auf alle gesellschaftlichen Beziehungen. Von den Sueben, die er die „gens longe bellicosissima Germanorum omnium" nennt, berichtet Caesar, daß sie alljährlich Truppen zum Beutemachen über die Grenze senden. Die, welche im Lande bleiben, besorgen die wirtschaftlichen Arbeiten auch für die, die im Felde stehen; im nächsten Jahre wird die Rolle beider Gruppen vertauscht. Es gibt kein Ackerland im abgesonderten Besitz der Einzelnen[3]). Nur dadurch, daß jeder am Ertrag der kriegerischen und wirtschaftlichen Tätigkeit, die auf gemeinsame Rechnung und Gefahr betrieben wird, beteiligt ist, ist es dem Kriegerstaat möglich, jeden Bürger zum Krieger und jeden Krieger zum Bürger zu machen. Ließe er die einen immer als Krieger, die anderen immer als auf eigenem Besitz wirtschaftende Bürger leben, dann würden sich die beiden Stände

---

[1]) Über Lipara vgl. Poehlmann, a. a. O., I. Bd., S. 44ff.

[2]) Vgl. Max Weber, Der Streit um den Charakter der altgermanischen Sozialverfassung in der deutschen Literatur des letzten Jahrzehnts (Jahrbücher für Nationalökonomie und Statistik, 28. Bd., 1904, S. 445).

[3]) Vgl. Caesar, De bello Gallico, IV, 1.

der Krieger und der Bürger bald im Gegensatz befinden. Dann müßten entweder die Krieger die Bürger unterjochen, wobei es fraglich bleibt, ob es ihnen dann noch möglich wäre, auf Beutezüge auszugehen, wenn sie hinter sich zu Hause eine unterdrückte Volksmasse zurücklassen müßten. Oder es gelingt den Bürgern, die Oberhand zu gewinnen; dann werden die Krieger zu Söldnern herabgedrückt, denen man die Beutezüge schon deshalb untersagen muß, weil man sie, die eine ständige Gefahr bilden, nicht allzu üppig werden lassen darf. In beiden Fällen müßte das Staatswesen seinen rein militärischen Charakter einbüßen. Darum bedeutet Abschwächung der „kommunistischen" Einrichtungen auch Schwächung des kriegerischen Charakters des Staatswesens. Der kriegerische Gesellschaftstypus wandelt sich langsam in den industriellen um[1]).

Die Kräfte, die ein kriegerisches Staatswesen zum Sozialismus hindrängen, konnte man im Weltkrieg deutlich beobachten. Je länger der Krieg dauerte, und je mehr er die Staaten Europas in große Kriegslager verwandelte, desto unhaltbarer erschien politisch der Gegensatz zwischen dem Krieger, der die Mühseligkeiten und Gefahren des Kampfes zu tragen hatte, und dem zu Hause verbliebenen Mann, der aus der Kriegskonjunktur Nutzen zog. Die Lose waren zu ungleich verteilt; hätte man die Unterschiede fortbestehen lassen, sie hätten bei längerer Kriegsdauer die Staaten unfehlbar in zwei Lager zerrissen, und die Waffen der Heere hätten sich zuletzt gegen das eigene Land gekehrt. Der Sozialismus der Heere der allgemeinen Dienstpflicht fordert zur Ergänzung den Sozialismus der allgemeinen Arbeitspflicht in der Heimat.

Daß sie nicht anders als kommunistisch organisiert ihren kriegerischen Charakter bewahren können, stärkt die Kriegerstaaten nicht für den Kampf. Der Kommunismus ist für sie ein Übel, das sie mit in Kauf nehmen müssen; er erzeugt die Schwäche, an der sie schließlich zugrunde gehen müssen. Man hat in Deutschland gleich in den ersten Jahren des Weltkrieges den Weg zum Sozialismus betreten, weil der militaristisch-etatistische Geist, der die Politik der europäischen Mächte in den Krieg geführt hat, zum Staatssozialismus drängte; man hat gegen Ende des Krieges die Sozialisierung immer energischer betrieben, weil man aus den eben geschilderten Gründen die Verfassung der Heimat der der Front angleichen mußte. Doch der Kriegssozialismus hat die Lage des deutschen Staates im Kriege nicht erleichtert, sondern erschwert; er hat die Produktion nicht gefördert, sondern gehemmt, die Versorgung

---

[1]) Vgl. Herbert Spencer, Die Prinzipien der Soziologie, übersetzt von Vetter, III. Bd., Stuttgart 1899, S. 710ff.

von Heer und Heimat nicht gebessert, sondern verschlechtert[1]). Davon, daß nur der Geist des Etatismus daran Schuld trägt, daß in den gewaltigen Erschütterungen der Kriegszeit und der ihr folgenden Revolutionszeit keine einzige starke Individualität aus der Mitte des deutschen Volkes hervorgetreten ist, sei gar nicht erst gesprochen.

Die geringe Produktivität der kommunistischen Wirtschaftsweise bringt den kommunistischen Kriegerstaat in Nachteil, wenn es zu einem Zusammenstoß mit den wohlhabenderen und daher besser ausgerüsteten und genährten Angehörigen von Völkern kommt, die das Sondereigentum kennen. Die Ertötung der Initiative des Einzelnen, die beim Sozialismus unvermeidlich ist, macht, daß ihm in der entscheidenden Stunde des Kampfes die Führer fehlen, die den Weg zum Siege weisen, und die Unterführer, die die Weisungen jener auszuführen vermögen. Das große militär-kommunistische Reich der Inkas wurde von einer kleinen Schar Spanier mühelos zertrümmert[2]).

Ist der Feind, gegen den der Kriegerstaat anzukämpfen hat, im Innern des Landes zu suchen, dann kann man von einem Erobererkommunismus sprechen. „Kasinokommunismus" nennt Max Weber die sozialen Einrichtungen der Dorier in Sparta im Hinblick auf die Speisegenossenschaft der Syssitien[3]). Wenn die Herrenkaste, statt kommunistische Einrichtungen zu treffen, die Ländereien samt den Bewohnern einzelnen Gliedern als Sondergut zuweist, geht sie über kurz oder lang ethnisch in der unterworfenen Bevölkerung auf. Sie wandelt sich in einen grundbesitzenden Adel um, der schließlich auch die Unterworfenen zum Waffendienst heranzieht. Damit verliert das Staatswesen seinen auf das Kriegführen abgestellten Charakter. Das war die Entwicklung, die sich in den Reichen der Langobarden, der Westgoten und der Franken und überall dort vollzogen hat, wo die Normannen als Eroberer aufgetreten waren.

§ 4. Die theokratische Staatsform verlangt entweder autarke Familienwirtschaft oder sozialistische Organisation der Wirtschaft. Sie ist mit einer Ordnung des Wirtschaftslebens, die dem Einzelnen freien Spielraum zur Entfaltung seiner Kräfte gewährt, unverträglich. Glaubens-

---

[1]) Vgl. meine Ausführungen in: „Nation, Staat und Wirtschaft", a. a. O., S. 115 ff., 143 f.

[2]) Wiener (Essai sur les institutions politiques, religieuses, économiques et sociales de l'Empire des Incas, Paris 1874, S. 64, 90 ff.) findet die Erklärung für die Leichtigkeit, mit der Pizzaro Peru erobern konnte, in der durch den Kommunismus bewirkten Entnervung des Volkes.

[3]) Vgl. Max Weber, a. a. O., S. 445.

einfalt und Wirtschaftsrationalismus können nicht beieinander wohnen. Es ist undenkbar, daß Priester über Unternehmer herrschen.

Der kirchliche Sozialismus, wie er in den letzten Jahrzehnten bei zahlreichen Bekennern aller christlichen Kirchen Fuß gefaßt hat, ist nichts anderes als eine Spielart des Staatssozialismus. Staatssozialismus und kirchlicher Sozialismus sind so sehr ineinander verwachsen, daß es schwer fällt, zwischen ihnen eine feste Grenze zu ziehen und von einzelnen Sozialpolitikern zu sagen, ob sie dieser oder jener Richtung angehören. Noch stärker als der Etatismus ist der christliche Sozialismus von der Meinung beherrscht, daß die Volkswirtschaft sich in einem Beharrungszustand befinden würde, wenn nicht Profitsucht und Eigennutz der ihr Streben lediglich auf die Befriedigung materieller Interessen richtenden Menschen ihren gleichmäßigen Gang immer wieder stören würden. Die Ersprießlichkeit fortschreitender Verbesserung der Produktionsmethoden wird, wenn auch mit Einschränkungen, nicht bestritten; doch es fehlt die klare Erkenntnis, daß eben diese Neuerungen es sind, die die Volkswirtschaft nicht zur Ruhe kommen lassen. Soweit diese Erkenntnis vorhanden ist, wird Beharren auf dem einmal erreichten Standpunkt jeder weiteren Veränderung vorgezogen. Landwirtschaft und Handwerk, allenfalls noch Krämerei, erscheinen als die allein zulässigen Beschäftigungen. Handel und Spekulation gelten als überflüssig, schädlich und vom sittlichen Standpunkt verdammenswert. Fabriken und Großindustrie sind eine schädliche Erfindung des „jüdischen Geistes"; sie erzeugen nur schlechte Waren, die von Warenhäusern und anderen Mißgebilden des modernen Handels den Käufern zu ihrem Schaden aufgedrängt werden. Pflicht der Gesetzgebung wäre es, diese Ausschreitungen des Erwerbsgeistes zu unterdrücken und dem Handwerk die Stellung in der Produktion, aus der es nur durch die Machenschaften des Großkapitals verdrängt wurde, wiederzugeben[1]). Die großen Verkehrsunternehmungen, die man nun einmal nicht abschaffen könne, wären zu verstaatlichen.

Das Gesellschaftsideal des christlichen Sozialismus, das durch alle Ausführungen seiner Vertreter durchschimmert, ist stationär. In dem Bilde der Wirtschaft, wie es sich in diesen Köpfen malt, fehlt daher der Unternehmer, gibt es keine Spekulation und keinen „übermäßigen" Gewinn. Die Preise und Löhne, die verlangt und gegeben werden, sind „gerecht". Jedermann ist mit seinem Los zufrieden, weil Unzufrieden-

---

[1]) Vgl. die Kritik der Wirtschaftspolitik der österreichischen Christlichsozialen bei Sigmund Mayer, Die Aufhebung des Befähigungsnachweises in Österreich, Leipzig 1894, besonders S. 124ff.

heit eine Auflehnung gegen göttliche und menschliche Gesetze bedeuten würde. Für den Erwerbsunfähigen wird durch christliche Mildtätigkeit gesorgt. Dieses Ideal sei, wird behauptet, im Mittelalter verwirklicht gewesen. Nur der Unglauben habe die Menschheit aus diesem Paradies vertreiben können. Wenn man es wiedergewinnen wolle, müsse man daher zuerst den Weg zur Kirche wiederfinden. Aufklärung und Liberalismus hätten alles Unheil erzeugt, von dem die Welt heute heimgesucht wird.

Die Vorkämpfer christlicher Sozialreform halten im allgemeinen das Gesellschaftsideal des christlichen Sozialismus keineswegs für sozialistisch. Das ist jedoch Selbsttäuschung. Der christliche Sozialismus scheint konservativ zu sein, weil er die bestehende Eigentumsordnung aufrecht erhalten will, oder, richtiger gesagt, reaktionär, weil er zunächst eine Eigentumsordnung, die irgend einmal in der Vergangenheit geherrscht haben soll, wieder herstellen und dann erhalten will. Es ist auch richtig, daß er sich mit großer Energie gegen die auf radikale Beseitigung des Sondereigentums gerichteten Pläne des Sozialismus anderer Richtungen wendet und im Gegensatz zu ihnen behauptet, nicht Sozialismus, sondern Sozialreform anzustreben. Doch Konservativismus kann gar nicht anders verwirklicht werden als durch Sozialismus. Wo es Sondereigentum an den Produktionsmitteln nicht nur dem Worte nach, sondern auch dem Wesen nach gibt, kann das Einkommen nicht so verteilt sein, wie es einer bestimmten historisch oder sonstwie festgelegten Ordnung entspricht. Wo Sondereigentum besteht, können nur die Marktpreise über die Einkommensbildung entscheiden. In dem Maße, in dem diese Erkenntnis wächst, wird der auf dem Boden der Kirche stehende Sozialreformer schrittweise zum Sozialismus, der bei ihm kein anderer sein kann als der Staatssozialismus, hingedrängt. Er muß einsehen, daß es sonst ein so vollkommenes Beharren am geschichtlich Überkommenen, wie es sein Ideal erfordert, nicht geben kann. Er erkennt, daß es undenkbar ist, die Einhaltung bestimmter Preise und Löhne zu fordern, wenn man nicht durch unter Strafandrohung erteilte Befehle einer über allem Tun waltenden Obrigkeit ihre Überschreitung hintanhält. Er muß aber weiter begreifen, daß die Löhne und Preise nicht willkürlich nach den Ideen eines Weltverbesserers bestimmt werden können, weil jede Abweichung vom Marktpreise das Gleichgewicht des Wirtschaftslebens stört. So muß er schrittweise über die Forderung nach Preistaxen hinaus zur Forderung einer obrigkeitlichen Leitung der Produktion und der Verteilung gelangen. Es ist derselbe Weg, den der praktische Etatismus zurückgelegt hat. Am Ende steht dann hier wie dort ein streng durchgeführter Sozialismus, der nur den Namen des Sondereigentums bestehen läßt, in Wahrheit aber alle Verfügungsgewalt über Produktionsmittel an den Staat überträgt.

Nur ein Teil der christlichen Sozialisten hat sich unverhüllt zu diesem radikalen Programm bekannt. Die anderen haben die offene Sprache gescheut. Sie haben es ängstlich vermieden, die letzten Folgerungen aus ihren Prämissen zu ziehen. Sie geben vor, nur Auswüchse und Ausschreitungen der kapitalistischen Gesellschaftsordnung bekämpfen zu wollen, sie klammern sich daran, daß sie das Sondereigentum gar nicht beseitigen wollen, sie betonen immer wieder ihren Gegensatz zum Sozialismus der Marxisten. Aber sie erblicken charakteristischerweise diesen Gegensatz vor allem in Meinungsverschiedenheiten über den Weg, der zur Erreichung des besten Gesellschaftszustandes führt. Sie sind nicht revolutionär und erhoffen alles von der wachsenden Erkenntnis der Notwendigkeit der Reform. Im übrigen betonen sie immer wieder, daß sie das Sondereigentum nicht antasten wollen. Was beibehalten werden soll, ist aber nur der Name des Sondereigentums. Wenn die Leitung der Produktion auf den Staat übergegangen ist, ist der Eigentümer der Produktionsmittel nur noch ein Beamter, ein Beauftragter der Wirtschaftsleitung.

Man sieht ohne weiteres, wie dieser kirchliche Sozialismus der Gegenwart mit dem Wirtschaftsideal der Scholastik zusammenhängt. Der Ausgangspunkt, die Forderung nach „Gerechtigkeit" des Lohnes und des Preises, d. h. nach einer bestimmten, historisch überkommenen Einkommensverteilung, ist beiden gemeinsam. Erst die Erkenntnis, daß damit etwas Unmögliches gefordert wird, wenn man die auf dem Sondereigentum an den Produktionsmitteln beruhende Wirtschaftsverfassung bestehen läßt, drängt die moderne christliche Reformbewegung zum Sozialismus hin. Um ihre Forderungen durchzuführen, muß sie Maßnahmen empfehlen, die — mag auch formell das Sondereigentum beibehalten werden — auf vollständige Sozialisierung der Gesellschaft hinauslaufen.

Es wird noch zu zeigen sein, daß dieser moderne christliche Sozialismus mit dem viel berufenen angeblichen Kommunismus des Urchristentums nichts zu tun hat. Der sozialistische Gedanke ist in der Kirche neu. Darüber darf auch der Umstand nicht hinwegtäuschen, daß gerade die jüngste Entwicklung der kirchlichen Sozialtheorie zur grundsätzlichen Anerkennung der Rechtmäßigkeit des Sondereigentums an den Produktionsmitteln geführt hat[1]), wogegen die älteren kirchlichen Lehren

---

[1]) Wir haben oben immer nur von der Kirche im allgemeinen gesprochen, ohne auf die Verschiedenheit der Bekenntnisse Rücksicht zu nehmen. Das ist durchaus

im Hinblick auf die alle wirtschaftliche Betätigung verdammenden Gebote der Evangelien sich gescheut hatten, sich auch nur mit dem Namen des Sondereigentums vorbehaltlos abzufinden. Doch die Anerkennung der Rechtmäßigkeit des Sondereigentums durch die Kirche ist nur so zu verstehen, daß damit die auf gewaltsamen Umsturz des Bestehenden gerichteten Bestrebungen der Sozialdemokraten abgelehnt werden. In Wahrheit will die Kirche nichts als einen besonders gefärbten Staatssozialismus.

Das Wesen der sozialistischen Produktionsweise ist unabhängig von der konkreten Gestalt, in der man ihre Verwirklichung sucht. Jede sozialistische Bestrebung, wie immer sie auch auftreten mag, muß an der Unmöglichkeit, rein sozialistische Wirtschaft aufzurichten, scheitern. Daran, nicht an der Unzulänglichkeit des sittlichen Charakters der Menschen muß der Sozialismus zugrunde gehen. Man mag zugeben, daß die sittlichen Eigenschaften, die von den Genossen des sozialistischen Gemeinwesens gefordert werden müssen, am ehesten durch die Kirche geweckt werden könnten. Der Geist, der in einem sozialistischen Gemeinwesen herrschen müßte, ist dem Geist einer kirchlichen Gemeinschaft am meisten verwandt. Doch um die Schwierigkeiten, die der Aufrichtung einer sozialistischen Gesellschaftsordnung entgegenstehen, zu beseitigen, müßten die menschliche Natur oder die Gesetze der uns umgebenden Natur geändert werden. Das aber kann auch der Glauben nicht vollbringen.

§ 5. Die Planwirtschaft ist eine jüngere Spielart des Staatssozialismus.

Jeder Versuch, sozialistische Pläne zu verwirklichen, muß sehr bald auf unüberwindliche Schwierigkeiten stoßen. So ist es auch dem preussischen Staatssozialismus ergangen. Der Mißerfolg der Verstaatlichung war zu offenkundig, als daß man ihn hätte übersehen können. Die Zustände in den gemeinwirtschaftlichen Betrieben waren nicht danach angetan, zu weiteren Schritten auf dem Wege zur Staats- und Gemeinderegie zu ermuntern. Man schob die Schuld daran dem Beamtentum zu. Es sei ein Fehler gewesen, die „Fachleute" auszuschalten. Man müsse

zulässig. Die Entwicklung zum Sozialismus ist allen Bekenntnissen gemeinsam. Im Katholizismus hat die Enzyklika Leos XIII. „Rerum novarum" vom Jahre 1891 das Sondereigentum als dem Naturrecht entspringend anerkannt; gleichzeitig aber hat die Kirche eine Reihe von Moralgrundsätzen für die Verteilung des Einkommens aufgestellt, die sich nur im Staatssozialismus verwirklichen lassen. Auf diesem Boden steht auch die Enzyklika Pius XI. „Quadragesimo anno" vom Jahre 1931. Im deutschen Protestantismus ist der christlichsoziale Gedanke mit dem Staatssozialismus so verbunden, daß man die beiden kaum voneinander zu unterscheiden vermag.

in irgendeiner Weise die Kräfte der Unternehmer in den Dienst des Sozialismus stellen. Aus diesem Gedanken heraus entspringt zunächst die Einrichtung der gemischtwirtschaftlichen Unternehmungen. An Stelle der vollen Verstaatlichung oder Verstadtlichung tritt ein Privatunternehmen, an dem Staat oder Gemeinde beteiligt sind. Damit wird einerseits der Forderung jener Rechnung getragen, die es für ein Unrecht halten, daß Staat und Gemeinde am Ertrag der in ihren Hoheitsgebieten betriebenen Unternehmungen nicht beteiligt sind. Freilich läßt sich solche Beteiligung viel wirksamer durch Besteuerung erzielen, ohne daß man die öffentlichen Finanzen auch der Möglichkeit eines Verlustes aussetzt. Andererseits aber glaubt man bei diesem System alle lebendigen Kräfte des Unternehmertums in den Dienst des gemeinwirtschaftlichen Betriebes zu stellen. Das ist ein grober Irrtum. Denn sobald einmal auch die Vertreter der öffentlichen Verwaltung an der Leitung mitbeteiligt sind, müssen alle Hemmungen, die die Entschlußkraft öffentlicher Angestellter lähmen, wirksam werden. Die gemischtwirtschaftlichen Betriebe ermöglichen es, die Angestellten und Arbeiter formell von den für die öffentlichen Beamten geltenden Bestimmungen auszunehmen und damit die schädlichen Rückwirkungen, die der Beamtengeist auf die Rentabilität von Unternehmungen äußert, ein wenig zu mildern. Der gemischtwirtschaftliche Betrieb hat sich im großen und ganzen sicher besser bewährt als der reine Regiebetrieb. Für die Durchführbarkeit des Sozialismus hat dies ebensowenig zu bedeuten wie die guten Ergebnisse, die einzelne öffentliche Betriebe mitunter aufweisen. Daß es bei Zutreffen glücklicher Umstände möglich ist, einen gemeinwirtschaftlichen Betrieb inmitten einer im übrigen auf dem Sondereigentum an den Produktionsmitteln beruhenden Wirtschaftsordnung halbwegs rationell zu führen, beweist noch nichts für die Möglichkeit einer Vollsozialisierung der Volkswirtschaft.

Im Weltkrieg hat man in Deutschland und Österreich mit dem Kriegssozialismus den Versuch gemacht, den Unternehmern die Leitung der verstaatlichten Betriebe zu überlassen. Die Eile, mit der, mitten unter den schwierigsten Verhältnissen des Krieges, zu Sozialisierungsmaßnahmen geschritten wurde, und der Umstand, daß man sich, als man damit anfing, weder über die grundsätzliche Tragweite der neuen Politik noch über das Maß, bis zu dem man zu gehen entschlossen war, eine klare Vorstellung machte, ließen überhaupt keinen anderen Ausweg zu. Man übertrug die Leitung der einzelnen Produktionszweige an Zwangsvereinigungen der Unternehmer, die unter Regierungsaufsicht gestellt wurden. Preisfestsetzung auf der einen Seite, Wegsteuerung der Gewinne auf der anderen Seite sollten dafür sorgen, daß der Unternehmer auf die Stellung eines am Ertrag beteiligten Angestellten herabgedrückt werde[1]). Das System hat sich sehr schlecht bewährt. Dennoch mußte man an ihm, wenn man nicht überhaupt von allen sozialistischen Versuchen lassen wollte, festzuhalten trachten, weil man eben nichts Besseres an seine Stelle zu setzen wußte. Die von Wissel und Moellendorff verfaßte Denkschrift des deutschen Reichswirtschaftsministeriums vom 7. Mai 1919 spricht es mit trockenen Worten aus, daß es für eine sozialistische Regierung nichts anderes gebe als an dem System festhalten, das man im Kriege als Kriegswirtschaft bezeichnet hat. „Eine sozialistische Regierung", — heißt es dort — „darf nicht gleichgültig zusehen, daß wegen einiger Auswüchse die öffentliche Meinung durch interessierte Vorurteile gegen eine gebundene Planwirtschaft vergiftet wird; sie mag die Planwirtschaft verbessern, sie mag den alten Bureaukratismus auffrischen, sie mag in Form der Selbstverwaltung die Verantwortung dem wirtschaftenden Volke selbst übertragen, aber sie muß sich zur gebundenen Planwirtschaft, d. h. zu den höchst unpopulären Begriffen Pflicht und Zwang bekennen"[2]).

Die Planwirtschaft ist der Entwurf eines sozialistischen Gemeinwesens, das das unlösbare Problem der Verantwortung der handelnden Organe auf besondere Weise zu lösen sucht. Nicht nur der Gedanke, auf dem der Lösungsversuch beruht, ist verfehlt; die Lösung selbst ist nur eine Scheinlösung, und daß die Schöpfer und Befürworter des Entwurfes das übersehen konnten, ist besonders charakteristisch für die Geistesverfassung des Beamtentums. Die Selbstverwaltung, die den einzelnen Gebieten und Produktionszweigen verliehen werden soll, ist nur für untergeordnete Dinge von Bedeutung. Denn das Schwergewicht der Wirtschaft liegt in dem Ausgleich zwischen den einzelnen Gebieten und den einzelnen Produktionszweigen. Dieser Ausgleich aber kann nur einheitlich erfolgen; wäre das nicht vorgesehen, dann würde man den ganzen Plan als syndikalistisch bezeichnen müssen. In der Tat sehen denn auch Wissell und Moellendorff einen Reichswirtschaftsrat vor, der „die oberste Leitung der deutschen Wirtschaft im Zusammenwirken mit den berufenen höchsten Organen des Reiches" hat[3]). Es ist also im Wesen bei dem ganzen Vorschlag nichts anderes gewonnen,

---

[1]) Über den Charakter des Kriegssozialismus und seine Wirkungen vgl. meine Ausführungen in „Nation, Staat und Wirtschaft", a. a. O., S. 140ff.

[2]) Vgl. Denkschrift des Reichswirtschaftsministeriums (abgedruckt bei Wissell, a. a. O.,) S. 106.

[3]) Vgl. ebendort S. 116.

als daß die Verantwortung für die Maßnahmen der Wirtschaftsleitung von den Reichsministerien mit einer zweiten Stelle geteilt wird.

Vom Staatssozialismus des preußischen Staates der Hohenzollern unterscheidet sich der Sozialismus der Planwirtschaft in der Hauptsache dadurch, daß er die bevorzugte Stellung in der Geschäftsleitung und bei der Einkommensverteilung, die dort dem Junkertum und der Bureaukratie zugedacht war, den bisherigen Unternehmern zuweisen will. Das ist eine durch die Umgestaltung der politischen Lage gebotene Neuerung, eine Folge des Zusammenbruchs, den Fürstentum, Adel, Bureaukratie und Offizierkorps erlitten haben; für die Probleme des Sozialismus ist es im übrigen bedeutungslos.

In den letzten Jahren hat man ein neues Wort gefunden, mit dem man dasselbe zu bezeichnen pflegt, was man unter dem Ausdruck Planwirtschaft versteht, nämlich das Wort: Staatskapitalismus. Es werden noch viele Vorschläge zur Rettung des Sozialismus auftreten. Wir werden noch viele neue Namen für die alte Sache kennen lernen. Aber nicht auf den Namen kommt es an, sondern auf das Wesen. Am Wesen des Sozialismus können alle diese Entwürfe nichts ändern.

§ 6. In den ersten Jahren nach Beendigung des Weltkrieges galt in England und auf dem Kontinente der Gildensozialismus als Panazee. Heute ist er längst vergessen. Man darf ihn dennoch bei der Besprechung der sozialistischen Entwürfe nicht mit Schweigen übergehen, schon weil er den einzigen Beitrag darstellt, den die in wirtschaftlichen Dingen an der Spitze der Völker marschierenden Angelsachsen zu den modernen sozialistischen Plänen beigesteuert haben.

Auch der Gildensozialismus ist ein Versuch, dem unlösbaren Problem der sozialistischen Wirtschaftsführung beizukommen. Dem englischen Volke, das durch die lange Herrschaft der liberalen Ideen vor der im modernen Deutschland besonders ausgebildeten Überschätzung des Staates bewahrt blieb, hat nicht erst der Mißerfolg der staatssozialistischen Bestrebungen die Augen öffnen müssen. Niemals hat der Sozialismus in England das Mißtrauen in die Fähigkeit der Regierung, alle menschlichen Angelegenheiten auf das Beste leiten zu können, zu überwinden vermocht. Immer haben die Engländer das große Problem, das die übrigen Europäer vor 1914 kaum erfaßt hatten, als solches erkannt.

Man muß im Gildensozialismus drei verschiedene Dinge auseinanderhalten. Der Gildensozialismus bringt eine Begründung der Notwendigkeit, das kapitalistische System durch ein sozialistisches zu ersetzen; diese durchaus eklektische Theorie kümmert uns weiter nicht. Er gibt ferner den Weg an, der zum Sozialismus hinführen soll; das ist für uns nur darum wichtig, weil dieser Weg sehr leicht statt zum Sozialismus zum Syndikalismus führen könnte. Schließlich aber entwirft er das Programm einer künftigen sozialistischen Gesellschaftsordnung. Mit dem haben wir uns zu befassen.

Das Ziel des Gildensozialismus ist die Vergesellschaftung der Produktionsmittel. Darum dürfen wir ihn mit Recht Sozialismus nennen. Was seine Eigentümlichkeit ausmacht, ist die besondere Einrichtung, die er der Verwaltungsorganisation des künftigen sozialistischen Gemeinwesens geben will. Die Produktion soll durch die Arbeiter der einzelnen Produktionszweige geleitet werden; sie berufen die Vorarbeiter, Werkmeister und die übrigen Geschäftsführer, sie regeln mittelbar und unmittelbar die Arbeitsbedingungen und weisen der Produktion Weg und Ziel[1]). Den Gilden als den Organisationen der in den einzelnen Industriezweigen Tätigen steht als Organisation der Konsumenten der Staat gegenüber. Er hat das Recht, die Gilden zu besteuern, und ist damit befähigt, ihre Preis- und Lohnpolitik zu regulieren[2]).

Der Gildensozialismus gibt sich einer argen Täuschung hin, wenn er glaubt, daß es auf diese Weise möglich werden könnte, eine sozialistische Gesellschaftsordnung zu schaffen, die die Freiheit des Individuums nicht gefährdet und alle jene Übel des zentralistischen Sozialismus vermeidet, die der Engländer als „Prussian ideas"[3]) verabscheut. Auch im Gesellschaftsideal des Gildensozialismus fällt die ganze Leitung der Produktion dem Staate zu. Er allein gibt der Produktion das Ziel

---

[1]) „Guildsmen are opposed to private ownership of industry, and strongly in favour of public ownership. Of course, this does not mean that they desire to see industry bureaucratically administered by State departments. They aim at the control of industry by National Guilds including the whole personnel of the industry. But they do not desire the ownership of any industry by the workers employed in it. Their aim is to establish industrial democracy by placing the administration in the hands of the workers, but at the same time to eliminate profit by placing the ownership in the hands of the public. Thus the workers in a Guild will not be working for profit: the prices of their commodities and indirectly at least the level of their remuneration will be subject to a considerable measure of public control. The Guild system is one of industrial partnership between the workers and the public, and is thereby sharply distinguished from the proposals popularly described as ‚Syndicalist'. ... The governing idea of National Guilds is that of industrial self-government and democracy. Guildsmen hold that democratic principles are fully as applicable to industry as to politics." (Vgl. Cole, Chaos and Order in Industry, London 1920, S. 58f.)

[2]) Vgl. Cole, Self-Government in Industry, Fifth Edition, London 1920, S. 235ff.; ferner Schuster, Zum englischen Gildensozialismus (Jahrbücher für Nationalökonomie und Statistik, 115. Bd.), S. 487ff.

[3]) Vgl. Cole, Self-Government, a. a. O., S. 255.

und bestimmt die Wege, die einzuschlagen sind, um dieses Ziel zu erreichen. Er bestimmt unmittelbar oder mittelbar durch die Maßnahmen seiner Besteuerungspolitik die Arbeitsbedingungen, verschiebt die Kapitalien und die Arbeiter von einem Industriezweig in den anderen, gleicht aus und vermittelt zwischen den Gilden untereinander und zwischen Produzenten und Konsumenten. Diese dem Staat zufallenden Aufgaben sind das allein wichtige, sie machen das Wesen der Wirtschaftsleitung aus[1]). Das, was den einzelnen Gilden und innerhalb der Gilden den Lokalverbänden und den Einzelbetrieben überlassen bleibt, ist die Ausführung der ihnen vom Staate übertragenen Arbeiten. Das ganze System stellt sich als eine Übertragung der politischen Verfassung des englischen Staates auf die Gütererzeugung dar; sein Vorbild ist das Verhältnis, in dem die Lokalverwaltung zur Staatsverwaltung steht. Der Gildensozialismus bezeichnet sich auch ausdrücklich als ökonomischer Föderalismus. Doch in der politischen Verfassung eines liberalen Staatswesens ist es nicht schwer, den einzelnen Gebietskörperschaften eine gewisse Selbständigkeit einzuräumen. Die notwendige Einordnung der Teile in das Ganze wird durch den jedem Gebietsverband gegenüber ausgeübten Zwang, sich bei der Besorgung seiner Angelegenheiten an die Staatsgesetze zu halten, in ausreichender Weise gewährleistet. Doch in der Produktion ist das lange nicht genug. Die Gesellschaft kann es nicht den in den einzelnen Produktionszweigen Tätigen überlassen, die Menge und die Beschaffenheit der Arbeit, die sie leisten, und den Aufwand an sachlichen Produktionsmitteln, den sie dabei machen wollen, selbst zu bestimmen[2]). Wenn die Arbeiter einer Gilde weniger eifrig

---

[1]) „Es bedarf nur einer kurzen Überlegung, um sich darüber klar zu werden, daß es zweierlei Sache ist, Gräben zu ziehen und zu bestimmen, wo diese Gräben gezogen werden; Brot zu backen und zu bestimmen, wieviel gebacken werden soll; Häuser zu bauen und zu bestimmen, wo sie gebaut werden sollen. Diese Aufzählung von Zweierlei kann beliebig vermehrt werden, kein Intensitätsgrad demokratischen Eifers schafft die Gegensätze aus der Welt. Der Gildensozialist, der sich diesen Tatsachen gegenübersieht, sagt, daß örtliche und zentrale Stellen vorhanden sein müssen, deren Aufgabe es ist, auch jenen wichtigen Teil des Lebens zu übersehen, der außerhalb der Produktion liegt. Ein Baumeister möchte wohl nichts anderes tun als Häuser bauen, als Bürger lebt er aber auch in einer gewissen anderen Umwelt und weiß, daß sein Fachgesichtspunkt eine Grenze hat. Er ist eben nicht nur Produzent, sondern auch Bürger." Cole und Mellor, Gildensozialismus (Deutsche Übersetzung von „The Meaning of Industrial Freedom"), Köln 1921, S. 36f.

[2]) Tawney (The Acquisitive Society, London 1921, S. 122) bezeichnet es als einen Vorzug des Gildensystems für den Arbeiter, daß es ein Ende mache mit „the odious and degrading system under which he is thrown aside, like unused material, whenever his services do not happen to be required". Doch hier zeigt sich gerade der

arbeiten oder bei der Arbeit mit den Produktionsmitteln verschwenderisch umgehen, so ist das eine Sache, die nicht nur sie angeht, sondern die ganze Gesellschaft. Der die Produktion leitende Staat kann daher gar nicht darauf verzichten, sich um die inneren Angelegenheiten der Gilde zu bekümmern. Wenn es ihm verwehrt bleibt, die Kontrolle durch Bestellung der Meister und Werksdirektoren unmittelbar auszuüben, dann muß er auf andere Weise, etwa durch die Mittel, die ihm die Handhabung des Besteuerungsrechtes und der Einfluß, den er auf die Verteilung der Genußgüter hat, in die Hand geben, danach streben, die Selbstverwaltung der Gilden zu einem wesenlosen Schein herabzudrücken. Die Vorgesetzten, die dem einzelnen Arbeiter täglich und stündlich gegenübertreten, um seine Arbeit zu leiten und zu überwachen, sind dem Arbeiter am meisten verhaßt. Sozialreformer, die von den Stimmungen der Arbeiter beeinflußt sind, mögen glauben, daß man diese Organe durch frei von den Arbeitern selbst gewählte Vertrauensmänner ersetzen könne. Das ist zwar nicht ganz so ungereimt wie der Glaube der Anarchisten, es werde jedermann auch ohne Zwang bereit sein, die für das gesellschaftliche Leben unerläßlichen Regeln zu befolgen, aber doch nicht viel besser. Die gesellschaftliche Produktion ist eine Einheit, in der jeder Teil auf die ihm im Rahmen des Ganzen zukommende Funktion genau eingestellt sein muß. Man kann es nicht dem Belieben der Teile überlassen, zu bestimmen, wie sie sich in das Zusammenspiel schicken wollen. Wenn der freigewählte Vorgesetzte in der Ausübung seiner beaufsichtigenden Tätigkeit nicht mit dem gleichen Eifer und mit dem gleichen Nachdruck vorgehen wird, wie es ein nicht von den Arbeitern gewählter machen würde, wird die Arbeitsproduktivität sinken.

Der Gildensozialismus behebt mithin keine der der Aufrichtung der sozialistischen Gesellschaftsordnung entgegenstehenden Schwierigkeiten. Er macht den Sozialismus dem englischen Geiste annehmbarer, wenn er das englischen Ohren unangenehm klingende Wort „Verstaatlichung" durch das Schlagwort „Self-Government in Industry" ersetzt. Im Wesen aber bringt er nichts anderes als das, was auch die kontinentalen Sozialisten empfehlen, nämlich den Vorschlag, die Produktion durch Aus-

---

größte Übelstand des empfohlenen Systems. Wenn man keine Bauarbeiten benötigt, weil verhältnismäßig genug Baulichkeiten vorhanden sind, und dennoch gebaut werden soll, bloß um die vorhandenen Bauarbeiter zu beschäftigen, die nicht gewillt sind, in die unter verhältnismäßigem Arbeitermangel leidenden Produktionszweige überzutreten, so ist das Unwirtschaftlichkeit und Verschwendung. Daß das kapitalistische System den Berufswechsel erzwingt, das ist gerade sein Vorzug vom Standpunkte des allgemeinen Besten, mag es auch unmittelbar zum Nachteil der Sonderinteressen kleiner Gruppen ausschlagen.

schüsse der in der Produktion tätigen Arbeiter und Angestellten und der Konsumenten leiten zu lassen. Daß man damit um keinen **Schritt** der Lösung der Probleme des Sozialismus näher kommt, wurde schon gesagt.

Ein gutes Stück seiner Volkstümlichkeit verdankte der Gildensozialismus übrigens dem syndikalistischen Element, das viele seiner Anhänger in ihm zu finden glaubten. Der Gildensozialismus, wie ihn seine literarischen Vertreter auffassen, ist zweifellos nicht syndikalistisch. Wohl aber führt der Weg, den er zur Erreichung seiner Ziele einschlagen will, zunächst zum Syndikalismus. Wenn vorerst in einigen wichtigen Produktionszweigen Nationalgilden errichtet werden sollen, die in einem im übrigen noch kapitalistischen Wirtschaftssystem zu wirken haben werden, so bedeutet dies Syndikalisierung einzelner Industriezweige. Wie überall, so zeigt es sich auch hier, daß der Weg der Sozialisten leicht ein Abweg zum Syndikalismus werden kann.

II.
Pseudosozialistische Gebilde.

§ 1. Dem Erfolg der vom Sozialismus an der kapitalistischen Gesellschaftsordnung geübten Kritik vermochte sich in den letzten Jahrzehnten kaum jemand ganz zu entziehen. Auch die, die sich dem Sozialismus nicht mehr oder weniger anschließen wollten, haben seiner Kritik des Sondereigentums an den Produktionsmitteln in mancher Richtung Rechnung zu tragen gesucht. So entstanden einige nicht gut durchdachte, in der Theorie eklektische und in der Politik schwächliche Systeme, die die Gegensätze zu versöhnen strebten. Sie fielen bald der Vergessenheit anheim. Nur eines dieser Systeme hat größere Verbreitung zu gewinnen vermocht: der Solidarismus. Er ist vor allem in Frankreich zu Hause; man hat ihn, nicht ganz mit Unrecht, die offizielle Sozialphilosophie der dritten Republik genannt. Außerhalb Frankreichs ist wohl die Bezeichnung Solidarismus weniger bekannt; doch die Lehren, die den Solidarismus ausmachen, sind überall das sozialpolitische Bekenntnis aller jener kirchlich gesinnten oder konservativen Kreise, die sich nicht dem christlichen Sozialismus oder dem Staatssozialismus angeschlossen haben. Der Solidarismus ist weder durch Tiefe seiner Theorie noch durch die Zahl seiner Anhänger ausgezeichnet. Was ihm immerhin eine gewisse Bedeutung verleiht, ist der Umstand, daß er viele der besten und edelsten Männer und Frauen unserer Zeit beeinflußt hat.

Der Solidarismus geht davon aus, daß die Interessen aller Glieder der Gesellschaft harmonieren. Das Sondereigentum an den Produktionsmitteln ist eine gesellschaftliche Einrichtung, deren Erhaltung nicht nur im Interesse der Besitzenden, sondern in dem aller gelegen ist; es wäre für alle von Schaden, wenn man es durch das die Ergiebigkeit der gesellschaftlichen Arbeit gefährdende Gemeineigentum ersetzen wollte. Soweit geht der Solidarismus Hand in Hand mit dem Liberalismus. Doch dann trennen sich ihre Wege. Die solidaristische Theorie meint nämlich, daß in einer auf dem Sondereigentum an den Produktionsmitteln beruhenden Gesellschaftsordnung an und für sich der Grundsatz der gesellschaftlichen Solidarität noch nicht verwirklicht sei. Sie bestreitet, ohne freilich darauf näher einzugehen oder gar Gedanken zutage zu fördern, die nicht schon früher von den Sozialisten aller, besonders von solchen der nichtmarxistischen Richtungen vorgebracht wurden, daß schon die bloße Wahrnehmung der eigenen Vermögensinteressen im Rahmen einer Freiheit und Eigentum garantierenden Rechtsordnung den Erfolg habe, daß ein den Zwecken des gesellschaftlichen Zusammenwirkens entsprechendes Ineinandergreifen der einzelnen Wirtschaftshandlungen gesichert werde. Die Menschen der Gesellschaft seien durch die Natur des gesellschaftlichen Zusammenlebens, in dem sie allein existieren können, an dem Wohlergehen ihrer Mitmenschen wechselseitig interessiert, ihre Interessen seien solidarisch und sie sollten daher solidarisch handeln. Solidarität sei aber auch in der arbeitteilenden Gesellschaft durch die Einrichtung des Sondereigentums an den Produktionsmitteln noch nicht erreicht. Um solidarisches Handeln zu erreichen, müßten besondere Vorkehrungen getroffen werden. Der mehr etatistisch denkende Flügel des Solidarismus will es durch staatlichen Zwang herbeiführen: Gesetze sollen den Besitzenden Lasten zugunsten der ärmeren Schichten des Volkes und zugunsten der „Allgemeinheit" auferlegen. Der mehr kirchlich gesinnte Flügel des Solidarismus will dasselbe durch Einwirkung auf das Gewissen erzielen; nicht Staatsgesetze, sondern Moralvorschriften, die christliche Liebe, sollen den Einzelnen zur Erfüllung seiner sozialen Pflichten verhalten.

Die Vertreter des Solidarismus haben ihre sozialphilosophischen Anschauungen in glänzend geschriebenen Essays niedergelegt, die alle Vorzüge des französischen Geistes zur Schau tragen. Niemand hat die wechselseitige Abhängigkeit der Gesellschaftsmenschen mit schöneren Worten zu schildern gewußt als sie; allen voran Sully Prudhomme in seinem berühmten Sonett, das den Dichter nach dem Erwachen aus einem bösen Traum, in dem er sich, da die Arbeitsteilung aufhört und niemand für ihn arbeiten will, „seul, abandonné de tout le genre humain" gesehen hat, zur Erkenntnis führt

„qu'au siècle où nous sommes,
Nul ne peut se vanter de se passer des hommes;
Et depuis ce jour-là, je les ai tous aimés"[1]).

Sie haben es auch verstanden, ihre Postulate scharfsinnig zu begründen, sei es durch theologische[2]), sei es durch juristische Ausführungen[3]). Doch all das darf uns über die innere Schwäche der Lehre nicht täuschen.

Die Theorie des Solidarismus ist ein unklarer Eklektizismus. Mit ihr ist eine besondere Auseinandersetzung überflüssig. Sie interessiert uns hier auch viel weniger als sein Gesellschaftsideal, das mit dem Anspruche auftritt „die Fehler des individualistischen und sozialistischen Systems zu vermeiden, das Richtige, das in beiden sich findet, zu erhalten"[4]).

Der Solidarismus will das Sondereigentum an den Produktivgütern bestehen lassen. Doch er setzt über den Eigentümer eine Instanz — gleichviel ob das Gesetz und seinen Schöpfer, den Staat, oder das Gewissen und seinen Berater, die Kirche, — die den Eigentümer dazu verhalten soll, von seinem Eigentum den richtigen Gebrauch zu machen. Es soll verhindert werden, daß der Einzelne seine Stellung im Wirtschaftsprozeß „schrankenlos" ausnütze; dem Eigentum sollen gewisse Beschränkungen auferlegt werden. Damit werden Staat oder Kirche, Gesetz oder Gewissen zum entscheidenden Faktor in der Gesellschaft gemacht. Das Eigentum wird ihren Normen unterstellt, es hört auf, das grundlegende und letzte Element der Gesellschaftsordnung zu sein. Es besteht nur noch, soweit Gesetz oder Moral es walten lassen; d. h. das Eigentum

---

[1]) Die deutsche Übertragung von Thurow, die in der von Diederich herausgegebenen sozialdemokratischen Chrestomathie „Von unten auf" (Berlin 1911, II. Bd., S. 334) abgedruckt ist, gibt gerade die zitierten Schlußverse des Sonetts in einer Weise wieder, die den Sinn des Originals gar nicht erkennen läßt.

[2]) Da ist vor allem der Jesuit Pesch (Lehrbuch der Nationalökonomie, I. Bd., 2. Aufl., Freiburg 1914, S. 392—438) zu nennen. In Frankreich besteht zwischen den katholisch denkenden und den freidenkenden Solidaristen ein — mehr das Verhältnis der Kirche zum Staat und zur Gesellschaft und weniger die eigentlichen Grundsätze der sozialen Theorie und Politik berührender — Gegensatz, der die kirchlichen Kreise der Bezeichnung „Solidarismus" gegenüber mißtrauisch macht. Vgl. Haussonville, Assistance publique et bienfaisance privée (Revue des Deux Mondes, 162 Bd., 1900, S. 773—808); Bouglé, Le Solidarisme, Paris 1907, S. 8ff.

[3]) Vgl. Bourgeois, Solidarité, 6. Aufl., Paris 1907, S. 115ff.; Waha, Die Nationalökonomie in Frankreich, Stuttgart 1910, S. 432ff.

[4]) Vgl. Pesch, a. a. O., I. Bd., S. 420.

wird aufgehoben, da der Eigentümer sich in der Verwaltung seines Vermögens an andere Grundsätze als an die, die ihm die Rücksichtnahme auf seine Vermögensinteressen auferlegt, zu halten hat. Man wende ja nicht dagegen ein, daß der Eigentümer unter allen Umständen an die Beobachtung der Vorschriften des Rechts und der Moral gebunden sei, und daß jede Rechtsordnung das Eigentum nur innerhalb der durch die Normen gezogenen Grenzen anerkenne. Denn wenn diese Normen nur darauf abzielen, daß eben freies Eigentum bestehe und der Eigentümer in seiner Befugnis, das Eigentum so lange zu behalten, als es nicht infolge der von ihm abgeschlossenen Verträge auf andere übergeht, nicht gestört werde, dann ist ihr Inhalt nichts anderes als die Anerkennung des Sondereigentums an den Produktivgütern. Der Solidarismus hält jedoch diese Normen allein für noch nicht ausreichend, um den ersprießlichen Zusammenklang der Arbeit der Glieder der Gesellschaft herbeizuführen. Er will noch andere Normen über sie setzen. Damit aber werden diese anderen Normen zum Grundgesetz der Gesellschaft. Nicht mehr das Sondereigentum, sondern Gesetzes- und Moralvorschriften besonderer Art sind nun das Grundgesetz der Gesellschaft. Der Solidarismus ersetzt das Eigentum durch ein höheres Recht, d. h. er hebt es auf.

Freilich, soweit wollen die Solidaristen in Wahrheit gar nicht gehen. Sie wollen, sagen sie, das Eigentum nur beschränken, es aber grundsätzlich beibehalten. Doch wenn man überhaupt dazu gelangt ist, dem Eigentum andere Schranken als jene, die sich aus seinem Wesen heraus ergeben, zu setzen, dann hat man es schon aufgehoben. Wenn der Eigentümer nur das mit seinem Eigentum tun darf, was ihm vorgeschrieben wird, dann leitet die Volkswirtschaft nicht mehr das Eigentum, sondern jene Macht, die diese Vorschriften gibt.

Der Solidarismus will zum Beispiel den Wettbewerb regeln; er soll nicht „zum Untergang des Mittelstandes" oder zur „Unterdrückung der Schwachen" führen dürfen[1]). Das bedeutet doch nichts anderes, als daß ein bestimmter Zustand der gesellschaftlichen Produktion erhalten werden soll, auch wenn er unter der Herrschaft des Sondereigentums verschwinden müßte. Dem Eigentümer wird vorgeschrieben, was und wie und in welchem Umfang er produzieren und zu welchen Bedingungen und an wen er verkaufen soll. Damit hört er auf, Eigentümer zu sein; er wird ein bevorrechteter Genosse einer gebundenen Wirtschaftsordnung, ein eine besondere Rente beziehender Beamter.

---

[1]) Vgl. Pesch, a. a. O., I. Bd., S. 422.

Wer soll in jedem einzelnen Fall entscheiden, wieweit Gesetz oder Moral in der Beschränkung der Befugnisse des Eigentümers gehen sollen? Doch nur das Gesetz oder die Moral selbst.

Wäre der Solidarismus sich über die Konsequenzen seiner Postulate klar, dann müßte man ihn durchaus als eine Spielart des Sozialismus bezeichnen. Doch er ist weit entfernt von dieser Klarheit. Er glaubt, vom Staatssozialismus grundsätzlich verschieden zu sein[1]), und die Mehrzahl seiner Anhänger wäre entsetzt, wenn sie erkennen würden, was ihr Ideal in Wahrheit ist. Darum mag man sein Gesellschaftsideal noch zu den pseudosozialistischen Gebilden rechnen. Aber man übersehe nicht, daß das, was ihn vom Sozialismus trennt, nur ein Schritt ist. Nur die dem Liberalismus und Kapitalismus im allgemeinen günstigere geistige Atmosphäre Frankreichs hat die französischen Solidaristen und den vom französischen Geiste beeinflußten Jesuiten Pesch davon abgehalten, die Grenze, die zwischen Solidarismus und Sozialismus liegt, entschieden zu überschreiten. Doch manche, die sich noch Solidaristen nennen, müssen ganz dem Etatismus zugezählt werden; hierher gehört zum Beispiel Charles Gide.

§ 2. Die auf die Reform der Eigentumsverhältnisse gerichteten Bestrebungen vorkapitalistischer Zeiten gipfeln gewöhnlich in dem Verlangen nach Herstellung der Vermögensgleichheit. Alle sollen gleich reich sein, keiner soll mehr, keiner weniger besitzen als die anderen. Diesen Zustand will man durch Neuverteilung des Ackerlandes herbeiführen und durch Veräußerungs- und Belastungsverbote zu einem dauernden gestalten. Es ist klar, daß das kein Sozialismus ist, mag man es auch heute mitunter als Agrarsozialismus bezeichnen.

Der Sozialismus will die Produktionsmittel überhaupt nicht verteilen und will mehr als bloß enteignen; er will auf Grund gesellschaftlichen Eigentums an den Produktionsmitteln produzieren. Darum sind alle jene Vorschläge, die nur auf die Enteignung von Produktionsmitteln hinauslaufen, nicht als sozialistisch anzusehen; es kann sich bei ihnen im besten Fall um Vorschläge über den Weg handeln, der zum Sozialismus hinführen soll.

Wenn zum Beispiel angeregt wird, ein Höchstausmaß des zulässigen Sondereigentums einer und derselben Person festzulegen und alles, was darüber hinausgeht, einzuziehen, so kann man das nur dann als sozialistisch ansehen, wenn beabsichtigt wird, die auf diese Weise dem Staat zufallenden Vermögen zur Grundlage sozialistischer Produktion zu

---

[1]) Vgl. Pesch, a. a. O., I, Bd., S. 420.

machen. Wir hätten dann einen Vorschlag über den Weg der Sozialisierung vor uns. Es ist nicht schwer zu erkennen, daß dieser Vorschlag ganz und gar verfehlt ist. Ob die Menge der Produktionsmittel, die dabei vergesellschaftet werden könnten, größer oder kleiner ist, wird davon abhängen, welche Höhe für das noch zulässige Ausmaß der Sondervermögen bestimmt wird. Nimmt man sie niedrig, dann ist der Unterschied gegenüber der sofortigen Sozialisierung nur gering. Nimmt man sie hoch, dann ist der Erfolg der Maßnahme für die Vergesellschaftung der Produktionsmittel nur klein. In jedem Falle müßte sich aber eine Reihe von nichtbeabsichtigten Wirkungen einstellen. Denn es werden gerade die energischesten und rührigsten Unternehmer vorzeitig aus der wirtschaftlichen Arbeit ausgeschaltet; für die Reichen, deren Vermögen sich der Grenze nähert, wird ein Anreiz zu verschwenderischer Lebensführung gegeben. Man könnte mit größter Wahrscheinlichkeit darauf rechnen, daß die Begrenzung der Einzelvermögen die Kapitalbildung verlangsamen würde.

Ähnliches gilt von der von verschiedenen Seiten vorgeschlagenen Beseitigung des Erbrechts. Die Aufhebung des Erbrechts und des Rechts, Schenkungen zur Umgehung des Erbverbotes vorzunehmen, würde zwar nicht den vollen Sozialismus herbeiführen, doch im Laufe eines Menschenalters einen sehr beträchtlichen Teil aller Produktionsmittel in die Hände der Gesellschaft überführen. Doch sie würde vor allem die Folge haben, daß die Neubildung von Kapital verlangsamt und daß ein Teil des schon vorhandenen Kapitals aufgezehrt wird.

§ 3. Eine Schule von wohlmeinenden Schriftstellern und Unternehmern empfiehlt die Lohnform der Arbeitergewinnbeteiligung (Industrial Partnership). Der Geschäftsgewinn soll nicht mehr ausschließlich dem Unternehmer zufallen; er soll zwischen dem Unternehmer und den Arbeitern geteilt werden, indem der Lohn der Arbeiter durch einen Anteil am Gewinne der sie beschäftigenden Unternehmung ergänzt wird. Von der Durchführung dieses Vorschlages erwartete Engel nichts weniger als „eine beide Teile befriedigende Beilegung des entbrannten Kampfes und damit auch die Lösung der sozialen Frage"[1]. Die Mehrzahl der Vorkämpfer des Systems der Gewinnbeteiligung schätzt seine Bedeutung nicht niedriger ein.

---

[1] Vgl. Engel, Der Arbeitsvertrag und die Arbeitsgesellschaft (im „Arbeiterfreund", 5. Jahrg., 1867, S. 129—154). — Einen Überblick über die deutsche Literatur zum Gewinnbeteiligungsproblem gibt die als Sonderbeilage zum „Reichs-Arbeitsblatt" vom 3. März 1920 veröffentlichte Denkschrift des Statistischen Reichsamtes „Untersuchungen und Vorschläge zur Beteiligung der Arbeiter an dem Ertrage wirtschaftlicher Unternehmungen".

Die Vorschläge, dem Arbeiter einen Teil des Unternehmergewinnes zu überweisen, gehen von dem Gedanken aus, daß der Arbeiter in der kapitalistischen Gesellschaftsordnung vom Unternehmer um einen Teil dessen gebracht werde, worauf er eigentlich Anspruch erheben könnte. Es ist die unklare Vorstellung eines unveräußerlichen Rechts auf den „vollen" Arbeitsertrag, es ist die Ausbeutungstheorie in ihrer volkstümlichen, naivsten Gestalt, die, mehr oder weniger offen ausgesprochen, den Untergrund für die Gewinnbeteiligungsidee abgibt. In der Auffassung ihrer Vertreter erscheint die soziale Frage als ein Kampf um den Unternehmergewinn. Die Sozialisten wollen ihn ganz den Arbeitern zusprechen; die Unternehmer nehmen ihn ganz für sich in Anspruch. Nun wird empfohlen, den Streit durch einen Vergleich zu beenden: jeder der beiden Streitteile möge sich mit einem Teil seines Anspruches begnügen. Beide werden dabei gut fahren: die Unternehmer, weil doch ihr Anspruch offenbar ungerecht sei, die Arbeiter, weil sie kampflos eine beträchtliche Erhöhung ihres Einkommens erlangen. Dieser Gedankengang, der das Problem der gesellschaftlichen Organisation der Arbeit als eine Rechtsfrage behandelt wissen will und eine weltgeschichtliche Auseinandersetzung wie einen Streit zwischen zwei Kaufleuten durch Halbierung der Streitsumme zu vergleichen sucht, ist so schief, daß es kaum lohnt, auf ihn näher einzugehen. Entweder ist das Sondereigentum an den Produktionsmitteln eine notwendige Einrichtung der menschlichen Gesellschaft oder es ist es nicht. In diesem Falle kann man oder muß man es beseitigen, und es liegt kein Grund vor, aus Rücksicht auf die persönlichen Interessen der Unternehmer dabei auf halbem Wege stehen zu bleiben. Ist aber das Sondereigentum eine Notwendigkeit, dann bedarf es zu seinem Bestand keiner weiteren Rechtfertigung, und es liegt kein Grund vor, es durch teilweise Beseitigung in seiner gesellschaftlichen Wirksamkeit zu schwächen.

Die Freunde der Gewinnbeteiligung glauben durch sie den Arbeiter zu eifrigerer Erfüllung der übernommenen Pflichten, als sie von dem am Ertrag der Unternehmung nicht interessierten Arbeiter zu erwarten ist, anspornen zu können. Auch da sind sie im Irrtum. Dort, wo die Arbeitsintensität nicht durch sozialistisch-destruktionistische Sabotage aller Art gemindert ist, wo der Arbeiter ohne Schwierigkeiten entlassen werden und wo sein Lohn ohne Rücksicht auf Kollektivverträge der Leistung angepaßt werden kann, bedarf es keines weiteren Ansporns, um den Arbeiter fleißig zu machen. Der Arbeiter arbeitet da im vollen Bewußtsein dessen, daß sein Lohn von seiner Leistung abhängt. Wo aber diese Voraussetzungen fehlen, da kann auch die Aussicht, einen

Bruchteil des Reinertrages der Unternehmung zu beziehen, den Arbeiter nicht veranlassen, mehr zu leisten als soviel, daß er seiner Verpflichtung gerade formell nachkommt. Es ist, wenn auch in anderen Größenverhältnissen, dasselbe Problem, das uns schon bei Untersuchung der Antriebe, die im sozialistischen Gemeinwesen zur Überwindung des Arbeitsleids bestehen, beschäftigt hat: von dem Ertrag der Mehrarbeit, deren Last der Arbeiter allein zu tragen hat, fällt ihm nur ein Bruchteil zu, der nicht groß genug ist, die Mehranstrengung zu verlohnen.

Wenn man die Gewinnbeteiligung der Arbeiter individuell durchführt, so daß jeder Arbeiter am Gewinn gerade der Unternehmung beteiligt wird, bei der er zufällig arbeitet, dann schafft man ohne ersichtlichen Grund Unterschiede im Einkommen, die keinerlei ökonomische Funktion erfüllen, durch nichts gerechtfertigt erscheinen und von allen als offenbar unbillig empfunden werden müßten. „Es geht nicht an, daß der Dreher in einem Werk zwanzig Mark verdient und noch zehn Mark Gewinnbeteiligung erhält, und bei dem Konkurrenzunternehmen, weil die Geschäfte dort schlechter gehen, vielleicht schlechter geleitet werden, nur zwanzig Mark. Entweder bedeutet das die Schaffung einer Rente und vielleicht den Verkauf von Arbeitsplätzen, mit denen diese Rente verbunden ist, oder der Mann erklärt seinem Unternehmer: mir ist es gleich, aus welchem Fonds du die dreißig Mark bezahlst; wenn mein Kollege bei der Konkurrenz sie erhält, so verlange ich sie auch"[1]). Die individuelle Gewinnbeteiligung muß geradewegs zum Syndikalismus führen, wenn auch zu einem Syndikalismus, bei dem dem Unternehmer noch ein Teil des Unternehmergewinns gewahrt bleibt.

Man kann aber auch einen anderen Weg einschlagen. Nicht der einzelne Arbeiter wird am Gewinn beteiligt, sondern die Gesamtheit der Volksgenossen; vom Gewinn aller Unternehmungen gelangt ein Teil an alle ohne Unterschied zur Verteilung. Das ist in der Besteuerung bereits verwirklicht. Schon lange vor dem Kriege haben in Österreich die Aktiengesellschaften zwanzig bis vierzig Prozent ihres Reinertrages an den Staat und an die anderen Träger der Steuerhoheit abführen müssen; in den ersten Friedensjahren waren es sechzig bis neunzig Prozent und darüber. Die gemischtwirtschaftliche Unternehmung stellt den Versuch dar, die Beteiligung des Gemeinwesens in eine Rechtsform zu bringen, die diesem auch einen Einfluß auf die Führung der Geschäfte zugesteht, wogegen es allerdings auch bei der Kapitalaufbringung mitwirken muß. Auch da ist nicht einzusehen, warum man sich mit einer

---

[1]) Vgl. die Ausführungen von Vogelstein auf der Regensburger Tagung des Vereins für Sozialpolitik (Schriften des Vereins für Sozialpolitik, 159. Bd.) S. 132f.

halben Beseitigung des Sondereigentums begnügen soll, wenn die vollständige ohne Schädigung der Produktivität der Arbeit durchführbar sein sollte. Ist aber die Aufhebung des Sondereigentums von Nachteil, dann ist es auch die halbe, und der Nachteil der halben Maßnahme mag vielleicht hinter dem der ganzen kaum zurückstehen. Man führt zugunsten der gemischtwirtschaftlichen Unternehmung gewöhnlich an, daß sie der Tätigkeit des Unternehmers Spielraum lasse. Doch, wie schon oben ausgeführt wurde, der Unternehmer wird durch den Einfluß, den Staat oder Gemeinde in ihr ausüben, in der Freiheit seiner Entschließungen gelähmt; eine an die Mitwirkung von öffentlichen Beamten gebundene Unternehmung ist nicht imstande, die Produktionsmittel so zu verwenden, wie es das Rentabilitätsinteresse verlangt[1]).

§ 4. Als politische Taktik stellt der Syndikalismus eine besondere Kampfesweise der organisierten Arbeiterschaft zur Erreichung ihrer politischen Ziele dar. Dieses Ziel kann auch die Herstellung des echten, des zentralistischen Sozialismus, also die Vergesellschaftung der Produktionsmittel, sein. Doch man gebraucht den Ausdruck Syndikalismus auch in einem zweiten Sinn, in dem er ein gesellschaftspolitisches Ziel eigener Art bezeichnet; man versteht dann unter Syndikalismus die Richtung, die einen Gesellschaftszustand herbeizuführen bestrebt ist, in dem die Arbeiter Eigentümer der Produktionsmittel sind. Nur mit diesem, mit dem Syndikalismus als Ziel, haben wir es hier zu tun; jener, der Syndikalismus als Bewegung, der nur eine politische Taktik ist, kümmert uns nicht.

Der Syndikalismus als Ziel und der Syndikalismus als Bewegung gehen nicht immer Hand in Hand. Viele Gruppen, die die syndikalistische action directe zur Grundlage ihres Vorgehens gemacht haben, streben ein echt sozialistisches Gemeinwesen an. Umgekehrt kann man den Syndikalismus als Ziel auch anders zu verwirklichen suchen als durch die Kampfmethoden, die Sorel empfiehlt.

In dem Bewußtsein der Arbeitermassen, die sich sozialistisch oder kommunistisch nennen, ist der Syndikalismus als Ziel der großen Umwälzung mindestens so lebendig wie der Sozialismus. Die „kleinbürgerlichen" Ideen, die Marx zu überwinden gedacht hat, sind auch in den Reihen der marxistischen Sozialisten weit verbreitet. Die große Masse wünscht nicht echten, d. h. zentralistischen Sozialismus, sondern Syndikalismus. Der Arbeiter will Herr der Produktionsmittel werden, die in seinem Betriebe in Verwendung stehen. Die soziale Bewegung

---

[1]) Vgl. oben S. 228.

zeigt mit jedem Tag deutlicher, daß dies und nichts anderes der Wunsch der Arbeiter ist. Anders als der Sozialismus, der das Erzeugnis der Denkarbeit in der Studierstube ist, entspringen die syndikalistischen Ideen unmittelbar dem Denken des einfachen Mannes, der stets dem arbeitslosen Einkommen abhold ist, wofern es ein anderer, nicht er selbst bezieht. Auch der Syndikalismus strebt, ähnlich wie der Sozialismus, danach, die Trennung des Arbeiters vom Produktionsmittel zu beseitigen, nur daß er dazu einen anderen Weg einschlägt. Nicht die Gesamtheit aller Arbeiter soll Eigentümer sämtlicher Produktionsmittel werden; die in einem bestimmten Betrieb oder Unternehmen oder die in einem ganzen Produktionszweig beschäftigten Arbeiter sollen das Eigentum der hier verwendeten Produktionsmittel erlangen. Die Eisenbahn den Eisenbahnern, die Bergwerke den Bergleuten, die Fabriken den Fabriksarbeitern, lautet die Losung.

Wir müssen von jeder „wilden" Art der Durchführung syndikalistischer Ideen absehen und eine durchaus folgerichtige Anwendung des Grundsatzes auf die ganze Volkswirtschaft zum Ausgangspunkt unserer Untersuchung nehmen. Man kann sich ohne Schwierigkeit vorstellen, wie dies zu geschehen hätte. Jede Maßnahme, die das Eigentum an allen Produktionsmitteln den Unternehmern, Kapitalisten und Grundeigentümern entzieht, ohne es der Gesamtheit aller Genossen des geschlossenen Wirtschaftsgebietes zu übertragen, ist als Syndikalisierung anzusehen. Es ist dann gleichgültig, ob in dieser Gesellschaft mehr oder weniger solcher Genossenschaften gebildet werden. Es ist ohne Bedeutung, ob man ganze Produktionszweige als Sonderkörper konstituiert oder einzelne Unternehmungen, wie sie sich gerade in der geschichtlichen Entwicklung zufällig herausgebildet haben, oder einzelne Betriebe oder gar nur einzelne Werkstätten. Am Wesen der Sache wird kaum etwas geändert, ob der Striche, die durch die Gesellschaft gezogen werden, mehr oder weniger sind und ob sie Horizontal- oder Vertikalstriche sind. Entscheidend ist allein das, daß der Genosse eines solchen Gemeinwesens bestimmten Produktionsmitteln als Eigentümer eines Anteiles und anderen als Nichteigentümer gegenübersteht, daß er unter Umständen etwa auch — z. B. wenn er arbeitsunfähig ist — überhaupt kein Eigentum besitzt. Die Frage, ob die Arbeiter dadurch eine wesentliche Erhöhung ihres Einkommens erfahren oder nicht, ist dabei ohne Bedeutung. Die meisten Arbeiter haben phantastische Vorstellungen über den Reichtumszuwachs, den sie bei einer syndikalistischen Regelung der Eigentumsverhältnisse erfahren könnten. Sie glauben, daß schon die bloße Verteilung dessen, was die Grundbesitzer, Kapitalisten und Unternehmer in der kapitalistischen Wirtschaft beziehen, jedem von ihnen eine beträchtliche Einkommensvermehrung bringen müßte, und erwarten überdies noch eine ganz bedeutende Steigerung des Ertrages der Unternehmungen davon, daß sie selbst, die sich für besonders sachverständig halten, die Leitung der Betriebe übernehmen werden, und daß jeder Arbeiter durch ein persönliches Interesse mit dem Gedeihen des Unternehmens verbunden sein wird. Denn dann werde der Arbeiter ja nicht mehr für Fremde arbeiten, sondern für sich selbst. Die Liberalen denken über alles das ganz anders. Sie weisen darauf hin, daß eine Verteilung des Besitz- und Unternehmereinkommens auf die Arbeiter diesen nur eine kaum ins Gewicht fallende Erhöhung der Bezüge bringen könnte. Vor allem aber behaupten sie, daß die Unternehmungen, die nicht mehr vom Eigeninteresse eines für eigene Rechnung arbeitenden Unternehmertums, sondern von den dazu nicht geeigneten Arbeiterführern geleitet werden, im Ertrag zurückgehen werden, so daß der Arbeiter nicht nur nicht mehr verdienen würde als in der freien Wirtschaftsverfassung, sondern beträchtlich weniger.

Wenn sich die syndikalistische Reform darauf beschränken würde, den einzelnen Arbeitergruppen das Eigentum der von ihnen verwendeten Produktionsmittel zu überantworten und im übrigen die Eigentumsordnung der kapitalistischen Gesellschaft unverändert beizubehalten, so wäre ihr Ergebnis nichts anderes als eine primitive Verteilung der Güter. Verteilung der Güter, in der Regel zur Herstellung der Gleichheit des Besitzes und Vermögens, schwebt allem Denken des einfachen Mannes über die Reform der gesellschaftlichen Verhältnisse vor, liegt allen volkstümlichen „Sozialisierungs"-Vorschlägen zugrunde. Das ist nicht unbegreiflich beim Landarbeiter, dem als Ziel aller wirtschaftlichen Bestrebungen der Erwerb einer Heimstätte und eines Ackers erscheint, der groß genug wäre, ihn und seine Familie zu ernähren; im Dorfe ist das „Teilen", die volkstümliche Lösung des sozialen Problems, immerhin denkbar. Im Gewerbe, im Bergbau, im Verkehrswesen, im Handel und im Bankgeschäft, wo die Naturalteilung nicht einmal denkbar ist, tritt an ihre Stelle der Wunsch nach Teilung des Eigentumsrechts bei Fortbestand der Betriebs- und Unternehmungseinheit. Die Durchführung der Teilung in dieser einfachen Weise wäre bestenfalls geeignet, für den Augenblick die Ungleichheit der Einkommens- und Vemögensverteilung zu beseitigen. Schon nach kurzer Zeit würde der eine seinen Teil vergeudet, der andere aber sich durch Erwerb der Anteile, die die weniger gut Wirtschaftenden verloren haben, bereichert haben. Man müßte mithin immer wieder zu neuen Verteilungen schreiten und damit Leichtsinn und Verschwendung, kurz jedes unwirtschaftliche Gebaren, geradezu belohnen. Wirtschaftliches Verhalten wird keinen Anreiz mehr bieten, denn die Fleißigen und Sparsamen werden immer wieder von den Früchten ihres Fleißes und ihrer Sparsamkeit den Faulen und Verschwendern abgeben müssen.

Doch selbst diesen Erfolg, für den Augenblick Gleichheit der Einkommen und Vermögen herzustellen, könnte man durch Syndikalisierung nicht erzielen. Denn Syndikalisierung bedeutet durchaus nicht für alle Arbeiter das gleiche. Der Wert der in den verschiedenen Produktionszweigen verwendeten Produktionsmittel ist nicht proportional der Zahl der darin tätigen Arbeiter. Es gibt, wie nicht erst näher ausgeführt werden muß, Produkte, in denen verhältnismäßig mehr vom Produktionsfaktor Arbeit und weniger vom Produktionsfaktor Natur enthalten ist. Schon eine Verteilung der Produktionsfaktoren am geschichtlichen Anfang aller menschlichen Produktion hätte zu Ungleichheit geführt, vollends erst, wenn die Syndikalisierung bei einem weit vorgeschritteneren Zustand der Kapitalsbildung stattfindet, in dem nicht nur natürliche Produktionsfaktoren, sondern auch produzierte Produktionsmittel verteilt werden. Der Wert der den einzelnen Arbeitern bei einer derartigen Verteilung zufallenden Anteile wird daher sehr verschieden sein; die einen werden mehr erhalten, die anderen weniger, und demgemäß werden die einen ein größeres Besitzeinkommen — arbeitsloses Einkommen — beziehen als die anderen. Die Syndikalisierung ist durchaus nicht das Mittel, um Gleichheit des Einkommens in irgendeiner Weise zu erzielen. Sie schafft die bestehende Ungleichheit der Besitz- und Einkommenverteilung ab, um an ihre Stelle eine andere zu setzen. Es mag sein, daß man diese syndikalistische Ungleichheit als gerechter ansieht als die der kapitalistischen Gesellschaftsordnung. Doch darüber kann die Wissenschaft kein Urteil abgeben.

Soll die syndikalistische Reform mehr als die bloße Aufteilung der Produktivgüter bedeuten, dann darf sie die Eigentumsordnung der kapitalistischen Wirtschaft bezüglich der Produktionsmittel nicht fortbestehen lassen. Sie muß die Produktivgüter aus dem Verkehr ziehen. Die einzelnen Genossen dürfen die ihnen bei der Verteilung zugefallenen Anteile an den Produktionsmitteln nicht veräußern; diese sind mit der Person des Eigentümers in einer engeren Verbindung als es das Eigentum in der liberalen Gesellschaft ist. In welcher Weise sie unter Umständen von der Person getrennt werden können, kann verschieden geregelt werden.

Der naive Gedankengang der Befürworter des Syndikalismus setzt ohne weiteres einen ruhenden, sich nicht verändernden Zustand der Gesellschaft voraus und macht sich keine Sorgen darüber, wie sich das System Veränderungen der wirtschaftlichen Daten gegenüber verhalten wird. Wenn wir annehmen, daß in der Produktionsweise, in den Angebot- und Nachfrageverhältnissen, in der Technik und in der Bevölkerung keine Veränderungen vor sich gehen, dann scheint ja alles in bester Ordnung zu sein. Jeder Arbeiter hat nur ein Kind und scheidet in dem Augenblicke aus der Welt, in dem sein Nachkomme und alleiniger Erbe arbeitsfähig wird und an seinen Platz tritt[1]). Wir können allenfalls annehmen, daß ein Wechsel der Beschäftigung, der Übergang von einem Produktionszweig zu einem anderen oder von einem selbständigen Unternehmen zu einem anderen durch freiwilligen gleichzeitigen Tausch der Arbeitsstelle und des Anteils an der Produktionsmittelausstattung zugelassen wird. Doch im übrigen setzt der syndikalistische Gesellschaftszustand notwendigerweise ein streng durchgeführtes Kastensystem und vollständiges Aufhören jeder Bewegung in der Wirtschaft und damit im Leben voraus. Schon das Absterben eines kinderlosen Genossen stört und wirft Probleme auf, die unlösbar sind.

Im syndikalistischen Gemeinwesen setzt sich das Einkommen des Genossen aus dem Ertrage seines Besitzanteils und aus dem Arbeitslohn zusammen. Sind die Anteile am Produktionsmittelbesitz auch nur frei vererblich, dann bilden sich in kürzester Zeit, auch wenn Veränderungen unter Lebenden nicht gestattet sind, Besitzunterschiede heraus. Ist bei Beginn der syndikalistischen Ära die Trennung des Arbeiters vom Produktionsmittel dadurch überwunden, daß jeder Genosse in seinem Betrieb sowohl Arbeiter als auch Unternehmer ist, so kann es jetzt auch schon vorkommen, daß Unternehmungsanteile im Wege des Erbganges von Genossen erworben werden, die dem Betrieb nicht angehören. Schon das muß das syndikalistische Gemeinwesen bald in die Bahn der Trennung von Arbeit und Besitz treiben, ohne daß es dadurch irgendeinen der Vorzüge der kapitalistischen Gesellschaftsordnung erhalten würde[2]).

Jede Veränderung in der Volkswirtschaft wirft sofort Probleme auf, an denen der Syndikalismus unfehlbar scheitern muß. Wenn Veränderungen in der Richtung und dem Umfang der Nachfrage oder in der Produktionstechnik Änderungen an der Einrichtung der Betriebe not-

---

[1]) Der Einfachheit halber wird dabei bloß an die Männer gedacht; es bietet keine Schwierigkeiten, das Schema durch Einfügung des weiblichen Geschlechtes zu erweitern.

[2]) Es ist daher irreführend, wenn man den Syndikalismus als „Arbeiterkapitalismus" bezeichnet, wie auch ich es getan habe (in Nation, Staat und Wirtschaft, a. a. O., S. 164).

wendig machen, bei denen Arbeiter von Betrieb zu Betrieb, von Produktionszweig zu Produktionszweig geschoben werden sollen, dann entsteht gleich die Frage, wie es mit den Anteilen dieser Arbeiter an den Produktionsmitteln gehalten werden soll. Sollen die Arbeiter und ihre Erben die Anteile in jenen Betrieben, denen sie im Augenblick der Syndikalisierung gerade angehört haben, beibehalten und in die neuen Betriebe nur als einfache Arbeiter eintreten, die um Lohn dienen, ohne einen Teil des Besitzeinkommens beziehen zu dürfen? Oder sollen sie mit dem Ausscheiden aus dem Betriebe auch des Anteiles verlustig gehen, hingegen beim Eintritt in einen neuen Betrieb sofort einen Kopfanteil wie die anderen schon früher dort Beschäftigten erhalten? In jenem Falle würde das Prinzip der Syndikalisierung sehr bald durchbrochen sein. Würde man überdies auch zulassen, daß die Anteile veräußert werden, dann würden sich allmählich wieder jene Zustände herausbilden, die vor der Reform bestanden haben. Wenn aber der Arbeiter bei seinem Austritt aus dem Betriebe seines Anteiles verlustig geht und beim Eintritt in einen anderen Betrieb dort einen Anteil erhält, dann würden jene Arbeiter, die dabei zu verlieren hätten, naturgemäß jeder Veränderung der Produktion energischen Widerstand entgegensetzen. Die Einführung eines größere Ergiebigkeit des Arbeitsprozesses verbürgenden Verfahrens würde bekämpft werden, wenn es Arbeiter frei setzt oder frei setzen könnte. Andererseits würden sich die Arbeiter eines Betriebes oder Produktionszweiges dagegen sträuben, durch Neuaufnahme von Arbeitern den Betrieb in größerem Umfange weiterzuführen, wenn sie davon eine Schmälerung ihres Besitzeinkommens befürchten müßten. Kurz, der Syndikalismus würde jede Umstellung der Produktion so gut wie unmöglich machen. Von wirtschaftlichem Fortschritt kann dort, wo er herrscht, keine Rede sein.

Der Syndikalismus als Ziel ist so widersinnig, daß er überhaupt nie Vertreter gefunden hat, die ihn offen und klar als Schriftsteller zu empfehlen gewagt hätten; die, die ihn unter dem Namen „Genossenschaftssozialismus" vertreten haben, haben seine Probleme nie ganz durchdacht. Der Syndikalismus ist nie etwas anderes gewesen als ein Ideal plündernder Horden.

§ 5. Das natürliche Eigentum an den Produktionsmitteln ist teilbar; es ist in der kapitalistischen Gesellschaft in der Regel geteilt[1]). Doch die Verfügungsmacht, die dem zusteht, der die Führung des Produktionsprozesses in Händen hat, und die wir allein als Eigentum bezeichnen,

---

[1]) Vgl. oben S. 14 ff.

ist unteilbar und unbeschränkbar; sie kann wohl mehreren gemeinsam zustehen, doch nicht in dem Sinne geteilt sein, daß die Verfügungsmacht selbst in einzelne Befugnisse zerfällt. Über die Verwendung eines Gutes in der Produktion kann nur einheitlich verfügt werden; es ist undenkbar, sie in irgendeiner Weise in Elemente aufzulösen. Das Eigentum im natürlichen Sinne kann nicht beschränkt sein; wo von Beschränkung gesprochen wird, handelt es sich entweder nur um ein Weniger gegenüber einer zu weit gespannten Juristendefinition oder um die Feststellung der Tatsache, daß das Eigentum im natürlichen Sinne im konkreten Fall einem anderen zusteht als dem, den das Recht den Eigentümer nennt.

Alle Versuche, den Gegensatz zwischen Gemeineigentum und Sondereigentum an den Produktionsmitteln durch die Halbheit eines Kompromisses aufzuheben, sind daher verfehlt. Das Eigentum ist immer dort, wo die Verfügungsmacht ist[1]). Darum sind Staatssozialismus und Planwirtschaft, die dem Namen und der Rechtsform nach das Sondereigentum beibehalten wollen, in der Tat aber das Eigentum vergesellschaften, weil sie die Ausübung der Verfügungsgewalt dem staatlichen Befehl unterstellen, in vollem Sinne sozialistische Systeme. Sondereigentum liegt nur dort vor, wo der Einzelne mit seinem Eigentum an Produktionsmitteln so verfahren kann, wie er es am vorteilhaftesten ansieht; daß er dabei den Interessen der anderen Glieder der Gesellschaft dient, weil in der arbeitsteiligen Gesellschaft jeder der Diener aller und alle die Herren eines jeden sind, ändert nichts daran, daß er selbst den Weg sucht, auf dem er am besten dienen kann.

Kompromisse können auch nicht auf dem Wege erreicht werden, daß man einen Teil der Produktionsmittel der Verfügung der Gesellschaft unterstellt, den Rest in der Verfügung Einzelner beläßt. Da stehen eben beide Systeme unvermittelt nebeneinander und wirken sich soweit aus, als der Raum reicht, den sie einnehmen. Solche Mischung der gesellschaftlichen Organisationsprinzipien muß jedermann für sinnlos halten und verdammen; niemand wird es als richtig ansehen können, daß der Grundsatz, den er für den richtigeren hält, nicht bis zu Ende durchgeführt wird. Es kann auch von keiner Seite behauptet werden, daß das eine oder andere System sich nur für bestimmte Gruppen von Produktionsmitteln als das richtigere erweist. Wo derartige Ansichten scheinbar vorliegen, handelt es sich in Wahrheit entweder um die Behauptung, daß das eine System mindestens für eine Gruppe von Pro-

---

[1]) Über den Interventionismus vgl. meine „Kritik des Interventionismus", a. a. O., S. 1 ff.

duktionsmitteln verlangt werden müsse oder höchstens für eine Gruppe konzediert werden könne. Das Kompromiß ist stets nur ein Ergebnis des augenblicklichen Standes des Kampfes beider Prinzipien, nicht ein Gebilde einer logischen Durchdenkung des Problems. Die Halbheit ist, vom Standpunkte einer jeden Seite betrachtet, vorläufiger halber Erfolg auf dem Wege zum ganzen.

Das bekannteste und angesehenste der Kompromißsysteme glaubt allerdings, die Halbheit als dauernde Einrichtung empfehlen zu können. Die Bodenreformer wollen die natürlichen Produktionsfaktoren vergesellschaften, im übrigen aber das Sondereigentum an den Produktionsmitteln bestehen lassen. Sie gehen dabei von der als selbstverständlich hingestellten Annahme aus, daß das Gemeineigentum an den Produktionsmitteln zu höherer Ergiebigkeit der Produktion führe als das Sondereigentum; weil sie den Boden für das wichtigste Produktionsmittel ansehen, wollen sie ihn in das Eigentum der Gesellschaft überführen. Mit der These, daß das Gemeineigentum bessere Erfolge erzielen könne als das Sondereigentum, fällt auch die Idee der Bodenreform. Wer den Boden für das wichtigste Produktionsmittel ansieht, muß gerade für Sondereigentum am Boden eintreten, wenn er das Sondereigentum für die überlegene Wirtschaftsform hält.

Ganz dasselbe gilt von einem mit maßloser Überhebung vorgetragenen System, das außerhalb eines engen Wiener Kreises kaum bekannt sein dürfte: von der Nährpflichtidee von Popper-Lynkeus. Popper will durch sozialistische Produktion jedermann ein gewisses Mindestmaß der Bedürfnisbefriedigung sichern; im übrigen soll Sondereigentum an den Produktionsmitteln bestehen bleiben; nach Zurücklegung einer Dienstzeit in der „Nährarmee" des sozialistischen Produktionsorganismus wird der Einzelne persönlich frei und kann sich nach Belieben als Arbeiter oder Unternehmer im nichtsozialistischen Teil betätigen, bezieht aber sein Leben lang das „Minimum" in Naturalien[1]). Auch Popper geht von der Annahme aus, daß sozialistische Produktion höhere Erträge abwirft als nichtsozialistische. Mit der Feststellung, daß diese Annahme durchaus unhaltbar ist, sind alle seine Berechnungen als Phantasien ohne jede reale Grundlage abzutun.

---

[1]) Vgl. Popper-Lynkeus, Die allgemeine Nährpflicht, Wien 1912, S. 333ff.

III. Teil.

Die Lehre von der Unentrinnbarkeit des Sozialismus.

I. Abschnitt.

Die gesellschaftliche Entwicklung.

I.

Der sozialistische Chiliasmus.

§ 1. Der Sozialismus schöpft seine Kraft aus zwei verschiedenen Quellen. Er ist auf der einen Seite ethische, politische und wirtschaftspolitische Forderung: Die „unmoralische" kapitalistische Wirtschaft soll durch die höheren sittlichen Ansprüchen genügende sozialistische Gesellschaftsordnung ersetzt werden; die „wirtschaftliche Herrschaft" der einen über die anderen soll einer genossenschaftlichen Ordnung weichen, die allein die Verwirklichung wahrer Demokratie ermögliche; die unrationelle Privatwirtschaftsordnung, die anarchische Profitwirtschaft, soll der allein rationellen, weil nach einheitlichen Gesichtspunkten geleiteten Planwirtschaft Platz machen. Der Sozialismus erscheint damit als ein Ziel, dem wir zuzustreben haben, weil es sittlich und weil es vernünftig ist. Es gilt, die Widerstände zu besiegen, die Unverstand und böser Wille seinem Kommen entgegensetzen. Das ist der Grundgedanke jenes Sozialismus, den Marx und seine Schule den utopischen nennen.

Auf der anderen Seite aber tritt der Sozialismus als notwendiges Ziel und Ende der geschichtlichen Entwicklung auf. Eine dunkle Macht, der wir uns nicht zu entziehen vermögen, führt die Menschheit stufenweise zu höheren Formen des gesellschaftlichen und sittlichen Daseins. Die Geschichte ist ein fortschreitender Läuterungsprozeß, an dessen Ende der Sozialismus als Vollkommenheit steht. Das ist ein Gedankengang, der den Ideen des utopischen Sozialismus nicht widerspricht. Er schließt sie ganz ein, indem er geradezu als selbstverständlich voraussetzt, daß der sozialistische Zustand besser, edler und schöner sei als der nicht sozialistische. Er geht über sie hinaus, indem er die Veränderung zu ihm hin, die ihm als Fortschritt, als Höherentwicklung erscheint, nicht abhängig sieht von dem Willen der Menschen. Der Sozialismus ist ein unentrinnbares und naturnotwendiges Ergebnis der im gesellschaftlichen Leben wirkenden Kräfte; das ist der Grundgedanke des evolutionistischen Sozialismus, der sich in seiner marxistischen Form den stolzen Namen „wissenschaftlicher" Sozialismus beigelegt hat.

Man hat in jüngster Zeit viel Mühe darauf verwendet, nachzuweisen, daß die Gedanken der materialistischen oder ökonomischen Geschichtsauffassung schon vor Marx von anderen Denkern ausgesprochen worden seien, darunter auch von solchen, die Marx und seine Anhänger hochmütig als Utopisten zu bezeichnen lieben. Diese Untersuchungen und die Kritik der materialistischen Geschichtsauffassung pflegen sich das Problem viel zu eng zu stellen, wenn sie nur das Besondere der marxistischen Entwicklungstheorie, ihren spezifisch ökonomischen Charakter und die Bedeutung, die sie dem Klassenkampf beilegt, prüfen und darüber vergessen, ihr Wesen als Vollkommenheitslehre, als Theorie des Fortschrittes und der Höherentwicklung zu beachten.

In der materialistischen Geschichtsauffassung sind drei Elemente enthalten, die sich zwar zu einem geschlossenen System zusammenfügen, von denen jedoch jedes einzelne besondere Bedeutung in der für die Weltanschauung und die Politik des Marxismus entscheidenden Betonung der Theorie hat. Die materialistische Geschichtsauffassung ist zunächst eine bestimmte Methode der geschichtlichen und soziologischen Forschung; als solche sucht sie eine Erklärung für das Verhältnis der ökonomischen „Struktur" zum ganzen Leben einer Zeit zu geben. Sie ist weiter eine soziologische Lehre, indem sie einen bestimmten Begriff der Klasse und des Klassenkampfes als eines soziologischen Elements aufstellt. Endlich ist sie eine Fortschrittstheorie, eine Lehre über die Bestimmung des Menschengeschlechts, über Sinn und Wesen, Zweck und Ziel des menschlichen Lebens. Man hat gerade diese Bedeutung der materialistischen Geschichtsauffassung weniger beachtet als die ersten beiden. Doch sie allein ist es, die für die sozialistische Lehre als solche in Betracht kommt. Es ist ohne weiteres klar, daß die materialistische Geschichtsauffassung soweit, als sie nur Forschungsmethode, heuristisches Prinzip für die Erkenntnis der gesellschaftlichen Entwicklung, sein soll, noch nichts über die Notwendigkeit einer sozialistischen Gesellschaftsordnung auszusagen vermag. Aus wirtschaftsgeschichtlichen Studien ergibt sich durchaus nicht mit zwingender Notwendigkeit der Schluß, daß unsere Entwicklung zum Sozialismus hinstrebt. Dasselbe gilt von der Klassenkampftheorie. Gerade wenn man sich auf den Standpunkt stellt, daß die Geschichte aller bisherigen Gesellschaft die Geschichte von Klassenkämpfen sei, ist nicht einzusehen, warum auf einmal der Klassenkampf aus ihr verschwinden soll. Könnte es nicht sein, daß das, was bisher den Inhalt der Geschichte ausgemacht hat, ihren Inhalt bis an das Ende aller Tage ausmachen wird? Nur soweit die materialistische Geschichtsauffassung Fortschrittstheorie ist, vermag sie über das Ziel der geschichtlichen Entwicklung eine Aussage zu machen und zu behaupten, daß der Untergang der kapitalistischen Lebensordnung und der Sieg des Proletariats gleich unvermeidlich seien. Nichts hat die Verbreitung der sozialistischen Ideen mehr gefördert als dieser Glaube an die Unentrinnbarkeit des Sozialismus. Auch die Mehrzahl der Gegner des Sozialismus steht im Banne dieser Lehre und fühlt sich durch sie im Widerstande gelähmt. Der Gebildete fürchtet unmodern zu erscheinen, wenn er sich nicht vom „sozialen" Geist beseelt zeigt, denn nun sei das Zeitalter des Sozialismus, der Geschichtstag des vierten Standes, angebrochen, und da sei reaktionär, wer noch am Liberalismus festhalte. Jede Errungenschaft des sozialistischen Gedankens, die uns der sozialistischen Produktionsweise näherbringt, wird als Fortschritt gewertet, jede Maßnahme zum Schutze des Sondereigentums gilt als Rückschritt. Mit Wehmut, ja mit Trauer sehen die einen, mit Freuden die anderen das Zeitalter des Sondereigentums im Wandel der Zeiten dahinschwinden, alle aber glauben, daß die Geschichte es unwiderruflich zum Untergange bestimmt habe.

Als Fortschrittstheorie, die über die Erfahrung und über das Erfahrbare hinausgeht, ist die materialistische Geschichtsauffassung nicht Wissenschaft, sondern Metaphysik. Das Wesen aller Entwicklungs- und Geschichtsmetaphysik ist die Lehre vom Anfang und Ende, Ursprung und Zweck der Dinge. Sie ist entweder kosmisch gedacht und zieht dann das ganze Weltall in den Kreis ihrer Erklärung, oder sie ist anthropozentrisch und zieht den Menschen allein in Betracht. Sie kann religiös sein oder philosophisch. Die anthropozentrischen philosophischen Entwicklungstheorien gehen unter dem Namen Philosophie der Geschichte. Die religiös gefärbten Entwicklungstheorien, die immer anthropozentrisch sein müssen, da nur aus einer anthropozentrischen Lehre heraus die hohe Bedeutung, die die Religion dem Menschen beilegt, gerechtfertigt werden kann, gehen gewöhnlich von der Annahme eines paradiesischen Urzustandes aus, eines goldenen Zeitalters, von dem sich die Menschheit immer mehr und mehr entfernt, bis sie schließlich wieder zu einem ebenso guten oder womöglich noch besseren Zeitalter der Vollkommenheit zurückkehrt. Damit verbindet sich in der Regel die Erlösungsidee. Die Menschheit wird durch die Wiederkehr des goldenen Zeitalters von den Übeln, die die böse Zeit über sie gebracht hat, erlöst. Die ganze Lehre tritt so als irdische Heilsbotschaft auf. Sie ist wohl zu unterscheiden von jener höchsten Verfeinerung des religiösen Erlösungsgedankens, den jene Lehren bringen, die die Erlösung von dem irdischen Leben des Menschen fortverlegen in ein besseres Jenseits. Dort erscheint der irdische Wandel des Einzelnen nie als Ziel; er ist nur Vorbereitung für ein andersgeartetes, besseres, leidloses Sein, das auch in einem Nichtsein, in einem Aufgelöstsein in dem All, in einem Untergehen bestehen kann.

Für unsere Kultur wurde die Heilsbotschaft der jüdischen Propheten von besonderer Wichtigkeit. Sie verkünden kein Heil in einem besseren Jenseits, sie verkünden ein Reich Gottes auf Erden. „Sieh, es kommt die Zeit, spricht der Herr, da man zugleich ackern und ernten, zugleich keltern und säen wird; und die Berge werden von süßem Wein triefen und alle Hügel werden fruchtbar sein"[1]. „Die Wölfe werden bei den Lämmern wohnen und die Pardel bei den Böcken liegen. Ein kleiner Knabe wird Kälber und junge Löwen und Mastvieh miteinander treiben. Kühe und Bären werden an der Weide gehen, daß ihre Jungen beieinander liegen; und Löwen werden Stroh essen wie die Ochsen. Und ein Säugling wird seine Lust haben am Loch der Otter, und ein Entwöhnter wird seine Hand stecken in die Höhle des Basilisken. Man wird nirgends Schaden tun noch Verderben auf meinem ganzen heiligen Berg; denn das Land ist voll Erkenntnis des Herrn, wie Wasser das Meer bedeckt"[2]. Solche Heilsbotschaft wird nur der freudig annehmen, dem sie für die nächste Zukunft verkündet wird. Und in der Tat meint denn auch Jesaia, daß nur „noch eine geringe Spanne" von der Stunde der Verheißung trenne[3]. Je länger aber die Erfüllung auf sich warten läßt, desto ungeduldiger müssen die Gläubigen werden. Was soll ihnen ein Reich des Heils, dessen Kommen sie nicht mehr erleben werden? Und so muß sich denn die Heilsverkündigung notwendigerweise zu einer Lehre von der Auferstehung der Toten erweitern, einer Auferstehung, die jeden Einzelnen vor das Gericht des Herrn treten läßt, der dann die Guten von den Bösen scheiden wird.

---

[1] Amos, IX, 13.
[2] Jesaia, XI, 6—9.
[3] Ebendort, XXIX, 17.

Von solchen Gedanken ist das Judentum voll, da Jesus als Messias unter sein Volk tritt. Er kommt nicht nur als Verkünder eines nahen Heils, er erscheint auch als der Vollender der Verheißung, als der Bringer des Gottesreiches[1]. Er wandelt unter dem Volk und predigt, doch die Welt geht weiter ihren alten Gang. Er stirbt den Tod am Kreuz, und alles bleibt, wie es gewesen. Das erschüttert zunächst den Glauben der Jünger auf das tiefste. Sie verlieren im ersten Augenblick alle Fassung und Besinnung; die kleine Urgemeinde zerstreut sich. Erst der Glaube an die Wiederauferstehung des Gekreuzigten richtet sie wieder auf, erfüllt sie mit frischer Begeisterung und gibt ihnen die Kraft, ihrer Heilslehre neue Anhänger zu gewinnen[2]. Die Heilsbotschaft, die sie predigen, ist noch dieselbe, die Christus gepredigt hatte: Der Herr ist nahe und mit ihm der große Tag des Gerichts und der Welterneuerung, der Begründung des Gottesreiches an Stelle der Weltreiche. In dem Maße aber, in dem das Harren und Hoffen auf die unmittelbar bevorstehende Wiederkehr Christi schwand und die wachsenden Gemeinden anfingen, sich auf längere Dauer einzurichten, mußte auch der Erlösungsglaube einen Wandel durchmachen. Auf dem Glauben an den unmittelbar bevorstehenden Eintritt des Gottesreiches hätte sich keine bleibende Weltreligion aufrichten lassen; jeder neue Tag, mit dessen Verstreichen die Verkündigung unerfüllt blieb, hätte dem Bestande der Kirche gefährlich werden müssen. Erst die Umgestaltung des urchristlichen Grundgedankens vom Nahen des Gottesreiches zum Christuskult, zum Glauben an die die Gemeinde erfüllende Gegenwart des himmlischen und auferstandenen Herrn und an die durch diesen bewirkte Erlösung vom sündigen Weltlauf hat die christliche Religionsgemeinschaft entstehen lassen. Für die christliche Lehre gibt es fortan kein von der Zukunft zu erhoffendes Gottesreich auf Erden mehr. Der Erlösungsgedanke wird sublimiert durch die Lehre von der durch die Taufe bewirkten Einpflanzung des Gläubigen in den Leib Jesu. „Das Gottesreich fließt schon in der apostolischen Zeit mit der Kirche zusammen, und dem Kommen des Reiches bleibt nur die Verherrlichung der Kirche, die Zerschlagung des irdenen Gefäßes und die Befreiung des leuchtenden Schatzes von seinen Hüllen. Im übrigen tritt an Stelle des Gottesreiches die ‚Eschatologie', Himmel, Hölle und Fegfeuer, die Unsterblichkeit und das Jen-

---

[1] Auf die Streitfrage, ob Jesus selbst sich für den Messias gehalten habe oder nicht, ist hier nicht näher einzugehen. Für uns ist allein von Bedeutung, daß er das unmittelbare Kommen des Gottesreiches verkündete und daß er für die Urgemeinde als Messias galt.

[2] Vgl. Pfleiderer, Das Urchristentum, 2. Aufl., Berlin 1902, I. Bd., S. 7ff.

seits, ein Gegensatz gegenüber dem Evangelium, der von höchster Bedeutung ist. Aber auch dieser Endpunkt schiebt sich hinaus, bis zuletzt das tausendjährige Reich auf die Kirche gedeutet wurde"[1]).

Doch es gab noch einen anderen Weg, auf dem man den Schwierigkeiten begegnen konnte, die sich daraus ergaben, daß die Erfüllung der Verkündigung sich weiter hinausschob, als man ursprünglich angenommen hatte. Man konnte zu dem Glauben Zuflucht nehmen, zu dem die Propheten einst gegriffen hatten. Das macht die Lehre von der sichtbaren Wiederkunft Christi, der dann ein tausend Jahre dauerndes irdisches Reich des Heils errichten soll. Von der Kirche als Ketzerei verdammt, lebt sie als religiöse und politische, vor allem aber als wirtschaftspolitische Revolutionsidee immer wieder auf.

Vom christlichen Chiliasmus, der durch die Jahrhunderte mit immer neu erwachender Kraft schreitet, führt eine gerade Linie zum philosophischen Chiliasmus, in den die Rationalisten des 18. Jahrhunderts das Christentum umzudeuten suchen, und von da über Saint Simon, Hegel und Weitling zu Marx und Lenin[2]). Es ist eigentümlich, daß gerade der Sozialismus, der in solcher Weise von mystischen Ideen, deren Ursprung sich im Dunkel der Geschichte verliert, abstammt, sich selbst den Namen wissenschaftlicher Sozialismus beigelegt hat, während er jenen Sozialismus, der aus den rationalen Erwägungen der Philosophen herkommt, durch die Bezeichnung utopisch zu disqualifizieren sucht.

Die philosophische anthropozentrische Entwicklungs-Metaphysik gleicht im Wesen der religiösen in jeder Beziehung. Die merkwürdige Mischung von ekstatisch ausschweifender Phantasie und alltäglicher Nüchternheit und grob materialistischem Inhalt ihrer Heilsverkündung hat sie mit den ältesten messianischen Prophezeiungen gemein. Mit der christlichen Literatur, die die apokalyptischen Schriften auszulegen sucht, teilt sie das Bestreben, sich durch Deutung konkreter geschichtlicher Vorgänge auf das Leben anwendbar zu erweisen. Gerade darin wird sie oft lächerlich, wenn sie bei jedem größeren Ereignis gleich mit einer darauf abgestellten, zugleich aber das ganze Weltgeschehen umfassenden Lehre zur Hand ist. Wieviel solcher Geschichtsphilosophien sind nicht im Weltkrieg entstanden!

§ 2. Die metaphysische Geschichtsphilosophie muß streng von der rationalen geschieden werden, die lediglich auf der Erfahrung aufgebaut

---

[1]) Vgl. Troeltsch, Die Soziallehren der christlichen Kirchen und Gruppen, (Gesammelte Schriften, Tübingen 1912, I. Bd.) S. 110.
[2]) Vgl. Gerlich, Der Kommunismus als Lehre vom tausendjährigen Reich, München 1920, S. 17ff.

ist, und zu logisch und empirisch fundierten Ergebnissen hinstrebt. Wo sie darüber hinausgehen muß, versucht sie es mit Hypothesen. Dabei bleibt sie sich aber stets bewußt, wo die Erfahrung aufhört und die hypothetische Deutung beginnt. Sie vermeidet es, dort, wo Erfahrung möglich ist, Begriffsdichtungen anzubringen; sie versucht es nie, die Erfahrungswissenschaft zu verdrängen. Ihr Ziel ist allein Vereinheitlichung unserer Auffassung vom sozialen Geschehen und von dem Ablauf geschichtlicher Veränderungen. So nur gelangt sie dazu, das Gesetz, unter dem die Veränderungen der gesellschaftlichen Zustände stehen, aufzustellen. Indem sie die Kraft, unter deren Wirksamkeit sich Gesellschaft bildet, nachweist oder nachzuweisen vermeint, ist sie bemüht, das Prinzip aufzuzeigen, unter dessen Herrschaft die gesellschaftliche Entwicklung steht. Die Herrschaft dieses Prinzips wird dabei als eine ewig geltende angenommen, das heißt, es wird von ihm ausgesagt, daß es solange tätig ist, als es Gesellschaft überhaupt gibt. Wäre es anders, dann müßte ja neben dieses Prinzip noch ein zweites gestellt und gezeigt werden, unter welchen Bedingungen das eine, unter welchen das andere herrscht. Dann wäre aber erst dieses Prinzip des Wechsels der beiden Prinzipien das letzte Gesetz des gesellschaftlichen Lebens.

Die Aufzeigung eines Prinzips, unter dem sich Gesellschaft bildet und die Veränderungen gesellschaftlicher Zustände sich vollziehen, ist etwas anderes als die Aufzeigung des Weges, den die gesellschaftliche Entwicklung geht. Ein Weg ist notwendigerweise begrenzt. Er hat einen Ausgangspunkt und einen Endpunkt. Die Herrschaft eines Gesetzes ist notwendigerweise unbegrenzt, sie ist ohne Anfang und ohne Ende. Sie ist Kontinuität, nicht Ereignis. Das Gesetz ist unvollkommen, wenn es seine Aussage nur über einen Ausschnitt der gesellschaftlichen Entwicklung macht und uns über einen bestimmten Punkt hinaus im Stiche läßt. Es würde dadurch seinen Charakter als Gesetz verlieren. Das Ende der gesellschaftlichen Entwicklung kann kein anderes sein als das der Gesellschaft überhaupt.

Die teleologische Auffassung beschreibt den Weg mit seinen Krümmungen und Abweichungen. Sie ist daher typischerweise Stufentheorie. Sie führt uns die Stationen der Entwicklung vor, bis sie notwendigerweise zu einer gelangt, die die letzte ist, weil auf sie keine andere mehr folgt. Es ist nicht abzusehen, wie die Geschichte dann weiter verlaufen soll, wenn das Ziel erreicht ist[1]).

---

[1]) Vgl. Wundt, Ethik, 4. Aufl., Stuttgart 1912, II. Bd., S. 246. — Ein bezeichnendes Beispiel dafür, wie schnell bereit die Vertreter dieser Richtung sind, das Ende aller Entwicklung erreicht zu sehen, bietet Engels mit seinem Überblick über

Die chiliastische Geschichtsphilosophie stellt sich auf den „Standpunkt der Vorsehung, der über alle menschliche Weisheit hinausliegt", sie will voraussagen, wie nur „das göttliche Auge" es könnte[1]). Was sie lehrt, mag man wie immer bezeichnen, mag es Dichtung, Prophezeiung, Glauben, Hoffnung nennen; Wissenschaft und Wissen kann es aber niemals sein. Auch als Hypothese darf man es nicht bezeichnen, so wenig man diesen Ausdruck für die Wahrsagungen einer Kartenaufschlägerin verwenden darf. Es war ein besonders geschickter Kunstgriff der Marxisten, ihre chiliastische Lehre als Wissenschaft auszugeben. Der Erfolg konnte in einem Zeitalter, in dem man nur auf die Wissenschaft vertraute und alle Metaphysik weit von sich wies — freilich nur, um sich kritiklos der naiven Metaphysik von Büchner und Moleschott hinzugeben — nicht ausbleiben.

Das Gesetz der gesellschaftlichen Entwicklung sagt uns viel weniger als die Entwicklungsmetaphysik. Es beschränkt seine Aussagen von vornherein, wenn es zugibt, daß seine eigene Wirksamkeit durch Hinzutreten anderer Prinzipien durchkreuzt werden kann. Es zieht aber auf der anderen Seite seiner Geltung keine Grenzen. Es beansprucht ewige Geltung, es ist ohne Anfang und ohne Ende. Es überfällt uns nicht als dunkles Fatum, dessen „willenloser und widerstandsloser Träger" wir sind. Es enthüllt uns nur die innere Triebkraft unseres eigenen Wollens, zeigt uns seine Naturgesetzlichkeit und seine Notwendigkeit auf. Als solches ist es Einsicht — nicht etwa in des Menschen „Bestimmung" — doch in des Menschen Tun und Lassen.

---

die Geschichte des Kriegswesens. Engels spricht darin — 1878 — die Meinung aus, mit dem deutsch-französischen Kriege sei in der Geschichte des Kriegswesens „ein Wendepunkt eingetreten von ganz anderer Bedeutung als alle früheren". Es seien nun „die Waffen so vervollkommnet, daß ein neuer Fortschritt von irgendwelchem umwälzenden Einfluß nicht mehr möglich ist. Wenn man Kanonen hat, mit denen man ein Bataillon treffen kann, soweit das Auge es unterscheidet, und Gewehre, die für einen einzelnen Mann als Zielpunkt dasselbe leisten, bei denen das Laden weniger Zeit raubt als das Zielen, so sind alle weiteren Fortschritte für den Feldkrieg mehr oder weniger gleichgültig. Die Ära der Entwicklung ist nach dieser Seite hin also im wesentlichen abgeschlossen." (Herrn Eugen Dührings Umwälzung der Wissenschaft, a. a. O., S. 176f.) — Bei der Beurteilung fremder Anschauungen weiß Marx die Schwäche der Stufentheorie sehr wohl herauszufinden. Nach ihrer Lehre, meint er, „hat es eine Geschichte gegeben, aber es gibt keine mehr". (Das Elend der Philosophie, Deutsch von Bernstein und Kautsky, 8. Aufl., Stuttgart 1920, S. 104.) Er merkt nur nicht, daß seine Lehre sich auf denselben Standpunkt für den Tag stellt, an dem die Vergesellschaftung der Produktionsmittel vollzogen ist.

[1]) Vgl. Kant, Der Streit der Fakultäten (Sämtl. Werke, a. a. O., I. Bd.) S. 636.

Soweit der „wissenschaftliche" Sozialismus Metaphysik, Chiliasmus und Heilsverkündigung ist, ist es vergeblich und überflüssig, sich mit ihm wissenschaftlich auseinanderzusetzen. Gegen mystische Glaubenssätze kämpft man mit den Mitteln der Vernunft vergebens an. Fanatiker kann man nicht belehren. Sie müssen sich die Köpfe anrennen.

Doch der Marxismus ist nicht bloß Chiliasmus. Soweit ist er doch vom wissenschaftlichen Geist des 19. Jahrhunderts beeinflußt, daß er es versucht, seine Lehre rational zu begründen. Mit diesen Versuchen — und nur mit ihnen — haben wir es im folgenden zu tun.

II.
Die Gesellschaft.

§ 1. Alle älteren Anschauungen über das gesellschaftliche Leben der Menschen sind vom Gedanken der Bestimmung des Menschen und des Menschengeschlechtes beherrscht. Die Gesellschaft reift einem Ziel entgegen, das ihr von der Gottheit gesetzt ist. Wer so denkt, ist logisch im Recht, wenn er von Fortschritt und Rückschritt, von Revolution und Gegenrevolution, von Aktion und Reaktion mit der Betonung spricht, die diese Begriffe bei vielen Historikern und Politikern haben. Die Geschichte wird gewertet, je nach dem sie die Menschheit dem Ziele näherbringt oder sie davon entfernt.

Die Sozialwissenschaft fängt dort an, wo man sich bei der Betrachtung der menschlichen Dinge von dieser und überhaupt von aller Wertung befreit. Auch die Sozialwissenschaft ist in dem Sinne teleologisch, in dem es jede kausale Betrachtung des Willens sein muß. Doch ihr Zweckbegriff ist ganz in die Kausalerklärung einbezogen. Die Kausalität bleibt für sie das Grundprinzip der Erkenntnis, dessen Hochhaltung auch durch die Teleologie kein Abbruch geschehen darf[1]). Sie wertet die Zwecke nicht; sie vermag daher auch nicht von Höherentwicklung und von Vervollkommnung in dem Sinne zu reden, in dem dies etwa Hegel und Marx tun. Für sie ist es durchaus nicht ausgemacht, daß alle Entwicklung in die Höhe führt, daß jede spätere Stufe eine höhere ist. Ebensowenig vermag sie freilich auch im geschichtlichen Prozeß nach Art der pessimistischen Geschichtsphilosophien einen Abstieg, eine fortschreitende Annäherung an ein böses Ende, zu erblicken. Die Frage nach den treibenden Kräften der geschichtlichen Entwicklung ist die Frage nach dem Wesen der Gesellschaft und nach dem Ursprung und den Ursachen der

---

[1]) Vgl. Cohen, Logik der reinen Erkenntnis, 2. Aufl., Berlin 1914, S. 359.

Veränderungen der Gesellschaftsverhältnisse. Was ist Gesellschaft, wie wird Gesellschaft und wie verändert sich Gesellschaft, das können allein die Probleme sein, die sich die Wissenschaft der Soziologie hier stellt.

Daß das gesellschaftliche Zusammenleben der Menschen dem biologischen Prozeß gleiche, ist eine alte Beobachtung, die schon der berühmten, uns von Livius überlieferten Fabel des Menenius Agrippa zugrunde liegt. Es brachte der Wissenschaft von der Gesellschaft wenig Gewinn, daß man diese Analogie im 19. Jahrhundert unter dem frischen Eindruck der großen Erfolge der Biologie in umfangreichen Werken bis zur Lächerlichkeit ausführte. Was für einen Wert sollte es für unsere Erkenntnis haben, wenn man z. B. das, was die vereinigten Menschen be- oder verarbeitet haben, soziale Interzellularsubstanz benannte[1]), oder wenn man darüber stritt, welches Organ des sozialen Körpers dem Zentralnervensystem entspreche? Das zutreffendste Urteil über diese Art, Soziologie zu treiben, hat jener Nationalökonom gefällt, der meinte, wer das Geld mit dem Blute und den Kreislauf des Geldes mit dem Kreislauf des Blutes vergleicht, habe für die Nationalökonomie dasselbe geleistet, was einer, der das Blut mit dem Geld und den Kreislauf des Blutes mit dem des Geldes vergleichen wollte, für die Biologie leisten würde. Die moderne Biologie hat der Sozialwissenschaft einige ihrer wichtigsten Begriffe, so den der Entwicklung, den der Arbeitsteilung und den des Kampfes ums Dasein entlehnt. Aber sie ist nicht bei metaphorischen Redensarten und Analogieschlüssen stehen geblieben, sie ist vielmehr zu fruchtbarer Verwertung des übernommenen Gutes vorgeschritten, wogegen die biologische Soziologie mit den nachher rückentlehnten Begriffen ein nutzloses Spiel mit Worten trieb. Noch weniger hat für die Erkenntnis der gesellschaftlichen Zusammenhänge die romantische Richtung mit ihrer „organischen" Staatsauffassung geleistet. Indem sie mit Absicht darauf ausging, das wichtigste Ergebnis, das die Sozialwissenschaft bis dahin zu-

---

[1]) Wie dies Lilienfeld (La pathologie sociale, Paris 1896, S. 95) macht. Wenn eine Regierung beim Hause Rothschild eine Anleihe aufnimmt, so stellt sich der Vorgang in der Auffassung der organischen Soziologie folgendermaßen dar: „La maison Rothschild agit, dans cette occasion, parfaitement en analogie avec l'action d'un groupe de cellules qui, dans le corps humain, coopèrent à la production du sang nécessaire à l'alimentation du cerveau dans l'espoir d'en être indemnisées par une réaction des cellules de la substance grise dont ils ont besoin pour s'activer de nouveau et accumuler de nouvelles énergies" (ebendort S. 104). Das ist die Methode, die von sich behauptet, sie stehe „auf festem Boden" und erforsche „das Werden der Erscheinungen Schritt vor Schritt vom einfacheren zum mannigfaltigeren vorgehend". (Vgl. Lilienfeld, Zur Verteidigung der organischen Methode in der Soziologie, Berlin 1898, S. 75.)

tage gefördert hatte, das System der klassischen Nationalökonomie, achtlos beiseite zu schieben, verstand sie es nicht, jenen Teil dieses Systems, der den Ausgangspunkt aller Soziologie bilden muß, wie er den Ausgangspunkt der modernen Biologie bildet, die Lehre von der Arbeitsteilung, für die Fortentwicklung der Wissenschaft nutzbar zu machen[1]).

Das eine hätte der Vergleich mit dem biologischen Organismus die Soziologie lehren müssen, daß der Organismus nur als System von Organen denkbar ist. Das aber besagt nichts anderes, als daß die Arbeitsteilung das Wesen des Organismus ausmacht. Die Arbeitsteilung erst bewirkt, daß aus Teilen Glieder werden, in deren Zusammenwirken wir die Einheit des Systems, den Organismus, erkennen[2]). Dies gilt sowohl vom Leben der Pflanzen und Tiere als auch von der Gesellschaft. Soweit das Prinzip der Arbeitsteilung reicht, kann man den sozialen Körper mit dem biologischen vergleichen. Die Arbeitsteilung ist das tertium comparationis des alten Gleichnisses.

Die Arbeitsteilung ist ein Grundprinzip alles Lebens[3]). Es ist zuerst für das Gebiet des gesellschaftlichen Lebens als Arbeitsteilung in der menschlichen Wirtschaft von den Nationalökonomen aufgezeigt worden und wurde später — zuerst von Milne-Edwards 1827 — von der Biologie übernommen. Doch daß wir in der Arbeitsteilung ein allgemeines Gesetz zu erblicken vermögen, darf uns nicht hindern, die großen grundsätzlichen Verschiedenheiten zu erfassen, die zwischen der Arbeitsteilung in dem tierischen und pflanzlichen Organismus einerseits und der im Zusammenleben der Menschen andererseits bestehen. Wie auch immer wir uns das Werden, Fortschreiten und den Sinn der physiologischen Arbeitsteilung denken wollen, es ist klar, daß wir damit noch nichts für die Erkenntnis des Wesens der soziologischen Arbeitsteilung gewonnen haben. Der Prozeß, der die homogenen Zellen differenziert und integriert, ist von dem, der aus autarken Individuen die menschliche Gesellschaft hat erwachsen lassen, durchaus verschieden. Bei diesem wirken Vernunft und Willen der sich in einer höheren Einheit zu Gliedern

---

[1]) Es ist charakteristisch, daß gerade die Romantiker den organischen Charakter der Gesellschaft bis zum Überdruß hervorheben, wogegen die liberale Sozialphilosophie dies niemals tat. Sehr begreiflich. Eine Gesellschaftstheorie, die in Wahrheit organisch war, mußte diese Eigenschaft ihres Systems nicht erst aufdringlich betonen.

[2]) Vgl. Cohen, a. a. O., S. 349.

[3]) Vgl. Hertwig, Allgemeine Biologie, 4. Aufl., Jena 1912, S. 500ff.; derselbe, Zur Abwehr des ethischen, des sozialen und des politischen Darwinismus, Jena 1918, S. 69ff.

eines Ganzen zusammenschließenden Einheiten mit, Kräfte, deren Eingreifen wir uns bei jenem nicht zu denken vermögen. Auch dort, wo Tiere sich wie die Ameisen oder Bienen zu „Tierstaaten" zusammenschließen, vollziehen und vollzogen sich alle Bewegungen und Veränderungen instinkt- und triebartig. Instinkt und Trieb mögen wohl auch am Ausgangspunkt und in der frühesten Geschichte der gesellschaftlichen Bildung stehen. Als denkendes und wollendes Wesen tritt der Mensch schon als Glied einer gesellschaftlichen Bindung auf, weil der denkende Mensch als verlorenes Einzelwesen gar nicht vorstellbar ist. „Der Mensch wird nur unter Menschen ein Mensch." (Fichte.) Die Entwicklung der menschlichen Vernunft und die der menschlichen Gesellschaft sind ein und derselbe Prozeß. Alle Weiterbildung der gesellschaftlichen Beziehung ist durchaus Willenstatsache. Gesellschaft wird gedacht und gewollt. Sie ist nicht außer im Denken und Wollen. Ihr Sein liegt im Menschen drin, nicht in der Außenwelt; es wird von Innen nach Außen projiziert.

Gesellschaft ist Mithandeln, ist Gemeinschaft im Handeln.

Die Gesellschaft ist ein Organismus, bedeutet: Gesellschaft ist Arbeitsteilung[1]). Man hat an alle menschliche Zielsetzung und an die Wege, auf denen diese Ziele zu erreichen sind, zu denken, wenn man diesem Begriff voll gerecht werden will. Dann fällt jedes Sichaufeinanderbeziehen denkender und wollender Menschen unter ihn. Der moderne Mensch ist nicht nur in dem Sinne Gesellschaftsmensch, daß er in bezug auf die Güterversorgung nicht als isoliertes Wesen gedacht werden kann, sondern auch in dem, daß die Entwicklung, die seine Vernunft und sein Empfindungsvermögen vollzogen haben, nur in der Gesellschaft möglich war. Der Mensch ist als isoliertes Wesen nicht zu denken, weil Menschtum nur als Gesellschaftserscheinung besteht und weil sich die Menschheit über die Tierheit nur in dem Maße hinaushob, in dem sich die gesellschaftliche Bindung der Einzelwesen durch Kooperation ausgestaltet hat. Der Weg vom Menschentier zum Menschen ist nur durch den gesellschaftlichen Zusammenschluß und in ihm zurückgelegt worden. Der Mensch erhebt sich so weit über das Tier, als er vergesellschaftet ist. In diesem Sinne mag das Wort des Aristoteles, daß der Mensch das ζῶον πολιτικόν ist, verstanden werden.

§ 2. Wir sind noch weit entfernt davon, das letzte und tiefste Geheimnis des Lebens, das Prinzip der Entstehung von Organismen, zu begreifen. Wer weiß, ob wir überhaupt jemals dazu gelangen werden?

---

[1]) Vgl. Izoulet, La cité moderne, Paris 1894, S. 35ff.

Was wir heute allein einzusehen vermögen ist, daß die Bildung von Organismen aus Individuen ein Neues hervorbringt, das früher nicht gewesen ist. Die pflanzlichen und tierischen Organismen sind nicht Summen von Einzelzellen, sie sind mehr als das, und nicht anders ist das Verhältnis der Gesellschaft zu den Individuen. Noch haben wir die ganze Bedeutung dieser Tatsache nicht begriffen. Unser Denken ist in der mechanischen Vorstellung der Erhaltung der Kraft und der Materie befangen, die uns nie zu erklären vermag, wie aus eins zwei werden kann. Wieder wird die Erkenntnis der sozialen Gestaltung der der biologischen vorausgehen müssen, wenn wir unsere Einsicht vom Wesen des Lebens werden erweitern wollen.

Geschichtlich stehen am Ausgangspunkt der gesellschaftlichen Arbeitsteilung zwei natürliche Tatsachen: Die individuelle Ungleichheit der menschlichen Anlagen und die Verschiedenheit der äußeren Lebensbedingungen auf der Erdoberfläche. Diese beiden Tatsachen sind in Wahrheit eins: die Mannigfaltigkeit der Natur, die sich nicht wiederholt und das Weltall mit seinem unendlichen, sich nie erschöpfenden Reichtum an Spielarten hervorbringt. (Und diese natürliche Tatsache selbst, die wir in der soziologischen Betrachtung als Gegebenheit hinzunehmen haben, ist das Ergebnis eines in der Natur vorgegangenen Prozesses der Differenzierung und Integrierung, der der Erklärung durch dasselbe Prinzip harrt, das zur Erklärung der gesellschaftlichen Entwicklung dienen soll.) Allein die Besonderheit unserer Untersuchung, die auf soziologische Erkenntnis hinarbeitet, rechtfertigt, daß wir eine Zerlegung dieses einheitlichen natürlichen Tatbestandes in zwei vornehmen.

Es ist ohne weiteres zu erkennen, wie diese beiden Tatsachen das menschliche Verhalten beeinflussen müssen, sobald es zur bewußten Tat, zu klarem Wollen und zu folgerichtigem Handeln, wird. Sie drängen den Menschen die Arbeitsteilung geradezu auf[1]). Alt und Jung, Männer

---

[1]) Durkheim (De la division du travail social, Paris 1893, S. 294ff.) bemüht sich (im Anschluß an Comte und gegen Spencer) zu beweisen, daß die Arbeitsteilung sich nicht, wie die Nationalökonomen meinen, deshalb durchsetzt, weil sie die Arbeit ergiebiger macht. Die Arbeitsteilung sei ein Ergebnis des Kampfes um das Dasein. Je dichter die soziale Masse werde, desto schärfer werde der Kampf ums Dasein. Dadurch würden die Individuen gezwungen, sich in der Arbeit zu spezialisieren, da sie anders nicht die Möglichkeit hätten, sich zu erhalten. Doch Durkheim übersieht dabei, daß die Arbeitsteilung diese Möglichkeit den Individuen nur dadurch gewährt, daß sie die Arbeit ergiebiger macht. Durkheim gelangt zur Ablehnung der Theorie von der Bedeutung der größeren Ergiebigkeit der Arbeitsteilung durch eine mißverständliche Auffassung des Grundgedankens des Utilitarismus und des Gesetzes der Bedürfnissättigung (vgl. a. a. O., S. 218ff., 257ff.). Seine Auffassung, daß die

und Weiber, verbinden sich im Handeln, indem sie die Verschiedenheit ihrer Kräfte entsprechend verwerten. Darin liegt auch schon der Keim örtlicher Arbeitsteilung, wenn der Mann auf die Jagd geht und die Frau zur Quelle, um Wasser zu holen. Wären die Anlagen und Kräfte aller Individuen und die äußeren Produktionsbedingungen allenthalben gleich gewesen, der Gedanke der Arbeitsteilung hätte nie entstehen können. Der Mensch wäre nie darauf gekommen, sich den Kampf ums Dasein durch arbeitteilende Kooperation zu erleichtern. Aus ganz gleich veranlagten Menschen auf einer durchaus gleichförmig gestalteten Erdoberfläche wäre kein gesellschaftliches Leben entstanden[1]). Die Menschen hätten sich vielleicht zur Bewältigung von Arbeiten zusammengeschlossen, für die die Kräfte des Einzelnen nicht ausreichen. Doch derartige Bundesgenossenschaften sind noch keine Gesellschaft. Die flüchtigen Beziehungen, die sie schaffen, sind nicht von Bestand; sie dauern nicht länger als der Anlaß, der sie hervorgerufen hat. Für die Entstehung gesellschaftlichen Lebens haben sie nur insofern Bedeutung, als sie eine Annäherung zwischen den Menschen herbeiführen, die die wechselseitige Erkenntnis der Verschiedenheit der natürlichen Veranlagung der Einzelnen und damit die Entstehung der Arbeitsteilung fördert.

Sobald aber einmal die Arbeitsteilung einsetzt, wirkt sie selbst weiter differenzierend auf die Fähigkeiten der vergesellschafteten Menschen. Sie ermöglicht die Ausbildung der individuellen Begabung und macht so die Arbeitsteilung immer ergiebiger. Durch das gesellschaftliche Zusammenwirken der Menschen werden Werke vollbracht, die der Einzelne überhaupt nicht vollbringen könnte, und bei jenen Leistungen, die auch von Einzelnen unternommen werden können, wird ein besseres Ergebnis erzielt. Doch mit dieser Feststellung ist die gesellschaftliche Bedeutung der Zusammenarbeit noch nicht vollkommen umschrieben. Diese erhellt erst aus der Feststellung der Bedingungen, unter denen die durch die Zusammenarbeit bewirkte Ertragssteigerung steht.

Zu den wichtigsten Leistungen der klassischen Nationalökonomie gehört die Lehre von der internationalen Arbeitsteilung. Sie zeigt uns, daß, solange aus irgendwelchen Gründen Wanderungen von Kapital und Arbeit von Land zu Land behindert sind, für die örtliche

---

Zivilisation durch Veränderungen im Volumen und in der Dichtigkeit der Gesellschaft hervorgerufen wird, ist nicht zu halten. Die Bevölkerung wächst, weil die Arbeit ergiebiger wurde und mehr Menschen ernähren kann, und nicht umgekehrt.

[1]) Über die Bedeutung der örtlichen Verschiedenheit der Produktionsbedingungen für die Entstehung der Arbeitsteilung vgl. von den Steinen, Unter den Naturvölkern Zentralbrasiliens, 2. Aufl., Berlin 1897, S. 196ff.

Arbeitsteilung nicht die absolute Höhe der Produktionskosten, sondern die relative maßgebend ist[1]). Wendet man das gleiche Prinzip auf die persönliche Arbeitsteilung an, dann ergibt sich ohne weiteres, daß für den Einzelnen nicht nur die Verbindung mit solchen Personen von Vorteil ist, die ihm in der einen oder anderen Richtung überlegen sind, sondern auch mit solchen, die ihm in jeder in Betracht kommenden Hinsicht nachstehen. Wenn A dem B in der Weise überlegen ist, daß er zur Erzeugung einer Einheit der Ware p drei Stunden Arbeit benötigt gegen fünf, die B dazu braucht, und zur Erzeugung einer Einheit der Ware q zwei Stunden gegen vier, die B braucht, dann ist es für A vorteilhafter, seine Kraft auf die Erzeugung von q zu beschränken und die Erzeugung von p dem B zu überlassen. Wenn jeder von ihnen je 60 Stunden der Erzeugung von p und q widmet, dann ist das Ergebnis dieser Arbeit für A: 20 p + 30 q, für B: 12 p + 15 q, mithin für beide zusammen: 32 p + 45 q. Beschränkt sich jedoch A auf die Erzeugung von q allein, dann erzeugt er in 120 Stunden 60 Einheiten, während B, wenn er sich auf die Erzeugung von p beschränkt, in der gleichen Zeit 24 Einheiten erzeugt. Das Ergebnis ihrer Tätigkeit ist dann: 24 p + 60 q, was, da p für A einen Substitutionswert von $\frac{3}{2}$ q und für B einen solchen von $\frac{5}{4}$ q hat, einen höheren Ertrag bedeutet als 32 p + 45 q. Es erhellt mithin deutlich, daß jede Erweiterung der persönlichen Arbeitsgemeinschaft für alle, die sich ihr anschließen, von Vorteil ist. Nicht nur der, der sich mit Begabteren, Fähigeren, Fleißigeren zusammenschließt, zieht aus der Verbindung Gewinn. Auch der, der sich mit Wenigerbegabten, Unfähigeren, Fauleren vereinigt, hat davon Vorteil. Der Nutzen der Arbeitsteilung ist stets ein wechselseitiger, nicht nur dann, wenn durch sie Werke geschaffen werden, die der isoliert arbeitende Einzelmensch nie hervorbringen könnte.

Die höhere Produktivität der arbeitsteilig verrichteten Arbeit ist es, die die Menschen dazu bringt, einander nicht mehr als Konkurrenten im Kampfe ums Dasein anzusehen, sondern als Genossen zur gemeinschaftlichen Förderung ihrer Wohlfahrt. Sie macht aus Feinden Freunde, aus Krieg Frieden, aus den Individuen die Gesellschaft[2]).

---

[1]) Vgl. Ricardo, Principles of Political Economy and Taxation (Works, a. a. O.) S. 76ff.; Mill, Principles of Political Economy, a. a. O., S. 348f.; Bastable, The Theory of International Trade, Third Ed., London 1900, S. 16ff.

[2]) „Der Handel macht das Menschengeschlecht, das zunächst nur die Einheit der Art hat, zu einer wirklich einheitlichen Gesellschaft." (Vgl. Steinthal, Allgemeine Ethik, Berlin 1885, S. 208.) Der Handel aber ist nichts anderes als ein tech-

§ 3. Organismus und Organisation sind so verschieden wie Leben von einer Maschine, wie eine natürliche Blume von einer künstlichen. In der natürlichen Pflanze führt jede Zelle ihr eigenes Dasein für sich und in Wechselwirkung mit den anderen. Dieses Selbstsein und Sichselbsterhalten ist es, was wir leben nennen. In der künstlichen Pflanze fügen sich die einzelnen Teile zu einem Ganzen nur soweit zusammen, als der Wille ihres Schöpfers, der sie verbunden hat, wirksam ist. Nur soweit als dieser Wille wirksam es will, beziehen sich in der Organisation die Teile aufeinander. Jeder nimmt nur den Platz ein, der ihm zugewiesen ist, und verläßt ihn gewissermaßen nur auf Befehl. Insofern die Teile leben, d. h. für sich sind, können sie es im Rahmen der Organisation nur soweit tun, als ihr Schöpfer sie lebend in seine Schöpfung eingesetzt hat, nicht einen Schritt darüber hinaus. Das Pferd, das der Fahrer vor den Wagen gespannt hat, lebt als Pferd. In der Organisation Gespann steht es dem Fahrzeug gerade so fremd gegenüber wie der mechanische Motor dem von ihm gezogenen Wagen. Die Teile können ihr Leben auch gegen die Organisation führen, wenn z. B. das Pferd mit dem Wagen durchgeht, oder wenn das Gewebe, aus dem die künstliche Blume erzeugt ist, unter dem Einflusse chemischer Prozesse zerfällt. Nicht anders ist es in der menschlichen Organisation. Auch sie ist eine Willenstatsache wie die Gesellschaft. Doch der Wille, der sie schafft, bringt damit ebensowenig einen lebenden Gesellschaftsorganismus hervor wie die Blumenmacherin eine lebende Rose. Die Organisation hält nur so lange, als der sie schaffende Wille sie zusammenzuhalten vermag. Die Teile, aus denen die Organisation zusammengesetzt ist, gehen in die Organisation nur insoweit ein, als dieser Wille ihrer Schöpfer wirksam wird, soweit es gelingt, ihr Leben in die Organisation einzufangen. In dem exerzierenden Bataillon gibt es nur einen Willen, den des Führers; alles andere ist, soweit es in der Organisation „Bataillon" wirkt, tote Maschine. In diesem Ertöten des Willens, soweit er nicht den Zwecken des Truppenkörpers dient, liegt das Wesen des militärischen Drills. Der Soldat der Lineartaktik, in der die Truppe nichts als Organisation sein soll, wird „abgerichtet". Leben gibt es im Truppenkörper nicht; das Leben, das der Einzelne lebt, lebt er neben und außer ihm, vielleicht gegen ihn, aber niemals in ihm. Die moderne Kriegführung, die auf der Selbsttätigkeit des Plänklers beruht, mußte es unternehmen, das Leben des einzelnen Soldaten, sein Denken und seinen Willen in ihren Dienst zu

---

nisches Hilfsmittel der Arbeitsteilung. — Über die Stellung der Arbeitsteilung in der Soziologie des Thomas von Aquin vgl. Schreiber, Die volkswirtschaftlichen Anschauungen der Scholastik seit Thomas von Aquin, Jena 1913, S. 19ff.

stellen. Sie sucht den Soldaten nicht mehr bloß abzurichten, sondern auszubilden.

Die Organisation ist ein herrschaftlicher Verband, der Organismus ein genossenschaftlicher. Der primitive Denker sieht überall das, was von außen organisiert wurde, niemals das Selbstgewordene, das Organische. Er sieht den Pfeil, den er geschnitzt hat, er weiß, wie der Pfeil geworden und wie er in Bewegung kam, und nun fragt er bei allem, was er sieht, wer es gemacht hat und wer es bewegt. Er fragt bei allem Leben nach seinem Schöpfer, bei jeder Veränderung in der Natur nach ihrem Urheber und findet eine animistische Erklärung. So entstehen die Götter. Er sieht die organisierte Gemeinde, in der ein oder mehrere Herrscher den Beherrschten gegenüberstehen, und danach sucht er auch das Leben als Organisation zu verstehen, nicht als Organismus. Daher die alte Vorstellung, die im Kopfe den Beherrscher des Körpers zu finden glaubt und ihn als Haupt mit demselben Ausdruck bezeichnet wie den Obersten der Organisation.

Die Überwindung der Organisationsvorstellung, die Erkenntnis des Wesens des Organismus, zählt zu den Großtaten der Wissenschaft. Sie ist für das Gebiet der Sozialwissenschaft — das kann man bei aller Anerkennung, die ältern Denkern gebührt, sagen — im wesentlichen vom 18. Jahrhundert vollbracht worden; den Hauptteil hatten daran die klassische Nationalökonomie und ihre unmittelbaren Vorläufer. Die Biologie ist ihr nachgefolgt. Sie läßt alle animistischen und vitalistischen Vorstellungen fallen. Für die moderne Biologie ist auch der Kopf nicht mehr das Haupt, kein Regent des Körpers mehr. Es gibt im lebenden Körper keinen Führer und keine Geführten, keinen Gegensatz von Haupt und Gliedern, von Mittel und Zweck. Es gibt nur noch Glieder, Organe.

Es ist ein Wahn, die Gesellschaft organisieren zu wollen, nicht anders als ob jemand eine lebende Pflanze zerstückeln wollte, um aus den toten Teilen eine neue zu machen. Eine Organisation der Menschheit wäre nur denkbar, wenn man zuerst den lebenden gesellschaftlichen Organismus erschlagen hat. Die kollektivistischen Bestrebungen sind schon aus diesem Grunde ganz aussichtslos. Es kann gelingen, eine alle Menschen umfassende Organisation zu schaffen. Aber das wäre immer nur eine Organisation, neben der das gesellschaftliche Leben weiterginge, die von den gesellschaftlichen Kräften verändert und gesprengt werden könnte und sicherlich gesprengt werden müßte, sobald sie den Versuch machen wollte, sich gegen sie aufzulehnen. Will man den Kollektivismus zur Tatsache machen, dann müßte man alles gesellschaftliche Leben zuerst ertöten und dann den kollektiven Staat aufbauen. Die Bolschewiken denken ganz folgerichtig, wenn sie zuerst alle überkommenen gesellschaftlichen Bindungen auflösen und den in ungezählten Jahrtausenden aufgerichteten Gesellschaftsbau niederreißen wollen, um auf den Trümmern einen Neubau aufzuführen. Sie übersehen nur, daß sich die isolierten Individuen, zwischen denen keinerlei gesellschaftliche Beziehungen bestehen, auch nicht mehr organisieren ließen.

Organisationen sind nur soweit möglich, als sie sich nicht gegen das Organische kehren und es nicht verletzen. Alle Versuche, den lebendigen Willen der Menschen in ein Werk einzuspannen, dem er nicht dienen will, müssen scheitern. Jede Organisation kann nur soweit gedeihen, als sie sich auf dem Willen der Organisierten aufbaut und ihren Zwecken dient.

§ 4. Gesellschaft ist nicht bloße Wechselwirkung. Wechselwirkung findet auch zwischen Tieren statt, z. B. wenn der Wolf das Lamm auffrißt, oder wenn Wolf und Wölfin sich paaren. Dennoch sprechen wir nicht von Tiergesellschaften oder von Wölfegesellschaft. Wolf und Lamm, Wolf und Wölfin sind zwar Glieder eines Organismus, nämlich des der Natur. Diesem Organismus fehlt aber das spezifische Charakteristikum des gesellschaftlichen Organismus: er fällt nicht in den Bereich des Wollen und Handeln. Darum ist auch die Beziehung zwischen den Geschlechtern nicht schon an und für sich gesellschaftliche Beziehung. Indem Mann und Weib zusammenkommen, folgen sie dem Gesetz, das ihnen ihre Stellung in der Natur zuweist. Soweit stehen sie unter der Herrschaft des Triebes. Gesellschaft ist erst dort vorhanden, wo ein Wollen zum Mitwollen, ein Handeln zum Mithandeln wird. In Gemeinschaft Zielen zuzustreben, die man allein überhaupt nicht oder jedenfalls nicht in gleich wirksamer Weise erreichen könnte, kooperieren, das ist Gesellschaft[1]).

Darum ist Gesellschaft nicht Zweck, sondern Mittel, Mittel jedes einzelnen Genossen zur Erreichung seiner eigenen Ziele. Daß Gesellschaft überhaupt möglich ist, ist nur darauf zurückzuführen, daß der Wille des einen und der des anderen sich in gemeinsamem Streben finden, so daß aus der Willensgemeinschaft die Arbeitsgemeinschaft entspringt. Weil ich das, was ich will, nur erreichen kann, wenn mein Genosse das erreicht, was er will, wird mir sein Wollen und Handeln zum Mittel, mein eigenes Ziel zu erreichen. Weil notwendigerweise mein Wollen

---

[1]) Daher ist auch die Auffassung Guyaus, die das Gesellschaftliche unmittelbar aus der Zweigeschlechtigkeit ableitet, abzulehnen. Vgl. Guyau, Sittlichkeit ohne Pflicht, übers. v. Schwarz, Leipzig 1909, S. 113f.

auch sein Wollen mit einschließt, kann es gar nicht meine Absicht sein, seinen Willen zu brechen. Das ist die Grundtatsache, auf der sich alles gesellschaftliche Leben aufbaut[1]).

Das Prinzip der Arbeitsteilung enthüllt das Wesen des gesellschaftlichen Werdens. Wie gewaltig der Fortschritt war, den die Erkenntnis des Gesellschaftlichen mit der Erfassung der Bedeutung der Arbeitsteilung gemacht hatte, zeigt am besten ein Blick auf die Gesellschaftstheorie Kants. Als Kant schrieb, war die Lehre von der Arbeitsteilung, soweit sie auch schon durch die Nationalökonomie des 18. Jahrhunderts gefördert worden war, noch lange nicht ausgebaut; es fehlte ihr vor allem noch jene Vertiefung, die sie durch die Ricardosche Außenhandelstheorie erhalten hat. Doch in der Lehre von der Harmonie der Interessen war ihre weittragende Anwendung auf die Gesellschaftstheorie schon vorweggenommen worden. Kant ist von diesen Ideen nicht berührt worden. Darum vermag er das gesellschaftliche Sein nicht anders zu erklären als durch die Annahme eines Hanges der Menschen in Gesellschaft zu treten, dem aber wieder ein zweiter Hang, der auf die Trennung der Gesellschaft hinarbeitet, entgegenwirkt. Des Antagonismus dieser

---

[1]) Fouillée wendet gegen die utilitaristische Gesellschaftstheorie, die die Gesellschaft als „moyen universel" (Belot) bezeichnet, folgendes ein: „Tout moyen n'a qu'une valeur provisoire; le jour où un instrument dont je me servais me devient inutile ou nuisible, je le mets de côté. Si la société n'est qu'un moyen, le jour où, exceptionnellement, elle se trouvera contraire à mes fins, je me délivrerai des lois sociales et moyens sociaux. ... Aucune considération sociale ne pourra empêcher la révolte de l'individu tant qu'on ne lui aura pas montré que la société est établie pour des fins qui sont d'abord et avant tout ses vraies fins à lui-même et qui, de plus, ne sont pas simplement des fins de plaisir ou d'intérêt, l'intérêt n'étant que le plaisir différé et attendu pour l'avenir. ... L'idée d'intérêt est précisément ce qui divise les hommes, malgré les rapprochements qu'elle peut produire lorsqu'il y a convergence d'intérêts sur certains points." (Vgl. Fouillée, Humanitaires et libertaires au point de vue sociologique et moral, Paris 1914, S. 146ff.; vgl. auch Guyau, Die englische Ethik der Gegenwart, übersetzt von Peusner, Leipzig 1914, S. 372ff.) Fouillée sieht nicht, daß der vorläufige Wert, der der Gesellschaft als Mittel beigelegt wird, solange anhält, als die naturgegebenen Bedingungen menschlichen Lebens unverändert fortbestehen und die Erkenntnis der Vorteile menschlichen Zusammenwirkens nicht geschwunden ist. Der „ewige", nicht nur provisorische Bestand der Gesellschaft folgt aus der Ewigkeit der Bedingungen, auf denen sie aufgebaut ist. Daß eine Gesellschaftstheorie den Dienst leisten müsse, das Individuum von einer Auflehnung gegen die Gesellschaft abzuhalten, mag eine Anforderung sein, die Machthaber an sie stellen; eine wissenschaftliche Forderung ist es keineswegs. Keine Gesellschaftstheorie könnte übrigens das asoziale Individuum eher zur freiwilligen Eingliederung in den gesellschaftlichen Verband bewegen als gerade die utilitaristische. Wenn sich aber ein Individuum als Feind der Gesellschaft zeigt, dann hat die Gesellschaft kein anderes Mittel als die Unschädlichmachung.

beiden Neigungen bediene sich die Natur, um die Menschheit dem Ziele zuzuführen, das sie ihr gesetzt hat[1]). Man kann sich kaum etwas Ärmlicheres denken als diesen Versuch, die Gesellschaft aus dem Widerspiel zweier Neigungen, der Neigung „sich zu vergesellschaften" und der Neigung „sich zu vereinzelnen" zu erklären. Er geht nicht tiefer als die Erklärung der Wirkung des Opiums aus der virtus dormitiva, cuius est natura sensus assupire.

Hat man einmal in der Arbeitsteilung das Wesen der Gesellschaft gefunden, dann bleibt kein Raum mehr für die Antithese Individuum oder Gesellschaft, Individual- oder Sozialprinzip.

§ 5. Soweit die Vergesellschaftung sich jenseits des Erwachens menschlichen Denkens und Wollens unter der Herrschaft von Instinkt und Trieb abspielt, kann sie nicht Gegenstand der soziologischen Betrachtung sein. Das bedeutet aber keineswegs, daß die Soziologie die Erklärung des Werdens der Gesellschaft auf eine andere Wissenschaft abzuwälzen und die gesellschaftliche Verflechtung der Menschen als eine gegebene Tatsache hinzunehmen hat. Denn wenn wir — was aus der Gleichsetzung von Gesellschaft und Arbeitsteilung unmittelbar folgt — zur Auffassung gelangen, daß die Gesellschaftsbildung mit dem Auftreten des denkenden und wollenden Menschen nicht abgeschlossen ist, sich vielmehr in der Geschichte fortsetzt, müssen wir nach einem Prinzip suchen, das uns diese Entwicklung verständlich macht. Dieses Prinzip gibt uns die ökonomische Theorie der Arbeitsteilung. Man hat es dahin formuliert, daß man gesagt hat: der glückliche Zufall, der die Entstehung der Kultur ermöglicht hat, ist die Tatsache, daß geteilte Arbeit produktiver ist als nicht arbeitsteilig verrichtete. Die Entwicklung der Arbeitsteilung vollzieht sich unter dem Drucke der Erkenntnis, daß jeder ihrer Fortschritte die Produktivität der Arbeit steigert. Sie ist in diesem Sinne in Wahrheit wirtschaftlicher Fortschritt, da sie die Wirtschaft ihrem Ziele, möglichst reichliche Bedürfnisbefriedigung, näherbringt. Dieser Fortschritt ist auch zugleich gesellschaftlicher Fortschritt in dem Sinne, als mit ihm die Vergesellschaftung weiterschreitet.

Nur in diesem Sinn und frei von jeder teleologischen oder ethischen Wertung läßt sich der Ausdruck Fortschritt soziologisch in der Geschichtsbetrachtung anwenden. Wir glauben in den Veränderungen der gesellschaftlichen Verhältnisse eine bestimmte Richtung beobachten zu können, und wir fragen nun, indem wir jede einzelne Veränderung ge-

---

[1]) Vgl. Kant, Idee zu einer allgemeinen Geschichte in weltbürgerlicher Absicht (Sämtliche Werke, a. a. O., I. Bd.) S. 227f.

sondert vornehmen, ob und wie weit sich diese Annahme mit ihr verträgt. Es mag sein, daß wir verschiedene Annahmen dieser Art machen können, von denen jede in gleicher Weise der Erfahrung entspricht. Dann würde das Problem der Verknüpfung dieser Annahmen auftauchen, ob sie voneinander unabhängig sind oder ob sie innerlich zusammenhängen; in diesem Falle wäre dann wieder zu prüfen, von welcher Art dieser Zusammenhang ist. Immer aber kann es sich dabei nur um eine wertfreie, an einer Hypothese gemessene Betrachtung des Ablaufes der Veränderungen handeln.

Sieht man von jenen Entwicklungstheorien, die in naiver Weise auf Werturteilen aufgebaut sind, ganz ab, dann sind es vor allem zwei Mängel, die die Mehrzahl der zur Deutung der gesellschaftlichen Entwicklung aufgestellten Theorien als unbefriedigend erscheinen lassen. Der erste Mangel ist der, daß ihr Entwicklungsprinzip nicht an die Gesellschaft als solche anknüpft. Bei Comtes Gesetz der drei Stadien des menschlichen Geistes oder bei Lamprechts fünf Stadien des sozialpsychischen Verlaufs fragt man vergebens nach dem inneren und notwendigen Zusammenhang der geistigen und seelischen Entwicklung mit der gesellschaftlichen. Es wird uns gezeigt, wie sich die Gesellschaft verhält, wenn sie in ein neues Stadium eingetreten ist. Was wir aber suchen, ist mehr, ist ein Gesetz, das zeigt, wie Gesellschaft entsteht und sich wandelt. Die Veränderungen, die wir als Veränderungen der Gesellschaft sehen, werden von den Stadientheorien als von außen auf die Gesellschaft einwirkende Tatsachen behandelt; wir aber wollen sie als Auswirkungen einer beständigen Regel begreifen. Der zweite Mangel ist der, daß alle diese Theorien Stufentheorien sind. Für die Stufentheorie gibt es in Wahrheit keine Entwicklung, d. h. keine kontinuierliche Veränderung, in der wir eine bestimmte Richtung zu erkennen glauben. Ihre Aussage enthält nur die Feststellung einer bestimmten Aufeinanderfolge von Ereignissen, nicht den Nachweis der kausalen Verknüpfung dieser Ereignisse untereinander. Sie gelangt bestenfalls dazu, Parallelismen der Stufenfolge bei den verschiedenen Völkern festzustellen. Wenn wir das menschliche Leben in Kindheit, Jugendzeit, Mannesalter und Greisenalter gliedern, ist dies etwas anderes als wenn wir das Gesetz aufzeigen, unter dessen Walten Wachstum und Verfall des Organismus stehen. Jeder Stufentheorie haftet notwendigerweise etwas Willkürliches an. Die Abgrenzung der Stufen ist immer schwankend.

Die neuere deutsche Wirtschaftsgeschichte hat zweifellos das Richtige getroffen, wenn sie die Arbeitsteilung zur Grundlage ihrer Entwicklungstheorie macht. Sie hat sich aber dabei nicht von dem alt überkommenen

Schema der stufenweisen Gliederung freizumachen gewußt. Ihre Theorie ist noch immer Stufentheorie. So unterscheidet Bücher die Stufe der geschlossenen Hauswirtschaft (reine Eigenproduktion, tauschlose Wirtschaft), die Stufe der Stadtwirtschaft (Kundenproduktion oder Stufe des direkten Austausches) und die Stufe der Volkswirtschaft (Warenproduktion, Stufe des Güterumlaufes)[1]. Schmoller scheidet die Perioden der Dorfwirtschaft, Stadtwirtschaft, Territorialwirtschaft und Staatswirtschaft[2]. Philippovich unterscheidet geschlossene Hauswirtschaft und Verkehrswirtschaft, innerhalb der Verkehrswirtschaft wieder die Periode des lokal gebundenen Verkehrs, die des staatlich gebundenen Verkehrs und die des freien Verkehrs (entwickelte Volkswirtschaft, Kapitalismus)[3]. Gegen diese Versuche, die Entwicklung in ein Schema einzuzwängen, sind schwere Bedenken geltend gemacht worden. Es mag dahingestellt bleiben, welchen Wert solche Einteilungen für die Charakteristik bestimmter Geschichtsepochen haben und inwieweit sie als Hilfsmittel der Darstellung zulässig sind. Jedenfalls müssen sie mit großer Vorsicht verwendet werden. Wie leicht man bei solchem Klassifizieren Gefahr läuft, über scholastischer Wortklauberei den Blick für die geschichtliche Wirklichkeit zu verlieren, zeigt der unfruchtbare Streit um den Charakter der Wirtschaft der alten Völker. Für die soziologische Betrachtung sind die Stufentheorien unbrauchbar[4]. Sie führen uns gerade in einem der wichtigsten Probleme der Geschichte in die Irre, nämlich bei Entscheidung der Frage, inwiefern eine Kontinuität der geschichtlichen Entwicklung festzustellen ist.

Man pflegt diese Frage entweder dahin zu beantworten, daß man ohne weiteres annimmt, die gesellschaftliche Entwicklung, als welche wir die Entwicklung der Arbeitsteilung ins Auge zu fassen haben, habe sich in einer ununterbrochenen Linie bewegt, oder indem man sich auf den Standpunkt stellt, daß jedes Volk immer wieder von neuem die Stufenfolge des Fortschrittes durchmessen habe. Beide Annahmen sind unzutreffend. Die Entwicklung kann nicht als eine ungebrochene bezeichnet werden, da wir deutlich in der Geschichte Verfallsperioden —

---

[1] Vgl. Bücher, Die Entstehung der Volkswirtschaft, Erste Sammlung, 10. Aufl., Tübingen 1917, S. 91.

[2] Vgl. Schmoller, Grundriß der allgemeinen Volkswirtschaftslehre, 13. u. 14. Tausend, München 1920, II. Bd., S. 760ff.

[3] Vgl. Philippovich, Grundriß der politischen Ökonomie, I. Bd., 11. Aufl., Tübingen 1916, S. 11ff.

[4] Vgl. über die Stufentheorien auch meine Abhandlung „Soziologie und Geschichte" (Archiv für Sozialwissenschaft, 61. Bd.), S. 498ff.

Perioden der Rückbildung der Arbeitsteilung — zu beobachten vermögen. Andererseits geht der Fortschritt, den einzelne Völker durch die Erreichung einer höheren Stufe der gesellschaftlichen Arbeitsteilung erlangt haben, nicht wieder ganz verloren. Er greift auf andere Völker über und beschleunigt deren Entwicklung. So hat der Untergang der antiken Welt zweifellos die verkehrswirtschaftliche Entwicklung um Jahrhunderte zurückgeschraubt. Doch die neuere geschichtliche Forschung hat gezeigt, daß die Fäden, die die wirtschaftliche Kultur des Altertums mit der des Mittelalters verbinden, viel dichter waren, als man früher anzunehmen geneigt war. Der wirtschaftliche Verkehr hat unter den Stürmen der Völkerwanderung wohl schwer gelitten, doch er hat sie überlebt. Seine Träger, die Städte, sind in der Völkerwanderung nicht ganz zugrunde gegangen. An die Reste städtischen Lebens knüpfte die Neuentwicklung des Austauschverkehrs an[1]). In der Stadtkultur hat sich ein Stück der gesellschaftlichen Errungenschaften der Antike in das moderne Leben herübergerettet.

Die Fortschritte der gesellschaftlichen Arbeitsteilung sind durchaus abhängig von dem Stand der Erkenntnis des Nutzens, d. i. der höheren Produktivität, der arbeitsteilig verrichteten Arbeit. Diese Erkenntnis wird den Menschen zum ersten Male in den freihändlerischen Lehren der physiokratischen und der klassischen Nationalökonomie des 18. Jahrhunderts voll bewußt. Doch sie ist im Kern schon enthalten in allen friedensfreundlichen Gedankengängen, in jedem Lob des Friedens, in jeder Verurteilung des Krieges. Die Geschichte ist der Kampf der beiden Prinzipien, des friedlichen, die Entwicklung des Verkehrs fördernden, und des militärisch-imperialistischen, das menschliches Zusammenleben nicht in genossenschaftlicher Arbeitsteilung sondern in gewaltsamem Niederhalten der einen durch die anderen sucht. Immer wieder erlangt das imperialistische Prinzip die Oberhand. Das liberale vermag sich ihm gegenüber nicht zu behaupten, solange die tief in den Massen verankerte Neigung zur friedlichen Arbeit sich nicht zur vollen Erkenntnis ihrer eigenen Bedeutung als Prinzip der Gesellschaftsentwicklung durchgerungen hat. Soweit das imperialistische Prinzip gilt, ist Frieden immer nur in zeitlich und örtlich beschränktem Umfange zu erreichen: er dauert nie länger als die Tatsachen, die ihn geschaffen. Die geistige Atmosphäre, die der Imperialismus um sich verbreitet, ist wenig geeignet, die Vergesellschaftung innerhalb der Reichsgrenzen zu fördern; ihr Hinüber-

---

[1]) Vgl. Dopsch, Wirtschaftliche und soziale Grundlagen der europäischen Kulturentwicklung, Wien 1918, I. Bd., S. 91 ff.

greifen über die politisch-militärischen Scheidewände, die die Staaten trennen, macht er nahezu unmöglich. Die Arbeitsteilung braucht Freiheit und Frieden. Erst als das 18. Jahrhundert in der modernen liberalen Weltanschauung eine Philosophie des Friedens und der gesellschaftlichen Zusammenarbeit geschaffen hatte, war die Grundlage für jene staunenswerte Entwicklung der wirtschaftlichen Kultur des Zeitalters gelegt, das die jüngsten imperialistischen und sozialistischen Doktrinen als das Zeitalter des krassen Materialismus, des Egoismus und des Kapitalismus zu brandmarken pflegen.

Man kann diese Zusammenhänge nicht verkehrter darstellen, als es die materialistische Geschichtsauffassung macht, wenn sie die Entwicklung der gesellschaftlichen Ideologie als abhängig von der erreichten Stufe der technischen Entwicklung darstellt. Nichts ist verfehlter als der bekannte Ausspruch von Marx: „Die Handmühle ergibt eine Gesellschaft mit Feudalherren, die Dampfmühle eine Gesellschaft mit industriellen Kapitalisten"[1]. Das ist schon formal unzulänglich. Wenn man die geschichtliche Entwicklung durch die Entwicklung der Technik zu erklären sucht, verschiebt man nur das Problem, ohne es irgendwie zu lösen. Denn die treibenden Kräfte der technischen Entwicklung bedürfen dann erst recht einer besonderen Erklärung.

Schon Ferguson hat gezeigt, daß die Ausgestaltung der Technik von den gesellschaftlichen Verhältnissen abhängt, und daß jedes Zeitalter in der Technik soweit kommt, als ihm die erreichte Stufe der gesellschaftlichen Arbeitsteilung gestattet[2]. Technische Fortschritte sind nur möglich, wo durch die Arbeitsteilung die Voraussetzung ihrer Anwendung geschaffen wurde. Die mechanische Schuhfabrikation setzt eine Gesellschaft voraus, in der die Erzeugung von Schuhen für Hunderttausende oder Millionen Menschen in wenigen Betrieben vereinigt werden kann. Für die Dampfmühle gab es in einer Gesellschaft von autark lebenden Bauern keine Verwendungsmöglichkeit. Erst die Arbeitsteilung kann den

---

[1] Vgl. Marx, Das Elend der Philosophie, a. a. O., S. 91. In den Formulierungen, die Marx seiner Geschichtsauffassung später gegeben hat, ist die Schroffheit, die in dieser frühesten Fassung zum Ausdrucke gelangt, vermieden. Hinter unbestimmten Ausdrücken wie „Produktivkräfte" und „Produktionsverhältnisse" verbergen sich die kritischen Zweifel, die Marx mittlerweile aufgestiegen sein mochten. Doch eine unhaltbare Theorie wird dadurch, daß man sie in unklaren, mannigfache Deutung zulassenden Wendungen vorträgt, nicht haltbar.

[2] Vgl. Ferguson, Abhandlung über die Geschichte der bürgerlichen Gesellschaft, übers. v. Dorn, Jena 1904, S. 237f.; ferner Barth, Die Philosophie der Geschichte als Soziologie, 2. Aufl., Leipzig 1915, I. Teil, S. 578ff.

Gedanken, motorische Kräfte in den Dienst der Müllerei zu stellen, entstehen lassen[1]).

Die Zurückführung alles Gesellschaftlichen auf die Entwicklung der Arbeitsteilung hat mit dem groben und naiven Materialismus der technologischen und andersartigen materialistischen Geschichtskonstruktionen nichts gemein. Sie bedeutet auch keineswegs, wie dies besonders die Epigonen der idealistischen Philosophie zu behaupten pflegen, eine unzulässige Verengung des Begriffes der gesellschaftlichen Zusammenhänge. Es ist nicht richtig, daß sie den Gesellschaftsbegriff auf das spezifisch Materielle beschränkt. Was vom gesellschaftlichen Leben jenseits des Ökonomischen liegt, das sind die Endzwecke. Die Wege aber, die zu ihnen führen, stehen unter dem Gesetz alles rationalen Handelns; soweit sie in Betracht kommen, wird gewirtschaftet.

§ 6. Die vornehmste Wirkung der Arbeitsteilung ist die, daß sie aus dem unabhängigen Individuum den abhängigen Gesellschaftsmenschen macht. Der soziale Mensch wird durch die Arbeitsteilung gerade so verändert wie die Zelle, die sich in einen Organismus einfügt. Er paßt sich den neuen Lebensbedingungen an, er läßt manche Kräfte und Organe verkümmern und entfaltet andere um so besser. Er wird einseitig. Das haben alle Romantiker, die unentwegten laudatores temporis acti, stets bedauert. Ihnen ist der Mensch der Vergangenheit, der seine Kräfte „harmonisch" entfaltet, das Ideal, dem unsere entartete Zeit leider nicht mehr entspricht. Sie empfehlen darum Rückbildung der Arbeitsteilung. Daher ihr Lob der landwirtschaftlichen Tätigkeit, wobei sie immer nur an den annähernd autarken Bauer denken[2]).

---

[1]) Das einzige, das von der mit den größten Ansprüchen auftretenden materialistischen Geschichtsauffassung übrig bleibt, ist die Feststellung, daß alles menschliche und gesellschaftliche Handeln von den Tatsachen der Sachgüterknappheit und des Arbeitsleids entscheidend beeinflußt wird. Doch gerade diese Abhängigkeit können die Marxisten am wenigsten zugeben, weil sie in allen ihren Äußerungen über die künftige sozialistische Gesellschaftsordnung von diesen beiden Bedingungen der Wirtschaft absehen.

[2]) Adam Müller meint über „die lasterhafte Tendenz der Teilung der Arbeit in allen Zweigen der Privatindustrie und auch in dem Regierungsgeschäfte", daß der Mensch „ein allseitiges, ich möchte sagen kugelrundes Gebiet seines Wirkens" braucht. Wenn „die Teilung der Arbeit in großen Städten oder Manufakturen- oder Bergwerksprovinzen den Menschen, den vollständigen freien Menschen, in Räder, Trillinge, Walzen, Speichen, Wellen usw. zerschneidet, ihm eine völlig einseitige Sphäre in der schon einseitigen Sphäre der Versorgung eines einzelnen Bedürfnisses aufdringt, wie kann man begehren, daß dies Fragment übereinstimmen solle mit dem ganzen vollständigen Leben und mit seinem Gesetze — oder mit dem Rechte; wie sollen die Rhomben, Dreiecke und Figuren aller Art, die man aus der Kugel herausgeschnitten,

Auch hier gehen die modernen Sozialisten am weitesten. In der höheren Phase der kommunistischen Gesellschaft wird, so verspricht Marx, „die knechtende Unterordnung der Individuen unter die Teilung der Arbeit, damit auch der Gegensatz geistiger und körperlicher Arbeit verschwunden" sein[1]). Es wird dem menschlichen „Abwechslungsbedürfnis" Rechnung getragen werden. „Abwechslung von geistiger und körperlicher Arbeit" wird „die harmonische Ausbildung des Menschen" gewährleisten[2]).

Was zur Beurteilung dieser Illusionen zu sagen ist, wurde bereits an einer früheren Stelle ausgeführt[3]). Wäre es möglich, mit jenem Maß an Arbeit, das selbst noch keine Unlust erweckt und nur die aus dem Nichtstun erwachsenden Unlustgefühle überwindet, zur Erreichung aller menschlichen Zwecke das Auslangen zu finden, dann wäre die Arbeit überhaupt nicht Gegenstand der Bewirtschaftung. Der Mensch würde seine Zwecke „spielend" erreichen. Diese Voraussetzung trifft aber nicht zu. Auch der autarke Arbeiter muß in den meisten Arbeiten, die er zu vollbringen hat, über jene Grenzen hinaus, innerhalb welcher die Arbeit noch Lustgefühle auslöst, arbeiten. Man mag annehmen, daß die Arbeit bei ihm weniger Unlustgefühle erweckt als bei jenem Arbeiter, der auf eine bestimmte Tätigkeit beschränkt ist, da er am Anfang einer jeden neuen Arbeit, die er in Angriff nimmt, von neuem Lustgefühle in der Betätigung selbst findet. Wenn die Menschen trotzdem zur Arbeitsteilung übergegangen sind und sie immer mehr entwickelt haben, so lag der Grund hierfür in der Erkenntnis, daß die höhere Ergiebigkeit der geteilten Arbeit jenen Ausfall an Lustgefühl übersteigt. Man kann die Entwicklung der Arbeitsteilung nicht zurückschrauben, ohne die Produktivität der Arbeit herabzusetzen. Das gilt für alle Arten der Arbeit. Es ist eine Illusion zu glauben, man könnte ohne Verminderung der Ergiebigkeit der Arbeit zur Rückbildung der Arbeitsteilung schreiten.

---

abgesondert für sich übereinstimmen mit der großen Kugel des politischen Lebens und ihrem Gesetze?" (Vgl. Adam Müller, Ausgewählte Abhandlungen, herg. v. Baxa, Jena 1921, S. 46f.)

[1]) Vgl. Marx, Zur Kritik des sozialdemokratischen Programms, a. a. O., S. 17. — Was für unrichtige Vorstellungen Marx von dem Wesen der Arbeit in der modernen Industrie hatte, zeigen unzählige Stellen seiner Schriften. So glaubte er auch, daß „die Teilung der Arbeit in der mechanischen Fabrik" dadurch gekennzeichnet sei, „daß sie jeden Spezialcharakter verloren hat. ... Die automatische Fabrik beseitigt den Spezialisten und den Fachidiotismus." Und er tadelt Proudhon, „der nicht einmal diese eine revolutionäre Seite der automatischen Fabrik begriffen hat". (Vgl. Marx, Das Elend der Philosophie, a. a. O., S. 129.)

[2]) Vgl. Bebel, Die Frau und der Sozialismus, a. a. O., S. 283f.

[3]) Vgl. oben S. 141ff.

Die Abhilfe für die Schäden, die die einseitige Arbeit dem Individuum an Leib und Seele zufügt, kann man, wenn man nicht die gesellschaftliche Entwicklung zurückschrauben will, nicht dadurch anstreben, daß man die Arbeitsteilung aufhebt, sondern nur dadurch, daß der Einzelne sich selbst zu einem vollen Menschen zu entwickeln sucht. Nicht durch Reformen der Arbeit, durch Reformen des Konsums muß sie angestrebt werden. Spiel und Sport, Kunstgenuß und Lektüre weisen den Weg, auf dem man dieses Ziel zu erreichen vermag.

Den harmonisch ausgebildeten Menschen dürfen wir nicht am Ausgangspunkt der wirtschaftlichen Entwicklung suchen. Der annähernd autarke Wirt, den wir in der Gestalt des Bauern entlegener Seitentäler vor Augen haben, zeigt durchaus nicht jene edle harmonische Ausbildung des Körpers, des Geistes und des Gemütes, die die Romantiker ihm zuzuschreiben pflegen. Die geistige Kultur ist ein Erzeugnis der Mußestunden und des ruhigen Behagens, die nur die Arbeitsteilung vermitteln kann. Nichts ist irriger, als wenn man annimmt, der Einzelmensch sei in die Geschichte als selbständige Individualität getreten und habe erst im Laufe der geschichtlichen Entwicklung, die zur Bildung der großen Gemeinschaft führt, mit seiner äußeren auch seine innere Unabhängigkeit verloren. Alle geschichtliche Erfahrung und die Beobachtung des Lebens der Naturvölker widersprechen dem ganz und gar. Dem Urmenschen fehlt alle Individualität in unserem Sinne. Zwei Südseeinsulaner gleichen sich viel mehr als zwei Londoner des 20. Jahrhunderts. Persönlichkeit ist nicht von Uranfang her den Menschen zuteil geworden. Sie ist durch die Entwicklung der Gesellschaft erarbeitet worden[1]).

§ 7. Die gesellschaftliche Entwicklung ist als Entwicklung der Arbeitsteilung Willenserscheinung; sie ist durchaus vom Willen der Menschen abhängig. Ohne das Problem zu berühren, ob man berechtigt ist, jeden Fortschritt der Arbeitsteilung, somit der Vergesellschaftung, als Aufstieg zu höherer Stufe zu werten, müssen wir uns nun fragen, ob der Weg der Vergesellschaftung nicht in dem Sinn ein notwendiger ist, daß er von den Menschen auch begangen werden muß. Ist immer weiter fortschreitende Vergesellschaftung der Inhalt der Geschichte? Ist Stillstand oder Rückbildung der Gesellschaft möglich?

Wenn wir auch von vornherein die Annahme eines in der „Naturabsicht", in einem „verborgenen Plan" der Natur, gelegenen Zieles der geschichtlichen Entwicklung, wie es Kant vorschwebte und wie es auch Hegel und Marx vor Augen hatten, ablehnen müssen, so können wir doch nicht umhin zu prüfen, ob nicht ein Prinzip aufgezeigt werden

---
[1]) Vgl. Durkheim, a. a. O., S. 452 ff.

könnte, das uns die Notwendigkeit einer fortschreitenden Vergesellschaftung zu erweisen vermöchte. Da bietet sich zunächst das Prinzip der natürlichen Auslese dar. Höher entwickelte Gesellschaften erreichen einen höheren Grad von materiellem Reichtum als weniger entwickelte, sie haben daher mehr Aussicht, ihre Mitglieder vor dem Verkommen im Elend zu bewahren. Sie sind aber auch besser gerüstet, um feindliche Angriffe abzuweisen. Die Beobachtung, daß reichere und kultiviertere Völker häufig militärisch von weniger wohlhabenden und weniger kultivierten niedergeworfen wurden, darf nicht irre machen. Völker, die einen hohen Grad der gesellschaftlichen Entwicklung erreicht hatten, haben sich stets auch gegen eine Übermacht weniger entwickelter Völker zumindest zu wehren gewußt. Nur im Abstieg befindliche Völker, innerlich zersetzte Kulturen, wurden die Beute aufstrebender Völker. Wo eine höher organisierte Gesellschaft dem kriegerischen Ansturm einer weniger entwickelten erlegen ist, da sind die Sieger schließlich kulturell in den Besiegten aufgegangen, haben ihre Wirtschafts- und Sozialverfassung, ja auch ihre Sprache und ihren Glauben angenommen.

Die Überlegenheit der höher entwickelten Gesellschaften über die weniger entwickelten beruht nicht nur auf ihrer größeren materiellen Wohlfahrt, sondern auch darauf, daß sie diese schon quantitativ durch die Zahl ihrer Mitglieder und qualitativ durch die größere Festigkeit ihres inneren Aufbaues überragen. Denn die gesellschaftliche Höherentwicklung besteht ja gerade darin, daß der gesellschaftliche Kreis erweitert wird, daß die Arbeitsteilung mehr Menschen und jeden Einzelnen stärker erfaßt. Die höher entwickelte Gesellschaft unterscheidet sich von der weniger entwickelten durch den festeren Zusammenschluß ihrer Mitglieder, der die gewaltsame Austragung von Konflikten innerhalb der Gesellschaft ausschließt und nach außen hin gegen einen Feind, der die Existenz der Gesellschaft bedroht, eine geschlossene Abwehrfront herstellt. In den weniger entwickelten Gesellschaften, in denen der gesellschaftliche Zusammenschluß noch schwach ist und zwischen den einzelnen Teilen mehr Bundesgenossenschaft für den Krieg als wahre, d. h. auf Arbeitsgemeinschaft beruhende gesellschaftliche Solidarität besteht, bricht viel leichter und schneller Uneinigkeit aus als in höher entwickelten. Denn die militärische Bundesgenossenschaft knüpft um die Genossen kein festes, dauerhaftes Band. Sie ist ihrer Natur nach nur eine vorübergehende Bindung, sie wird nur durch die Aussicht auf augenblicklichen Vorteil zusammengehalten und fällt auseinander, wenn der Gegner besiegt ist und der Streit um die Verteilung der Beute beginnt. Im Kampfe mit niedriger entwickelten Gesellschaften ist den höher entwickelten immer die Uneinigkeit innerhalb jener die mächtigste Hilfe gewesen. Nur vorübergehend ist es niedriger organisierten Völkern gelungen, sich zu größeren militärischen Unternehmungen aufzuraffen. Innere Uneinigkeit hat ihre Heere immer wieder rasch auseinandergehen lassen. Man denke etwa an die Kriegszüge der Mongolen gegen die mitteleuropäische Kultur im 13. Jahrhundert oder an die Bemühungen der Türken, nach dem Westen vorzudringen. Die Überlegenheit des industriellen Gesellschaftstypus über den militärischen, um die Ausdrucksweise Herbert Spencers zu gebrauchen, beruht nicht in letzter Linie darauf, daß bloß militärische Verbände immer wieder durch die innere Uneinigkeit auseinanderfallen[1]).

Die gesellschaftliche Fortbildung wird aber noch durch einen anderen Umstand gefördert. Wie schon gezeigt wurde, ist die Ausdehnung des gesellschaftlichen Kreises ein Interesse aller Glieder der Gesellschaft. Es ist für einen hochentwickelten Gesellschaftsorganismus keine gleichgültige Sache, ob neben ihm außerhalb seines Kreises Völker in Selbstgenügsamkeit auf einer niedrigeren Stufe der gesellschaftlichen Entwicklung verharren. Er hat auch dann ein Interesse, sie in den Kreis seiner Wirtschafts- und Lebensgemeinschaft einzubeziehen, wenn er von ihrem Verharren auf niedrigerer Stufe weder politisch-militärisch bedroht ist noch auch von der Einbeziehung ihres Wohngebietes, das etwa nur ungünstigere natürliche Produktionsbedingungen bietet, irgendwelche unmittelbare Vorteile zu erwarten hat. Es wurde schon gezeigt, daß die Erweiterung des persönlichen Kreises der an der arbeitsteiligen Gesellschaft Teilnehmenden immer einen Vorteil bedeutet, so daß auch das

---

[1]) Die dem romantisch-militaristischen Ideenkreis angehörende Vorstellung von der militärischen Überlegenheit der im Kapitalismus weniger vorgeschrittenen Völker, die durch die Erfahrungen des Weltkrieges neuerlich gründlich widerlegt wurde, entspringt der Auffassung, daß im Kampf nur die physische Kraft des Mannes entscheidet. Dies trifft aber nicht einmal für die Kämpfe des homerischen Zeitalters ganz zu. Im Kampf entscheidet nicht die physische Kraft, sondern geistige Kräfte, von denen die Taktik und die Art der Bewaffnung abhängen. Das Um und Auf der Kriegskunst ist, an der entscheidenden Stelle eine Überzahl zur Hand zu haben, auch wenn man sonst an Zahl schwächer sein mag als der Gegner; das Um und Auf der Kriegsvorbereitung ist, möglichst starke Heere aufzustellen und sie mit allem Kriegsgerät auf das Beste zu versorgen. Das muß nur deshalb erst besonders hervorgehoben werden, weil man neuerdings bestrebt ist, diese Zusammenhänge zu verdunkeln, indem man militärische und wirtschaftspolitische Ursachen von Sieg und Niederlage im Kriege zu unterscheiden trachtet. Es war immer so und wird stets so bleiben, daß in der Mehrzahl der Fälle Sieg und Niederlage durch die gesellschaftliche Gesamtlage der Gegner schon entschieden sind, ehe die Truppen im Kampfe zusammenstoßen.

tüchtigere Volk ein Interesse an der Kooperation mit dem weniger tüchtigen hat. Das ist es, was die auf höherer gesellschaftlicher Stufe stehenden Völker beständig dazu treibt, den Wirtschaftskreis durch Einbeziehung bisher unzugänglicher Gebiete zu erweitern. Die Erschließung der rückständigen Gebiete des nahen und fernen Ostens, Afrikas und Amerikas hat eine Weltwirtschaftsgemeinschaft angebahnt, die uns kurz vor dem Ausbruch des Weltkrieges der Verwirklichung des Traumes einer ökumenischen Gesellschaft nahe gerückt hatte. Hat der Weltkrieg diese Entwicklung nur für kurze Zeit unterbrochen, oder hat er sie ganz vernichtet? Ist es denkbar, daß diese Entwicklung überhaupt zum Stillstand kommt, daß sich die Gesellschaft gar rückbildet?

Man kann dieses Problem nicht behandeln, wenn man nicht zugleich auf ein anderes eingeht, nämlich auf das des Völkertodes. Es ist alte Überlieferung, vom Altern und Sterben der Völker, von jungen Völkern und alten Völkern zu sprechen. Wie jedes Gleichnis, so hinkt auch dieses, und wir tun besser, bei der Untersuchung jener Erscheinungen, die es kennzeichnen soll, auf metaphorische Redensarten zu verzichten. Was ist der Kern des Problems, das sich hier bietet?

Es ist zunächst klar, daß wir es nicht mit einem anderen, nicht minder schwierigen Problem, dem der nationalen Wandlungen, verquicken dürfen. Die Deutschen haben vor tausend oder vor fünfzehnhundert Jahren eine andere Sprache gesprochen als heute; doch wir würden uns hüten, darum zu sagen, daß die hochdeutsche Kultur „gestorben" sei. Wir erblicken vielmehr in der deutschen Kultur eine ununterbrochene Kette der Entwicklung, die, von nicht mehr erhaltenen Denkmälern der Literatur abgesehen, vom ‚Heliand' und von Otfrieds Evangelien bis in unsere Tage fortschreitet. Von den Pommern und Preußen, die sich im Laufe der Jahrhunderte den deutschen Kolonisten assimiliert haben, sagen wir wohl, daß sie ausgestorben seien, doch wir werden nicht behaupten wollen, daß sie je als Völker „alt" geworden seien. Wollte man den Vergleich hier durchführen, so müßte man schon von jung verstorbenen Völkern sprechen. Die nationale Umgestaltung fällt aus der Betrachtung unserer Probleme heraus; das, um was es sich uns handelt, ist ein anderes. Ebensowenig kann damit der staatliche Verfall gemeint sein. Der Verfall des Staatswesens erscheint bald als eine Folgeerscheinung des Alterns der Völker, bald als eine hiervon unabhängige Tatsache. Der Untergang des alten polnischen Staatswesens hat mit einem Verfall der polnischen Kultur oder des polnischen Volkstums nichts zu tun. Die gesellschaftliche Entwicklung Polens ist durch ihn nicht aufgehalten worden.

Die Tatsachen, die wohl bei keinem der Fälle fehlen, die man für das Altern einer Kultur anführt, sind die des Rückganges der Bevölkerung, der Abnahme des Wohlstandes und des Verfalles der Städte. Wir verstehen alle diese Erscheinungen sofort in ihrer geschichtlichen Bedingtheit, wenn wir in dem Altern der Völker Rückbildung der gesellschaftlichen Arbeitsteilung, Rückentwicklung der Gesellschaft, erblicken wollen. Gesellschaftlicher Rückgang war z. B. der Untergang der antiken Welt. Die Auflösung des römischen Reiches ist nur die Folge der Rückbildung der antiken Gesellschaft, die von einem immerhin beträchtlichen Grade gesellschaftlicher Arbeitsteilung in annähernd naturalwirtschaftliche Verhältnisse zurücksinkt. Darum entvölkern sich die Städte, darum nimmt aber auch die Bevölkerung auf dem Lande selbst ab, darum wachsen Not und Elend, weil eben eine auf einem geringeren Grade der gesellschaftlichen Arbeitsteilung beruhende Wirtschaftsordnung weniger produktiv ist. Darum gehen die technischen Fertigkeiten allmählich verloren, bildet sich die künstlerische Begabung zurück, erlischt langsam die Beschäftigung mit den Wissenschaften. Das ist das, was man am treffendsten mit dem Worte Zersetzung gekennzeichnet hat. Die antike Kultur stirbt, weil die antike Gesellschaft sich rückbildet, sich auflöst[1]).

Völkersterben ist Rückentwicklung der Gesellschaft, ist Rückbildung der gesellschaftlichen Arbeitsteilung. Was auch immer ihre Ursache im einzelnen Falle gewesen sein mag, stets wird sie dadurch wirksam, daß der Wille zum gesellschaftlichen Zusammenleben schwindet. Das mag uns früher als ein unverständliches Rätsel erschienen sein, jetzt, da wir es schaudernd miterleben, wird es uns in seinem Wesen eher verständlich, wenn wir auch die tiefsten und letzten Gründe solcher Veränderungen nicht zu erkennen vermögen.

Der soziale Geist, der Geist der gesellschaftlichen Kooperation, ist es, der Gesellschaften bildet, weiter entwickelt und zusammenhält. Sobald er schwindet, fällt auch die Gesellschaft wieder auseinander. Völkertod ist gesellschaftliche Rückbildung, ist Entwicklung von der Arbeitsteilung zur Selbstgenügsamkeit. Der Gesellschaftsorganismus zerfällt wieder in die Zellen, aus denen er entstanden ist. Die Menschen bleiben, die Gesellschaft stirbt[2]).

Nichts spricht dafür, daß die gesellschaftliche Entwicklung sich immer geradlinig aufsteigend vollziehen muß. Gesellschaftlicher Stillstand und gesellschaftliche Rückbildung sind geschichtliche Tatsachen,

---

[1]) Über die Auflösung der altgriechischen Kultur vgl. Pareto, Les systèmes socialistes, Paris 1902, I. Bd., S. 155 ff.

[2]) Vgl. Izoulet, a. a. O., S. 488 ff.

an denen wir nicht vorübergehen dürfen. Die Weltgeschichte ist ein Friedhof toter Kulturen, und groß sehen wir vor uns die Beispiele stillstehender Kultur in Indien und Ostasien.

Die den Literaten und Artisten eigene Überschätzung ihres Getändels, die scharf von der Bescheidenheit absticht, mit der der echte Künstler sein Werk beurteilt, meint, es käme nicht so sehr darauf an, daß die wirtschaftliche Entwicklung fortgehe, wenn nur die innere Kultur vertieft werde. Doch alle innere Kultur bedarf äußerer Mittel zu ihrer Verwirklichung, und diese äußeren Mittel sind nur durch wirtschaftliche Arbeit zu erlangen. Rückgang der Produktivität der Arbeit durch Rückbildung der gesellschaftlichen Kooperation zieht auch den Verfall der inneren Kultur nach sich.

Alle älteren Kulturen sind entstanden und gewachsen, ohne daß sie zum vollen Bewußtsein der inneren Gesetze der Kulturentwicklung und zur Erkenntnis des Wesens und der Bedeutung gesellschaftlicher Arbeitsteilung und Kooperation erwacht wären. Sie haben auf ihren Wegen oftmals mit kulturfeindlichen Tendenzen und Ideenrichtungen zu kämpfen gehabt, sie haben über sie wiederholt gesiegt, doch schließlich hat sie früher oder später alle das Schicksal ereilt. Sie sind dem Geiste der Zersetzung erlegen. Zum erstenmal hat die Menschheit in der Sozialphilosophie des Liberalismus das Bewußtsein der Gesetze gesellschaftlicher Entwicklung erlangt, zum erstenmal waren die Menschen sich klar geworden, worauf der Kulturfortschritt beruht. Voll froher Hoffnungen mochte man damals in die Zukunft blicken. Ungeahnte Perspektiven schienen sich zu eröffnen. Doch es kam anders. Der liberalen Sozialtheorie traten in der militaristisch-nationalistischen und vor allem in der sozialistisch-kommunistischen Lehre Ideen gegenüber, die gesellschaftsauflösend wirken. Die nationale Theorie nennt sich organisch, die sozialistische nennt sich sozial; beide wirken in Wahrheit desorganisierend und antisozial.

Von allen Beschuldigungen, die man gegen das System des Freihandels und des Sondereigentums erhoben hat, ist keine törichter als die, daß es antisozial und individualistisch sei und daß es den sozialen Körper atomisiere. Der Verkehr wirkt nicht auflösend, wie die romantischen Schwärmer für Autarkie kleiner Teile der Erdoberfläche behaupten, sondern verbindend. Erst die Arbeitsteilung läßt gesellschaftliche Bindung entstehen, sie ist das Soziale schlechthin. Wer für nationale und staatliche Wirtschaftsgebiete eintritt, sucht die ökumenische Gesellschaft zu zersetzen. Wer durch den Klassenkampf die gesellschaftliche Arbeitsteilung im Innern eines Volkes zu zerstören sucht, ist antisozial.

Ein Untergang der ökumenischen Gesellschaft, die sich unter dem Einfluß des langsam aufkeimenden liberalen Gedankens seit zweihundert Jahren zu bilden begonnen hat, würde eine Weltkatastrophe darstellen, die sich mit nichts, was die uns bekannte Geschichte enthält, auch nur im entferntesten vergleichen läßt. Kein Volk bliebe von ihr verschont. Wer sollte die zerstörte Welt wieder aufbauen?

§ 8. Die Scheidung der Individuen in Eigentümer und Nichteigentümer ist ein Ergebnis der gesellschaftlichen Arbeitsteilung.

Die Erkenntnis der sozialen Funktion des Eigentums ist die zweite große soziologische Leistung der klassischen Nationalökonomie und der „individualistischen" Gesellschaftstheorie des 18. Jahrhunderts. Für die ältere Auffassung blieb das Eigentum immer mehr oder weniger ein Vorrecht Weniger, ein Raub am allgemeinen Gut, eine Einrichtung, die man ethisch als ein Übel, wenn auch mitunter als ein unvermeidliches Übel, anzusehen neigte. Erst der Liberalismus erkannte die gesellschaftliche Funktion des Sondereigentums an den Produktionsmitteln. Es bringt die Güter in die Verfügungsgewalt derjenigen, die sie am besten zu verwenden wissen, es leitet sie in die Hand des besten Wirts. Daher ist nichts dem Wesen des Eigentums abträglicher als Besitzprivilegien und Produzentenschutz. Gebundenheit des Eigentums in jeder Gestalt, Bannrechte und andere Vorrechte der Erzeuger sind Einrichtungen, die geeignet sind, die gesellschaftliche Funktion des Eigentums zu hemmen. Sie werden vom Liberalismus mit derselben Entschiedenheit bekämpft, mit der er gegen jede Art von Unfreiheit des Arbeiters auftritt.

Der Eigentümer entzieht niemand etwas. Niemand kann sagen, daß er entbehrt, weil ein anderer besitzt. Man schmeichelt den Neidinstinkten der Masse, wenn man ausrechnet, wieviel mehr der Arme zu verzehren hätte, wenn es keine Unterschiede des Besitzes gäbe. Nur pflegt man dabei zu übersehen, daß die Größe der gesellschaftlichen Produktion und die des gesellschaftlichen Einkommens nicht starr und unveränderlich sind, vielmehr wesentlich von der Besitzverteilung abhängen. Wenn das Eigentum anders verteilt wäre, dann würden minder tüchtige Wirte, deren Wirken weniger ergiebig ist, einen Teil der Produktion kommandieren; das müßte die Menge der Produkte vermindern[1]). Die Gedanken-

---

[1]) „The laws, in creating property, have created wealth; but with respect to poverty, it is not the work of the laws — it is the primitive condition of the human race. The man who lives only from day to day, is precisely the man in a state of nature. ... The laws, in creating property, have been benefactors to those who remain in their original poverty. They participate more or less in the pleasures, advantages and ressources of civilized society." Vgl. Bentham, Principles of the Civil Code (Works, herg. v. Bowring, Edinburgh 1843, I. Bd.) S. 309.

gänge des Teilungskommunismus sind Atavismus aus Zeiten, in denen die gesellschaftliche Verknüpfung noch nicht bestand oder nicht jenen Grad erreicht hatte, den sie heute hat, und in der dementsprechend die Ergiebigkeit der Produktion auch weit niedriger war. Der landlose Mann einer auf tauschloser Eigenwirtschaft beruhenden Wirtschaftsverfassung denkt folgerichtig, wenn er in der Aufteilung der Äcker das Ziel seiner Wünsche erblickt. Der moderne Proletarier verkennt das Wesen der gesellschaftlichen Produktion, wenn er ähnlichen Gedankengängen nachhängt.

Auch das sozialistische Ideal der Überführung der Produktionsmittel in die ausschließliche Verfügung der organisierten Gesellschaft, des Staates, wird vom Liberalismus mit dem Hinweis auf die Minderergiebigkeit der sozialistischen Produktionsweise bekämpft. Der Sozialismus der Schule Hegels versucht demgegenüber den Nachweis zu erbringen, daß die Entwicklung der Geschichte mit Notwendigkeit zur Aufhebung des Sondereigentums an den Produktionsmitteln führe.

Nach Lassalle besteht „im allgemeinen der kulturhistorische Gang aller Rechtsgeschichte eben darin, immer mehr die Eigentumssphäre des Privatindividuums zu beschränken, immer mehr Objekte außerhalb des Privateigentums zu setzen". Die Tendenz zur Vermehrung der Freiheit des Eigentums, die man aus dem Gange der geschichtlichen Entwicklung herauszulesen suche, sei nur eine scheinbare. Wie sehr auch der „Gedanke der zunehmenden Aufhebung des Privateigentumsumfanges als eines wirklichen Gesetzes der kulturhistorischen Bewegung des Rechts für paradox gehalten werden" könne, so bewähre er sich doch bei eingehender detaillierter Betrachtung. Diese hat nun Lassalle freilich nicht gegeben; er hat nach seinem eigenen Worte „statt solcher nur einige sehr oberflächliche Blicke hingeworfen"[1]). Und auch nach Lassalle hat es niemand unternommen, diesen Nachweis zu erbringen. Doch wenn sich jemand gefunden hätte, der den Versuch gewagt hätte, so wäre damit noch lange nicht die Notwendigkeit dieser Entwicklung dargetan gewesen. Mit den Begriffskonstruktionen der vom Hegelschen Geiste erfüllten spekulativen Jurisprudenz lassen sich bestenfalls geschichtliche Entwicklungstendenzen der Vergangenheit erweisen; daß die entdeckte Entwicklungsrichtung auch weiter verfolgt werden müsse, ist eine durchaus willkürliche Annahme. Erst wenn man in der Lage wäre, aufzuzeigen, daß die Kraft, die hinter der Entwicklungstendenz steht, noch

---

[1]) Vgl. Lassalle, Das System der erworbenen Rechte, 2. Aufl., Leipzig 1880, I. Bd., S. 217ff.

fortwirke, wäre der hypothetische Beweis, den wir benötigen, erbracht. Das aber liegt dem Hegelianer Lassalle ferne. Für ihn ist die Sache damit erledigt, daß ihm deutlich wird, „daß diese fortschreitende Verminderung des Privateigentumsumfanges auf nichts anderem als der positiven Entwicklung der menschlichen Freiheit beruht"[1]. Denn nun hat er sein Entwicklungsgesetz in das große Hegelsche Schema der geschichtlichen Entwicklung eingefügt und so alles geleistet, was die Schule verlangen kann.

Marx hat die Mängel des Hegelschen Entwicklungsschemas erkannt. Auch er hält es für eine nicht zu bezweifelnde Wahrheit, daß der Weg der Geschichte vom Sondereigentum zum Gemeineigentum führe. Doch bei ihm ist nicht wie bei Hegel und Lassalle von der Idee und von dem juristischen Begriffe des Eigentums die Rede. Das Privateigentum „in seiner nationalökonomischen Bewegung" treibe seiner Auflösung zu, „aber nur durch eine von ihm unabhängige, bewußtlose, wider seinen Willen stattfindende, durch die Natur der Sache bedingte Entwicklung, nur indem es das Proletariat als Proletariat erzeugt, das seines geistigen und physischen Elends bewußte Elend, die ihrer Entmenschung bewußte und sich selbst aufhebende Entmenschung"[2]. Damit wird die Lehre vom Klassenkampf als dem treibenden Element der geschichtlichen Entwicklung eingeführt.

III.

Der Kampf als Faktor der gesellschaftlichen Entwicklung.

§ 1. Die einfachste Art, in der wir uns die Entwicklung der Gesellschaft vorzustellen vermögen, ist die Unterscheidung zweier Entwicklungsrichtungen, die sich zueinander verhalten wie Ausdehnung in die Tiefe und Ausdehnung in die Breite. Die Vergesellschaftung schreitet in subjektiver und in objektiver Hinsicht fort: in subjektiver Hinsicht durch die Erweiterung des Menschenkreises, den sie umfaßt, in objektiver Hinsicht durch Erweiterung der Ziele des Handelns, die sie einbegreift. Ursprünglich auf den engsten Personenkreis, auf die unmittelbaren Nachbarn begrenzt, wird die Arbeitsteilung allmählich allgemeiner, um schließlich alle Menschen, die die Erde bewohnen, zu umfassen. Dieser Prozeß,

---

[1] Vgl. Lassalle, a. a. O., I. Bd., S. 222f.
[2] Vgl. Marx, Die Heilige Familie (Aus dem literarischen Nachlaß von Karl Marx, Friedrich Engels und Ferdinand Lassalle, herg. v. Mehring, II. Bd., Stuttgart 1902, S. 132).

der noch lange nicht abgeschlossen ist und auch früher in der Geschichte nie abgeschlossen war, ist ein endlicher. Er wird am Ziele angelangt sein, wenn alle Menschen der Erde ein einheitliches System gesellschaftlicher Arbeitsteilung bilden werden. Hand in Hand mit diesem Prozeß der Ausbreitung der gesellschaftlichen Bindung geht der ihrer Vertiefung. Das gesellschaftliche Handeln umfaßt immer mehr Ziele; das Gebiet, auf dem das Individuum selbstgenügsam für sich sorgt, wird immer enger. Es hat wenig Sinn, sich die Frage vorzulegen, ob auch dieser Prozeß schließlich zu einer vollständigen Aufsaugung des autarken Handelns einzelner und engerer Kreise durch das gesellschaftlich orientierte Handeln führen kann oder nicht.

Vergesellschaftung ist immer Zusammenschluß zu gemeinsamem Wirken; Gesellschaft ist immer Frieden, niemals Krieg. Vernichtungskampf und Krieg sind Entgesellschaftung[1]). Das verkennen alle jene Theorien, die den gesellschaftlichen Fortschritt als ein Ergebnis von Kämpfen menschlicher Gruppen auffassen.

§ 2. Das Schicksal des Einzelnen ist durch sein Sein eindeutig bestimmt. Alles, was ist, ist aus seinem Werden mit Notwendigkeit hervorgegangen, und alles, was sein wird, fließt mit Notwendigkeit aus dem, was ist. Der augenblickliche Zustand ist das Ergebnis der Geschichte[2]). Wer sie ganz verstehen könnte, würde auch alle Zukunft vorhersagen können. Man hat lange geglaubt, von der Determiniertheit alles Geschehens das menschliche Wollen und Handeln ausnehmen zu müssen, weil man den besonderen Sinn der „Zurechnung", dieser allem rationalen Handeln und nur ihm eigentümlichen Denkoperation, nicht erfaßt hatte und gemeint hat, daß kausale Erklärung und Zurechnung unverträglich wären. Das ist heute überwunden. Nationalökonomie, Rechtsphilosophie und Ethik haben das Zurechnungsproblem soweit geklärt, daß die alten Mißverständnisse ausgemerzt werden konnten.

Wenn wir die Einheit, die wir das Individuum nennen, in bestimmte Komplexe zerlegen wollen, um unserer Erkenntnis den Weg zu erleichtern, dann müssen wir uns darüber klar sein, daß eine Rechtfertigung unseres Vorgehens nur in dem heuristischen Wert der Einteilung gesucht werden kann. Vor der Strenge erkenntniskritischer Prüfung kann die Sonderung des im Wesen Gleichartigen nach äußerlichen Merkmalen nie

---

[1]) „La guerre est une dissociation." Vgl. Novicow, La critique du Darwinisme social, Paris 1910, S. 124. Vgl. ferner die Zurückweisung der Kampftheorien von Gumplowicz, Ratzenhofer und Oppenheimer durch Holsti, The Relation of War to the Origin of the State, Helsingfors 1913, S. 276ff.

[2]) Vgl. Taine, Histoire de la littérature anglaise, Paris 1863, I. Bd., S. XXV.

bestehen. Nur unter diesen Einschränkungen kann man daran gehen, die Determinanten des individuellen Lebens gruppenweise zusammenzufassen.

Das, was der Mensch mit der Geburt mit auf die Welt bringt, das Angeborene, nennen wir das Rassengut oder kurz die Rasse[1]). Das Angeborene im Menschen ist der Niederschlag der Geschichte aller seiner Ahnen und ihres Schicksals, alles dessen, was sie erlebt haben. Das Leben und das Schicksal des Einzelnen beginnen nicht mit der Geburt, sie verlieren sich nach rückwärts in unendliche und unausdenkbare Fernen. Der Nachkomme erbt von den Ahnen; das ist eine Tatsache, die außerhalb des Streites steht, der sich um die Vererbung erworbener Eigenschaften dreht.

Nach der Geburt beginnt das unmittelbare Erleben. Die Einwirkung der Umwelt, des Milieus, setzt ein; aus ihrer Verbindung mit dem Ererbten resultiert das Sein des Individuums in jedem Augenblicke des Lebens. Das Milieu ist natürliches Milieu als Boden, Klima, Nahrung, Fauna, Flora, kurz als Naturumgebung. Es ist soziales Milieu als Gesellschaft. Die gesellschaftlichen Kräfte, die auf den Einzelnen einwirken, sind Sprache, Stellung im Arbeits- und Austauschprozeß, Ideologie und die Zwangsmächte: freie Gewalt und geregelte Gewalt; die geregelte Gewaltorganisation nennen wir Staat.

Die Abhängigkeit des Menschenlebens vom natürlichen Milieu pflegen wir uns seit Darwin metaphorisch durch die Vorstellung eines Kampfes gegen feindliche Gewalten verständlich zu machen. Das war unbedenklich, solange man nicht daran dachte, die bildliche Ausdrucksweise auf ein Gebiet zu übertragen, auf dem sie ganz und gar unangebracht war und zu schweren Irrtümern Anlaß geben mußte. Als man die Formeln des Darwinismus, die aus der Herübernahme von Gedanken, die die Sozialwissenschaft entwickelt hatte, in die Biologie entstanden waren, wieder in die Sozialwissenschaft zurückzuführen begann, vergaß man, was sie ursprünglich zu bedeuten hatten. So entstand jenes Ungeheuer des soziologischen Darwinismus, der, in romantische Verherrlichung des Krieges und des Menschenmordes einmündend, ganz besonders dazu beigetragen hat, die liberalen Ideen in den Köpfen der Zeitgenossen zu verdrängen und damit die geistige Atmosphäre zu schaffen, aus der der Weltkrieg und die sozialen Kämpfe der Gegenwart entstehen konnten.

Darwin stand unter dem Einfluß des Malthusschen „Essay on the Principle of Population". Malthus ist jedoch weit entfernt davon, im

---

[1]) Vgl. Taine, a. a. O., S. XXIII: „Ce qu'on appelle la race, ce sont ces dispositions innées et héréditaires que l'homme apporte avec lui à la lumière."

Kampfe eine notwendige gesellschaftliche Einrichtung zu erblicken. Doch auch Darwin meint, wenn er vom Kampfe ums Dasein spricht, nicht immer den Vernichtungskampf um Futterplatz und Weibchen auf Leben und Tod ringender Lebewesen; er gebraucht den Ausdruck auch bildlich zur Bezeichnung der Abhängigkeit der Lebewesen voneinander und von ihrer Umwelt[1]). Es ist ein Mißverständnis, wenn man die Redewendung vom Kampf ums Dasein durchaus wörtlich und nicht metaphorisch nimmt. Das Mißverständnis wird noch größer, wenn man dann den Kampf ums Dasein dem Vernichtungskampf zwischen Menschen gleichsetzt und daran geht, eine auf der Notwendigkeit des Kampfes beruhende Gesellschaftstheorie zu konstruieren.

Die Malthussche Bevölkerungstheorie ist, was ihre der Soziologie fremden Beurteiler stets zu übersehen pflegen, nur ein Stück der Gesellschaftstheorie des Liberalismus; sie will sich in ihren Rahmen einfügen und kann nur in ihm verstanden werden. Den Kern der liberalen Gesellschaftslehre bildet die Lehre von der Arbeitsteilung; nur in Verbindung mit ihr kann das Bevölkerungsgesetz zur Deutung gesellschaftlicher Verhältnisse verwendet werden. Die Gesellschaft ist die Vereinigung der Menschen zur besseren Ausnützung der natürlichen Daseinsbedingungen; sie beseitigt schon durch ihre Entstehung den Kampf zwischen den Menschen und setzt an seine Stelle die wechselseitige Hilfe, die das Wesen aller zu einem Organismus vereinten Glieder ausmacht. Innerhalb der Gesellschaft gibt es keinen Kampf, nur Frieden. Jeder Kampf hebt für den Bereich, in dem er wirksam wird, die gesellschaftliche Gemeinschaft auf. Die Gesellschaft als Ganzes, als Organismus, steht im Kampfe ums Dasein gegen die ihr feindlichen Kräfte. Doch soweit die Vergesellschaftung — räumlich und sachlich — reicht, gibt es nur Zusammenwirken. Denn Gesellschaft ist eben nichts anderes als Zusammenwirken. Selbst der Krieg kann innerhalb der modernen Gesellschaft nicht alle gesellschaftlichen Bande lösen; manche bleiben, wenn auch gelockert, in dem Kriege zwischen den die Völkerrechtsgemeinschaft bildenden Staaten noch bestehen; und soweit herrscht auch im Kriege ein Stück Frieden.

Das regulierende Prinzip, das innerhalb der Gesellschaft den Ausgleich trifft zwischen der Beschränktheit der der Gesellschaft zur Verfügung stehenden Unterhaltsmittel auf der einen Seite und der weniger beschränkten Vermehrungsfähigkeit der Esser auf der anderen Seite, ist das Sondereigentum an den Produktionsmitteln. Indem es das Maß des

---

[1]) Vgl. Hertwig, Zur Abwehr des ethischen, des sozialen und des politischen Darwinismus, a. a. O., S. 10f.

Anteils am Sozialprodukte, das jedem Genossen zufällt, von dem ihm, d. h. seiner Arbeit und seinem Besitze ökonomisch zugerechneten Ertrage abhängig macht, wird die Ausmerzung der Überzähligen durch den Kampf ums Dasein, wie er im Pflanzen- und im Tierreiche wütet, durch die Beschränkung der Nachkommenschaft aus gesellschaftlichen Rücksichten ersetzt. An Stelle des Kampfes ums Dasein tritt moral restraint, die durch die gesellschaftliche Stellung auferlegte Beschränkung der Zahl der Nachkommen.

In der Gesellschaft gibt es keinen Kampf ums Dasein. Es ist ein arges Mißverständnis, wenn man meint, daß die folgerichtig entwickelte liberale Gesellschaftstheorie etwas anderes überhaupt lehren könne. Einzelne Redewendungen im Malthusschen Essay, die anders gedeutet werden könnten, sind einfach dadurch zu erklären, daß Malthus die erste unvollkommene Niederschrift seines berühmten Erstlingswerkes verfaßte, ehe er ganz in den Geist der klassischen Nationalökonomie eingedrungen war. Der beste Beweis dafür, daß seine Lehre gar nicht anders aufgefaßt werden kann, liegt darin, daß es vor Spencers und Darwins Auftreten niemand einfiel, den Kampf ums Dasein (im modernen Sinne des Ausdrucks) als ein innerhalb der menschlichen Gesellschaft wirksames Prinzip anzusehen. Erst der Darwinismus hat die Theorien entstehen lassen, die den Kampf der Individuen, der Rassen, der Völker und der Klassen als das gesellschaftliche Grundelement erkennen. Aus dem Darwinismus, der aus dem Gedankenkreis der liberalen Gesellschaftstheorie hervorgegangen war, holte man nun Waffen, um den verhaßten Liberalismus zu bekämpfen. In der Berufung auf Darwins Hypothese, die man lange als eine unumstößliche Tatsache der Wissenschaft angesehen hat, glaubten Marxismus[1]), Rassenkampftheorie[2]) und Nationalismus ihren Lehren eine nicht zu erschütternde Grundlage zu geben. Der moderne Imperialismus stützt sich ganz besonders auf die Schlagwörter, in die die Vulgärwissenschaft den Darwinismus umgeprägt hat.

Die darwinistischen — oder richtiger pseudo-darwinistischen — Sozialtheorien verkennen die Hauptschwierigkeit, die der Übertragung der Darwinschen Redewendung vom Kampfe ums Dasein auf die gesellschaftlichen Verhältnisse entgegensteht. Der Kampf ums Dasein tobt in der

---

[1]) Vgl. Ferri, Sozialismus und moderne Wissenschaft, übers. v. Kurella, Leipzig 1895, S. 65ff.

[2]) Vgl. Gumplowicz, Der Rassenkampf, Innsbruck 1883, S. 176. Über Gumplowiczs Abhängigkeit vom Darwinismus vgl. Barth, a. a. O., S. 253. — Der „liberale" Darwinismus ist ein schlecht durchdachtes Erzeugnis einer Zeit, die den Sinn der liberalen Sozialphilosophie nicht mehr zu fassen vermochte.

Natur zwischen Individuen. Nur ausnahmsweise finden wir in der Natur Erscheinungen, die man als Kämpfe zwischen Tiergruppen zu deuten in der Lage wäre; hierher gehören die Kämpfe zwischen „Ameisenstaaten", die man möglicherweise noch ganz anders auffassen müssen wird als heute[1]). Eine vom Darwinismus ausgehende Sozialtheorie müßte entweder dazu gelangen, den Kampf aller Individuen gegen alle als die natürliche und notwendige Form des Verkehrs zwischen den Menschen zu erklären, und damit die Möglichkeit jeder gesellschaftlichen Verknüpfung leugnen, oder sie müßte imstande sein, einerseits aufzuzeigen, warum innerhalb bestimmter Gruppen Friede herrschen kann und muß, andererseits aber zu beweisen, daß das Prinzip der friedlichen Vereinigung, das zur Bildung dieser Verbände führt, in seiner Wirksamkeit nicht über den Umkreis der Gruppengenossen hinausreicht, so daß zwischen den Gruppen selbst Kampf herrschen müsse. Es ist das dieselbe Klippe, an der alle nichtliberalen Gesellschaftstheorien Schiffbruch erleiden. Wenn man ein Prinzip erkennt, das alle Deutschen, alle Dolichokephalen oder alle Proletarier zum Zusammenschluß treibt und aus den Individuen die besondere Nation, Rasse oder Klasse bildet, ist es nicht möglich, zu zeigen, daß dieses Prinzip nur innerhalb der Kollektivgruppen wirksam ist. Die antiliberalen Gesellschaftstheorien gleiten über dieses Problem in der Weise hinweg, daß sie sich darauf beschränken, die Solidarität der Interessen innerhalb der Gruppen wie selbstverständlich ohne jede weitere Erörterung als bewiesen anzunehmen und sich allein damit befassen, die Gegensätzlichkeit der Interessen zwischen den Gruppen und die Notwendigkeit des Kampfes als des alleinigen Triebmittels der geschichtlichen Entwicklung zu beweisen. Doch wenn der Krieg der Vater aller Dinge sein soll, wenn er den geschichtlichen Fortschritt herbeiführt, dann ist nicht zu verstehen, warum die Wirksamkeit dieses wohltätigen Prinzips durch Frieden innerhalb der Staaten, Völker, Rassen und Klassen beschränkt sein muß. Wenn die Natur den Krieg fordert, warum fordert sie nicht den Krieg aller gegen alle, sondern bloß den aller Gruppen gegen alle Gruppen? Die einzige Theorie, die erklärt, wie zwischen den Individuen Frieden möglich ist und aus den Individuen Gesellschaft wird, ist die liberale Sozialtheorie der Arbeitsteilung. Hat man diese Theorie aber einmal angenommen, dann ist es nicht mehr möglich, die Feindschaft der Kollektivgebilde als notwendig anzusehen. Wenn Brandenburger und Hannoveraner friedlich in der Gesellschaft nebeneinander leben, warum können es nicht auch Deutsche und Franzosen?

---

[1]) Vgl. Novicow, a. a. O., S. 45.

Der soziologische Darwinismus ist überhaupt nicht imstande, das Phänomen der Vergesellschaftung zu erklären; er ist keine Gesellschaftstheorie sondern „eine Theorie der Ungeselligkeit"[1]).

Es ist eine beschämende Tatsache, die uns den Verfall der Soziologie in den letzten Jahrzehnten erst recht deutlich ins Bewußtsein rückt, daß man den soziologischen Darwinismus nun damit zu bekämpfen beginnt, daß man auf die von der Biologie im Pflanzen- und Tierreiche erst spät entdeckten Beispiele von gegenseitiger Hilfe, von Symbiose, hinweist. Ein trutziger Verneiner der liberalen Gesellschaftslehre, der das, was er ablehnte und bekämpfte, nie kennengelernt hatte, Kropotkin, fand unter Tieren Ansätze von gesellschaftlichen Verknüpfungen und stellte sie dem Kampfe gegenüber, das wohltätige Prinzip der wechselseitigen Unterstützung dem schädlichen des Kampfes bis aufs Messer entgegensetzend[2]). Ein ganz in den Ideen des marxistischen Sozialismus befangener Biologe, Kammerer, zeigte, daß in der Natur außer dem Kampfprinzip das der Hilfe im Leben obwalte[3]). Die Biologie kehrt mit dieser Erkenntnis dorthin zurück, wo sie, von der Soziologie ausgehend, begonnen hatte; sie bringt der Gesellschaftslehre das Prinzip der Arbeitsteilung wieder zurück, das sie von ihr empfangen hatte. Sie lehrt die Soziologie nichts Neues, nichts, was nicht schon dem Wesen nach in der Arbeitsteilungstheorie der vielgeschmähten klassischen Nationalökonomie enthalten gewesen wäre.

§ 3. Die naturrechtlichen Gesellschaftstheorien gehen von dem Dogma der Gleichheit alles dessen, was Menschengesicht trägt, aus. Weil alle Menschen gleich seien, hätten sie einen natürlichen Anspruch darauf, von der Gesellschaft als vollberechtigte Genossen behandelt zu werden; und weil jedermann ein natürliches Recht auf Existenz habe, wäre es ein Unrecht, seinem Leben nachzustellen. So erscheinen die Postulate der Allgemeinheit der Gesellschaft, der Gleichheit in ihr und des Friedens begründet. Die liberale Theorie leitet dagegen diese Grundsätze aus der Utilität ab. Für den Liberalismus decken sich die Begriffe Gesellschaftsmensch und Mensch. Wer fähig ist, den Vorteil des Friedens und der gesellschaftlichen Arbeitsvereinigung einzusehen, ist als Glied der Gesellschaft willkommen. Der eigene Vorteil eines jeden Genossen emp-

---

[1]) Vgl. Barth, a. a. O., S. 243.

[2]) Vgl. Kropotkin, Gegenseitige Hilfe in der Tier- und Menschenwelt, Deutsche Ausgabe von Landauer, Leipzig 1908, S. 69 ff.

[3]) Vgl. Kammerer, Genossenschaften von Lebewesen auf Grund gegenseitiger Vorteile, Stuttgart 1913; derselbe, Allgemeine Biologie, Stuttgart 1915, S. 306 ff.; derselbe, Einzeltod, Völkertod, biologische Unsterblichkeit, Wien 1918, S. 29 ff.

fiehlt es, ihn als gleichberechtigten Bürger zu behandeln. Nur der, der ohne jegliche Rücksicht auf die Vorteile, die das friedliche Zusammenwirken bietet, den Vernichtungskampf der Arbeitsvereinigung vorzieht und sich nicht in die gesellschaftliche Ordnung einfügen will, muß wie ein schädliches Tier bekämpft werden. Das ist die Stellung, die man dem antisozialen Verbrecher und den wilden Völkerschaften gegenüber notgedrungen einnehmen muß. Krieg kann vom Liberalismus nur als Abwehr und Verteidigung gebilligt werden. Im übrigen sieht er im Kampf nur das antisoziale Prinzip der Vernichtung und Zerstörung gesellschaftlicher Kooperation.

Der Weg, auf dem die antiliberalen Gesellschaftstheorien den Versuch machten, das Friedensprinzip des Liberalismus in Verruf zu bringen, war die Verwischung des grundsätzlichen Unterschiedes, der zwischen Kampf und Wettbewerb besteht. Kampf im ursprünglichen Sinne des Wortes ist das auf Vernichtung des Lebens des Gegners abzielende Ringen von Menschen und Tieren. Das gesellschaftliche Leben des Menschen beginnt mit der Überwindung der Instinkte und Erwägungen, die zum Vernichtungskampf treiben. Die Geschichte zeigt uns ein stetiges Zurückweichen des Kampfes als einer Form menschlicher Beziehungen; die Kämpfe werden seltener und verlieren gleichzeitig auch an Schärfe. Der überwundene Gegner wird nicht mehr vernichtet; ist es irgendwie angängig, ihn in die Gesellschaft aufzunehmen, so schont man sein Leben. Der Kampf selbst wird an Regeln gebunden und damit einigermaßen gemildert. Doch Krieg und Revolution bleiben trotz alledem Vernichtung und Zerstörung; der Liberalismus hört darum nicht auf, ihren antisozialen Charakter zu betonen.

Es ist nichts als eine Metapher, wenn man den Wettbewerb Wettkampf oder Kampf schlechthin nennt. Die Funktion des Kampfes ist Vernichtung, die des Wettbewerbes Aufbau. Der Wettbewerb im Wirtschaftsverkehr sorgt dafür, daß die Produktion in rationellster Weise betrieben werde. Hier wie überall sonst wirkt er als Auslese des Besten. Er ist ein Grundprinzip des gesellschaftlichen Zusammenwirkens, das unter keinen Umständen ausgeschaltet werden kann. Auch ein sozialistisches Gemeinwesen könnte ohne Wettbewerb nicht bestehen. Es müßte versuchen, ihn in irgendeiner Weise, etwa durch Prüfungen, einzuführen; die Wirksamkeit einer sozialistischen Lebensordnung wird davon abhängen, ob es ihr möglich sein wird, den Wettbewerb genügend rücksichtslos und scharf zu machen, damit er seine Auslesefunktion erfülle.

Drei Vergleichspunkte sind es, an die der bildhafte Gebrauch des Wortes Kampf für Wettbewerb anknüpft. Sowohl zwischen den Gegnern im Kampfe als auch zwischen den Konkurrenten im Wettkampfe besteht Feindseligkeit und Gegensätzlichkeit der Interessen. Der Haß, den ein Krämer seinem unmittelbaren Konkurrenten nachträgt, mag oft nicht geringer sein als der, den ein Montenegriner gegen die Moslims empfunden hat. Doch die Affekte, mit denen die Menschen ihr Handeln begleiten, sind für die gesellschaftliche Funktion des Handelns ohne Bedeutung. Was der Einzelne empfindet, ist gleichgültig, solange sein Handeln sich innerhalb der von der Gesellschaftsordnung gesteckten Grenzen bewegen muß.

Den zweiten Vergleichspunkt erblickt man in der Auslesewirkung von Kampf und Wettkampf. Wieweit der Kampf als Auslese der Besten wirkt, soll dahingestellt bleiben; es wird noch zu zeigen sein, daß viele den Kriegen und Revolutionen antiselektorische Wirkung zuschreiben[1]). Keinesfalls aber geht es an, darüber, daß Kampf und Wettkampf Auslesefunktion erfüllen, die Wesensverschiedenheit, die zwischen ihnen besteht, zu übersehen.

Den dritten Vergleichspunkt sucht man in den Folgen, die die Niederlage für den Überwundenen nach sich zieht. Der Überwundene werde vernichtet, sagt man, und bedenkt nicht, daß in dem einen Fall nur bildlich von Vernichtung gesprochen werden kann. Wer im Kampf unterliegt, wird getötet; auch im modernen Kriege, in dem man die überlebenden Besiegten schont, fließt Blut. Im Konkurrenzkampf werden, heißt es, wirtschaftliche Existenzen vernichtet. Doch das bedeutet nichts anderes, als daß die Unterliegenden genötigt werden, sich eine andere Stellung in dem Gefüge der gesellschaftlichen Arbeitsteilung auszusuchen als die, die sie gern einnehmen wollten. Es bedeutet aber durchaus nicht, daß sie etwa dem Hungertod preisgegeben werden. In der kapitalistischen Gesellschaft ist für alle Raum und Brot. Ihre Ausdehnungsfähigkeit ermöglicht jedem Arbeiter ein Unterkommen; im unbehinderten Zustand kennt sie keine dauernde Arbeitslosigkeit.

Der Kampf im eigentlichen und ursprünglichen Sinne des Wortes ist antisozial; er macht zwischen den Kämpfenden Arbeitsgemeinschaft, das Grundelement der gesellschaftlichen Vereinigung, unmöglich; er zerstört die Arbeitsgemeinschaft, wo sie schon besteht. Der Wettbewerb ist ein Element des gesellschaftlichen Zusammenwirkens. Er ist das ordnende Prinzip im gesellschaftlichen Verbande. Kampf und Wettkampf sind, soziologisch betrachtet, die schärfsten Gegensätze.

Mit dieser Erkenntnis erlangt man die Grundlage zur Beurteilung aller jener Theorien, die das Wesen der gesellschaftlichen Entwicklung

---
[1]) Vgl. weiter unten S. 298.

im Kampfe widerstreitender Gruppen erblicken. Klassenkampf, Rassenkampf, Nationalitätenkampf können nicht das aufbauende Prinzip sein; aus Zerstörung und Vernichtung wird niemals ein Bau entstehen.

§ 4. Das wichtigste Mittel der gesellschaftlichen Kooperation ist die Sprache. Die Sprache schlägt die Brücke über die Kluft, die die Individuen trennt; nur vermittels der Sprache kann der Mensch das, was ihn bewegt, dem anderen wenigstens einigermaßen mitteilen. Was die Sprache für das Denken und Wollen noch sonst zu bedeuten hat, wie sie das Denken und Wollen bedingt und ohne sie kein Denken, nur Instinkt, und kein Wollen, nur Trieb, bestehen kann, ist hier nicht zu erörtern[1]). Auch das Denken ist eine gesellschaftliche Erscheinung, nicht das Erzeugnis des isolierten Geistes, sondern ein Kind wechselseitiger Anregung und Befruchtung der gleichen Zielen mit vereinten Kräften zustrebenden Menschen. Auch die Arbeit des einsamen Denkers, der in Zurückgezogenheit über Probleme brütet, um die sich nur wenige Menschen Sorge machen, ist Gespräch, ist Wechselrede mit dem Gedankengut, das als das Erzeugnis der Geistesarbeit zahlloser Geschlechter in der Sprache, in den Begriffen des Alltags und in der schriftlichen Überlieferung niedergelegt ist. Das Denken ist an die Sprache gebunden. Auf den Sprachelementen baut sich das Begriffsgebäude des Denkers auf.

Der menschliche Geist lebt nur in der Sprache; im Wort erst ringt er sich von dem Dunkel der Unklarheit und der Verschwommenheit des Instinkts zu der Klarheit durch, die ihm überhaupt erreichbar ist. Das Denken und das Gedachte sind von der Sprache, der sie ihre Entstehung verdanken, nicht mehr loszulösen. Es mag sein, daß wir einmal eine Weltsprache erhalten werden. Das wird gewiß nicht auf dem Wege geschehen, den die Erfinder des Volapük, des Esperanto und anderer ähnlicher Erzeugnisse einzuschlagen versucht haben. Die Schwierigkeiten, die der Weltsprache und der Völkerverständigung entgegenstehen, können nicht dadurch überwunden werden, daß man für die Bezeichnungen des täglichen Lebens und für das, was jene auszudrücken wünschen, die sprechen, ohne viel zu denken, identische Silbenverbindungen ausheckt. Das Unübersetzbare, das den Begriffen anhaftet und in den Worten mitschwingt, trennt die Sprachen, nicht nur die Verschiedenheiten des Klanges der Wörter, die sich restlos übertragen lassen. Wenn man überall auf Erden für „Kellner" und für „Haustor" dieselbe Bezeichnung verwenden würde, so würde dies noch lange nicht die Aufhebung der Trennung der Sprachen und Nationen bedeuten. Doch wenn es einst dazu kommen

---

[1]) Vgl. Cohen, Ethik des reinen Willens, Berlin 1904, S. 183f.

sollte, daß alles in einer Sprache Ausgedrückte restlos in andere Zungen übertragen werden könnte, dann wäre die Spracheinheit auch ohne den Gleichklang der Silben erreicht. Dann würden die verschiedenen Sprachen nur noch verschiedene Zungen sein; dann würde der Flug des Gedankens von Volk zu Volk nicht länger gehemmt werden durch die Unübersetzbarkeit des Wortes.

Solange dieser Zustand nicht erreicht ist, — und es ist nicht unmöglich, daß er nie erreicht werden wird — ergeben sich aus dem Nebeneinanderleben von Angehörigen verschiedener Völker in den gemischtsprachigen Gebieten politische Reibungen, die zur Entstehung von scharfen politischen Gegensätzen führen[1]). Aus diesen Streitigkeiten ist — mittelbar und unmittelbar — der moderne Völkerhaß entsprungen, auf dem der moderne Imperialismus fußt.

Die imperialistische Theorie macht sich ihre Aufgabe sehr leicht, wenn sie sich darauf beschränkt, den Nachweis zu erbringen, daß zwischen den Nationen Gegensätze bestehen. Um die Richtigkeit ihrer Ausführungen zu beweisen, hätte sie auch dartun müssen, daß innerhalb der Nationen Interessensolidarität besteht. Die nationalistisch-imperialistische Lehre ist als Reaktion gegen den ökumenischen Solidarismus der Freihandelsdoktrin aufgetreten. Die Geistesverfassung, in der sie die Menschen vorfand, war die kosmopolitische Idee des Weltbürgertums und der Völkerverbrüderung. So dachte sie, daß es genügen könnte, den Nachweis zu führen, daß zwischen den einzelnen Nationen Gegensätze der Interessen bestehen, und übersah ganz, daß alle jene Argumente, mit denen sie die Unverträglichkeit der nationalen Interessen dartun will, mit derselben Berechtigung auch die Unverträglichkeit der regionalen und schließlich auch der persönlichen Interessen der Einzelnen beweisen könnten. Wenn es dem Deutschen schädlich sein soll, englisches Tuch und russisches Getreide zu konsumieren, so muß wohl auch dem Berliner der Genuß von bayrischem Bier und Pfälzer Wein Schaden bringen. Wenn es nicht gut tut, die Arbeitsteilung über die Grenzen des Staates oder des Volksgebietes hinausgreifen zu lassen, dann wird es wohl überhaupt am Ende das Richtigste sein, zur Selbstgenügsamkeit der geschlossenen Hauswirtschaft zurückzukehren. Das Schlagwort: fort mit den fremden Waren! führt, genau genommen, schließlich zur Aufhebung aller Arbeitsteilung. Denn das Prinzip, das die internationale Arbeitsteilung als vorteilhaft erscheinen läßt, ist kein anderes als das, das die Arbeitsteilung überhaupt empfiehlt.

---

[1]) Vgl. meine Ausführungen in „Nation, Staat und Wirtschaft", a. a. O., S. 31 ff.

Es ist kein Zufall, daß gerade das deutsche Volk unter allen Völkern am wenigsten Sinn für nationalen Zusammenhalt hat, und daß es unter allen Völkern Europas am spätesten Verständnis für die politische Einigung zu einem alle Volksgenossen umfassenden Staatswesen gezeigt hat. Die Idee der nationalen Einigung ist ein Kind des Liberalismus, des Freihandels und des laissez faire. Das deutsche Volk, das sich, gerade aus dem Umstande heraus, daß es infolge seiner Siedlungsverhältnisse am frühesten die Nachteile der nationalen Vergewaltigung in den gemischtsprachigen Gebieten kennengelernt hat, dem Liberalismus gegenüber am ablehnendsten verhalten hat, hatte nicht die geistigen Mittel zur Hand, um den Regionalismus und die Sonderbestrebungen einzelner Gruppen zu überwinden. Und es ist wiederum kein Zufall, daß das Gefühl der nationalen Zusammengehörigkeit bei keinem zweiten Volke stärker entwickelt ist als bei den Angelsachsen, dem klassischen Volke des Liberalismus.

Es ist ein verhängnisvoller Irrwahn der Imperialisten, wenn sie glauben, durch die Abweisung des Kosmopolitismus den Zusammenhalt der Volksgenossen zu kräftigen. Sie übersehen, daß das antisoziale Grundelement ihrer Lehre, folgerichtig angewendet, zur Zerreißung jeder gesellschaftlichen Gemeinschaft führen muß.

§ 5. Die Wissenschaft von den angeborenen Eigenschaften des Menschen ist über die ersten Anfänge nicht hinausgekommen. Wir können über das Erbgut, das der Einzelne mit auf die Welt bringt, eigentlich nicht mehr sagen als das, daß es Menschen gibt, die von Geburt aus besser, und solche, die von Geburt aus schlechter ausgestattet sind. Darüber aber, worin der Unterschied zwischen gut und schlecht zu suchen sei, sind wir nicht imstande, irgendeine Aussage zu machen. Wir wissen, daß es zwischen den Menschen Unterschiede der körperlichen und seelischen Eigenschaften gibt, wir wissen, daß es Familien, Stämme und Gruppen von Stämmen gibt, die verwandte Züge aufweisen, und wir wissen, daß es wohl gerechtfertigt ist, verschiedene Rassen zu unterscheiden und von der verschiedenen Rassenqualität des Einzelnen zu sprechen. Doch die Versuche, somatische Merkmale der Rassenverwandtschaft aufzufinden, sind bis nun ergebnislos geblieben. Man hat gemeint, im Schädelindex ein Rassenmerkmal gefunden zu haben. Man ist jedoch allmählich zur Überzeugung gelangt, daß jene Beziehungen zwischen dem Schädelindex und den seelischen und geistigen Eigenschaften des Individuums, die die anthroposoziologische Schule Lapouges zur Grundlage ihres Systems gemacht hat, nicht bestehen. Neuere Messungen haben gezeigt, daß die Langköpfigen nicht immer blonde, gute, edle und gebildete Menschen und die Kurzköpfigen nicht immer schwarze, schlechte, gemeine und ungebildete Leute sind. Zu den langköpfigsten Rassen zählen die Australneger, die Eskimos und die Kaffern. Viele der größten Genies waren Rundköpfe; Kants Schädelindex war 88[1]). Es hat sich als sehr wahrscheinlich herausgestellt, daß Veränderungen des Schädelindex auch ohne Rassenmischung durch Einwirkungen der Lebensweise und des geographischen Milieus vor sich gehen können[2]).

Man kann das allen Anforderungen, die an das wissenschaftliche Denken gestellt werden müssen, hohnsprechende Vorgehen jener Rassentheoretiker, die leichten Herzens ohne jedes kritische Bedenken Rassen unterscheiden und Rassenmerkmale aufstellen, nicht genug scharf verurteilen. Es ist nicht zu bestreiten, daß es ihnen dabei mehr um die Schaffung von Schlagwörtern für den politischen Kampf als um die Förderung der Erkenntnis zu tun ist. Doch die Kritiker des rassentheoretischen Dilettantismus machen sich ihre Sache zu leicht, wenn sie ihr Augenmerk lediglich auf die konkrete Gestalt, die die einzelnen Schriftsteller der Lehre geben, und auf den Inhalt ihrer Aussagen über die einzelnen Rassen, ihre leiblichen Merkmale und ihre seelischen Eigenschaften richten. Auch wenn man die willkürlichen, jeder Begründung entbehrenden und widerspruchsvollen Hypothesen von Gobineau und Chamberlain als leere Hirngespinste zurückgewiesen hat, bleibt doch ein Kern der Rassentheorie bestehen, der von der konkreten Unterscheidung edler und unedler Rassen unabhängig ist.

In Gobineaus Lehre ist die Rasse ein Anfang; durch einen besonderen Schöpfungsakt entstanden, ist sie mit besonderen Eigenschaften ausgestattet[3]). Die Einwirkung des Milieus wird gering veranschlagt. Rassenmischung zeuge Bastarde, in denen die guten Erbqualitäten der edleren Rasse verschlechtert auftreten oder ganz verloren gehen. Um die soziologische Bedeutung der Rassentheorie zu bestreiten, genügt es jedoch keineswegs, die Unhaltbarkeit dieser Auffassung zu erweisen und darzulegen, daß Rasse das Ergebnis einer Entwicklung ist, die unter den mannigfachsten Einflüssen vonstatten geht. Es bliebe diesem Einwande gegenüber noch immer die Möglichkeit, zu behaupten, daß bestimmte,

---

[1]) Vgl. Oppenheimer, Die rassentheoretische Geschichtsphilosophie (Verhandlungen des Zweiten Deutschen Soziologentages, Tübingen 1913) S. 106ff.; vgl. auch Hertz, Rasse und Kultur, 3. Aufl., Leipzig 1925, S. 37; Weidenreich, Rasse und Körperbau, Berlin 1927, S. 133ff.
[2]) Vgl. Nyström, Über die Formenveränderungen des menschlichen Schädels und deren Ursachen (Archiv für Anthropologie, 27. Bd.) S. 321ff., 630ff., 642.
[3]) Vgl. Oppenheimer, a. a. O., S. 110f.

durch lange Zeit fortgesetzte Einwirkungen eine oder mehrere Rassen mit besonders günstigen Eigenschaften gezüchtet hätten, und daß die Vorzüge, die die Angehörigen dieser Rassen über die anderen Rassen hinausheben, einen Vorsprung gewähren, der von den übrigen Menschen in absehbarer Zeit nicht mehr eingeholt werden kann. In der Tat haben auch die modernsten Spielarten der Rassentheorie Ähnliches vorgetragen. Man muß die Rassentheorie in dieser Gestalt betrachten und sich die Frage vorlegen, wie sie sich zur soziologischen Theorie von der Arbeitsgemeinschaft verhält.

Da können wir vorerst feststellen, daß die Rassentheorie zunächst nichts enthält, was der Lehre von der gesellschaftlichen Arbeitsteilung widersprechen müßte. Die beiden vertragen sich sehr gut. Es ist ohne weiteres zulässig, anzunehmen, daß die Rassen in Verstandesfähigkeit und Willenskraft verschieden und demgemäß auch für die Gesellschaftsbildung recht ungleich begabt sind, und daß die besseren Rassen sich gerade durch die besondere Eignung für die Verstärkung des gesellschaftlichen Zusammenschlusses auszeichnen. Diese Hypothese könnte uns manches in der gesellschaftlichen Entwicklung aufklären, was sonst nicht leicht zu erfassen ist. Man mag sie verwenden, um Entwicklung und Rückbildung der gesellschaftlichen Arbeitsteilung und damit Blüte und Verfall der Kultur zu erklären. Es bleibe dahingestellt, ob die Hypothese selbst und die auf ihr aufgebauten weiteren Hypothesen haltbar sind; das steht hier augenblicklich nicht in Frage. Für uns ist allein das wichtig, daß die Rassentheorie mit den Ergebnissen der soziologischen Lehre von der Arbeitsgemeinschaft ohne Schwierigkeit vereinbar ist.

Wenn die Rassentheorie sich gegen das naturrechtliche Postulat der Gleichheit und damit der Gleichberechtigung aller Menschen wendet, trifft sie nicht das Freihandelsargument der liberalen Schule. Denn der Liberalismus tritt für die Freiheit der Arbeiter nicht aus naturrechtlichen Gründen ein, sondern weil er die unfreie Arbeit, die den Arbeiter nicht mit dem ganzen seiner Arbeit ökonomisch zugerechneten Ertrage entlohnt und sein Einkommen von der Ergiebigkeit der von ihm geleisteten Arbeit unabhängig macht, als weniger produktiv ansieht als die freie Arbeit. Die Rassentheorie weiß auch nichts vorzubringen, was die freihändlerische Argumentation über die Wirkungen der Ausbreitung der gesellschaftlichen Arbeitsteilung widerlegen könnte. Zugegeben, daß die Rassen in Begabung und Charakter verschieden seien, und daß keine Hoffnung bestehe, diese Unterschiede je schwinden zu sehen. Doch die Freihandelstheorie zeigt eben, daß auch für die Fähigeren aus der

Verbindung mit den weniger Fähigen ein Vorteil erwächst, daß die gesellschaftliche Kooperation auch ihnen den Nutzen höherer Produktivität des Gesamtarbeitsprozesses zuführt[1]).

Die Rassentheorie tritt erst dort in Gegensatz zur liberalen Sozialtheorie, wo sie anfängt, den Kampf zwischen den Rassen zu predigen. Doch sie weiß nicht mehr zur Bekräftigung des alten Spruches des Heraklit, daß der Krieg der Vater aller Dinge sei, vorzubringen als die anderen militaristischen Gesellschaftstheorien. Auch ihr gelingt es nicht zu zeigen, wie sich aus Zerstörung und Vernichtung der Gesellschaftsbau türmen könnte. Sie muß im Gegenteil überall dort, wo sie selbständig denkt und nicht bloß aus gefühlsmäßigen Sympathien sich dazu verleiten läßt, die militaristisch-aristokratische Ideologie zu übernehmen, gerade vom rassenselektorischen Standpunkt dazu gelangen, den Krieg zu verdammen. Lapouge hat darauf hingewiesen, daß der Krieg nur bei den Naturvölkern zur Auslese der Kräftigeren und Begabteren führe, daß er aber bei den zivilisierten Völkern durch ungünstige Auslese die Rasse verschlechtere[2]). Die Tüchtigen sind der Gefahr, getötet zu werden, in höherem Grade ausgesetzt als die Untauglichen, die überhaupt oder zumindest länger hinter der Front bleiben dürfen. Die mannigfachen Schäden, die die den Krieg Überlebenden treffen, setzen ihre Kraft, eine gesunde Nachkommenschaft hervorzubringen, herab.

Die Ergebnisse der wissenschaftlichen Rassenforschung sind keineswegs imstande, die liberale Theorie der gesellschaftlichen Entwicklung irgendwie zu widerlegen; sie bestätigen sie eher. Die Rassentheorien Gobineaus und vieler anderer sind aus dem Groll einer unterlegenen Militär- und Adelskaste gegen bürgerliche Demokratie und kapitalistische Wirtschaftsführung entstanden. Sie haben für den Gebrauch der modernen imperialistischen Tagespolitik eine Fassung angenommen, die sie als eine Wiedergeburt der alten Gewalt- und Kriegstheorien erscheinen lassen. Doch sie sind nur gegen die naturrechtlichen Schlagwörter verwendbar; der liberalen Wirtschafts- und Gesellschaftstheorie können sie nichts entgegenhalten. Auch die Rassentheorie vermag den Satz, daß alle Kultur das Werk der friedlichen Kooperation der Menschen ist, nicht zu erschüttern.

---

[1]) Vgl. oben S. 264.

[2]) „Chez les peuples modernes, la guerre et le militarisme sont de véritables fléaux dont le résultat definitif est de déprimer la race." (Lapouge, Les sélections sociales, Paris 1896, S. 230.)

IV.
Klassengegensatz und Klassenkampf.

§ 1. In der gesellschaftlichen Arbeitsgemeinschaft nimmt der Einzelne jeweils eine bestimmte Stellung ein, durch die sein Verhältnis zu allen übrigen Gliedern der Gesellschaft gegeben ist. Die Beziehung, die ihn mit den anderen Mitgliedern der Gesellschaft verbindet, ist die Tauschbeziehung. Als Gebender und Empfangender, als Verkäufer und Käufer gehört er der Gesellschaft an. Dabei muß seine Stellung durchaus nicht immer eindeutig sein. Es kann einer zugleich Grundbesitzer, Lohnarbeiter und Kapitalbesitzer sein, ein anderer zugleich Unternehmer, Angestellter und Grundbesitzer, ein dritter zugleich Unternehmer, Kapitalist und Grundbesitzer usf. Es kann einer zugleich Käse und Körbe erzeugen und sich daneben gelegentlich als Taglöhner verdingen usf. Aber auch die Lage jener, die sich in annähernd gleicher Stellung befinden, unterscheidet sich nach den besonderen Verhältnissen, in denen sie auf dem Markte auftreten. Auch als Käufer für den Eigenverbrauch ist jeder je nach seinen besonderen Bedürfnissen in anderer Stellung. Auf dem Markte gibt es immer nur einzelne Individuen; der Marktverkehr der freien Wirtschaftsverfassung wirkt atomisierend, wie man — meist in tadelndem und bedauerndem Sinn — zu sagen pflegt. Selbst Marx muß ausdrücklich erklären: „Da Käufe und Verkäufe nur zwischen einzelnen Individuen abgeschlossen werden, so ist es unzulässig, Beziehungen zwischen ganzen Gesellschaftsklassen darin zu suchen"[1].

Faßt man die Gesamtheit jener, die sich in annähernd gleicher gesellschaftlicher Lage befinden, unter der Bezeichnung Gesellschaftsklasse zusammen, dann muß man dessen eingedenk bleiben, daß damit noch nichts für die Klärung der Frage, ob den Klassen eine besondere Bedeutung im gesellschaftlichen Leben zukommt, getan ist. Schematisieren

---

[1] Vgl. Marx, Das Kapital, a. a. O., I. Bd., S. 550. — Die ganze Stelle, der das obenstehende Zitat entnommen ist, war in der ersten, 1867 veröffentlichten Auflage nicht enthalten gewesen. Marx hat sie erst der 1873 veröffentlichten französischen Ausgabe eingefügt, von wo sie Engels in die vierte Auflage der deutschen Ausgabe herübergenommen hat. Masaryk (Die philosophischen und soziologischen Grundlagen des Marxismus, Wien 1899, S. 299) bemerkt mit Recht, daß sie wohl im Zusammenhange mit den Veränderungen, die Marx im III. Bd. des „Kapital" an seiner Theorie vorgenommen hat, stehe. Man kann sie als einen Widerruf der marxistischen Klassentheorie ansehen. Es ist bezeichnend, daß der dritte Band des „Kapital" in dem „Die Klassen" überschriebenen Kapitel nach wenigen Sätzen abbricht. In der Behandlung des Klassenproblems ist Marx über die beweislose Aufstellung eines Dogmas nicht hinausgekommen.

und Klassifizieren an sich haben noch keinen Erkenntniswert. Erst die Funktion, die die Begriffe in den Theorien, in die sie eingefügt werden, zu erfüllen haben, verleiht ihnen eine Bedeutung für die Wissenschaft; isoliert und außerhalb des Zusammenhangs mit derartigen Theorien sind sie nichts als unfruchtbares Gedankenspiel. Daher ist es noch lange kein Beweis für die Brauchbarkeit der Klassentheorie, wenn man darauf hinweist, die Tatsache, daß die Menschen sich in verschiedener gesellschaftlicher Lage befinden, sei evident, man könne mithin den Bestand von Gesellschaftsklassen nicht bestreiten. Nicht auf die Tatsache der Verschiedenheit der gesellschaftlichen Stellung der Einzelnen kommt es an, sondern darauf, welche Bedeutung diese Tatsache für das gesellschaftliche Zusammenleben hat.

Daß der Gegensatz von arm und reich, wie überhaupt wirtschaftliche Gegensätze jeglicher Art, in der Politik eine große Rolle spielen, war seit altersher allgemein bekannt. Nicht minder bekannt war die Bedeutung, die der Stände- und Kastenunterschied, d. h. die Verschiedenheit der Rechtsstellung, die Ungleichheit vor dem Gesetz, in der Geschichte gespielt haben. Auch die klassische Nationalökonomie hat dies nicht bestritten. Sie hat es aber unternommen, zu zeigen, daß alle diese Gegensätze nur aus verkehrten politischen Einrichtungen entspringen. Zwischen den richtig verstandenen Interessen der Einzelnen bestehe keine Unverträglichkeit. Die vermeintlichen Interessengegensätze, die früher eine große Rolle gespielt haben, seien auf die Unkenntnis der Naturgesetze des gesellschaftlichen Lebens zurückzuführen. Nun, da man die Identität aller richtig verstandenen Interessen erkannt habe, werde man sich im politischen Kampf der alten Argumente nicht mehr bedienen können.

Doch die klassische Nationalökonomie, die auf der einen Seite die Lehre von der Solidarität der Interessen verkündet, legt in ihrem System selbst den Grundstein zu einer neuen Theorie des Klassengegensatzes. Die Merkantilisten hatten in den Mittelpunkt der Sozialökonomik — als Lehre vom objektiven Reichtum betrachtet — die Güter gestellt. Die große Tat der Klassiker ist es, neben die Güter den wirtschaftenden Menschen zu stellen, womit sie der modernen Nationalökonomie, die in den Mittelpunkt ihres Systems den Menschen und seine subjektive Wertschätzung treten läßt, den Weg bereiten. Das System, in dem Mensch und Gut nebeneinander stehen, zerfällt aber schon äußerlich in zwei Teile, in den, der die Bildung, und in den, der die Verteilung des Reichtums behandelt. Je mehr die Nationalökonomie zur strengen Wissenschaft, zu einem System der Katallaktik wird, desto mehr tritt diese Auffassung zurück, doch der Begriff der Verteilung bleibt vorerst noch stehen. Mit ihm verknüpft sich dann unwillkürlich die Vorstellung einer Trennung des Produktions- und des Verteilungsprozesses. Die Güter werden zunächst gesellschaftlich erzeugt und dann aufgeteilt. Die Vorstellung, daß Produktion und „Verteilung" in der kapitalistischen Wirtschaft unzertrennlich miteinander verknüpft sind, mag noch so klar sein, das unglückselige Wort drängt sie doch immer wieder mehr oder weniger zurück[1]).

Sobald man aber einmal den Ausdruck Verteilung angenommen hat und das nationalökonomische Zurechnungsproblem als Verteilungsproblem ansieht, sind Mißverständnisse kaum zu vermeiden. Denn die Zurechnungslehre oder, um einen Ausdruck zu gebrauchen, der der Fassung dieses Problems durch die Klassiker besser entspricht, die Einkommenslehre muß zwischen den verschiedenen Kategorien der Produktionsfaktoren unterscheiden, mag auch für alle das gleiche Grundprinzip der Wertbildung zur Anwendung gebracht werden. Für sie ist eine Trennung der „Arbeit" vom „Kapital" und vom „Boden" gegeben. Und nichts liegt dann näher als eine Vorstellung, die Arbeiter, Kapitalisten und Bodenbesitzer als getrennte Klassen ansieht, wie dies zuerst von Ricardo in der Vorrede zu seinen Principles geschieht. Gefördert wird diese Auffassung durch den Umstand, daß die Klassiker den „profit" nicht in seine Bestandteile spalten, so daß das Bild, das die Gesellschaft in drei große Klassen zerlegt sieht, nicht gestört wird.

Ricardo geht aber noch weiter. Indem er aufzeigt, wie auf verschiedenen Stufen der gesellschaftlichen Entwicklung — „in different stages of society" —[2]) die verhältnismäßigen Anteile an dem Gesamtprodukt, die jeder der drei Klassen zufallen, verschieden sind, dehnt er den Klassengegensatz auch auf die Dynamik aus. Darin folgen ihm die späteren nach. Und hier ist es, wo Marx mit seiner ökonomischen Theorie, die im „Kapital" vorgetragen wird, anknüpft. In seinen älteren Schriften, vor allem in den einleitenden Worten des Kommunistischen Manifests, faßt er die Begriffe Klasse und Klassengegensatz noch in dem alten Sinn eines Gegensatzes der rechtlichen Stellung und der Vermögensgröße auf. Die Verbindung zwischen beiden Vorstellungen wird durch die Auffassung des modernen Arbeitsverhältnisses als einer Herrschaft der Besitzer über die Arbeiter hergestellt. Marx hat es unterlassen, den Begriff der Klasse, der für seine Lehre von grundlegender Bedeutung ist, genau zu umschreiben. Er sagt nicht, was Klasse ist, sondern beschränkt sich darauf,

---
[1]) Über die Geschichte des Verteilungsbegriffes vgl. Cannan, a. a. O., S. 183 ff.
[2]) Vgl. Ricardo (Works, a. a. O.) S. 5.

zu sagen, in welche „große Klassen" die moderne, auf der kapitalistischen Produktionsweise beruhende Gesellschaft zerfällt[1]). Dabei folgt er der Einteilung Ricardos, ohne sich weiter darum zu kümmern, daß für Ricardo die Unterscheidung der Klassen lediglich in der Katallaktik Bedeutung hat.

Der Erfolg, den die marxistische Theorie der Klassen und des Klassenkampfes errungen hat, war ungeheuer groß. Heute sind die Unterscheidung von Klassen innerhalb der Gesellschaft und der Bestand von unüberbrückbaren Klassengegensätzen fast allgemein anerkannt. Auch die, die den Frieden zwischen den Klassen wünschen und anstreben, bestreiten in der Regel nicht, daß es Klassengegensätze gebe und daß zwischen den Klassen Kämpfe geführt werden. Doch der Begriff der Klasse blieb nach wie vor unklar. Wie bei Marx selbst, so schillert er auch bei allen jenen, die ihm nachfolgten, in allen Farben.

Baut man ihn, was dem System des „Kapital" entspricht, aus den Produktionsfaktoren des klassischen Systems auf, dann macht man eine Gliederung, die allein für die Zwecke der Katallaktik ersonnen war und nur in ihr Berechtigung hat, zur Grundlage allgemein soziologischer Erkenntnis. Man übersieht, daß die Zusammenfassung der Produktionsfaktoren in zwei, drei oder vier große Gruppen lediglich eine Frage des nationalökonomischen Systems ist, und daß sie allein in diesem System Geltung haben kann. Daß man gewisse Gruppen von Zurechnungspunkten für die Betrachtung zusammenfaßt, hat seinen Grund nicht etwa darin, daß zwischen ihnen untereinander eine engere Verwandtschaft bestünde. Der Grund der Zusammenfassung auf der einen und der Sonderung und Gegenüberstellung auf der anderen Seite liegt allein in dem Zweck des Systems, dem sie dienen. Die Sonderstellung des Bodens ist durch die klassische Lehre von der Grundrente gegeben. Boden ist im Sinne des Systems dasjenige Gut, das unter gewissen Voraussetzungen Rente abzuwerfen vermag. Ebenso ist die Stellung des Kapitals als der Quelle des Profits und der Arbeit als der Quelle des Lohns durch die Besonderheit des klassischen Systems gegeben. Für die spätere Auffassung des Verteilungsproblems, die den „profit" der klassischen Schule in Unternehmergewinn und Kapitalzins zerlegt, war die Gruppierung der Produktionsfaktoren schon eine ganz andere. Für das Zurechnungsproblem der modernen Nationalökonomie hat die Gruppierung der Produktionsfaktoren nach dem Schema der klassischen Theorie ihre alte Bedeutung verloren. Das, was früher Verteilungsproblem hieß, erscheint

---

[1]) Vgl. Marx, Das Kapital, a. a. O., III. Bd., II. Teil, 3. Aufl., S. 421.

nun als Problem der Bildung der Preise der Güter höherer Ordnung. Daß man dabei die alte Einteilung weiterschleppte, hatte nur in dem zähen Konservativismus des wissenschaftlichen Klassifizierens seinen Grund. Eine dem Wesen des Zurechnungsproblems entsprechende Gruppierung müßte von ganz anderen Gesichtspunkten ausgehen, etwa von der Sonderung der statischen und der dynamischen Einkommenszweige.

In keinem nationalökonomischen System ist das Gemeinsame, das bestimmte Gruppen von Produktionsfaktoren als Einheit erscheinen läßt, in deren natürlichen Eigenschaften oder in einer Leistungsverwandtschaft gegeben. Hier setzt das schwerste Mißverständnis der Klassentheorie ein. Sie geht naiverweise von der Annahme einer inneren, durch die natürlichen Bedingungen des Wirtschaftens gegebenen Zusammengehörigkeit zwischen den von ihr zu einer Gruppe zusammengefaßten Produktionsfaktoren aus. Zu diesem Behufe konstruiert sie sich einen Einheitsboden, der zumindest für alle Arten landwirtschaftlicher Produktion verwendbar ist, und eine Einheitsarbeit, die alles leisten kann. Es ist schon eine Konzession, der Versuch einer Annäherung an die Wirklichkeit, wenn sie landwirtschaftlich verwendbaren Grund und Boden, durch Bergbau zu nutzenden und städtischen Boden unterscheidet und einen Unterschied zwischen qualifizierter und unqualifizierter Arbeit macht. Doch diese Einräumung macht die Sache nicht besser. Auch die qualifizierte Arbeit ist ebenso eine Abstraktion wie die Arbeit schlechthin, und der landwirtschaftliche Boden ist es nicht anders als der Boden schlechthin; und was für uns hier das ausschlaggebende ist, es sind Abstraktionen, die gerade von jenen Merkmalen absehen, die für die soziologische Betrachtung entscheidend sind. Wenn es sich um die Besonderheit der Preisbildung handelt, dann mag unter Umständen die Gegenüberstellung der drei Gruppen Boden, Kapital und Arbeit gestattet sein. Aber damit ist durchaus noch nicht bewiesen, daß sie es auch dann ist, wenn es sich um ganz andere Probleme handelt.

§ 2. Die Theorie des Klassenkampfes vermengt immer wieder die Begriffe Stand und Klasse[1]).

---

[1]) Cunow (Die Marxsche Geschichts-, Gesellschafts- und Staatstheorie, II. Bd., Berlin 1921, S. 61ff.) sucht Marx gegen den Vorwurf in Schutz zu nehmen, daß er die Begriffe Klasse und Stand vermengt habe. Doch gerade seine eigenen Ausführungen und die Stellen, die er aus den Schriften von Marx und Engels anführt, zeigen, wie berechtigt dieser Vorwurf ist. Man lese z. B. die ersten sechs Absätze des mit „Bourgeois und Proletarier" überschriebenen I. Teiles des „Kommunistischen Manifests" durch und man wird sich überzeugen, daß dort wenigstens die Ausdrücke Stand und Klasse ohne Unterscheidung gebraucht werden. Daß Marx später, als er in London das Ricardosche System näher kennengelernt hatte, seinen Klassenbegriff vom Be-

Stände sind Rechtseinrichtungen, nicht Tatsachen der Wirtschaftsordnung. Man wird in den Stand hineingeboren, und man verbleibt in der Regel in ihm, bis man stirbt. Sein Leben lang trägt man die Standeszugehörigkeit, die Eigenschaft, Mitglied eines bestimmten Standes zu sein, mit sich herum. Man ist Herr oder Knecht, Freier oder Sklave, Grundherr oder Grundholde, Patrizier oder Plebejer nicht weil man eine bestimmte Stellung im Wirtschaftsleben einnimmt; man nimmt eine bestimmte Stellung im Wirtschaftsleben ein, weil man einem bestimmten Stande angehört. Wohl ist auch die Einrichtung der Stände in dem Sinne von Anfang an eine wirtschaftliche, als sie wie jede Sozialordnung dem Bedürfnis entsprungen ist, die gesellschaftliche Kooperation sicherzustellen. Doch die Gesellschaftstheorie, die ihr zugrundeliegt, ist von der liberalen Theorie grundsätzlich verschieden; menschliche Kooperation ist ihr nur denkbar als Nehmen der einen und Geben der anderen. Daß sie ein wechselseitiges Geben und Nehmen sein könne, bei dem jeder Teil gewinnt, ist ihr völlig unfaßbar. Einer späteren Zeit, die schon für das Ständewesen, das dem langsam aufdämmernden liberalen Gedanken als unsozial und, weil auf einseitiger Belastung des Niederen beruhend, als „ungerecht" zu erscheinen anfing, nach einer Rechtfertigung suchte, entstammt die künstliche Konstruktion einer Wechselseitigkeit auch in diesem Verhältnis; der Höhere gewähre dem Niederen Schutz, Unterhalt, Bodennutzung u. dgl. m. In dieser Lehre tritt jedoch schon der Verfall der Ständeideologie zutage. Der Blütezeit der Institution waren diese Gedanken fremd. Sie sah die Dinge ungeschminkt als ein Gewaltverhältnis an, wie es in der Urform alles Standesunterschiedes, im Verhältnis von Freien und Unfreien, klar zutage tritt. Daß der Sklave selbst die Einrichtung der Unfreiheit als eine natürliche ansieht und daß er sich unter den gegebenen Umständen mit seinem Lose abfindet, statt Auflehnung und Fluchtversuche so lange fortzusetzen, als er noch atmen kann, ist nicht etwa dadurch zu erklären, daß er findet, die Sklaverei sei eine dem Herrn wie dem Sklaven gleichmäßig Vorteil bringende und billige Einrichtung; es ist einfach die Folge davon, daß er sein Leben nicht durch Widersetzlichkeit gefährden will.

---

griff „Stand" loslöste und mit den drei Produktionsfaktoren des Ricardoschen Systems in Verbindung brachte, wurde schon oben gesagt. Diesen neuen Begriff der Klasse hat aber Marx nie ausgeführt; auch Engels und alle anderen Marxisten haben es nie versucht, zu zeigen, was es eigentlich sei, das die Konkurrenten — denn das sind die Leute, die „die Dieselbigkeit der Revenuen und Revenuequellen" zu einer gedanklichen Einheit macht — zu einer von den gleichen Sonderinteressen beseelten Klasse gestaltet.

Man hat versucht, die liberale Auffassung der Institution der persönlichen Unfreiheit und, insofern der Gegensatz zwischen Freien und Unfreien die Urform aller Standesunterschiede ist, damit auch die liberale Auffassung des Ständewesens überhaupt dadurch zu widerlegen, daß man die geschichtliche Rolle der Unfreiheit hervorgehoben hat. Es habe einen Fortschritt der Kultur bedeutet, daß die Knechtung der im Kampfe Überwundenen die Tötung verdrängt habe. Ohne Sklaverei hätte sich eine arbeitsteilige Gesellschaft, in der die gewerbliche Arbeit von der Urproduktion geschieden ist, nicht eher entwickeln können, als bis aller freie Grund und Boden vergeben gewesen wäre, da jeder es vorgezogen hätte, freier Herr auf eigener Scholle als landloser Verarbeiter von Rohstoffen, die andere gewinnen, oder gar als besitzloser Arbeiter auf fremdem Acker zu sein. Da alle höhere Kultur ohne Arbeitsteilung, die einem Teile der Bevölkerung die Möglichkeit bietet, ein von den gemeinen Sorgen um das tägliche Brot befreites Leben der Muße zu führen, undenkbar sei, hätte die Unfreiheit ihre geschichtliche Berechtigung[1]).

Nun kann es wohl für eine den geschichtlichen Ablauf nicht mit den Augen eines moralisierenden Philosophen betrachtende Auffassung gar nicht in Frage kommen, ob eine geschichtliche Institution gerechtfertigt werden könne oder nicht. Daß sie in der Geschichte aufgetreten ist, zeigt, daß Kräfte wirksam waren, um sie zu verwirklichen. Was wir allein zu prüfen vermögen, ist das, ob sie die ihr zugeschriebene Funktion tatsächlich erfüllt hat. Das müssen wir im vorliegenden Fall schlechterdings verneinen. Die Unfreiheit hat den Weg der arbeitsteiligen gesellschaftlichen Produktion nicht bereitet; sie hat im Gegenteil den Weg zu ihr versperrt. Erst als die persönliche Unfreiheit beseitigt worden war, konnte sich die moderne industrielle Gesellschaft mit ihrer weit getriebenen Arbeitsteilung entfalten. Daß noch freies herrenloses Land zur Besiedelung vorhanden war, hat weder die Entstehung eines besonderen Gewerbes noch die einer Klasse freier Lohnarbeiter gehindert. Denn das freie Land mußte erst urbar gemacht werden, es bedurfte zu seiner Bewirtschaftung einer Reihe von Meliorationsarbeiten und eines Inventars, und schließlich war dieses Land seiner natürlichen Ergiebigkeit nach häufig und seiner Lage nach meist schlechter als das bereits in Bebauung befindliche[2]). Das Sondereigentum an den Produktionsmitteln ist die einzige gesellschaftliche Voraussetzung der Entwicklung der

---

[1]) Vgl. Bagehot, Physics and Politics, London 1872, S. 71ff.
[2]) Auch heute gibt es noch genug herrenloses Land, das jeder, der will, sich aneignen kann. Und doch zieht der europäische Proletarier nicht nach dem Innern Afrikas oder Brasiliens, sondern bleibt in der Heimat Lohnarbeiter.

Arbeitsteilung; es bedurfte nicht der Unfreiheit des Arbeiters, um Arbeitsteilung zu schaffen.

Für den Ständegegensatz sind zwei Typen charakteristisch. Die eine ist das Verhältnis zwischen Grundherr und Zinsbauer. Der Grundherr steht hier ganz außerhalb des Produktionsprozesses. Er tritt erst auf den Plan, bis die Ernte eingebracht und der Produktionsprozeß durch die Herstellung der genußreifen Frucht beendet ist. Dann nimmt er seinen Anteil. Es ist für das Wesen dieses Verhältnisses gleichgültig, ob es durch Unterwerfung früher freier Bauern oder durch Ansiedlung von Leuten auf Herrengrund entstanden ist. Das Charakteristische ist allein das, daß das Verhältnis außerhalb des Produktionsprozesses liegt und daß es daher auch nicht im Wege der Wirtschaft — etwa durch Ablösung der Rente durch den zinspflichtigen Bauer — gelöst werden kann. Sobald es ablösbar wird, hört es auf, ein ständisches Abhängigkeitsverhältnis zu sein und verwandelt sich in ein Vermögensrecht. Das andere typische Verhältnis ist das des Herrn zum Sklaven. Hier hat der Herr nicht Sachgüter, sondern Arbeit zu fordern. Und auch hier bekommt er das, was er fordert, ohne jede Gegenleistung an den Verpflichteten. Denn die Gewährung von Nahrung, Kleidung und Obdach ist keine Gegenleistung, sondern die notwendige Folge des Umstandes, daß er sonst die Arbeit des Sklaven verlieren müßte. Im rein ausgebildeten Institute wird der Sklave auch nur so lange gefüttert, als seine Arbeit einen Überschuß über seine Unterhaltskosten einbringt.

Nichts ist ungereimter, als diese beiden Verhältnisse mit dem des Unternehmers und des Arbeiters in der freien Wirtschaft zu vergleichen. Die freie Lohnarbeit ist geschichtlich zum Teil aus der Sklaven- und Hörigenarbeit erwachsen, und es hat lange Zeit gebraucht, bis sie alle Spuren ihres Ursprunges abgestreift hat und zu dem geworden ist, was sie in der kapitalistischen Wirtschaft ist. Man verkennt das Wesen der kapitalistischen Wirtschaft, wenn man die freie Lohnarbeit ökonomisch in eine Linie stellt mit der von Unfreien geleisteten Arbeit. Soziologisch kann man zwischen den beiden Arbeitssystemen Vergleiche ziehen. Beide sind eben gesellschaftliche Arbeitsteilung, Systeme der gesellschaftlichen Kooperation, und weisen daher in dieser Eigenschaft gemeinsame Züge auf. Doch die soziologische Betrachtung darf nicht außer acht lassen, daß der ökonomische Charakter der beiden Systeme ein ganz verschiedener ist. Völlig verfehlt ist es, wenn man gar die Deutung des ökonomischen Charakters der freien Lohnarbeit durch Argumente, die man aus der Betrachtung der Sklavenarbeit herholt, zu stützen sucht. Der freie Arbeiter empfängt das als Lohn, was ökonomisch seiner Arbeit zugerechnet wird. Den gleichen Betrag legt auch der Herr aus, der Sklaven arbeiten läßt, indem er für den Unterhalt des Sklaven sorgt und dem Sklavenhändler für den Sklaven den Preis bezahlt, der dem Gegenwartswert der Beträge entspricht, um die der Lohn freier Arbeit höher ist oder höher wäre als die Unterhaltskosten der Sklaven. Der Überschuß des Arbeitslohnes über die Unterhaltskosten des Arbeiters kommt mithin demjenigen zugute, der Freie in Sklaven verwandelt, dem Sklavenjäger, nicht aber dem Sklavenhändler und nicht dem Sklavenhalter. Diese beiden beziehen in der Sklavenwirtschaft kein spezifisches Einkommen. Wer daher glaubt, die Ausbeutungstheorie durch den Hinweis auf die Verhältnisse der Sklavenwirtschaft stützen zu können, verkennt das Wesen des Problems, um das es sich handelt[1]).

In der ständisch gegliederten Gesellschaft haben alle Angehörigen der die volle Rechtsfähigkeit entbehrenden Stände ein Interesse mit ihren Standesgenossen gemein: sie streben die Verbesserung der Rechtsstellung ihres Standes an. Alle Grundholden streben nach Erleichterung der Zinslast, alle Sklaven nach Freiheit, das heißt nach einem Zustand, der es ihnen gestatten würde, ihre Arbeitskraft für sich zu verwerten. Dieses gemeinsame Standesinteresse ist um so stärker, je weniger es dem Einzelnen möglich ist, sich selbst über die Rechtssphäre seines Standes zu

---

[1]) „Die Quelle des Gewinns des Sklavenbesitzers" — sagt Lexis (in der Besprechung von Wicksells Buch „Über Wert, Kapital und Rente" in Schmollers Jahrbuch, XIX. Bd., S. 335f.) — „ist nicht zu verkennen, und dasselbe gilt wohl noch in betreff des ‚sweaters'. In dem normalen Verhältnis des Unternehmers zum Arbeiter besteht keine derartige Ausbeutung, wohl aber eine wirtschaftliche Abhängigkeit des Arbeiters, die unzweifelhaft auf die Verteilung des Arbeitsertrages einwirkt. Der besitzlose Arbeiter muß sich unbedingt ‚Gegenwartsgüter' verschaffen, weil er sonst zugrunde geht; er kann seine Arbeit meistens nur verwerten, indem er bei der Produktion von Zukunftsgütern mitwirkt, aber das ist nicht das Entscheidende, denn auch wenn er, wie etwa der Bäckergeselle, ein an dem Tag der Herstellung zu verzehrendes Gut erzeugt, so wird sein Anteil an dem Produktionsertrag doch durch den für ihn ungünstigen Umstand bedingt, daß er seine Arbeitskraft nicht selbständig ausnützen kann, sondern gezwungen ist, sie unter Verzicht auf ihr Produkt gegen einen mehr oder weniger genügenden Lebensunterhalt zu verkaufen. Das sind triviale Sätze, aber ich glaube, sie werden für die meisten unbefangenen Beobachter stets eine aus ihrer unmittelbaren Anschaulichkeit entspringende überzeugende Kraft behalten." Man kann Böhm-Bawerk (Einige strittige Fragen der Kapitalstheorie, Wien und Leipzig 1900, S. 112) und Engels (Vorwort zum dritten Bande des „Kapital", a. a. O., S. XII) zustimmen, daß in diesen Gedanken — die übrigens nur die in der deutschen „Vulgärökonomie" herrschende Ansicht wiedergeben — eine in vorsichtige Worte gekleidete Anerkennung der sozialistischen Ausbeutungstheorie zu erblicken ist. Nirgends liegen die nationalökonomischen Trugschlüsse der Ausbeutungstheorie offener zutage als gerade in dieser Begründung, die ihr Lexis gegeben hat.

erheben. Dabei ist es nicht so sehr wichtig, ob in seltenen Ausnahmefällen einzelne ganz besonders Begabte und von glücklichen Zufällen Geförderte in der Lage sind, in höhere Stände aufzusteigen. Aus unbefriedigten Wünschen und Hoffnungen Einzelner entstehen keine Massenbewegungen. Es ist mehr das Interesse, die eigene Kraft aufzufrischen, als das, die soziale Unzufriedenheit zu ersticken, das die bevorrechteten Stände veranlassen muß, dem Aufstieg der Begabten kein Hindernis in den Weg zu legen. Gefährlich können die Begabten, denen man das Aufsteigen verwehrt hat, nur dann werden, wenn ihrem Aufruf zu gewaltsamem Handeln der Widerhall in breiten Schichten Unzufriedener sicher ist.

§ 3. Der Ausgang aller Ständekämpfe konnte den Gegensatz der Stände nicht aufheben, solange die Idee ständischer Gliederung der Gesellschaft bestehen blieb. Auch wenn es den Unterdrückten gelungen war, das Joch, das auf ihnen lastete, abzuschütteln, waren damit noch nicht alle Standesunterschiede beseitigt. Die grundsätzliche Überwindung des Standesgegensatzes konnte erst erfolgen, als der Liberalismus ihm entgegentrat. Indem der Liberalismus alle persönliche Unfreiheit bekämpft, weil er die freie Arbeit als ergiebiger als die unfreie ansieht, und die Freiheit der Bewegung und der Berufswahl als Grundforderungen vernünftiger Politik verkündet, hat er allem Ständewesen ein Ende bereitet. Nichts charakterisiert besser das Unvermögen der antiliberalen Kritik, die geschichtliche Bedeutung des Liberalismus zu erfassen, als das, daß sie die Tragweite dieser Tat des Liberalismus durch den Nachweis zu verkleinern versucht, sie wäre den „Interessen" einzelner Gruppen entsprungen.

Im Ständekampf stehen alle Angehörigen des Standes zusammen, weil sie gleiche Ziele verfolgen. Ihre Interessen mögen im übrigen noch so weit auseinandergehen, in dem einen Punkte treffen sie sich. Sie wollen eine bessere Rechtsstellung ihres Standes erreichen. Mit der Verbesserung der Rechtsstellung sind in aller Regel auch ökonomische Vorteile verbunden, da doch ökonomische Benachteiligung der einen und Bevorzugung der anderen der Zweck der ständischen Rechtsunterschiede ist.

Bei der „Klasse" der antagonistischen Gesellschaftstheorie liegen die Dinge anders. Die Theorie des unüberbrückbaren Klassengegensatzes ist inkonsequent, wenn sie bei der Einteilung der Gesellschaft in drei oder vier große Klassen stehen bleibt. Folgerichtig durchgeführt müßte sie in der Auflösung der Gesellschaft in Interessentengruppen soweit gehen, bis sie zu Gruppen gelangt, deren Mitglieder ganz dieselbe

Funktion erfüllen. Es genügt nicht, die Besitzenden in Landeigentümer und Kapitalisten zu sondern. Man muß so lange weiterschreiten, bis man etwa zu solchen Gruppen gelangt wie: Baumwollspinner, die die gleiche Garnnummer erzeugen, oder Fabrikanten von schwarzem Chevreauleder oder Erzeuger von hellem Bier. Solche Gruppen haben gegenüber der Gesamtheit aller anderen zwar ein gemeinsames Interesse: sie sind lebhaft daran interessiert, daß der Absatz ihrer Erzeugnisse sich günstig gestalte. Doch dieses gemeinsame Interesse ist eng begrenzt. In der freien Wirtschaft kann ein einzelner Produktionszweig auf die Dauer keinen überdurchschnittlichen Gewinn erzielen und andererseits auf die Dauer auch nicht mit Verlust arbeiten. Das gemeinsame Interesse der Branchegenossen erstreckt sich mithin nur auf die Gestaltung der Konjunktur in einer begrenzten Spanne Zeit. Im übrigen herrscht zwischen ihnen Wettbewerb, nicht unmittelbare Interessensolidarität. Die Konkurrenz, die zwischen den Genossen eines und desselben Produktionszweiges besteht, wird durch Hervortreten gemeinsamer Sonderinteressen nur dort wirksam verdrängt, wo in irgendeiner Weise die Freiheit der Wirtschaft beschränkt ist. Doch wenn das Schema seine Brauchbarkeit für die Kritik der Lehre von der Solidarität der besonderen Klasseninteressen bewähren soll, dann müßte man den Beweis für die Verhältnisse einer freien Verkehrswirtschaft führen. Es ist kein Beweis für die Richtigkeit der Klassenkampftheorie, wenn man etwa auf die Gemeinsamkeit der Interessen der Grundbesitzer gegenüber denen der städtischen Bevölkerung in der Zollpolitik oder auf den Gegensatz von Grundbesitzern und Bürgern in der Frage der politischen Herrschaft hinweist. Daß alle staatlichen Eingriffe in die Freiheit des Verkehrs Sonderinteressen schaffen, leugnet auch die liberale Lehre nicht. Sie leugnet auch durchaus nicht, daß einzelne Gruppen auf diese Weise für sich Sondervorteile herauszuschlagen vermögen. Was sie sagt, ist lediglich das, daß solche Sonderbegünstigungen, wenn sie als Ausnahmeprivilegien kleiner Gruppen auftreten, zu heftigen politischen Kämpfen, zu Rebellionen der nicht privilegierten Vielen gegen die privilegierten Wenigen führen, die durch dauernde Störung des Friedens die ganze gesellschaftliche Entwicklung hemmen, wenn sie aber zur allgemeinen Regel erhoben werden, alle schädigen, indem sie auf der einen Seite nehmen, was sie auf der anderen geben, und als bleibendes Ergebnis nur eine allgemeine Verminderung der Produktivität der Arbeit zurücklassen.

Die Interessengemeinschaft der Gruppengenossen und ihr Interessengegensatz zu den anderen Gruppen sind immer nur das Ergebnis von Beschränkungen des Eigentumsrechtes, der Freiheit des Verkehrs und der Berufswahl, oder sie entspringen der Gemeinsamkeit und Gegensätzlichkeit von Interessen in einer kurzen Übergangszeit.

Wenn aber zwischen den Gruppen, deren Glieder in der Volkswirtschaft die gleiche Stellung einnehmen, keine besondere Interessengemeinschaft besteht, die sie in Gegensatz zu allen anderen Gruppen setzen würde, so kann auch keine bestehen innerhalb größerer Gruppen, deren Glieder nicht die gleiche, sondern bloß eine ähnliche Stellung einnehmen. Wenn zwischen den Baumwollspinnern untereinander keine Gemeinschaft von Sonderinteressen besteht, dann besteht sie auch nicht zwischen den baumwollverarbeitenden Gewerben überhaupt oder zwischen den Spinnern und den Maschinenfabrikanten. Zwischen Spinner und Weber und zwischen Maschinenbauer und Maschinenbenützer ist der unmittelbare Interessengegensatz so ausgeprägt als er nur sein kann. Nur dort besteht Gemeinschaft der Gruppeninteressen, wo die Konkurrenz ausgeschaltet ist, also etwa zwischen den Besitzern von Boden bestimmter Qualität oder Lage.

Die Lehre von der Trennung der Bevölkerung in drei oder vier große Interessentengruppen geht schon darin fehl, daß sie die Eigentümer des Bodens als eine Klasse von einheitlichen Interessenten ansieht. Das trifft durchaus nicht zu. Die Besitzer von Ackerland, von Waldgütern, von Weinbergen, von Bergwerken oder von städtischen Grundstücken verbindet kein besonderes gemeinsames Interesse, es sei denn das eine, daß sie für die Beibehaltung des Sondereigentums an Grund und Boden eintreten. Doch das ist kein Sonderinteresse der Besitzenden. Wer die Bedeutung des Sondereigentums an den Produktionsmitteln für die Produktivität der gesellschaftlichen Arbeit erkannt hat, muß als Mann ohne Halm und Ar und ohne sonstigen Besitz geradeso im eigenen Interesse dafür eintreten wie der Besitzende. Echte Sonderinteressen haben die Grundbesitzer immer nur in bezug auf die die Freiheit des Eigentums und des Verkehrs beschränkenden Einrichtungen.

Ebensowenig einheitlich sind die Verkäufer der Arbeit. Es gibt weder eine einheitliche gleichartige Arbeit noch auch einen Universalarbeiter. Die Arbeit des Spinners ist eine andere als die des Bergmannes und eine andere als die des Arztes. Die Theoretiker des Sozialismus und des unüberwindbaren Klassengegensatzes stellen die Sache gewöhnlich so dar, als ob es eine Art abstrakter Arbeit gäbe, die jeder zu leisten befähigt sei, und als ob daneben die qualifizierte Arbeit kaum in Frage käme. In Wahrheit gibt es eine solche „Arbeit" an sich überhaupt nicht. Auch die unqualifizierte Arbeit ist nicht einheitlich. Straßenkehren ist etwas anderes als Lastentragen. Überdies ist die Rolle, die die unqualifizierte

Arbeit spielt, rein zahlenmäßig genommen, eine viel kleinere als die orthodoxe Klassentheorie anzunehmen pflegt.

Die Zurechnungstheorie ist berechtigt, bei der Ableitung ihrer Gesetze von „Boden" und „Arbeit" schlechthin zu sprechen. Ihr sind ja alle Güter höherer Ordnung nur als Objekte der Wirtschaft von Bedeutung. Wenn sie, die unendliche Mannigfaltigkeit der Güter höherer Ordnung vereinfachend, sie in einige wenige große Gruppen zusammenfaßt, so ist dafür lediglich die Zweckmäßigkeit für die Herausarbeitung ihrer auf ein ganz bestimmtes Ziel hinarbeitenden Lehre maßgebend. Man weist immer wieder darauf hin, daß die nationalökonomische Theorie mit Abstraktionen arbeite. Doch die, die diesen Vorwurf erheben, vergessen, daß gerade die Begriffe „Arbeit" und „Arbeiter", „Kapital" und „Kapitalisten" und so fort abstrakt sind und scheuen sich nicht, den „Arbeiter" der theoretischen Nationalökonomie ohne weiteres als lebendigen Menschen in die empirische Volkswirtschaft zu versetzen.

Die Mitglieder einer Klasse treten einander als Konkurrenten entgegen. Wenn die Zahl der Arbeiter zurückgeht und demgemäß die Grenzproduktivität der Arbeit wächst, steigt der Lohn und damit das Einkommen und die Lebenshaltung des Arbeiters. Das können auch die Gewerkschaften nicht ändern. Indem sie, die zum Kampf gegen die Unternehmer ins Leben gerufen wurden, sich zunftmäßig abschließen, erkennen sie die Richtigkeit dieser Tatsache an.

Der Wettbewerb innerhalb der Klasse kommt aber auch darin zum Ausdrucke, daß die Arbeiter sich gegenseitig die gehobene Arbeiterstellung und den Aufstieg in höhere Schichten streitig machen. Den Angehörigen der anderen Klassen mag es gleichgültig sein, wer die Meisterstellung in der Arbeiterschaft einnimmt und wer zu den verhältnismäßig Wenigen gehört, die aus niederen Schichten in die höheren aufsteigen, wofern es nur die Tüchtigsten sind. Doch für die Arbeiter ist es eine wichtige Sache. Hier ist jeder der Konkurrent des anderen. Freilich ist — das ergibt sich aus der gesellschaftlichen Solidarität — jeder daran interessiert, daß alle übrigen Vorarbeiterstellen mit den Besten und Geeignetsten besetzt werden. Doch daran, daß die eine Stelle, für die er in Betracht käme, ihm zufalle, auch wenn nicht er dazu der Geeignetste sein sollte, ist jeder interessiert, da der Vorteil, der ihm dabei winkt, größer ist als der Bruchteil des allgemeinen Nachteiles, der auf ihn zurückfällt.

Läßt man die Theorie von der Solidarität der Interessen aller Glieder der Gesellschaft, die einzig mögliche Gesellschaftstheorie, die einzige, die zeigt, wie Gesellschaft möglich ist, fallen, dann löst man die gesellschaftliche Einheit nicht etwa in Klassen auf, sondern in Individuen, die einander als Gegner gegenüberstehen. Der Gegensatz der Einzelinteressen wird in der Gesellschaft überwunden, doch nicht in der Klasse. Die Gesellschaft kennt keine anderen Teile als die Individuen. Die durch Gemeinschaft von Sonderinteressen geeinte Klasse gibt es nicht; sie ist eine Erfindung einer nicht genügend durchdachten Theorie. Je komplizierter die Gesellschaft ist, je weiter in ihr die Differenzierung vorgeschritten ist, desto mehr Gruppen gleichartig in den gesellschaftlichen Organismus gestellter Personen gibt es, wenn auch naturgemäß im allgemeinen — das heißt im Durchschnitt — die Zahl der Angehörigen einer Gruppe mit der Zunahme der Zahl der Gruppen abnimmt. Daß gewisse unmittelbare Interessen der Angehörigen einer jeden Gruppe gleichartig sind, schafft zwischen ihnen noch nicht eine allgemeine Gleichheit der Interessen. Durch die Gleichartigkeit der Stellung werden sie Konkurrenten, nicht Gleichstrebende. Ebensowenig kann durch nicht vollständige Gleichartigkeit der Stellung verwandter Gruppen Interessengemeinschaft schlechthin entstehen; gerade soweit die Gleichartigkeit der Gruppenstellung reicht, wird sie Wettbewerb zwischen ihnen spielen lassen.

Die Interessen der Besitzer von Baumwollspinnereien mögen in gewissen Richtungen parallel laufen; soweit sind die Spinner aber untereinander Konkurrenten. In anderer Richtung wieder werden nur die Besitzer von Spinnereien, die die gleiche Garnnummer erzeugen, in ihrer gesellschaftlichen Stellung gleichartig sein. Soweit wieder sind sie untereinander in Wettbewerb. Wieder in anderen Belangen ist die Parallelität der Interessen eine weit größere; sie kann alle Baumwollarbeiter, dann wieder alle Baumwollproduzenten einschließlich der Pflanzer und der Arbeiter, dann wieder alle Industriellen überhaupt usw. umfassen. Die Gruppierung ist immer eine andere, je nach dem Ziel und den Interessen, die gerade ins Auge gefaßt werden. Volle Gleichartigkeit kann aber kaum bestehen, und soweit sie besteht, führt sie nicht nur zu gemeinsamen Interessen Dritten gegenüber, sondern auch zugleich zum Wettbewerb untereinander.

Aufgabe einer Theorie, die alle gesellschaftliche Entwicklung aus Klassenkämpfen hervorgehen läßt, wäre es nun, zu zeigen, daß die Stellung jedes Einzelnen im gesellschaftlichen Organismus durch seine Klassenlage, das heißt durch seine Zugehörigkeit zu einer bestimmten Klasse und durch die Stellung dieser Klasse zu den anderen Klassen, eindeutig bestimmt ist. Daß in allen politischen Kämpfen bestimmte soziale Gruppen miteinander ringen, ist noch kein Beweis für diese Theorie. Sie müßte zeigen, daß die Gruppierung zum Kampfe notwendigerweise in eine bestimmte Bahn gelenkt ist und von allen von der Klassenlage unabhängigen

Ideologien nicht beeinflußt werden kann. Sie müßte zeigen, daß die Art und Weise, wie aus den kleinsten Grüppchen größere Gruppen und aus diesen große, die ganze Gesellschaft spaltende Klassen sich zusammenschließen, nicht auf Kompromissen und für vorübergehende gemeinsame Aktionen geschlossenen Bündnissen beruht, sondern auf durch gesellschaftliche Notwendigkeiten geschaffenen Tatsachen, auf Interessengemeinschaft, die eindeutig gegeben ist.

Man betrachte z. B. die Zusammensetzung einer agrarischen Partei. Wenn sich in einem Land, z. B. in Österreich, die Weinbauern, die Getreidebauern und die viehzüchtenden Bauern zu einer einheitlichen Partei zusammenschließen, so kann man nicht sagen, daß dies durch die Gleichartigkeit der Interessen bedingt ist. Jede der drei Gruppen hat andere Interessen. Ihr Zusammenschluß zur Erreichung bestimmter zollpolitischer Maßnahmen ist ein Kompromiß zwischen widerstreitenden Interessen. Ein solches Kompromiß aber ist nur auf Grundlage einer Ideologie möglich, die über das Klasseninteresse hinausgeht. Das Klasseninteresse jeder dieser drei Gruppen steht dem der anderen Gruppen entgegen. Wenn sie sich finden, so geschieht es nur im Hinblick auf Ideen, die jede einzelne Gruppe zur gänzlichen oder teilweisen Zurückstellung bestimmter Sonderinteressen veranlassen, geschähe es auch nur zu dem Ende, um andere Sonderinteressen um so erfolgreicher verfechten zu können.

Nicht anders liegt es bei den Arbeitern in ihrem Gegensatz zu den Besitzern der Produktionsmittel. Auch die besonderen Interessen der einzelnen Arbeitergruppen sind nicht einheitlich. Je nach den Fähigkeiten und Kenntnissen ihrer Glieder haben sie ganz verschiedene Interessen. Das Proletariat ist nicht durch seine Klassenlage jene homogene Klasse, als welche es die sozialdemokratische Partei ausgibt. Erst die sozialistische Ideologie, die jeden Einzelnen und jede Gruppe zur Aufgabe ihrer besonderen Interessen veranlaßt, macht es dazu. Die Kleinarbeit der gewerkschaftlichen Tätigkeit besteht hauptsächlich darin, über diese Gegensätze von Tag zu Tag durch Vergleiche hinwegzukommen[1]).

Immer sind auch andere Koalitionen und Allianzen von Gruppeninteressen möglich als die gerade wirksamen. Welche wirklich eingegangen werden, hängt nicht von der Klassenlage, sondern von der Ideologie ab. Der Klassenzusammenhalt beruht nicht auf der Identität der Klassen-

---

[1]) Selbst das Kommunistische Manifest muß zugeben: „Die Organisation der Proletarier zur Klasse, und damit zur politischen Partei, wird jeden Augenblick wieder gesprengt durch die Konkurrenz unter den Arbeitern selbst" (a. a. O., S. 30). Vgl. auch Marx, Das Elend der Philosophie, 8. Aufl., Stuttgart 1920, S. 161.

interessen, sondern auf der politischen Zielsetzung. Die Gemeinsamkeit der Sonderinteressen ist stets nur auf ein enges Feld beschränkt und wird von der Gegensätzlichkeit anderer Sonderinteressen aufgehoben oder überwogen, wenn nicht eine bestimmte Ideologie die Interessengemeinschaft als stärker ansehen läßt als die Gegensätzlichkeit der Interessen.

Die Gemeinsamkeit der Klasseninteressen ist nicht etwas, was unabhängig von dem Klassenbewußtsein vorhanden ist. Das Klassenbewußtsein tritt nicht zu einer schon gegebenen Gemeinsamkeit der Sonderinteressen hinzu; es schafft erst diese Gemeinsamkeit der Sonderinteressen. Die Proletarier sind keine besondere Gruppe im Rahmen der modernen Gesellschaft, deren Haltung durch ihre Klassenlage eindeutig gegeben wäre. Bestimmte Individuen werden erst durch die sozialistische Ideologie zu gemeinsamem politischen Handeln zusammengeführt; die Einheit des Proletariats ist nicht durch seine Klassenlage, sondern durch die Ideologie des Klassenkampfes gegeben. Das Proletariat als Klasse war nicht vor dem Sozialismus da, und der Sozialismus ist nicht der der Klasse des Proletariats adäquate politische Gedanke; der sozialistische Gedanke hat erst die Proletarierklasse geschaffen, indem er bestimmte Individuen zur Erreichung eines bestimmten politischen Ziels zusammenschloß.

Es ist mit der Klassenideologie nicht anders als mit der nationalen. Auch zwischen den Interessen der einzelnen Völker und Stämme bestehen keine Gegensätze. Erst die nationalistische Ideologie erzeugt den Glauben an sie und schließt die Völker zu Sondergruppen zusammen, die sich gegenseitig bekämpfen. Die nationalistische Ideologie zerschneidet die Gesellschaft in vertikaler, die sozialistische in horizontaler Richtung. Die beiden schließen sich gegenseitig aus. Bald hat die eine, bald die andere die Oberhand. 1914 hat in Deutschland die nationalistische Ideologie die sozialistische in den Hintergrund gedrängt. Da gab es auf einmal eine nationalistische Einheitsfront. 1918 wieder siegte die sozialistische Ideologie über die nationalistische.

In der freien Gesellschaft gibt es keine Klassen, die durch unüberbrückbare Interessengegensätze geschieden sind. Gesellschaft ist Solidarität der Interessen. Der Zusammenschluß von Sondergruppen hat immer nur den Zweck, den gesellschaftlichen Zusammenhalt zu sprengen. Sein Ziel und sein Wesen sind antisozial. Die besondere Gemeinsamkeit der Interessen der Proletarier reicht nur soweit, als sie allein ein Ziel verfolgen: die Gesellschaft zu sprengen; und nicht anders ist es mit der besonderen Gemeinsamkeit der Interessen der Angehörigen eines Volkes.

Der Umstand, daß die marxistische Theorie den Begriff der Klasse nicht näher umschrieben hat, hat es ermöglicht, daß er in den verschiedensten Auffassungen verwendet wird. Wenn man einmal den Gegensatz von Besitzenden und Nichtbesitzenden, dann wieder von den Stadt- und Landinteressen, dann wieder den von Bürgern, Bauern und Arbeitern als den ausschlaggebenden hinstellt, wenn man von den Interessen des Rüstungskapitals, des Alkoholkapitals, des Finanzkapitals spricht[1]), wenn man einmal von der goldenen Internationale redet, dann aber wieder den Imperialismus aus den Gegensätzen des Kapitals heraus erklärt, so sieht man gleich, daß es sich nur um Schlagwörter für den Gebrauch des Demagogen handelt, nicht aber um Ausführungen irgendwelcher soziologischer Erkenntnis. Der Marxismus hat sich im wichtigsten Punkte seiner Lehre über das Niveau einer Parteidoktrin für die Gasse nie erhoben[2]).

§ 4. Die Zerfällung des gesamten Nationalproduktes in Arbeitslohn, Grundrente, Kapitalzins und Unternehmergewinn erfolgt durch die Zurechnung des Ertrages. Daß darüber nicht die außerwirtschaftliche Machtstellung der einzelnen Klassen, sondern die Bedeutung, die die Wirtschaftsrechnung notwendigerweise den einzelnen Produktionsfaktoren beilegen muß, entscheidet, gilt jeder nationalökonomischen Theorie für ausgemacht. Die klassische Nationalökonomie und die moderne Grenznutzenlehre stimmen darin vollkommen überein. Auch die marxistische Theorie, die ihre Verteilungslehre aus der spätklassischen Theorie entlehnt hat, macht keine Ausnahme davon. Indem sie die Gesetze ableitet, nach denen sich der Wert der Arbeit, der der Arbeitskraft und der Mehrwert bilden, stellt auch sie eine Verteilungstheorie auf, in der allein ökonomische Momente bestimmend sind. Die marxistische Verteilungstheorie erscheint uns voll von Widersprüchen und Ungereimtheiten. Doch sie ist jedenfalls ein Versuch, eine rein ökonomische Erklärung für die Bildung der Preise der Produktionsfaktoren aufzustellen. Wohl hat Marx selbst später, da er sich aus politischen Gründen veranlaßt sah, die Vorteile der gewerkschaftlichen Bestrebungen für die Arbeiter anzuerkennen, in diesem Punkte gewisse Einräumungen gemacht. Die Tatsache, daß er an seinem System der Ökonomie festhielt,

---

[1]) Wobei man — inkonsequent genug — das Produzenteninteresse der Arbeiter mit Stillschweigen übergeht.

[2]) Selbst Cunow (a. a. O., II. Bd., S. 53) muß in seiner unkritischen Marx-Apologie zugeben, daß Marx und Engels in ihren politischen Schriften nicht nur von den drei Hauptklassen sprechen, sondern eine ganze Reihe Unter- und Nebenklassen unterscheiden.

zeigt, daß es sich ihm dabei nur um eine Konzession handelte, die seine grundsätzlichen Anschauungen unberührt ließ.

Will man das, was die Parteien auf dem Markte unternehmen, um für sich den besten unter den gegebenen Umständen erzielbaren Preis herauszuschlagen, als Kampf bezeichnen, dann herrscht in der Volkswirtschaft ein beständiger Kampf aller gegen alle, keineswegs aber ein Klassenkampf. Nicht Klasse gegen Klasse steht dann gegenüber, sondern jedes Wirtschaftssubjekt allen anderen. Auch wenn sich Gruppen von Konkurrenten zu gemeinschaftlichem Vorgehen zusammenschließen, steht nicht Klasse gegen Klasse, sondern Gruppe gegen Gruppe. Das, was eine einzelne Arbeitergruppe für sich herausgeschlagen hat, kommt nicht der Gesamtheit der Arbeiter zugute; die Interessen der Arbeiter verschiedener Produktionszweige sind ebenso entgegengesetzt wie die der Unternehmer und der Arbeiter.

Diese Gegensätzlichkeit der Interessen der Käufer und Verkäufer auf dem Markte kann die Lehre nicht im Auge haben, wenn sie vom Klassenkampf spricht[1]). Das, was sie unter Klassenkampf versteht, spielt sich, wenn auch aus wirtschaftlichen Beweggründen entspringend, außerhalb der Wirtschaft ab. Wenn sie den Klassenkampf als dem ständischen Kampf analog behandelt, dann kann sie nichts anderes meinen als politischen und außerhalb des Marktes sich abspielenden Kampf. Anderes kann es ja zwischen Herren und Sklaven, zwischen Grundherren und Grundholden gar nicht gegeben haben; auf dem Markt haben die nichts miteinander zu tun. Der Marxismus setzt als selbstverständlich voraus, daß die Besitzenden allein an der Erhaltung des Sondereigentums an den Produktionsmitteln interessiert sind, daß die Proletarier das entgegengesetzte Interesse haben, und daß beide ihre Interessen kennen und dementsprechend handeln. Daß diese Auffassung nur dann als richtig angesehen werden kann, wenn man alle marxistischen Theoreme als bewiesen hinnehmen wollte, wurde schon gezeigt. Die Einrichtung des Sondereigentums an den Produktionsmitteln liegt nicht nur im Interesse der Besitzenden, sondern gerade so auch in dem der Nichtbesitzenden. Davon, daß diese beiden großen Klassen, in die sich die Gesellschaft spalten soll, ihr Interesse im Klassenkampf von selbst kennen, ist keine Rede. Es hat die Marxisten genug Mühe gekostet, das Klassenbewußtsein der Arbeiter zu wecken, das heißt, sie zu Anhängern ihrer auf die Vergesellschaftung des Eigentums gerichteten Pläne zu machen. Es ist die Theorie von den unüberwindbaren Gegensätzen der Klasseninteressen,

---

[1]) Vgl. die auf Seite 299 zitierten Worte von Marx.

die die Arbeiter zum gemeinsamen Handeln gegen die bürgerliche Klasse zusammenschließt. Es ist das durch die Ideologie des Klassengegensatzes geschaffene Bewußtsein, das das Sein des Klassenkampfes macht, und nicht umgekehrt. Die Idee schuf die Klasse, nicht die Klasse die Idee.

Außerwirtschaftlich wie Ursprung und Ziele, sind auch die Mittel des Klassenkampfes. Arbeitseinstellungen, Sabotage, Gewalttätigkeiten und Terror jeder Art sind keine wirtschaftlichen Mittel. Sie sind Zerstörungsmittel, die den Gang des wirtschaftlichen Lebens unterbrechen sollen, sie sind Kampfmittel, die zum Untergang der Gesellschaft führen müssen.

§ 5. Aus der Lehre vom Klassenkampf folgt für den Marxismus, daß die sozialistische Gesellschaftsordnung die unentrinnbare Notwendigkeit der menschlichen Zukunft bildet. In jeder auf dem Sondereigentum beruhenden Gesellschaftsordnung müsse notwendigerweise eine unversöhnlicher Gegensatz zwischen den Interessen der einzelnen Klassen bestehen; Unterdrücker stehen gegen Unterdrückte. Durch diesen Interessengegensatz werde die geschichtliche Stellung der Klassen bestimmt; er schreibe ihnen die Politik vor, die sie befolgen müssen. So werde die Geschichte zu einer Kette von Klassenkämpfen, bis schließlich in dem modernen Proletariat eine Klasse auftrete, die sich von der Klassenherrschaft nur dadurch zu befreien vermag, daß sie alle Klassengegensätze und alle Unterdrückung als solche aufhebt.

Die marxistische Klassenkampftheorie hat ihren Einfluß weit über die Kreise der Sozialisten hinaus ausgeübt. Daß die liberale Lehre von der Solidarität der letzten Interessen aller Glieder der Gesellschaft in den Hintergrund gedrängt wurde, ist freilich nicht nur auf sie zurückzuführen, sondern in dem gleichen Maße auf das Wiedererwachen der imperialistischen und protektionistischen Ideen. Je mehr aber der liberale Gedanke verblaßte, desto stärker mußte die Anziehungskraft der marxistischen Verheißung werden. Denn sie hat eines mit der liberalen Theorie gemein, was den anderen antiliberalen Theorien fehlt: sie bejaht die Möglichkeit gesellschaftlichen Zusammenlebens. Alle anderen Lehren, die die Harmonie der Interessen leugnen, streiten damit auch dem gesellschaftlichen Zusammenleben die Existenzmöglichkeit ab. Wer nach Art der Nationalisten, Rassentheoretiker oder auch nur der Schutzzöllner der Meinung ist, daß die Interessengegensätze zwischen den Völkern nicht zu überbrücken seien, leugnet damit die Möglichkeit eines gesellschaftlichen, d. i. friedlichen Zusammenlebens der Völker. Wer nach Art der unentwegten Vertreter bäuerlicher oder kleinbürgerlicher Interessen die Berechtigung des ausschließlichen Interessenstandpunktes in der Politik vertritt, müßte, wenn er folgerichtig denkt, zur Verneinung der Ersprießlichkeit gesellschaftlichen Zusammenlebens überhaupt gelangen. Gegenüber diesen Theorien, die in ihrer Konsequenz zum schwersten Pessimismus über die Zukunft der gesellschaftlichen Entwicklung führen, stellt sich der Sozialismus insofern als optimistische Lehre dar, als er wenigstens für die angestrebte zukünftige Gesellschaftsordnung die Solidarität der Interessen aller Glieder zugibt. Das Bedürfnis nach einer Gesellschaftsphilosophie, die den Wert des gesellschaftlichen Zusammenlebens doch nicht ganz verneint, ist so groß, daß es viele in die Arme des Sozialismus treibt, die ihm sonst ferngeblieben wären. Aus der Trostlosigkeit der übrigen antiliberalen Theorien wissen sie keine andere Flucht als die zum Sozialismus.

Man übersieht über dieser Bereitwilligkeit, das marxistische Dogma anzunehmen, daß seine Verkündigung einer klassenlosen Zukunftsgesellschaft ganz auf dem als unwiderleglich hingestellten Satze von der höheren, ja von der grenzenlosen Produktivität der sozialistisch organisierten Arbeit beruht. „Die Möglichkeit, vermittels der gesellschaftlichen Produktion allen Gesellschaftsgliedern eine Existenz zu sichern, die nicht nur materiell vollkommen ausreichend ist und von Tag zu Tag reicher wird, sondern die ihnen auch die vollständige freie Ausbildung und Betätigung ihrer körperlichen und geistigen Anlagen garantiert, diese Möglichkeit ist jetzt zum erstenmal da, aber sie ist da"[1]). Das einzige Hindernis, das uns von diesem, Wohlstand für alle verheißenden Zustand trennt, ist das Sondereigentum an den Produktionsmitteln, das aus einer „Entwicklungsform der Produktivkräfte" zu ihrer „Fessel" umgeschlagen ist[2]). Die Befreiung der Produktivkräfte aus den Banden, die ihnen die kapitalistische Produktionsweise angelegt hat, ist „die einzige Vorbedingung einer ununterbrochenen, stets rascher fortschreitenden Entwicklung der Produktivkräfte und damit einer praktisch schrankenlosen Steigerung der Produktion selbst"[3]). „Indem die Entwicklung der modernen Technik bereits die reale Möglichkeit einer genügenden und sogar reichlichen Bedürfnisbefriedigung der Gesamtheit gestattet, vorausgesetzt, daß die Produktion ökonomisch von der Gesamtheit und für sie geleistet wird, erscheint jetzt zum erstenmal der Klassengegensatz nicht

---

[1]) Vgl. Engels, Herrn Eugen Dührings Umwälzung der Wissenschaft, a. a. O., S. 305.

[2]) Vgl. Marx, Zur Kritik der Politischen Ökonomie, herg. von Kautsky, Stuttgart 1897, S. XI.

[3]) Vgl. Engels, Herrn Eugen Dührings Umwälzung der Wissenschaft, a. a. O., S. 304.

mehr als eine Bedingung gesellschaftlicher Entwicklung, sondern im Gegenteil als die Schranke ihrer bewußten und planmäßigen Organisation. So wird im Lichte dieser Erkenntnis das Klasseninteresse der unterdrückten Klasse des Proletariats auf die Beseitigung jeglicher Klasseninteressen überhaupt und auf die Herstellung einer klassenlosen Gesellschaft gerichtet. Das alte, ewig scheinende Gesetz des Klassenkampfes treibt gerade durch seine eigene Konsequenz, durch das Eigeninteresse der letzten und zahlreichsten Klasse, des Proletariats, zur Aufhebung aller Klassengegensätze, zur endlichen Konstituierung einer einheitlich interessierten, menschlich solidarischen Gesellschaft"[1]).

Die Beweisführung des Marxismus ist mithin schließlich die: der Sozialismus muß kommen, weil die sozialistische Produktionsweise rationeller ist als die kapitalistische. Daß die behauptete Überlegenheit der sozialistischen Produktionsweise bestehe, wird von ihm aber als selbstverständlich angenommen; er versucht kaum, es anders als durch ein paar nebenbei hingeworfene Bemerkungen zu beweisen[2]).

Nimmt man aber schon an, daß die sozialistische Produktionsweise ergiebiger sei als jede andere, wie kommt man dann dazu, diese Behauptung wieder dahin einzuschränken, daß sie es erst unter bestimmten geschichtlichen Bedingungen geworden und nicht schon immer gewesen sei? Warum muß die Zeit für den Sozialismus erst reif werden? Man könnte es wohl verstehen, wenn die Marxisten erklären wollten, warum die Menschen nicht schon vor dem neunzehnten Jahrhundert auf den glücklichen Gedanken, zur ergiebigeren sozialistischen Produktionsweise überzugehen, verfallen konnten, und warum dieser Gedanke, wenn er etwa schon früher gefaßt worden wäre, nicht eher hätte verwirklicht werden können. Warum aber muß ein Volk, um zum Sozialismus zu gelangen, auch dann noch alle Entwicklungsstufen durchlaufen, wenn es mit der Idee des Sozialismus schon vertraut ist? Es ist zu begreifen, wenn man annehmen will, „ein Volk sei zum Sozialismus noch nicht reif, solange die Mehrheit der Volksmasse dem Sozialismus feindlich gegenübersteht, von ihm nichts wissen will". Doch warum „läßt sich nicht bestimmt sagen", der Zeitpunkt der Reife sei schon da, „wenn das Proletariat die Mehrheit im Volke bildet und dieses in seiner Mehrheit den Willen zum Sozialismus bekundet?"[3]) Ist es nicht ganz und gar inkonsequent, zu behaupten, daß der Weltkrieg uns in der Entwicklung zurückgeworfen habe und daß daher die Zeit der Reife für den Sozialismus

---
[1]) Vgl. Max Adler, Marx als Denker, 2. Aufl., Wien 1921, S. 68.
[2]) Über Kautskys Beweisversuche vgl. oben S. 159 ff.
[3]) Vgl. Kautsky, Die Diktatur des Proletariats, 2. Aufl., Wien 1918, S. 12.

durch ihn eher noch hinausgeschoben worden sei? „Der Sozialismus, d. h. allgemeiner Wohlstand innerhalb der modernen Kultur, wird nur möglich durch die gewaltige Entwicklung der Produktivkräfte, die der Kapitalismus mit sich bringt, durch die enormen Reichtümer, die er schuf und die sich in den Händen der kapitalistischen Klasse konzentrieren. Ein Staatswesen, das diese Reichtümer durch eine unsinnige Politik, etwa einen erfolglosen Krieg, vergeudet hat, bietet von vornherein keinen günstigen Ausgangspunkt für die rascheste Verbreitung von Wohlstand in allen Schichten"[1]). Wer von der sozialistischen Produktionsweise eine Vervielfältigung der Produktivität erwartet, der müßte doch eigentlich gerade in dem Umstand, daß wir durch den Krieg ärmer geworden sind, einen Grund mehr für die Beschleunigung der Sozialisierung erblicken.

Marx antwortet darauf: „Eine Gesellschaftsformation geht nie unter, bevor alle Produktivkräfte entwickelt sind, für die sie weit genug ist, und neue höhere Produktionsverhältnisse treten nie an die Stelle, bevor die materiellen Existenzbedingungen derselben im Schoß der alten Gesellschaft selbst ausgebrütet worden sind"[2]). Doch diese Antwort nimmt das bereits als bewiesen an, was erst zu beweisen wäre, sowohl die höhere Produktivität der sozialistischen Produktionsweise als auch die Klassifikation der sozialistischen Produktionsweise als einer „höheren", d. i. einer höheren Stufe der gesellschaftlichen Entwicklung zugehörenden.

§ 6. Es ist heute so ziemlich die herrschende Meinung, daß der Weg der Geschichte zum Sozialismus hinführe. Vom Feudalismus über den Kapitalismus zum Sozialismus, von der Adelsherrschaft über die Herrschaft des Bürgertums zur proletarischen Demokratie, so ungefähr stellt man sich die notwendige Entwicklung der Dinge vor. Daß der Sozialismus das unentrinnbare Schicksal unserer Zukunft ist, wird von vielen mit Freuden begrüßt, andere bedauern es, aber nur wenige wagen es zu bezweifeln. Dieses Schema der Entwicklung ist schon vor Marx bekannt gewesen; doch es verdankt seine Herausarbeitung und seine Volkstümlichkeit durchaus seinen Werken. Es verdankt Marx vor allem auch seine Einfügung in den Zusammenhang eines philosophischen Systems.

Von den großen Systemen der deutschen idealistischen Philosophie haben allein die von Schelling und Hegel unmittelbar nachhaltigen Einfluß auf die Gestaltung der Einzelwissenschaften genommen. Aus Schellings Naturphilosophie erwuchs eine spekulative Schule, deren aus der „intellektuellen Anschauung" frei geschöpfte Konstruktionen, einst be-

---

[1]) Vgl. Kautsky, Die Diktatur des Proletariats, a. a. O., S. 40.
[2]) Vgl. Marx, Zur Kritik der Politischen Ökonomie, a. a. O., S XII.

wundert und gepriesen, längst der Vergessenheit anheimgefallen sind. Hegels Geschichtsphilosophie zwang die deutsche Historik eines Menschenalters in ihren Bann; man schrieb Allgemeine Geschichte, Philosophiegeschichte, Religionsgeschichte, Rechtsgeschichte, Kunstgeschichte, Literaturgeschichte nach Hegelschem Schema. Auch diese willkürlichen und mitunter recht schrullenhaften Entwicklungshypothesen sind verschollen. Die Mißachtung, in die die Schulen Schellings und Hegels die Philosophie gebracht hatten, führte dahin, daß die Naturwissenschaft alles, was über das Experimentieren und Analysieren im Laboratorium hinausgeht, und die Geisteswissenschaft alles, was nicht Sammeln und Sichten von Quellen ist, ablehnten. Die Wissenschaft blieb auf das „Faktische" beschränkt, alle Synthese wurde als unwissenschaftlich verworfen. Der Anstoß zu neuer Durchdringung der Wissenschaft mit philosophischem Geiste mußte von anderswo herkommen: von der Biologie und von der Soziologie.

Von allen Konstruktionen der Hegelschen Schule war nur einer eine längere Lebensdauer beschieden: der marxistischen Gesellschaftstheorie. Doch sie blieb ohne Zusammenhang mit den Einzelwissenschaften. Die marxistischen Ideen haben sich als Richtschnur für geschichtliche Untersuchungen ganz unbrauchbar erwiesen. Alle Versuche marxistischer Geschichtsschreibung haben zu kläglichen Mißerfolgen geführt. Die geschichtlichen Arbeiten der orthodoxen Marxisten wie Kautsky und Mehring sind überhaupt nicht bis zu selbständiger Verarbeitung und geistiger Durchdringung der Quellen vorgeschritten; sie bringen nichts als auf den Forschungen anderer beruhende Darstellungen, an denen allein das Bestreben originell ist, alles durch die Brille der marxistischen Auffassung zu sehen. Der Einfluß der marxistischen Ideen reicht allerdings über den Kreis der orthodoxen Jünger weit hinaus; mancher Historiker, der politisch durchaus nicht zum marxistischen Sozialismus gerechnet werden darf, kommt ihnen in seinen geschichtsphilosophischen Anschauungen sehr nahe. Doch gerade in den Arbeiten dieser Forscher ist der marxistische Einschlag nur ein störendes Element. Der Gebrauch von Ausdrücken, die so unbestimmt sind wie Ausbeutung, Verwertungsstreben des Kapitals, Proletariat trübt den Blick für die unbefangene Beurteilung des Stoffes, und die Vorstellung, daß alle Geschichte nur Vorstufe zur sozialistischen Gesellschaft sei, nötigt zu gewaltsamer Auslegung der Quellen.

Der Gedanke, daß die Herrschaft der Bourgeoisie durch die des Proletariates abgelöst werden müsse, stützt sich zum guten Teil auf die seit der französischen Revolution allgemein eingebürgerte Nummerierung der Stände und Klassen. Man bezeichnet die französische Revolution und die durch sie in den Staaten Europas und Amerikas eingeleitete Bewegung als die Emanzipation des dritten Standes und meint, nun müsse die Emanzipation des vierten Standes an die Reihe kommen. Es sei ganz davon abgesehen, daß die Auffassung des Sieges der liberalen Ideen als eines Klassenerfolges der Bourgeoisie und der Freihandelsära als einer Epoche der Herrschaft der Bourgeoisie bereits alle Elemente der sozialistischen Gesellschaftstheorie als bewiesen voraussetzt. Denn eine andere Frage muß sich gleich aufdrängen: muß der vierte Stand, der nun an der Reihe sein soll, gerade im Proletariat gesucht werden? Könnte man ihn nicht mit dem gleichen oder mit größerem Recht im Bauerntum suchen? Für Marx konnte darüber freilich kein Zweifel bestehen. Für ihn ist es ausgemacht, daß auch in der Landwirtschaft der Großbetrieb den Kleinbetrieb verdrängen und daß der Bauer dem landlosen Arbeiter der Latifundien den Platz räumen müsse. Nun, da die Theorie von der Konkurrenzunfähigkeit des landwirtschaftlichen Mittel- und Kleinbetriebes längst begraben ist, entsteht hier eine Frage, auf die eine Antwort im marxistischen Sinne nicht gegeben werden kann. Die Entwicklung, die wir um uns herum sehen, würde noch eher die Annahme eines Überganges der Herrschaft an die Bauern als die Annahme eines Überganges an die Proletarier gestatten[1]).

Das entscheidende Moment liegt aber auch hier in der Beurteilung der Wirkungen der beiden Gesellschaftsordnungen, der kapitalistischen und der sozialistischen. Wenn der Kapitalismus nicht jene Ausgeburt der Hölle ist, als die ihn das sozialistische Zerrbild darstellt, und wenn der Sozialismus nicht jene ideale Ordnung der Dinge ist, als die ihn die Sozialisten preisen, fällt die ganze Konstruktion zusammen. Immer wieder kehrt die Erörterung zu demselben Punkte zurück; die Grundfrage ist stets die, ob die sozialistische Gesellschaftsordnung höhere Produktivität der gesellschaftlichen Arbeit verspricht als die kapitalistische.

§ 7. Rasse, Nationalität, Staatszugehörigkeit, Standesrecht sind im Leben direkt wirksam. Es kommt nicht darauf an, ob eine Parteiideologie alle Angehörigen derselben Rasse oder Nation, desselben Staates oder Standes zu gemeinsamem Handeln zusammenfaßt oder nicht. Die Tatsache, daß es Rassen, Nationen, Staaten und Stände gibt, bestimmt das menschliche Handeln auch dann, wenn keine Ideologie die Menschen veranlaßt, sich durch die Zugehörigkeit zu einer derartigen Gruppe in ihrem Handeln in einem bestimmten Sinne leiten zu lassen. Des Deutschen

---

[1]) Vgl. Gerhard Hildebrand, Die Erschütterung der Industrieherrschaft und des Industriesozialismus, Jena 1910, S. 213ff.

Denken und Handeln sind durch die Geistesbildung, die er mit der Zugehörigkeit zur deutschen Sprachgemeinschaft übernommen hat, beeinflußt; ob er unter der Einwirkung einer nationalistischen Parteiideologie steht oder davon frei ist, ist dabei ganz gleichgültig. Er denkt und handelt als Deutscher anders als der Rumäne, dessen Denken durch die Geschichte der rumänischen Sprache und nicht durch die der deutschen bestimmt ist.

Die Parteiideologie des Nationalismus ist ein von der Tatsache der Zugehörigkeit zu einer Nation ganz unabhängiger Faktor. Es können verschiedene einander widersprechende nationalistische Parteiideologien nebeneinander bestehen und um die Seele des Einzelnen kämpfen; es kann aber auch jede Art nationalistischer Parteiideologie fehlen. Die Parteiideologie ist immer etwas, was zu der Gegebenheit des Zugehörens zu einer bestimmten gesellschaftlichen Gruppe noch besonders hinzutritt und dann eine besondere Quelle des Handelns bildet. Das gesellschaftliche Sein erzeugt keine adäquate Parteidoktrin in den Köpfen. Die Parteistellung entspringt stets einer Theorie über das, was frommt und was nicht frommt. Das gesellschaftliche Sein mag unter Umständen zur Annahme einer bestimmten Ideologie prädisponieren; die Parteidoktrinen werden mitunter schon so gestaltet, daß sie den Angehörigen einer bestimmten gesellschaftlichen Gruppe besonders anziehend erscheinen. Doch die Ideologie ist stets von der Gegebenheit des gesellschaftlichen und des natürlichen Seins zu unterscheiden.

Das gesellschaftliche Sein selbst ist ein ideologisches Moment, insofern Gesellschaft ein Produkt menschlichen Wollens und daher auch menschlichen Denkens ist. Die materialistische Geschichtsauffassung ruft heillose Begriffsverwirrung hervor, wenn sie das gesellschaftliche Sein als vom Denken unabhängig ansieht.

Bezeichnet man die Stellung, die dem einzelnen Menschen im Kooperationsorganismus der Wirtschaft zukommt, als seine Klassenlage, dann gilt das oben Gesagte auch von der Klasse. Dann muß man auch hier zwischen den Einflüssen unterscheiden, denen der Einzelne durch seine Klassenlage ausgesetzt ist, und zwischen den parteipolitischen Ideologien, die auf ihn einwirken. Der Bankangestellte steht unter dem Einflusse der Tatsache, daß er gerade diese Stellung in der Gesellschaft einnimmt. Ob er daraus den Schluß zieht, daß er für kapitalistische oder für sozialistische Politik eintreten müsse, hängt von den Ideen ab, die ihn beherrschen.

Faßt man aber den Begriff der Klasse in dem marxistischen Sinne einer Dreiteilung der Gesellschaft in Kapitalisten, Grundherren und

Arbeiter auf, dann verliert er jede Bestimmtheit. Dann ist er nichts als eine Fiktion, die der Begründung einer konkreten parteipolitischen Ideologie dienen soll. So sind die Begriffe Bourgeoisie, Arbeiterklasse, Proletariat Fiktionen, deren Brauchbarkeit für die Erkenntnis von der Theorie, in der sie Verwendung finden, abhängt. Diese Theorie ist die marxistische Lehre von der Unüberbrückbarkeit der Klassengegensätze. Wenn man diese Theorie nicht als brauchbar ansieht, dann bestehen keine Klassenunterschiede und keine Klassengegensätze im marxistischen Sinne. Ist nachgewiesen, daß zwischen den richtig verstandenen Interessen aller Glieder der Gesellschaft letztlich kein Gegensatz besteht, dann ist damit nicht nur klargestellt, daß die marxistische Auffassung von der Gegensätzlichkeit der Interessen nicht zu halten ist; auch der Begriff der Klasse in dem Sinne, wie ihn die sozialistische Lehre verwendet, ist dann als wertlos abgetan. Denn nur im Rahmen dieser Theorie hat die Zusammenfassung der Kapitalisten, der Grundbesitzer, der Arbeiter zu gedanklichen Einheiten einen Sinn. Außerhalb dieser Theorie ist sie ebenso zwecklos wie es etwa die Zusammenfassung aller blonden oder brünetten Menschen zu einer Einheit ist, wenn man nicht — wie etwa bestimmte Rassentheorien — der Haarfarbe, sei es als äußeres Merkmal, sei es als konstitutives Moment, eine besondere Bedeutung beizulegen weiß.

Durch die Stellung, die der Einzelne im arbeitsteiligen gesellschaftlichen Produktionsprozeß einnimmt, wird seine ganze Lebensführung, sein Denken und seine Einstellung zur Welt in entscheidender Weise beeinflußt. Das gilt in mancher Hinsicht auch von der Verschiedenheit der Stellung, die dem Einzelnen in der gesellschaftlichen Produktion zukommt. Unternehmer und Arbeiter denken anders, weil die Gewohnheit der täglichen Arbeit den Blick anders einstellt. Der Unternehmer hat immer das Große und Ganze, der Arbeiter nur das Nächste und Kleine vor Augen[1]. Jener wird großzügig, dieser bleibt am Kleinen haften. Das sind gewiß Dinge, die von Wichtigkeit für die Erkenntnis der gesellschaftlichen Verhältnisse sind. Doch damit ist noch nicht gesagt, daß es darum schon zweckmäßig wäre, den Begriff der Klasse in dem Sinne, in dem ihn die sozialistische Theorie verwendet, einzuführen. Denn diese Unterscheidungsmerkmale haften nicht an und für sich schon der Verschiedenheit der Stellung im Produktionsprozeß an. Der kleine Unternehmer steht in seinem Denken dem Arbeiter näher als dem großen Unternehmer, der leitende Angestellte großer Unternehmungen ist wieder dem Unternehmer

---

[1] Vgl. Ehrenberg, Der Gesichtskreis eines deutschen Fabrikarbeiters (Thünen-Archiv, I. Bd.), S. 320ff.

enger verwandt als dem Arbeiter. In vieler Hinsicht ist die Unterscheidung von arm und reich für die Erkenntnis der gesellschaftlichen Zustände, die wir hier im Auge haben, wichtiger als die von Unternehmer und Arbeiter. Die Lebenshaltung und Lebensführung wird mehr durch die Höhe des Einkommens bestimmt als durch die Stellung zu den Produktionsfaktoren; diese kommt dafür nur soweit in Betracht, als sie sich in der Abstufung der Höhe des Einkommens ausdrückt.

V.
Die materialistische Geschichtsauffassung.

§ 1. Feuerbach hatte verkündet: „das Denken ist aus dem Sein, aber das Sein nicht aus dem Denken"[1]). Was hier nur die Abkehr vom Idealismus der Hegelschen Richtung ausdrücken sollte, wird in dem berühmt gewordenen Ausspruch: „Der Mensch ist, was er ißt"[2]) zum Losungswort des Materialismus, wie ihn Büchner und Moleschott vertreten haben. Vogt gibt der materialistischen These die schärfste Prägung, indem er den Satz verteidigt, „daß die Gedanken etwa in demselben Verhältnis zum Gehirn stehen wie die Galle zu der Leber oder der Urin zu den Nieren"[3]). Derselbe naive Materialismus, der, ohne Ahnung von der Schwierigkeit der Probleme, die philosophische Grundfrage durch Zurückführung alles Geistigen auf Körperliches einfach und vollständig zu lösen vermeint, tritt auch in der ökonomischen Geschichtsauffassung von Marx und Engels zutage. Die Bezeichnung materialistische Geschichtsauffassung, die sie trägt, entspricht ihrem Wesen, da sie ihre und des zeitgenössischen Materialismus erkenntnistheoretische Gleichartigkeit treffend und im Sinne ihrer Begründer hervorhebt[4]).

Die materialistische Geschichtsauffassung trägt die Lehre von der Abhängigkeit des Denkens vom gesellschaftlichen Sein in zwei verschiedenen, einander im Grunde widersprechenden Gestalten vor. Nach der einen ist das Denken einfach unmittelbar aus der ökonomischen Umwelt,

---

[1]) Vgl. Feuerbach, Vorläufige Thesen zur Reform der Philosophie, 1842 (Sämtliche Werke, a. a. O., II. Bd., Stuttgart 1904, S. 239).

[2]) Vgl. Feuerbach, Die Naturwissenschaft und die Revolution, 1850 (a. a. O., X. Bd., Stuttgart 1911, S. 22).

[3]) Vgl. Vogt, Köhlerglaube und Wissenschaft, 2. Aufl., Gießen 1855, S. 32.

[4]) Max Adler, der sich bemüht, den Marxismus mit dem Neukritizismus zu versöhnen, sucht vergebens nachzuweisen, daß Marxismus und philosophischer Materialismus nichts gemein hätten (vgl. besonders Marxistische Probleme, Stuttgart 1913, S. 60ff., 216ff.), womit er in schroffen Widerspruch zu anderen Marxisten tritt (z. B. zu Plechanow, Grundprobleme des Marxismus, Stuttgart 1910).

aus den Produktionsverhältnissen, unter denen die Menschen leben, heraus zu erklären. Es gibt keine Geschichte der Wissenschaft und keine Geschichte der einzelnen Wissenschaften als selbständige Entwicklungsreihen, da die Problemstellungen und Problemlösungen nicht einen fortschreitenden geistigen Prozeß darstellen, sondern die jeweiligen gesellschaftlichen Produktionsverhältnisse widerspiegeln. Descartes, meint Marx, hat das Tier für eine Maschine angesehen, denn er „sieht mit den Augen der Manufakturperiode im Unterschied zum Mittelalter, dem das Tier als Gehilfe des Menschen galt, wie später wieder dem Herrn v. Haller in seiner Restauration der Staatswissenschaft"[1]). Die gesellschaftlichen Produktionsverhältnisse werden dabei als vom menschlichen Denken unabhängige Tatsachen angesehen. Sie „entsprechen" jeweils „einer bestimmten Entwicklungsstufe" der „materiellen Produktivkräfte"[2]) oder anders ausgedrückt „einer gewissen Stufe der Entwicklung der Produktions- und Verkehrsmittel"[3]). Die Produktivkraft, das Arbeitsmittel, „ergibt" eine bestimmte Gesellschaftsordnung[4]). „Die Technologie enthüllt das aktive Verhalten des Menschen zur Natur, den unmittelbaren Produktionsprozeß seines Lebens, damit auch seiner gesellschaftlichen Lebensverhältnisse und der ihnen entquellenden geistigen Vorstellungen"[5]). Auf den Einwand, daß die Produktivkräfte selbst ein Produkt menschlichen Denkens sind, und daß man sich daher im Kreise bewegt, wenn man das Denken aus ihrem Sein zu erklären versucht, ist Marx nicht gekommen. Er stand ganz im Bann des Wortfetisch „materielle Produktion". Materiell, materialistisch und Materialismus waren die philosophischen Modewörter seiner Tage, deren Einfluß er sich nicht zu entziehen vermochte. „Die Mängel des abstrakt naturwissenschaftlichen Materialismus, der den geschichtlichen Prozeß ausschließt", diese Mängel, die er „schon aus den abstrakten und ideologischen Vorstellungen seiner Wortführer, sobald sie sich über ihre Spezialität hinauswagen" ersehen wollte, zu beheben, hielt er für seine vornehmste philosophische Aufgabe. Und darum nannte er sein Verfahren „die einzig materialistische und daher wissenschaftliche Methode"[6]).

---

[1]) Vgl. Marx, Das Kapital, a. a. O., I. Bd., S. 354 Anm. — Doch zwischen Descartes und Haller steht de la Mettrie mit seinem homme machine, dessen Philosophie genetisch zu deuten Marx leider unterlassen hat.

[2]) Vgl. Marx, Zur Kritik der politischen Ökonomie, a. a. O., S. XI.

[3]) Marx und Engels, Das Kommunistische Manifest, a. a. O., S. 27.

[4]) Vgl. Marx, Das Elend der Philosophie, a. a. O., S. 91. — Siehe auch oben S. 273.

[5]) Vgl. Marx, Das Kapital, a. a. O., I. Bd., S. 336.

[6]) Ebendort.

Nach der zweiten Gestalt der materialistischen Geschichtsauffassung ist das Denken durch das Klasseninteresse bestimmt. Von Locke sagt Marx, daß er „die neue Bourgeoisie in allen Formen vertrat, die Industriellen gegen die Arbeiterklassen und die Paupers, die Kommerziellen gegen die altmodischen Wucherer, die Finanzaristokraten gegen die Staatsschuldner, und in einem eigenen Werke sogar den bürgerlichen Verstand als menschlichen Normalverstand nachwies"[1]). Für Mehring, den fruchtbarsten der marxistischen Geschichtsschreiber, ist Schopenhauer „der Philosoph des geängstigten Spießbürgertums, . . . in seiner duckmäuserigen, eigensüchtigen und lästernden Weise doch recht das geistige Abbild des Bürgertums, das, erschreckt durch den Lärm der Waffen, sich zitternd wie Espenlaub auf seine Rente zurückzog und die Ideale seiner Zeit wie die Pest verschwor"[2]). In Nietzsche sieht er „den Philosophen des Großkapitals"[3]).

Am schärfsten wird dieser Standpunkt in der Beurteilung der Nationalökonomie vertreten. Marx hat die Scheidung der Nationalökonomen in bürgerliche und proletarische aufgebracht, eine Auffassung, die sich dann die etatistische Staatswissenschaft zu eigen gemacht hat. Held erklärt Ricardos Grundrententheorie als „einfach von dem Haß des Geldkapitalisten gegen den Grundbesitzerstand diktiert" und meint, daß man seine ganze Wertlehre unmöglich für etwas anderes ansehen könne, „als für den Versuch, die Herrschaft und den Gewinn des Kapitals unter dem Schein des Strebens nach naturrechtlicher Gerechtigkeit zu rechtfertigen"[4]). Durch nichts läßt sich diese Auffassung besser widerlegen als durch den Hinweis darauf, daß Marxens nationalökonomische Theorie nichts anderes ist als ein Erzeugnis der Schule Ricardos. Alle ihre wesentlichen Elemente sind dem System Ricardos entnommen. Ihm entstammen auch der methodologische Grundsatz der Trennung von Theorie und Politik und die Ausscheidung der ethischen Betrachtungsweise[5]). Das System der klassischen Nationalökonomie wurde in gleicher Weise sowohl

---

[1]) Vgl. Marx, Zur Kritik der politischen Ökonomie, a. a. O., S. 62. — Barth (a. a. O., I. Bd., S. 658f.) meint mit Recht, daß der Vergleich der angeborenen Vorrechte des Adels mit den vermeintlich angeborenen Ideen höchstens als Witz aufgefaßt werden könne. Doch der erste Teil der Marxschen Charakteristik Lockes ist nicht weniger unhaltbar als der zweite.

[2]) Vgl. Mehring, Die Lessing-Legende, 3. Aufl., Stuttgart 1909, S. 422.

[3]) Ebendort S. 423.

[4]) Vgl. Held, Zwei Bücher zur sozialen Geschichte Englands, Leipzig 1881, S. 176, 183.

[5]) Vgl. Schumpeter, Epochen der Dogmen- und Methodengeschichte (Grundriß der Sozialökonomik, I. Abt., Tübingen 1914) S. 81ff.

zur Verteidigung als auch zur Bekämpfung des Kapitalismus, sowohl zur Befürwortung als auch zur Zurückweisung des Sozialismus politisch verwendet.

Nicht anders steht es mit dem Gedankensystem der modernen subjektivistischen Nationalökonomie. Der Marxismus, unfähig, ihr auch nur ein Wort halbwegs vernünftiger Kritik entgegenzusetzen, sucht sie einfach damit abzutun, daß er sie als „bürgerliche Ökonomie" an den Pranger stellt[1]). Doch es genügt wohl darauf hinzuweisen, daß es Sozialisten gibt, die ganz auf dem Boden der Grenznutzentheorie stehen, um zu zeigen, daß die subjektivistische Nationalökonomie nicht „kapitalistische Apologetik" ist[2]). Die Entwicklung der Nationalökonomie als Wissenschaft ist ein geistiger Prozeß, der von vermeintlichen Klasseninteressen der Nationalökonomen unabhängig ist und mit Befürwortung oder Verwerfung bestimmter gesellschaftlicher Einrichtungen nichts zu tun hat. Jede wissenschaftliche Theorie läßt sich übrigens für jeden politischen Zweck mißbrauchen, so daß der Parteimann gar nicht erst das Bedürfnis hat, die Theorie für die besonderen Ziele, die er verfolgt, einzurichten[3]).

Die Ideen des modernen Sozialismus sind nicht Proletarierköpfen entsprungen; sie haben Intellektuelle, Söhne der Bourgeoisie, nicht Lohnarbeiter zu ihren Urhebern[4]). Der Sozialismus hat nicht nur die Arbeiter-

---

[1]) Vgl. Hilferding, Böhm-Bawerks Marx-Kritik, Wien 1904, S. 1, 61. — Für den katholischen Marxisten Hohoff (Warenwert und Kapitalprofit, Paderborn 1902, S. 57) ist Böhm-Bawerk „ein, allerdings gut begabter, Vulgärökonom, der sich über die kapitalistischen Vorurteile, in denen er groß geworden, nicht zu erheben vermochte". Vgl. meine Abhandlung „Die psychologischen Wurzeln des Widerstandes gegen die nationalökonomische Theorie (Schriften des Vereins für Sozialpolitik, Bd. 183, I) S. 280 ff.

[2]) Vgl. z. B. Shaw, Die ökonomische Entwicklung (Englische Sozialreformer, eine Sammlung „Fabian Essays", a. a. O.) S. 16ff. — In ähnlicher Weise haben auf dem Gebiete der Soziologie und der Staatslehre Naturrecht und Vertragstheorie sowohl zur Befürwortung als auch zur Bekämpfung des Absolutismus gedient.

[3]) Wenn man es der materialistischen Geschichtsauffassung als Verdienst anrechnen wollte, daß sie mit Nachdruck auf die Abhängigkeit der gesellschaftlichen Verhältnisse von den natürlichen Lebens- und Produktionsbedingungen hingewiesen habe, so ist zu beachten, daß dies nur den Ausschreitungen der im Hegelschen Geiste arbeitenden Geschichtsphilosophie und Geschichtsschreibung gegenüber als ein besonderer Vorzug erscheinen kann. Die liberale Gesellschafts- und Geschichtsphilosophie und die Geschichtsschreibung seit dem Ende des achtzehnten Jahrhunderts (und zwar auch die deutsche, vgl. Below, Die deutsche Geschichtsschreibung von den Befreiungskriegen bis zu unseren Tagen, Leipzig 1916, S. 124ff.) waren in dieser Erkenntnis schon vorangegangen.

[4]) Von den Hauptvertretern des französischen und italienischen Syndikalismus sagt Sombart (Sozialismus und soziale Bewegung, 7. Aufl., Jena 1919, S. 110): „Soweit

schaft ergriffen; er zählt offen und versteckt auch unter den Besitzenden Anhänger.

§ 2. Das theoretische Denken ist von den Wünschen, die der Denker hegt, und von den Zielen, denen er zustrebt, unabhängig[1]). Diese Unabhängigkeit qualifiziert es erst als Denken. Wünsche und Zielsetzungen regeln das Handeln, nicht das reine Denken. Wenn man meint, die Wirtschaft beeinflusse das Denken, so kehrt man den Sachverhalt gerade um. Die Wirtschaft als rationales Handeln ist vom Denken, nicht das Denken von der Wirtschaft abhängig.

Selbst wenn man zugeben wollte, daß das Klasseninteresse dem Denken den Weg weise, so könnte dies doch wohl nur so verstanden werden, daß das erkannte Klasseninteresse dabei in Frage kommt. Die Erkenntnis des Klasseninteresses aber ist bereits ein Erzeugnis des Denkprozesses. Ob dieser Denkprozeß ergibt, daß besondere Klasseninteressen bestehen oder daß die Interessen aller Klassen in der Gesellschaft letzten Endes harmonieren, liegt mithin jedenfalls vor dem klassenmäßig determinierten Denken.

Für das proletarische Denken nimmt der Marxismus freilich bereits einen über alle Klassenabhängigkeit erhabenen Wahrheits- und Ewigkeitswert an. So wie das Proletariat selbst zwar noch Klasse sei, aber doch in seinem Handeln notwendigerweise bereits über seine bloße Klasseninteressen hinausgreifend die der Menschheit wahren müsse, indem es die Spaltung der Gesellschaft in Klassen aufheben muß, so sei im proletarischen Denken schon statt der Relativität des klassenmäßig bestimmten Denkens der absolute Wahrheitsgehalt der eigentlich erst der künftigen sozialistischen Gesellschaft vorbehaltenen reinen Wissenschaft zu finden. Mit anderen Worten: der Marxismus allein ist Wissenschaft. Was geschichtlich hinter Marx zurückliegt, kann zur Vorgeschichte der Wissenschaft gerechnet werden; dabei wird den Philosophen vor Hegel ungefähr die Stellung eingeräumt, die das Christentum den Propheten, und Hegel

---

ich sie persönlich kenne: liebenswürdige, feine, gebildete Leute. Kulturmenschen mit reiner Wäsche, guten Manieren und eleganten Frauen, mit denen man gern wie mit seinesgleichen verkehrt und denen man ganz gewiß nicht ansehen würde, daß sie eine Richtung vertreten, die vor allem sich gegen die Verbürgerlichung des Sozialismus wendet, die der schwieligen Faust, dem echten und wahren Nur-Handarbeitertum zu ihrem Rechte verhelfen will." Und De Man sagt (a. a. O., S. 16f.): „Wollte man die irreführende Ausdrucksweise des Marxismus gelten lassen, die jede gesellschaftliche Ideologie mit einer bestimmten Klassenzugehörigkeit verknüpft, so müßte man sagen, daß der Sozialismus als Lehre, auch der Marxismus, bürgerlichen Ursprungs ist."

[1]) Der Wunsch ist der Vater des Gedankens, sagt eine Redensart. Doch das, was sie meint, ist: der Wunsch ist der Vater des Glaubens.

die Stellung, die das Christentum dem Täufer im Verhältnis zum Erlöser zuweist. Seit dem Auftreten von Marx aber gibt es Wahrheit nur bei den Marxisten; alles andere ist Lug und Trug, kapitalistische Apologetik.

Das ist eine sehr einfache und klare Philosophie, und sie wird unter den Händen der Nachfolger von Marx nur noch einfacher und klarer. Wissenschaft und marxistischer Sozialismus sind ihnen identisch. Wissenschaft ist die Exegese der Worte von Marx und Engels; man führt Beweise durch Zitieren und durch Auslegung der Worte, man wirft sich gegenseitig Unkenntnis der „Schrift" vor. Dabei wird ein wahrer Kultus mit dem Proletariate getrieben. „Nur bei der Arbeiterklasse" — sagt schon Engels — „besteht der deutsche theoretische Sinn unverkümmert fort. Hier ist er nicht auszurotten; hier finden keine Rücksichten statt auf Carrière, auf Profitmacherei, auf gnädige Protektion von oben; im Gegenteil, je rücksichtsloser und unbefangener die Wissenschaft vorgeht, desto mehr befindet sie sich im Einklang mit den Interessen und Strebungen der Arbeiter"[1]... „Nur das Proletariat, d. h. dessen literarische Wortführer und Spitzen" bekennt sich, meint Tönnies, „grundsätzlich ... zur wissenschaftlichen Weltanschauung in allen ihren Konsequenzen"[2].

Es genügt, an die Haltung zu erinnern, die der Sozialismus gegenüber allen wissenschaftlichen Leistungen der letzten Jahrzehnte eingenommen hat, um diese verwegenen Behauptungen ins rechte Licht zu setzen. Als vor ungefähr einem Vierteljahrhundert eine Anzahl von marxistischen Schriftstellern den Versuch machte, die Parteilehre von den gröbsten Irrtümern zu befreien, wurde eine Ketzerverfolgung eingeleitet, um die Reinheit des Systems zu wahren. Der Revisionismus ist der Orthodoxie unterlegen. Innerhalb des Marxismus ist kein Raum für freies Denken.

§ 3. Warum, ist zu fragen, sollte das Proletariat in der kapitalistischen Gesellschaftsordnung notwendigerweise sozialistisch denken müssen? Es ist leicht zu erklären, warum der sozialistische Gedanke nicht aufkommen konnte, ehe es Großbetrieb in der Industrie, im Verkehrswesen und im Bergbau gab. Solange man an eine Aufteilung der Besitztümer der Reichen denken konnte, fiel es niemand ein, die Bestrebungen zur Herstellung der Einkommensgleichheit anders verwirklichen zu wollen. Erst als die Entwicklung der gesellschaftlichen Kooperation den Großbetrieb geschaffen hatte, dessen Unteilbarkeit nicht zu verkennen war,

---
[1] Vgl. Engels, Ludwig Feuerbach und der Ausgang der klassischen deutschen Philosophie, 5. Aufl., Stuttgart 1910, S. 58.
[2] Vgl. Tönnies, Der Nietzsche-Kultus, Leipzig 1897, S. 6.

mußte man auf die sozialistische Lösung des Gleichheitsproblems verfallen. Doch das erklärt nur, warum in der kapitalistischen Gesellschaftsordnung nicht mehr vom „Teilen" die Rede sein kann, keineswegs aber auch schon, warum in ihr der Sozialismus die gegebene Politik des Proletariates sein müßte.

Unsere Zeit hält es freilich für selbstverständlich, daß der Arbeiter sozialistisch denken und handeln müsse. Doch zu dieser Auffassung gelangt sie nur auf die Weise, daß sie annimmt, die sozialistische Gesellschaftsordnung sei entweder die den Interessen des Proletariates am besten entsprechende Gestalt des menschlichen Zusammenlebens oder es scheine zumindest dem Proletariate, daß sie es sei. Was von der ersten Alternative zu halten sei, ist schon genügend erörtert worden. Dann bleibt also, angesichts der nicht zu bezweifelnden Tatsache, daß der Sozialismus, mag er auch in anderen Schichten zahlreiche Anhänger zählen, vor allem unter den Arbeitern verbreitet ist, die Frage zu erörtern, warum der Arbeiter vermöge der Besonderheit der Stellung, die er im gesellschaftlichen Arbeitsprozeß einnimmt, zu Auffassungen neigt, die ihn für die sozialistische Ideologie empfänglich machen.

Die demagogische Liebdienerei der sozialistischen Parteien preist den Arbeiter des modernen Kapitalismus als ein Wesen, das durch alle Vorzüge des Geistes und des Charakters ausgezeichnet ist. Eine nüchterne und weniger voreingenommene Betrachtung wird vielleicht zu ganz anderen Ergebnissen gelangen. Doch man mag Untersuchungen dieser Art ruhig den Parteiliteraten der verschiedenen Richtungen überlassen. Für die Erkenntnis der gesellschaftlichen Zustände im allgemeinen und der Soziologie des Parteiwesens im besonderen sind sie ganz wertlos. Die Frage ist hier allein die, wieso den Arbeiter die Stellung, die er im Produktionsprozeß einnimmt, leicht zur Auffassung führen kann, daß die sozialistische Produktionsweise nicht nur überhaupt möglich, sondern sogar rationeller sei als die kapitalistische.

Die Antwort darauf kann nicht schwer fallen. Der Arbeiter des kapitalistischen Groß- und Mittelbetriebes sieht und weiß nichts vom geistigen Band, das die einzelnen Teile der Arbeit zu dem sinnvollen Ganzen der Wirtschaft verbindet. Sein Gesichtskreis als Arbeiter und Produzent reicht nicht über den Teilprozeß, der ihm obliegt, hinaus. Er hält sich allein für ein produktives Glied der menschlichen Gesellschaft und sieht in jedem, der nicht gleich ihm an der Maschine steht oder Lasten schleppt, nicht nur im Unternehmer, sondern auch im Ingenieur und im Werkmeister, einen Parasiten. Selbst der Bankangestellte glaubt, daß er allein im Bankbetriebe produktiv tätig sei und den Gewinn des Unternehmens erarbeite, und daß der Direktor, der die Geschäfte abschließt, nur ein überflüssiger Faulenzer sei, den man ohne Schaden durch einen beliebigen Menschen ersetzen könnte. Die Erkenntnis des wahren Zusammenhanges der Dinge kann dem Arbeiter aus seiner Stellung unmöglich kommen. Er könnte sie allenfalls durch Nachdenken mit Hilfe von Büchern erlangen, niemals aber kann er sie aus dem, was ihm seine eigene Tätigkeit an Tatsachenmaterial zuführt, erschließen. So wenig der Durchschnittsmensch aus dem, was ihm die tägliche Erfahrung zuführt, zu einer anderen Auffassung gelangen kann als zu der, daß die Erde still steht und daß die Sonne täglich im Bogen von Ost nach West zieht, so wenig kann der Arbeiter aus seiner eigenen Erfahrung heraus zur Erkenntnis des Wesens und des Getriebes der Wirtschaft gelangen.

Vor diesen wirtschaftsfremden Mann tritt nun die sozialistische Ideologie und ruft ihm zu:

> Mann der Arbeit, aufgewacht!
> und erkenne Deine Macht!
> Alle Räder stehen still,
> wenn Dein starker Arm es will. (Herwegh.)

Was Wunder, wenn er vom Machtrausch umnebelt, dieser Aufforderung Folge leistet. Der Sozialismus ist der der Arbeiterseele entsprechende Ausdruck des Gewaltprinzips wie der Imperialismus der der Soldaten- und Beamtenseele entsprechende ist.

Nicht, weil es ihren Interessen tatsächlich entspricht, sondern weil sie glauben, daß es ihren Interessen entspricht, neigen die Massen zum Sozialismus.

II. Abschnitt.

Kapitalskonzentration und Monopolbildung als Vorstufe des Sozialismus.

I.

Die Problemstellung.

§ 1. Eine ökonomische Begründung der These von der Unentrinnbarkeit der Entwicklung zum Sozialismus meint Marx mit dem Nachweis der fortschreitenden Kapitalskonzentration zu erbringen. Die kapitalistische Produktionsweise hat das Privateigentum des Arbeiters an seinen Produktionsmitteln beseitigt; sie hat „die Expropriation der unmittelbaren Produzenten" vollbracht. Sobald dieser Prozeß vollendet ist „gewinnt die weitere Vergesellschaftung der Arbeit und weitere Verwandlung der Erde und anderer Produktionsmittel in gesellschaftlich ausgebeutete, also gemeinschaftliche Produktionsmittel, daher die weitere Expropriation der Privateigentümer, eine neue Form. Was jetzt zu expropriieren, ist nicht länger der selbstwirtschaftende Arbeiter, sondern der viele Arbeiter exploitierende Kapitalist. Diese Expropriation vollzieht sich durch das Spiel der immanenten Gesetze der kapitalistischen Produktion selbst, durch die Zentralisation der Kapitale. Je ein Kapitalist schlägt viele tot." Hand in Hand damit geht die Vergesellschaftung der Produktion. Die Zahl der „Kapitalmagnaten" nimmt beständig ab. „Die Zentralisation der Produktionsmittel und die Vergesellschaftung der Arbeit erreichen einen Punkt, wo sie unverträglich werden mit ihrer kapitalistischen Hülle. Sie wird gesprengt. Die Stunde des kapitalistischen Privateigentums schlägt. Die Exproprateurs werden expropriiert." Das ist die „Expropriation weniger Usurpatoren durch die Volksmasse" durch „Verwandlung des tatsächlich bereits auf gesellschaftlichem Produktionsbetrieb beruhenden kapitalistischen Eigentums in gesellschaftliches", ein Prozeß, der ungleich weniger „langwierig, hart und schwierig" ist als es seinerzeit der Prozeß war, durch den das auf eigener Arbeit der Individuen beruhende zersplitterte Privateigentum in kapitalistisches umgewandelt wurde[1]).

Marx umhüllt seine Aufstellung mit einer dialektischen Phrase. „Das kapitalistische Privateigentum ist die erste Negation des individuellen, auf eigene Arbeit gegründeten Privateigentums. Aber die kapitalistische Produktion erzeugt mit der Notwendigkeit eines Naturprozesses ihre eigene Negation. Es ist die Negation der Negation. Diese stellt nicht das Privateigentum wieder her, wohl aber das individuelle Eigentum auf Grundlage der Errungenschaft der kapitalistischen Ära: der Kooperation und des Gemeinbesitzes der Erde und der durch die Arbeit selbst produzierten Produktionsmittel"[2]). Befreit man diese Ausführungen von dem dialektischen Beiwerk, dann bleibt stehen, daß die Konzentration der Betriebe, der Unternehmungen und der Vermögen — Marx unterscheidet nicht zwischen den drei Prozessen und hält sie offenbar für identisch — unvermeidlich ist. Sie führt zum Sozialismus einmal dadurch, daß sie die Welt in ein einziges Riesenunternehmen verwandelt, das dann mühelos von der Gesellschaft übernommen wird; bevor es aber noch soweit ge-

---

[1]) Vgl. Marx, Das Kapital, a. a. O., I. Bd., S. 726 ff.
[2]) Ebendort S. 728 f.

kommen ist, durch „die Empörung der stets anschwellenden und durch den Mechanismus des kapitalistischen Produktionsprozesses selbst geschulten, vereinten und organisierten Arbeiterklasse"[1]).

Für Kautsky ist „klar, daß die Tendenz der kapitalistischen Produktionsweise dahin geht, die Produktionsmittel, welche das Monopol der Kapitalistenklasse geworden sind, in immer weniger und weniger Händen zu vereinigen. Diese Entwicklung läuft schließlich darauf hinaus, daß die gesamten Produktionsmittel einer Nation, ja der ganzen Weltwirtschaft, das Privateigentum einer einzelnen Person oder Aktiengesellschaft werden, die darüber nach Willkür verfügt; daß das ganze wirtschaftliche Getriebe zu einem einzigen ungeheuren Betrieb zusammengefaßt wird, in dem alles einem einzigen Herrn zu dienen hat, einem einzigen Herrn gehört. Das Privateigentum an den Produktionsmitteln führt in der kapitalistischen Gesellschaft dahin, daß alle besitzlos sind, einen einzigen ausgenommen. Es führt also zu seiner eigenen Aufhebung, zur Besitzlosigkeit aller und zur Versklavung aller." Das ist der Zustand dem wir rasch entgegensteuern, „rascher als die meisten glauben". Es wird allerdings nicht soweit kommen. „Denn die bloße Annäherung an diesen Zustand muß die Leiden, Gegensätze und Widersprüche in der Gesellschaft zu einer solchen Höhe treiben, daß sie unerträglich werden, daß die Gesellschaft aus ihren Fugen geht und zusammenbricht, wenn der Entwicklung nicht schon früher eine andere Richtung gegeben wird"[2]).

Man muß genau beachten, daß nach dieser Auffassung der Umschwung der Dinge, der Übergang vom Hochkapitalismus zum Sozialismus, nicht anders bewirkt werden soll als durch das zielbewußte Handeln der Massen. Die Massen glauben Mißstände feststellen zu können, die sie dem Sondereigentum an den Produktionsmitteln zur Last rechnen, und meinen, daß die sozialistische Produktionsweise geeignet sei, befriedigendere Zustände herbeizuführen. Es ist mithin die theoretische Einsicht, die sie leitet. Diese Theorie muß im Sinne der materialistischen Geschichtsauffassung freilich notwendiges Ergebnis einer bestimmten Gestaltung der Produktionsverhältnisse sein. Wir sehen hier wieder, wie sich der Marxismus mit seiner Beweisführung im Kreise bewegt. Ein bestimmter Zustand muß kommen, weil die Entwicklung dahin führt; die Entwicklung führt hin, weil das Denken es verlangt; das Denken aber ist durch das Sein bestimmt. Dieses Sein aber kann doch wohl kein

---

[1]) Vgl. Marx, Das Kapital, a. a. O., I. Bd., S. 728.
[2]) Vgl. Kautsky, Das Erfurter Programm, a. a. O., S. 83f.

anderes sein als das des schon vorhandenen Zustandes. Aus dem durch den bestehenden Zustand bestimmten Denken folgt die Notwendigkeit eines anderen Zustandes. Diese ganze Ableitung ist gegen zwei Einwände wehrlos. Sie ist nicht imstande, den zu widerlegen, der, im übrigen ganz in der gleichen Weise argumentierend, das Denken als das Primäre, das gesellschaftliche Sein als das Verursachte ansehen wollte. Und sie kann nichts gegen den vorbringen, der die Frage aufwirft, ob das Denken eines besseren künftigen Zustandes nicht auch in die Irre gehen könne, so daß das, was angestrebt wird, eine noch weniger erträgliche Lage schaffen müßte. Damit aber wird die Erörterung der Vorteile und Nachteile gedachter und bestehender Gesellschaftsordnungen, die der Marxismus zum Schweigen bringen wollte, neu eröffnet.

Will man die marxistischen Lehren über die geschichtliche Tendenz der kapitalistischen Akkumulation selbst prüfen, dann darf man es sich nicht so leicht machen, daß man einfach die Statistik der Betriebe, der Einkommen und der Vermögen zu Rate zieht. Die Einkommens- und die Vermögensstatistik widersprechen durchaus der Konzentrationstheorie; das kann, trotz aller Mängel, die der Erfassung der Verhältnisse anhaften, und trotz der Schwierigkeiten, die die Geldwertschwankungen der Verwertung des Materials entgegenstellen, bestimmt behauptet werden; und ebenso kann es auch als ausgemacht gelten, daß das Gegenstück der Konzentrationstheorie, die viel berufene Verelendungstheorie, an der kaum noch die orthodoxen Marxisten festhalten, mit den Ergebnissen der Statistik unvereinbar ist[1]). Auch die Statistik der landwirtschaftlichen Betriebe widerspricht der Annahme der Marxisten; dagegen scheint ihnen die Statistik der Betriebe in Gewerbe, Bergbau und Verkehr durchaus recht zu geben. Doch die zahlenmäßige Erfassung der Entwicklung während einer bestimmten kurzen Zeitperiode kann nicht beweiskräftig sein. Es könnte sein, daß die Entwicklung gerade in dieser Spanne in einer bestimmten Richtung verläuft, die dem Zuge der großen Entwicklung entgegen ist. Man sollte daher die Statistik besser aus dem Spiele lassen und darauf verzichten, sie für oder gegen die Theorie ins Treffen zu führen. Denn es darf nicht übersehen werden, daß in jedem statistischen Beweis schon Theorie enthalten ist. Mit dem Zusammentragen von statistischen Angaben wird an sich nichts bewiesen oder widerlegt. Erst die Schlüsse, die aus dem gesammelten Material gezogen werden, können beweisen oder widerlegen; die aber sind theoretische Überlegung.

---

[1]) Vgl. Wolf, Sozialismus und kapitalistische Gesellschaftsordnung, Stuttgart 1892, S. 149ff.

§ 2. Tiefer als die marxistische Konzentrationstheorie dringt die Monopoltheorie. Danach wird der freie Wettbewerb, der das Lebenselement der auf dem Sondereigentum an den Produktionsmitteln beruhenden Gesellschaftsordnung bildet, durch die fortschreitende Entwicklung zum Monopol untergraben. Die Nachteile, die die schrankenlose Herrschaft privater Monopole in der Volkswirtschaft auslöse, seien aber so groß, daß es keinen anderen Ausweg gebe, als durch Verstaatlichung das Monopol der Privaten in ein Staatsmonopol umzuwandeln. Der Sozialismus möge ein noch so großes Übel sein, er sei doch das kleinere Übel, wenn man ihn mit den Schäden des Monopolismus vergleicht. Sollte es sich als unmöglich erweisen, der Entwicklung, die zur Bildung von Monopolen auf den wichtigsten oder gar auf allen Gebieten der Produktion hinzuführen scheine, wirksam entgegenzutreten, so habe die Stunde des Sondereigentums an den Produktionsmitteln geschlagen[1]).

Es ist klar, daß die Beurteilung dieser Lehre nicht anders erfolgen kann als auf Grund einer eingehenden Untersuchung einmal darüber, ob die Entwicklung wirklich zur Monopolherrschaft führe, und dann darüber, welche volkswirtschaftlichen Wirkungen das Monopol auslöse. Man wird dabei mit besonderer Behutsamkeit vorzugehen haben. Die Zeit, in der diese Lehre aufgekommen ist, war im allgemeinen theoretischen Untersuchungen von Problemen dieser Art nicht günstig. An Stelle kühler Prüfung der Zusammenhänge hat gefühlsmäßige Beurteilung von Äußerlichkeiten vorgewaltet. Selbst durch die Ausführungen eines Nationalökonomen vom Range Clarks zieht sich viel von der volkstümlichen Gegnerschaft gegen die Trusts. Wie es unter solchen Umständen mit den Äußerungen der Politiker bestellt ist, zeigt der Bericht der deutschen Sozialisierungskommission vom 15. Februar 1919, der erklärt, es könne als „unbestritten" gelten, daß die monopolistische Stellung der deutschen Kohlenindustrie „ein Herrschaftsverhältnis konstituiert, das mit dem Wesen des modernen Staates, nicht nur des sozialistischen, unvereinbar ist". Es erscheine „unnötig, von neuem die Frage zu erörtern, ob und in welchem Maße dieses Herrschaftsverhältnis zum Schaden der übrigen Volksgenossen, Weiterverarbeiter, Konsumenten, Arbeiter mißbraucht worden ist; es genügt sein Bestehen, um die Notwendigkeit seiner völligen Aufhebung evident zu machen"[2]).

---

[1]) Vgl. Clark, Essentials of Economic Theory, a. a. O., S. 374ff., 397.
[2]) Vgl. Bericht der Sozialisierungskommission über die Frage der Sozialisierung des Kohlenbergbaus vom 31. Juli 1920 (Anhang: Vorläufiger Bericht vom 15. Februar 1919) a. a. O., S. 32.

II.
Die Konzentration der Betriebe.

§ 1. Die Konzentration der Betriebe ist mit der Arbeitsteilung gegeben. Die Schusterwerkstätte ist die Vereinigung der früher in den einzelnen Wirtschaften betriebenen Herstellung von Schuhwerk in einem Betrieb. Das Schuhmacherdorf, die Schuhmanufaktur vereinigen die Schuherzeugung für ein größeres Gebiet. Die Schuhfabrik, die für die Erzeugung großer Mengen von Schuhwaren eingerichtet ist, stellt eine noch weitergehende Betriebsvereinigung dar; und in ihrem Innern ist in den einzelnen Abteilungen ebenso wie die Arbeitsteilung auch ihr Gegenstück, die Vereinigung gleichartiger Tätigkeit, Grundprinzip. Kurz, je weiter die Arbeitszerlegung geht, desto mehr müssen auf der anderen Seite gleichartige Arbeitsprozesse zusammengezogen werden.

Aus den Ergebnissen der Betriebszählungen, die in verschiedenen Ländern eigens zum Zwecke der Überprüfung der Lehre von der Betriebskonzentration vorgenommen wurden, und aus den sonstigen statistischen Materialien, die über die Veränderungen in der Zahl der Betriebe zur Verfügung stehen, kann man über die Tatsache der Betriebskonzentration und über ihren Stand nicht alles erfahren. Denn das, was für diese Zählungen als Betrieb erscheint, ist immer schon in einem bestimmten Sinn Unternehmungseinheit und nicht Betriebseinheit. Betriebe, die bei örtlicher Vereinigung innerhalb eines Unternehmens gesondert geführt werden, sind in solchen Aufnahmen nur unter bestimmten Voraussetzungen besonders gezählt. Die Abgrenzung der Betriebe ist nach anderen Gesichtspunkten vorzunehmen, als es jene sind, die die Gewerbestatistik zugrunde legt.

Die höhere Produktivität der Arbeitsteilung beruht vor allem darauf, daß sie die Möglichkeit bietet, die Hilfsmittel der Arbeit zu spezialisieren. Je öfter der gleiche Vorgang wiederholt werden muß, desto eher lohnt sich die Einstellung eines für ihn besonders geeigneten Werkzeuges, das für andere Zwecke nicht in gleicher Weise oder gar nicht verwendbar ist. Die Zerlegung der Arbeit geht weiter als die Spezialisierung der Berufe, zumindest weiter als die Spezialisierung der Unternehmungen. In der Schuhfabrik werden die Schuhe in verschiedenen Teilprozessen erzeugt. Es wäre auch denkbar, daß jeder dieser Teilprozesse in einem besonderen Betrieb und in einem besonderen Unternehmen vollzogen wird; es gibt in der Tat auch Fabriken, die sich mit der Herstellung einzelner Schuhbestandteile befassen, um sie an Schuhfabriken zu liefern. Wir pflegen dennoch die in einer Schuhfabrik, die alle Schuhbestandteile selbst erzeugt, zu einer Einheit verbundene Summe von Teilprozessen als einen Betrieb anzusehen. Gliedert man der Schuhfabrik auch noch eine Lederfabrik oder eine Abteilung, in der die Schachteln zum Verpacken der Schuhe erzeugt werden, an, so sprechen wir von einer Vereinigung mehrerer Betriebe zu gemeinsamer Unternehmung. Diese Unterscheidung ist nur geschichtlich gegeben. Sie kann weder durch die technische Besonderheit noch durch die Besonderheit des Unternehmens ganz erklärt werden.

Sehen wir als Betrieb die Gesamtheit der einer wirtschaftlichen Betätigung dienenden Einrichtungen an, die der Verkehr als eine Einheit anzusehen pflegt, dann müssen wir uns vor Augen halten, daß es sich hier keineswegs um ein Individuum handelt. Jeder Betrieb setzt sich aus Apparaturen zusammen, jeder ist bereits eine Verbindung von Apparaturen in horizontaler und in vertikaler Richtung. Der Betriebsbegriff ist kein technischer, sondern ein wirtschaftlicher. Wie weit im einzelnen Falle ein einheitlicher Betrieb anzunehmen ist, wird durch wirtschaftliche, nicht durch technische Erwägungen bestimmt.

Über die Betriebsgröße entscheidet die Komplementarität der Produktionsfaktoren. Es wird die optimale Verbindung der Produktionsfaktoren angestrebt, das ist jene, bei der das Höchstmaß von Ertrag herausgewirtschaftet werden kann. Die wirtschaftliche Entwicklung treibt zu immer weitergehender Arbeitszerlegung und damit zur Erweiterung der Betriebsgröße bei gleichzeitiger Einschränkung des Betriebsumfanges. Aus dem Zusammenwirken dieser beiden Antriebe ergibt sich die Gestaltung der konkreten Größenverhältnisse der Betriebe.

§ 2. Das Gesetz der Proportionalität in der Vereinigung der Produktionsfaktoren wurde zuerst für die landwirtschaftliche Produktion als Gesetz vom abnehmenden Ertrag entdeckt. Man hat lange seinen allgemeinen Charakter verkannt und es für ein Gesetz der landwirtschaftlichen Technik angesehen; man stellte es in Gegensatz zu einem Gesetz des zunehmenden Ertrages, das, wie man dachte, für die gewerbliche Produktion Geltung haben sollte. Diese Irrtümer sind heute überwunden[1]).

---

[1]) Vgl. Vogelstein, Die finanzielle Organisation der kapitalistischen Industrie und die Monopolbildungen (Grundriß der Sozialökonomik, VI. Abteilung, Tübingen 1914), S. 203 ff.; Weiß, Art. „Abnehmender Ertrag" im „Handwörterbuch der Staatswissenschaften", IV. Aufl., I. Bd., S. 11 ff.

Auf das Problem der Betriebsgröße angewendet, zeigt das Gesetz der optimalen Vereinigung der Produktionsfaktoren die rentabelste Größe des Betriebes. Je besser die Betriebsgröße restlose Ausnützung aller verwendeten Produktionsfaktoren gestattet, desto größer ist der Reinertrag. Darin allein ist bei dem jeweils gegebenen Stande der Produktionstechnik die durch die Größe begründete Überlegenheit eines Betriebes gegenüber einem anderen zu suchen. Es war ein Irrtum, wenn man — wie es trotz gelegentlicher Bemerkungen, die die Erkenntnis des richtigen Sachverhaltes durchscheinen lassen, Marx und, ihm folgend, seine Schule machten — gemeint hat, daß die Vergrößerung des industriellen Betriebes stets zu einer Kostenersparnis führe. Es gibt auch hier eine Grenze, über die hinaus durch Vergrößerung des Betriebsumfanges keine bessere Ausnutzung der verwendeten Produktionsfaktoren möglich ist. Die Dinge liegen in der Urproduktion und im verarbeitenden Gewerbe grundsätzlich gleich; nur die konkreten Daten sind verschieden. Lediglich die Besonderheit der für die landwirtschaftliche Produktion gegebenen Bedingungen veranlaßt uns, das Gesetz des abnehmenden Ertrages vorzüglich als Bodengesetz anzusprechen.

Betriebskonzentration ist vor allem auch örtliche Vereinigung. Da der land- und forstwirtschaftlich nutzbare Boden im Raum verteilt ist, ist mit jeder Erweiterung des Betriebsumfanges eine Zunahme der Schwierigkeiten verbunden, die die Entfernung bereitet. Die Größe des landwirtschaftlichen Betriebes wird dadurch nach obenhin begrenzt. Weil Land- und Forstwirtschaft sich im Raum ausdehnen, ist Betriebskonzentration nur bis zu einem bestimmten Punkte möglich. Es ist überflüssig, auf die bekannte und gerade im Zusammenhange mit dem Problem, mit dem wir uns befassen, viel erörterte Frage einzugehen, ob der Groß- oder der Kleinbetrieb in der Landwirtschaft die wirtschaftlich überlegenere Betriebsweise darstellt. Mit dem Gesetz der Betriebskonzentration hat dies nichts zu tun. Auch wenn man annimmt, daß der Großbetrieb in der Landwirtschaft die überlegenere Betriebsform darstellt, kann man nicht leugnen, daß von einem Gesetz der Betriebskonzentration in der Land- und Forstwirtschaft nicht die Rede sein kann. Auch der Latifundienbesitz bedeutet nicht Latifundienbetrieb. Die großen Domänen setzen sich immer aus zahlreichen Betrieben zusammen.

Noch schärfer tritt dies in einem anderen Zweig der Urproduktion zutage, im Bergbau. Der Bergbau ist an die Fundorte gebunden. Die Betriebe sind so groß, als es die einzelnen Fundstätten zulassen. Konzentration der Betriebsstätten kann nur soweit stattfinden, als die örtliche Lage der einzelnen Vorkommen es rentabel erscheinen läßt.

Kurz: In der Urproduktion kann man nirgends eine Tendenz zur Konzentration der Betriebe feststellen. Nicht anders liegt es im Verkehrswesen.

§ 3. Die gewerbliche Verarbeitung der Rohstoffe als solche ist vom Boden und mithin vom Raum bis zu einem gewissen Grad unabhängig. Der Betrieb der Baumwollpflanzungen kann nicht konzentriert werden; in der Spinnerei und Weberei ist Betriebsvereinigung durchaus möglich. Aber auch hier wäre es voreilig, aus der Tatsache, daß der größere Betrieb sich dem kleineren gegenüber in der Regel als überlegen erweist, ohne weiteres auf ein Gesetz der Betriebskonzentration zu schließen.

Denn abgesehen davon, daß caeteris paribus, also bei einem gegebenen Stand der Arbeitsteilung, die höhere Wirtschaftlichkeit des größeren Betriebes nur soweit gegeben ist, als das Gesetz der optimalen Verbindung der Produktionsfaktoren es verlangt, so daß eine Vergrößerung des Betriebes über jenes Maß hinaus, das die beste Ausnutzung des Betriebsapparates fordert, nicht mehr von Vorteil ist, äußern sich auch im Gewerbe die Wirkungen des Raumes. Jede Produktion hat einen natürlichen Standort, der in letzter Linie von der örtlichen Verteilung der Urproduktion abhängt. Daß in der Urproduktion Konzentration der Betriebe nicht möglich ist, muß auch auf die verarbeitende Produktion einwirken. Diese Einwirkung hat je nach der Bedeutung, die dem Transport der Rohstoffe und der Fertigfabrikate zukommt, bei den einzelnen Zweigen der Produktion verschiedene Stärke.

Ein Gesetz der Betriebskonzentration kann nur soweit als bestehend erkannt werden, als die Arbeitsteilung zu fortgesetzter Zerteilung der Produktion in neue Zweige führt. Die Betriebskonzentration ist nichts anderes als die Kehrseite der Arbeitsteilung. Die Arbeitsteilung führt dazu, daß an Stelle zahlreicher gleichartiger Betriebe, in deren Innern verschiedene Produktionsprozesse durchgeführt werden, zahlreiche ungleichartige Betriebe treten, in deren Innern mehr Gleichartigkeit herrscht. Sie führt dazu, daß die Zahl der gleichartigen Betriebe immer kleiner wird, wobei der Kreis der Personen, für deren Bedarf sie mittelbar oder unmittelbar arbeiten, wächst. Es würde schließlich für jeden Zweig der Produktion nur ein Betrieb bestehen, wenn nicht die örtliche Gebundenheit der Rohstofferzeugung entgegenwirken würde[1]).

---

[1]) Die übrigen Standortsfaktoren (vgl. Alfred Weber, Industrielle Standortslehre im „Grundriß der Sozialökonomik", VI. Abt., Tübingen 1914, S. 54 ff.) können beiseite gelassen werden, da sie in letzter Linie durch die gegenwärtige oder durch die geschichtlich überkommene Verteilung der Urproduktion bestimmt sind.

III.
Die Konzentration der Unternehmungen.

§ 1. Die Vereinigung mehrerer selbständiger Betriebe gleicher Art zu einem einheitlichen Unternehmen kann man in Anlehnung an einen in der Kartelliteratur üblichen Ausdruck, dessen Gebrauch sich dort mit unserem freilich nicht ganz deckt, als horizontale Konzentration der Unternehmungen bezeichnen. Behalten die einzelnen Betriebe nicht ihre volle Selbständigkeit, wird z. B. die Betriebsleitung vereinigt oder erfolgt etwa die Zusammenlegung einzelner Kontore oder Betriebsabteilungen, dann liegt ein Fall von Betriebskonzentration vor. Nur wenn die einzelnen Betriebe in allem, abgesehen von der Fassung der entscheidenden wirtschaftlichen Beschlüsse, selbständig bleiben, liegt lediglich Unternehmungskonzentration vor. Der typische Fall hierfür ist die Bildung eines Kartells oder eines Syndikats. Alles bleibt, wie es gewesen, nur die Entschlüsse über Käufe und Verkäufe (je nachdem, ob es sich um Einkaufs- oder Verkaufskartelle oder um solche, die beides sind, handelt) werden nun einheitlich gefaßt.

Zweck dieser Zusammenschlüsse ist, wenn sie nicht lediglich Vorstufe zur Betriebszusammenlegung sind, die monopolartige Beherrschung des Marktes. Nur dem Streben der einzelnen Unternehmer, sich jene Vorteile zu sichern, die der Monopolist unter bestimmten Voraussetzungen genießen kann, verdankt die Tendenz zur horizontalen Konzentration der Unternehmungen ihre Entstehung.

§ 2. Die Vereinigung von selbständigen Unternehmungen, von denen die eine die Erzeugnisse der anderen im Betriebe verwendet, zu einem einheitlichen Unternehmen, wollen wir, im Anschluß an den Sprachgebrauch der modernen volkswirtschaftspolitischen Literatur, als vertikale Konzentration bezeichnen. Beispiele sind die Webereien, die mit Spinnereien, Bleichereien und Färbereien verbunden sind, die Druckerei, der eine Papierfabrik und ein Zeitungsunternehmen angegliedert sind, die gemischten Werke der Eisenindustrie und des Kohlenbergbaus usf.

Jeder Betrieb ist eine vertikale Konzentration von Teiloperationen und von Apparaturen. Die Einheit des Betriebes wird dadurch hergestellt, daß ein Teil der Betriebsmittel — z. B. gewisse Maschinen, Gebäude, die Einrichtung der Werkleitung — gemeinsam sind. Solche Gemeinschaft fehlt im vertikalen Verband von Unternehmungen. Ihre Einheit wird durch den Unternehmer und durch seinen Willen, die eine Unternehmung der anderen dienen zu lassen, hergestellt. Fehlt diese Absicht, dann vermag auch die Gemeinsamkeit des Eigentümers zwischen zwei Unternehmungen keine Beziehung herzustellen. Wenn ein Schokoladenfabrikant gleichzeitig auch ein Eisenwerk besitzt, dann liegt keine vertikale Konzentration vor.

Man pflegt als Zweck der vertikalen Konzentration gewöhnlich die Sicherung des Absatzes oder des Bezuges von Rohstoffen und Halbfabrikaten zu bezeichnen. Das ist die Antwort, die man von Unternehmern erhält, wenn man sie nach den Vorteilen solcher Verbindungen fragt. Manche Volkswirte geben sich damit zufrieden. Die Aussagen der im Wirtschaftsleben stehenden „Praktiker" weiter zu untersuchen, scheinen sie nicht für ihre Aufgabe zu halten; sie nehmen sie als letzte Wahrheit hin und unterziehen sie dann einer Beurteilung vom ethischen Standpunkt. Doch auch wenn sie gar nicht weiter über die Dinge nachgedacht hätten, hätten sie genauere Nachforschungen auf die richtige Spur führen müssen. Von den Leitern der einzelnen Betriebe, die von der vertikalen Bindung umfaßt werden, kann man nämlich mancherlei Klagen vernehmen. Ich könnte, sagt der Leiter der Papiermühle, mein Papier viel besser verwerten, wenn ich es nicht an unsere Druckerei liefern müßte. Und der Weber sagt: Wäre ich nicht genötigt, das Garn von unserer Spinnerei zu beziehen, dann könnte ich es mir billiger beschaffen. Solche Beschwerden stehen an der Tagesordnung. Es ist nicht schwer zu verstehen, warum sie die Begleiterscheinung jeder vertikalen Konzentration sein müssen.

Wären die zusammengeschlossenen Betriebe so leistungsfähig, daß sie den Wettbewerb der anderen nicht zu scheuen brauchen, dann hätte die vertikale Konzentration keinen besonderen Zweck. Eine Papierfabrik, die vollkommen auf der Höhe steht, muß sich nicht den Absatz sichern. Eine Druckerei, die vollkommen konkurrenzfähig ist, braucht keine Sicherung des Papierbezuges. Das leistungsfähige Unternehmen verkauft dorthin, wo es die besten Preise erzielt, und kauft dort, wo es am wirtschaftlichsten einkaufen kann. Sind zwei Unternehmungen, die verschiedenen Stufen desselben Produktionszweiges angehören, in einer Hand vereinigt, so muß zwischen ihnen noch keine Verbindung zu vertikaler Konzentration erfolgen. Erst wenn das eine oder das andere Unternehmen sich als weniger geeignet erweist, den freien Wettbewerb auszuhalten, tritt der Gedanke auf, es durch Bindung an das andere zu stützen. In dem Ertrag des besser gehenden Unternehmens sucht man einen Fonds, aus dem die Ertragsausfälle des schlechter gehenden zu decken wären. Von steuerrechtlichen Erleichterungen und von anderen besonderen Vorteilen, wie es etwa die waren, die die gemischten Werke im deutschen Eisengewerbe aus den Kartellvereinbarungen ziehen konnten, abgesehen, ergibt sich mithin aus der Vereinigung nichts als ein Scheingewinn des einen und ein Scheinverlust des anderen Unternehmens.

Man überschätzt die Häufigkeit und die Bedeutung der vertikalen Konzentration von Unternehmungen ganz außerordentlich. Im kapitalistischen Wirtschaftsleben bilden sich im Gegenteil immer neue Unternehmungszweige, spalten sich immer wieder Teile von Unternehmungen ab, um selbständig zu werden. Die weitgehende Spezialisierung der modernen Industrie zeigt, daß die Richtung der Entwicklung durchaus der vertikalen Konzentration entgegengesetzt ist. Diese ist, abgesehen von den Fällen, wo sie aus produktionstechnischen Gründen geboten erscheint, immer eine Ausnahmeerscheinung, die meist durch Rücksichten auf die Lage der gesetzlichen und sonstigen politischen Produktionsbedingungen erklärt werden kann. Und immer wieder sehen wir, daß die Bindungen, die sie knüpft, wieder gelöst werden, und daß die Selbständigkeit der einzelnen Teile wieder hergestellt wird.

IV.
Die Konzentration der Vermögen.

§ 1. Eine Tendenz zur Konzentration der Betriebe oder eine Tendenz zur Konzentration der Unternehmungen würde durchaus noch nicht gleichbedeutend sein mit einer Tendenz zur Konzentration der Vermögen. Die moderne Volkswirtschaft hat in dem Maße, in dem die Betriebe und die Unternehmungen gewachsen sind, Unternehmungsformen herausgebildet, die es ermöglichen, daß große Geschäfte von Leuten mit kleinen Vermögen unternommen werden. Daß diese Formen entstehen konnten und daß sie eine von Tag zu Tag wachsende Bedeutung in der Volkswirtschaft gewonnen haben und daß ihnen gegenüber der Einzelkaufmann auf dem Gebiete der Großindustrie, des Bergbaus und des Verkehrswesens nahezu verschwunden ist, beweist, daß eine Tendenz zur Konzentration der Vermögen nicht besteht. Die Geschichte der gesellschaftlichen Unternehmungsformen — von der societas unius acti angefangen bis zur modernen Aktiengesellschaft — ist ein einziger Widerspruch gegen die von Marx leichtfertig aufgestellte Lehre von der Konzentration des Kapitals.

Wenn man den Satz, daß die Armen immer zahlreicher und ärmer und die Reichen immer weniger zahlreich und reicher werden, beweisen will, genügt es nicht, darauf hinzuweisen, daß in einer fernen Urzeit, über die sich der Beweisführer ähnlichen Täuschungen hingibt wie Ovid und Vergil über das „goldene" Zeitalter, die Vermögensunterschiede weniger kraß gewesen seien als heute. Was bewiesen werden müßte, ist das Bestehen eines ökonomischen Grundes, der zur Konzentration der Vermögen hintreibt. Das ist nicht einmal versucht worden. Das marxistische Schema, das gerade dem kapitalistischen Zeitalter eine besondere Tendenz zur Vermögenskonzentration zuschreibt, ist völlig aus der Luft gegriffen. Schon der Versuch, es nur irgendwie historisch zu fundieren, ist von vornherein aussichtslos. Gerade das Gegenteil von dem, was Marx behauptet, kann bewiesen werden.

§ 2. Das Streben nach Vergrößerung des Vermögens kann im Tauschverkehr oder außerhalb des Tauschverkehrs befriedigt werden. Jene ist die Methode, die in der kapitalistischen Volkswirtschaft allein möglich ist. Diese ist die Methode der militaristischen Gesellschaftsordnung. In ihr gibt es nur zwei Wege des Erwerbes: Gewalt und Bitten. Mit Gewalt erwirbt der Mächtige, mit Bitten der Schwache. Der Besitz des Mächtigen hält so lange, als die Macht, ihn zu halten, vorhanden ist. Der Besitz der Schwachen ist immer prekär; durch die Gnade des Mächtigen gewonnen, hängt er auch stets von ihr ab. Ohne Rechtsschutz sitzt der Schwache auf seiner Scholle. So gibt es denn auch in der militaristischen Gesellschaftsordnung nichts, was die Ausbreitung des Besitzes des Mächtigen hindern könnte als die Macht. Solange ihm kein Stärkerer entgegentritt, kann er seinen Besitz ausdehnen.

Großgrundeigentum und Latifundienbesitz sind nirgends und niemals aus dem freien Verkehr hervorgegangen. Sie sind das Ergebnis militärischer und politischer Bestrebungen. Durch Gewalt begründet, konnten sie auch stets nur durch Gewalt aufrechterhalten werden. Sowie die Latifundien in den Tauschverkehr des Marktes einbezogen werden, fangen sie an abzubröckeln, bis sie sich schließlich ganz auflösen. Wirtschaftliche Gründe haben weder bei ihrer Entstehung noch bei ihrer Erhaltung mitgespielt. Die großen Latifundienvermögen sind nicht aus der wirtschaftlichen Überlegenheit des Großbesitzes entstanden, sondern durch gewaltsame Aneignung außerhalb des Tauschverkehres. „Begehren sie Felder" klagt der Prophet Micha, „so reißen sie sie an sich, oder Häuser, so nehmen sie sie weg"[1]. So entsteht in Palästina der Besitz jener, die, wie Jesaja sagt, „ein Haus an das andere ziehen und einen Acker zum anderen bringen, bis daß sie allein das Land besitzen"[2].

---

[1] Vgl. Micha, 2, 2.
[2] Vgl. Jesaja, 5, 8.

Daß die Enteignung in der Mehrzahl der Fälle an der Betriebsweise nichts ändert, daß der frühere Eigentümer unter geändertem Rechtstitel weiter auf der Scholle verbleibt und den Betrieb fortführt, charakterisiert besonders scharf die außerökonomische Entstehung der Latifundien.

Doch auch durch Schenkung kann Latifundienbesitz begründet werden. Durch Schenkungen war der große Besitz der Kirche im fränkischen Reich entstanden, der dann spätestens im Laufe des achten Jahrhunderts an den Adel überging, durch Säkularisationen Karl Martells und seiner Nachfolger, wie die ältere Theorie annahm, durch eine ,,Offensive der Laienaristokraten", wie die neuere Forschung anzunehmen bereit ist[1]).

Wie wenig es angängig erscheint, Latifundienbesitz im freien Verkehr der Tauschwirtschaft auch nur zu erhalten, zeigt der legislative Grund, der zur Einführung der Familienfideikommisse und der verwandten Rechtsinstitute — wie des englischen entail — geführt hat. Durch das Fideikommißband soll der Großgrundbesitz erhalten werden, weil er anders nicht zusammenhalten kann. Das Erbrecht wird geändert, Verschuldung und Veräußerung werden unmöglich gemacht und der Staat zum Wächter der Unteilbarkeit und Unveräußerlichkeit des Besitzes bestellt, damit der Glanz der Familie nicht erlösche. Läge in der ökonomischen Kraft des Latifundieneigentums selbst etwas, was zur fortgesetzten Konzentration des Grundeigentums führen muß, dann wären solche Gesetze überflüssig gewesen. Dann hätten wir eher eine Gesetzgebung gegen die Bildung von Latifundien statt einer solchen zu ihrem Schutz. Davon weiß aber die Rechtsgeschichte nichts. Die Bestimmungen gegen das Bauernlegen, gegen die Einziehung von Ackerland u. dgl. m. wenden sich gegen Vorgänge, die außerhalb des Tauschverkehres liegen, gegen die gewaltsame, durch politisch-militärische Macht betriebene Bildung von Großgrundeigentum. Ähnlich steht es mit den gesetzlichen Beschränkungen der toten Hand. Die Güter der toten Hand, die übrigens unter einem ähnlichen Rechtsschutz wie die Fideikommisse stehen, mehren sich nicht durch die Kraft der ökonomischen Entwicklung, sondern durch fromme Schenkungen.

Gerade auf dem Gebiete der landwirtschaftlichen Produktion, wo die Betriebskonzentration unmöglich und die Unternehmungskonzentration ökonomisch zwecklos ist, wo der Riesenbesitz dem mittleren und kleineren Besitz gegenüber wirtschaftlich unterlegen erscheint und ihnen

---

[1]) Vgl. Schröder, a. a. O., S. 159 ff.; Dopsch, a. a. O., II. Teil, Wien 1920, S. 289, 309 ff.

im freien Wettbewerb nicht standzuhalten vermag, sehen wir die höchste Konzentration des Vermögens. Nie war der Besitz an Produktionsmitteln stärker konzentriert als zur Zeit des Plinius, da die Hälfte der afrikanischen Provinz sich im Eigentum von sechs Personen befand, oder als zur Zeit der Merovinger, da die Kirche in Frankreich den größeren Teil allen Bodens besessen hat. Und nirgends gibt es weniger Großgrundeigentum als im kapitalistischen Nordamerika.

§ 3. Die Behauptung, daß auf der einen Seite der Reichtum immer mehr und mehr zunehme, während auf der anderen Seite die Armut immer größer werde, wurde zuerst ohne jede bewußte Verbindung mit einer nationalökonomischen Theorie aufgestellt. Sie gibt den Eindruck wieder, den Beobachter aus der Betrachtung der gesellschaftlichen Verhältnisse gewonnen zu haben glauben. Doch das Urteil des Beobachters ist nicht unbeeinflußt von der Vorstellung, daß die Summe des Reichtums in einer Gesellschaft eine gegebene Größe sei, so daß, wenn einige mehr besitzen, andere weniger besitzen müssen[1]). Da man nun in jeder Gesellschaft immer neuen Reichtum und neue Armut auffällig entstehen sieht, während das langsame Niedersinken alten Reichtums und das langsame Aufsteigen minderbemittelter Schichten zu Wohlstand dem Auge des weniger aufmerksamen Beobachters leicht entgehen, liegt es nahe, voreilig den Schluß zu ziehen, den die sozialistische Theorie unter dem Schlagwort the rich richer, the poor poorer zusammenfaßt.

Es bedarf keiner langen Auseinandersetzung, um zu zeigen, daß die Stützen dieser Behauptung durchaus nicht tragfähig sind. Es ist eine ganz unbegründete Annahme, daß in der arbeitsteiligen Gesellschaft der Reichtum der einen die Armut der anderen bedinge. Das gilt unter gewissen Voraussetzungen von den Verhältnissen militaristischer Gesellschaften, in denen keine Arbeitsteilung besteht; es gilt aber nicht von den Verhältnissen einer kapitalistischen Gesellschaft. Ebensowenig kann man das Urteil, das auf Grund von flüchtigen Beobachtungen jenes engen Ausschnittes der Gesellschaft gefaßt wurde, den der Einzelne durch persönliche Beziehungen kennenlernt, als genügenden Beweis für die Konzentrationstheorie ansehen.

Der Fremde, der, mit guten Empfehlungen ausgestattet, England besucht, findet Gelegenheit, das Leben vornehmer und reicher englischer Häuser kennenzulernen. Will er mehr sehen oder soll er mehr sehen, weil er die Reise nicht bloß als Vergnügungsfahrt angesehen haben will, dann läßt man ihn einen flüchtigen Blick in die Werkstätten

---

[1]) Vgl. Michels, Die Verelendungstheorie, Leipzig 1928, S. 19 ff.

großer Unternehmungen werfen. Das bietet für den Laien nichts besonders Anziehendes; der Lärm, das Getriebe und die Geschäftigkeit eines solchen Werkes überwältigen zunächst den Besucher; hat er aber zwei oder drei Betriebe gesehen, dann erscheinen ihm die Dinge, die er zu sehen bekommt, eintönig. Da ist das Studium der sozialen Verhältnisse, wie es der zu kurzem Besuch in England Weilende betreiben kann, anregender. Ein Gang durch die Elendsviertel von London oder anderer englischer Großstädte bringt mehr Sensationen und wirkt auf das Gemüt des Reisenden, der im übrigen von einer Vergnügung zur anderen eilt, doppelt stark. Das Aufsuchen der Quartiere des Elends und des Verbrechens wurde so zu einem beliebten Programmpunkt der obligaten Englandfahrt des Kontinentalbürgers. Hier sammelte der zukünftige Staatsmann und Volkswirt die Eindrücke von den Wirkungen der Industrie auf die Massen, auf die er dann sein ganzes Leben lang seine sozialen Anschauungen aufbaute. Von hier brachte er die Meinung nach Hause, daß die Industrie auf der einen Seite wenige reich, auf der anderen Seite viele arm mache. Schrieb oder sprach er fortan über industrielle Verhältnisse, dann unterließ er es nie, das Elend, das er in den Slums gefunden, mit peinlichster Einzelausführung und nicht selten auch mit mehr oder weniger bewußter Übertreibung auszumalen. Doch mehr als das, daß es Reiche und Arme gibt, können wir aus diesen Schilderungen nicht entnehmen. Dazu aber brauchen wir nicht erst die Berichte von Leuten, die es mit eigenen Augen gesehen haben. Daß der Kapitalismus noch nicht alles Elend aus der Welt geschafft hatte, wußte man schon früher. Was zu beweisen wäre, ist das, daß die Zahl der Reichen immer mehr und mehr abnimmt, daß der einzelne Reiche aber reicher wird, und daß andererseits die Zahl der Armen und die Armut des einzelnen Armen immer mehr wachsen. Das könnte man aber nicht anders als durch eine ökonomische Entwicklungstheorie beweisen.

Nicht besser als mit diesen gefühlsmäßigen Beweisen steht es mit den Versuchen, durch statistische Erhebungen den Nachweis für die fortschreitende Verelendung der Masse und das Anwachsen des Reichtums einer an Zahl immer mehr abnehmenden Klasse von Reichen zu erbringen. Die Geldausdrücke, die für eine derartige Ermittlung zur Verfügung stehen, sind unbrauchbar, weil die Kaufkraft des Geldes Veränderungen unterworfen ist. Damit aber ist schon gesagt, daß jede Grundlage für die rechnerische Vergleichung der Einkommensgestaltung im Ablauf der Jahre fehlt. Denn sobald es nicht möglich ist, die verschiedenen Sachgüter und Dienstleistungen, aus denen sich die Einkommen und Vermögen zusammensetzen, auf einen gemeinsamen Ausdruck zurückzuführen, kann man aus der Einkommens- und Vermögensstatistik keine Reihen für die geschichtliche Vergleichung bilden.

Die Aufmerksamkeit der Soziologen ist schon oft auf die Tatsache gelenkt worden, daß bürgerlicher Reichtum, das heißt Reichtum, der nicht in Grundbesitz und Bergwerkseigentum festgelegt ist, sich selten längere Zeit in einer Familie erhält. Die bürgerlichen Geschlechter steigen aus der Tiefe plötzlich zu Reichtum auf, mitunter so rasch, daß wenige Jahre genügen, um aus einem armen, mit der Not kämpfenden Menschen einen der reichsten seiner Zeit zu machen. Die Geschichte der modernen Vermögen ist voll von Erzählungen von Betteljungen, die es zu Besitzern vieler Millionen gebracht haben. Von dem Vermögensverfall der Wohlhabenden wird wenig geredet. Er vollzieht sich meist nicht so rasch, daß er auch dem Auge des oberflächlichen Beobachters sichtbar werden könnte. Wer aber genauer zusieht, wird ihn überall bemerken. Selten nur erhält sich bürgerlicher Reichtum länger als zwei oder drei Generationen in einer Familie, es sei denn, daß er rechtzeitig seinen Charakter gewandelt hat und durch Anlage in Grund und Boden aufgehört hat, bürgerlicher Reichtum zu sein[1]). Dann aber ist er Grundbesitz geworden, dem, wie gezeigt wurde, keine weitere werbende Kraft mehr innewohnt.

Vermögen, die in Kapital angelegt sind, stellen keine ewig fließende Rentenquelle dar, wie sich dies die naive Wirtschaftsphilosophie des gemeinen Mannes denkt. Daß das Kapital Ertrag abwirft, ja daß es überhaupt nur erhalten bleibt, ist nicht eine selbstverständliche Sache, die sich schon aus der Tatsache seiner Existenz erklärt. Die Kapitalgüter, aus denen sich das Kapital konkret zusammensetzt, gehen in der Produktion unter; an ihre Stelle treten andere Güter, in letzter Linie Genußgüter, aus deren Wert der Wert der Kapitalmasse wieder hergestellt werden muß. Das ist nur möglich, wenn die Produktion erfolgreich verlaufen ist, das heißt, wenn durch sie mehr an Wert erzeugt wurde, als in sie hineingesteckt worden war. Nicht nur der Kapitalgewinn, auch die Reproduktion des Kapitals hat den erfolgreichen Produktionsprozeß zur Voraussetzung. Kapitalsertrag und Kapitalserhaltung sind stets das Ergebnis einer glücklich verlaufenen Spekulation. Schlägt sie fehl, dann bleibt nicht nur der Kapitalertrag aus, auch die Kapitalssubstanz wird mit hergenommen. Man beachte genau den Unterschied der zwischen den Kapitalgütern und dem Produktionsfaktor „Natur" besteht. In der Land- und Forstwirtschaft bleibt die im Grund und

---

[1]) Vgl. Hansen, Die drei Bevölkerungsstufen, München 1889, S. 181f.

Boden steckende Naturkraft bei einem Mißerfolg der Produktion erhalten. Die Bodenkräfte können nicht verwirtschaftet werden. Sie können wohl wertlos werden durch Änderungen des Bedarfes, aber sie können in der Produktion selbst keine Werteinbuße erleiden. Anders in der verarbeitenden Produktion. Da kann alles verloren gehen, Früchte und Stamm. Das Kapital muß in der Produktion immer wieder neu geschaffen werden. Die einzelnen Kapitalgüter, aus denen es sich zusammensetzt, haben ein zeitlich beschränktes Dasein; dauernden Bestand gewinnt das Kapital nur durch die Art und Weise, in der es der Wille des Eigners in der Produktion einsetzt. Wer Kapitalvermögen besitzen will, muß es täglich immer wieder neu erwerben. Kapitalvermögen ist keine Quelle von Rentenbezug, der auf die Dauer in Trägheit genossen werden kann.

Es wäre verfehlt, diese Ausführungen mit dem Hinweis auf den ständigen Ertrag, den „gute" Kapitalsanlagen abwerfen, zu bekämpfen. Die Kapitalsanlagen müssen eben „gut" sein, und das sind sie stets nur als Ergebnis einer erfolgreichen Spekulation. Rechenmeister haben ermittelt, zu welchem Betrag ein Heller, der zu Christi Zeiten angelegt wurde, mit Zins und Zinseszins bis heute angewachsen wäre. Ihre Schlußfolgerungen klingen so bestechend, daß man sich nur fragen muß, warum denn niemand so klug gewesen war, diesen Weg zum Reichtum seines Hauses einzuschlagen. Doch ganz abgesehen von allen anderen Schwierigkeiten, die die Wahl dieses Weges zum Reichtum unmöglich machen müssen, stünde ihr schon der Umstand entgegen, daß jede Kapitalinvestition mit dem Risiko des völligen oder teilweisen Verlustes der Kapitalsubstanz verbunden ist. Das gilt nicht nur von der Investition des Unternehmers, sondern auch von der des an Unternehmer leihenden Kapitalisten. Denn naturgemäß ist ja dessen Investition ganz und gar von der des Unternehmers abhängig. Sein Risiko ist ein geringeres, weil ihm gegenüber der Unternehmer auch mit seinem übrigen, außerhalb der Unternehmung befindlichen Vermögen haftet; doch es ist qualitativ von dem des Unternehmers nicht verschieden. Auch der Geldgeber kann sein Geld verlieren und verliert es oft[1]).

Es gibt so wenig eine ewige Kapitalsanlage wie es eine sichere gibt. Jede Kapitalsanlage ist ein spekulatives Wagnis, dessen Erfolg im vorhinein nicht mit Bestimmtheit abzusehen ist. Nicht einmal die Vorstellung „ewigen und sicheren" Kapitalsertrages hätte entstehen können, wenn man die Begriffe über Kapitalsanlage stets aus der Sphäre des Kapitals und der Unternehmung hergenommen hätte. Die Ewigkeits-

---

[1]) Dabei wird von der Einwirkung von Geldentwertungen ganz abgesehen.

und Sicherheitsvorstellungen kommen von der auf Grundeigentum sichergestellten Rente und von der ihr verwandten Staatsrente her. Es entspricht ganz den tatsächlichen Verhältnissen, wenn das Recht als mündelsichere Anlage nur die anerkennt, die in Grundbesitz besteht oder in Geldrente, die auf Grundbesitz sichergestellt oder vom Staat und anderen Körperschaften des öffentlichen Rechts geleistet wird. Im kapitalistischen Unternehmen gibt es kein sicheres Einkommen und keine Sicherheit des Vermögens. Man denke daran, wie unsinnig die Vorstellung eines außerhalb der Land- und Forstwirtschaft und des Bergbaues in Unternehmungen angelegten Familienfideikommisses wäre.

Wenn nun aber Kapitalien nicht von selbst anwachsen, wenn zu ihrer bloßen Erhaltung, geschweige denn zu ihrer Fruchtbarmachung und Mehrung beständiges Eingreifen erfolgreicher Spekulation erforderlich ist, dann kann von einer Tendenz der Vermögen, immer mehr und mehr anzuwachsen, nicht die Rede sein. Vermögen können überhaupt nicht wachsen, sie werden gemehrt[1]). Dazu bedarf es aber erfolgreicher Unternehmertätigkeit. Nur solange die Wirkungen einer erfolgreichen glücklichen Anlage anhalten, wird das Kapital reproduziert, trägt es Früchte, mehrt es sich. Je schneller sich die Bedingungen der Wirtschaft ändern, desto kürzer ist die Dauer ihrer Güte. Zu neuen Anlagen, zu Umstellungen der Produktion, zu Neuerungen bedarf es aber immer wieder jener Fähigkeiten und Begabungen, die nur wenigen eigen sind. Vererben sie sich ausnahmsweise von Geschlecht zu Geschlecht, dann gelingt es den Nachkommen, das von ihren Voreltern überkommene Vermögen zu erhalten, vielleicht sogar, trotz der Erbteilung, noch zu mehren. Entsprechen, was wohl die Regel sein wird, die Nachkommen nicht den Anforderungen, die das Leben an einen Unternehmer stellt, dann schwindet der ererbte Wohlstand schnell.

Wenn reich gewordene Unternehmer ihren Reichtum in der Familie verewigen wollen, dann flüchten sie in den Grundbesitz. Die Nachkommen der Fugger und der Welser leben noch heute in beträchtlichem Wohlstand, ja Reichtum; doch sie haben schon längst aufgehört, Kaufleute zu sein, und haben ihr Vermögen in Landbesitz umgewandelt. Sie wurden deutsche Adelsgeschlechter, die sich in keiner Weise von anderen

---

[1]) Considerant sucht die Konzentrationstheorie durch ein der Mechanik entlehntes Bild zu beweisen: „Les capitaux suivent aujourd'hui sans contrepoids la loi de leur propre gravitation; c'est que, s'attirant en raison de leurs masses, les richesses sociales se concentrent de plus en plus entre les mains des grands possesseurs." (Zit. bei Tugan-Baranowsky, Der moderne Sozialismus in seiner geschichtlichen Entwicklung, a. a. O., S. 62.) Das ist ein Spiel mit Worten, weiter nichts.

süddeutschen Adelsgeschlechtern unterscheiden. Die gleiche Entwicklung haben in allen Ländern zahlreiche Kaufmannsgeschlechter genommen; reich geworden im Handel und im Gewerbe, haben sie aufgehört, Händler und Unternehmer zu sein, und wurden Grundbesitzer, nicht um das Vermögen zu mehren und immer größeren Reichtum anzuhäufen, sondern um es zu erhalten und auf Kinder und Kindeskinder zu vererben. Die Familien, die es anders gehalten haben, sind bald im Dunkel der Armut verschwunden. Es gibt nur ganz wenige Bankiersfamilien, deren Geschäft seit hundert Jahren oder mehr besteht; sieht man aber genauer zu, so findet man, daß auch bei diesen die geschäftliche Tätigkeit sich im allgemeinen auf die Verwaltung von in Grundbesitz und in Bergbau festgelegten Vermögen beschränkt. Alte Vermögen, die in dem Sinne werbend wären, daß sie sich immerfort vergrößern, gibt es nicht.

§ 4. Die Verelendungstheorie ist die Krone wie der älteren sozialistischen Lehren so auch des ökonomischen Marxismus. Der Akkumulation von Kapital entspricht die Akkumulation von Elend. Es ist der „antagonistische Charakter der kapitalistischen Produktion", daß „die Akkumulation von Reichtum auf dem einen Pol" zugleich „Akkumulation von Elend, Arbeitsqual, Sklaverei, Unwissenheit, Brutalisierung und moralischer Degeneration auf dem Gegenpol" ist[1]). Das ist die Theorie von der absoluten Verelendung der Massen. Man braucht sich mit ihr, die auf nichts weiter gestützt werden kann als auf die krausen Gedankengänge eines abstrusen Systems, um so weniger zu beschäftigen, als sie allmählich auch in den Schriften der orthodoxen Marxjünger und in den offiziellen Programmen der sozialdemokratischen Parteien in den Hintergrund zu treten beginnt. Selbst Kautsky hat sich im Revisionismusstreit dazu bequemen müssen, zuzugeben, daß alle Tatsachen darauf hinweisen, daß gerade in den fortgeschrittensten kapitalistischen Ländern das physische Elend im Rückschreiten begriffen ist und daß die Lebenshaltung der arbeitenden Klassen eine höhere ist als sie vor fünfzig Jahren gewesen war[2]). Nur der Wirkung zuliebe, die die Verelendungstheorie auf die Menge zu üben pflegt, hält man in der Werbearbeit an ihr noch ebenso fest wie einst in der Jugendzeit der nun alt gewordenen Partei.

An die Stelle der Theorie der absoluten Verelendung ist die der relativen Verelendung getreten. Sie ist von Rodbertus entwickelt worden. „Armut", meint Rodbertus, „ist ein gesellschaftlicher, d. h. relativer Begriff. Nun behaupte ich, daß der berechtigten Bedürfnisse der arbeiten-

---

[1]) Vgl. Marx, Das Kapital, a. a. O., I. Bd., S. 611.
[2]) Vgl. Kautsky, Bernstein und das Sozialdemokratische Programm, Stuttgart 1899, S. 116.

den Klassen, seitdem diese im übrigen eine höhere gesellschaftliche Stellung eingenommen haben, bedeutend mehrere geworden sind, und daß es ebenso unrichtig sein würde, heute, wo sie diese höhere Stellung eingenommen haben, selbst bei gleichgebliebenem Lohne, nicht von einer Verschlimmerung ihrer materiellen Lage zu sprechen, als es unrichtig gewesen sein würde, früher, wo sie jene Stellung noch nicht innehatten, nicht von einer solchen zu sprechen, wenn ihr Lohn gefallen wäre"[1]). Das ist ganz aus dem Geiste des Staatssozialismus heraus gedacht, der eine Steigerung der Ansprüche der Arbeiter als „berechtigt" anerkennt und ihnen in der gesellschaftlichen Rangordnung eine „höhere Stellung" zuweist. Mit der Willkürlichkeit dieses Werturteils gibt es natürlich keine Auseinandersetzung.

Die Marxisten haben die Lehre von der relativen Verelendung übernommen. „Wenn es der Gang der Entwicklung mit sich bringt, daß der Enkel eines mit seinem Gesellen zusammenwohnenden kleinen Webermeisters in einer schloßartigen, prächtig ausgestatteten Villa wohnt, während der Enkel des Gesellen in einer Mietwohnung haust, die viel besser sein mag als die Bodenkammer, in der sein Ahne bei dem Webermeister untergebracht war, so ist doch der gesellschaftliche Abstand unendlich größer geworden. Und der Enkel des Webergesellen wird das Elend, worin er sich befindet, um so mehr fühlen, je mehr er beobachten kann, welche Lebensgenüsse auch sonst seinem Arbeitgeber zur Verfügung stehen. Seine Lage ist besser als die seines Vorfahren, die Lebenshaltung hat sich gehoben, aber relativ ist eine Verschlechterung eingetreten. Das soziale Elend ist größer geworden. . . . Relativ verelenden die Arbeiter"[2]). Angenommen selbst, dies wäre wahr, so würde es doch nichts gegen das kapitalistische System besagen. Wenn der Kapitalismus die wirtschaftliche Lage aller bessert, dann ist es nebensächlich, daß nicht alle in dem gleichen Maße durch ihn gehoben werden. Eine Gesellschaftsordnung ist darum noch nicht schlecht, weil sie dem einen mehr nützt als dem anderen. Wenn es mir immer besser geht, was kann es mir schaden, wenn es anderen noch besser geht als mir? Muß man die kapitalistische Gesellschaftsordnung, die allen immer bessere Bedürfnisbefriedigung bringt, zerstören, weil einige reich und manche sehr reich werden? Es ist daher nicht zu verstehen, wie man es als „logisch un-

---

[1]) Vgl. Rodbertus, Erster sozialer Brief an v. Kirchmann (Ausgabe von Zeller, Zur Erkenntnis unserer staatwirtschaftlichen Zustände, 2. Aufl., Berlin 1885), S. 273, Anm.

[2]) Vgl. Hermann Müller, Karl Marx und die Gewerkschaften, Berlin 1918, S. 82f.

bestreitbar" hinstellen kann, daß „eine relative Verelendung der Massen . . . letzten Endes in eine Katastrophe ausmünden müßte"[1]).

Kautsky will die marxistische Verelendungstheorie anders auffassen als es alle nicht voreingenommenen Leser des „Kapital" tun müssen. „Das Wort Elend", meint er, „kann physisches Elend bedeuten, es kann aber auch soziales Elend bedeuten. Das Elend in ersterem Sinne wird an den physiologischen Bedürfnissen der Menschen gemessen, die allerdings nicht überall und zu allen Zeiten dieselben sind, aber doch bei weitem nicht so große Unterschiede aufweisen, wie die sozialen Bedürfnisse, deren Nichtbefriedigung soziales Elend erzeugt. Faßt man das Wort im physiologischen Sinne auf, dann dürfte allerdings der Marxsche Ausspruch unhaltbar sein." Doch Marx habe das soziale Elend im Auge gehabt[2]). Diese Auslegung ist angesichts der Klarheit und Schärfe der Ausdrucksweise von Marx ein Meisterstück sophistischer Verdrehung; sie wurde von den Revisionisten auch entsprechend zurückgewiesen. Dem, der Marx' Worte nicht als Offenbarung nimmt, mag es im übrigen gleichgültig sein, ob die Theorie der sozialen Verelendung schon im ersten Bande des „Kapital" enthalten ist, ob sie von Engels herrührt oder erst von den Neomarxisten aufgestellt wurde. Die entscheidenden Fragen sind allein die, ob sie haltbar ist und welche Schlußfolgerungen sich aus ihr ergeben.

Kautsky meint, das Wachstum des Elends im sozialen Sinne werde „von den Bourgeois selbst bezeugt, nur haben sie der Sache einen anderen Namen gegeben; sie benennen sie Begehrlichkeit. . . . Das Entscheidende ist die Tatsache, daß der Gegensatz zwischen den Bedürfnissen der Lohnarbeiter und der Möglichkeit, sie aus ihrem Lohne zu befriedigen, damit aber auch der Gegensatz zwischen Lohnarbeit und Kapital immer mehr und mehr wächst"[3]). Doch Begehrlichkeit hat es immer gegeben; sie ist keine neue Erscheinung. Man kann auch zugeben, daß sie heute größer ist als zuvor; das allgemeine Streben nach Besserung der wirtschaftlichen Lage ist gerade ein charakteristisches Merkmal der kapitalistischen Gesellschaft. Es ist aber nicht einzusehen, wie man daraus schließen kann, daß die kapitalistische Gesellschaftsordnung notwendig in die sozialistische umschlagen muß.

In der Tat ist die Lehre von der relativen und sozialen Verelendung nichts anderes als ein Versuch, der Ressentiment-Politik der Massen

---

[1]) Wie es Ballod, Der Zukunftsstaat, 2. Aufl., Stuttgart 1919, S. 12, macht.
[2]) Vgl. Kautsky, Bernstein und das Sozialdemokratische Programm, a. a. O., S. 116.
[3]) Ebendort, S. 120.

eine nationalökonomische Verbrämung zu geben. Soziale Verelendung hat nichts anderes zu bedeuten als Wachstum des Neides[1]). Zwei der besten Kenner der menschlichen Seele, Mandeville und Hume, haben aber beobachtet, daß die Stärke des Neides von dem Abstande des Neiders zum Beneideten abhängt. Wenn der Abstand zu groß ist, dann entstehe kein Neid, weil man sich mit dem Bevorzugten überhaupt nicht vergleiche. Je geringer der Abstand, desto stärker der Neid[2]). So ergibt sich, daß gerade aus dem Anwachsen der Ressentiment-Gefühle in den Massen auf die Verminderung der Einkommensunterschiede geschlossen werden kann. Die steigende „Begehrlichkeit" ist nicht, wie Kautsky meint, ein Beweis für die relative Verelendung; sie zeigt im Gegenteil, daß der ökonomische Abstand zwischen den Schichten abnimmt.

V.
Das Monopol und seine Wirkungen.

§ 1. Kein anderer Teil der Katallaktik ist so sehr mißverstanden worden wie die Lehre vom Monopol. Schon die bloße Nennung des Wortes Monopol pflegt Empfindungen auszulösen, die jede klare Erwägung unmöglich machen und an Stelle nationalökonomischer Gedankengänge die üblichen ethischen Ausführungen der etatistischen und sonstigen antikapitalistischen Literatur treten lassen. Selbst in den Vereinigten Staaten hat der Kampf, der um das Trustproblem tobt, es vermocht, die ruhige Erörterung des Monopolproblems zu stören.

Die weit verbreitete Auffassung, daß es dem Monopolisten freistehe, die Preise nach Belieben festzusetzen, daß er, wie man sich auszudrücken pflegt, die Preise diktieren könne, ist ebenso unrichtig wie die daraus gezogene Schlußfolgerung, daß der Monopolist damit eine Macht in Händen habe, mit der er alles, was er will, erreichen könne. In dieser Stellung würde sich der Monopolist nur dann befinden, wenn das Monopolgut seiner ganzen Art nach aus dem Kreise der übrigen Güter herausfiele. Wer die atmosphärische Luft oder das genießbare Wasser monopolisieren würde, der könnte freilich damit alle anderen Menschen zu

---

[1]) Vgl. die bei Sombart (Der proletarische Sozialismus, Jena 1924, I. Bd., S. 106) zitierten Äußerungen Weitlings.

[2]) Vgl. Hume, A Treatise of Human Nature (Philosophical Works, ed. by Green and Grose, London 1874), Vol. II, S. 162f.; Mandeville, Bienenfabel, herg. v. Bobertag, München 1914, S. 123. — Schatz (L'Individualisme économique et social, Paris 1907, S. 73, Anm. 2) nennt diese Erkenntnis eine „idée fondamentale pour bien comprendre la cause profonde des antagonismes sociaux".

allem und zu jedem zwingen. Einem solchen Monopol gegenüber würde es überhaupt keinen Tauschverkehr und kein Wirtschaften geben. Sein Inhaber würde über das Leben und über allen Besitz seiner Mitmenschen frei verfügen können. Doch solche Monopole kommen für unsere Monopollehre nicht in Betracht. Wasser und Luft sind überhaupt freie Güter, und wo sie es nicht sind — wie das Wasser auf dem Gipfel eines Berges — kann man sich der Monopolwirkung durch Ortswechsel entziehen. Vielleicht hat die Verwaltung der Gnadenmittel der mittelalterlichen Kirche den Gläubigen gegenüber die Stellung eines solchen Monopolisten verschafft. Für den Gläubigen waren Exkommunikation und Interdikt nicht weniger fürchterlich als Tod durch Verdursten oder Ersticken. Im sozialistischen Gemeinwesen würde ein derartiges Monopol der organisierten Gesellschaft, des Staates, bestehen. Da hier alle wirtschaftlichen Güter in den Händen des Staates vereinigt sind, würde er die Macht haben, vom Bürger alles, was er will, zu erzwingen. Den Einzelnen würde das Gebot des Staates vor die Wahl stellen können, entweder zu gehorchen oder zu verhungern.

Die Monopole, mit denen wir es hier allein zu tun haben, sind Monopole des Tauschverkehrs. Sie betreffen nur wirtschaftliche Güter, die, mögen sie noch so wichtig und unentbehrlich scheinen, doch nicht für sich allein über das menschliche Leben entscheiden. Wenn ein Gut, von dem jedermann, der das Leben bewahren will, eine bestimmte Mindestmenge besitzen muß, einem Monopol unterliegt, dann treten in der Tat alle jene Folgen ein, die die volkstümliche Monopoltheorie bei jedem Monopol als gegeben ansieht. Wir aber haben gerade davon nicht zu sprechen, weil dieser Fall, der ganz aus dem Rahmen der Wirtschaft und mithin auch der Preistheorie herausfällt — von dem Falle des Arbeiterausstandes in bestimmten Betrieben abgesehen[1]) — keine praktische Bedeutung hat. Man pflegt zwar bei der Besprechung der Wirkungen des Monopols mitunter die lebenswichtigen und die nicht lebenswichtigen Güter zu sondern. Doch diese vermeintlich unentbehrlichen und lebenswichtigen Güter, um die es sich hier handelt, sind eben strenggenommen nicht lebenswichtig und unentbehrlich. Auf die Strenge des Begriffs der Unentbehrlichkeit kommt es aber hier, wo alles weitere auf ihm aufgebaut ist, vor allem an. In Wahrheit sind die Güter, mit denen wir es zu tun haben, Güter, die entbehrlich sind, sei es, weil man auf den Genuß, den sie gewähren, überhaupt verzichten kann, sei es, weil man sich ihn auch durch ein anderes Gut vermitteln kann. Brot ist gewiß ein wichtiges Gut. Doch man kann auch ohne Brot leben, man kann

---
[1]) Vgl. weiter unten S. 449.

sich zum Beispiel von Kartoffeln oder von Maiskuchen nähren. Die Kohle ist heute so wichtig, daß man sie das Brot der Industrie nennen könnte. Doch unentbehrlich im strengen Sinne des Wortes ist sie nicht; man kann Kraft und Wärme auch ohne Kohle erzeugen. Und das ist es, worauf alles ankommt. Der Monopolbegriff, wie wir ihn in der Theorie des Monopolpreises allein ins Auge zu fassen haben und wie er allein für die praktische Verwertung zur Erkenntnis der volkswirtschaftlichen Zustände verwendbar ist, schließt eben die Unentbehrlichkeit, Einzigartigkeit und Nichtsurrogierbarkeit des Monopolgutes nicht ein. Er verlangt nur das Fehlen des Wettbewerbes auf der Angebotseite[1]).

Von jener unzutreffenden Vorstellung über das Wesen des Monopols ausgehend, glaubt man schon durch den Hinweis auf das Bestehen eines Monopolverhältnisses die Preiserscheinungen erklären zu können, ohne sich erst auf eine weitere Untersuchung einlassen zu müssen. Nachdem man einmal festgestellt hat, daß der Monopolist die Preise „diktiere", daß er in dem Bestreben, die Preise so hoch als möglich hinaufzusetzen, nur durch eine „Macht" beschränkt werden könne, die ihm, von außen her auf den Markt wirkend, gegenübertritt, dehnt man den Begriff des Monopols durch Einbeziehung aller nicht vermehrbaren oder nur mit steigenden Kosten vermehrbaren Güter soweit aus, daß die Mehrzahl der Preiserscheinungen darunter fällt, und glaubt sich dann der Notwendigkeit, eine Preistheorie auszuarbeiten, enthoben. So glauben viele, von einem Bodenmonopol der Grundbesitzer sprechen zu dürfen, und meinen, durch den Hinweis auf das Bestehen dieses Monopolverhältnisses das Problem der Grundrente gelöst zu haben. Andere wieder gehen noch weiter und wollen auch Zins, Unternehmergewinn, ja selbst den Arbeitslohn als Monopolpreise und Monopolgewinne erklären. Ganz abgesehen von allen anderen Mängeln, die diesen „Erklärungen" anhaften, fehlt ihnen die Erkenntnis, daß mit dem Hinweis auf ein angeblich bestehendes Monopol noch nichts über das Wesen der Preisbildung gesagt ist, daß daher das Schlagwort Monopol noch keinen Ersatz für eine ausgearbeitete Preistheorie darstellt[2]).

Die Gesetze, unter denen die Bildung der Monopolpreise steht, sind von denen, die die Bildung anderer Preise bestimmen, nicht verschieden.

---

[1]) Da es sich bei diesen Ausführungen nicht darum handeln kann, eine Theorie des Monopolpreises zu geben, wird allein das Angebotsmonopol untersucht.

[2]) Vgl. Ely, Monopolies and Trusts, New York 1900, S. 11 ff. — Auch Vogelstein (a. a. O., S. 231) und ihm folgend die Deutsche Sozialisierungskommission (a. a. O., S. 31 f.) gehen von einem Begriff des Monopols aus, der den von Ely kritisierten und von der Preistheorie der modernen Wissenschaft allgemein aufgegebenen Anschauungen sehr nahe kommt.

Auch der Monopolist kann nicht nach Belieben jeden Preis fordern. Auch die Preisforderungen, mit denen er den Markt betritt, werden von den Nachfragenden durch ein bestimmtes Verhalten erwidert; auch ihnen gegenüber sinkt oder steigt die Nachfrage. Darauf muß der Monopolist Rücksicht nehmen, geradeso wie es andere Verkäufer beachten müssen. Das Besondere des Monopols ist allein das, daß unter gewissen Voraussetzungen — bei einer bestimmten Gestaltung der Nachfragekurve — das Maximum an Reingewinn bei einem höheren Preis liegt als bei jenem, der sich beim Wettbewerb der Verkäufer herausgebildet hätte. Das allein und nichts anderes ist das Besondere des Monopolpreises[1]).

Sind diese Voraussetzungen gegeben und ist es dem Monopolisten nicht möglich, zu verschiedenen Preisen zu verkaufen, so daß er die verschiedene Kaufkraft jeder einzelnen Käuferschichte ausnützen kann, dann ist für ihn der Verkauf zu dem höheren Monopolpreis lohnender als der zu dem niedrigeren Konkurrenzpreis, wenn auch der Absatz dadurch vermindert wird. Die Wirkung des Monopols ist somit bei Zutreffen der erwähnten Voraussetzung eine dreifache: der Marktpreis ist höher, der Verkauf bringt einen höheren Gewinn, der Absatz und mithin auch der Verbrauch sind geringer, als es bei freier Konkurrenz gewesen wäre.

Von diesen Wirkungen des Monopols muß zunächst die letztgenannte noch genauer umschrieben werden. Sind vom Monopolgut mehr Einheiten vorhanden, als zum Monopolpreis abgesetzt werden können, dann muß der Monopolist so viele davon vom Markte fernhalten — sei es, daß er sie einsperrt, sei es, daß er sie vernichtet — daß die zum Verkaufe gelangende Menge noch zum Monopolpreis abgesetzt werden kann. So hat die niederländisch-ostindische Kompagnie, die im 17. Jahrhundert den europäischen Kaffeemarkt monopolisierte, Kaffeevorräte vernichten lassen; so haben auch andere Monopolisten gehandelt, z. B. die griechische Regierung, die Korinthen vernichten ließ, um den Korinthenpreis erhöhen zu können. Über die volkswirtschaftliche Beurteilung dieser Vorgänge kann es nur eine Meinung geben: sie vermindern den der Bedürfnisbefriedigung dienenden Vorrat, sie erzeugen Wohlstandsabnahme, Verschlechterung der Versorgung. Daß Güter, die Bedürfnisse hätten befriedigen können, vernichtet werden, daß Nahrungsmittel, die den Hunger Vieler hätten stillen können, dem Untergang überliefert werden, kann man nur in einer Weise beurteilen, und die volkstümliche Verurteilung

---

[1]) Vgl. Carl Menger, Grundsätze der Volkswirtschaftslehre, Wien 1871, S. 195 ff.; ferner Forchheimer, Theoretisches zum unvollständigen Monopole (Schmoller's Jahrbuch, XXXII) S. 3 ff.

dieses Vorganges deckt sich hier ausnahmsweise einmal mit der Einsicht des Nationalökonomen.

Doch die Zerstörung von wirtschaftlichen Gütern ist auch im Geschäfte der Monopolisten nur ein seltener Fall. Der voraussehende Monopolist erzeugt nicht Güter, um sie nachher zu zerstören. Er drosselt schon rechtzeitig die Erzeugung, wenn er weniger Waren absetzen gewillt ist. Nicht unter dem Gesichtspunkte der Zerstörung von Gütern, sondern unter dem der Einschränkung der Produktion ist das Monopolproblem zu betrachten.

§ 2. Ob der Monopolist seine Stellung überhaupt ausnützen kann, hängt von der Gestaltung der Nachfragekurve des Monopolgutes und von den Kosten ab, die mit der Erzeugung einer Einheit des Monopolgutes bei dem jeweils in Frage kommenden Umfang der Produktion verbunden sind. Nur wenn diese Bedingungen so gestaltet sind, daß der Absatz eines kleineren Quantums zu höheren Preisen mehr Reingewinn bringt als der Absatz eines größeren zu niedrigeren Preisen, ist die Möglichkeit der Anwendung des spezifischen Monopolistengrundsatzes gegeben[1]). Doch er gelangt nur dann zur Anwendung, wenn es dem Monopolisten nicht möglich ist, einen anderen Weg einzuschlagen, der ihm noch höhere Gewinne in Aussicht stellt. Kann der Monopolist die Nachfragenden nach ihrer Kaufkraft in Schichten sondern, so daß er unter Ausnützung der Kaufkraft jeder einzelnen Schichte von ihren Mitgliedern die höchsten erzielbaren Preise fordert, so entspricht dies seinem Interesse am besten. In dieser Lage sind die Eisenbahnen und andere Verkehrsanstalten, die ihre Tarife nach der Belastungsfähigkeit der verschiedenen zur Beförderung gelangenden Waren abstufen. Würden sie nach sonstiger Monopolistenart alle Verfrächter einheitlich behandeln, dann würden die weniger belastungsfähigen Güter von der Beförderung überhaupt ausgeschlossen werden, während für die höhere Belastung vertragenden Güter die Beförderung verbilligt würde. Es ist klar, wie dies auf die örtliche Verteilung der Industrie wirken müßte; unter den Elementen, die den natürlichen Standort der einzelnen Gewerbe bestimmen, würden die der Transportorientierung in anderer Weise zur Geltung kommen.

Um die volkswirtschaftlichen Wirkungen des Monopols zu untersuchen, hat man sich auf jenen Fall zu beschränken, in dem eine Einschränkung der Erzeugung des Monopolgutes stattfindet. Die Folgen dieser Einschränkung der Erzeugung eines bestimmten wirtschaftlichen

---

[1]) Vgl. über diesen wichtigen Satz die große Literatur über den Monopolpreis, z. B. Wieser, Theorie der gesellschaftlichen Wirtschaft (Grundriß für Sozialökonomik, I. Abteilung, Tübingen 1914) S. 276.

Gutes ist nun nicht die, daß der Menge nach weniger erzeugt wird. Kapital und Arbeit, die durch die Einschränkung der Erzeugung frei werden, müssen in anderer Produktion Verwendung finden. Denn in der unbehinderten Wirtschaft gibt es auf die Dauer weder unbeschäftigte Kapitalien noch unbeschäftigte Arbeitskraft. Der Mindererzeugung des Monopolgutes steht mithin die Mehrerzeugung anderer Güter gegenüber. Nur freilich: das sind weniger wichtige Güter, sie würden nicht erzeugt und verwendet worden sein, wenn man das dringendere Bedürfnis nach weiteren Einheiten des Monopolgutes hätte befriedigen können. Die Differenz zwischen dem Werte dieser Güter und dem höheren der nichterzeugten Menge des Monopolgutes stellt die Wohlstandseinbuße dar, die die Volkswirtschaft durch das Monopol erleidet. Hier fallen privatwirtschaftliche Rentabilität und volkswirtschaftliche Produktivität nicht zusammen. Eine sozialistische Gesellschaftsordnung würde anders verfahren, als es in der kapitalistischen Gesellschaft geschieht.

Man hat mitunter darauf hingewiesen, daß, wenn das Monopol auch so auf der einen Seite zum Nachteil des Verbrauchers ausschlägt, es auf der anderen Seite doch auch für ihn von Vorteil sein könne. Das Monopol könne billiger produzieren, weil bei ihm alle Spesen, die mit dem Wettbewerb verbunden sind, wegfallen, und weil es als spezialisierte Produktion im größten Maßstabe, der für die Erzeugung möglich ist, alle Vorteile der Arbeitsteilung im höchsten Maße genießt. Doch das ändert nichts an der Tatsache, daß die Produktion von wichtigeren auf minderwichtige Produkte gelenkt wird. Es mag vielleicht zutreffen, wie von den Verteidigern der Trusts immer wieder ins Treffen geführt wird, daß der Monopolist, der seinen Gewinn anders nicht mehr erhöhen kann, sein Augenmerk auf die Verbesserung der Produktionstechnik lenken wird, wenngleich nicht einzusehen ist, warum der Anreiz dazu bei ihm größer sein sollte als bei dem im Wettbewerb stehenden Produzenten. Doch mit solchen Feststellungen werden die Behauptungen über die Wirkungen des Monopols nicht berührt.

§ 3. Die Möglichkeit, den Markt zu monopolisieren, ist bei den einzelnen Waren durchaus verschieden. Auch wer konkurrenzlos als einziger Verkäufer dasteht, muß darum noch nicht in der Lage sein, zu Monopolpreisen zu verkaufen und Monopolgewinne zu erzielen. Wenn der Absatz der Ware, die er zu verkaufen hat, mit dem Steigen der Preise so schnell sinkt, daß der beim Verkauf erzielte Mehrerlös nicht hinreicht, um den durch den Rückgang des Absatzes entstehenden Ausfall zu decken, dann ist der Monopolist genötigt, sich mit dem

Preise zu begnügen, der sich beim Wettbewerb der Verkäufer gebildet hätte[1]).

Ein Monopol kann — von der künstlichen, durch gesellschaftliche Verhältnisse, wie z. B. durch staatliche Privilegien, bewirkten Monopolisierung abgesehen — in der Regel nur durch die ausschließliche Verfügung über natürliche Produktionsfaktoren bestimmter Art begründet werden. Die ausschließliche Verfügung über produzierte und reproduzierbare Produktionsmittel bestimmter Art kann in der Regel nicht zur dauernden Monopolisierung des Marktes führen. Es können immer neue Unternehmungen auftauchen. Die fortschreitende Arbeitsteilung strebt, wie schon gezeigt wurde, einem Zustand zu, in dem bei höchster Spezialisierung der Erzeugung jedermann alleiniger Erzeuger eines oder einer Anzahl von Artikeln wird. Doch damit wäre noch lange nicht ein Zustand hergestellt, in dem der Markt aller dieser Artikel monopolisiert werden könnte. Die Versuche der verarbeitenden Unternehmungen, Monopolpreise zu fordern, würden, ganz abgesehen von anderen Umständen, schon daran scheitern, daß neue Konkurrenten auf den Plan zu treten vermögen.

Die Erfahrungen, die man im letzten Menschenalter mit Kartellen und Trusts gemacht hat, bestätigen dies durchaus. Alle dauernden monopolistischen Gebilde sind auf der monopolistischen Verfügung über Bodenschätze oder über Boden bestimmter Lage aufgebaut. Wer ohne die Grundlage eines Bodenmonopols Monopolist werden wollte, mußte — wenn ihm nicht Rechtsverhältnisse besonderer Art wie Zölle, Patente u. dgl. in irgendeiner Weise zu Hilfe kamen — zu Kunstgriffen aller Art seine Zuflucht nehmen, um sich auch nur für vorübergehende Zeit eine monopolartige Stellung zu sichern. Die Beschwerden, die gegen die Kartelle und gegen die Trusts vorgebracht werden und die bänderreichen Untersuchungen der Enquetekommissionen beschäftigen, betreffen fast durchwegs diese Praktiken und Kniffe, durch die künstlich Monopole geschaffen werden sollten, wo der freie Verkehr die Voraussetzungen dazu nicht bot. Die weitaus überwiegende Zahl aller Kartelle und Trusts hätte nicht errichtet werden können, wenn nicht die Regierungen durch protektionistische Maßnahmen die Voraussetzungen ihrer Bildung geschaffen hätten. Die Monopole der verarbeitenden Gewerbe und des Handels verdanken ihre Entstehung nicht einer der kapitalistischen Wirtschaft immanenten Tendenz, sondern der gegen den Kapitalismus gerichteten Interventionspolitik der Regierungen.

Ohne monopolistische Verfügung über Bodenschätze oder über Boden bestimmter Lage könnten Monopole nur dort entstehen, wo die zur Errichtung eines Konkurrenzunternehmens erforderlichen Kapitalien nicht

---

[1]) Dieser Fall ist nach Wieser (a. a. O.) „vielleicht sogar die Regel".

auf entsprechende Rentabilität rechnen können. Eine Eisenbahnunternehmung kann eine Monopolstellung erlangen, wenn die Errichtung einer konkurrierenden Linie nicht rentabel erscheint, weil der Verkehr nicht groß genug ist, um zwei Linien rentabel erscheinen zu lassen. Ähnlich können die Dinge auch in anderen Fällen liegen. Doch das bedeutet nur, daß einzelne Monopole solcher Art möglich sind; es bedeutet durchaus nicht, daß eine allgemeine Tendenz zur Monopolbildung besteht.

Wo diese Voraussetzung zutrifft, wo also eine Eisenbahngesellschaft oder ein elektrisches Kraftwerk eine Monopolstellung erlangen, äußert sich die Wirkung darin, daß es diesen Monopolisten je nach den besonderen Umständen gelingen kann, einen größeren oder kleineren Teil der Grundrente der anliegenden Grundstücke an sich zu ziehen. Das mag Verschiebungen der Einkommens- und Vermögensverhältnisse zur Folge haben, die — zumindest von den davon unmittelbar Betroffenen — unliebsam empfunden werden.

§ 4. Das Gebiet, das dem Monopol in einer auf dem Sondereigentum an den Produktionsmitteln beruhenden Wirtschaftsordnung, in der der Staat keinen Protektionismus walten läßt, offen steht, ist das der spezifischen Urproduktion. Monopole bestimmter Zweige der Urproduktion sind möglich. Der Bergbau (im weitesten Sinne des Wortes) ist die eigentliche Domäne des Monopols. Wo wir heute Monopolgebilde kennen, die nicht der staatlichen Einmischung ihren Bestand verdanken, handelt es sich — wenn wir von dem eben an dem Beispiel einer Eisenbahn oder eines Kraftwerkes erörterten Fall absehen — immer um Organisationen, die auf der alleinigen Verfügung über Bodenschätze bestimmter Art aufgebaut sind. Allein in der Förderung von Bodenschätzen, die nur an verhältnismäßig wenigen Orten vorkommen, können Monopole entstehen. Ein Weltmonopol der Kartoffelbauern oder der Milchproduzenten ist undenkbar[1]); denn auf dem größten Teil der Erdoberfläche kann man Kartoffel und Milch oder zumindest Ersatzstoffe erzeugen. Weltmonopole des Erdöls, des Quecksilbers, des Zinks, des Nickels u. a. Stoffe können durch Zusammenschluß der Besitzer der seltenen Fundstätten immerhin gebildet werden; die Geschichte der letzten Zeit bietet dafür Beispiele.

Entsteht nun ein derartiges Monopol, dann tritt an Stelle des Konkurrenzpreises der höhere Monopolpreis. Das Einkommen der Besitzer der Bergwerke steigt, Produktion und Konsum ihres Erzeugnisses sinken. Eine Menge von Kapital und Arbeit, die sonst in diesem Zweige der Produktion tätig gewesen wäre, wird anderen Produktionen zugeführt. Betrachtet man die Wirkungen des Monopols vom Standpunkte der ein-

---

[1]) Anders liegt es vielleicht schon bei landwirtschaftlichen Produktionen, die nur auf verhältnismäßig beschränktem Boden gedeihen, z. B. beim Kaffeebau.

zelnen Glieder der Weltwirtschaft, dann sieht man nur die Erhöhung des Einkommens der Monopolisten und die ihm gegenüberstehende Verringerung des Einkommens aller übrigen Glieder. Betrachtet man sie jedoch vom Standpunkte der Weltwirtschaft und sub specie aeternitatis, dann entdeckt man, daß sie sparsamen Verbrauch der nicht ersetzbaren Naturschätze auslösen. Daß im Bergbau Monopolpreise mitunter an Stelle der Konkurrenzpreise treten, hat zur Folge, daß man mit den kostbaren Bodenschätzen sparsamer umgeht. Die Monopole drängen die Menschen dazu, sich weniger mit der Gewinnung von Bodenschätzen und mehr mit ihrer Verarbeitung zu befassen. Jeder Bergwerksbetrieb ist ein Aufzehren von nicht wiedererzeugbaren Teilen der den Menschen von der Natur mitgegebenen Ausstattung; je weniger die Menschen diesen Vorrat angreifen, desto besser sorgen sie für die Wirtschaft der kommenden Geschlechter. Wir erkennen nun, was es zu bedeuten hat, wenn man in dem Falle des Monopols einen Gegensatz zwischen volkswirtschaftlicher Produktivität und privatwirtschaftlicher Rentabilität erblickt. Es ist richtig, daß eine sozialistische Gemeinwirtschaft keine Veranlassung hätte, die Produktion bestimmter Artikel in der Weise einzuschränken, in der es die kapitalistische Gesellschaftsordnung unter dem Einfluß der Monopolbildung tut. Doch das würde eben nichts anderes bedeuten als das, daß sie mit den unersetzlichen Naturschätzen weniger sparsam umgehen würde als die kapitalistische Gesellschaft, daß sie die Zukunft der Gegenwart opfern würde.

Wenn wir feststellen, daß das Monopol einen Gegensatz von Rentabilität und Produktivität entstehen läßt, der sonst nirgends zu entdecken ist, so ist damit noch nicht gesagt, daß das Monopol verderblich wirke. Die naive Annahme, als ob das Verhalten der sozialistischen Gemeinwirtschaft — denn das ist die Richtschnur, die der Vorstellung der Produktivität zugrunde liegt — das absolut Gute wäre, ist durchaus willkürlich. Wir haben keinen Maßstab, der uns ermöglichen würde, darüber, was hier gut und was schlecht ist, eine allgemein gültige Entscheidung zu treffen.

Betrachtet man in dieser Weise die Wirkungen des Monopols ohne die Voreingenommenheit der volkstümlichen Kartell- und Trustliteratur, so vermag man nichts zu entdecken, was die Behauptung rechtfertigen könnte, daß fortschreitende Monopolbildung das kapitalistische System unmöglich mache. Der Spielraum, der dem Monopol in der von der Einmischung des Staates freien kapitalistischen Wirtschaft bleibt, ist viel enger als jene Literatur anzunehmen pflegt, und die sozialwirtschaftlichen Folgen der Monopole sind wohl ganz anders zu beurteilen als es die Schlagwörter vom Preisdiktat und von der Herrschaft der Trustmagnaten tun.

IV. Teil.
Der Sozialismus als sittliche Forderung.

I.
Sozialismus und Ethik.

§ 1. Dem reinen Marxismus ist der Sozialismus kein politischer Programmpunkt. Er fordert weder die Überführung der Gesellschaftsordnung in die sozialistische Form, noch verurteilt er die liberale Gesellschaftsordnung. Er gibt sich als wissenschaftliche Theorie, die in den Bewegungsgesetzen der geschichtlichen Entwicklung die Tendenz zur Vergesellschaftung der Produktionsmittel entdeckt haben will. Ihm zuzumuten, daß er sich für den Sozialismus ausspricht, daß er sein Kommen herbeiwünscht oder herbeiführen will, ist ebenso widersinnig wie es wäre, der Astronomie zuzumuten, sie wolle eine Sonnenfinsternis, die sie vorausgesagt hat, herbeiführen oder erachte sie für wünschenswert. Es ist bekannt, daß das Leben und selbst viele Schriften und Aussprüche von Marx in schroffem Widerspruch mit dieser theoretischen Auffassung stehen, und daß der Ressentiment-Sozialismus bei ihm immer wieder durchbricht. Seine Anhänger haben zumindest in der praktischen Politik längst vergessen, was sie der strengen Lehre schuldig sind. Die Worte und Taten der marxistischen Parteien gehen weit über das hinaus, was die „Geburtshelfer-Theorie" noch als zulässig erscheinen läßt[1]). Doch

---

[1]) Wie wenig die Sozialdemokraten sich diese Grundlehre des Marxismus zu eigen gemacht haben, zeigt schon ein Blick auf ihre Literatur. Kurz und bündig bekennt ein Führer der deutschen Sozialdemokratie, der ehemalige deutsche Reichswirtschaftsminister Wissell: „Ich bin Sozialist und werde Sozialist bleiben, denn ich sehe in der sozialistischen Wirtschaftsverfassung mit ihrer Unterordnung des einzelnen unter das Ganze den Ausdruck eines höheren sittlichen Prinzips, als der Individualwirtschaft zugrunde liegt". (Praktische Wirtschaftspolitik, Berlin 1919, S. 53.)

das ist für unsere Betrachtung, die es hier mit der reinen Lehre und nicht mit ihrer Entartung in der Politik des Alltags zu tun hat, zunächst nebensächlich.

Sieht man von der rein marxistischen Auffassung, nach der der Sozialismus mit zwingender Notwendigkeit kommen muß, ab, dann findet man zwei Motive, die die Vorkämpfer kommunistischer Gesellschaftsordnung leiten. Sie sind Sozialisten entweder, weil sie von der sozialistischen Gesellschaftsordnung eine höhere Ergiebigkeit der gesellschaftlichen Arbeit erwarten, oder weil sie die sozialistische Gesellschaftsordnung für gerechter halten. Während es aber für den reinen Marxismus keine Versöhnung mit dem ethischen Sozialismus geben kann, ist sein Verhältnis zum ökonomisch-rationalistischen Sozialismus ein anderes; man könnte die materialistische Geschichtsauffassung in dem Sinne verstehen, daß die Selbstbewegung des Wirtschaftlichen zur höchsten Wirtschaftlichkeit hinführt, die im Sozialismus gegeben erscheint. Der Mehrzahl der Marxisten liegt diese Auffassung freilich fern. Sie sind für den Sozialismus einmal, weil er ohnehin kommen muß, dann, weil er sittlich höher steht, und schließlich, weil er rationellere Wirtschaft bringt.

Die beiden Motive des nichtmarxistischen Sozialismus schließen einander aus. Wer für den Sozialismus eintritt, weil er von der sozialistischen Gesellschaftsordnung eine höhere Ergiebigkeit der gesellschaftlichen Arbeit erwartet, braucht seine Forderung nicht erst besonders auf eine höhere sittliche Wertung der sozialistischen Gesellschaftsordnung zu stützen. Tut er das doch, dann bleibt die Frage offen, ob er für den Sozialismus auch dann einzutreten bereit wäre, wenn der Sozialismus in seinen Augen nicht die sittlich vollkommenere Gesellschaftsordnung wäre. Umgekehrt ist es klar, daß derjenige, der für sozialistische Gesellschaftsordnung aus ethischen Rücksichten eintreten will, dies auch dann tun müßte, wenn er der Überzeugung wäre, daß die auf dem Sondereigentum an den Produktionsmitteln beruhende Gesellschaftsordnung größere Ergiebigkeit der Arbeit gewährleistet.

§ 2. Für die eudämonistisch-rationalistische Betrachtungsweise der gesellschaftlichen Erscheinungen ist schon die Problemstellung des ethischen Sozialismus unbefriedigend. Wenn man sich Ethik und „Wirtschaft" nicht als zwei Objektivationssysteme denkt, die miteinander nichts zu tun haben, dann können ethische und wirtschaftliche Wertung und Beurteilung nicht als voneinander unabhängige Faktoren erscheinen. Alle ethische Zielsetzung ist nur ein Teil der menschlichen Zielsetzung überhaupt. Das soll sagen, daß sie auf der einen Seite dem allgemeinen menschlichen Streben nach Glückseligkeit gegenüber als Mittel erscheint, auf der anderen Seite aber von demselben Wertungsprozeß erfaßt wird, der alle Zwischenziele in einer einheitlichen Wertskala vereinigt und der Wichtigkeit nach abstuft. Die Vorstellung von ethischen absoluten Werten, die den wirtschaftlichen Werten entgegengestellt werden können, ist danach nicht aufrechtzuhalten.

Mit dem ethischen Apriorismus und Intuitionismus gibt es freilich über diesen Punkt keine Auseinandersetzung. Wer das Sittliche als letzte Tatsache hinstellt und die wissenschaftliche Prüfung seiner Elemente durch den Hinweis auf einen transzendenten Ursprung abschneidet, mit dem kann man nie ins Reine kommen, wenn man auch das Gerechte in den Staub der wissenschaftlichen Analyse herabzieht. Gegenüber dem Befehle der Ethik des Pflichtgedankens und des Gewissens gibt es nur blinde Unterwerfung[1]). Die aprioristische Ethik tritt mit ihren unbedingte Geltung beanspruchenden Normen von außen her an alle irdischen Verhältnisse heran, um sie, unbekümmert um alle Folgen, in ihrem Sinne umzugestalten. „Fiat iustitia, pereat mundus" ist ihre Devise, und es ist ehrliche Entrüstung, wenn sie sich über den ewig mißverstandenen Satz: „Der Zweck heiligt das Mittel", empört.

Der isoliert gedachte Mensch setzt alle seine Ziele nach seinem eigenen Gesetz. Er sieht und kennt nichts anderes als sich und richtet sein Handeln danach ein. Der in Gesellschaft lebende Mensch muß in seinem Handeln aber stets zugleich darauf Bedacht nehmen, daß er in Gesellschaft lebt, und daß er in seinem Handeln notwendigerweise auch den Bestand und die Fortentwicklung der Gesellschaft bejahen muß. Aus dem Grundgesetz des gesellschaftlichen Zusammenlebens folgt, daß er dies nicht etwa tut, um Ziele, die außerhalb des Zwecksystems seiner eigenen Person liegen, zu erreichen. Indem er die gesellschaftlichen Zwecke zu seinen eigenen macht, ordnet er nicht etwa seine Persönlichkeit und seine Wünsche einer anderen, über ihm stehenden höheren Persönlichkeit unter, verzichtet er nicht auf Erfüllung irgendwelcher eigener Wünsche zugunsten der Wünsche einer mystischen Allgemeinheit. Denn die gesellschaftlichen Ziele sind, vom Standpunkte seiner eigenen Wertung aus gesehen, nicht Endziele, sondern Zwischenziele in seiner eigenen Rangordnung der Ziele. Er muß die Gesellschaft bejahen, weil das gesellschaftliche Zusammenleben ihm selbst eine bessere Erfüllung seiner eigenen Wünsche gewährleistet. Würde er sie verneinen, so würde er sich nur vorübergehende Vorteile schaffen können, in letzter Linie

---

[1]) Vgl. Jodl, Geschichte der Ethik als philosophischer Wissenschaft, 2. Aufl., II. Bd., Stuttgart 1912, S. 450.

müßte er durch die Zerstörung des gesellschaftlichen Körpers auch sich selbst schädigen.

Der Dualismus der Motivation, den die Mehrzahl der ethischen Theorien annimmt, wenn sie zwischen egoistischen und altruistischen Beweggründen des Handelnden unterscheidet, ist nicht aufrechtzuhalten. Die Gegenüberstellung von egoistischem und altruistischem Handeln entspringt einer Auffassung, die das Wesen der gesellschaftlichen Verknüpfung zwischen den Individuen verkennt. Es ist — wenn man will, mag man sagen: glücklicherweise — nicht so, daß ich die Wahl habe, durch mein Tun und Lassen entweder mir oder meinen Mitmenschen zu dienen. Wäre dem so, dann wäre menschliche Gesellschaft nicht möglich. Aus der Grundtatsache des Gesellschaftslebens, der auf der Wirkung der Arbeitsteilung beruhende Interessenharmonie der Menschen, folgt, daß zwischen Handeln zu meinen Gunsten und Handeln zugunsten der anderen in letzter Linie kein Gegensatz besteht, so daß die Interessen der Einzelnen endlich zusammenfließen. Daher kann denn auch jener berühmte wissenschaftliche Streit über die Möglichkeit, die altruistischen Motive des Handelns aus den egoistischen abzuleiten, als abgetan gelten.

Zwischen Pflicht und Interesse gibt es keinen Gegensatz. Was der Einzelne der Gesellschaft gibt, um sie als Gesellschaft zu erhalten, gibt er nicht um fremder Ziele willen, sondern um der eigenen[1]). Der Einzelne, der nicht nur als denkendes, wollendes und fühlendes Wesen, also als Mensch, sondern auch als Lebewesen überhaupt Produkt der Gesellschaft ist, kann die Gesellschaft nicht verneinen, ohne auch sein eigenes Selbst zu verneinen.

Für die Vernunft des Einzelnen, die es ihm ermöglicht, seine eigenen Interessen richtig zu erkennen, leuchtet diese Stellung der Sozialzwecke in dem System der individuellen Zwecke ein. Die Gesellschaft kann sich jedoch nicht darauf verlassen, daß der Einzelne seine Interessen auch immer richtig erfaßt. Denn sie würde dadurch jedem Einzelnen die Möglichkeit geben, ihr Bestehen in Frage zu stellen, sie würde sich jedem Vernunftlosen, Kranken und Willensschwachen schutzlos preisgeben, und so die Kontinuität der gesellschaftlichen Entwicklung gefährden. Aus diesen Erwägungen schuf man die gesellschaftlichen Zwangsmächte, die dem Einzelnen gegenüber als äußere Mächte auftreten, weil sie Befolgung ihrer Gesetze imperativ heischen. Das ist die soziale Bedeutung des Staates und der Rechtsnormen. Sie sind nichts Fremdes, sie fordern vom Einzelnen nichts, was seinen eigenen Interessen zuwiderläuft. Sie zwingen das Individuum nicht in den Dienst fremder

---

[1]) Vgl. Izoulet, a. a. O., S. 413ff.

Zwecke, sie verhindern nur, daß das irregeleitete, asoziale Individuum, sein eigenes Interesse verkennend, sich gegen die gesellschaftliche Ordnung aufbäumt und damit auch die übrigen Menschen schädigt.

Darum ist es auch töricht, zu behaupten, Liberalismus, Utilitarismus, Eudämonismus wären „staatsfeindlich". Sie lehnen die Staatsidee des Etatismus ab, die unter dem Namen „Staat" ein geheimnisvolles, dem menschlichen Verstande nicht begreifbares Wesen als Gott verehrt. Sie wenden sich gegen Hegel, dem der Staat „göttlicher Wille" ist; sie wenden sich gegen den Hegelianer Marx und seine Schule, die den Kultus der „Gesellschaft" an die Stelle des Kultus des „Staates" gesetzt haben. Sie bekämpfen alle jene, die dem „Staat" oder der „Gesellschaft" andere Aufgaben zuweisen wollen als die, welche der Gesellschaftsordnung entsprechen, die sie selbst für die zweckentsprechendste halten. Weil sie für die Aufrechterhaltung des Sondereigentums an den Produktionsmitteln sind, verlangen sie, daß der staatliche Zwangsapparat auf diesen Grundsatz eingestellt werde, und lehnen alle Vorschläge ab, die zur Einschränkung oder Aufhebung des Sondereigentums führen. Es fällt ihnen nicht ein, „den Staat abzuschaffen". Im Gesellschaftsbild des Liberalismus fehlt der Staatsapparat durchaus nicht; ihm ist die Aufgabe zugewiesen, für die Sicherheit des Lebens und des Eigentums Sorge zu tragen. Man muß schon tief in die (im Sinne der Scholastik) realistische Auffassung des Staates verstrickt sein, um die Tatsache, daß jemand gegen Staatsbahnen, Staatstheater oder Staatsmolkereien auftritt, als Staatsfeindlichkeit zu bezeichnen.

Die Gesellschaft kann sich dem Einzelnen gegenüber unter Umständen auch ohne Zwangsgewalt durchsetzen. Nicht jede soziale Norm bedarf zu ihrer Durchsetzung gleich der äußersten Mittel des staatlichen Vollzuges. In vieler Hinsicht kann die Anerkennung der sozialen Zwecke vom Einzelnen auch ohne das Richtschwert durch Moral und Sitte erzwungen werden. Moral und Sitte gehen über das Gesetz des Staates insoweit hinaus, als sie weitere soziale Zwecke schützen. Zwischen ihnen vermag in dieser Hinsicht eine Verschiedenheit der Ausdehnung, aber keine Unvereinbarkeit der Prinzipien zu bestehen. Wesensgegensätze zwischen der Rechtsordnung und den Moralgesetzen kommen nur dort vor, wo die beiden verschiedenen Anschauungen über die gesellschaftliche Ordnung entspringen, also verschiedenen Gesellschaftssystemen angehören. Der Gegensatz ist dann dynamischer, nicht statischer Natur.

Die ethische Wertung „gut" oder „böse" kann nur im Hinblick auf das Ziel, dem das Handeln zustrebt, gesetzt werden. Ἀδικία οὐ καθ' ἑαυτὴν κακόν, sagt schon Epikur. Hätte das Laster keine schädlichen

Folgen, so wäre es kein Laster[1]). Wer eine Handlung als gut oder böse bezeichnet, tut dies, da Handeln nie Selbstzweck, vielmehr immer Mittel zur Erreichung bestimmter Zwecke ist, stets nur mit Rücksicht auf die Folgen der Handlung. Die Handlung wird nach der Stellung beurteilt, die sie im Kausalsystem von Ursache und Wirkung hat. Sie wird als Mittel gewertet. Für den Wert des Mittels ist die Wertung des Zweckes ausschlaggebend. Die ethische Wertung geht wie alle Wertung von der Wertung der Zwecke, der Güter, aus. Der Wert der Handlung ist vom Wert des Zweckes, dem sie dient, abgeleitet. Gesinnung wieder hat Wert, insofern sie zum Handeln führt.

Einheit des Handelns kann es nur geben, wenn alle letzten Werte in eine einheitliche Wertskala gebracht werden können. Wäre das nicht möglich, dann müßte der Mensch immer wieder in Lagen kommen, in denen er nicht handeln, d. i. zielbewußt auf einen Zweck hinarbeiten, könnte, sondern untätig den Ausgang den ohne sein Zutun waltenden Mächten überlassen müßte. Jedem menschlichen Handeln geht eine Entscheidung über die Rangordnung der Werte voraus. Wer handelt, um das Ziel A zu erreichen, während er auf die Erreichung der Ziele B, C, D usf. verzichtet, hat entschieden, daß ihm unter den gegebenen Umständen die Erreichung von A wertvoller ist als die Erreichung von B, C, D usf.

Darüber, was dieses letzte Gut ist, hat es in der Philosophie lange Streit gegeben. Die moderne Philosophie hat diesen Streit entschieden. Der Eudämonismus kann heute nicht mehr angegriffen werden. Alles, was die Philosophen von Kant bis Hegel gegen ihn vorzubringen vermochten, hat die Begriffe Sittlichkeit und Glückseligkeit auf die Dauer nicht trennen können. Nie ist in der Geschichte mehr Geist und Scharfsinn aufgewendet worden, um eine unhaltbare Stellung zu verteidigen. Mit Bewunderung stehen wir vor der großartigen Leistung, die die Philosophie hier vollbracht hat. Fast könnte man sagen, daß das, was sie geleistet hat, um das Unmögliche zu beweisen, uns mehr Hochachtung abnötigt als die Leistungen der großen Denker und Soziologen, die den Eudämonismus und Utilitarismus zum unverlierbaren Besitzstand des menschlichen Geistes gemacht haben. Sicher ist, daß ihre Bemühungen nicht vergebens waren. Es bedurfte dieser großen Anstrengungen zugunsten der antieudämonistischen Ethik, um noch einmal das Problem in seiner Größe aufzurollen und seine endgültige Lösung zu ermöglichen.

Die grundsätzliche Ablehnung der Betrachtungsweise der intuitionistischen Ethik, die mit den wissenschaftlichen Methoden in unverein-

---

[1]) Vgl. Guyau, Die englische Ethik der Gegenwart, übers. v. Peusner, Leipzig 1914, S. 20.

barem Widerspruch steht, überhebt den, der den eudämonistischen Charakter aller ethischen Wertung erkennt, der weiteren Auseinandersetzung mit dem ethischen Sozialismus. Für ihn steht das Sittliche nicht außerhalb der Wertskala, die alle Lebenswerte umfaßt. Für ihn gibt es kein Sittliches, das an und für sich gilt, ohne daß wir das Warum seiner Geltung zu prüfen befähigt und berechtigt wären. Nie kann er es zugeben, daß das, was als zuträglich und vernünftig erkannt wurde, nicht sein darf, weil eine Norm, die uns von einer dunklen, unbekannten Macht gesetzt wurde, ohne daß wir über ihren Sinn und Zweck auch nur nachzudenken befugt wären, es als unsittlich erklärt[1]). Sein Grundsatz lautet nicht „fiat iustitia, pereat mundus", sondern „fiat iustitia, ne pereat mundus".

Wenn es nichtsdestoweniger nicht ganz überflüssig erscheint, sich mit den einzelnen Argumenten des ethischen Sozialismus auseinanderzusetzen, so liegt dies nicht nur daran, daß diese Gedankengänge viele Anhänger zählen. Weit wichtiger ist, daß sich dabei Gelegenheit bietet, zu zeigen, wie hinter jedem Gedankengang der aprioristisch-intuitiven Ethik doch wieder eudämonistische Ideen versteckt sind und wie sie sich in jeder einzelnen ihrer Äußerungen immer wieder auf unhaltbare Vorstellungen vom Wirtschaften und vom gesellschaftlichen Zusammenleben der Menschen zurückführen läßt. So wie jedwedes auf dem Pflichtgedanken aufgebaute ethische System, auch wenn es sich so streng gebärden mag wie das Kants, schließlich doch genötigt ist, dem Eudämonismus mehr zuzugestehen, als mit der Aufrechterhaltung seiner Grundsätze vereinbar ist[2]), so trägt auch jede einzelne Forderung dieser Ethik in letzter Linie eudämonistischen Charakter.

§ 3. Die formalistische Ethik macht sich den Kampf gegen den Eudämonismus allzu leicht, wenn sie die Glückseligkeit, von der er redet, als Befriedigung sinnlicher Begierden auffaßt. Sie unterschiebt mehr oder weniger bewußt dem Eudämonismus die Behauptung, es wäre alles menschliche Streben nur darauf gerichtet, den Wanst zu füllen und Sinnesgenüsse niedrigster Art zu erraffen. Daß vieler, sehr vieler Menschen einziges Sinnen und Trachten darauf gerichtet ist, kann man freilich nicht verkennen. Doch wenn die Gesellschaftswissenschaft feststellt, daß dem so ist, darf der, dem solches Tun nicht gefällt, nicht ihr den Vorwurf machen. Der Eudämonismus empfiehlt nicht, nach Glückseligkeit zu streben; er zeigt nur, daß der Menschen Streben danach

---

[1]) Vgl. Bentham, Deontology or the Science of Morality, ed. by Bowring, London 1834, I. Bd., S. 8ff.

[2]) Vgl. Mill, Utilitarianism, London 1863, S. 5f.; Jodl, a. a. O., II. Bd., S. 36.

gerichtet sein muß. Und Glückseligkeit liegt nicht nur im Geschlechtsgenuß und in ungestörter Verdauung.

Wenn die energistische Auffassung des Sittlichen im Ausleben[1]), im vollen Betätigen der eigenen Kräfte, das höchste Gut erblickt, so kann man dies allenfalls als einen anderen Ausdruck für das hinnehmen, was die Eudämonisten im Auge haben, wenn sie von Glückseligkeit sprechen. Das Glück des Starken und Gesunden liegt gewiß nicht in trägem Hindämmern. Doch wenn sich diese Auffassung in einen Gegensatz zum Eudämonismus begibt, wird sie unhaltbar. Was soll es heißen, wenn Guyau meint: „Leben heißt nicht rechnen, sondern handeln. In jedem lebenden Wesen ist ein Kraftvorrat, ein Energieüberschuß, der sich ausgeben will, nicht um der begleitenden Lustgefühle willen, sondern weil er sich ausgeben muß. . . . Pflicht leitet sich aus Kraft ab, die notwendig zur Tat drängt"[2])? Handeln heißt zielbewußt, also auf Grund von Überlegung und Rechnung wirken. Es ist nichts als ein Rückfall in den Intuitionismus, den Guyau sonst ablehnt, wenn man einen dunklen Drang als Führer des sittlichen Handelns hinstellt. In den Kraftideen (idées-forces) von Fouillée tritt das intuitionistische Element noch klarer zutage[3]). Was gedacht wurde, soll danach drängen, verwirklicht zu werden. Doch wohl nur dann, wenn das Ziel, dem die Handlung dient, als erstrebenswert erscheint; auf die Frage, warum ein Ziel gut oder böse erscheint, bleibt aber Fouillée die Antwort schuldig.

Es hilft nichts, wenn sich der Morallehrer eine Ethik konstruiert, wie sie sein sollte, ohne auf das Rücksicht zu nehmen, was dem Wesen des Menschen und seines Lebens entspricht. Die Deklamationen der Philosophen können nichts daran ändern, daß Leben sich auszuleben strebt, daß das Lebewesen Lust sucht und Unlust meidet. Alle Bedenken, die man hegte, dies als das Grundgesetz des menschlichen Handelns zu erkennen, fallen fort, sobald man einmal die Erkenntnis des Grundprinzips gesellschaftlichen Zusammenwirkens erlangt hat. Daß jeder zunächst sich selbst lebt und leben will, stört nicht nur nicht das Zusammenleben, sondern fördert es gerade, da die höchste Auswirkung des Einzellebens nur in der Gesellschaft und durch die Gesellschaft möglich ist. Das ist der wahre Sinn jener Lehre, die den Egoismus als Grundgesetz der Gesellschaft erklärt hat.

---

[1]) „Ausleben" nicht in dem Sinne, in dem der Ausdruck heute als Modewort in Gebrauch ist.

[2]) Vgl. Guyau, Sittlichkeit ohne „Pflicht", a. a. O., S. 272f.

[3]) Vgl. Fouillée, a. a. O., S. 157ff.

Die höchste Anforderung, die die Gesellschaft an den Einzelnen stellt, ist die, das Leben hinzugeben. Wenn man auch alle anderen Einschränkungen, die sich der Einzelne in seinem Handeln durch die Gesellschaft gefallen lassen muß, als in letzter Linie in seinem eigenen Interesse gelegen erachten mag, so lasse sich doch dies eine, meint die antieudämonistische Ethik, in keiner Weise auf eine Art erklären, die die Kollision zwischen Sonderinteresse und Gesamtinteresse, zwischen Egoismus und Altruismus, zu überbrücken vermag. Der Heldentod mag der Gesamtheit noch nützlich sein, dem Gefallenen helfe das wenig. Über diese Schwierigkeit könne nur eine Ethik hinweghelfen, die von der Pflicht ausgeht. Doch wenn wir näher zusehen, erkennen wir, daß man auch diesen Einwand leicht zu widerlegen vermag. Wenn die Existenz der Gesellschaft bedroht ist, muß jeder Einzelne sein Bestes einsetzen, um ihren Untergang abzuwehren. Auch die Aussicht, im Kampfe zu fallen, kann ihn dann nicht mehr schrecken. Denn es ist dann nicht etwa so, daß auf der einen Seite die Möglichkeit steht, das Leben so fortzuführen, wie es bisher ging, und auf der anderen Seite der Opfertod für das Vaterland, für die Gesellschaft, für die Überzeugung. Vielmehr steht auf der einen Seite die Gewißheit, Tod, Knechtschaft oder unerträgliche Armut zu finden, auf der anderen Seite die Chance, aus dem Kampf gesund als Sieger hervorzugehen. Der Krieg, der pro aris et focis geführt wird, verlangt vom Einzelnen kein Opfer. In diesen Krieg zieht man nicht, um für andere die Kastanien aus dem Feuer zu holen, sondern um die eigene Existenz zu retten. Das gilt freilich nur für Kriege, in denen es sich um Sein oder Nichtsein jedes Einzelnen handelt. Es gilt nicht für den Krieg, der bloß als Mittel der Bereicherung betrachtet wird. Es gilt daher nicht für die Fehden der Feudalherren und für die Kabinettskriege der Fürsten. Und darum kann der ewig eroberungslüsterne Imperialismus einer Ethik nicht entraten, die vom Einzelnen „Aufopferung" für das „Wohl des Staates" heischt.

Der Kampf, den die Ethiker seit altersher gegen die naheliegende eudämonistische Erklärung des Sittlichen geführt haben, findet sein Gegenstück in dem Bemühen der Nationalökonomen, das Problem des wirtschaftlichen Wertes anders als durch Zurückführung auf die Brauchbarkeit der Genußgüter zu lösen. Nichts lag für die Nationalökonomie näher als der Gedanke, den Wert als die Bedeutung von Gütern für die menschliche Wohlfahrt anzusehen. Wenn man nichtsdestoweniger den Versuch, mit Hilfe dieser Auffassung dem Wertproblem beizukommen, immer wieder aufgegeben und sich stets von neuem bemüht hat, zu anderen Werttheorien zu gelangen, so lag dies an jenen Schwierigkeiten, die das Problem der Wertgröße bot. Man verstand es nicht, über den scheinbaren Widerspruch hinwegzukommen, daß Edelsteine, die vornehmlich der Befriedigung eines offenbar minderwichtigen Bedürfnisses dienen, einen höheren Wert besitzen als Brot, das der Befriedigung eines der wichtigsten Bedürfnisse dient, und daß atmosphärische Luft und Trinkwasser, ohne die der Mensch schlechterdings nicht leben kann, im allgemeinen wertlos sind. Erst als es gelungen war, die Rangordnung der Bedürfnisgattungen von jener der konkreten Bedürfnisregungen begrifflich zu scheiden, und zu erkennen, daß die Skala, nach der die Wichtigkeit der von der Verfügung über die Güter abhängigen Bedürfnisse bemessen wird, die der konkreten Bedürfnisregungen ist, war die Grundlage zu der auf der Nützlichkeit der Güter aufzurichtenden Theorie des Wertes gelegt[1]).

Die Schwierigkeit, die sich der utilitaristisch-eudämonistischen Erklärung des Sittlichen entgegenstellte, war nicht geringer als die, mit der die Katallaktik zu kämpfen hatte, um den wirtschaftlichen Wert auf die Nützlichkeit zurückzuführen. Man fand nicht den Ausweg, um die eudämonistische Lehre mit der Tatsache in Einklang zu bringen, daß das sittliche Handeln offenbar gerade darin besteht, daß der Einzelne Handlungen, die unmittelbar als ihm nützlich erscheinen, unterläßt, und Handlungen setzt, die unmittelbar als ihm schädlich anzusehen sind. Erst der liberalen Sozialphilosophie glückte es, die Lösung zu finden. Sie zeigte, daß die Aufrechterhaltung und Fortentwicklung der gesellschaftlichen Verknüpfung der Individuen im höchsten Interesse jedes Einzelnen gelegen ist, so daß das Opfer, das der Einzelne bringt, um gesellschaftliches Zusammenleben zu ermöglichen, nur ein vorläufiges ist; ein kleinerer unmittelbarer Vorteil wird hingegeben, um einen unverhältnismäßig größeren mittelbaren Vorteil dafür einzutauschen. So fallen Pflicht und Interesse zusammen[2]). Das ist der Sinn der Interessenharmonie, von der die liberale Gesellschaftslehre spricht.

II.
Sozialismus als Ausfluß asketischer Lebensführung.

§ 1. Weltflucht und Lebensverneinung sind, auch wenn man sie vom religiösen Standpunkt betrachtet, nicht letztes Ziel, das um seiner selbst willen angestrebt wird, sondern Mittel zur Erreichung bestimmter überirdischer Heilszwecke. Doch wenn sie auch insofern in der Heils-

---

[1]) Vgl. Böhm-Bawerk, Kapital und Kapitalzins, 3. Aufl., II. Abt., Innsbruck 1909, S. 233 ff.

[2]) Vgl. Bentham, Deontology, a. a. O., I. Bd., S. 87 ff.

ökonomie des Gläubigen als Mittel erscheinen, so sind sie doch für jede Betrachtung, die über das für den Menschen durch die Erfahrung Gegebene nicht hinauszugehen und die Wirkung des Handelns nur soweit zu verfolgen vermag, als es in diesem Leben erkennbar ist, als letzte Ziele anzusehen. Die Askese, die sich vom Standpunkt der Weltanschauung oder aus sonstigen religiösen Motiven empfiehlt, wollen wir weiterhin allein als Askese bezeichnen; sie ist für uns unter diesen Einschränkungen als Askese an sich Gegenstand der Betrachtung. Sie darf nicht verwechselt werden mit jeder Art asketischer Lebensführung, die nur als Mittel zur Erreichung bestimmter irdischer Zwecke dient. Wer sich, von der Giftwirkung der geistigen Getränke überzeugt, ihres Genusses enthält, sei es, weil er im allgemeinen seine Gesundheit nicht gefährden will, sei es, weil er seine Kraft für eine besondere Leistung stählen will, ist in diesem Sinne kein Asket.

Nirgends trat die Idee der Weltflucht und Lebensverneinung folgerichtiger und geschlossener zutage als in der indischen Religion des Jainismus, die auf eine Geschichte von mehr als zweieinhalb Jahrtausenden zurückblicken kann. „Hauslosigkeit", sagt Max Weber, ist der grundlegende Heilsbegriff des Jainismus. „Sie bedeutet Abbruch aller Weltbeziehungen, also vor allem Indifferenz gegen Sinneseindrücke und Vermeidung alles Handelns nach weltlichen Motiven, aufhören überhaupt zu ‚handeln', zu hoffen und zu wünschen. Ein Mann, der nur noch fühlt und denkt ‚Ich bin ich' ist ‚hauslos' in diesem Sinne. Er sehnt sich weder nach dem Leben noch nach dem Tode — weil beides ‚Begierde' wäre, die Karman wecken kann — hat weder Freunde noch verhält er sich ablehnend zu Handlungen anderer ihm gegenüber (z. B. zu der üblichen Fußwaschung, die der Fromme am Heiligen vollzieht). Er handelt nach dem Grundsatz, daß man dem Übel nicht widerstehen soll und daß sich der Gnadenstand des Einzelnen im Leben im Ertragen von Mühsal und Schmerz zu bewähren habe"[1]. Der Jainismus verbietet auf das strengste jede Tötung lebender Wesen. „Korrekte Jaina brennen in der dunkeln Jahreszeit kein Licht, weil es Motten verbrennt, zünden kein Feuer an, weil es Insekten töten würde, sieben das Wasser, ehe sie es kochen, tragen einen Mund- und Nasenschleier, um das Einatmen von Insekten zu hindern. Die höchste Frömmigkeit ist, sich von Insekten peinigen zu lassen, ohne sie zu verscheuchen"[2].

---

[1] Vgl. Weber, Gesammelte Aufsätze zur Religionssoziologie, Tübingen 1920, II. Bd., S. 206.

[2] Vgl. ebendort S. 211.

Das Ideal asketischer Lebensführung läßt sich nur für einen Teil der menschlichen Gesellschaft verwirklichen. Denn der Asket kann nicht Arbeiter sein. Alles, was der durch Bußübungen und Kasteiungen erschöpfte Leib vermag, ist, in untätiger Beschaulichkeit die Dinge an sich herankommen zu lassen oder in ekstatischer Verzückung den Rest seiner Kraft zu verbrauchen und so das Ende zu beschleunigen. Der Asket, der zu arbeiten und zu wirtschaften beginnt, um sich auch nur das geringste Maß an Gütern zur Stillung seiner dringendsten Bedürfnisse zu erwerben, gibt seine Grundsätze preis. Das zeigt die Geschichte des Mönchtums, nicht nur die des christlichen allein. Aus Stätten der Askese sind die Klöster mitunter selbst zum Sitze eines verfeinerten Lebensgenusses geworden.

Der nicht arbeitende Asket kann nur bestehen, wenn die Askese nicht als allgemeiner, für alle verbindlicher Grundsatz des Lebens gilt. Da er sich nur von der Arbeit anderer ernähren kann, müssen Arbeiter vorhanden sein, von deren Abgaben er zehrt. Jeder Asket braucht Laien als Tributquellen[1]). Die geschlechtliche Enthaltsamkeit der Asketen verlangt Laien, die Nachkommenschaft zur Welt bringen. Fehlt diese notwendige Ergänzung, dann stirbt das Geschlecht der Asketen schnell aus. Die Askese als allgemeines Gesetz des Handelns bedeutet Selbstvernichtung des Menschengeschlechtes. Überwindung des Lebens ist das Ziel, dem der einzelne Asket zustrebt, und wenn diese Norm auch nicht in dem Sinne aufgefaßt werden muß, daß die Herbeiführung eines vorzeitigen Lebensendes durch Unterlassen aller zur Erhaltung des Lebens notwendigen Handlungen als ihr letzter und höchster Ausfluß erscheint, so schließt sie doch mit der Unterdrückung des Geschlechtstriebes den Untergang der Gesellschaft ein. Das Ideal der Askese ist das Ideal des freiwilligen Todes. Daß es keine Gesellschaft gibt, die auf dem Grundsatz allgemeiner Askese aufgebaut ist, braucht nicht erst näher erklärt zu werden. Die Askese wirkt gesellschafts- und lebensvernichtend.

Man konnte das nur darum übersehen, weil das asketische Ideal nur selten folgerichtig bis ans Ende gedacht und noch seltener folgerichtig bis ans Ende durchgeführt wird. Nur der Asket, der im Walde lebt und sich gleich den Tieren von Wurzeln und Kräutern nährt, zieht aus seiner Lebensanschauung die notwendigen Schlußfolgerungen, lebt und handelt, wie es seinen Grundsätzen entspricht. Doch diese strenge Folgerichtigkeit ist selten; es gibt doch nicht allzuviel Menschen, die leichten Herzens auf die Errungenschaften der Kultur, mögen sie sie auch in Gedanken noch so sehr verachten und mit Worten noch so sehr

---

[1]) Vgl. Weber, a. a. O., I. Bd., S. 262.

schmähen, verzichten und ohne weiteres bereit sind, zur Lebensweise der Rehe und der Hirsche zurückzukehren. Der hl. Aegidius, einer der eifrigsten Gefährten des hl. Franz von Assisi, setzte an den Ameisen aus, daß sie allzusehr besorgt seien, sich Vorräte anzusammeln; nur die Vögel unter dem Himmel fanden sein Wohlgefallen, weil sie nicht in Scheunen sammeln. Denn die Vögel unter dem Himmel, die Tiere auf der Erde und die Fische im Meere sind zufrieden, wenn sie ihre ausreichende Nahrung haben. Er selbst glaubte, diesem Lebensideale zu entsprechen, wenn er sich von seiner Hände Arbeit und vom Almosensammeln ernährte. Wenn man ihm, der nach der Weise anderer Armer auf den Feldern zur Erntezeit Ähren sammelte, mehr geben wollte, wies er es mit den Worten zurück: „Ich habe keine Scheune, wohin ich sammle, ich will keine haben." Und doch hat auch dieser Heilige von jener Wirtschaftsordnung, die er verdammte, Vorteil gezogen. Auch das Leben in Armut, das er geführt hat, war nur in ihr und durch sie möglich; auch dieses Leben stand unendlich hoch über dem der Fische und der Vögel, denen er nachzuleben glaubte. Den Lohn, den ihm seine Arbeit eintrug, empfing er aus den Vorräten einer geordneten Wirtschaftsführung. Hätten andere nicht in Scheunen gesammelt, dann hätte der Heilige hungern müssen; hätten alle sich die Fische zum Vorbild genommen, dann hätte auch er wie ein Fisch leben müssen. Das haben denn auch bereits die kritischer veranlagten Zeitgenossen erkannt. Der englische Benediktiner Matthäus Paris berichtet, Papst Innocenz III. habe dem hl. Franziskus nach Anhörung seiner Regel geraten, zu den Schweinen zu gehen, denen er ähnlicher sehe als den Menschen, sich mit ihnen im Kote zu wälzen und ihnen seine Regel zu geben[1]).

Asketische Moral kann nie zum allgemein verbindlichen Grundsatz des Lebens erhoben werden. Der Asket, der folgerichtig handelt, scheidet freiwillig in wahrem Sinne des Wortes aus der Welt. Askese, die sich auf Erden behaupten will, führt ihren Grundsatz nicht bis zur letzten Konsequenz durch; sie macht an einem bestimmten Punkte Halt. Durch welche Spitzfindigkeit sie dies zu erklären versucht, ist gleichgültig; genug, daß sie es tut und daß sie es tun muß. Weiter aber wird sie genötigt, Nichtasketen mindestens zu dulden. Indem sie so eine doppelte Moral ausbildet, die eine für Heilige, die andere für Weltkinder, spaltet sie die Ethik. Das Leben der Laien erscheint als ein immerhin noch zu duldendes und geduldetes, aber auch nicht als mehr; wahrhaft sittlich ist nur das der Mönche oder wie sie sonst heißen mögen, die durch Askese

---

[1]) Vgl. Glaser, Die franziskanische Bewegung, Stuttgart und Berlin 1903, S. 53f., 59.

zur Vollkommenheit streben. Mit dieser Zweiteilung der Moral verzichtet die Askese darauf, das Leben zu beherrschen. Sie dankt als Gesellschaftsethik ab. Der einzige Anspruch, den sie den Laien gegenüber noch zu erheben wagt, ist der, durch milde Gaben den Heiligen die Fortfristung des Daseins zu ermöglichen.

Das reine Ideal der Askese kennt überhaupt keine Bedürfnisbefriedigung. Es ist daher im buchstäblichen Sinne des Wortes wirtschaftslos. Das abgeschwächte, verblaßte Ideal der Askese, das den Laien einer Gesellschaft, die die Askese bei den Vollkommenen ehrt, oder den zu einer Produktions- und Konsumgemeinschaft vereinigten Mönchen vorschwebt, mag Gemeinschaft der genußreifen Güter fordern, stellt sich aber der höchsten Rationalisierung der Produktion durchaus nicht entgegen; im Gegenteil, es fordert sie sogar. Denn, wenn alle Beschäftigung mit dem Irdischen vom allein wertvollen und sittlich zu billigenden Lebenswandel abhält und überhaupt nur zu dulden ist, weil sie Mittel zu einem leider nicht ausschaltbaren Zwischenzweck ist, dann muß es im höchsten Maße erwünscht sein, in diesem unheiligen Tun möglichst wirtschaftlich zu sein, um es auf das Mindestmaß herabzusetzen. Die Rationalisierung, deren Erwünschtheit sich für das Weltkind aus dem Bestreben ergibt, die Unlustgefühle herabzusetzen und die Lustgefühle zu mehren, wird dem asketischen Idealen Ergebenen, dem die Unlustgefühle, die die Arbeit und das Entbehren erwecken, als Kasteiungen wertvoll werden, und der die Lustgefühle des Freiseins von Arbeit und der Bedürfnisbefriedigung als sündhaft meiden soll, durch die Pflicht auferlegt, sich dem Vergänglichen nicht länger zu widmen, als unumgänglich notwendig ist.

Auch vom asketischen Standpunkt kann man daher sozialistische Produktionsweise nicht über kapitalistische stellen, wenn man sie nicht für die rationellere hält. Die Askese mag Beschränkung der Tätigkeit zur Bedürfnisbefriedigung empfehlen, weil sie allzu behagliche Lebensweise verabscheut. Doch sie kann innerhalb der Grenzen, die sie der Bedürfnisbefriedigung läßt, nichts anderes für richtig ansehen als das, was die rationelle Wirtschaft fordert.

§ 2. Die sozialistische Heilsverkündigung ist ursprünglich aller asketischen Anschauung abhold gewesen. Sie hat in schroffer Ablehnung jeder Vertröstung auf ein Leben nach dem Tode schon auf Erden für jedermann ein Paradies schaffen wollen. Sie will vom Jenseits und von allen übrigen religiösen Versprechungen nichts wissen. Sie hat nur ein Ziel vor Augen: jedem den höchsten erreichbaren Wohlstand zu verbürgen. Nicht Entbehren, Genießen lautet ihr Programm. Die sozialistischen Führer haben sich stets mit Entschiedenheit gegen alle jene gewendet, die der Vermehrung der Produkte gleichgültig gegenüberstanden. Sie haben immer wieder darauf hingewiesen, daß alles darauf ankomme, die Ergiebigkeit der menschlichen Arbeit zu vervielfältigen, um die Qual der Arbeit zu mindern und die Lust des Genusses zu mehren. Sie haben kein Verständnis gezeigt für die großartige Geste, mit der die entarteten Sprößlinge im Wohlstande lebender Geschlechter die Reize der Armut und der einfachen Lebensführung preisen.

Doch wer genauer zusieht, wird bemerken können, daß sich darin allmählich eine Änderung anzubahnen beginnt. In dem Maße, in dem die Unwirtschaftlichkeit der sozialistischen Produktionsweise deutlicher zutage tritt, bereitet sich auch in der Auffassung der Sozialisten über die Ersprießlichkeit reichlicherer Befriedigung menschlicher Bedürfnisse ein Wandel vor. Nun fangen auch viele Sozialisten an, Verständnis zu bezeigen für die Ausführungen der das Mittelalter preisenden Schriftsteller, die mit Geringschätzung auf die Bereicherung des äußeren Lebens durch den Kapitalismus blicken[1]).

Wenn jemand behauptet, daß man auch mit wenigen Gütern glücklich oder gar glücklicher werden könne, so kann man ihn ebensowenig widerlegen wie er imstande ist, seinen Satz zu beweisen. Die meisten Menschen freilich sind der Meinung, daß sie an äußeren Gütern noch nicht genug haben, und weil sie die Mehrung des Wohlbefindens durch den Ertrag stärkerer Anspannung der Kräfte höher schätzen als die Muße, die sie durch Verzicht auf den aus der Mehrarbeit zu erwartenden Gewinn dafür eintauschen könnten, plagen sie sich in mühsamen Gewerben. Doch selbst wenn man die Behauptung jener Halbasketen als richtig anerkennen wollte, so wäre damit noch lange nicht zugegeben, daß man die sozialistische Produktionsweise der kapitalistischen vorziehen könne oder müsse. Angenommen, es würden im Kapitalismus zuviel Güter erzeugt; dann könnte man ja der Sache am einfachsten dadurch abhelfen, daß man die Summe der zu leistenden Arbeit herabsetzt. Die Forderung, daß man die Produktivität der Arbeit durch Übergang zu einer weniger ergiebigen Produktionsweise herabsetzen soll, kann man auch auf diesem Wege nicht rechtfertigen.

---

[1]) Vgl. z. B. Heichen, Sozialismus und Ethik (Die Neue Zeit, 38. Jahrg., 1. Bd.) S. 312f. Ganz besonders bemerkenswert sind in dieser Hinsicht auch die Ausführungen von Charles Gide, Le Matérialisme et l'Économie Politique, S. 103f. (enthalten in dem Sammelwerk Le Matérialisme actuel, Paris 1924).

III.

Christentum und Sozialismus.

§ 1. Nicht nur als Kirche, auch als Weltanschauung ist Religion ebenso ein Erzeugnis des gesellschaftlichen Zusammenwirkens der Menschen wie jede andere Tatsache des geistigen Lebens. Wie unser Denken sich keineswegs als ein Individuelles, von allen gesellschaftlichen Beziehungen und Überlieferungen Unabhängiges darstellt, sondern schon dadurch allein, daß es in den Denkmethoden vor sich geht, die in Jahrtausenden durch das Zusammenwirken von ungezählten Scharen herausgebildet wurden, und die wir wieder nur als Glieder der Gesellschaft haben übernehmen können, sozialen Charakter hat, so ist auch das Religiöse als isolierte Erscheinung nicht vorstellbar. Auch der Ekstatiker, der, in schauervoller Verzückung alle Umwelt vergessend, seinen Gott erlebt, ist zu seiner Religion nicht allein gekommen. Die Denkformen, die ihn zu ihr führen, sind nicht sein individuelles Erzeugnis, sie gehören der Gesellschaft. Ein Kaspar Hauser kann nicht ohne fremde Hilfe Religion entwickeln. Auch die Religion ist ein geschichtlich Gewordenes und im steten Wandel des Gesellschaftlichen Befindliches.

Religion ist aber auch in dem Sinne ein sozialer Faktor, daß von ihr aus die gesellschaftlichen Beziehungen unter einem bestimmten Gesichtswinkel betrachtet und danach Regeln für das Handeln der Menschen in der Gesellschaft aufgestellt werden. Sie kann nicht darauf verzichten, in den Fragen der Sozialethik Farbe zu bekennen. Keine Religion, die dem Gläubigen Antwort auf die Rätsel des Lebens geben und ihn dort trösten will, wo er des Trostes am bedürftigsten ist, darf sich damit begnügen, das Verhältnis des Menschen zur Natur, zum Werden und Vergehen, zu deuten. Läßt sie das Verhältnis von Mensch zu Mensch außerhalb ihrer Betrachtung, dann vermag sie auch keine Regeln für den irdischen Lebenswandel zu geben, und läßt den Gläubigen allein, wenn er anfängt, über die Unzulänglichkeit der gesellschaftlichen Verhältnisse nachzudenken. Wenn er wissen will, warum es Arme und Reiche, Gewalt und Gericht, Krieg und Frieden gibt, muß ihm die Religion eine Antwort geben können, oder sie nötigt ihn, sich anderswo Antwort zu holen. Dann aber gibt sie den Menschen frei und verliert die Macht über die Geister. Religion ohne Sozialethik ist tot.

Tote Religionen sind heute Islam und Judentum. Sie bieten ihren Anhängern nichts mehr als Ritualregeln. Beten und Fasten, bestimmte Speisen zu meiden, die Vorhaut zu beschneiden, solche und viele andere

Vorschriften wissen sie zu machen. Das ist aber auch alles. Dem Geiste bieten sie nichts. Sie sind durchaus entgeistigt; alles, was sie lehren und verkünden, ist Rechtsform und äußere Vorschrift. Sie sperren den Bekenner in einen Käfig von traditionellen Bräuchen und Lebensregeln ein, in dem er oft kaum Luft zum Atmen findet, doch seinem inneren Drang geben sie keine Befriedigung. Sie unterdrücken die Seele, doch sie erheben und retten sie nicht. Seit vielen Jahrhunderten hat es im Islam, seit bald zwei Jahrtausenden im Judentum keine religiöse Bewegung gegeben. Die Religion der Juden ist heute noch dieselbe wie in den Tagen, da der Talmud entstand, die des Islam noch dieselbe wie in den Tagen der arabischen Eroberungen. Ihre Literatur, ihre Schulweisheit wiederholen unaufhörlich dasselbe und dringen nicht über den Kreis der Theologen hinaus. Vergebens sucht man bei ihnen nach Männern und Bewegungen, wie sie das abendländische Christentum in jedem Jahrhundert hervorgebracht hat. Das, was sie allein zusammenhält, ist die Ablehnung des Fremden und Andersartigen, sind Tradition und Konservativismus. Nur im Haß gegen das Fremde leben sie noch, raffen sie sich immer wieder zu großen Taten auf. Alle Sektenbildung, ja alle neuen Lehren, die bei ihnen aufkommen, sind nichts als Formen dieses Kampfes gegen das Fremde, gegen das Neue, gegen die Ungläubigen. Auf das geistige Leben des Einzelnen, soweit sich unter dem dumpfen Drucke des starren Traditionalismus ein solches überhaupt entfalten kann, hat die Religion keinen Einfluß. Am charakteristischsten tritt dies in der Einflußlosigkeit des Klerus zutage. Seine Stellung ist nur äußerlich geachtet. Von dem tiefen Einfluß, den er in den abendländischen Kirchen — in jeder von ihnen in anderer Gestalt; man denke an den Jesuiten, an den Bischof deutscher Katholiken und an den deutschen protestantischen Pastor — ausübt, ist hier keine Rede. Nicht anders war es in den polytheistischen Religionen des Altertums und nicht anders ist es in der morgenländischen Kirche. Auch die griechische Kirche ist seit mehr als tausend Jahren tot[1]. Sie hat erst in der zweiten Hälfte des neunzehnten Jahrhunderts wieder einen Mann hervorgebracht, in dem der Glaube und die Hoffnung als flammendes Feuer loderten. Doch Tolstois Christentum, so sehr es auch eine spezifisch morgenländische und russische Färbung hat, wurzelt in letzter Linie in abendländischer Auffassung, wie es denn auch besonders charakteristisch ist, daß dieser große Verkünder des Evangeliums nicht aus der Tiefe des Volkes, wie etwa der italienische Kaufmannssohn Franz von Assisi oder der deutsche

---

[1] Man vgl. die Charakteristik, die Harnack (Das Mönchtum, 7. Aufl., Gießen 1907, S. 32 ff.) von der morgenländischen Kirche gibt.

Bergmannssohn Martin Luther, herkam, sondern aus den vornehmen Schichten, die durch Bildung und Lektüre ganz Abendländer geworden waren. Die russische Kirche selbst hat höchstens Männer wie Joan von Kronstadt oder Rasputin hervorgebracht.

Diesen toten Kirchen fehlt die besondere Sozialethik. Von der griechischen Kirche sagt Harnack: „Das eigentliche Gebiet, das durch den Glauben zu regelnde sittliche Berufsleben, fällt außerhalb ihrer direkten Beobachtung. Es wird dem Staate und dem Volkstum überlassen"[1]). Doch in der lebendigen Kirche des Abendlandes ist das anders. Hier, wo der Glaube noch nicht erloschen ist, wo er nicht nur äußere Form ist, hinter der sich nichts verbirgt als der Priester sinnlos gewordenes Tun, wo er den Menschen ganz erfaßt, wird unablässig um eine Sozialethik gerungen. Und immer wieder greifen die Gläubigen auf das Evangelium zurück, um das Leben im Herrn und in seiner Botschaft zu erneuern.

§ 2. Dem Gläubigen erscheint die Heilige Schrift als Niederschlag göttlicher Offenbarung, als Wort Gottes an die Menschheit, das auf immer die unerschütterliche Grundlage aller Religion und alles von ihr zu leitenden Verhaltens bleiben muß. Das gilt nicht nur für den Protestanten, der auch alles Kirchenwesen nur so weit gelten läßt, als es sich auf die Schrift zu stützen vermag, sondern auch für den Katholiken, der zwar einerseits die Autorität der Schrift von der Kirche herleitet, aber doch andererseits der Schrift selbst göttlichen Ursprung zuerkennt, da sie unter Mitwirkung des Heiligen Geistes zustande gekommen sei, ein Dualismus, der dadurch überwunden wird, daß der Kirche allein das Recht der endgültigen authentischen — unfehlbaren — Auslegung der Schrift zusteht. Dabei wird die logische und systematische Einheit der ganzen Schrift vorausgesetzt; die Überbrückung der Schwierigkeiten, die sich aus dieser Annahme ergeben, ist dann eine der wichtigsten Aufgaben der Kirchenlehre und -wissenschaft.

Die wissenschaftliche Forschung sieht in den Schriften des Alten und des Neuen Testaments geschichtliche Denkmäler, an die sie in derselben Weise herantritt wie an alle Urkunden der Geschichte. Sie löst die Einheit der Bibel auf und sucht jedem Stück seine Stellung in der Literaturgeschichte zuzuweisen. Mit Theologie ist diese moderne wissenschaftliche Bibelforschung unvereinbar, was die katholische Kirche richtig erkannt hat, wogegen die protestantische Kirche sich darüber hinwegzutäuschen sucht. Es hat keinen Sinn, die Gestalt des geschichtlichen

---

[1]) Vgl. Harnack, Das Mönchtum, a. a. O., S. 33.

Jesus zu rekonstruieren, um Glaubens- und Sittenlehre auf dem Ergebnis dieser Studien aufzubauen. Solche Bemühungen stören nicht nur die wissenschaftliche Quellenforschung, die sie von ihrem eigentlichen Ziel ablenken und der sie Aufgaben zuweisen, denen sie nicht ohne Hineintragen von modernen Wertmaßstäben nachzukommen vermag. Sie sind schon in sich selbst widerspruchsvoll, wenn sie auf der einen Seite Christum und den Ursprung des Christentums geschichtlich begreifen wollen, andererseits aber doch diese geschichtlichen Erscheinungen als unverrückbaren Boden ansehen, von dem aus alles kirchliche Leben, auch das der so ganz anders gearteten Gegenwart seine Norm zu empfangen hat. Es ist ein Widerspruch, das Christentum mit den Augen des Geschichtsforschers zu betrachten, und dann das Ergebnis der geschichtlichen Studien für das Heute wirksam machen zu wollen. Das, was die Geschichte festzustellen vermag, ist nicht das Christentum in seiner „reinen Gestalt", sondern das Christentum in seiner „Urgestalt". Wer beides verwechselt, verschließt die Augen vor einer bald zweitausendjährigen Entwicklung[1]). Der Fehler, in den manche protestantische Theologen dabei verfallen sind, ist derselbe, den ein Teil der historischen Rechtsschule begangen hat, wenn er die Ergebnisse der rechtsgeschichtlichen Arbeiten für die Gesetzgebung und Rechtsprechung der Gegenwart nutzbar machen wollte. Das ist in Wahrheit nicht des Historikers Vorgehen, sondern Verneinung aller Entwicklung und aller Entwicklungsmöglichkeiten. Dem Absolutismus dieses Standpunktes gegenüber erscheint der Absolutismus der viel gescholtenen „seichten" Rationalisten des achtzehnten Jahrhunderts, die gerade das Fortschritts- und Entwicklungsmoment nachdrücklich betonten, als eine wahrhaft geschichtliche Auffassung.

Das Verhältnis der christlichen Ethik zum Problem des Sozialismus darf man daher keineswegs mit den Augen jener protestantischen Theologen betrachten, deren Arbeit auf die Erforschung des als unveränderlich und unwandelbar gedachten „Wesens" des Christentums gerichtet ist. Wenn man das Christentum als ein lebendiges und sich daher ständig veränderndes Phänomen ansieht — eine Auffassung, die mit dem Standpunkt der katholischen Kirche nicht so unvereinbar ist, wie es auf den ersten Blick scheinen mag — dann muß man es von vornherein ablehnen, zu prüfen, ob Sozialismus oder ob Sondereigentum seiner Idee besser entspricht. Man kann nichts anderes tun, als die Geschichte des Christentums an sich vorüberziehen lassen und prüfen, ob es durch sie in irgendeiner Weise für diese oder jene Form des gesellschaftlichen Zusammen-

---

[1]) Vgl. Troeltsch, Gesammelte Schriften, II. Bd., Tübingen 1913, S. 386ff.

schlusses präjudiziert sei. Die Beachtung, die dabei den Schriften des Alten und des Neuen Testaments gewidmet wird, ist durch die Bedeutung gegeben, die sie als Quellen der Kirchenlehre auch noch heute einnehmen müssen, nicht aber durch die Vermutung, daß man aus ihnen allein herauslesen könne, was Christentum sei.

Das Endziel solcher Untersuchungen kann nur das sein, festzustellen, ob das Christentum notwendigerweise heute und in der Zukunft eine auf dem Sondereigentum an den Produktionsmitteln beruhende Wirtschaftsordnung ablehnen muß. Diese Frage ist noch nicht damit beantwortet, daß festgestellt wird — was ja allgemein bekannt ist — daß das Christentum in den bald zweitausend Jahren seines Bestandes sich mit dem Sondereigentum abzufinden gewußt hat. Denn es könnte sein, daß die Entwicklung des Christentums oder die des Sondereigentums einen Punkt erreicht haben, an dem die Verträglichkeit der beiden, auch wenn sie früher bestanden hätte, nicht länger fortzubestehen vermag.

§ 3. Das Urchristentum war nicht asketisch. In freudiger Lebensbejahung drängt es eher bewußt und deutlich die asketischen Ideen, von denen zahlreiche zeitgenössisch eSekten erfüllt waren —, als Asket lebte auch der Täufer — in den Hintergrund. Der asketische Zug wurde in das Christentum erst im dritten und vierten Jahrhundert hineingetragen; aus jener Zeit stammt die asketische Umdeutung und Umformung der evangelischen Lehre. Der Christus des Evangeliums genießt im Kreise seiner Jünger das Leben, erquickt sich an Speise und Trank und feiert Feste des Volkes mit; er ist gleich weit entfernt von Ausschweifung und Prasserei wie von Weltflucht und Askese[1]). Nur seine Auffassung des Verhältnisses der Geschlechter mutet uns asketisch an. Aber auch sie findet ihre Erklärung wie alle anderen praktischen Lehren des Evangeliums — und andere als praktische Lebensregeln bringt das Evangelium nicht — aus der Grundauffassung, von der das ganze Auftreten Jesu getragen wird, aus der Messiasidee.

„Die Zeit ist erfüllet und das Reich Gottes ist herbeigekommen. Tut Buße und glaubet an das Evangelium!", das sind die Worte, mit denen das Evangelium des Marcus den Erlöser auftreten läßt[2]). Jesus hält sich für den Verkünder des nahenden Gottesreiches, jenes Reiches, das nach der Weissagung der Propheten die Erlösung von jeder irdischen Unzulänglichkeit, also auch von allen wirtschaftlichen Sorgen bringen soll. Die ihm nachfolgen, haben nichts anderes zu tun, als sich auf diesen

---

[1]) Vgl. Harnack, Das Wesen des Christentums, 55. Tausend, Leipzig 1907, S. 50ff.

[2]) Marc. 1, 15.

Tag vorzubereiten. Jetzt heißt es nicht mehr, sich um irdische Dinge Sorge zu machen, denn jetzt ist in Erwartung des Reiches Wichtigeres zu besorgen. Jesus bringt keine Lebensregeln für irdisches Tun und Streben, sein Reich ist nicht von dieser Welt; was er seinen Anhängern an Verhaltungsmaßregeln gibt, hat nur Gültigkeit für die kurze Spanne Zeit, die noch in Erwartung der großen kommenden Dinge zu verleben ist. Im Reich Gottes wird es keine wirtschaftlichen Sorgen mehr geben. Dort werden die Frommen am Tische des Herrn essen und trinken[1]). Für jenes Reich wären daher alle wirtschaftspolitischen Verfügungen sinnlos. Die Anordnungen, die Jesus trifft, sind nur als Übergangsbestimmungen aufzufassen[2]).

So nur kann man es verstehen, daß Jesus in der Bergpredigt den Seinen befiehlt, nicht Sorge zu tragen um Speise, Trank und Kleidung, daß er sie ermahnt, nicht zu säen, nicht zu ernten, nicht in die Scheunen zu sammeln, nicht zu arbeiten und nicht zu spinnen. Nur so vermag man seinen und seiner ersten Jünger „Kommunismus" zu begreifen. Dieser „Kommunismus" ist kein Sozialismus, kein Produzieren mit Produktionsmitteln, die der Gemeinschaft gehören. Er ist nichts als eine Verteilung von Konsumgütern unter die Angehörigen der Gemeinde, „nach dem Bedürfnis, das ein jeder hatte"[3]). Es ist ein Kommunismus der Genußgüter, nicht der Produktionsmittel; es ist eine Gemeinschaft des Verzehrens, nicht des Erzeugens. Erzeugt, gearbeitet und gesammelt wird von den Urchristen überhaupt nichts. Sie leben davon, daß die Neubekehrten ihr Hab und Gut veräußern und den Erlös mit den Brüdern und Schwestern teilen. Solche Zustände sind auf die Dauer unhaltbar. Sie können nur als vorläufige Ordnung der Dinge angesehen werden; und so war es auch. Der Jünger Christi lebt in Erwartung des Heils, das jeden Tag kommen muß.

Die urchristliche Grundidee von dem unmittelbaren Bevorstehen der Erfüllung wandelt sich dann allmählich in jene Vorstellung von dem Jüngsten Gericht um, die der Lehre aller jener kirchlichen Richtungen zugrunde liegt, die es zu länger währendem Bestand gebracht haben. Hand in Hand mit diesem Wandel mußten auch die Lebensregeln des Christentums eine vollständige Umformung erfahren. Sie konnten nicht länger auf der Erwartung des unmittelbaren Eintretens des Gottesreiches aufgebaut bleiben. Wenn die Gemeinden sich auf längeren Bestand ein-

---

[1]) Luc. 22, 30.
[2]) Vgl. Harnack, Aus Wissenschaft und Leben, II. Bd., Gießen 1911, S. 257 ff.; Troeltsch, Die Soziallehren der christlichen Kirchen und Gruppen, a. a. O., S. 31 ff.
[3]) Apostelg. 4, 35.

richten wollten, dann mußten sie aufhören, von ihren Angehörigen Enthaltung von jeglicher Arbeit und beschauliches, nur der Vorbereitung auf das Gottesreich gewidmetes Leben zu fordern. Sie mußten es nicht nur dulden, daß die Brüder im Erwerbsleben verblieben, sie mußten es geradezu verlangen, weil sie anders die Existenzbedingungen des Christentums vernichtet hätten. Es begann der Prozeß der Anpassung der Kirche an die Gesellschaftsordnung des römischen Reiches, der bald dazu führte, daß das Christentum, das von der vollständigen Gleichgültigkeit gegenüber allen sozialen Verhältnissen ausgegangen war, die Gesellschaftsordnung des sinkenden Römerreiches geradezu kanonisierte.

Nur mit Unrecht hat man von Soziallehren des Urchristentums gesprochen. Der geschichtliche Christus und seine Lehren, so wie sie in den ältesten Denkmälern des Neuen Testaments dargestellt werden, sind allem Gesellschaftlichem überhaupt völlig gleichgültig gegenübergestanden. Christus hat wohl schärfste Kritik am Bestehenden geübt, doch er hat es nicht der Mühe wert erachtet, sich um die Verbesserung der getadelten Zustände irgendwie zu bekümmern, ja darüber auch nur nachzudenken. Das alles ist Gottes Sache, der sein Reich, dessen Kommen unmittelbar bevorsteht, schon selbst in aller Herrlichkeit und Fehlerlosigkeit aufrichten wird. Wie dieses Reich aussehen wird, weiß man nicht, aber man weiß sehr genau, daß man darin sorgenfrei leben wird. Jesus unterläßt es, darauf allzu genau einzugehen. Das war auch gar nicht nötig, denn darüber, daß es im Gottesreich herrlich sein wird zu leben, bestand bei den Juden seiner Zeit kein Zweifel. Die Propheten hatten es verkündet, und ihre Worte lebten im Bewußtsein des Volkes fort, bildeten den wesentlichsten Inhalt seines religiösen Denkens.

Die Erwartung einer alsbald durch Gott selbst vorzunehmenden Neuordnung aller Dinge, die ausschließliche Einstellung alles Tuns und Denkens auf das künftige Gottesreich macht die Lehre Jesu zu einer durchaus negativen. Er verneint alles Bestehende, ohne etwas anderes an seine Stelle zu setzen. Alle bestehenden gesellschaftlichen Bindungen will er lösen. Nicht nur für seinen Unterhalt soll der Jünger nicht sorgen, nicht nur nicht arbeiten und sich aller Habe entäußern; er soll auch Vater, Mutter, Weib, Kinder, Brüder, Schwestern, ja sein eigenes Leben hassen[1]). Die Duldung, die Jesus den weltlichen Gesetzen des römischen Reiches und den Vorschriften des jüdischen Gesetzes widerfahren läßt, ist von Gleichgültigkeit und von Geringschätzung ihrer Bedeutung, die doch nur eine zeitlich eng beschränkte sein könne, getragen, nicht aber

---

[1]) Luc. 14, 26.

von der Anerkennung ihres Wertes. In dem Eifer der Zerstörung aller bestehenden gesellschaftlichen Bindungen kennt er keine Grenzen. Die Reinheit und die Kraft dieser vollständigen Negation werden von ekstatischer Inspiration, von begeistertem Hoffen auf eine neue Welt getragen. Daraus schöpft sie die Leidenschaft, mit der sie alles Bestehende angreift. Sie kann alles zerstören, weil die Bausteine der künftigen Ordnung von Gott in seiner Allmacht ganz neu gefügt werden sollen. Sie braucht nicht danach zu forschen, ob man irgendetwas vom Bestehenden hinübernehmen könnte in das neue Reich, weil dieses ohne menschliches Zutun erstehen wird. Sie fordert daher vom Anhänger keinerlei Ethik, kein bestimmtes Verhalten in positiver Richtung. Der Glaube allein und nichts als der Glaube, die Hoffnung, die Erwartung, das ist alles, was er seinerseits zu leisten hat. Zum positiven Aufbau der Zukunft hat er nichts beizutragen, das wird Gott schon allein besorgen. Am klarsten wird dieser auf die vollkommene Verneinung des Bestehenden beschränkte Charakter der urchristlichen Lehre durch den Vergleich mit dem Bolschewismus. Auch die Bolschewiken wollen alles Bestehende zerstören, weil sie es für hoffnungslos schlecht halten. Doch sie haben, wenn auch sehr undeutlich und voll logischer Widersprüche, ein bestimmtes Bild einer künftigen Gesellschaftsordnung im Kopfe; sie stellen an ihre Anhänger nicht nur das Ansinnen, alles, was ist, zu vernichten; sie fordern darüber hinaus auch ein bestimmtes Verhalten, wie es dem von ihnen erträumten Zukunftsreich entspricht. Die Lehre Jesu aber ist nur verneinend[1]).

Gerade der Umstand, daß Jesus kein Sozialreformer war, daß seine Lehren frei von jeder für das irdische Leben anwendbaren Moral sind, daß alles, was er seinen Jüngern empfiehlt, nur Sinn hat, wenn man mit umgürteten Lenden und brennenden Lichtern den Herrn erwartet, um ihm alsbald zu öffnen, wenn er kommt und anklopft[2]), hat das Christentum befähigt, den Siegeslauf durch die Welt anzutreten. Nur weil es vollkommen asozial und amoralisch ist, konnte es durch die Jahrhunderte schreiten, ohne von den gewaltigen Umwälzungen des gesellschaftlichen Lebens vernichtet zu werden. Nur so konnte es die Religion römischer Kaiser und angelsächsischer Unternehmer, afrikanischer Neger und europäischer Germanen, mittelalterlicher Feudalherren und moderner Industriearbeiter sein. Weil es nichts enthält, was es an eine bestimmte Sozialordnung gebunden hätte, weil es zeitlos und parteilos ist, konnten jede Zeit und jede Partei daraus das verwerten, was sie wollten.

---

[1]) Vgl. Pfleiderer, a. a. O., I. Bd., S. 649 ff.
[2]) Luc. 12, 35—36.

v. Mises, Die Gemeinwirtschaft. 2. Aufl.

§ 4. Jede Zeit hat aus den Evangelien das herausgelesen, was sie aus ihnen herauslesen wollte, und das übersehen, was sie übersehen wollte. Man kann das durch nichts besser belegen als durch den Hinweis auf die überragende Bedeutung, die der Wucherlehre viele Jahrhunderte lang in der kirchlichen Sozialethik zugekommen ist[1]. In den Evangelien und in den anderen Schriften des Neuen Testaments werden an den Jünger Christi ganz andere Forderungen gestellt als die, auf die Zinsen von ausgeliehenen Kapitalien zu verzichten. Das kanonische Zinsverbot ist ein Erzeugnis der mittelalterlichen Gesellschafts- und Verkehrsdoktrin und hatte mit dem Christentum und seinen Lehren zunächst nichts zu tun. Die sittliche Verurteilung des Wuchers und das Zinsverbot gingen voran; sie wurden von den Schriftstellern und von der Gesetzgebung des Altertums übernommen und in dem Maße ausgestaltet, in dem der Kampf der Ackerbauer gegen die aufkommenden Händler und Gewerbsleute an Stärke zunahm; dann erst suchte man sie auch durch Belege aus der Heiligen Schrift zu stützen. Das Zinsnehmen wurde nicht bekämpft, weil das Christentum es forderte; weil der Wucher bekämpft wurde, las man auch aus den Lehren des Christentums seine Verurteilung heraus. Da das Neue Testament dafür zunächst nicht brauchbar schien, mußte man das Alte Testament heranziehen. Jahrhundertelang kam man nicht auf den Gedanken, auch aus dem Neuen Testament eine Stelle zur Stützung des Zinsverbots heranzuziehen. Erst spät gelang es scholastischer Interpretationskunst, im Evangelium des Lukas jene vielberufene Stelle[2] so auszulegen, daß man auf sie das Zinsverbot aufzubauen vermochte. Das geschah erst am Ausgang des zwölften Jahrhunderts; erst seit Urbans III. Dekretale Consuluit wird jene Stelle als Beweis für das Zinsverbot angeführt[3]. Doch die Deutung, die man dabei den Worten des Evangelisten Lukas unterschob, war durchaus unhaltbar; sie handeln bestimmt nicht vom Zinsnehmen. Μηδὲν ἀπελπίζοντες mag in dem Zusammenhang der Stelle heißen: rechnet nicht auf Rückerstattung des Geliehenen, oder noch wahrscheinlicher: ihr sollt nicht nur

---

[1] „Die Lehre des mittelalterlichen Verkehrsrechts wurzelt in dem kanonischen Dogma von der Unfruchtbarkeit des Geldes und der daraus hervorgehenden Summe von Folgesätzen, welche unter dem Namen der Wucherlehre zu begreifen sind. ... Die Rechtshistorie des Verkehrsrechts jener Zeiten kann nichts anderes sein als die Geschichte der Herrschaft der Wucherlehre in der Rechtslehre." (Endemann, Studien in der romanisch-kanonistischen Wirtschafts- und Rechtslehre bis gegen Ende des siebzehnten Jahrhunderts, Berlin 1874/83, I. Bd., S. 2.)

[2] Luc. 6, 35.

[3] c. 10. X. De usuris (III. 19). — Vgl. Schaub, Der Kampf gegen den Zinswucher, ungerechten Preis und unlautern Handel im Mittelalter, Freiburg 1905, S. 61 ff.

dem Vermögenden, der euch wieder einmal borgen kann, leihen, sondern auch dem, von dem das nicht in Aussicht steht, dem Armen[1]).

Von der großen Bedeutung, die man dieser Stelle der Schrift beilegte, sticht die Nichtbeachtung anderer evangelischer Gebote und Verbote kraß ab. Die Kirche des Mittelalters war emsig darauf bedacht, das Wucherverbot bis in seine letzten Konsequenzen herauszuarbeiten und zur Geltung zu bringen. Sie hat es aber geflissentlich unterlassen, vielen klaren und unzweideutigen Bestimmungen der Evangelien auch nur mit einem kleinen Bruchteil jenes Aufwandes an Kraft, den sie der Durchsetzung des Zinsverbotes widmete, Gehorsam zu verschaffen. In demselben Kapitel des Evangeliums des Lukas, in dem sich das vermeintliche Zinsverbot findet, wird mit bestimmten Worten noch ganz anderes befohlen oder verboten. Nie aber hat die Kirche sich ernstlich darum bemüht gezeigt, dem Bestohlenen oder Beraubten zu verbieten, das Seine zurückzufordern und dem Räuber Widerstand entgegenzusetzen; nie hat sie das Richten als eine unchristliche Handlung zu brandmarken gesucht. Ebensowenig ist sie daran gegangen, die Befolgung der übrigen Vorschriften der Bergpredigt, etwa: nicht für Speise und Trank zu sorgen, zu erzwingen[2]).

§ 5. Seit dem dritten Jahrhundert hat das Christentum immer zugleich denen gedient, die die jeweils herrschende Gesellschaftsordnung stützten, und jenen, die sie stürzen wollten. Beide Teile haben sich mit gleichem Unrecht auf das Evangelium berufen; beide glaubten zugunsten ihrer Auffassung Bibelstellen ins Treffen führen zu können. Auch heute ist es nicht anders. Das Christentum kämpft gegen den Sozialismus und mit ihm.

Die Bestrebungen, die Einrichtung des Sondereigentums überhaupt und im besonderen die des Sondereigentums an den Produktionsmitteln auf die Lehren Christi zu stützen, sind ganz vergebens. Aller Interpretationskunst kann es nicht gelingen, in den Schriften des Neuen Testaments auch nur eine Stelle aufzufinden, die man zugunsten des Sondereigentums deuten könnte. Die Beweisführung jener, die das Eigentum durch Bibelstellen verteidigen wollen, muß daher auf die Schriften des Alten Bundes zurückgreifen oder sich darauf beschränken, die Behauptung, in der Gemeinde der ersten Christen habe Kommunismus

---

[1]) Diese Deutung gibt der Stelle Knies, Geld und Kredit, II. Abt., 1. Hälfte. Berlin 1876, S. 333—335 Anm.

[2]) Über die jüngste kirchliche Gesetzgebung, die im c. 1543, Cod. iur. can., zu einer bedingten Anerkennung der Rechtmäßigkeit des Zinsnehmens gelangt ist, vgl. Zehentbauer, Das Zinsproblem nach Moral und Recht, Wien 1920, S. 138ff.

geherrscht, zu bekämpfen[1]). Daß das jüdische Gemeinwesen Sondereigentum gekannt hat, ist aber nie bestritten worden; für die Frage der Stellung des Urchristentums ist es durchaus nicht entscheidend. Daß Jesus die wirtschaftspolitischen Ideen des jüdischen Gesetzes gebilligt hätte, kann ebensowenig erwiesen werden wie das Gegenteil. Er hat sich ihnen gegenüber — geleitet von seiner Auffassung des unmittelbar bevorstehenden Anbruchs des Gottesreiches — vollkommen neutral verhalten. Wohl sagt Christus, daß er nicht gekommen sei, das Gesetz aufzulösen, sondern zu erfüllen[2]). Doch auch diese Worte muß man von dem Gesichtspunkte aus zu verstehen suchen, der allein das Verständnis des ganzen Wirkens Jesu gibt. Daß sie sich nicht auf die für das irdische Leben vor Anbruch der Gottesherrschaft getroffenen Bestimmungen des mosaischen Gesetzes beziehen können, ergibt sich wohl klar daraus, daß einzelne seiner Weisungen in schroffem Widerspruch zum Gesetze stehen. Auch daß der Hinweis auf den „Kommunismus" der ersten Christen nichts zugunsten „des kollektivistischen Kommunismus nach modernen Begriffen" beweist[3]), kann ohne weiteres zugegeben werden, ohne daß aber daraus die Folgerung abgeleitet werden darf, daß Christus das Eigentum gebilligt hätte[4]).

Eines freilich ist klar und läßt sich durch keine Auslegungskunst verdunkeln: Jesu Worte sind voll von Groll gegen die Reichen, und die Apostel stehen dem Erlöser darin nicht nach. Der Reiche wird verdammt, weil er reich ist, der Bettler gepriesen, weil er arm ist. Jesus fordert nicht zum Kampf gegen die Reichen auf, er predigt nicht Rache an ihnen, doch nur darum, weil Gott selbst sich die Rache vorbehalten hat. Im

---

[1]) Vgl. Pesch, a. a. O., S. 212 ff.
[2]) Matth. 5, 17.
[3]) Vgl. Pesch, a. a. O., S. 212.
[4]) Pfleiderer (a. a. O., I. Bd., S. 651) erklärt die pessimistische Beurteilung des irdischen Besitzes durch Jesus aus der apokalyptischen Erwartung der nahen Weltkatastrophe. „Statt seine rigoristischen Aussprüche hierüber im Sinne unserer heutigen Sozialethik umdeuten und zurecht rücken zu wollen, sollte man sich ein für allemal mit dem Gedanken vertraut machen, daß Jesus nicht als rationaler Morallehrer, sondern als enthusiastischer Prophet der nahen Gottesherrschaft aufgetreten und eben nur dadurch zum Quellpunkt der Erlösungsreligion geworden ist; wer aber den eschatologischen Prophetenenthusiasmus unmittelbar zur dauernden Autorität und Norm für die Sozialethik machen will, der handelt ebenso weise, wie der, der mit den Flammen eines Vulkans seinen Herd heizen und seine Suppe kochen will." — Am 25. Mai 1525 schrieb Luther an den Rat von Danzig: „Das Evangelium ist ein geistlich Gesetz, danach man nicht recht regieren kann". Vgl. Neumann, Geschichte des Wuchers in Deutschland, Halle 1865, S. 618. — Vgl. auch Traub, Ethik und Kapitalismus, 2. Aufl., Heilbronn 1909, S. 71.

Gottesreich werden die, die jetzt arm sind, reich sein; den Reichen aber wird es schlecht ergehen. Spätere Redaktionen haben die gegen die Reichen gerichteten Worte Christi, die in der uns überkommenen Fassung des Lukas-Evangeliums am vollständigsten und am kräftigsten wiedergegeben sind, zu mildern versucht. Doch es blieb genug stehen, um allen denjenigen, die zum Haß gegen die Reichen, zur Rache, zu Mord und Brand aufriefen, zu gestatten, sich auf die Heilige Schrift zu berufen. Bis auf den modernen Sozialismus herunter hat keine Richtung, die in der christlichen Welt gegen das Privateigentum aufgestanden ist, darauf verzichtet, sich auf Jesus, auf die Apostel und auf die Kirchenväter zu berufen, von solchen, die wie Tolstoi den evangelischen Groll gegen die Reichen geradezu zum Mittelpunkt ihrer Lehren gemacht haben, ganz zu schweigen. Es ist eine böse Saat, die hier aus den Worten des Erlösers aufgegangen ist. Mehr Blut ist um ihretwillen geflossen, mehr Unheil von ihnen angerichtet worden als durch Ketzerverfolgung und durch Hexenverbrennung. Sie haben die Kirche stets wehrlos gemacht gegen alle auf Zerstörung der menschlichen Gesellschaft gerichteten Bestrebungen. Wohl stand die Kirche als Organisation stets auf Seite derer, die sich bemühten, den Ansturm der Kommunisten abzuwehren. Doch was sie in diesem Kampfe leisten konnte, war nicht viel. Denn immer wieder wurde sie entwaffnet, wenn ihr das Wort entgegengeschleudert wurde: „Selig seid Ihr Bettler, denn Euer ist das Reich Gottes."

Nichts ist daher weniger haltbar als die immer wieder aufgestellte Behauptung, daß die Religiosität, das heißt das Bekenntnis zum christlichen Glauben, eine Wehr gegen die Verbreitung eigentumsfeindlicher Lehren bilde, und daß sie die Masse unempfänglich mache für das Gift sozialer Verhetzung. Jede Kirche, die sich in einer auf dem Sondereigentum aufgebauten Gesellschaft entfalten will, muß sich in irgendeiner Weise mit dem Sondereigentum abfinden. Aber dies kann mit Rücksicht auf die Stellung, die Jesus zu den Fragen des gesellschaftlichen Zusammenlebens der Menschen eingenommen hat, für jede christliche Kirche nie mehr als ein Abfinden, nie mehr als ein Kompromiß sein, das solange Anerkennung findet, als nicht Männer auftreten, die die Worte der Schrift wörtlich zu nehmen gewillt sind. Es ist töricht zu behaupten, die Aufklärung habe durch Untergraben der Religiosität der Massen die Bahn für den Sozialismus freigemacht. Im Gegenteil. Die Widerstände, die die Ausbreitung der liberalen Ideen von seiten des Christentums erfahren hat, haben den Boden bereitet, auf dem das Ressentiment des modernen Destruktionismus gedeihen konnte. Die Kirche hat nicht nur nichts getan, um den Brand zu löschen, sie hat selbst das Feuer geschürt. In den katholischen und in den protestantischen Ländern erwuchs der christliche Sozialismus; die russische Kirche aber hat die Lehre Tolstois entstehen sehen, die an Gesellschaftsfeindlichkeit nicht überboten werden kann. Wohl hat sich die offizielle Kirche gegen diese Bestrebungen zunächst zu wehren gesucht; sie mußte ihnen aber schließlich doch unterliegen, weil sie eben gegen die Berufung auf die Worte der Schrift machtlos ist.

Das Evangelium ist nicht sozialistisch, nicht kommunistisch. Doch es ist, wie gezeigt wurde, einerseits gegen alle sozialen Fragen gleichgültig, andererseits voll von Ressentiment gegen allen Besitz und gegen alle Besitzer. So kommt es, daß die christliche Lehre, sobald die Voraussetzung, unter der Christus sie verkündet hat, die Erwartung des unmittelbaren Bevorstehens des Gottesreiches, nicht beachtet wird, extrem destruktionistisch wirken kann. Nie und nimmer kann es gelingen, auf einer Lehre, die die Sorge um den Lebensunterhalt und das Arbeiten verbietet, dem Groll gegen die Reichen feurigen Ausdruck verleiht, den Haß gegen die Familie predigt und die freiwillige Selbstentmannung empfiehlt, eine Sozialethik aufzubauen, die das gesellschaftliche Zusammenwirken der Menschen bejaht.

Die Kulturarbeit, die die Kirche in ihrer jahrhundertelangen Entwicklung vollbracht hat, ist ein Werk der Kirche, nicht des Christentums. Es bleibe dahingestellt, wieviel davon auf das Erbe, das sie von der Kultur des römischen Staates übernommen hat, und wieviel auf den von ihr unter der Einwirkung der stoischen und mancher anderen philosophischen Lehren ganz umgestalteten Gedanken der christlichen Liebe entfällt. Die Sozialethik Jesu hat keinen Teil an diesem Kulturwerk. Ihr gegenüber bestand die Leistung der Kirche ausschließlich in der Unschädlichmachung. Doch diese Unschädlichmachung konnte immer nur für eine beschränkte Spanne Zeit gelingen. Da die Kirche notwendigerweise das Evangelium als ihre Grundlage bestehen lassen muß, muß sie immer damit rechnen, aus der Mitte ihrer Gemeinde heraus die Rebellion jener wieder erwachen zu sehen, die die Worte Jesu anders verstehen wollen, als sie sie verstanden haben will.

Eine Sozialethik, die für das irdische Leben paßt, kann nie und nimmer auf dem Worte des Evangeliums aufgebaut werden. Ob der geschichtliche Jesus geradeso und dasselbe gelehrt hat, was die Evangelien von ihm berichten, ist dabei gleichgültig. Denn für jede christliche Kirche ist das Evangelium im Verein mit den anderen Schriften des Neuen Testaments die Grundlage, von der sie nicht lassen kann, ohne ihr Wesen zu vernichten. Selbst wenn es etwa geschichtlichen Forschungen gelingen sollte, mit einem hohen Grad von Wahrscheinlichkeit darzutun, daß der geschichtliche Jesus anders über die Dinge der menschlichen Gesellschaft gedacht und gesprochen hätte, als es in den Schriften des Neuen Bundes geschrieben steht, für die Kirche müßte doch das, was in diesen Schriften niedergelegt ist, ungeschwächt seine Kraft behalten. Für sie muß, was dort geschrieben steht, Gotteswort bleiben. Und da gibt es scheinbar nur zwei Möglichkeiten. Die Kirche kann, wie es die morgenländische Kirche getan hat, auf jede Stellungnahme zu den Problemen der Sozialethik verzichten, womit sie zugleich aufhört, eine sittliche Macht zu sein, und sich darauf beschränkt, eine rein dekorative Stellung im Leben einzunehmen. Den anderen Weg ist die abendländische Kirche gegangen. Sie hat jeweils die Sozialethik in ihre Lehre aufgenommen, die ihren augenblicklichen Interessen, ihrer Stellung in Staat und Gesellschaft, am besten entsprochen hat. Sie hat sich mit den feudalen Grundherren gegen die Grundholden verbündet, sie hat die Sklavenwirtschaft auf den Plantagen Amerikas gestützt, sie hat aber auch — im Protestantismus, besonders im Calvinismus — die Moral des aufsteigenden Rationalismus zu ihrer eigenen gemacht. Sie hat den Kampf der irischen Pächter gegen die englischen Lords gefördert, sie kämpft mit den katholischen Gewerkschaften gegen die Unternehmer und wieder mit den konservativen Regierungen gegen die Sozialdemokratie. Und jedesmal hat sie es verstanden, ihre Stellungnahme durch Bibelverse zu rechtfertigen. Auch dies ist in Wahrheit eine Abdankung des Christentums auf sozialethischem Gebiet. Die Kirche wird dadurch zum willenlosen Werkzeug jeder Zeit- und Modeströmung. Was aber noch schlimmer ist, durch die Art, in der sie ihre jeweilige Parteinahme evangelisch zu begründen sucht, legt sie jeder Richtung nahe, dasselbe zu tun und gleichfalls aus den Worten der Schrift den eigenen Standpunkt zu rechtfertigen. Daß dabei allein jene schließlich obsiegen mußten, die die destruktivsten Tendenzen verfolgten, ist bei dem Charakter der Bibelworte, die man für sozialpolitische Zwecke auszuwerten vermag, klar.

Doch wenn es auch aussichtslos ist, eine christliche Sozialethik auf dem Worte des Evangeliums aufzubauen, ist es nicht, könnte man fragen, vielleicht doch möglich, die christliche Lehre mit einer Sozialethik in Einklang zu bringen, die das gesellschaftliche Leben fördert, statt es zu zerstören, und auf diese Weise die große Macht des Christentums in den Dienst der Kultur zu stellen? Eine solche Wandlung des Christentums würde nicht ohne Beispiel dastehen. Die Kirche hat sich damit abgefunden, daß die naturwissenschaftlichen Anschauungen des Alten und des Neuen Testaments durch die moderne Wissenschaft als unhaltbar erwiesen wurden. Sie verbrennt heute niemand mehr als Ketzer, weil er behauptet, die Erde bewege sich, und sie verfolgt diejenigen, die die Erweckung des Lazarus und die leibliche Wiederauferstehung der Toten anzuzweifeln wagen, nicht mehr durch das Inquisitionstribunal. Selbst Priestern der römischen Kirche ist es heute gestattet, Astronomie und Entwicklungsgeschichte zu betreiben. Sollte das gleiche nicht auch in der Gesellschaftslehre möglich sein? Sollte die Kirche nicht imstande sein, einen Weg zu finden, auf dem sich ihre Versöhnung mit dem gesellschaftlichen Grundsatz der freien Kooperation durch Arbeitsteilung anbahnen ließe? Könnte nicht gerade der Grundsatz der christlichen Liebe in diesem Sinne aufgefaßt werden?

Das sind Fragen, an denen nicht nur die Kirche interessiert ist. Hier handelt es sich um das Schicksal der Kultur. Denn es ist nicht so, daß der Widerstand der Kirche gegen die liberalen Ideen gefahrlos ist. Die Kirche ist eine so gewaltige Macht, daß ihre Gegnerschaft gegen die gesellschaftsbildende Kraft imstande wäre, unsere ganze Kultur in Trümmer zu schlagen. Wir haben es schaudernd erlebt, welch fürchterlicher Feind sie in den letzten Jahrzehnten für das Bestehen der Gesellschaft geworden ist. Denn, daß heute die Welt voll ist von Destruktionismus, das ist nicht in letzter Linie ein Werk der Kirche, der katholischen sowohl als auch der protestantischen, deren christlicher Sozialismus kaum weniger Ursache der heutigen Wirren ist als der atheistische Sozialismus.

§ 6. Die Abneigung der Kirche gegen jede wirtschaftliche Freiheit und gegen jede Form des wirtschaftspolitischen Liberalismus ist geschichtlich leicht zu verstehen. Der wirtschaftspolitische Liberalismus ist die Blüte der Aufklärung und des Rationalismus, die dem alten Kirchentum den Todesstoß versetzt haben. Er ist aus denselben Wurzeln entsprossen, aus denen die moderne Geschichtsforschung erwachsen ist, die an die Kirche und ihre Überlieferungen mit scharfer Kritik herangetreten ist. Der Liberalismus hat die Mächte gestürzt, mit denen die Kirche durch Jahrhunderte in innigstem Bündnis gelebt hat. Er hat die Welt viel stärker umgestaltet, als es einst das Christentum getan hat. Er hat die Menschen der Welt und dem Leben wiedergegeben. Er hat Kräfte erweckt, die weit wegführen von dem trägen Traditionalismus, auf dem die Kirche und der Kirchenglauben geruht hatten. Alle diese Neuerungen waren der Kirche unheimlich. Nicht einmal zu den Äußerlichkeiten der neuen Zeit hat sie ein Verhältnis zu gewinnen vermocht. Wohl besprengen in den katholischen Ländern ihre Priester die Schienen neu gebauter Bahnstrecken und die Dynamos neuer Kraftwerke mit Weihwasser. Doch immer noch steht der gläubige Christ mit einem geheimen Grauen inmitten dieser Kultur, die sein Glaube nicht zu fassen vermag. So war die Kirche voll von Ressentiment gegen diese neue Zeit und gegen ihren Geist, den Liberalismus. Was Wunder denn, daß sie sich mit jenen verband, die der Groll trieb, diese ganze wundervolle neue Welt zu zertrümmern, und daß sie gierig nach allem griff, was sich ihr aus ihrem reichen Arsenal an Waffen des Ressentiments gegen irdisches Arbeitsstreben und irdischen Reichtum bot. Die Religion, die sich die Religion der Liebe nennt, wurde zur Religion des Hasses gegen die Welt, die dem Glücke entgegenzureifen schien. Wer immer daran ging, die moderne Gesellschaftsordnung zu zerstören, konnte sicher sein, die Bundesgenossenschaft des Christentums zu finden.

Es war tragisch, daß gerade die Besten der Kirche, gerade die, die das Wort von der christlichen Liebe ernst nahmen und danach handelten, an diesem Werke der Zerstörung mitarbeiteten. Priester und Mönche, die das Liebeswerk christlicher Barmherzigkeit übten, die in der Seelsorge und im Lehramt, in Krankenhäusern und in Gefängnissen Gelegenheit hatten, den leidenden Menschen zu sehen und die Schattenseiten des Lebens kennenzulernen, wurden von dem gesellschaftszerstörenden Wort des Evangeliums zunächst ergriffen. Nur eine gefestigte liberale Philosophie hätte sie davor bewahren können, die Ressentimentgefühle zu teilen, die sie bei ihren Schützlingen fanden und die das Evangelium billigte. Da diese fehlte, wurden sie zu gefährlichen Gegnern der Gesellschaft. Aus dem Werke der Liebe sproß der soziale Haß.

Ein Teil dieser gefühlsmäßigen Gegner der liberalen Wirtschaftsordnung blieb bei stummer Gegnerschaft stehen. Viele aber wurden Sozialisten, natürlich nicht atheistische Sozialisten wie die sozialdemokratische Arbeiterschaft, sondern christliche Sozialisten. Doch auch der christliche Sozialismus ist Sozialismus.

Der Sozialismus kann sich auf das Beispiel der ersten christlichen Jahrhunderte ebensowenig wie auf das der Urgemeinde berufen. Selbst der Konsumkommunismus der ersten Christengemeinde verschwand bald in dem Maße, in dem die Erwartung des unmittelbaren Eintretens der Gottesherrschaft in den Hintergrund trat. Er wurde aber nicht durch sozialistische Produktionsweise der Gemeinden abgelöst. Was in den Christengemeinden erzeugt wurde, erzeugte der Einzelne in seiner Wirtschaft, und die Einkünfte der Gemeinde, aus denen sie den Unterhalt der Bedürftigen und die Kosten der gemeinsamen Handlungen zu bestreiten hatte, flossen aus freiwilligen oder pflichtmäßigen Spenden und Abgaben der für eigene Rechnung im eigenen Betrieb mit eigenen Produktionsmitteln erzeugenden Gemeindemitglieder. Sozialistische Produktion mag in den christlichen Gemeinden der ersten Jahrhunderte selten und ausnahmsweise vorgekommen sein. In den Quellen ist sie nirgends bezeugt, und kein christlicher Lehrer oder Schriftsteller, von dessen Lehren und Werken wir Kunde haben, hat sie empfohlen. Oftmals begegnen wir in den Schriften der apostolischen Väter und der Kirchenväter Ermahnungen, zum Kommunismus der Urgemeinde zurückzukehren. Doch immer handelt es sich um den Kommunismus der Konsumtion, nie um die Empfehlung der sozialistischen Produktionsweise[1]).

Die bekannteste dieser Anpreisungen der kommunistischen Lebensweise ist die des Johannes Chrysostomus. In der elften seiner Homilien zur Apostelgeschichte preist der Heilige die Gütergemeinschaft der urchristlichen Gemeinde und tritt mit dem Eifer seiner feurigen Beredsamkeit für ihre Erneuerung ein. Er beschränkt sich nicht darauf, die Gütergemeinschaft durch den Hinweis auf das Vorbild der Apostel und ihrer Zeitgenossen zu empfehlen. Er sucht die Vorzüge des Kommunismus, wie er ihn meint, rationalistisch auseinanderzusetzen. Wenn alle Christen Konstantinopels ihre ganze Habe in gemeinsames Eigentum übergeben wollten, dann werde soviel zusammenkommen, daß man alle christlichen Armen werde ernähren können und niemand Mangel leiden müßte. Die Kosten der gemeinsamen Lebensführung seien nämlich weitaus geringer als die des Einzelhaushaltes. Chrysostomus schaltet hierauf Erwägungen ein, wie sie etwa heute von jenen vorgebracht werden, die die Einführung von Einküchenhäusern oder von Gemeinschaftsküchen befürworten und dabei die Ersparnisse, die die Konzentration des Küchenbetriebes und der Haushaltung im Gefolge haben müßte, durch Berechnungen zu erweisen suchen. Die Kosten, meint der Kirchenvater, werden nicht groß sein, so daß der riesige Schatz, der durch die Vereinigung der Güter der Einzelnen zusammenkommen müßte, nie erschöpft werden könnte, zumal der Segen Gottes sich dann viel reichlicher auf die Frommen ergießen werde. Auch werde jeder Neuhinzukommende etwas hinzufügen[2]). Gerade diese nüchtern sachlichen Ausführungen zeigen uns, daß das, was Chrysostomus vor Augen hatte, auch nichts anderes war als Gemeinsamkeit des Verzehrens. Die Ausführungen über die wirtschaftlichen Vorzüge der Vereinheitlichung, die in dem Satze gipfeln, Zersplitterung führe zu Minderung, Eintracht und Zusammenwirken zu Mehrung des Wohlstandes, machen dem ökonomischen Geiste ihres Urhebers alle Ehre. Im ganzen aber zeugt sein Vorschlag von völliger Verständnislosigkeit für das Pro-

---

[1]) Vgl. Seipel, Die wirtschaftsethischen Lehren der Kirchenväter, Wien 1907, S. 84ff.

[2]) Vgl. Migne, Patrologiae Graecae tom. LX, S. 96f.

blem der Produktion. Seine Gedanken sind ausschließlich auf die Konsumtion eingestellt. Daß man produzieren muß, ehe man konsumiert, kommt ihm nicht zum Bewußtsein. Alle Güter sollen in den Besitz der Gemeinde übergehen — (Chrysostomus denkt dabei wohl nach dem Vorbild des Evangeliums und der Apostelgeschichte an ihren Verkauf) — und dann soll die gemeinsame Konsumtion beginnen. Daß das nicht ewig so fortgehen könne, kommt ihm nicht in den Sinn. Er hat die Vorstellung, daß die Millionen, die hier zusammenkommen werden — er berechnet den Schatz auf 1—3 Millionen Pfund Goldes — nie erschöpft werden könnten. Man sieht, die volkswirtschaftlichen Erwägungen des Heiligen enden gerade dort, wo auch die Weisheit unserer Sozialpolitiker zu enden pflegt, wenn sie ihre in Liebeswerken der Konsumtion gemachten Erfahrungen auf das Ganze der Volkswirtschaft übertragen wollen.

Chrysostomus klagt darüber, daß sich die Menschen vor dem Übergang zu dem von ihm empfohlenen Kommunismus mehr als vor einem Sprunge ins Weltmeer fürchten. Auch die Kirche hat die Idee des Kommunismus bald fallen lassen.

Denn die Wirtschaft der Klöster kann man nicht als Sozialismus bezeichnen. Im allgemeinen haben die Klöster, soweit sie nicht von Spenden der Gläubigen gespeist wurden, von den Abgaben zinspflichtiger Bauern und vom Ertrag von Meierhöfen und von anderem Besitz gelebt. Seltener haben sich die Klosterinsassen selbst als werktätige Glieder einer Art von Produktivgenossenschaften betätigt. Alles Klosterwesen bleibt ein Lebensideal, das nur wenigen zugänglich sein kann. So kann denn auch die klösterliche Produktionsweise nie zur allgemeinen Norm erhoben werden. Sozialismus aber ist ein allgemeines Wirtschaftssystem.

Die Wurzeln des christlichen Sozialismus darf man weder in der Urkirche noch in der mittelalterlichen Kirche suchen. Erst das durch die gewaltigen Glaubenskämpfe des sechzehnten Jahrhunderts erneuerte Christentum hat den sozialistischen Gedanken — langsam und nicht ohne große Widerstände — aufgenommen.

Die moderne Kirche unterscheidet sich von der des Mittelalters dadurch, daß sie beständig um ihre Existenz kämpfen muß. Die Kirche des Mittelalters herrschte unbestritten über die Geister. Was gedacht, gelehrt und geschrieben wurde, ging von ihr aus und kehrte zu ihr zurück. Auch das geistige Erbe des klassischen Altertums konnte ihr nicht gefährlich sein, weil es in seiner letzten Tragweite von einem Geschlecht, das in den Vorstellungen und Ideen des Feudalismus befangen war, noch nicht begriffen werden konnte. Doch in dem Maße, in dem die gesellschaftliche Entwicklung zum Rationalismus im praktischen Denken und

Handeln trieb, wurden auch die Versuche, sich im Denken über die letzten Dinge von den Fesseln der Tradition zu befreien, erfolgreicher. Die Renaissance bedroht das Christentum an seiner Wurzel, da sie, sich am antiken Denken und an der antiken Kunst aufrichtend, anfängt, Wege zu wandeln, die von der Kirche wegführen, zumindest an ihr vorbeiführen. Die Männer der Kirche sind weit entfernt davon, sich dieser Entwicklung entgegenzustemmen. Im Gegenteil, sie selbst sind die eifrigsten Förderer des neuen Geistes. Zu Beginn des sechzehnten Jahrhunderts war niemand innerlich weiter vom Christentum entfernt als die Kirche selbst. Die letzte Stunde des alten Glaubens schien geschlagen zu haben.

Da kam der große Umschwung, die Gegenwirkung des Christentums. Sie ging nicht von oben aus, nicht von den Kirchenfürsten und nicht von den Klöstern, ja eigentlich überhaupt nicht von der Kirche. Von außen her wurde sie der Kirche aufgenötigt. Aus der Tiefe des Volkes, in dem sich das Christentum als innere Macht behauptet hatte, nahm sie ihren Anfang, von außen und von unten her eroberte sie die morsche Kirche, um sie zu erneuern. Reformation und Gegenreformation sind die großen Ausdrucksformen dieser kirchlichen Erneuerung, beide verschieden in ihren Anfängen und in ihren Wegen, in den Formen des Kultes und der Lehre, vor allem auch in ihren staatlichen und politischen Voraussetzungen und Erfolgen, doch eins im letzten Ziele: die Weltordnung wieder auf das Evangelium zu stützen, dem Glauben wieder eine Macht über die Geister und über die Herzen einzuräumen. Es war die größte Erhebung des Glaubens gegen das Denken, der Überlieferung gegen die Philosophie, die die Geschichte kennt. Sie hat große, sehr große Erfolge erzielt, sie erst hat jenes Christentum geschaffen, das wir heute kennen, jenes Christentum, das im Herzen des Einzelnen seinen Sitz hat, das die Gewissen bindet und zur armen Seele spricht. Doch der volle Sieg blieb ihr versagt. Sie hat die Niederlage, sie hat den Untergang des Christentums abgewendet, aber sie hat den Gegner nicht vernichtet. Seit dem sechzehnten Jahrhundert dauert der Kulturkampf nahezu ohne Unterlaß.

Die Kirche weiß, daß sie in diesem Kampf nicht siegen kann, wenn sie nicht die Quellen verstopft, aus denen dem Gegner immer wieder Hilfe kommt. Solange in der Wirtschaft Rationalismus und geistige Freiheit des Einzelnen erhalten bleiben, wird es ihr nie gelingen, den Gedanken in Fesseln zu schlagen und den Verstand dorthin zu lenken, wo sie ihn haben will. Um dieses Ziel zu erreichen, müßte sie vorerst alle menschliche Tätigkeit, alles Handeln unter ihren Einfluß bringen. Darum kann sie sich nicht darauf beschränken, als freie Kirche im freien Staat zu leben; sie muß danach trachten, den Staat unter ihre Herrschaft zu bekommen.

Römisches Papsttum und protestantische Landeskirche streben in gleicher Weise nach der Herrschaft über den Staat, nach einer Herrschaft, die es ihnen gestatten würde, alles Irdische in ihrem Sinne zu ordnen. Keine andere geistige Macht neben sich zu dulden, muß ihr Ziel bleiben, weil jede unabhängige geistige Macht für sie eine Gefahr bildet, eine Gefahr, die in dem Maße größer wird, in dem die Rationalisierung des Lebens fortschreitet.

In der anarchischen Produktionsweise wollen auch die Geister keine Herrschaft anerkennen. Herrschaft über die Geister kann man heute nur erlangen, wenn man die Produktion beherrscht. Das spüren alle Kirchen schon lange dunkel. Klar ist es ihnen freilich erst geworden, seit die Idee des Sozialismus, von anderer Seite in die Welt gesetzt, mit gewaltiger Kraft Anhänger wirbt und fortschreitet. Da erst wurden sich die Kirchen dessen bewußt, daß Theokratie nur im sozialistischen Gemeinwesen möglich ist.

Einmal ist dieses Ideal schon verwirklicht gewesen. In Paraguay hat die Gesellschaft Jesu jenes merkwürdige Staatswesen geschaffen, das wie eine Belebung des schemenhaften Ideals der platonischen Republik anmutet. Mehr als ein Jahrhundert hat dieser einzigartige Staat geblüht; dann ist er von außen her gewaltsam zerstört worden. Gewiß hat den Jesuiten bei der Einrichtung dieses Gebildes nicht der Gedanke vorgeschwebt, ein sozialpolitisches Experiment zu machen oder ein Muster für die anderen Gemeinwesen der Welt aufzustellen. Doch sie haben in Paraguay in letzter Linie nichts anderes verfolgt als was sie überall angestrebt haben und anderwärts nur wegen der größeren Widerstände, die sich ihnen entgegenstellten, nichts zu erreichen vermochten. Sie haben die Laien als große, immer der Bevormundung bedürftige Kinder unter die wohltätige Herrschaft der Kirche und ihres Ordens zu bringen gesucht. Nie wieder und nirgends hat der Jesuitenorden oder eine andere kirchliche Instanz ähnliches versucht. Doch es ist sicher, daß in letzter Linie das Streben der Kirche — und nicht nur der katholischen, sondern auch aller anderen abendländischen — auf dasselbe Ziel losgeht. Man denke sich alle Widerstände, die die Kirche heute auf ihrem Weg findet, fort, und man erkennt gleich, daß sie nicht eher Halt machen würde als bis sie dasselbe überall durchgesetzt haben würde.

Daß die Kirche im allgemeinen den sozialistischen Ideen ablehnend gegenübersteht, ist kein Beweis gegen die Richtigkeit dieser Ausführungen. Sie ist gegen jeden Sozialismus, der von anderer Seite ins Leben gerufen werden soll. Sie ist gegen Sozialismus, der von Atheisten verwirklicht werden soll, da ihre Existenzgrundlage dann vernichtet wäre. Wo und insoweit diese Bedenken fortfallen, nähert sie sich unbedenklich sozialistischen Idealen. Die preußische Landeskirche hat im preußischen Staatssozialismus die Führung inne, und die katholische Kirche verfolgt allenthalben ihr besonderes christlichsoziales Ideal.

Diese Erkenntnis führt zur Verneinung jener oben gestellten Frage, ob es nicht vielleicht doch möglich wäre, Christentum und freie, auf dem Sondereigentum an den Produktionsmitteln beruhende Gesellschaftsordnung zu versöhnen. Lebendiges Christentum, scheint es, kann neben und im Kapitalismus nicht bestehen. Nicht anders als für die Religionen des Ostens heißt es für das Christentum, entweder untergehen oder den Kapitalismus überwinden. Für den Kampf gegen den Kapitalismus aber gibt es heute, da die Empfehlung der Rückkehr zur mittelalterlichen Gesellschaftsordnung nur wenig Werbekraft besitzt, kein wirksameres Programm als das des Sozialismus.

Doch es kann vielleicht auch anders kommen. Niemand vermag mit Sicherheit vorauszusehen, wie sich Kirche und Christentum in der Zukunft noch wandeln könnten. Papsttum und Katholizismus sind heute vor Aufgaben gestellt, die unvergleichlich schwerer sind als alle, die sie in den weit mehr als tausend Jahren ihrer bisherigen Geschichte zu lösen hatten. Der chauvinistische Nationalismus bedroht die Wurzeln der weltumspannenden allgemeinen Kirche. Noch ist es ihrer feinen Staatskunst gelungen, ihren Grundsatz der Katholizität im Getümmel der Völkerkämpfe zu bewahren. Doch jeder Tag muß sie lehren, daß ihr Fortbestand mit den nationalistischen Ideen unverträglich ist. Sie muß, wenn sie nicht untergehen und Landeskirchen weichen will, den Nationalismus durch eine Ideologie verdrängen, die das friedliche Nebeneinanderwohnen und Zusammenarbeiten der Völker ermöglicht. Auf diesem Wege aber müßte die Kirche notwendigerweise zum Liberalismus gelangen. Keine andere Lehre könnte da den Liberalismus ersetzen.

Wenn die römische Kirche aus der Krise, in die der Nationalismus sie gebracht hat, überhaupt noch einen Ausweg zu finden wissen wird, dann wird sie gewaltige Veränderungen durchzumachen haben. Es mag sein, daß diese Um- und Neugestaltung sie auf Bahnen leiten wird, die sie zur vorbehaltlosen Anerkennung der Unentbehrlichkeit des Sondereigentums an den Produktionsmitteln führen. Heute ist sie, das hat erst jüngst die Enzyklika Quadragesimo anno gezeigt, noch recht weit davon entfernt.

IV.
Der ethische Sozialismus, besonders der des Neukritizismus.

§ 1. Engels hat die deutsche Arbeiterbewegung die Erbin der deutschen klassischen Philosophie genannt[1]). Richtiger wäre es, zu sagen, daß der deutsche Sozialismus überhaupt — nicht nur der marxistische — das Epigonentum der idealistischen Philosophie darstellt. Der Sozialismus verdankt die Herrschaft, die er über den deutschen Geist zu erringen vermochte, der Gesellschaftsauffassung der großen deutschen Denker. Von Kants Mystizismus des Pflichtbegriffes und von Hegels Staatsvergottung führt eine leicht erkennbare Linie zum sozialistischen Denken. Fichte aber ist schon selbst Sozialist.

Die Erneuerung des Kantschen Kritizismus, die vielgepriesene Leistung der deutschen Philosophie der letzten Jahrzehnte, ist auch dem Sozialismus zugute gekommen. Die Neukantianer, vor allem Friedrich Albert Lange und Hermann Cohen, haben sich zum Sozialismus bekannt. Gleichzeitig haben Marxisten versucht, den Marxismus mit dem Neukritizismus zu versöhnen. In dem Maße, in dem sich die philosophischen Grundlagen des Marxismus immer mehr als brüchig und nicht tragfähig erwiesen, haben sich die Versuche gehäuft, die sozialistischen Ideen durch die kritische Philosophie zu stützen.

Im System Kants ist die Ethik der schwächste Teil. Wohl spürt man auch in ihr den Hauch dieses großen Geistes. Doch alle Großartigkeit im Einzelnen läßt es nicht übersehen, daß schon ihr Ausgangspunkt unglücklich gewählt und daß ihre Grundauffassung verfehlt ist. Der verzweifelte Versuch, den Eudämonismus zu entwurzeln, ist nicht gelungen. Bentham, Mill und Feuerbach triumphieren in der Ethik über Kant. Von der Sozialphilosophie seiner Zeitgenossen Ferguson und Adam Smith ist Kant überhaupt nicht berührt worden. Die Nationalökonomie blieb ihm fremd. Unter diesen Mängeln leiden alle seine Äußerungen über Gegenstände des Gesellschaftslebens.

Die Neukantianer sind darin nicht über Kant hinausgekommen. Auch ihnen fehlt gleich Kant die Einsicht in das gesellschaftliche Grundgesetz der Arbeitsteilung. Sie sehen nur, daß die Einkommenverteilung nicht ihrem Ideal entspricht, daß nicht die, die sie für die Würdigeren halten, das größere Einkommen beziehen, sondern die, die sie Banausen schelten. Sie sehen, daß es Arme und Darbende gibt, versuchen es nicht einmal, sich

---
[1]) Vgl. Engels, Ludwig Feuerbach und der Ausgang der klassischen deutschen Philosophie, 5. Aufl., Stuttgart 1910, S. 58.

darüber Klarheit zu verschaffen, ob dies auf die Einrichtung des Sondereigentums zurückzuführen ist oder nicht gerade auf Eingriffe, die das Sondereigentum zu beschränken suchen, und sind gleich mit der Verurteilung der Institution zur Hand, die ihnen, den außerhalb des Erwerbslebens stehenden Beschauern der irdischen Dinge, vom Anfang an unsympathisch ist. Sie bleiben in der Erkenntnis des Sozialen am Äußerlichen und Symptomatischen haften. Sie, deren Denken sich sonst kühn an alles heranwagt, sind hier ängstlich und gehemmt. Man merkt, daß sie befangen und selbst Partei sind. In der Gesellschaftsphilosophie ist es auch sonst ganz unabhängigen Denkern oft schwer, sich von allem Ressentiment freizumachen. Zwischen ihre Gedanken schiebt sich störend die Erinnerung an jene ein, denen es besser geht; da werden Vergleiche zwischen dem eigenen Wert und fremdem Unwert auf der einen, eigener Dürftigkeit und fremdem Überfluß auf der anderen Seite angestellt, und zum Schluß führen Groll und Neid, nicht das Denken, die Feder.

Nur so läßt es sich erklären, daß in der Sozialphilosophie von so scharfsinnigen Denkern, wie es die Neukantianer sind, die Punkte, auf die es allein ankommen kann, nicht klar herausgearbeitet wurden. Zu einer geschlossenen Sozialphilosophie finden sich bei ihnen nicht einmal die Ansätze. Sie bringen eine Anzahl unhaltbarer kritischer Bemerkungen über bestimmte gesellschaftliche Zustände vor, unterlassen es aber, sich mit den wichtigsten Systemen der Soziologie auseinanderzusetzen. Sie urteilen, ohne sich vorher mit den Ergebnissen der nationalökonomischen Wissenschaft vertraut gemacht zu haben.

Der Ausgangspunkt ihres Sozialismus ist im allgemeinen der Satz: „Handle so, daß Du Deine Person wie die Person eines jeden anderen jederzeit zugleich als Zweck, niemals bloß als Mittel brauchst". In diesen Worten, meint Cohen, sei „der tiefste und mächtigste Sinn des kategorischen Imperativs ausgesprochen; sie enthalten das sittliche Programm der Neuzeit und aller Zukunft der Weltgeschichte"[1]). Und von da scheint ihm der Weg zum Sozialismus nicht mehr weit. „Die Idee des Zweckvorzuges der Menschheit wird dadurch zur Idee des Sozialismus, daß jeder Mensch als Endzweck, als Selbstzweck definiert wird"[2]).

Man sieht, diese ethische Begründung des Sozialismus steht und fällt mit der Behauptung, daß in der auf dem Sondereigentum an den Produktionsmitteln beruhenden Wirtschaftsordnung alle Menschen oder ein Teil der Menschen als Mittel und nicht als Zweck stehen. Cohen hält es für

---

[1]) Vgl. Cohen, Ethik des reinen Willens, Berlin 1904, S. 303f.
[2]) Vgl. ebendort S. 304.

vollkommen erwiesen, daß dem in einer auf dem Sondereigentum an den Produktionsmitteln beruhenden Gesellschaftsordnung so sei, und daß es in einer solchen Gesellschaftsordnung zwei Klassen von Menschen gebe, Besitzer und Nichtbesitzer, von denen bloß jene ein menschenwürdiges Dasein führen, während diese nur jenen dienen. Es ist klar, woher diese Vorstellung stammt. Sie ist von den populären Anschauungen über das Verhältnis von reich und arm getragen und wird durch die marxistische Sozialphilosophie gestützt, für die Cohen große Sympathien bezeugt, ohne sich freilich irgendwie deutlich mit ihr auseinanderzusetzen[1]). Die liberale Gesellschaftstheorie ignoriert Cohen vollkommen. Er hält es für ausgemacht, daß sie unhaltbar sei und erachtet es daher für überflüssig, sich mit ihrer Kritik aufzuhalten. Und doch könnte nur eine Widerlegung der liberalen Anschauungen über das Wesen der Gesellschaft und die Funktion des Sondereigentums die Behauptung rechtfertigen, daß in der auf dem Sondereigentum an den Produktionsmitteln beruhenden Gesellschaftsordnung Menschen als Mittel, nicht als Zweck dienen. Denn die liberale Gesellschaftslehre erbringt den Nachweis, daß zwar jeder einzelne Mensch zunächst in allen anderen nur ein Mittel zur Verwirklichung seiner Zwecke sieht, während er selbst sich allen anderen als Mittel zur Verwirklichung ihrer Zwecke erweist, daß aber schließlich gerade durch diese Wechselwirkung, in der jeder Zweck und Mittel zugleich ist, das höchste Ziel gesellschaftlichen Zusammenlebens, die Ermöglichung eines besseren Daseins für jeden, erreicht wird. Da Gesellschaft nur möglich ist, indem jedermann, sein eigenes Leben lebend, zugleich das der anderen fördert, indem jeder Einzelne Mittel und Zweck zugleich ist, indem jedes Einzelnen Wohlbefinden zugleich die Bedingung für das Wohlergehen der anderen ist, wird der Gegensatz von Ich und Du, von Mittel und Zweck, in ihr überwunden. Das ist es ja gerade, was durch das Gleichnis vom biologischen Organismus anschaulich gemacht werden soll. Auch im organischen Gebilde gibt es keine Teile, die nur als Mittel, und keine, die nur als Zweck anzusehen sind. Der Organismus ist nach Kant ein Wesen, „in welchem alles Zweck und wechselseitig auch Mittel ist"[2]). Kant hat mithin das

---

[1]) „Der direkte Zweck der kapitalistischen Produktion ist nicht die Produktion von Waren, sondern des Mehrwerts, oder des Profits in seiner entwickelten Form; nicht des Produktes, sondern des Mehrprodukts.... Die Arbeiter selbst erscheinen in dieser Auffassung als das, was sie in der kapitalistischen Produktion sind — bloße Produktionsmittel; nicht als Selbstzweck und nicht als Zweck der Produktion." (Marx, Theorien über den Mehrwert, Stuttgart 1905, II. Teil, S. 333f.) Daß die Arbeiter auch als Konsumenten eine Rolle im Wirtschaftsprozeß spielen, hat Marx nie begriffen.

[2]) Vgl. Kant, Kritik der Urteilskraft (Werke, a. a. O., VI. Bd.) S. 265.

Wesen des Organischen sehr wohl erkannt. Doch er hat — und darin bleibt er weit hinter den großen Soziologen, die seine Zeitgenossen waren, zurück — nicht gesehen, daß auch die menschliche Gesellschaft nach dem gleichen Grundgesetz gebildet ist.

Die teleologische Betrachtung, die Zweck und Mittel unterscheidet, ist nur soweit zulässig, als wir den Willen und das Handeln des einzelnen Menschen oder einzelner Menschenverbände zum Gegenstand der Untersuchung machen. Sobald wir darüber hinausgehen, um die Wirkung dieses Handelns im Zusammenwirken zu betrachten, hat sie ihren Sinn verloren. Für jeden einzelnen handelnden Menschen gibt es einen höchsten und letzten Zweck, eben den, den der Eudämonismus uns verstehen lehrt; und in diesem Sinne kann man sagen, daß jeder sich selbst Zweck, Selbstzweck sei. Doch im Rahmen einer das Ganze der Gesellschaft umschliessenden Betrachtung ist diese Redeweise ohne jeden Erkenntniswert. Hier können wir vom Zweck nicht mit mehr Berechtigung sprechen als gegenüber irgendeiner anderen Erscheinung der Natur. Wenn wir fragen, ob in der Gesellschaft der oder jener Zweck oder Mittel sei, dann ersetzen wir im Denken die Gesellschaft, d. h. jenes Gebilde der menschlichen Kooperation, das durch die Überlegenheit der arbeitsteilig verrichteten Arbeit über die vereinzelte Arbeit zusammengehalten wird, durch ein Gebilde, das ein Wille zusammenschmiedet, und forschen nach dem Ziel dieses Willens. Das ist nicht soziologisch, überhaupt nicht wissenschaftlich, sondern animistisch gedacht.

Die besondere Begründung, die Cohen für seine Forderung nach Aufhebung des Sondereigentums zu geben weiß, zeigt deutlich, wie wenig er sich über dieses Grundproblem des gesellschaftlichen Lebens klar geworden ist. Sachen, meint er, haben Wert. Personen aber haben keinen Wert, sie haben Würde. Der Marktpreis des Arbeitswertes vertrage sich nicht mit der Würde der Person[1]). Hier stehen wir mitten drin in der marxistischen Phraseologie, in der Lehre von dem Warencharakter der Arbeit und seiner Verwerflichkeit. Das ist jene Phrase, die in den Verträgen von Versailles und Saint Germain ihren Niederschlag gefunden hat in der Forderung, es sei der Grundsatz zu verwirklichen, „daß die Arbeit nicht lediglich als Ware oder Handelsartikel angesehen werden darf"[2]). Es hat keinen Sinn, sich mit diesen scholastischen Spielereien, bei denen sich niemand etwas denkt, näher auseinanderzusetzen.

---

[1]) Vgl. Cohen, Ethik des reinen Willens, a. a. O,, S. 305. Vgl. auch Steinthal, a. a. O., S. 266ff.

[2]) Vgl. Art. 427 des Vertrages von Versailles und Art. 372 des Vertrages von Saint Germain.

So kann es dann weiter nicht wundernehmen, daß wir bei Cohen das ganze Register der Schlagwörter wiederfinden, die seit Jahrtausenden gegen die Einrichtung des Sondereigentums ins Treffen geführt wurden. Er verwirft das Eigentum, weil der Eigentümer, indem er die Herrschaft über eine isolierte Handlung erlangt, tatsächlich zum Eigentümer der Person werde[1]). Er verwirft das Eigentum, weil es dem Arbeiter den Ertrag seiner Arbeit entziehe[2]).

Man erkennt unschwer, daß die Begründung, die die Schule Kants dem Sozialismus gibt, immer wieder auf die nationalökonomischen Vorstellungen der verschiedenen sozialistischen Schriftsteller, heute vor allem auf die Ansichten von Marx und der von ihm abhängigen Kathedersozialisten, zurückführt. Andere Argumente als nationalökonomische und soziologische haben sie nicht. Und diese nationalökonomischen und soziologischen Ausführungen erweisen sich als unhaltbar.

§ 2. „So jemand nicht will arbeiten, der soll auch nicht essen" heißt es im zweiten Brief an die Thessalonicher, der dem Apostel Paulus zugeschrieben wurde[3]). Die Mahnung zu arbeiten, richtet sich an jene, die von ihrem Christentum auf Kosten der tätigen Gemeindemitglieder leben wollen; sie mögen selbst für ihren Unterhalt sorgen und den Gemeindegenossen nicht zur Last fallen[4]). Aus dem Zusammenhang, in dem sie steht, herausgerissen, ist sie seit altersher als Verwerfung des arbeitslosen Einkommens gedeutet worden[5]). Sie enthält, auf die kürzeste Art ausgedrückt, eine sittliche Forderung, die immer wieder mit großem Nachdruck vertreten wird.

Den Gedankengang, der zur Aufstellung dieses Satzes führt, läßt uns ein Ausspruch von Kant erkennen. „Der Mensch mag künsteln, soviel er will, so kann er die Natur nicht nötigen, andere Gesetze einzuschlagen. Er muß entweder selbst arbeiten oder andere für ihn; und diese Arbeit wird anderen soviel von ihrer Glückseligkeit rauben, als er seine eigene über das Mittelmaß steigern will"[6]).

---

[1]) Vgl. Cohen, a. a. O., S. 572.

[2]) Ebendort S. 578.

[3]) 2. Thess. 3, 10. Darüber, daß der Brief nicht von Paulus herstammt, vgl. Pfleiderer, a. a. O., I. Bd., S. 95 ff.

[4]) Dagegen vertritt Paulus im ersten Korintherbrief (9, 6—14) grundsätzlich den Anspruch der Apostel, auf Kosten der Gemeinde zu leben.

[5]) Wie man aus diesen und ähnlichen Stellen die Berechtigung der modernen Schlagwörter der antiliberalen Bewegung aus dem Neuen Testament nachzuweisen sucht, dafür bietet Todt, Der radikale deutsche Sozialismus und die christliche Gesellschaft, 2. Aufl., Wittenberg 1878, S. 306—319, ein gutes Beispiel.

[6]) Vgl. Kant, Fragmente aus dem Nachlaß (Sämtliche Werke, herg. von Hartenstein, VIII. Bd., Leipzig 1868) S. 622.

Es ist wichtig, festzustellen, daß Kant die indirekte Ablehnung des Sondereigentums, die in diesen Worten gelegen ist, nicht anders als utilitaristisch und eudämonistisch zu begründen vermag. Die Auffassung, von der er ausgeht, ist die, daß durch das Sondereigentum den einen mehr Arbeit auferlegt wird, wogegen die anderen müßig sein dürfen. Gegen den Einwand, daß durch das Sondereigentum und durch die Differenzierung der Besitzverhältnisse niemand etwas genommen wird, daß vielmehr in einer Gesellschaftsordnung, in der beides unzulässig wäre, um soviel weniger erzeugt werden würde, daß die Kopfquote des Arbeitsproduktes weniger ausmachen würde als das, was der besitzlose Arbeiter in der auf dem Sondereigentum beruhenden Gesellschaftsordnung als Einkommen bezieht, ist diese Kritik nicht gefeit. Sie fällt sofort in sich zusammen, wenn die Behauptung, daß die Muße der Besitzenden durch die Mehranstrengung der Besitzlosen erkauft wird, sich als hinfällig erweist.

Auch bei diesem ethischen Argument gegen das Sondereigentum zeigt es sich deutlich, daß alle moralische Beurteilung wirtschaftlicher Verhältnisse in letzter Linie auf nichts anderem beruht als auf nationalökonomischen Betrachtungen ihrer Leistung. Die sittliche Verwerfung einer Einrichtung, die vom utilitaristischen Standpunkt nicht als verwerflich bezeichnet wird, liegt, wenn man es nur schärfer untersucht, auch der Ethik ferne. In Wahrheit tritt sie in allen Fällen, in denen eine solche Verwerfung vorzuliegen scheint, an die Dinge nur mit anderen Anschauungen über die wirtschaftlichen Kausalzusammenhänge heran als ihre Gegner.

Man hat dies übersehen können, weil die, die diese ethische Kritik des Sondereigentums zurückzuweisen suchten, in ihren Ausführungen vielfach fehlgegangen sind. Statt auf die gesellschaftliche Leistung der Einrichtung des Sondereigentums hinzuweisen, haben sie sich meist damit begnügt, sich entweder auf das Recht des Eigentümers zu berufen, oder darauf hinzuweisen, daß auch der Eigentümer nicht ganz untätig sei, daß er Arbeit geleistet hat, um zum Eigentum zu gelangen, und Arbeit leistet, um es zu erhalten, und was dergleichen mehr ist. Die Unstichhältigkeit solcher Ausführungen liegt auf der Hand. Die Berufung auf das geltende Recht ist widersinnig, wenn es sich darum handelt, festzustellen, was Recht sein soll. Die Berufung auf die Arbeit, die der Eigentümer geleistet hat oder leistet, verkennt das Wesen des Problems, bei dem es sich doch nicht darum handelt, ob irgendeine Arbeit belohnt werden soll, sondern darum, ob an den Produktionsmitteln Sondereigentum überhaupt zulässig sein soll, und wenn ja, ob Ungleichheit solchen Eigentums geduldet werden darf.

Darum ist auch jede Erwägung, ob ein bestimmter Preis gerechtfertigt ist oder nicht, vom ethischen Standpunkt ganz unmöglich. Die ethische Beurteilung hat zu wählen zwischen einer auf dem Sondereigentum an den Produktionsmitteln beruhenden Gesellschaftsordnung und einer auf dem Gemeineigentum an den Produktionsmitteln beruhenden. Hat sie sich für die eine oder für die andere entschieden — die Entscheidung kann für die eudämonistische Ethik nur vom Gesichtspunkte der Leistungen einer jeden der beiden denkbaren Gesellschaftsformen erfolgen — dann kann sie nicht hinterher einzelne Konsequenzen der von ihr gewählten Ordnung als unsittlich bezeichnen. Dann ist eben das, was in der Gesellschaftsordnung, für die sie sich entschieden hat, notwendig ist, sittlich, alles andere unsittlich.

§ 3. Wenn man sagt: Alle Menschen sollen das gleiche Einkommen haben, so kann man vom wissenschaftlichen Standpunkt dagegen allerdings ebensowenig etwas vorbringen wie dafür. Wir haben hier ein ethisches Postulat vor uns, über dessen Einschätzung nur die subjektiven Urteile der Menschen zu entscheiden vermögen. Die Aufgabe der wissenschaftlichen Betrachtung kann hier nur die sein, zu zeigen, was die Erreichung dieses Zieles kosten würde, das heißt, welche andere Ziele nicht erreicht werden können, wenn wir dieses Ziel anstreben wollen.

Die meisten, wenn nicht alle, die für die möglichste Gleichheit der Einkommensverteilung eintreten, machen sich nämlich nicht klar, daß es sich hier um eine Forderung handelt, die nur durch Verzicht auf die Erreichung anderer Ziele verwirklicht werden kann. Man stellt sich vor, daß die Summe der Einkommen unverändert bleibt, und daß nur ihre Verteilung gleichmäßiger erfolgen soll als in der auf dem Sondereigentum an den Produktionsmitteln beruhenden Wirtschaftsordnung. Die Reichen werden soviel von ihrem Einkommen abgeben, als sie über das Durchschnittseinkommen beziehen, die Armen werden soviel dazu erhalten, als ihnen zum Durchschnittseinkommen fehlt. Das Durchschnittseinkommen selbst aber werde unverändert bleiben. Es gilt sich klarzumachen, daß diese Meinung auf einem schweren Irrtum beruht. Wir konnten zeigen, daß, wie immer man sich die Ausgleichung der Einkommensunterschiede denken will, sie immer notwendigerweise zu einem sehr beträchtlichen Rückgang des gesamten Volkseinkommens und somit auch des durchschnittlichen Kopfeinkommens führen muß. Wenn dem aber so ist, dann lautet die Frage ganz anders. Dann muß man sich entscheiden, ob man für gleiche Einkommensverteilung bei niedrigerem Durchschnittseinkommen oder für Ungleichheit der Einkommen bei höherem Durchschnittseinkommen ist.

Diese Entscheidung wird naturgemäß im wesentlichen davon abhängen, wie groß man die durch die Änderung der gesellschaftlichen Einkommensverteilung bewirkte Schmälerung des Durchschnittseinkommens einschätzt. Schätzt man sie so ein, daß man annimmt, es werde in der Gesellschaft, die das Postulat der Gleichheit der Einkommen verwirklicht, jedermann nur ein Einkommen beziehen, das hinter dem zurückbleibt, das heute die Ärmsten beziehen, dann wird die Stellung, die man zu ihm einnimmt, wohl eine ganz andere sein als die, die die meisten Gefühlssozialisten heute haben. Wenn man das, was im zweiten Teile dieses Buches über die geringe Produktivität, besonders aber über die Unmöglichkeit rechnender sozialistischer Produktion gesagt wurde, als richtig anerkennt, dann fällt auch dieses Argument des ethischen Sozialismus.

Es ist nicht so, daß die einen arm sind, weil die anderen reich sind[1]). Wollte man die kapitalistische Gesellschaftsordnung durch eine andere ersetzen, in der es keinen Unterschied der Einkommensgröße gibt, dann würde man alle ärmer machen. So paradox es dem Laien klingen mag, auch die Armen haben das, was ihnen zufließt, nur weil es Reiche gibt.

Erweist sich aber die auf die Behauptung, daß die Muße und der Reichtum der einen die Arbeitslast und die Armut der anderen vergrößern, gestützte Begründung der allgemeinen Arbeitspflicht und der Gleichheit der Vermögen und Einkommen als unhaltbar, dann bleibt zugunsten dieser ethischen Postulate nichts anderes übrig als das Ressentiment. Es soll niemand müßig sein, wenn ich arbeiten muß; es soll niemand reich sein, wenn ich arm bin. Immer wieder zeigt es sich, daß das Ressentiment die Grundlage aller sozialistischen Ideen bildet.

§ 4. Ein anderer Vorwurf, der der kapitalistischen Wirtschaftsordnung von den Philosophen gemacht wird, ist der, daß sie ein Überwuchern des Erwerbstriebes begünstige. Der Mensch sei nicht mehr Herr des Wirtschaftsprozesses, sondern sein Sklave; daß die Wirtschaft der Bedürfnisbefriedigung diene, daß sie Mittel und nicht Selbstzweck ist, sei in Vergessenheit geraten. In einem unaufhörlichen Hasten und Jagen nach Gewinn erschöpfe sich das Leben, ohne daß Zeit für innere Sammlung und wirklichen Genuß übrigbleibe. Die besten Kräfte des Menschen nützten sich im täglichen aufreibenden Kampf des freien Wettbewerbes ab. Und der Blick des Ethikers wendet sich nach rückwärts in eine ferne Vergangenheit, deren Zustände man in romantischer Verklärung sieht: der römische Patrizier, auf seinem Landsitz friedlich über die Probleme der Stoa grübelnd; der mittelalterliche Mönch, der seine Stunden zwischen

---

[1]) So stellt sich das z. B. auch Thomas von Aquino vor; vgl. Schreiber, Die volkswirtschaftlichen Anschauungen der Scholastik seit Thomas von Aquin, Jena 1913, S. 18.

Andacht und Beschäftigung mit den alten Schriftstellern teilt; der Renaissancefürst, an dessen Hof sich Künstler und Gelehrte treffen; die Dame des Rokoko, in deren Salon die Enzyklopädisten ihre Gedanken entwickeln. Fürwahr, herrliche Bilder, die uns mit tiefer Sehnsucht nach den Zeiten der Vergangenheit erfüllen. Und unser Abscheu vor der Gegenwart wächst, wenn man diesen Glanzbildern die Lebensweise gegenüberstellt, die die unkultivierten Elemente unserer Zeit führen.

Das Mißliche an dieser mehr zum Gefühl als zum Verstand sprechenden Beweisführung ist nicht nur die offenbare Unzulässigkeit der Gegenüberstellung der höchsten Lebensäußerungen aller Zeiten und Völker auf der einen Seite und der Schattenseiten des modernen Daseins auf der anderen Seite. Es ist wohl klar, daß es nicht angeht, die Lebensführung eines Perikles oder eines Mäcenas der irgendeines modernen Dutzendmenschen entgegenzuhalten. Es ist einfach nicht wahr, daß die Hast des modernen Erwerbslebens in den Menschen den Sinn für das Schöne und Erhabene ertötet hat. Der Reichtum, den die „bürgerliche" Kultur geschaffen hat, wird nicht nur für niedere Genüsse verwendet. Es genügt, auf die Volkstümlichkeit hinzuweisen, die die ernste Musik gerade in den letzten Jahrzehnten vor allem unter jenen Bevölkerungsschichten gewonnen hat, die mitten im aufregendsten Erwerbsleben stehen, um die Unhaltbarkeit solcher Behauptungen zu widerlegen. Nie hat es eine Zeit gegeben, in der die Kunst mehr Herzenssache weiter Schichten der Bevölkerung gewesen wäre als die unsere. Daß es die große Menge mehr zu derben und gemeinen Vergnügungen hinzieht als zu edlen Genüssen, ist keine für die Gegenwart charakteristische Erscheinung. Das war zu allen Zeiten so. Und auch im sozialistischen Gemeinwesen werden wohl die Genießer nicht immer nur guten Geschmack zeigen.

Der moderne Mensch hat die Möglichkeit vor Augen, durch Arbeit und Unternehmungen reich zu werden. In der mehr gebundenen Wirtschaft der Vergangenheit war das nicht in dem gleichen Maße möglich. Man war reich oder arm von Geburt aus und blieb es sein Leben lang, wenn man nicht durch unerwartete Zufälle, die durch eigene Arbeit oder Unternehmung nicht herbeigeführt oder nicht abgewendet werden konnten, eine Änderung seiner Lage erfuhr. Darum gab es Reiche, die auf den Höhen des Lebens wandelten, und Arme, die in der Tiefe blieben. In der kapitalistischen Wirtschaft ist dies anders. Der Reiche kann leichter arm, der Arme leichter reich werden. Und weil jedem Einzelnen die Entscheidung über sein und der Seinen Schicksal gewissermaßen in die Hand gelegt ist, strebt er, so hoch als möglich hinaufzukommen. Man kann nie genug reich sein, weil kein Reichtum in der kapitalistischen Gesellschaftsordnung ewigen Bestand hat. Dem Grundherrn der Vergangenheit konnte niemand etwas anhaben. Wenn er schlechter produzierte, dann hatte er weniger zu verzehren; doch solange er sich nicht verschuldete, blieb er in seinem Besitz. Der Kapitalist, der sein Kapital ausleiht, und der Unternehmer, der selbst produziert, müssen auf dem Markte die Probe bestehen. Wer seine Kapitalien ungünstig placiert, wer zu teuer produziert, geht zugrunde. Beschauliche Ruheposten gibt es hier nicht. Auch im Grundbesitz angelegte Vermögen können heute nicht mehr den Einwirkungen des Marktes entzogen werden; auch die Landwirtschaft produziert heute kapitalistisch. Heute heißt es erwerben oder arm werden.

Wer diesen Zwang zum Arbeiten und Unternehmen ausschalten will, muß sich darüber klar werden, daß er damit die Grundlagen unseres Wohlstandes untergräbt. Daß die Erde im Jahre 1914 weit mehr Menschen ernährt hat als je zuvor, und daß sie alle weit besser gelebt haben als ihre Vorfahren, das war nur dieser Herrschaft des Erwerbsstrebens zu danken. Wer die geschäftige Arbeitsamkeit der Gegenwart durch die Beschaulichkeit der Vorzeit ersetzen will, verurteilt ungezählte Millionen zum Hungertod.

In der sozialistischen Gesellschaftsordnung wird an Stelle der Geschäftigkeit, die heute in den Kontoren und Fabriken herrscht, die gemächliche Arbeitsart der staatlichen Ämter treten. Der in der Hast des modernen Geschäftslebens stehende Unternehmer wird durch den Beamten ersetzt werden. Ob dies ein Gewinn für die Kultur sein wird, mögen die entscheiden, die sich berufen erachten, über die Welt und ihre Einrichtungen abzuurteilen. Sollte der Kanzleirat wirklich ein Menschheitsideal sein, das man um jeden Preis anstreben muß?

Mit großem Eifer schildern manche Sozialisten die Vorzüge einer Gesellschaft, die aus Beamten besteht, gegenüber einer, die aus Erwerbbeflissenen besteht[1]). In der Gesellschaft der Erwerbbeflissenen (Acquisitive Society) jage jeder nur seinem eigenen Vorteil nach; in der Gesellschaft der Berufbeflissenen (Functional Society) erfülle jeder seine Pflicht im Dienste des Ganzen. Soweit diese Höherbewertung des Beamtentums nicht auf Verkennung des Wesens der auf dem Sondereigentum an den Produktionsmitteln aufgebauten Gesellschaftsordnung beruht, ist sie nichts anderes als eine neue Form für die Verachtung der Arbeit des sich mühenden Bürgers, die dem Grundherrn, dem Krieger, dem Literaten und dem Bohemien immer eigen war.

---

[1]) Vgl. Ruskin, Unto this last (Tauchnitz-Ed.) S. 19ff.; Steinbach, Erwerb und Beruf, Wien 1896, S. 13ff.; Otto Conrad, Volkswirtschaftspolitik oder Erwerbspolitik? Wien 1918, S. 5ff.; Tawney, a. a. O., S. 38ff.

§ 5. Die innere Unklarheit und Unwahrhaftigkeit des ethischen Sozialismus, seine logischen Mängel und seine unwissenschaftliche Kritiklosigkeit charakterisieren ihn als das philosophische Erzeugnis einer Verfallszeit. Er ist der geistige Ausdruck des Niederganges der europäischen Kultur um die Wende des neunzehnten und des zwanzigsten Jahrhunderts. In seinem Zeichen hat sich der Abstieg des deutschen Volkes und der ganzen Menschheit von höchster Blüte zu tiefster Erniedrigung vollzogen. Er hat die geistigen Voraussetzungen für den Weltkrieg und für den Bolschewismus geschaffen. Seine Gewalttheorien triumphieren in dem großen Gemetzel des Weltkriegs, das die Zeit höchster Kulturblüte, die die Weltgeschichte je gesehen hat, abschließt.

Im ethischen Sozialismus verbindet sich mangelndes Verständnis der Bedingungen des gesellschaftlichen Zusammenschlusses der Menschen mit dem Ressentiment der Schlechtweggekommenen. Die Unfähigkeit, die schwierigen Probleme des Gesellschaftslebens zu begreifen, gibt seinen Anhängern die Sicherheit und Unbekümmertheit, mit denen sie spielend die sozialen Fragen zu lösen vermeinen. Das Ressentiment verleiht ihnen die Kraft der Entrüstung, die überall des Widerhalls bei Gleichgesinnten gewiß ist. Das Feuer ihrer Sprache aber rührt von der romantischen Schwärmerei für Ungebundenheit her. Jedem Menschen ist der Hang nach Freiheit von jeder gesellschaftlichen Bindung tief eingewurzelt; er vereinigt sich mit der Sehnsucht nach einem Zustand voller Befriedigung aller denkbaren Wünsche und Bedürfnisse. Die Vernunft lehrt, daß man jenem nicht nachgeben darf, wenn man nicht in das größte Elend zurücksinken soll, und daß diese nicht erfüllt werden kann. Wo die vernünftige Erwägung aussetzt, wird die Bahn für die Romantik frei. Das Antisoziale im Menschen siegt über den Geist.

Die romantische Richtung, die sich vor allem an die Phantasie wendet, ist reich an Worten. Die Farbenpracht ihrer Träume ist nicht zu überbieten. Wo sie preist, erweckt sie unendliche Sehnsucht, wo sie verdammt, wachsen Ekel und Verachtung. Ihr Sehnen gilt einer Vergangenheit, die sie nicht mit nüchternen Augen, sondern in verklärtem Bilde sieht, und einer Zukunft, die sie sich ganz nach Wunsch ausmalt. Zwischen beiden sieht sie den nüchternen Alltag, das Arbeitsleben der „bürgerlichen" Gesellschaft. Für dieses hat sie nichts übrig als Haß und Abscheu. Im „Bürger" erscheint ihr alles Schändliche und Kleine verkörpert. Sie schweift in alle Fernen, rühmt alle Zeiten und Länder; nur für die Eigenart der Gegenwart fehlen ihr Verständnis und Achtung.

Die Großen der Kunst, die man als Klassiker über alle anderen stellt, haben den tiefen Sinn der bürgerlichen Ordnung verstanden. Den Romantikern fehlt diese Einsicht. Sie sind zu klein, um das Lied der bürgerlichen Gesellschaft zu singen. Sie spotten des Bürgers, sie verachten die „Krämermoral", sie verhöhnen das Gesetz. Ihr Auge ist außerordentlich scharf für alle Gebrechen des irdischen Lebens, und sie sind schnell bereit, sie auf die Mangelhaftigkeit der gesellschaftlichen Einrichtungen zurückzuführen. Kein Romantiker hat die Großartigkeit der kapitalistischen Kultur gesehen. Man stelle doch z. B. einmal die Leistungen des Christentums denen der „Krämermoral" gegenüber. Das Christentum hat sich mit Sklaverei und Vielweiberei ruhig abgefunden, es hat den Krieg geradezu kanonisiert, es hat im Namen des Herrn Ketzer verbrannt und Länder verwüstet. Die viel gescholtene Krämermoral hat die persönliche Unfreiheit abgeschafft, sie hat das Weib zur gleichberechtigten Gefährtin des Mannes gemacht, sie hat die Gleichheit vor dem Gesetz und die Freiheit des Denkens und der Meinungsäußerung verkündet, sie hat dem Krieg den Krieg erklärt, sie hat die Folter beseitigt und die Grausamkeit der Strafen gemildert. Welche Kulturmacht kann sich ähnlicher Leistungen rühmen? Die bürgerliche Kultur hat einen Wohlstand geschaffen und verbreitet, an dem gemessen die Lebensführung aller Königshöfe der Vorzeit ärmlich erscheint. Vor Ausbruch des Weltkrieges war es selbst den wenigerbegünstigten Schichten der städtischen Bevölkerung möglich, sich nicht nur anständig zu kleiden und zu verpflegen, sondern auch echte Kunst zu genießen und selbst Reisen in ferne Länder zu unternehmen. Doch die Romantiker sahen immer nur die, denen es noch nicht gut ging, weil die bürgerliche Kultur noch nicht genug Reichtum geschaffen hatte, um alle wohlhabend zu machen; nie haben sie auf jene gesehen, die schon wohlhabend geworden waren[1]). Sie haben immer nur den Schmutz und das Elend erblickt, die der kapitalistischen Kultur noch als Erbe der Vorzeit anhafteten, nie die Werte, die sie selbst geschaffen hatte.

V.
Das Argument der wirtschaftlichen Demokratie.

§ 1. Unter den Argumenten, die zugunsten des Sozialismus geltend gemacht werden, kommt demjenigen, das durch das Schlagwort „self-government in industry" gekennzeichnet wird, eine immer größere Be-

---

[1]) Die englische Wirtschaftsgeschichte hat die Legende, die dem Aufkommen der Fabriksindustrie Verschlechterung der Lage der Arbeiterschichten zur Last legte, zerstört. Vgl. Hutt, The Factory System of the Early 19th Century (Economica, Vol. VI, 1926), S. 78ff.; Clapham, An Economic History of Modern Britain, Sec. Edition, Cambridge 1930, S. 548ff.

deutung zu. Wie im Staat der Absolutismus des Königs durch das Mitbestimmungs- und dann weiter durch das Alleinbestimmungsrecht des Volkes gebrochen wurde, so müsse auch der Absolutismus der Eigentümer der Produktionsmittel und der Unternehmer durch die Konsumenten und durch die Arbeiter aufgehoben werden. Die Demokratie sei unvollständig, solange sich jedermann dem Diktate der Besitzenden fügen müsse. Das Schlimmste am Kapitalismus sei gar nicht die Ungleichheit der Einkommen; unerträglicher sei die Macht, die er den Besitzenden über ihre Mitbürger verleihe. Solange dieser Zustand bestehen bleibe, könne man von persönlicher Freiheit gar nicht sprechen. Das Volk müsse die Verwaltung der wirtschaftlichen Angelegenheiten geradeso in die Hand nehmen, wie es die Regierung im Staate an sich gezogen hat[1]).

Der Fehler, der in dieser Argumentation steckt, ist ein doppelter. Sie verkennt auf der einen Seite das Wesen, d. i. die Funktion der politischen Demokratie, und auf der anderen Seite das Wesen der auf dem Sondereigentum an den Produktionsmitteln beruhenden Gesellschaftsordnung.

Das Wesen der Demokratie ist, wie schon dargelegt wurde, weder im Wahlsystem noch im Beraten und Abstimmen in der Volksgemeinschaft oder in den aus ihr durch Wahl hervorgehenden Ausschüssen jeder Art zu suchen. Das sind nur technische Hilfsmittel der politischen Demokratie. Ihre Funktion ist Friedensstiftung. Die demokratischen Einrichtungen sorgen dafür, daß der Wille der Volksgenossen in der Besorgung der politischen Angelegenheiten zur Geltung kommt, indem sie die Herrscher und Verwalter aus der Wahl des Volkes hervorgehen lassen. So werden die Gefahren für den friedlichen Gang der gesellschaftlichen Entwicklung, die sich aus einer Unstimmigkeit zwischen dem Willen der Herrscher und der öffentlichen Meinung ergeben könnten, beseitigt. Der Bürgerkrieg wird vermieden, wenn es Einrichtungen gibt, die den Wechsel in der Person der Herrscher auf friedlichem Wege ermöglichen. In der auf dem Sondereigentum an den Produktionsmitteln beruhenden Wirtschaftsver-

---

[1]) „The central wrong of the Capitalist System is neither the poverty of the poor nor the riches of the rich: it is the power which the mere ownership of the instruments of production gives to a relatively small section of the community over the actions of their fellow-citizens and over the mental and physical environment of successive generations. Under such a system personal freedom becomes, for large masses of the people, little better than a mockery. ... What the Socialist aims at is the substitution, for this Dictatorship of the Capitalist, of government of the people by the people and for the people, in all the industries and services by which the people live." (Sidney and Beatrice Webb, A Constitution for the Socialist Commonwealth of Great Britain, London 1920, S. XIIf.) Vgl. auch Cole, Guild Socialism Re-stated, London 1920, S. 12ff.

fassung bedarf es nicht erst der besonderen Einrichtungen, wie sie sich die politische Demokratie geschaffen hat, um den entsprechenden Erfolg zu erzielen. Dafür sorgt schon der freie Wettbewerb. Alle Produktion muß sich nach den Wünschen der Verbraucher richten. Entspricht sie nicht den Anforderungen, die der Konsument stellt, dann wird sie unrentabel. Es ist also dafür gesorgt, daß die Erzeuger sich nach dem Willen der Verbraucher richten, und daß die Produktionsmittel aus der Hand jener, die nicht gewillt oder befähigt sind, das zu leisten, was die Verbraucher von ihnen fordern, in die Hände jener übergehen, die besser imstande sind, die Erzeugung zu leiten. Der Herr der Produktion ist der Konsument. Die Volkswirtschaft ist, unter diesem Gesichtswinkel betrachtet, eine Demokratie, in der jeder Pfennig einen Stimmzettel darstellt. Sie ist eine Demokratie mit jederzeit widerruflichem imperativem Mandat der Beauftragten[1]).

Sie ist eine Verbraucherdemokratie. Die Produzenten als solche haben selbst keine Möglichkeit, der Produktion die Richtung zu weisen. Das gilt in gleicher Weise vom Unternehmer wie vom Arbeiter; beide müssen in letzter Linie die Wünsche der Konsumenten befolgen. Das könnte auch gar nicht anders sein. In der Produktion können nur entweder die Konsumenten oder die Produzenten den Ton angeben. Daß es jene tun, ist nur selbstverständlich. Denn nicht um der Produktion willen wird produziert, sondern für den Konsum. Als Produzent ist der Volksgenosse in der arbeitteilenden Wirtschaft selbst Beauftragter der Gesamtheit und hat als solcher zu gehorchen. Anzuschaffen hat er nur als Konsument.

Dem Unternehmer kommt dabei keine andere Stellung zu als die eines Leiters der Produktion. Daß er dem Arbeiter gegenüber Macht ausübt, ist klar. Aber diese Macht kann er nicht nach Willkür ausüben. Er muß sie so gebrauchen, wie es die Erfordernisse einer den Wünschen der Konsumenten entsprechenden Produktion verlangen. Dem einzelnen Lohnempfänger, dessen Blick nicht über den engen Horizont seiner täglichen Arbeit hinausgeht, mag es als Willkür und Laune erscheinen, was der Unternehmer in seinem Betriebe verfügt. Aus der Froschperspektive

---

[1]) „The market is a democracy where every penny gives a right of vote." (Fetter, a. a. O., S. 394, 410.) — Vgl. ferner Schumpeter, Theorie der wirtschaftlichen Entwicklung, Leipzig 1912, S. 32f. — Es ist nichts verkehrter als ein Ausspruch wie der: „Wer wird beim Bau eines Großstadthauses weniger gefragt als seine künftigen Mieter?" (Lenz, Macht und Wirtschaft, München 1915, S. 92.) Jeder Bauherr sucht so zu bauen, daß er den Wünschen der künftigen Mieter am besten entspricht, um die Wohnungen so schnell und so teuer als möglich vermieten zu können. — Vgl. ferner die treffenden Ausführungen von Withers, The Case for Capitalism, London 1920, S. 41ff.

lassen sich die großen Umrisse und der Plan des ganzen Werkes nicht erkennen. Besonders dann, wenn die Verfügungen des Unternehmers die nächsten Interessen des Arbeiters verletzen, mögen sie ihm als unbegründet und willkürlich erscheinen. Daß der Unternehmer unter der Herrschaft eines strengen Gesetzes arbeitet, vermag er nicht zu erkennen. Wohl steht es dem Unternehmer jederzeit frei, seiner Laune die Zügel schießen zu lassen. Er kann willkürlich Arbeiter entlassen, hartnäckig veraltete Arbeitsprozesse beibehalten, bewußt unzweckmäßige Arbeitsmethoden wählen und sich in den Geschäften von Beweggründen leiten lassen, die nicht den Wünschen der Verbraucher entsprechen. Aber wenn er dies tut und soweit er dies tut, muß er büßen, und wenn er nicht rechtzeitig Einkehr hält, wird er durch den Verlust seines Besitzes in eine Stellung im Wirtschaftsleben gedrängt, in der er nicht mehr in der Lage ist, zu schaden. Eine besondere Kontrolle seines Verhaltens einzuführen, ist nicht erst notwendig. Der Markt übt sie schärfer und genauer, als es irgendeine Überwachung durch die Regierung oder andere Organe der Gesellschaft machen könnte[1]).

Jeder Versuch, diese Herrschaft der Konsumenten durch die der Produzenten zu ersetzen, ist an sich widersinnig. Er würde dem Zweck der Produktion zuwiderlaufen. Wir haben einen — den für die modernen Verhältnisse wichtigsten — Fall dieser Art schon näher behandelt: den der syndikalistischen Wirtschaftsverfassung. Was von ihr gilt, gilt von jeder Produzentenpolitik. Alle Wirtschaft muß Konsumentenwirtschaft sein. Man erkennt den Widersinn aller Bestrebungen, durch die Schaffung syndikalistischer Einrichtungen „wirtschaftliche Demokratie" zu schaffen am besten, wenn man sie sich auf das politische Gebiet zurückübertragen denkt. Wäre es Demokratie, wenn etwa die Richter darüber zu entscheiden hätten, welche Gesetze gelten sollen und in welcher Weise Recht gesprochen werden soll? Oder wenn die Soldaten darüber zu entscheiden hätten, wem sie ihre Waffen zur Verfügung zu stellen und wie sie die Macht, die ihnen übertragen ist, zu gebrauchen haben? Nein, Richter und Soldaten haben in dieser ihrer Eigenschaft zu gehorchen, wenn der Staat nicht zu einer Richter- oder Soldatendespotie werden soll. Man kann das Wesen der Demokratie nicht ärger verkennen als es das Schlagwort von der „industriellen Selbstverwaltung" tut.

Auch im sozialistischen Gemeinwesen haben nicht die Arbeiter der einzelnen Produktionszweige über das, was in ihrem Teilgebiet der Wirt-

---

[1]) Das verkennt man vollständig, wenn man, wie das Ehepaar Webb (a. a. O., S. XII) sagt, die Arbeiter hätten den Befehlen „of irresponsible masters intent on their own pleasure or their own gain" zu gehorchen.

schaft zu geschehen hat, zu entscheiden, sondern die einheitliche Oberleitung aller gesellschaftlichen Handlungen. Wäre dem nicht so, dann hätten wir nicht Sozialismus, sondern Syndikalismus vor uns. Zwischen Sozialismus und Syndikalismus gibt es aber keine Vermittlung.

§ 2. Man pflegt mitunter die Behauptung zu vertreten, daß die Unternehmer in Wahrung ihrer Sonderinteressen die Produktion in eine Richtung drängen, die den Interessen der Verbraucher entgegen steht. Die Unternehmer machen sich kein Gewissen daraus, ,,Bedürfnisse im Publikum hervorzurufen oder zu steigern, deren Befriedigung zwar den niederen Wert des sinnlich Angenehmen realisiert, aber der Verwirklichung des Vitalwertes ‚Gesundheit‘ oder geistiger Werte abträglich ist". So werde die Bekämpfung des Alkoholismus erschwert durch die Widerstände, die ,,das Alkoholkapital der Bekämpfung des unsere Volksgesundheit und -sittlichkeit schwer schädigenden Alkoholismus entgegensetzt". Die Sitte des Rauchens wäre nicht ,,so verbreitet und in steter Ausbreitung auch unter der Jugend begriffen, wenn nicht wirtschaftliche Interessen dabei eine Rolle spielten". Es werden ,,Luxusartikel, Tand und Flitter aller Art, Schund- und Schmutzliteratur" heute ,,dem Publikum aufgedrängt, weil die Produzenten ihren Profit dabei machen oder ihn erhoffen"[1]. Allgemein bekannt ist es, daß man die großen militärischen Rüstungen der Mächte und damit mittelbar den Krieg auf Umtriebe des ,,Rüstungskapitals" zurückführt.

Unternehmer und Kapitalisten, die Neuanlage von Kapital planen, wenden sich jenen Produktionszweigen zu, in denen sie die höchste Rentabilität zu erzielen hoffen. Sie suchen die künftigen Bedürfnisse der Verbraucher zu ergründen, um sich einen Überblick über Bedarf und Bedarfsdeckung zu verschaffen. Da der Kapitalismus immer neuen Reichtum für alle schafft und die Bedürfnisbefriedigung immer wieder verbessert, wird den Verbrauchern immer wieder die Möglichkeit geboten, Bedürfnisse zu befriedigen, die früher unbefriedigt bleiben mußten. So wird es zu einer besonderen Aufgabe der kapitalistischen Unternehmer, herauszufinden, welche bisher unbefriedigten Wünsche nun erfüllt werden könnten. Das ist es, was man im Auge hat, wenn man davon spricht, daß der Kapitalismus latente Bedürfnisse weckt, um sie zu befriedigen.

Welcher Art die Dinge sind, die sich der Verbraucher wünscht, kümmert dabei Unternehmer und Kapitalisten nicht. Sie sind nur die gehorsamen Diener des Verbrauchers und vollstrecken ohne Wider-

---

[1] Vgl. Messer, Ethik, Leipzig 1918, S. 111 f.; ferner Natorp, Sozialidealismus, Berlin 1920, S. 13.

rede seine Befehle. Es ist nicht ihres Amtes, dem Verbraucher vorzuschreiben, was er genießen soll. Sie liefern ihm, wenn er es wünscht, Gift und Mordwaffen. Nichts ist verfehlter als zu glauben, daß man mit schlechten oder schädlichem Gebrauch dienenden Erzeugnissen mehr verdienen könnte als mit guten und edlem Gebrauch dienenden. Man verdient mit dem am meisten, was der dringendsten Nachfrage entspricht; wer verdienen will, wendet sich mithin der Erzeugung jener Waren zu, bei denen zwischen Angebot und Nachfrage das stärkste Mißverhältnis besteht. Wer freilich schon Kapital investiert hat, hat ein Interesse daran, daß die Nachfrage nach den Erzeugnissen seiner Betriebe steigt. Er sucht den Absatz auszudehnen. Doch er kann auf die Dauer gegen die Änderung der Bedürfnisse der Verbraucher nicht aufkommen. Ebensowenig hat er auf die Dauer einen Vorteil davon, daß der Bedarf nach seinen Erzeugnissen wächst; neue Unternehmungen, die sich dann seinem Gewerbezweig zuwenden würden, müssen seinen Gewinn bald auf den Durchschnittssatz ermäßigen.

Die Menschen trinken nicht Alkohol, weil es Bierbrauereien, Schnapsbrennereien und Weinbau gibt; man braut Bier, brennt Schnaps und baut Wein, weil die Menschen geistige Getränke verlangen. Das „Alkoholkapital" hat weder die Trinksitten noch die Trinklieder geschaffen. Die Kapitalisten, die Aktien von Brauereien und Brennereien besitzen, hätten lieber Aktien von Verlagsbuchhandlungen erworben, die Erbauungsbücher vertreiben, wenn die Nachfrage nach geistlichen Büchern stärker wäre als die nach geistigen Getränken. Nicht das „Rüstungskapital" hat den Krieg erzeugt, sondern die Kriege das „Rüstungskapital". Nicht Krupp und Schneider haben die Völker verhetzt, sondern die imperialistischen Schriftsteller und Politiker.

Wer es für schädlich hält, Alkohol und Nikotin zu genießen, der lasse es bleiben. Wenn er will, mag er auch trachten, seine Mitmenschen zu seiner Anschauung und Enthaltsamkeit zu bringen. Seine Mitmenschen gegen ihren Willen zum Verzicht auf Alkohol und Nikotin zu zwingen, vermag er in der kapitalistischen Gesellschaftsordnung, deren tiefster Grundzug Selbstbestimmung und Selbstverantwortung eines jeden Einzelnen ist, freilich nicht. Wer es bedauert, daß er andere nicht nach seinen Wünschen lenken kann, der bedenke, daß andererseits auch er selbst davor gesichert wird, den Befehlen anderer Folge leisten zu müssen.

Es gibt Sozialisten, die der kapitalistischen Gesellschaftsordnung vor allem die Mannigfaltigkeit der Erzeugnisse zum Vorwurf machen. Statt sich auf die Herstellung von gleichartigen Waren, die dann in größtem Maßstab betrieben werden könnte, zu beschränken, erzeuge man hunderte und tausende Typen, wodurch die Produktion verteuert werde. Der Sozialismus werde den Genossen nur gleichartige Waren zur Verfügung stellen, er werde die Erzeugung vereinheitlichen und so die Produktivität der Volkswirtschaft heben. Er werde zugleich auch die Einzelhaushalte der Familien auflösen und an ihre Stelle durch Gemeinschaftsküchen und gasthofähnliche Wohnhäuser für die Genossen vorsorgen; auch dies werde, indem es die Verschwendung von Arbeitskraft in kleinen, nur wenigen Verbrauchern dienenden Küchen und in kleinen Wohnungen beseitige, den gesellschaftlichen Reichtum mehren. Das sind Gedanken, die in vielen sozialistischen Schriften bis ins einzelne ausgeführt werden; sie haben vor allem im Sozialismus Walter Rathenaus einen großen Raum eingenommen[1]).

Die kapitalistische Produktion stellt jeden Käufer vor die Entscheidung, ob er es vorzieht, die billigeren Erzeugnisse vereinheitlichter Massenerzeugung zu verwenden oder die teureren, die für den Geschmack Einzelner oder kleiner Gruppen besonders gearbeitet werden. Unverkennbar herrscht in ihr ein Streben nach fortschreitender Vereinheitlichung der Produktion und des Konsums durch Typisierung und Normalisierung vor. Überall dort, wo es sich um Waren handelt, die im Produktionsprozesse selbst zur Verwendung gelangen, bürgert sich die Normalware von Tag zu Tag mehr ein. Der rechnende Unternehmer findet es bald heraus, daß es vorteilhafter ist, die allgemein eingeführte Type zu verwenden, bei der Anschaffung, Ersatz von schadhaft gewordenen Teilen und Anpassung an die übrigen Betriebs- und Produktionseinrichtungen billiger sind als bei nach besonderer Art hergestellten Gegenständen. Dem Zuge zur Vereinheitlichung der im Produktionsprozeß verwendeten Gerätschaften stellt sich heute vor allem der Umstand entgegen, daß zahlreiche Betriebe mittelbar oder selbst unmittelbar vergesellschaftet sind, so daß in ihnen nicht rationell gearbeitet und mithin auf die Vorteile, die aus der Verwendung von Normaltypen erwachsen, kein Gewicht gelegt wird. Die Heeresverwaltungen, die Stadtbauämter, die Staatsbahndirektionen und ähnliche Behörden wehren sich in bürokratischer Starrköpfigkeit gegen die Übernahme der allgemein gebräuchlichen Typen. Um die Produktion von Maschinen, Gegenständen der Betriebseinrichtung und Halbfabrikaten zu vereinheitlichen, bedarf es nicht des Übergangs zu sozialistischer Produktion. Im Gegenteil! Der Kapitalismus führt am raschesten von selbst dahin.

---

[1]) Vgl. Rathenau, Die neue Wirtschaft, Berlin 1918, S. 41ff.; dazu die kritischen Ausführungen von Wiese, Freie Wirtschaft, Leipzig 1918.

Anders liegt es bei den Gebrauchs- und Verbrauchsgütern. Wenn jemand glaubt, daß die Befriedigung der Sonderwünsche seines persönlichen Geschmacks die Mehrkosten, die für ihn daraus gegenüber der Befriedigung durch die uniformen Erzeugnisse der Massenproduktion erwachsen, aufwiegt, dann kann man ihm nicht objektiv beweisen, daß er im Unrecht ist. Wenn mein Freund es vorzieht, sich so zu kleiden, so zu wohnen und so zu essen, wie es ihm gefällt, und nicht das zu machen, was jedermann tut, dann kann man ihn darum nicht tadeln. Denn seine Glückseligkeit liegt in der Befriedigung seiner Wünsche; er will so leben, wie es ihm gefällt, und nicht so, wie ich oder andere es tun würden, wenn sie an seiner Stelle wären. Seine Wertung entscheidet, nicht meine oder die „jedermanns". Ich kann ihm unter Umständen zeigen, daß die Urteile, die für die Bildung seiner Wertskala die Grundlage abgegeben haben, falsch sind, wenn ich ihn etwa darüber belehre, daß die Speisen, die er vorzieht, geringeren Nährwert haben, als er angenommen hat. Doch wenn er seine Wertung nicht auf unhaltbaren Anschauungen über ein Verhältnis von Ursache und Wirkung aufgebaut hat, sondern auf subjektiven Gefühlen und Empfindungen, dann können ihn meine Ausführungen nicht umstimmen. Wenn er trotz der gepriesenen Vorzüge des Gasthoflebens und der Gemeinschaftsküche die gesonderte Lebens- und Wirtschaftshaltung vorzieht, weil die Stimmungsmomente, die in den Worten „eigenes Heim" und „eigener Herd" zum Ausdruck kommen, für ihn mehr Gewicht haben als die zugunsten des einheitlichen Betriebes angeführten Umstände, dann kann man dagegen nicht aufkommen. Wenn er seine Wohnung nach seinem persönlichen Geschmack einrichten will und nicht nach dem der Masse, auf die der Möbelfabrikant Rücksicht nimmt, so kann man ihn mit Gründen nicht widerlegen. Wenn er in Kenntnis der Wirkungen des Alkoholgenusses nicht enthaltsam werden will, weil er die Freuden des Bacchus selbst mit den Nachteilen, die mit dem Trinken verbunden sind, zu erkaufen bereit ist, kann ich ihn wohl vom Standpunkte meiner Wertung der Genüsse unklug schelten. Doch über seine Befriedigung entscheiden sein Wille und seine Wertung. Wenn ich als Einzeldespot oder als Glied einer despotisch herrschenden Mehrheit den Alkoholgenuß verbiete, dann erhöhe ich damit nicht die Produktivität der gesellschaftlichen Produktion. Die, die den Alkohol verdammen, hätten ihn auch ohne Verbot gemieden. Für alle anderen aber bedeutet die Entziehung eines Genusses, den sie höher schätzen als das, was sie sich bei Verzicht darauf verschaffen können, Verschlechterung der Versorgung.

Die Gegenüberstellung von Produktivität und Rentabilität, deren Unwert für die Erkenntnis dessen, was in der gegebenen Zielen zustrebenden Produktion vor sich geht, sich aus den schon oben gegebenen Ausführungen erweist[1]), führt, wenn man sie auf die Ziele wirtschaftlichen Handelns anwenden will, zu falschen Ergebnissen. Wenn es sich um die Mittel und Wege handelt, die zu einem gegebenen Ziele hinführen, dann kann man den einen oder den anderen Vorgang als zweckmäßiger, d. h. höheren Ertrag liefernd, bezeichnen. Doch wenn es sich darum handelt, ob dieses oder jenes Mittel größeren unmittelbaren Wohlfahrtsgewinn für das Individuum ergibt, dann fehlt es an objektiven Maßstäben. Dann entscheidet allein das subjektive Wollen der Menschen. Ob jemand lieber Wasser, Milch oder Wein trinken will, ist nicht von den physiologischen Wirkungen dieser Getränke abhängig, sondern von der Einschätzung, die diese Wirkungen durch ihn erfahren. Wenn jemand Wein trinkt und nicht Wasser, so kann ich das nicht als schlechthin unrationell bezeichnen. Ich kann höchstens sagen: ich täte es an seiner Stelle nicht. Wie er glücklich werden will, ist aber seine Sache, nicht meine.

Wenn das sozialistische Gemeinwesen den Genossen nicht die Güter zuführt, die sie selbst genießen wollen, sondern die, welche die Machthaber für sie zuträglich erachten, so wird die Summe von Befriedigung nicht erhöht, sondern gemindert. Wirtschaftliche Demokratie könnte man die Vergewaltigung des Einzelwillens gewiß nicht nennen.

Darin liegt eben ein wesentlicher Unterschied zwischen kapitalistischer und sozialistischer Produktion, daß in jener die Menschen sich versorgen, während sie in dieser versorgt werden. Der Sozialist will die Menschen füttern und behausen und ihre Blöße bedecken. Die Menschen aber wollen essen, wohnen, sich kleiden und noch manches mehr. Und jeder will nach seiner Façon selig werden.

§ 3. Für einen nicht kleinen Teil unserer Zeitgenossen entscheidet heute zugunsten des Sozialismus die Tatsache, daß er die herrschende Meinung ist. „Die große Mehrheit will den Sozialismus; die Massen wollen die kapitalistische Gesellschaftsordnung nicht länger ertragen und darum muß sozialisiert werden." So hört man immer wieder sagen. Doch das ist kein Argument, das die, die den Sozialismus verwerfen, überzeugen könnte. Gewiß, wenn die Mehrheit ihn will, wird man ihn durchführen. Niemand hat es besser als die liberalen Theoretiker ausgeführt, daß es gegen die öffentliche Meinung keinen Widerstand gibt, und daß die Mehrheit auch dann entscheidet, wenn sie irrt. Hat die Mehrheit gefehlt, so kann sich auch die Minderheit nicht darüber beklagen, daß sie nun mit den anderen die Folgen zu tragen hat. Auch sie ist mitschuldig, weil sie es nicht vermocht hat, die Mehrheit eines Besseren zu belehren.

---

[1]) Vgl. oben S. 119 u. 361f.

Doch für die Erörterung dessen, was sein soll, hätte das Argument, daß die große Masse heute ungestüm den Sozialismus fordert, nur dann ein Gewicht, wenn man den Sozialismus um seiner selbst willen als letztes Ziel anstreben würde. Das aber ist nun keineswegs der Fall. Wie alle Gesellschaftsorganisation ist der Sozialismus nur Mittel und nicht Selbstzweck, nicht letztes Ziel. Die den Sozialismus wollen, wollen genau so wie jene, die ihn ablehnen, Wohlstand und Glück; und nur weil sie glauben, daß der Sozialismus der beste Weg zu diesem Ziele ist, sind sie Sozialisten. Sie würden Liberale werden, wenn sie die Überzeugung erhalten würden, daß die liberale Gesellschaftsordnung besser als die sozialistische geeignet sei, das zu erfüllen, was sie wünschen. Und darum ist die Behauptung, man müsse sich dem Sozialismus anschließen, weil er von der Masse verlangt wird, das schlechteste Argument, das einem Gegner des Sozialismus entgegengehalten werden kann. Der Wille der Menge gilt als oberstes Gesetz für die Beauftragten des Volkes, die seine Befehle gehorsam zu vollstrecken haben. Wer die Geister führen will, darf sich ihm nicht beugen. Bahnbrecher ist nur der, der seine Meinung auch ausspricht und durch Überredung der Mitbürger durchzusetzen versucht, wenn sie von der herrschenden Meinung abweicht. Es ist nichts weniger als die Abdankung des Geistes, was hier von den wenigen, die den Sozialismus heute mit Argumenten zu bekämpfen suchen, verlangt wird. Und es ist überhaupt schon eine Folge der Sozialisierung des Geisteslebens, daß ein solches Argument vorgebracht werden konnte. Auch in den dunkelsten Zeiten der Geschichte ist ein ähnliches Argument nicht vorgebracht worden. Nie hat man jenen, die gegen die Vorurteile der großen Menge aufgetreten sind, entgegengehalten, ihre Behauptungen wären schon deshalb falsch, weil sie von der Mehrheit nicht geteilt würden.

Wenn der Sozialismus undurchführbar ist, dann wird er auch dadurch, daß alle ihn wollen, nicht durchführbar.

VI.

Kapitalistische Ethik.

§ 1. In den Ausführungen des ethischen Sozialismus tritt immer wieder die Behauptung auf, der Sozialismus setze sittliche Läuterung der Menschen voraus. Solange es nicht gelinge, die Massen sittlich zu heben, wäre es nicht möglich, die sozialistische Gesellschaftsordnung aus dem Reich der Ideen in die Wirklichkeit zu übertragen. Die Schwierigkeiten, die der Durchführung des Sozialismus entgegenstehen, seien ausschließlich oder vorwiegend in der Unzulänglichkeit des sittlichen Charakters der Menschen zu suchen. Es gibt Schriftsteller, die daran zweifeln, ob dieses Hindernis jemals überwunden werden wird; andere beschränken sich darauf, den Sozialismus als für die Gegenwart oder für die nächste Zukunft undurchführbar zu bezeichnen.

Wir haben zeigen können, wo die Ursache der Undurchführbarkeit sozialistischer Wirtschaftsführung zu suchen ist. Nicht weil die Menschen moralisch zu niedrig stehen, sondern weil die Aufgaben, die eine sozialistische Gesellschaftsordnung ihrer Vernunft stellen müßte, vom menschlichen Geist nicht gelöst werden können, kann es keinen Sozialismus geben. Die Unverwirklichbarkeit des Sozialismus ist nicht in der sittlichen, sondern in der intellektuellen Sphäre begründet. Weil eine sozialistische Gesellschaft nicht rechnen könnte, kann es keine Gemeinwirtschaft geben. Auch Engel könnten, wenn sie nur mit menschlicher Vernunft begabt wären, kein sozialistisches Gemeinwesen bilden.

Könnte die Gemeinwirtschaft rechnen, dann könnte sie verwirklicht werden, ohne daß sich am sittlichen Charakter der Menschen etwas ändern müßte. In einer sozialistischen Gesellschaft müßten andere ethische Normen gelten als in einer auf dem Sondereigentum an den Produktionsmitteln beruhenden; die vorläufigen Opfer, die die Gesellschaft vom Individuum dort zu fordern hätte, würden nicht dieselben sein, die eine kapitalistische Gesellschaft fordern muß. Doch es wäre nicht schwerer, die Beobachtung der Regeln sozialistischer Moral durchzusetzen als die der Regeln kapitalistischer Moral, wenn die Möglichkeit gegeben wäre, die Vorgänge innerhalb der sozialistischen Gesellschaft rechnend zu überprüfen. Wenn eine sozialistische Gesellschaft den Ertrag der Arbeit eines jeden einzelnen Genossen gesondert ermitteln könnte, wäre es möglich, seinen Anteil am Sozialprodukt zu errechnen und ihn nach Maßgabe seines produktiven Beitrags zu entlohnen. Dann hätte eine sozialistische Gesellschaftsordnung nicht zu fürchten, daß der Genosse seine Kräfte nicht genug eifrig in ihren Dienst stellt, weil er keinen Anreiz hat, das Arbeitsleid zu überwinden. Nur weil diese Voraussetzung nicht zutrifft, muß der Sozialismus dazu gelangen, sich für seine Utopie einen Menschen zu konstruieren, der von dem Menschen, der auf Erden wandelt, durchaus verschieden ist, muß er Menschen verlangen, denen die Arbeit nicht Mühe und Qual ist, sondern Freude und Fest. Die Unmöglichkeit sozialistischer Wirtschaftsrechnung zwingt den sozialistischen Utopisten dazu, an den Menschen Anforderungen zu stellen, die der Natur schnurstracks zuwiderlaufen. Die Unzulänglichkeit des Menschen, an der man den

Sozialismus scheitern sieht, ist nur vermeintlich sittlichen Ursprungs; genauer betrachtet enthüllt sie ihren intellektuellen Charakter.

§ 2. Vernünftig handeln bedeutet: das Minderwichtige dem Wichtigeren opfern. Man bringt vorläufige Opfer, wenn man Kleineres hingibt, um Größeres zu erhalten. Man verzichtet auf den Genuß des Weines, um die physiologischen Wirkungen des Alkoholgenusses zu meiden. Man nimmt Arbeitsleid auf sich, um nicht zu hungern.

Die vorläufigen Opfer, die im Interesse der Aufrechterhaltung des Hauptmittels menschlicher Bedürfnisbefriedigung und somit menschlichen Lebens überhaupt, nämlich der Gesellschaft, gebracht werden, nennen wir sittliches Handeln. Alle Ethik ist Sozialethik. (Wenn man auch das nur im Hinblick auf das eigene Wohl gesetzte rationale Handeln als ethisch bezeichnen und von Individualethik und Pflichten gegen sich selbst sprechen will, so ist das eine Ansicht, über die man nicht streiten kann; diese Ausdrucksweise läßt vielleicht die grundsätzliche Gleichartigkeit der Individualhygiene und der Gesellschaftsethik besser hervortreten als unsere.) Sittlich handeln heißt Minderwichtiges dem Wichtigeren opfern, indem man gesellschaftliches Zusammenleben ermöglicht.

Der Grundfehler zahlreicher nichtutilitaristischer Systeme der Ethik liegt in der Verkennung des Wesens des vorläufigen Opfers, das die Moral verlangt. Da sie den Zweck des Opferns und Verzichtens nicht sehen, gelangen sie zu der absurden Annahme, daß Opfern und Verzichten an sich sittlich wertvoll seien. Selbstlosigkeit und Aufopferung und die Liebe und das Mitleid, die zu ihnen führen, werden zu absoluten moralischen Werten erhoben. Das Leid, das mit dem Opfer zunächst verbunden ist, erscheint als das Sittliche, weil es schmerzt; und dann ist es nicht mehr weit zur Behauptung, daß alles Handeln, das dem Handelnden Schmerz bereitet, auch sittlich sei.

Aus dieser Verkehrung der Begriffe erklärt es sich, wie man darauf verfallen konnte, Gesinnungen und Handlungen, die gesellschaftlich neutral oder gar schädlich sind, als sittlich zu bezeichnen. Dabei mußte man naturgemäß immer wieder auf Schleichwegen utilitaristische Gedanken aufnehmen. Wenn man das Mitleid des Arztes, der sich scheut, einen lebensrettenden Eingriff vorzunehmen, um dem Kranken die damit verbundenen Schmerzen zu ersparen, nicht loben will und darum zwischen wahrem und falschem Mitleid unterscheidet, dann führt man die Zweckbetrachtung, die man vermeiden wollte, wieder ein. Wenn man selbstloses Handeln preist, läßt sich die Zweckbeziehung auf die Wohlfahrt von Menschen überhaupt nicht ausschließen. So entsteht ein Utilitarismus mit negativem Vorzeichen: als sittlich soll gelten, was nicht dem Handelnden, sondern anderen frommt. Man stellt ein ethisches Ideal auf, das sich in die Welt, in der wir leben, nicht einfügen läßt. Darum geht der Moralist, nachdem er den Stab über die auf dem „Eigennutz" aufgebaute Gesellschaft gebrochen hat, darauf aus, eine neue Gesellschaft zu konstruieren, in der die Menschen so sein sollen, wie sein Ideal sie haben will. Diese Philosophen begannen damit, die Welt und ihre Gesetze zu verkennen; nun wollen sie eine Welt schaffen, die ihren falschen Theorien entspricht, und nennen dies Aufstellung eines sittlichen Ideals.

Der Mensch ist darum noch nicht schlecht, weil er Lust empfinden und Leid meiden, also leben will. Entsagen, Verzichten, Sichaufopfern sind nicht an und für sich gut. Es ist Willkür, wenn man die Ethik, die das Zusammenleben in der kapitalistischen Gesellschaftsordnung fordert, verdammt und für das sittliche Handeln Normen aufstellt, die — wie man glaubt — in einer sozialistischen Gesellschaftsordnung gelten könnten.

V. Teil.

Der Destruktionismus.

I.

Die Triebkräfte des Destruktionismus.

§ 1. Dem sozialistischen Denken stellt sich die Überführung der Gesellschaftsverfassung in den Sozialismus als ein Übergang von irrationeller zu rationeller Wirtschaft dar. Die Anarchie der Produktion wird durch planmäßige Leitung der gesamten Wirtschaft abgelöst; die Gesellschaft, die man sich als Fleischwerdung der Vernunft denkt, tritt an die Stelle, die bisher von den unvernünftigen und nur auf den eigenen, dem allgemeinen entgegenstehenden Vorteil bedachten Individuen eingenommen wurde. Die ungerechte Verteilung der Güter macht einer gerechten Platz. Not und Elend verschwinden, Wohlstand für alle erblüht. Vor uns liegt ein seliges Paradies, und die Erkenntnis der Gesetze der geschichtlichen Entwicklung gibt uns die Gewißheit, daß wir oder doch unsere Nachfahren dorthin gelangen müssen. Denn alle Wege der Geschichte führen in jenes gelobte Land, und alles Geschehen der Vergangenheit war nur Vorstufe zum Heil, das dort verheißen ist.

So sehen unsere Zeitgenossen den Sozialismus und glauben an ihn. Man ist im Irrtum, wenn man meint, daß die Herrschaft der sozialistischen Ideologie auf die Anhänger derjenigen Parteien beschränkt ist, die sich selbst als sozialistische oder — was in den meisten Fällen dasselbe heißen soll — als soziale bezeichnen. Auch alle anderen politischen Parteien der Gegenwart sind von den leitenden Ideen des Sozialismus durchtränkt. Und selbst die wenigen entschiedenen Gegner des Sozialismus stehen im Banne seiner Gedankenwelt. Auch sie sind überzeugt davon, daß die sozialistische Wirtschaftsweise rationeller sei als die kapitalistische, daß sie eine gerechtere Verteilung der Einkommen verbürge und daß die geschichtliche Entwicklung mit Notwendigkeit zu ihr hintreibe. Wenn sie sich gegen den Sozialismus wenden, so tun sie es im Bewußtsein dessen, daß sie in Verteidigung von Sonderinteressen eine vom allgemeinen Standpunkte richtige und ethisch allein zu billigende Entwicklung bekämpfen, und sind innerlich von der Aussichtslosigkeit ihres Widerstandes überzeugt.

Und doch ist die Ideologie des Sozialismus nichts anderes als die großartige Rationalisierung kleinlichen Ressentiments. Keine seiner Theorien kann vor der Kritik der Wissenschaft bestehen, alle seine Deduktionen sind hohl und nichtssagend. Seine Auffassung der kapitalistischen Wirtschaftsweise ist schon längst als durchaus unhaltbar erkannt worden; sein Entwurf einer künftigen Gesellschaftsordnung erweist sich als innerlich widerspruchsvoll und darum undurchführbar. Der Sozialismus würde nicht nur die Wirtschaft nicht rationeller machen, er würde alles Wirtschaften überhaupt aufheben. Daß er Gerechtigkeit bringen könnte, ist nichts als eine willkürliche Behauptung, deren Herkunft aus dem Ressentiment und aus falscher Deutung der Vorgänge innerhalb der kapitalistischen Wirtschaft gezeigt werden konnte. Und daß die Geschichte uns keinen anderen Weg gelassen hätte als den zum Sozialismus, erweist sich als eine Weissagung, die sich von den chiliastischen Träumen altchristlicher Sektierer nur durch den Anspruch unterscheidet, den sie auf die Bezeichnung „Wissenschaft" erhebt.

Der Sozialismus ist in Wahrheit nicht das, was er zu sein vorgibt. Er ist nicht Wegbereiter einer besseren und schöneren Zukunft, sondern Zertrümmerer dessen, was Jahrtausende der Kultur mühsam geschaffen haben. Er baut nicht auf, er reißt nieder. Nach dem Erfolg seines Wirkens müßte man ihm den Namen Destruktionismus geben. Denn sein Wesen ist die Zerstörung. Er bringt nichts hervor, er zehrt nur auf, was die auf dem Sondereigentum an den Produktionsmitteln beruhende Gesellschaftsordnung geschaffen hat. Da es sozialistische Gesellschaftsordnung nicht geben kann, es wäre denn als ein Stück Sozialismus inmitten einer im übrigen auf dem Sondereigentum beruhenden Wirtschaftsverfassung, muß jeder Schritt, der zum Sozialismus hinführen soll, sich in Zerstörung des Bestehenden erschöpfen.

Die destruktionistische Politik ist Aufzehrung von Kapital. Das sehen freilich nur wenige. Kapitalaufzehrung kann zwar rechnerisch festgestellt und vom geistigen Auge erfaßt werden, doch sie tritt nicht sinnfällig jedermann entgegen. Um eine Politik, die den Verbrauch der Massen auf Kosten des vorhandenen Kapitalreichtums hebt und damit die Zukunft der Gegenwart opfert, zu durchschauen und in ihrem Wesen zu erkennen, bedarf es tieferer Einsicht als den Staatsmännern und Politikern und den Massen, die sie auf den Schild erhoben haben, in der

Regel gegeben ist. Solange die Mauern der Fabriksgebäude noch stehen, die Maschinen noch gehen, die Eisenbahnzüge noch über die Schienen rollen, glaubt man, daß alles in Ordnung sei. Die wachsenden Schwierigkeiten, den gehobenen Lebensstandard zu erhalten, schiebt man anderen Ursachen zu, nur nicht dem Umstand, daß man eine Politik der Kapitalaufzehrung treibt.

Im Problem der Kapitalaufzehrung begegnet uns in der destruktionistischen Gesellschaft bereits eines der Kernprobleme sozialistischer Wirtschaftspolitik. Auch im sozialistischen Gemeinwesen wäre die Gefahr der Kapitalaufzehrung außerordentlich groß, weil auch dort der Demagoge durch nichts leichter Erfolg erzielen könnte als durch Erhöhung der dem Verbrauch zugeführten Quote auf Kosten der weiteren Kapitalbildung und der Erhaltung des schon bestehenden Kapitals.

Im Wesen der kapitalistischen Gesellschaftsordnung liegt es, daß Kapital stets neu gebildet wird. Je größer der Kapitalfonds wird, desto höher steigt die Grenzproduktivität der Arbeit, desto höher wird daher absolut und relativ der Arbeitslohn. Die fortschreitende Kapitalbildung ist der einzige Weg, um jene Gütermenge zu mehren, die die Gesellschaft jährlich ohne Schmälerung der künftigen Produktionserträge verbrauchen kann, und zugleich der einzige Weg, um den Verbrauch des Arbeiters dauernd und ohne Schaden für die kommenden Arbeitergeschlechter zu erhöhen. Darum hat der Liberalismus als das einzige Mittel zur dauernden Hebung der Lage der breiten Schichten das Fortschreiten der Kapitalbildung bezeichnet. Der Weg, den Sozialismus und Destruktionismus gehen wollen, ist ein anderer: sie wollen Kapital aufzehren, um die Gegenwart reich zu machen auf Kosten der Zukunft. Die Politik des Liberalismus gleicht dem Vorgehen des sorgsamen Hausvaters, der für sich und seine Nachkommen sammelt und baut. Die Politik des Destruktionismus gleicht dem Vorgehen eines Verschwenders, der unbekümmert um das Morgen das Ererbte verjubelt.

§ 2. Marxistische Beurteiler erblicken die geschichtliche Leistung von Karl Marx in der Erweckung des Proletariats zum Bewußtsein seiner Klassenlage. Indem er die Verbindung zwischen den sozialistischen Ideen, die in den Schriften der Utopisten und in den engen Zirkeln ihrer Schüler ein tatfernes Dasein geführt hatten, und der bis dahin nur kleinbürgerlich gerichteten revolutionären Arbeiterbewegung herstellte, habe er die Grundlagen für die proletarische Bewegung geschaffen, die nicht anders mehr verschwinden könne als nach Erfüllung ihrer geschichtlichen Sendung, der Aufrichtung der sozialistischen Gesellschaftsordnung. Marx habe die Bewegungsgesetze der kapitalistischen Gesellschaft entdeckt und die Ziele der modernen sozialen Bewegung als naturnotwendige Konsequenzen aus der bisherigen geschichtlichen Entwicklung abgeleitet. Er habe gezeigt, daß das Proletariat sich selbst als Klasse nur befreien könne, indem es den Klassengegensatz selbst aufhebt und damit die Voraussetzungen für eine Gesellschaft schafft, in der „die freie Entwicklung eines jeden die Bedingung für die freie Entwicklung aller ist".

Der unbefangene Beobachter sieht das Werk von Karl Marx mit anderen Augen als die verzückten Schwärmer, die in Marx eine der Heldengestalten der Weltgeschichte bewundern und ihn unter die großen Nationalökonomen und Soziologen, ja selbst unter die hervorragenden Philosophen reihen. Als Nationalökonom war Marx ein durchaus unorigineller Nachfahre der klassischen Nationalökonomie, dem die Fähigkeit mangelte, das nationalökonomisch Wesentliche an den Problemen politisch unbefangen zu betrachten, und der alle Zusammenhänge durch die Brille des Agitators sah, dem die Wirkung auf die Volksmasse stets das Wichtigste bleibt; auch hierin war er übrigens nicht selbständig, denn die englischen sozialistischen Verteidiger des Rechtes auf den vollen Arbeitsertrag, die mit ihren Flugschriften im dritten und vierten Jahrzehnt des neunzehnten Jahrhunderts dem Chartismus den Weg bereiteten, hatten alles Wesentliche schon vorweggenommen. Überdies widerfuhr ihm das Mißgeschick, daß er von der grundstürzenden Umwälzung der Nationalökonomie, die sich in den Jahren, da er sein System ausarbeitete, anbahnte und bald nach dem Erscheinen des ersten Bandes des „Kapital" der Öffentlichkeit kund wurde, nichts ahnte, so daß die späteren Bände des „Kapital" schon bei ihrem Erscheinen außer allem Zusammenhang mit der modernen Wissenschaft waren. Unter diesem Mißgeschick hat vor allem seine blind auf ihn schwörende Schule gelitten; sie blieb von vornherein auf unfruchtbare Exegese der Schriften des Meisters beschränkt und hat sich ängstlich gehütet, mit der modernen Wertlehre irgendwie in Berührung zu kommen. Als Soziologe und Geschichtsphilosoph war Marx nie etwas anderes als ein geschickter Agitator, der für die Tagesbedürfnisse seiner Partei schreibt. Die materialistische Geschichtsauffassung ist wissenschaftlich wertlos; Marx hat sie übrigens nie geistig durchgearbeitet und sie in mehreren, miteinander unvereinbaren Fassungen vorgetragen. Der philosophische Standpunkt von Marx war der der Hegelschen Schule. Er zählt zu den vielen, heute meist vergessenen Schriftstellern seiner Zeit, die die dialektische Methode auf alle Gebiete der Wissenschaft anwendeten. Jahrzehnte mußten vergehen, bis man den Mut fand, ihn einen Philosophen zu nennen und in eine Reihe mit den großen Denkern zu stellen.

Als wissenschaftlicher Schriftsteller war Marx trocken, pedantisch und schwerfällig. Die Gabe, sich verständlich auszudrücken, war ihm versagt geblieben. Nur in seinen politischen Schriften weiß er durch blendende Antithesen und durch die Herausarbeitung von Sentenzen, die sich dem Ohre leicht einprägen und durch Wortgepränge über die Inhaltslosigkeit hinwegtäuschen, bedeutende Wirkungen zu erzielen. In der Polemik scheut er nicht davor zurück, die Worte des Gegners zu entstellen. Statt zu widerlegen, pflegt er zu schimpfen[1]). Auch darin haben die Jünger — Schule hat er eigentlich nur in Deutschland und in Osteuropa, besonders in Rußland gemacht — getreulich das Vorbild des Meisters nachgeahmt; sie verunglimpfen den Gegner, doch sie machen nicht einmal den Versuch, ihn mit Argumenten zu widerlegen.

Eigenart und geschichtliche Bedeutung von Marx liegen ausschließlich auf dem Gebiete der politischen Technik. Er erkennt die ungeheure Macht, die in der modernen Gesellschaft zu erringen ist, wenn es gelingt, die großen Massen der in den Fabriken zusammengedrängten Arbeiter zu einem politischen Faktor zu machen, und sucht und findet die Schlagwörter, die diese Haufen zu einheitlichem Vorgehen zu verbinden imstande sind. Er gibt die Losung aus, die diese Leute, denen politische Interessen ferne lagen, zum Ansturm gegen das Sondereigentum aufpeitscht. Er verkündet eine Heilslehre, die ihr Ressentiment rationalisiert und ihre Neid- und Racheinstinkte zu weltgeschichtlicher Sendung verklärt. Er stählt ihr Selbstbewußtsein, indem er sie als die Träger der Zukunft des Menschengeschlechts begrüßt. Man hat die schnelle Ausbreitung des Sozialismus mit der des Christentums verglichen. Zutreffender wäre vielleicht der Vergleich mit dem Islam, der die Wüstensöhne zur Niedersäblung alter Kulturen führte, indem er ihre Zerstörungswut mit einer ethischen Ideologie umkleidete und ihren Mut durch starren Fatalismus unbeugsam machte[2]).

Der Kern des Marxismus ist die Lehre von der Identität der Interessen aller Proletarier. Der Arbeiter steht aber als Einzelner tagtäglich

---

[1]) Vgl. z. B. im „Kapital" die Ausführungen über Bentham: „der hausbackenste Gemeinplatz", „reproduzierte nur geistlos", „Schund", „Genie in der bürgerlichen Dummheit" (a. a. O., I. Bd., S. 573); über Malthus: „ein schülerhaft oberflächliches und pfäffisch verdeklamiertes Plagiat" (a. a. O., I. Bd., S. 580).

[2]) So fällt es dem Marxismus leicht, sich mit islamitischem Zelotismus zu verbünden. Voll Stolz ruft der Marxist Otto Bauer: „In Turkestan und Aseirbeidschan stehen Marxdenkmäler den Moscheen gegenüber, und der Mollah in Persien mengt Marxzitate in Koranstellen, wenn er zum heiligen Krieg gegen den europäischen Imperialismus ruft." Vgl. Otto Bauer, Marx als Mahnung (Der Kampf, XVI, 1923) S. 83.

in scharfem Konkurrenzkampf mit seinen Arbeitsgenossen und mit jenen, die seinen Arbeitsplatz an seiner Stelle einzunehmen bereit wären; mit seinen Fachgenossen zusammen steht er wieder in Wettbewerb mit den Arbeitern anderer Arbeitszweige und mit den Verzehrern der Produkte, an deren Erzeugung er mitwirkt. Ihn dazu zu bringen, daß er allen diesen Tatsachen und Erfahrungen zum Trotz sein Heil in der Vereinigung mit den anderen Arbeitern suche, konnte nur durch die Aufstachelung seiner Leidenschaften geschehen. Das war nicht allzu schwer; das Böse in der menschlichen Seele zu wecken, ist immer lohnend. Doch Marx hat mehr getan: er hat das Ressentiment des gemeinen Mannes mit dem Nimbus der Wissenschaft geschmückt und es damit auch den geistig und ethisch Höherstehenden anziehend gemacht. Alle übrigen sozialistischen Richtungen haben das alles von Marx übernommen und nur für ihre besonderen Bedürfnisse ein wenig umgestaltet.

Marx war — das muß immer wieder hervorgehoben werden — ein genialer Meister der demagogischen Technik. Er fand den geschichtlichen Augenblick für eine Zusammenfassung der Massen zu einer einheitlichen politischen Aktion geeignet und war sofort bereit, sich an die Spitze dieser Bewegung zu stellen. Alle Politik war ihm nur Fortsetzung des Krieges mit anderen Mitteln; seine politische Kunst war immer politische Taktik. Daran haben die sozialistischen Parteien, die ihre Entstehung auf ihn zurückführen, und die, die sich die marxistischen Parteien zum Muster genommen haben, festgehalten. Sie haben die Agitation, den Stimmen- und Seelenfang, die Arbeit der Wahlbewegung, den Straßenauflauf, den Terror zu Techniken ausgebildet, deren Erlernung ein jahrelanges gründliches Studium erfordert. Sie konnten auf ihren Parteitagen und in ihrer Parteiliteratur Fragen der Organisation und der Taktik mehr Aufmerksamkeit schenken als den wichtigsten Grundproblemen der Politik. Ja, wenn man genau sein will, muß man sagen, daß ihnen überhaupt alles und jedes nur vom Gesichtspunkte der Parteitaktik aus interessant erschien, und daß sie für alles andere nichts übrig hatten.

Diese militaristische Einstellung zur Politik, die die innere Verwandtschaft zwischen dem Marxismus und dem preußischen und dem russischen Etatismus sichtbar werden ließ, hat schnell Schule gemacht. Die modernen Parteien des europäischen Kontinents haben hierin durchaus die marxistische Ideologie angenommen. Besonders die Interessentenparteien, die mit der marxistischen Ideologie des Klassenkampfes, wenn auch nach anderen Zielen gerichtet, den bäuerlichen und den gewerblichen Mittelstand und die Schicht der Angestellten zusammenzufassen suchten, haben alles vom Marxismus gelernt.

So konnte es nicht ausbleiben, daß die liberale Ideologie schnell besiegt wurde. Der Liberalismus hat alle Kunstgriffe der Politik ängstlich gemieden. Er erwartete alles von der inneren Stärke und der Überzeugungskraft seiner Ideen und verschmähte alle anderen Mittel des politischen Kampfes. Er hat nie Taktik betrieben, sich nie zur Demagogie erniedrigt. Der Altliberalismus war durch und durch ehrlich und prinzipienfest; „doktrinär" nannten das seine Gegner.

Die alten liberalen Grundsätze müssen heute einer gründlichen Überprüfung unterzogen werden. Die Wissenschaft hat in den letzten hundert Jahren eine vollständige Umwälzung erfahren; die allgemein soziologischen und die nationalökonomischen Grundlagen der Lehre müssen nun anders gelegt werden. In vielen Fragen hat der Liberalismus nicht folgerichtig bis zum Ende gedacht; auch sonst ist manches nachzuholen[1]). Doch die politische Kampfesweise des Liberalismus kann sich nicht ändern. Der Liberalismus, dem alles gesellschaftliche Zusammenwirken als Ausfluß der vernunftgemäß erkannten Nützlichkeit und alle Macht als auf der öffentlichen Meinung beruhend erscheint, kann nichts unternehmen, was die freie Entscheidung der denkenden Menschen behindern könnte. Er weiß, daß Fortschritt des gesellschaftlichen Lebens zu engerer Verknüpfung nur durch die Erkenntnis seiner Ersprießlichkeit erreicht werden kann, daß kein Gott und kein geheimnisvoll wirkendes Schicksal die gesellschaftliche Zukunft des Menschengeschlechtes bestimmen kann, sondern nur der Mensch selbst. Wenn Völker blind dem Untergang entgegengehen, dann muß man versuchen, sie aufzuklären. Wenn sie aber nicht hören, sei es weil sie taub sind, sei es weil die Stimme der Warner zu schwach ist, kann man sie auch nicht durch taktische und demagogische Kunstgriffe auf den rechten Weg bringen. Mit Demagogie kann man die Gesellschaft vielleicht zerstören, doch gewiß nicht aufbauen.

§ 3. Dem sozialistischen Destruktionismus haben die romantische und die soziale Kunst des neunzehnten Jahrhunderts den Weg gebahnt. Ohne die Hilfe, die ihm von dieser Seite zuteil wurde, hätte er niemals die Geister zu gewinnen vermocht.

Die Romantik ist ein Aufbäumen des Menschen gegen die Vernunft sowohl wie auch gegen die Bedingungen, die die Natur seinem Leben gesetzt hat. Der Romantiker träumt wachend; im Traum setzt er sich über die Gesetze des Denkens und über die Naturgesetze leicht hinweg. Der denkende und vernünftig handelnde Mensch sucht das Unlustgefühl, das aus der Nichtbefriedigung von Wünschen entsteht, durch Wirtschaften

---

[1]) Vgl. meinen „Liberalismus", Jena 1927.

und Arbeit zu überwinden; er schafft, um seine Lage zu verbessern. Der Romantiker ist zum Arbeiten zu schwach — neurasthenisch —; er träumt von Erfolgen, die er einheimsen möchte, aber er tut nichts, um das Ziel zu erreichen. Er räumt die Hindernisse, die ihm im Wege stehen, nicht beiseite; er läßt sie nur in seinen Phantasien verschwinden. Weil die Wirklichkeit dem Wahngebilde, das er sich geschaffen hat, nicht entspricht, grollt er ihr. Er haßt die Arbeit, das Wirtschaften, die Vernunft.

Der Romantiker nimmt alle Gaben der gesellschaftlichen Kultur als selbstverständlich hin und wünscht sich noch alles dazu, was, wie er glaubt, entfernte Zeiten und Länder an Schönem zu bieten hatten oder haben. Umgeben von den Bequemlichkeiten des europäischen Städterlebens sehnt er sich danach, indischer Radjah zu sein, Beduine, Korsar, Minnesänger. Doch er sieht immer nur das, was ihm am Leben jener angenehm scheint, nie das, was sie entbehren mußten und ihm selbst reichlich zuteil wird. Die Reiter sprengen auf feurigen Rossen über die weite Heide dahin, die Korsaren erbeuten schöne Frauen, die Ritter siegen über alle Gegner, singen und lieben. Die Gefahren ihres Daseins, die verhältnismäßige Ärmlichkeit der Umstände, unter denen sie lebten, die Plagen und Mühen ihrer Betätigung kommen der Phantasie nicht zum Bewußtsein; die Romantik sieht alles stets von einem rosigen Schimmer verklärt. Mit diesem geträumten Ideal vergleicht der Romantiker die Wirklichkeit, die ihm nun öde und schal erscheint. Da gibt es Widerstände zu überwinden, von denen die Träume nichts wissen, da gibt es andere Aufgaben als jene, von denen er phantasiert. Da sind keine schönen Frauen aus Räuberhänden zu befreien, keine verlorenen Schätze zu heben, keine Drachen zu besiegen. Da soll gearbeitet werden, rastlos und unverdrossen Tag für Tag, Jahr für Jahr. Da muß geackert und gesät werden, wenn man ernten will. Das alles will der Romantiker nicht kennen. Trotzig wie ein Kind setzt er sich dagegen zur Wehr. Er spottet und höhnt; er verachtet und verabscheut den Bürger.

Die Ausbreitung des kapitalistischen Denkens macht die Geister der Romantik abhold. Die Ritter- und Seeräuberpoesie verfällt dem Fluch der Lächerlichkeit. Die Menschen bekommen Gelegenheit, das Leben von Beduinen, Maharadjahs, Korsaren und anderen Helden der romantischen Träume in der Nähe zu beobachten, und verlieren die Lust, sie zu beneiden. Man fängt an, sich der Errungenschaften der kapitalistischen Gesellschaftsordnung zu freuen, man fängt an zu verstehen, daß Sicherheit des Lebens und der Freiheit, daß ruhiger Wohlstand und reichlichere Bedürfnisbefriedigung nur vom Kapitalismus zu erwarten sind. Die romantische Mißachtung des „Bürgerlichen" gerät in Verruf.

Doch die Geistesart, aus der die Romantik entspringt, war so leicht nicht aus der Welt zu schaffen. Der neurasthenische Protest gegen das Leben suchte andere Ausdrucksformen und fand sie in der „sozialen" Kunst des neunzehnten Jahrhunderts.

Die wahrhaft großen Dichter und Erzähler der Zeit, von der wir sprechen, sind nicht sozialpolitische Tendenzschriftsteller gewesen. Flaubert, Maupassant, Jacobsen, Strindberg, Konrad Ferdinand Meyer, um nur einige zu nennen, waren weit entfernt davon, die literarische Mode mitzumachen. Nicht den Schöpfern der großen Werke, die dem neunzehnten Jahrhundert seine Stellung in der Literaturgeschichte geben werden, verdanken wir die Problemstellungen der sozialen Kunst und die Charaktertypen, an denen sie exemplifiziert wurden. Es waren die Schriftsteller und Schriftstellerinnen zweiten und tieferen Ranges, die die Gestalten des blutsaugerischen Kapitalisten und Unternehmers und des edlen Proletariers eingeführt haben. Für sie ist der Reiche im Unrecht, weil er reich ist, der Arme im Recht, weil er arm ist[1]). „Das is ja gerade, als wie wenn's Reichtum a Verbrechen wär'" läßt Gerhart Hauptmann in den „Webern" Frau Dreißiger ausrufen; und das ganze Schrifttum dieser Zeit ist in der Verurteilung des Besitzes einig.

Von dem Kunstwert dieser Werke ist hier nicht zu reden; nur ihre politische Wirkung haben wir zu prüfen. Sie haben den Sozialismus zum Siege geführt, weil sie die gebildeten Schichten für ihn geworben haben. Durch sie ist er in die Kreise der Reichen gedrungen, hat er die Frauen und Töchter ergriffen, die Söhne dem väterlichen Erwerbe entfremdet, bis schließlich die Unternehmer und Kapitalisten selbst die Überzeugung von der Verwerflichkeit ihres Tuns gewannen. Bankleute, Industriekapitäne, Kaufherren füllten die Logen der Theater, in denen die sozialistischen Tendenzstücke immer wieder unter dem Beifall der Zuschauer aufgeführt wurden.

Die soziale Kunst ist Tendenzkunst; jedes Werk will eine These verfechten[2]). Es ist immer dieselbe: der Kapitalismus ist ein Übel, der Sozialismus ist das Heil. Daß die ewige Wiederholung nicht schneller zur Langeweile der Eintönigkeit geführt hat, ist allein darauf zurückzuführen, daß die einzelnen Schriftsteller verschiedene Gestaltungen des sozialistischen Gemeinwesens vor Augen haben. Alle befolgen dabei aber

---

[1]) Vgl. Cazamian, Le roman social en Angleterre (1830—1850), Paris 1904, S. 267ff.

[2]) Über die sozialistische Tendenz in der Malerei vgl. Muther, Geschichte der Malerei im 19. Jahrhundert, München 1893, II. Bd., S. 186ff.; Coulin, Die sozialistische Weltanschauung in der französischen Malerei, Leipzig 1909, S. 85ff.

das vom Marxismus gegebene Beispiel, nähere Ausführungen über die gepriesene sozialistische Gesellschaftsordnung zu vermeiden; die meisten lassen überhaupt nur andeutungsweise, wenn auch immerhin deutlich genug durchblicken, daß sie eine sozialistische Gesellschaftsordnung herbeiwünschen. Daß die logische Durchführung der Beweise unzulänglich ist, und daß die Ergebnisse durch Rührung erschlichen werden, ist um so weniger erstaunlich, als es auch bei den in wissenschaftlichem Gewande auftretenden sozialistischen Literaten nicht anders ist. Die Belletristik bietet dafür um so günstigere Gelegenheit, als man kaum befürchten muß, daß ihre Ausführungen im Einzelnen durch logische Kritik widerlegt werden. Man pflegt Romane oder Schauspiele nicht in der Weise zu betrachten, daß man die einzelnen Aussprüche auf ihre Richtigkeit prüft; täte man es aber auch, dann bliebe dem Verfasser noch immer der Ausweg, zu erklären, er habe sie nur einem Helden in den Mund gelegt, ohne sie selbst verteidigen zu wollen. Die Wirkungen, die durch die Charakteristik der Figuren erzielt werden, können überhaupt nicht logisch entkräftet werden. Wenn der Besitzende auch immer als böse dargestellt wird, so kann man aus dem einzelnen Fall dem Verfasser keinen Vorwurf machen; für die Gesamtwirkung der Literatur seiner Zeit ist aber niemand verantwortlich.

In „Hard Times" legt Dickens einen Teil der Bemerkungen, durch die Utilitarismus und Liberalismus widerlegt werden sollen, Sissy Jupe in den Mund, dem verlassenen Töchterchen eines Zirkusklowns und einer Tänzerin. Er läßt Mr. M'Choakumchild, den Lehrer in des benthamistischen Kapitalisten Gradgrind Musterschule, an sie die Frage richten, wie groß der Prozentsatz der Verunglückten sei, wenn von hunderttausend Seereisenden fünfhundert zugrunde gehen. Und das brave Kind antwortet, in edler Einfalt die Selbstgerechtigkeit des Manchestertums widerlegend, daß es für die Angehörigen und Freunde der Verunglückten keinen Prozentsatz gebe. Das ist — abgesehen von der Gesuchtheit und Unwahrscheinlichkeit der Szene — gewiß sehr schön und rührend, doch es sagt nicht das geringste wider die Genugtuung, die die Bürger der kapitalistischen Gesellschaftsordnung darob empfinden mögen, daß das von ihnen empfohlene System die Gefahren der Schiffahrt so stark herabgemindert hat. Und wenn es ein Erfolg des Kapitalismus sein soll, daß von einer Million Menschen nur fünfundzwanzig im Jahre verhungern, weil unter älteren Wirtschaftssystemen mehr verhungert sind, so wird dies durch Sissys gewiß zutreffende Bemerkung, daß für die Betroffenen das Verhungern genau so bitter sei, ob nun die anderen eine Million oder eine Million Millionen seien, nicht widerlegt, und es wird nicht bewiesen, daß unter einer sozialistischen Gesellschaftsordnung weniger Leute Hungers sterben würden. Die dritte Bemerkung, die Dickens Sissy in den Mund legt, zielt dahin, daß man die wirtschaftliche Blüte eines Volkes nicht nach der Größe des Wohlstandes beurteilen könne, daß man vielmehr auch die Verteilung des Wohlstandes unter die Volksgenossen berücksichtigen müsse. Dickens war in den Schriften der Utilitarier nicht genug bewandert, um zu wissen, daß er damit nichts vorbrachte, was dem älteren Utilitarismus widerspricht. Gerade Bentham hat mit besonderem Nachdruck behauptet, daß eine Summe von Reichtum mehr Glück bringt, wenn sie gleichmäßiger verteilt ist, als wenn sie so verteilt ist, daß einige besonders reichlich bedacht wurden und die übrigen nur kleine Anteile haben[1]).

Als Sissys Gegenbild erscheint der Musterknabe Bitzer. Er bringt seine Mutter im workhouse unter und tut für sie nichts weiter, als daß er ihr jährlich ein halbes Pfund Tee schenkt. Auch das, meint Dickens, wäre eigentlich eine Schwachheit dieses sonst vortrefflichen Burschen, den er einen excellent young economist nennt. Denn einmal wohne jedem Almosen die unvermeidliche Tendenz inne, den Empfänger zu pauperisieren, und weiter hätte Bitzers einzige vernünftige Handlung in bezug auf diese Ware nur darin bestehen können, sie so billig als möglich zu kaufen und so teuer als möglich zu verkaufen; denn Philosophen hätten klar erwiesen, daß darin die ganze Pflicht eines Menschen bestehe, die ganze, wohlgemerkt, nicht ein Teil seiner Pflichten. Diese Ausführungen, die Millionen mit der gebotenen und vom Verfasser beabsichtigten Entrüstung über die Niedertracht utilitaristischer Denkweise gelesen haben, sind durchaus unzutreffend. Die liberalen Wirtschaftspolitiker haben das Züchten bettelnder Landstreicher durch wahlloses Almosengeben bekämpft und die Vergeblichkeit der Bemühungen gezeigt, die Lage der Armen anders als durch Hebung der Produktivität der Arbeit zu bessern; sie haben die aus populationistischen Gründen betriebene Förderung vorzeitiger Eheschließungen von Personen, die nicht in der Lage sind, für ihre Nachkommenschaft zu sorgen, als in letzter Linie für die Proletarier selbst schädlich bezeichnet; gegen die Armenversorgung erwerbsunfähiger mittelloser Personen sind sie nicht aufgetreten. Daß sie die moralische Pflicht der Kinder, ihre Eltern im Alter zu unterstützen, bestritten hätten, ist nicht richtig. Die liberale Gesellschaftsphilosophie hat es nie als eine „Pflicht" oder gar als das Um und Auf der Moral bezeichnet, so billig als möglich zu kaufen und so teuer als möglich zu verkaufen. Sie hat ge-

---

[1]) Vgl. Bentham, Principles of the Civil Code, a. a. O., S. 304ff.

zeigt, daß darin das rationelle Verhalten des Einzelnen in bezug auf die Mittel zur indirekten Bedürfnisbefriedigung besteht. Sie hat es aber ebensowenig als unrationell bezeichnet, Tee seiner alten Mutter zu schenken wie etwa selbst Tee zu trinken.

Ein Blick in die Werke eines der utilitaristischen Schriftsteller genügt, um die sophistischen Entstellungen, die Dickens sich erlaubt, zu entlarven. Doch kaum einer unter hunderttausend Lesern des Dickensschen Romans wird je eine Zeile eines Utilitaristen gelesen haben. Millionen haben von Dickens und von den vielen anderen Romanschriftstellern, die sich von ihm nur durch geringere Erzählungskunst, nicht durch die sozialpolitische Tendenz unterscheiden, den Haß gegen Liberalismus und Kapitalismus gelernt.

Immerhin war Dickens — und das gleiche gilt von William Morris, Shaw, Wells, Zola, Anatole France, Gerhart Hauptmann, Dehmel, Edmondo de Amicis und vielen anderen — noch nicht ein offener und unmittelbarer Verfechter des Destruktionismus. Sie alle verwerfen die kapitalistische Gesellschaftsordnung und bekämpfen, — ohne sich freilich darüber immer klar zu werden — das Sondereigentum an den Produktionsmitteln. Und groß und glückverheißend lassen sie hinter ihren Worten das Bild eines besseren gemeinwirtschaftlichen Zustandes ahnen. Sie werben für den Sozialismus und werden, weil der Sozialismus zur Vernichtung alles Gesellschaftslebens führen muß, Schrittmacher des Destruktionismus. Doch wie der politische Sozialismus sich im Bolschewismus schließlich zum offenen Bekenntnis des Destruktionismus entwickelt hat, so auch der literarische. Tolstoi ist der große Verkünder eines Destruktionismus, der auf die Worte des Evangeliums zurückgreift. Die Lehren Christi, die nur im Hinblick auf das unmittelbare Bevorstehen des Gottesreiches egpredigt wurden, will er für alle Zeiten zur Norm für das Leben aller Menschen erheben. Wie die kommunistischen Sekten des Mittelalters und der Reformationszeit will er die Gesellschaft auf den Geboten der Bergpredigt aufbauen. Soweit freilich geht er nicht, daß er auch die Empfehlung des Vorbildes der Lilien auf dem Felde, die nicht arbeiten, wörtlich nehmen läßt. Doch für mehr als für selbstgenügsame Landwirte, die mit den bescheidensten Mitteln ein Stückchen Feld bebauen, ist in seinem Gesellschaftsideal kein Platz. Und er denkt folgerichtig genug, um die Vernichtung alles übrigen zu fordern. Völker, die Schriften, die mit solcher Entschiedenheit zur Zerstörung aller Kulturgüter auffordern, mit größtem Beifall aufgenommen haben, stehen unmittelbar vor einer großen gesellschaftlichen Katastrophe.

II.
Der Weg des Destruktionismus.

§ 1. Man könnte die Mittel, deren sich die sozialistische Politik bedient, in zwei Gruppen einteilen: in die, die unmittelbar darauf abzielen, die Gesellschaft in den Sozialismus überzuführen, und in die, mit denen dieses Ziel nur mittelbar auf dem Wege über die Zertrümmerung der auf dem Sondereigentum beruhenden Wirtschaftsverfassung angestrebt wird. Jene Mittel bevorzugen die Parteien der Sozialreform und die evolutionistisch gerichteten Flügel der sozialistischen Parteien; diese sind vornehmlich die Waffen des revolutionären Sozialismus, der vor allem durch Abtragung der alten Kultur Raum für den Aufbau einer neuen zu schaffen wünscht. Mittel der ersten Art wären z. B. die Verstaatlichungen und Verstadtlichungen von Unternehmungen, Mittel der zweiten Art vor allem die Sabotage und die Revolution.

Die Bedeutung, die einer derartigen Unterscheidung zukäme, wird aber dadurch stark herabgemindert, daß die Wirkung beider Gruppen von Mitteln nicht beträchtlich verschieden ist. Auch die Mittel, die unmittelbar dem Aufbau der neuen Gesellschaft dienen sollen, können, wie wir gezeigt haben, nur zerstören, nicht schaffen. So ist das Um und Auf der sozialistischen Politik, die nun seit Jahrzehnten die Welt beherrscht, die Vernichtung. In der Politik der Kommunisten tritt der Willen zum Niederreißen so klar zutage, daß man ihn unmöglich verkennen kann. Doch der Destruktionismus ist im Wirken der Bolschewiken nur leichter erkennbar; im Wesen ist er gerade so in allen anderen sozialistischen Maßnahmen enthalten. Die Einmischung des Staates in das Wirtschaftsleben, die sich als Wirtschaftspolitik bezeichnete, hat nichts anderes erreicht als Vernichtung der Wirtschaft. Die Verbote und Gebote, die da erlassen wurden, haben gehindert und gehemmt; sie haben den Geist der Unwirtschaftlichkeit großgezogen. Diese Politik hat schon im Kriegssozialismus einen solchen Umfang gewonnen, daß eigentlich alle Wirtschaft der Unternehmer als Gesetzesverletzung gebrandmarkt wurde. Nur dem Umstande, daß die destruktionistischen Gesetze und Maßnahmen bisher nicht voll durchgeführt werden, ist es zuzuschreiben, daß überhaupt noch halbwegs rationell produziert wird. Wären sie wirksamer, dann wären Hunger und Massensterben schon heute das Los der Völker.

Unser ganzes Leben ist von Destruktionismus so durchtränkt, daß man kaum ein Gebiet nennen könnte, das von ihm frei geblieben wäre.

Destruktionismus verkündet die „soziale" Kunst, lehrt die Schule, predigt die Kirche. Die Gesetzgebung der Kulturstaaten hat in den letzten Jahrzehnten kaum ein wichtigeres Gesetz geschaffen, in dem nicht zumindest einige Zugeständnisse an ihn gemacht worden wären; manche sind von ihm ganz und gar erfüllt. Eine umfassende Darstellung des Destruktionismus geben, hieße die Geschichte der Jahrzehnte schreiben, in denen sich die Katastrophe des Weltkrieges und der bolschewistischen Weltrevolution vorbereitet und vollzogen hat. Das kann nicht die Aufgabe der folgenden Ausführungen sein. Sie sollen sich darauf beschränken, einige Beiträge zum Verständnis der destruktionistischen Entwicklung zu liefern.

§ 2. Unter den Mitteln der destruktionistischen Politik ist der gesetzliche Arbeiterschutz in der unmittelbaren Wirkung das harmloseste. Für die Erkenntnis der destruktionistischen Gedankengänge ist jedoch gerade dieser Zweig der Sozialpolitik besonders wichtig.

Die Befürworter des Arbeiterschutzes pflegen ihn mit Vorliebe in eine Linie mit den Vorkehrungen zu stellen, die im achtzehnten und in der ersten Hälfte des neunzehnten Jahrhunderts in den Gebieten der Gutsherrschaft zum Schutze der Robotpflichtigen getroffen worden waren. So wie damals das Maß der bäuerlichen Arbeitsverpflichtungen durch Eingreifen des Staates immer mehr herabgesetzt wurde, um den Sklaven schrittweise frei zu machen, so sei das Ziel des Arbeiterschutzes kein anderes als die Erhebung des modernen Proletariers aus der Lohnsklaverei zu menschenwürdigem Dasein. Dieser Vergleich ist durchaus unzutreffend. Die Beschränkung der Arbeitspflicht des hörigen Bauern verminderte nicht, sondern vermehrte die Menge der im Lande geleisteten Arbeit. Die schlecht und lässig verrichtete Zwangsarbeit wurde in ihrem Zeitausmaß herabgedrückt, um dem Bauern Freiheit zur besseren Bestellung seines eigenen Ackers oder zur Verdingung seiner Arbeitskraft gegen Lohn zu geben. Die meisten zugunsten der Bauern getroffenen Maßnahmen zielten darauf ab, einerseits die Intensität der landwirtschaftlichen Arbeit zu steigern und andererseits Arbeitskräfte für die gewerbliche Produktion frei zu machen. Wenn die Bauernpolitik schließlich dazu gelangte, die Zwangsarbeit der Landarbeiter überhaupt aufzuheben, so hat sie damit das Arbeiten nicht beseitigt, sondern erst recht ermöglicht. Wenn die moderne Sozialpolitik die Arbeitszeit „regelt", wenn sie nacheinander den Arbeitstag auf zehn, neun und acht Stunden beschränkt, wenn sie bei verschiedenen Kategorien öffentlicher Angestellter schon beim Sechsstundentag angelangt, ja mitunter selbst schon unter dieses Ausmaß hinuntergegangen ist, so hat dies ganz anderes zu bedeuten. Denn dabei wird die Menge der geleisteten Arbeit und damit der Ertrag des volkswirtschaftlichen Produktionsprozesses vermindert.

Diese Wirkung der Maßnahmen zur Beschränkung der Arbeitszeit ist zu leicht zu erkennen, als daß es möglich gewesen wäre, sich über sie Täuschungen hinzugeben. So kam es, daß die Bestrebungen zur Erweiterung des gesetzlichen Arbeiterschutzes stets kräftigen Widerstand gefunden haben, wenn sie die Arbeitsbedingungen in radikaler Weise umgestalten wollten. Die etatistischen Schriftsteller pflegen die Sache so darzustellen, als ob die Verkürzung der Arbeitsdauer im allgemeinen, die Zurückdrängung der Frauen- und Kinderarbeit und die Beschränkung der Nachtarbeit ausschließlich dem Eingreifen der Gesetzgebung und der Tätigkeit der Gewerkschaften zuzuschreiben wären[1]). Sie stehen dabei noch immer unter der Einwirkung der Anschauungen, die sich die der modernen kapitalistischen Industrie fernstehenden Kreise über den Charakter der industriellen Lohnarbeit gebildet haben. Danach hätte die Fabriksindustrie eine besondere Abneigung gegen die Verwendung vollwertiger Arbeitskräfte. Sie ziehe dem allseitig ausgebildeten Facharbeiter den ungelernten Arbeiter, die schwache Frau und das gebrechliche Kind vor. Denn einerseits sei es ihr Bestreben, nur schlechte Massenware zu erzeugen, wofür sie den auf seine Arbeitsehre bedachten Gehilfen nicht brauchen könne; andererseits ermögliche die Einfachheit der Handgriffe im mechanischen Erzeugungsverfahren die Einstellung unausgebildeter und körperlich schwacher Elemente. Da die Fabriken nur dann rentabel wären, wenn sie die Arbeit schlecht entlohnen, sei es natürlich, daß sie auf ungelernte Arbeiter, Frauen und Kinder greifen und den Arbeitstag möglichst auszudehnen trachten. Man meint die Richtigkeit dieser Auffassung durch Hinweise auf die geschichtliche Entwicklung der Großindustrie belegen zu können. Doch die Großindustrie hat in ihren Anfängen mit der Tatsache rechnen müssen, daß für sie als Arbeiter nur die Elemente zur Verfügung waren, die außerhalb der zünftigen Organisation des Handwerks standen. Sie mußte Ungelernte, Frauen und Kinder nehmen, weil nur sie frei waren, und war genötigt, ihren Arbeitsprozeß so einzurichten, daß mit diesen minderwertigen Kräften das Auslangen gefunden werden konnte. Die Löhne, die damals in den Fabriken gezahlt wurden, waren niedriger als der Verdienst der Handwerksgesellen, weil die Arbeitsleistung eine minderwertige war. Aus demselben Grunde war die tägliche Arbeitszeit länger als im Handwerk. Erst als sich diese

---

[1]) Vgl. die Kritik dieser Legende durch Hutt, a. a. O., S. 91ff.

Verhältnisse im Laufe der Zeit änderten, konnten die Arbeitsbedingungen in der Großindustrie umgestaltet werden. Die Fabrik hatte nicht anders anfangen können, als daß sie Frauen und Kinder einstellte, weil die vollkräftigen Männer nicht zu haben waren. Als sie durch die Konkurrenz, die sie der Männerarbeit in Handwerk und Manufaktur bereitete, die alten Arbeitssysteme überwunden und die dort beschäftigten Vollarbeiter zu sich herübergezogen hatte, hat sie ihr Arbeitsverfahren so umgestaltet, daß die Arbeit der gelernten männlichen Arbeiter die Hauptsache wurde und die Beschäftigung von Frauen und Kindern immer mehr zurücktrat. Die Löhne stiegen, weil die Leistung des Vollarbeiters größer war als die des Fabrikmädchens oder des Fabrikkindes. Damit entfiel für die Arbeiterfamilie die Notwendigkeit, Weib und Kinder mitverdienen zu lassen. Die Arbeitszeit wurde kürzer, weil die intensivere Arbeit des Vollarbeiters die Anlagen weitaus besser auszunützen ermöglichte als die lässige und ungeschickte der minderwertigen Kräfte[1]).

Die Verkürzung der täglichen Arbeitsdauer und die Einschränkung der Frauen- und Kinderarbeit auf jenes Ausmaß, das hier ungefähr vor Ausbruch des Weltkrieges erreicht war, sind keineswegs etwa ein Erfolg, den der gesetzliche Arbeiterschutz den eigennützigen Interessen der Unternehmer abgerungen hat. Sie sind das Ergebnis der Entwicklung der Großindustrie, die, nicht mehr genötigt, ihre Arbeiter gewissermaßen an den Rändern der Volkswirtschaft zu suchen, ihre Arbeitsbedingungen so umgestalten mußte, wie es die bessere Qualität der Arbeiter erforderte. Die Gesetzgebung hat im Großen und Ganzen immer nur Wandlungen, die sich vorbereiteten, vorweggenommen oder gar schon vollzogene sanktioniert. Wohl hat sie immer wieder den Versuch gemacht, im Arbeiterschutz über das Maß dessen, das die Entwicklung der Industrie von selbst brachte, hinauszugehen. Sie hat es aber nicht vermocht, diese Absicht zu verwirklichen. Nicht so sehr der Widerstand der Unternehmer hat sie daran gehindert als der zwar nicht offen ausgesprochene und nicht offen vertretene, aber dennoch sehr wirksame Widerstand der Arbeiter selbst. Denn die Kosten jeder Arbeiterschutzbestimmung mußten von ihnen nicht nur mittelbar, sondern auch unmittelbar getragen werden. Wenn

---

[1]) Das muß selbst Brentano zugeben, der im übrigen die Wirkungen der Arbeiterschutzgesetzgebung maßlos überschätzt: „Die unvollkommene Maschine hatte den Familienvater durch die Arbeit des Kindes ersetzt. ... Die vollendete Maschine macht den Vater aufs neue zum Ernährer der Seinen und gibt das Kind der Schule wieder. ... Man braucht nunmehr wieder erwachsene Arbeiter, und zwar sind nur solche brauchbar, welche infolge erhöhter Lebenshaltung den erhöhten Ansprüchen der Maschinen gewachsen sind." (Vgl. Brentano, Über das Verhältnis von Arbeitslohn und Arbeitszeit zur Arbeitsleistung, 2. Aufl., Leipzig 1893, S. 43.)

die Frauen- und Kinderarbeit beschränkt oder ganz beseitigt wurde, belastete dies gerade so den Arbeiterhaushalt wie die Kürzung der Arbeitszeit der erwachsenen Arbeiter. Die Verminderung des Arbeitsangebotes, die durch derartige Maßnahmen bewirkt wird, erhöht zwar die Grenzproduktivität der Arbeit und damit den auf eine Produkteinheit entfallenden Lohnsatz. Ob diese Steigerung groß genug ist, um den Arbeiter für die Belastung zu entschädigen, den er durch das Steigen der Warenpreise erleidet, ist durchaus zweifelhaft. Ohne Eingehen auf die konkreten Daten eines jeden Falles kann darüber nichts ausgesagt werden. Es ist als wahrscheinlich zu bezeichnen, daß der Rückgang der Produktion auch dem Arbeiter keine absolute Steigerung des Realeinkommens bringen kann. Doch wir brauchen darauf nicht weiter einzugehen. Denn von einer durch die Arbeiterschutzgesetzgebung bewirkten ins Gewicht fallenden Verminderung des Arbeiterangebotes hätte man nur dann sprechen können, wenn das Geltungsgebiet dieser Gesetze nicht auf ein einzelnes Land beschränkt geblieben wäre. Solange diese Voraussetzung nicht zutraf, weil jeder Staat auf eigene Faust vorging und ganz besonders jene Staaten, deren aufblühende Industrie jede Gelegenheit wahrnahm, um die Industrie der älteren Industriestaaten zu verdrängen, mit der Erlassung von Arbeiterschutzbestimmungen im Rückstand blieben, konnte durch den Arbeiterschutz die Stellung des Arbeiters auf dem Markte nicht verbessert werden. Da sollten die Bestrebungen, den Arbeiterschutz durch internationale Verträge allgemein zu machen, Abhilfe schaffen. Von dem internationalen Arbeiterschutz gilt aber in noch höherem Maße als vom nationalen, daß er nicht über das Maß dessen hinausgegangen ist, das die Entwicklung der industriellen Verhältnisse ohnehin bewirkt hätte.

Stärker als in der Durchführung des Arbeiterschutzes, die durch die mit den Maßnahmen verbundene unmittelbare Gefährdung der industriellen Entwicklung vielfach gehemmt war, treten in seiner Theorie die destruktionistischen Elemente zutage. Ihr vor allem ist die Verbreitung und schnelle Einbürgerung der Lehre von der Ausbeutung der Lohnarbeiter zuzuschreiben. Sie hat in der Darstellung der gewerblichen Arbeitsverhältnisse das betrieben, was man mit einem unschönen Worte als Stimmungsmache zu bezeichnen pflegt. Sie hat die volkstümlichen Bilder des hartherzigen Unternehmers und des eigensüchtigen Kapitalisten in die Praxis der Gesetzgebung eingeführt und ihnen das arme, edle, ausgebeutete Volk gegenübergestellt. Sie hat die Gesetzgeber daran gewöhnt, in jeder Durchkreuzung der Pläne von Unternehmern einen Erfolg der Gesamtheit über die eigennützigen gemeinschädlichen Interessen einzelner

Schmarotzer zu erblicken. Sie hat dem Arbeiter die Meinung beigebracht, daß er sich ohne Dank für den Profit des Kapitals abmühe, und daß er es seiner Klasse und der Geschichte schuldig sei, seine Arbeit so lässig als möglich zu verrichten.

Die Lohntheorie der Befürworter des gesetzlichen Arbeiterschutzes war mangelhaft genug. Mit ätzendem Hohn spotten sie über die Argumente, die einst Senior gegen die gesetzliche Regelung der Arbeitszeit vorgebracht hatte, ohne doch irgend etwas Belangreiches gegen die Geltung seiner Schlußfolgerungen unter der Annahme stationärer Verhältnisse sagen zu können. Die Unfähigkeit der kathedersozialistischen Schule, wirtschaftliche Probleme zu erfassen, tritt am klarsten in den Schriften Brentanos zutage. Der Gedanke, daß der Lohn der Arbeitsleistung entspricht, liegt ihm so ferne, daß er geradezu zur Aufstellung eines „Gesetzes" gelangt, daß hoher Lohn die Arbeitsleistung steigere, niedriger Lohn sie herabmindere, wogegen doch nichts klarer ist als das, daß bessere Arbeitsleistung höher entlohnt wird als schlechtere[1]). Und wenn er weiter meint, daß die Kürzung der Arbeitszeit die Ursache und nicht die Folge höherer Arbeitsleistung sei, so liegt der Irrtum nicht minder klar zutage.

Marx und Engels, die Väter des deutschen Sozialismus, haben die grundsätzliche Bedeutung des Kampfes um den Arbeiterschutz für die Verbreitung der destruktionistischen Ideen wohl begriffen. In der „Inauguraladresse der Internationalen Arbeiterassoziation" wird von dem englischen Zehnstundengesetz gesagt, es war „nicht nur ein großer praktischer Erfolg; es war der Sieg eines Prinzips. Zum ersten Male unterlag im hellen Licht des Tages die politische Ökonomie der Bourgeoisie der politischen Ökonomie der Arbeiterklasse"[2]). Unverhüllter hatte Engels schon mehr als zwei Jahrzehnte vorher den destruktionistischen Charakter der Zehnstundenbill zugegeben. Er kann nicht umhin, die von den Unternehmern gegen sie geltend gemachten Argumente wenigstens als halbwahr zu bezeichnen; sie werde, meint er, die englische Industrie konkurrenzunfähig machen und den Arbeitslohn drücken. Er fürchtet diese Folgen aber nicht. „Natürlich", fügt er hinzu, „wäre die Zehnstundenbill eine definitive Maßregel, so würde England dabei ruiniert; weil sie aber notwendig andere Maßregeln nach sich zieht, die England auf eine ganz

---

[1]) Vgl. Brentano, a. a. O., S. 11, 23 ff.; derselbe, Arbeitszeit und Arbeitslohn nach dem Kriege, Jena 1919, S. 10; vgl. dazu Stucken, Theorie der Lohnsteigerung (Schmollers Jahrbuch, 45. Jahrg., S. 1152 ff.).

[2]) Vgl. Die Inauguraladresse der Internationalen Arbeiterassoziation, herausgegeben von Kautsky, Stuttgart 1922, S. 27.

andere als die bisher verfolgte Bahn lenken müssen, deshalb wird sie ein Fortschritt sein"[1]). Wenn Englands Industrie der ausländischen Konkurrenz erliege, dann sei die Revolution unausbleiblich[2]). In einem späteren Aufsatze sagt er von der Zehnstundenbill: „Sie ist nicht mehr ein vereinzelter Versuch, die industrielle Entwicklung zu lähmen, sie ist ein Glied in einer langen Verkettung von Maßregeln, die die ganze gegenwärtige Gestalt der Gesellschaft umwälzen und die bisherigen Klassengegensätze nach und nach vernichten, sie ist keine reaktionäre, sondern eine revolutionäre Maßregel"[3]).

Die grundsätzliche Bedeutung des Kampfes um den Arbeiterschutz konnte man nicht zu hoch anschlagen. Die destruktionistische Wirkung der einzelnen Arbeiterschutzgesetze ist aber von Marx und Engels nicht weniger überschätzt worden als von ihren liberalen Bekämpfern. Der Destruktionismus ist auf anderen Wegen weiter gekommen.

§ 3. Die Sozialversicherung bildet den Kernpunkt des Programms des deutschen Etatismus. Doch auch außerhalb des Deutschen Reiches hat man sich gewöhnt, in der Arbeiterversicherung den Gipfelpunkt staatsmännischer Einsicht und wirtschaftspolitischer Weisheit zu preisen, und wenn die einen sich nicht daran genug tun konnten, die segensreichen Folgen dieser Einrichtungen zu rühmen, wußten die anderen ihnen nur den Vorwurf zu machen, daß sie nicht genug weitgehen, nicht alle Schichten des Volkes umfassen und nicht alles das den Begünstigten gewähren, was ihrer Meinung nach gewährt werden müßte. Als das letzte Ziel der Sozialversicherung wurde bezeichnet, jedem Volksgenossen in Krankheitsfällen ausreichende Pflege und die beste ärztliche Behandlung zuteil werden zu lassen, und ihm, wenn er durch Unfall, Krankheit oder Alter arbeitsunfähig werden sollte oder keine Arbeit zu den ihm angemessen erscheinenden Bedingungen finden sollte, auskömmlichen Unterhalt zu gewähren.

Kein geordnetes Gemeinwesen hat die arbeitsunfähigen Armen hartherzig verhungern lassen. Es hat immer irgendwelche Einrichtungen gegeben, um die, die sich nicht selbst zu erhalten imstande waren, nicht zugrunde gehen zu lassen. Mit dem Steigen des allgemeinen Wohlstandes, das die Entwicklung des Kapitalismus begleitet hat, ist auch die Armenversorgung eine bessere geworden. Gleichzeitig wird ihre rechtliche Grundlage umgewandelt. Während sie früher Mildtätigkeit war, auf die

---

[1]) Vgl. Engels, Die Lage der arbeitenden Klasse in England, 2. Auflage, Stuttgart 1892, S. 178.
[2]) Vgl. ebendort S. 297.
[3]) Vgl. Engels, Die englische Zehnstundenbill (Aus dem literarischen Nachlaß von Karl Marx, Friedrich Engels und Ferdinand Lassalle, a. a. O., III. Bd., S. 393).

der Arme keinen Anspruch hatte, wird sie nun zu einer Pflicht des Gemeinwesens erhoben. Es werden Einrichtungen getroffen, um die Versorgung der Armen sicherzustellen. Doch man hütet sich zunächst, dem einzelnen Armen einen rechtlich erzwingbaren Anspruch auf die Gewährung der Unterstützung oder des Unterhaltes einzuräumen. Ebensowenig denkt man daran, die Anrüchigkeit zu beseitigen, die dem anhaftet, der in dieser Weise vom Gemeinwesen ausgehalten wird. Es ist nicht Hartherzigkeit, die dazu führt. Die Erörterungen, zu denen besonders die englische Armengesetzgebung Anlaß gegeben hat, zeigen, daß man sich der großen sozialen Gefahren, die mit jeder Ausdehnung der Armenversorgung verbunden sind, wohl bewußt war.

Die deutsche Sozialversicherung und die ihr entsprechenden Einrichtungen anderer Staaten sind auf ganz anderer Grundlage aufgebaut. Die Versorgung ist ein Anspruch, den der Berechtigte im Rechtswege erzwingen kann. Wer sie in Anspruch nimmt, erfährt in keiner Hinsicht eine Minderung seines Ansehens in der Gesellschaft. Er ist Staatspensionär wie der König oder seine Minister oder Bezieher einer Versicherungsrente wie jeder andere, der einen Versicherungsvertrag eingegangen ist. Es ist auch kein Zweifel, daß er berechtigt ist, die Zuwendung, die er auf diesem Weg erhält, als Äquivalent seiner eigenen Leistung anzusehen. Denn die Versicherungsbeiträge gehen immer zu Lasten des Lohnes, gleichviel, ob sie von den Unternehmern oder von den Arbeitern eingehoben werden. Auch das, was der Unternehmer für die Versicherung aufwenden muß, belastet die Grenzproduktivität der Arbeit und schmälert damit den Arbeitslohn. Werden aber die Kosten der Arbeiterversorgung aus Steuergeldern gedeckt, so ist es klar, daß auch der Arbeiter mittelbar oder unmittelbar seinen Teil zu ihnen beiträgt.

Den ideologischen Vorkämpfern der Sozialversicherung und den Staatsmännern und Politikern, die sie ins Werk gesetzt haben, erschienen Krankheit und Gesundheit als zwei scharf voneinander geschiedene Zustände des menschlichen Körpers, die in jedem Falle unschwer und unzweifelhaft erkannt werden können. „Gesundheit" ist ein Zustand, dessen Merkmale feststehen und von jedem Arzte diagnostiziert werden können. „Krankheit" ist eine körperliche Erscheinung, die vom Willen des Menschen unabhängig auftritt und durch den Willen nicht beeinflußt werden kann. Es gibt Simulanten, die aus irgendwelchen Gründen Krankheit vortäuschen wollen; doch der Arzt verfügt über Kenntnisse und Mittel, um den Simulanten zu überführen. Voll leistungsfähig ist nur der Gesunde. Die Leistungsfähigkeit des Kranken ist je nach der Schwere und der Art seiner Erkrankung gemindert, und es ist dem Arzte an Hand der objektiv feststellbaren physiologischen

Veränderungen möglich, den Grad der Minderung der Leistungsfähigkeit in Prozenten der normalen Leistungsfähigkeit anzugeben.

Jeder Satz dieser Theorie ist falsch. Es gibt keine scharfe Grenze zwischen Gesundheit und Krankheit. Kranksein ist keine vom bewußten Willen und von im Unterbewußtsein wirkenden seelischen Kräften unabhängige Erscheinung. Die Leistungsfähigkeit eines Menschen ist nicht einfach das Ergebnis seines physischen Zustandes; sie ist in hohem Maße vom Geist und vom Willen abhängig. Damit erweisen sich alle Vorstellungen, die man von der Möglichkeit hegte, durch ärztliche Untersuchung die Kranken von den Gesunden und von den Simulanten, und die Leistungsfähigen von den Leistungsunfähigen zu sondern, als haltlos. Wenn man geglaubt hatte, daß man die Unfall- und die Krankenversicherung auf unzweifelhafter Feststellung der Krankheiten und Verletzungen und ihrer Folgen aufzubauen vermag, so befand man sich in schwerem Irrtum. Das Destruktionistische an der Unfall- und an der Krankenversicherung liegt vor allem darin, daß sie Unfall und Krankheit hervorrufen, daß sie die Heilung hemmen und daß sie die funktionellen Störungen, die im Gefolge der Krankheiten und Unfälle auftreten, in sehr vielen Fällen schaffen, nahezu in allen Fällen aber verschärfen und verlängern.

Die Sozialversicherung hat eine besondere Krankheit, die traumatische Neurose, die schon früher in einzelnen Fällen als Folge der zivilrechtlichen Regelung von Schadenersatzansprüchen aufgetreten war, zu einer Volkskrankheit gemacht. Niemand bestreitet heute mehr, daß die traumatische Neurose eine Folge der Sozialgesetzgebung ist. Ein überwältigendes statistisches Material hat den Beweis dafür erbracht, daß die Verletzungen von Personen, die Ansprüche auf Grund der Sozialversicherung zu erheben berechtigt sind, viel länger zur Heilung benötigen als die anderer Personen, und daß sie funktionelle Störungen in einem Ausmaße und in einer Dauer nach sich ziehen, die bei Nichtversicherten nicht auftreten. Krankheiten werden durch die Krankenversicherung gezüchtet. Einzelbeobachtungen der Ärzte und statistisches Material bestätigen, daß Krankheiten und Verletzungen bei Beamten und Festangestellten und bei Sozialversicherten sehr viel langsamer heilen als bei Angehörigen der freien Berufe und bei Personen, denen die Wohltaten der Sozialversicherung nicht zugute kommen. Der Wunsch und die Notwendigkeit, schnell wieder gesund und arbeitsfähig zu werden, begünstigen auch in objektiv nachweisbarem Maße die Heilung ganz außerordentlich[1]).

---

[1]) Vgl. Liek, Der Arzt und seine Sendung, 4. Aufl., München 1927, S. 54 und Liek, Die Schäden der sozialen Versicherungen, 2. Aufl., München 1928, S. 17ff.; ferner ein von Tag zu Tag anwachsendes ärztliches Schrifttum.

Sich gesund fühlen ist etwas anderes als im medizinischen Sinne gesund sein, und die Leistungsfähigkeit eines Menschen ist im hohen Grade unabhängig von den physiologisch feststellbaren und meßbaren Leistungen einzelner Organe. Wer nicht gesund sein will, ist nicht einfach ein Simulant, sondern ein Kranker, und wenn man einem Menschen den Willen zum Gesundsein und zur Leistungsfähigkeit nimmt oder schwächt, macht man ihn krank und leistungsunfähig oder schwächt seine Gesundheit und mindert seine Leistungsfähigkeit. Indem die Sozialversicherung den Willen zur Gesundheit und zur Leistungsfähigkeit schwächt oder ganz beseitigt, macht sie krank und leistungsunfähig; sie erzeugt Querulantentum, das an sich schon eine Neurose ist, und Neurosen anderer Art, kurz, sie ist eine Einrichtung, die dazu beiträgt, Krankheit und in vielen Fällen auch Unfälle hervorzurufen und die physischen und psychischen Folgen der Unfälle und der Erkrankungen beträchtlich zu verschärfen. Als soziale Einrichtung macht sie ein Volk seelisch und leiblich krank oder trägt zumindest dazu bei, Krankheiten zu mehren, zu verlängern und zu verschärfen.

Die psychischen Faktoren, die, wie in jedem Lebewesen, auch im Menschen im Sinne eines Willens und Strebens zur Gesundheit und Leistungsfähigkeit wirksam sind, sind nicht unabhängig von der gesellschaftlichen Situation, in der der Mensch lebt. Es gibt Situationen, die sie in ihrer Wirksamkeit verstärken, und es gibt wieder andere Situationen, die sie in ihrer Wirksamkeit schwächen. Die gesellschaftliche Situation, in der sich Angehörige eines von der Jagd lebenden Beduinenstammes befinden, ist gewiß geeignet, diese Kräfte zu fördern. Und dasselbe gilt von der ganz anders gearteten Situation, in der sich der Bürger einer auf dem Privateigentum beruhenden arbeitteilenden kapitalistischen Gesellschaftsordnung befindet. Eine Gesellschaftsordnung hingegen, die dem Einzelnen unter der Voraussetzung, daß er durch Krankheit oder durch die Folgen eines Traumas in der Arbeit behindert ist, ein arbeitsloses oder mit weniger Arbeit verbundenes Leben ohne allzu empfindliche Schmälerung seines Einkommens in Aussicht stellt, lähmt diese Kräfte. Die Dinge liegen nicht so einfach, wie sie der naiven Pathologie des Militärarztes und des Gefängnisarztes erscheinen.

Die Sozialversicherung hat die Neurose des Versicherten zur gefährlichsten Volkskrankheit gemacht. Sollte man sie weiter ausbauen und ausgestalten, dann wird diese Krankheit weiter um sich greifen. Keine Reform kann hier Abhilfe schaffen. Man kann den Willen zum Gesundsein nicht schwächen oder ausschalten, ohne Krankheit zu erzeugen.

§ 4. Das wichtigste Mittel der Politik des Destruktionismus ist der Arbeiterverein, die Gewerkschaft. Der sozialistischen Ideologie ist es gelungen, das eigentliche Wesen und die Besonderheit der gewerkschaftlichen Bewegung so sehr zu verdunkeln, daß es nicht leicht ist, sich ein klares Bild von dem zu machen, was die Gewerkschaften sind und was sie leisten. Noch immer pflegt man die Probleme des Arbeitervereinswesens unter dem Gesichtspunkte der Koalitionsfreiheit und des Streikrechts zu behandeln. Doch seit Jahrzehnten handelt es sich nicht mehr darum, ob den Arbeitern die Freiheit, Vereine zu bilden, zugestanden werden soll, und ob sie das Recht haben sollen, die Arbeit auch unter Verletzung des Arbeitsvertrages niederzulegen. Keine Gesetzgebung macht ihnen dieses Recht streitig; denn daß die vertragswidrige Arbeitseinstellung zivilrechtliche Folgen für den einzelnen Arbeiter nach sich ziehen kann, ist praktisch ohne jede Bedeutung, so daß auch die extremsten Anwälte des Destruktionismus kaum auf den Gedanken verfallen sind, für den Arbeiter das Vorrecht zu fordern, übernommene Vertragspflichten nach Belieben verletzen zu dürfen. Das, was das Wesen des gewerkschaftlichen Problems ausmacht, ist der Koalitionszwang und der Streikzwang. Die Arbeitervereine nehmen für sich das Recht in Anspruch, alle Arbeiter, die sich ihnen nicht anschließen wollen oder denen sie die Aufnahme verweigern, aus der Arbeit zu drängen, nach Belieben die Arbeit einzustellen und jedermann zu hindern, an Stelle der Streikenden die Arbeit zu verrichten. Sie nehmen für sich das Recht in Anspruch, Zuwiderhandlungen gegen ihre Beschlüsse durch unmittelbare Gewaltanwendung zu verhindern und zu bestrafen und alle Vorkehrungen zu treffen, um diese Gewaltanwendung so zu organisieren, daß ihr voller Erfolg sichergestellt wird. Die Gewerkschaft hat sich zu einer Gewaltorganisation ausgebildet, die durch den Schrecken die ganze Gesellschaft in Schach hält, und vor deren Machtwort alle Gesetze und alle Rechte verblassen. Sie scheut vor nichts zurück, nicht vor Zerstörung von gewerblichen Anlagen, von Arbeitsgeräten und von Vorräten, nicht vor Blutvergießen. Sie verhängt das Interdikt über ganze Landstriche und Länder, jeden auf das schwerste bedrohend, der sich ihr nicht fügen will. Es lag im Zuge dieser rasch alles ergreifenden und alle Hindernisse hinwegräumenden Entwicklung, daß die Arbeitervereinigungen schließlich dazu gelangten, den Versuch zu unternehmen, alle Herrschaft im Staate unverhüllt an sich zu reißen. Wenn auch in andere rechtliche und organisatorische Formen gekleidet, ist die Sowjetmacht nichts anderes als der natürliche geschichtliche Abschluß der gewerkschaftlichen Bewegung.

Jede Vereinigung wird schwerfälliger und bedächtiger, wenn die Männer, die an ihrer Spitze stehen, alt geworden sind. Kampfverbände verlieren dann die Angriffslust und die Fähigkeit, durch schnelles Handeln die Gegner niederzuwerfen. Die Armeen der Militärmächte, vor allem die Österreichs und Preußens, haben es wiederholt erfahren, daß man unter alten Führern schwer siegen kann. Auch die Arbeitervereine machen davon keine Ausnahme. So ist es immer wieder geschehen, daß die alten und wohlausgebildeten Gewerkschaften vorübergehend an destruktionistischer Angriffslust und Schlagfertigkeit eingebüßt haben. Aus einem Element der Zerstörung wurde so für Augenblicke ein erhaltendes, wenn sie der Vernichtungswut jugendlicher Stürmer einen gewissen Widerstand entgegenzusetzen versuchten. Das ist es, was die Radikalen immer wieder den Gewerkschaften vorgeworfen haben, und was diese selbst mitunter für sich ins Treffen zu führen wußten, wenn es gerade galt, von den nichtsozialistischen Schichten der Bevölkerung Hilfe für den Ausbau des Koalitionszwanges zu erreichen. Doch diese Ruhepausen im gewerkschaftlichen Zerstörungskampfe waren immer nur kurz. Immer wieder haben diejenigen gesiegt, die für die rücksichtslose Fortsetzung des Kampfes gegen die kapitalistische Gesellschaftsordnung eingetreten sind. Sie haben dann entweder die alten Gewerkschaftsführer verdrängt oder an Stelle der älteren Organisationen neue gesetzt. Es konnte nicht anders kommen. Denn der Idee entsprechend, auf der der gewerkschaftliche Zusammenschluß der Arbeiter sich aufbaut, ist er nur als Kampfmittel zur Zerstörung denkbar. Es ist ja gezeigt worden, wie der gewerkschaftliche Zusammenhalt zwischen den Arbeitern nur durch den Gedanken des Kampfes zur Vernichtung der auf dem Sondereigentum an den Produktionsmitteln beruhenden Gesellschaftsordnung begründet werden kann. Nicht nur die Praxis der Gewerkschaften ist destruktionistisch; schon der Grundgedanke, auf dem sie sich aufbauen, ist es.

Die Grundlage des Gewerkschaftswesens ist der Koalitionszwang. Die Arbeiter weigern sich, mit Leuten, die nicht einer von ihnen anerkannten Organisation angehören, zusammenzuarbeiten, und erzwingen durch Streikandrohung und, wenn dies nicht genügt, durch Streik die Ausschaltung der nicht organisierten Arbeiter. Es kommt auch vor, daß die, die sich weigern, der Organisation beizutreten, durch Mißhandlungen zum Anschluß gezwungen werden. Welch eine furchtbare Vergewaltigung der persönlichen Freiheit des Einzelnen darin liegt, braucht nicht näher ausgeführt zu werden. Selbst den Sophismen der Anwälte des gewerkschaftlichen Destruktionismus ist es nicht gelungen, die öffentliche Meinung darüber zu beruhigen. Wenn von Zeit zu Zeit einzelne besonders krasse Fälle von Vergewaltigung der nicht organisierten Arbeiter in die Öffentlichkeit dringen, geben selbst Blätter, die sonst mehr oder weniger auf Seite der destruktionistischen Parteien stehen, ihren Unmut zu erkennen.

Die Waffe der Gewerkschaften ist der Streik. Man muß sich dabei vor Augen halten, daß jeder Streik ein Akt des Landzwanges ist, eine gewaltsame Erpressung, die sich gegen alle richtet, die den Absichten der Streikenden zuwiderzuhandeln bereit wären. Jeder Streik ist Terrorismus. Denn der Zweck der Arbeitseinstellung würde gänzlich vereitelt werden, wenn es dem Unternehmer möglich wäre, an Stelle der streikenden Arbeiter andere einzustellen, oder wenn sich nur ein Teil der Arbeiter dem Streik anschließen würde. Das Um und Auf des Gewerkschaftsrechtes ist daher die von den Arbeitern mit Erfolg behauptete Möglichkeit, gegen den Streikbrecher mit Brachialgewalt vorzugehen. Es ist nicht notwendig, darzulegen, auf welche Weise die Gewerkschaften in den verschiedenen Staaten dieses Recht an sich zu reißen gewußt haben. Es genügt festzustellen, daß sie es in den letzten Jahrzehnten überall errungen haben, weniger durch ausdrückliche gesetzliche Zustimmung als durch stillschweigende Duldung der Behörden und Gerichte. Es gibt seit Jahren in Europa kaum die Möglichkeit, einen Streik durch Einstellung von Streikbrechern unwirksam zu machen. Lange Zeit ist es wenigstens möglich gewesen, von den Eisenbahnen, den Beleuchtungswerken, den Wasserwerken und von den wichtigsten Unternehmungen der städtischen Lebensmittelversorgung den Streik fernzuhalten. Aber auch hier hat endlich der Destruktionismus voll gesiegt. Wenn es den Gewerkschaften beliebt, können sie Städte und Länder durch Hunger und Durst, durch Kälte und Dunkelheit zur Gefügigkeit zwingen. Sie können Schriften, die ihnen nicht genehm sind, von der Drucklegung ausschließen; sie können die Postbeförderung von Druckschriften und Briefen, die sie nicht gutheißen, unterbinden. Wenn sie wollen, dürfen die Arbeiter ungestört Sabotage treiben, die Arbeitswerkzeuge und Arbeitsstoffe beschädigen und die Arbeit so langsam oder so schlecht verrichten, daß sie wertlos wird.

Die destruktionistische Funktion des Gewerkschaftswesens ist niemals ernstlich bestritten worden. Es ist nie gelungen, eine Lohntheorie aufzustellen, aus der man die Folgerung ableiten könnte, daß durch den gewerkschaftlichen Zusammenschluß eine dauernde Erhöhung des Realeinkommens der Arbeiter erzielt werden könnte. Fest steht, daß auch Marx weit entfernt war, den Gewerkschaften eine Wirkung auf den Lohn zuzuschreiben. Marx hat sich in einem Vortrag, den er im Jahre 1865 im Generalrat der „Internationale" gehalten hat[1]), bemüht, seine Gesinnungsgenossen für das Zusammengehen mit den Gewerkschaften zu gewinnen. Welche Gründe ihn dazu veranlaßt haben, läßt er gleich in den einleitenden Worten durchblicken. Die Ansicht, daß durch Streiks Lohnerhöhungen nicht erzielt werden können, die in Frankreich von den Proudhonisten und in Deutschland von den Lassalleanern vertreten wurde, nennt er hier „bei der Arbeiterklasse höchst unpopulär"; weil er aber als der große Taktiker, der es ein Jahr zuvor verstanden hatte, in der „Inauguraladresse" die verschiedenartigsten Ansichten über Wesen, Ziele und Aufgaben der Arbeiterbewegung zu einem einheitlichen Programm zu verschmelzen, die gewerkschaftliche Bewegung an die Internationale fesseln will, bemüht er sich, alles, was zugunsten der Gewerkschaften spricht, emsig hervorzukehren. Doch auch in diesem Vortrag hütet er sich wohl, rundweg die Behauptung aufzustellen, daß durch die Gewerkschaften unmittelbar eine Verbesserung der wirtschaftlichen Lage der Arbeiter erzielt werden könnte. Er sieht die Aufgabe der Gewerkschaften in erster Linie darin, den Kampf gegen die kapitalistische Wirtschaftsordnung zu führen. Die Stellung, die er den Gewerkschaften zuweist, läßt keinen Zweifel zu über die Wirkungen, die er von ihren Eingriffen erwartet. „An Stelle des konservativen Mottos: ‚Ein gerechter Tageslohn für einen gerechten Arbeitstag' sollten sie das revolutionäre Schlagwort auf ihre Fahnen schreiben: ‚Abschaffung des Lohnsystems.' . . . . Sie verfehlen im allgemeinen ihren Zweck dadurch, daß sie sich auf einen Guerillakrieg gegen die Wirkungen des gegenwärtigen Systems beschränken, statt gleichzeitig auf seine Umwandlung hinzuarbeiten und ihre organisierte Kraft als einen Hebel für die endgültige Emanzipation der arbeitenden Klassen, d. h. die endgültige Abschaffung des Lohnsystems, zu gebrauchen[2])." Deutlicher hätte Marx kaum aussprechen können, daß er in den Gewerkschaften nichts anderes zu erblicken vermochte als Werkzeuge zur Zerstörung der kapitalistischen Gesellschaftsordnung. Es blieb der empirisch-realistischen Nationalökonomie und den revisionistischen Marxisten vorbehalten, zu behaupten, daß die Gewerkschaften die Löhne dauernd über dem Niveau, auf dem sie ohne den gewerkschaftlichen Zusammenschluß gestanden wären, zu erhalten imstande seien. Eine Auseinandersetzung mit dieser Meinung erübrigt sich; denn es ist nicht einmal der Versuch gemacht worden, sie zu einer Theorie

---

[1]) Der Vortrag ist, von Bernstein ins Deutsche übersetzt, unter dem Titel „Lohn, Preis und Profit" herausgegeben worden. Ich zitiere nach der dritten, 1910 in Frankfurt erschienenen Auflage.

[2]) Vgl. a. a. O., S. 46.

auszubauen; sie blieb eine Behauptung, die stets ohne jede Verbindung mit einer Erklärung der Zusammenhänge des Wirtschaftslebens und ohne jeden Beweis vorgebracht wurde.

Die gewerkschaftliche Politik der Arbeitseinstellung, der Gewalt und der Sabotage hat an der Besserung der Lage der Arbeiter nicht das geringste Verdienst gehabt[1]). Sie hat ihren Teil dazu beigetragen, daß das kunstvolle Gebäude der kapitalistischen Wirtschaft, in der sich das Los aller, auch das des ärmsten Arbeiters, von Tag zu Tag gebessert hat, in seinen Grundfesten erschüttert wurde. Sie hat aber auch nicht dem Sozialismus vorgearbeitet, sondern dem Syndikalismus.

Setzen die Arbeiter jener Betriebe, die man als die nicht lebenswichtigen zu bezeichnen pflegt, im Lohnkampfe Forderungen durch, die ihren Lohn über den durch die Marktlage gegebenen Stand erhöhen, so werden durch die Fortwirkung dieser Verschiebung Bewegungen auf dem Markte ausgelöst, die schließlich dazu führen müssen, daß das gestörte Gleichgewicht wieder hergestellt wird. Sind aber auch die Arbeiter der lebenswichtigen Betriebe in der Lage, durch Arbeitseinstellung oder durch die Drohung damit Lohnforderungen geltend zu machen und dabei für sich alle jene Rechte in Anspruch zu nehmen, die die übrigen Arbeiter im Lohnkampf beanspruchen, dann stehen die Dinge anders. Es wäre irreführend, wollte man sagen, daß diese Arbeiter dann in der Lage von Monopolisten wären; denn das, um was es sich dabei handelt, liegt außerhalb des Begriffes des wirtschaftlichen Monopols. Wenn die Angestellten aller Verkehrsunternehmungen in Ausstand treten und jedermann daran hindern, etwas zu unternehmen, was die beabsichtigte Wirkung ihres Tuns abschwächen könnte, so sind sie die unumschränkten Tyrannen der Gebiete, die in ihren Machtbereich fallen. Man mag der Ansicht sein, daß sie von ihrer Macht nur einen maßvollen Gebrauch machen; doch das ändert nichts an der Tatsache, daß sie diese Macht haben. Dann gibt es im Lande nur noch zwei Stände: die Angehörigen der Syndikate der lebenswichtigen Produktionszweige als unumschränkte Herrscher und das übrige Volk als rechtlose Sklaven. Wir gelangen zur „Gewaltherrschaft der ganz unentbehrlichen Arbeiter über die übrigen Klassen"[2]).

Und weil hier noch einmal von Macht die Rede ist, so sei es wieder gestattet, zu prüfen, worauf diese wie alle Macht beruht. Die Macht der

---

[1]) Vgl. Adolf Weber, Der Kampf zwischen Kapital und Arbeit, 3. u. 4. Aufl., Tübingen 1921, S. 384ff.; Robbins, Wages, London 1926, S. 58ff.; Hutt, The Theory of Collective Bargaining, London 1930, S. 1ff.; ferner meine Kritik des Interventionismus, Jena 1929, S. 12ff., 79ff., 133ff.

[2]) Vgl. Kautsky, zitiert bei Dietzel, Ausbeutung der Arbeiterklasse durch Arbeitergruppen („Deutsche Arbeit", 4. Jahrg., 1919) S. 145ff.

gewerkschaftlich organisierten Arbeiter, vor der heute die Welt zittert, hat keine anderen Grundlagen als die Macht anderer Tyrannen je gehabt hat; auch sie ist nichts als das Erzeugnis menschlicher Ideologien. Jahrzehntelang wurde den Menschen immer wieder eingehämmert, daß der gewerkschaftliche Zusammenschluß der Arbeiter eine notwendige und den Einzelnen wie der Gesamtheit nützliche Sache sei, daß nur frevelhafte Selbstsucht der Ausbeuter daran denken könne, die Koalitionen zu bekämpfen, daß bei Arbeitseinstellungen das Recht stets auf Seite der Streikenden sei, daß es kaum eine schlimmere Ehrlosigkeit geben könne als den Streikbruch, und daß die Bestrebungen, die Arbeitswilligen zu schützen, gesellschaftsfeindlich seien. Das Geschlecht, das in den letzten Jahrzehnten heranwuchs, hatte von Kind auf gelernt, daß die Zugehörigkeit zur gewerkschaftlichen Organisation die wichtigste soziale Pflicht sei; es hatte sich gewöhnt, im Streik eine Art heiliger Handlung, ein gesellschaftliches Weihefest zu erblicken. Auf dieser Ideologie beruht die Macht der Arbeiterverbände. Sie muß zusammenbrechen, wenn die Lehre von der gesellschaftlichen Ersprießlichkeit des Gewerkschaftswesens anderen Anschauungen über seine Wirkungen weichen sollte. Daß daher gerade die mächtigsten Gewerkschaften genötigt sind, im Gebrauche ihrer Macht vorsichtig zu sein, um nicht durch Überspannung der Macht zum Nachdenken über das Wesen und die Wirkungen des Arbeitervereinswesens und zu einer Überprüfung und Verwerfung der überkommenen Lehren Anlaß zu geben, ist klar. Doch das gilt und galt immer und von allen Machthabern und ist keine Besonderheit der Gewerkschaften.

Denn das ist wohl klar: Sollte es einmal zu einer grundsätzlichen Erörterung des Streikrechts der Arbeiter lebenswichtiger Betriebe kommen, dann wird es bald um die ganze Lehre vom Gewerkschaftswesen und vom Streikzwang geschehen sein, dann werden Streikbruchverbände wie die „Technische Nothilfe" jenes Beifalls teilhaftig werden, den heute noch die Streikenden erhalten. Es mag sein, daß in Kämpfen, die daraus erwachsen können, die Gesellschaft zugrunde geht. Doch sicher ist, daß eine Gesellschaft, die das Arbeitervereinswesen so durchführen will, wie es die herrschenden Anschauungen verlangen, in der kürzesten Zeit der Auflösung entgegengehen muß.

§ 5. Als eines der wirksamsten Mittel des Destruktionismus hat sich die Unterstützung der Arbeitslosen erwiesen.

Der Gedankengang, der zur Schaffung der Arbeitslosenversicherung führte, war derselbe, der die Kranken- und Unfallversicherung entstehen ließ. Man hielt Arbeitslosigkeit für ein Unglück, das über den Einzelnen kommt, wie eine Lawine ins Tal niedergeht. Man sah nicht, daß richtiger nicht von Arbeitslosigkeit, sondern von Lohnlosigkeit zu sprechen wäre, weil das, was der Betroffene entbehrt, nicht die Arbeit, sondern der Arbeitslohn ist. Und man verstand nicht, daß es sich nicht darum handelt, daß der „Arbeitslose" überhaupt keine Arbeit findet, sondern darum, daß er nicht gewillt ist, für den Lohn zu arbeiten, den er auf dem Arbeitsmarkte für die Arbeit, die er zu leisten befähigt und bereit ist, zu erzielen in der Lage wäre.

Die Kranken- und Unfallversicherung wird dadurch problematisch, daß der Versicherte den Versicherungsfall selbst herbeizuführen oder doch zu verschärfen vermag. Von der Versicherung gegen Arbeitslosigkeit aber gilt, daß der Versicherungsfall anders als durch den Willen des Versicherten überhaupt nicht eintreten kann. Würde er nicht als Gewerkschaftsmitglied handeln, sondern seine Ansprüche so herabsetzen und Arbeitsort und Arbeitsart so wechseln, wie es die Lage des Arbeitsmarktes verlangt, so würde er Arbeit finden. Denn solange wir in der gegebenen Welt und nicht im Schlaraffenlande leben, steht die Arbeit im wirtschaftlichen Mengenverhältnis, d. h. es gibt unbefriedigten Bedarf nach Arbeitskräften. Die Arbeitslosigkeit ist ein Lohnproblem und kein Arbeitsproblem. Arbeitslosenversicherung ist geradeso undurchführbar wie etwa Versicherung gegen Unverkäuflichkeit von Waren.

Das, was man Versicherung gegen Arbeitslosigkeit nennt, trägt diesen Namen zu Unrecht, weil es niemals eine auf statistischer Erfahrung beruhende Unterlage für eine derartige Versicherung geben kann. Die meisten Staaten haben das auch anerkannt, indem sie die Bezeichnung „Versicherung" fallen ließen oder zumindest aus ihr keine weiteren Folgen mehr ziehen. Der Charakter der Einrichtung ist heute unverhüllt Unterstützung. Sie ermöglicht den Gewerkschaften das Festhalten an Lohnsätzen, bei denen nur ein Teil der Arbeitsuchenden Arbeit findet. Die Unterstützung der Arbeitslosen ist es mithin, die Arbeitslosigkeit als Massen- und Dauererscheinung erst schafft. Für diesen Zweck werden heute in einer Reihe von europäischen Staaten Summen aufgewendet, die die Tragfähigkeit der öffentlichen Finanzen beträchtlich übersteigen.

§ 6. Der Liberalismus hatte mit den Staatsfabriken und mit der Eigenwirtschaft des Staates aufgeräumt. Es war eigentlich mehr oder weniger nur noch der Postbetrieb, der von dem allgemeinen Grundsatz, die Produktionsmittel im Sondereigentum zu belassen und jede wirtschaftliche Tätigkeit den Bürgern zu übertragen, eine Ausnahme machte. Die Anwälte des Etatismus haben sich die größte Mühe gegeben, die Gründe darzulegen, die für die Verstaatlichung des Postdienstes und des mit ihm in enger Verbindung stehenden Telegraphendienstes sprechen sollen. Es wurden dafür in erster Linie politische Gesichtspunkte geltend gemacht. Man pflegt bei der Erörterung der Gründe, die für und gegen den

Staatsbetrieb des Post- und Telegraphenwesens sprechen, gewöhnlich zwei Dinge zu vermengen, die durchaus gesondert betrachtet werden müßten: die Frage der Vereinheitlichung des Dienstes und die Frage seiner ausschließlichen Übertragung an den Staat. Es kann keinem Zweifel unterliegen, daß das Post- und Telegraphenwesen für die Vereinheitlichung vorzüglich geeignet ist, und daß auch bei voller Freiheit sich auf diesem Gebiete bald Trustbildungen ergeben würden, die zumindest für ganze Landstriche zu einem faktischen Monopol Einzelner führen müßten. Bei keinem zweiten Betrieb springen die Vorteile der Betriebskonzentration so in die Augen wie bei diesem. Doch mit der Feststellung dieser Tatsache ist die Frage, ob dem Staate eine rechtlich gesicherte Monopolstellung für alle Zweige des Post- und Telegraphendienstes einzuräumen ist, noch lange nicht entschieden. Es ist nicht schwer, aufzuzeigen, daß die Staatsregie unwirtschaftlich arbeitet, daß sie wenig geneigt ist, durch Anpassung an die Bedürfnisse des Verkehrs für die Ausgestaltung der Nachrichtenbeförderung zu sorgen, und daß sie sich nur schwer entschließt, zweckentsprechende Verbesserungen einzuführen. Auch auf diesem Gebiete des Wirtschaftslebens sind alle Fortschritte durch die Initiative der privaten Unternehmer gemacht worden. Die Überlandtelegraphie ist in großem Stil zuerst von privaten Unternehmungen durchgeführt worden; in England erfolgte ihre Verstaatlichung erst 1869, in den Vereinigten Staaten von Amerika ist sie auch heute in den Händen von Aktiengesellschaften. Die Überseekabel sind zum überwiegenden Teil im Betrieb privater Unternehmungen. Selbst der deutsche Etatismus ist nur zögernd daran gegangen, den Staat von der Mitwirkung privater Unternehmungen für die Unterseetelegraphie zu „befreien". Der Liberalismus ist grundsätzlich auch für die volle Freiheit des Post- und Telegraphendienstes eingetreten und hat mit großem Erfolg die Unzulänglichkeit des staatlichen Betriebes zu erweisen gesucht[1]). Daß es dennoch nicht zur Entstaatlichung dieser Produktionszweige gekommen ist, ist allein dem Umstande zuzuschreiben, daß die politischen Machthaber die Post und die Telegraphie zur Beherrschung der öffentlichen Meinung brauchen.

Die Mächte des Militarismus, die dem Unternehmer überall Hindernisse in den Weg zu legen bereit waren, haben seine Überlegenheit dadurch anerkannt, daß sie die Erzeugung von Waffen und Munition in seine Hand haben übergehen lassen. Die großen Fortschritte der Kriegstechnik setzten in dem Zeitpunkt ein, in dem die privaten Unternehmungen sich der Erzeugung von Kriegsmaterial zuzuwenden begannen. Der Einsicht, daß der Unternehmer bessere Waffen erzeugt als der Beamte, hat

---

[1]) Vgl. Millar, The Evils of State Trading as illustrated by the Post Office (A Plea for Liberty ed. by Mackay, Sec. ed., London 1891, S. 305 ff.).

sich der Staat nicht entziehen können; der Beweis dafür war auf den Schlachtfeldern in einer Weise erbracht worden, die selbst den verstocktesten Anhänger der Staatsregie belehren mußte. Die Arsenale und Staatswerften sind im neunzehnten Jahrhundert teils ganz verschwunden, teils in bloße Magazine umgewandelt worden. An ihre Stelle traten Werke privater Unternehmer. Die literarischen und parlamentarischen Vertreter der Verstaatlichung der Industrie haben mit der Forderung nach Verstaatlichung der Rüstungsindustrie auch in der Blütezeit des Etatismus, in den Jahren, die dem Weltkrieg unmittelbar vorangegangen sind, nur wenig Erfolg erzielt. Die Generalstäbe wußten die Überlegenheit der privaten Betriebe wohl zu würdigen.

Aus staatsfinanziellen Gründen hat man auch in der liberalen Zeit die Finanzmonopole dort, wo sie schon von altersher bestanden, nicht aufgehoben. Die Monopole blieben bestehen, weil man sie für eine erträgliche Art der Einhebung einer Verzehrungssteuer ansah. Man gab sich dabei keinen Täuschungen über die Unwirtschaftlichkeit des Staatsbetriebes, z. B. der Tabakverwaltung, hin. Doch bevor noch der Liberalismus vermocht hatte, seinem Grundsatz auch auf diesem Gebiet zum Durchbruch zu verhelfen, hatte bereits der Sozialismus eine rückläufige Bewegung eingeleitet.

Die Ideen, aus denen die ersten modernen Verstaatlichungen und Verstadtlichungen entsprungen sind, waren noch nicht ganz vom Geist des modernen Sozialismus erfüllt. In den Anfängen der Bewegung haben noch Gedanken des alten Polizeistaates und rein militärisch-politische Rücksichten eine große Rolle gespielt. Bald aber ist die sozialistische Ideologie in den Vordergrund getreten. Es war bewußte Sozialisierung, die Staat und Gemeinde da betrieben. Fort mit dem unwirtschaftlichen Privatbetrieb, los vom Unternehmertum, lautete die Losung.

Die wirtschaftliche Minderwertigkeit des sozialistischen Betriebes hat zunächst keinen Einfluß auf den Fortgang der Verstaatlichung und Verstadtlichung ausgeübt. Die Stimme der Warner wurde nicht gehört. Sie wurde vom lauten und aufdringlichen Treiben der Etatisten und Sozialisten und der zahlreichen Elemente, die ihre Sonderinteressen dabei wahrnahmen, übertönt. Man wollte die Mängel des Regiebetriebes nicht sehen und übersah sie darum. Nur eines hemmte den Übereifer der Gegner des Sondereigentums: die finanziellen Schwierigkeiten, mit denen eine große Anzahl der öffentlichen Unternehmungen zu kämpfen hatte. Die höheren Kosten der Regie konnten aus politischen Gründen nicht ganz auf die Verbraucher überwälzt werden, so daß sich vielfach Betriebsverluste ergaben. Man tröstete sich darüber mit der Behauptung, daß die allgemeinen volkswirtschaftlichen und sozialpolitischen Vorteile des

Staats- und Gemeindebetriebes der Opfer wohl wert seien, aber man war doch zu einem gewissen Maßhalten in der Verfolgung der etatistischen Politik genötigt. Die Befangenheit der Volkswirte, die sich schriftstellerisch mit diesen Problemen befaßten, trat besonders deutlich darin zutage, daß sie sich dagegen sträubten, die Ursachen des finanziellen Mißerfolges der Regieunternehmungen in der Unwirtschaftlichkeit der Betriebsführung zu suchen. Sie wollten immer nur besondere Verhältnisse, persönliche Mängel der leitenden Organe und Fehler der Organisation dafür verantwortlich machen. Dabei wurde immer wieder auf die preußischen Staatsbahnen als das glänzendste Muster einer guten Verwaltung hingewiesen. In der Tat haben die preußischen Staatsbahnen nicht unbedeutende Betriebsüberschüsse abgeworfen. Doch da lagen ganz besondere Gründe vor. Preußen hat den wichtigsten Teil seines Staatsbahnnetzes in der ersten Hälfte der 80er Jahre des neunzehnten Jahrhunderts, also zu einer Zeit besonders niedriger Preise erworben; auch die Ausgestaltung und Erweiterung des Netzes sind im Großen und Ganzen vor dem starken Aufschwung der deutschen Volkswirtschaft, der in der zweiten Hälfte der 90er Jahre einsetzte, erfolgt. Da war es denn nicht besonders auffallend, daß diese Bahnen, deren Transportmenge ohne ihr Zutun von Jahr zu Jahr wuchs, und die, weil sie zum großen Teil durch Ebenen führen und die Kohle überall nahe hatten, mit günstigen Betriebsverhältnissen zu rechnen hatten, auch gut rentierten. Die Lage der preussischen Staatsbahnen war eben eine solche, daß sie eine Zeitlang trotz des Staatsbetriebes Erträgnisse abwarfen. Ähnlich war es bei den Gas-, Wasser- und Beleuchtungswerken und bei den Straßenbahnen einiger größerer Städte. Die Folgerungen, die man daraus ziehen wollte, waren durchaus unrichtig.

Im Großen und Ganzen war der Erfolg der Verstaatlichung und Verstadtlichung der, daß aus Steuergeldern Zuschüsse zu den Betriebskosten geleistet werden mußten. Darum kann man ruhig sagen, daß es niemals ein Schlagwort gegeben hat, das so zur Unzeit ausgegeben wurde wie das von Goldscheid geprägte von der Überwindung des Steuerstaates. Der finanziellen Bedrängnis, in die die Staaten durch den Weltkrieg und seine Folgen geraten sind, lasse sich, meint Goldscheid, durch die alten Methoden der Staatsfinanzpolitik nicht mehr beikommen. Die Besteuerung der privaten Unternehmungen versage. Man müsse daher dazu schreiten, den Staat durch Enteignung der kapitalistischen Unternehmungen zu „repropriieren", um ihn instand zu setzen, aus den Erträgen seiner eigenen Betriebe die Ausgaben zu decken[1]). Hier wird der Sach-

---

[1]) Vgl. Goldscheid, Staatssozialismus oder Staatskapitalismus, Wien 1917; derselbe, Sozialisierung der Wirtschaft oder Staatsbankerott, Wien 1919; dagegen: Schumpeter, Die Krise des Steuerstaates, Graz und Leipzig 1918.

verhalt ganz auf den Kopf gestellt. Die finanziellen Schwierigkeiten bestehen gerade darin, daß die großen Zuschüsse, die die vergesellschafteten Betriebe erfordern, aus Steuermitteln nicht mehr aufgebracht werden können. Wenn man alle Unternehmungen vergesellschaften wollte, dann wird man zwar die Erscheinungsform des Übels ändern, es selbst aber nicht nur nicht beseitigen, sondern noch vergrößern. Die Minderergiebigkeit der öffentlichen Unternehmungen wird nun zwar nicht mehr in einem Abgang des Staatshaushaltes sichtbar werden. Die Bevölkerung wird aber schlechter versorgt werden. Not und Elend werden wachsen, nicht abnehmen. Goldscheid will die Sozialisierung bis ans Ende führen, um die Finanznot des Staates zu beheben. Aber diese Finanznot ist gerade daraus entstanden, daß die Sozialisierung zu weit getrieben wurde. Sie kann nur dann verschwinden, wenn man die vergesellschafteten Betriebe wieder an das Sondereigentum zurückgibt. Der Sozialismus steht an dem Punkt, wo seine wirtschaftstechnische Undurchführbarkeit weithin sichtbar wird und selbst den Blinden die Augen darüber aufgehen, daß wir mit ihm auf dem Weg zum Untergang aller Kultur sind. Nicht an dem Widerstand der Bourgeoisie sind in Mitteleuropa die Bestrebungen, die Vollsozialisierung mit einem Schlage durchzuführen, gescheitert, sondern an der Tatsache, daß jede weitere Sozialisierung schon vom finanziellen Gesichtspunkte aus ganz undurchführbar erscheinen mußte. Die systematische, kühl überdachte Sozialisierung, wie sie Staat und Gemeinden bis zum Krieg betrieben hatten, mußte zum Stillstande kommen, weil man es sich leicht ausrechnen konnte, zu welchem Ergebnis sie führt. Der Versuch ihrer Anhänger, sie unter neuem Namen zu empfehlen, wie es von den Sozialisierungs-Kommissionen in Deutschland und Österreich gemacht wurde, konnte unter solchen Umständen keinen Erfolg erzielen. Wollte man weiter sozialisieren, dann konnte man es nicht mehr mit den alten Mitteln machen. Man mußte die Stimme der Vernunft, die vor jedem weiteren Schritt auf diesem Wege warnte, zum Schweigen bringen; man mußte die Kritik durch einen Rausch von Begeisterung und Fanatismus ausschalten; man mußte die Gegner totschlagen, da man sie nicht zu widerlegen vermochte. Bolschewismus und Spartakismus waren die letzten Methoden, die dem Sozialismus noch übrig blieben. In diesem Sinne sind sie der notwendige Abschluß der Politik des Destruktionismus.

§ 7. Dem Liberalismus, der dem Staat nur die eine Aufgabe zuerkennt, für die Sicherheit der Person und des Eigentums der Staatsbürger Sorge zu tragen, sind die Probleme der Aufbringung der vom öffentlichen Haushalt benötigten Mittel von geringer Wichtigkeit. Der Kostenaufwand, den der Apparat eines liberalen Gemeinwesens verursacht, ist im Verhältnis zum gesamten Nationaleinkommen so gering, daß es keinen beträchtlichen Unterschied ausmacht, ob er auf diesem oder auf jenem Wege gedeckt wird. Wenn die liberalen Schriftsteller nach der besten Steuer Umschau halten, so tun sie es, weil sie jede Einzelheit des gesellschaftlichen Systems auf das zweckmäßigste einzurichten wünschen, nicht etwa weil sie der Meinung wären, das Problem der Staatsfinanzen sei ein Hauptproblem der Gesellschaftsordnung. Sie müssen dabei aber auch damit rechnen, daß ihre liberalen Ideale nirgends auf Erden verwirklicht sind, und daß die Hoffnung, sie bald voll verwirklicht zu sehen, nicht gerade allzu groß ist. Überall sehen sie kräftige Ansätze liberaler Entwicklung, die ferne Zukunft gehört, ihrer Ansicht nach, dem Liberalismus, doch die Mächte der Vergangenheit scheinen noch stark genug, um das Fortschreiten des Liberalismus zu verzögern, wenn auch nicht mehr stark genug, um ihn ganz aufzuhalten oder gar niederzuwerfen. Noch gibt es überall fürstliche Machtpläne, stehende Heere, diplomatische Geheimverträge, Kriege, Zölle, Vielregiererei in Handels- und Gewerbesachen, kurz: Interventionismus jeder Art in der Innen- und in der Außenpolitik. Daher muß man sich noch für eine ziemliche Zeit mit einem beträchtlichen Aufwand für staatliche Zwecke abfinden. Mögen die Steuerfragen auch im angestrebten rein liberalen Staat von untergeordneter Bedeutung sein, für den Obrigkeitsstaat, in dem die liberalen Politiker zunächst noch zu wirken haben, muß man ihnen erhöhte Aufmerksamkeit zuwenden. Die liberalen Staatsmänner empfehlen in erster Reihe Einschränkung der Staatsausgaben. Wenn sie aber damit noch nicht vollen Erfolg erzielen, müssen sie sich mit der Frage befassen, wie man die erforderlichen Mittel aufbringen könne, ohne mehr Schaden anzurichten als unbedingt nötig.

Man mißversteht alle steuerpolitischen Vorschläge des Liberalismus, wenn man nicht darauf achtet, daß die liberalen Politiker jede Steuer als ein — wenn auch bis zu einem gewissen Grade unvermeidliches — Übel betrachten, und daß sie von der Annahme ausgehen, daß man sich selbstverständlich vor allem bemühen müsse, die Staatsausgaben auf das geringste Maß herabzudrücken. Wenn sie eine bestimmte Steuer empfehlen oder — richtiger gesagt — als weniger schädlich als andere Steuern bezeichnen, dann denken sie stets nur daran, durch sie einen verhältnismäßig kleinen Betrag aufzubringen. Die niedrige Höhe der Steuersätze ist ein integrierender Bestandteil aller liberalen Steuerprogramme. Nur so ist ihr Sichabfinden mit der Einkommensbesteuerung, die sie zuerst in die ernste steuerpolitische Erörterung gestellt haben, zu verstehen; nur so darf man es auffassen, wenn sie sich mit der Steuerfreiheit eines bescheidenen Existenzminimums und der Ermäßigung des Steuersatzes für kleinere Einkommen abfinden[1]).

Auch das Finanzprogramm der Sozialisten ist nur ein vorläufiges. Seine Geltung ist auf die Übergangszeit beschränkt. Für das sozialistische Staatswesen, in dem alle Produktionsmittel der Gesellschaft gehören und alles Einkommen zunächst dem Staate zufließt, gibt es Finanz- und Steuerfragen in dem Sinne, in dem sie die auf dem Sondereigentum beruhende Gesellschaftsordnung kennt, überhaupt nicht. Auch jene Gestaltungen des sozialistischen Gemeinwesens, die wie der Staatssozialismus das Sondereigentum dem Namen und der äußeren Form nach fortbestehen lassen wollen, hätten nicht eigentlich Steuern zu erheben, wenn auch Namen und Rechtsform der Steuer beibehalten werden; sie werden verfügen, was von dem in den einzelnen, der Form nach als Sonderwirtschaften geltenden Stellen der Gesamtwirtschaftsorganisation erzielten Teil des Sozialeinkommens dem nominellen Eigentümer zu verbleiben hat, und was an den Staat abzuführen ist. Von einer Besteuerung, die bestimmte Eingriffe in die Einzelwirtschaften vornimmt, ihre Auswirkung auf Warenpreise und Löhne, auf Unternehmergewinn, Zins und Rente aber dem Markte überläßt, wäre auch hier nicht die Rede. Nur wo mit dem Sondereigentum an den Produktionsmitteln zu rechnen ist, gibt es Finanzfragen und Steuerpolitik.

Doch auch für die Sozialisten zieht sich die Übergangszeit solange hinaus, daß auch ihnen die Beschäftigung mit Finanz- und Steuerproblemen des kapitalistischen Gemeinwesens immer wichtiger wird. Das ist umso mehr der Fall, als sie bemüht sind, den Kreis der Staatsaufgaben beständig auszudehnen, und damit auch die Staatsausgaben immer mehr erhöhen. So geht die Sorge für die Mehrung der Staatseinkünfte auf sie über. Die sozialistische Politik wird zum entscheidenden Faktor in der Entwicklung der Staatsausgaben; die sozialistischen Forderungen werden bestimmend für die Steuerpolitik; im Programm der Sozialisten selbst tritt das Finanzpolitische immer mehr in den Vordergrund. War im Programm der Liberalen die Niedrigkeit aller Steuersätze Grundsatz gewesen, so wird von den Sozialisten umgekehrt jede Steuer für umso besser angesehen, je schärfer sie zugreift oder — wie man zu sagen pflegt — je mehr sie „erfaßt".

Die klassische Nationalökonomie hat auch in der Lehre von den Wirkungen der Steuern Großes geleistet; das muß man trotz aller Mängel zugeben, die ihren Ergebnissen wegen der Fehlerhaftigkeit ihrer werttheoretischen Grundlagen anhaften. Von den meisterhaften Unter-

---

[1]) Über die ablehnende Haltung der Liberalen gegenüber dem Gedanken progressiver Steuern vgl. Thiers, De la propriété, Paris 1848, S. 352 ff.

suchungen, die Ricardo diesem Gegenstande gewidmet hatte, gingen die liberalen Politiker aus, wenn sie Kritik an den bestehenden Zuständen übten und Reformvorschläge aufstellten. Die sozialistischen Politiker haben sich die Sache viel leichter gemacht. Sie selbst haben über die Dinge nichts Neues zu sagen gewußt, und aus den Schriften der Klassiker entnahmen sie nichts als einzelne aus dem Zusammenhang gerissene Bemerkungen, vorzüglich über die Wirkungen der Verbrauchssteuern, die ihnen für die Bedürfnisse der Tagespolitik gerade zusagten. Sie zimmerten sich ein rohes, nirgends bis zu den eigentlichen Problemen dringendes System zusammen, dessen Einfachheit es allerdings ermöglichte, es dem Verständnis der Massen nahezubringen. Die Steuern sollen die Reichen, die Unternehmer, die Kapitalisten, kurz: die anderen bezahlen; die Arbeiter, kurz: die Wähler, auf deren Stimmen es ankommt, sollen steuerfrei bleiben. Alle Massenverbrauchssteuern — auch die auf geistige Getränke — sind abzulehnen, weil sie das Volk belasten. Die direkten Steuern können nicht hoch genug sein, wofern nur das Einkommen und der Besitz der Arbeiter frei bleiben. Nicht einen Augenblick lang lassen sich die Verfechter dieser volkstümlichen Steuerpolitik den Gedanken durch den Kopf gehen, daß auch direkte Steuern und Verkehrsabgaben Wirkungen auslösen können, die die Lebenshaltung der Schichten, deren vermeintliche Sonderinteressen sie zu vertreten vorgeben, mittelbar herabdrücken. Nur selten wird die Frage aufgeworfen, ob die Hemmung der Kapitalsbildung, die von der Besteuerung des Besitzes ausgeht, nicht auch die nichtbesitzenden Mitglieder der Gesellschaft schädige. Die Steuerpolitik entwickelt sich immer mehr zu einer Konfiskationspolitik. Die einzigen Aufgaben, die sie sich noch stellt, sind möglichst durchgreifende Erfassung und Wegsteuerung jeder Art von Besitzeinkommen und Vermögen, wobei in der Regel das mobile Kapital schärfer behandelt wird als das Grundeigentum. Die Steuerpolitik wird zum bevorzugten Mittel des Interventionismus. Steuergesetze werden nicht mehr ausschließlich oder vorwiegend zum Zwecke der Erhöhung der Staatseinkünfte erlassen; sie sollen neben dem fiskalischen Erfolg noch anderen Zielen dienen. Mitunter tritt der finanzpolitische Gesichtspunkt ganz in den Hintergrund; die Steuer hat nur anderweitige Aufgaben zu erfüllen. Es werden Steuern ausgeschrieben, die als Strafen für als schädlich angesehenes Handeln erscheinen; die Warenhaussteuer soll den Warenhäusern den Wettbewerb mit den kleinen Läden erschweren, die Börsenverkehrssteuern sollen die Spekulation hemmen. Die Abgaben werden so zahlreich und mannigfaltig, daß bei allen geschäftlichen Veränderungen in erster Reihe auf die steuerrechtlichen Folgen geachtet werden muß. Zahlreiche wirtschaftliche Möglichkeiten müssen brach liegen gelassen werden, weil ihre Ausnützung die Steuerbelastung so erhöhen würde, daß sie unrentabel werden müßten. So sind Errichtung, Betrieb, Verschmelzung und Auflösung von Aktiengesellschaften in vielen Staaten in solchem Maße durch hohe Abgaben erschwert, daß die Entwicklung des Aktienwesens in stärkster Weise gehemmt wurde.

Nichts kann einen Demagogen heute volkstümlicher machen, als wenn er immer wieder scharfe Steuern gegen die Reichen fordert. Vermögensabgaben und hohe Einkommensteuern für die größeren Einkommen sind bei den Massen, die sie nicht zu entrichten haben, ganz außerordentlich beliebt. Mit wahrer Wollust gehen dann die mit der Bemessung und Eintreibung betrauten Beamten daran, die Abgabepflichtigen zur Abstattung zu verhalten; unermüdlich sind sie darauf bedacht, durch Kunstgriffe der juristischen Auslegung den Umfang der Leistungspflicht zu erweitern.

Die destruktionistische Steuerpolitik gipfelt in Vermögensabgaben. Vermögensteile werden enteignet, um aufgezehrt zu werden. Kapital wird in Gebrauchsgüter und Verbrauchsgüter umgewandelt. Hier ist die Wirkung nicht leicht zu verkennen. Doch die ganze volkstümliche Steuerpolitik unserer Tage führt zu demselben Erfolg.

In der Rechtsform der Steuererhebung durchgeführte Vermögenseinziehungen sind kein Sozialismus und auch nicht das Mittel, um den Sozialismus herbeizuführen. Sie führen nicht zur Vergesellschaftung der Produktionsmittel zum Zwecke gemeinwirtschaftlicher Produktion, sondern zur Kapitalaufzehrung. Nur wenn sie in den Rahmen eines sozialistischen Systems eingefügt werden, das Namen und Form des Sondereigentums beibehält, sind sie ein Stück Sozialismus. So haben sie im „Kriegssozialismus" die Ergänzung zur Zwangswirtschaft gebildet und mit ihr zusammen den Charakter des Systems als eines sich nach dem Sozialismus hin entwickelnden bestimmt[1]). In einem sozialistischen System, das das Eigentum an den Produktionsmitteln auch formell vergesellschaftet, gibt es begrifflich überhaupt keine Steuern mehr, die vom Besitz oder vom Besitzeinkommen getragen werden. Wenn das sozialistische Gemeinwesen von den Genossen Abgaben einhebt, ist das für den Charakter der Verfügung über die Produktionsmittel ohne Bedeutung.

Marx hat sich abfällig über die Bestrebungen ausgesprochen, die Gesellschaftsordnung durch steuerpolitische Maßnahmen ändern zu wollen. Er hat scharf hervorgehoben, daß Sozialismus nicht durch Steuerreform allein ersetzt werden könne[2]). Er hat auch über die Wirkungen der Steuern im Rahmen der kapitalistischen Gesellschaftsordnung anders

---

[1]) Vgl. meine Ausführungen in „Nation, Staat und Wirtschaft", a. a. O., S. 134 ff.
[2]) Vgl. Mengelberg, Die Finanzpolitik der sozialdemokratischen Partei in ihren Zusammenhängen mit dem sozialistischen Staatsgedanken, Mannheim 1919, S. 30 f.

gedacht als die Vulgärsozialisten. Er meinte gelegentlich, es sei „wahrhaft absurd", zu behaupten, daß „die Einkommensteuer die Arbeiter nicht berühre. In unserer jetzigen Gesellschaftsordnung, wo sich Unternehmer und Arbeiter gegenüberstehen, hält sich die Bourgeoisie meist für eine höhere Besteuerung dadurch schadlos, daß sie die Löhne herabsetzt oder die Preise erhöht"[1]). Doch schon das Kommunistische Manifest hatte „starke Progressivsteuer" gefordert, und die sozialdemokratische Partei ist immer für die radikalsten steuerpolitischen Forderungen eingetreten. Sie hat sich auch auf dem Gebiete der Steuerpolitik zum Destruktionismus hin entwickelt.

§ 8. Das letzte Wort des Destruktionismus ist die Inflation. Die Bolschewiken haben in der unübertrefflichen Weise, in der sie es verstehen, ihr Ressentiment zu rationalisieren und ihre Niederlagen in Siege umzudeuten, den Versuch gemacht, ihre Finanzpolitik als Bemühen hinzustellen, den Kapitalismus durch Vernichtung der Einrichtung des Geldes abzuschaffen. Doch Inflation zerstört zwar den Kapitalismus, doch sie hebt das Sondereigentum nicht auf. Sie bringt große Vermögens- und Einkommensverschiebungen mit sich, sie kann den ganzen feingegliederten Apparat der arbeitsteiligen Produktion zerschlagen, sie kann, wenn es nicht gelingt, den Gebrauch des metallischen Sachgeldes oder zumindest Tauschhandel aufrechtzuhalten, den Rückfall in tauschlose Wirtschaft herbeiführen. Sie kann jedoch nichts aufbauen, auch nicht eine sozialistische Gesellschaftsordnung.

Indem die Inflation die Grundlage der Wertrechnung, die Möglichkeit, mit einem mindestens für kurze Zeiträume im Werte nicht allzu stark schwankenden allgemeinen Nenner der Preise zu rechnen, zerstört, erschüttert sie die Geldrechnung und damit das wichtigste denktechnische Hilfsmittel der Wirtschaft. Solange sie sich noch in gewissen Grenzen hält, ist sie eine vortreffliche psychologische Stütze einer vom Verzehren des Kapitals lebenden Wirtschaftspolitik. Bei der üblichen und allein möglichen Art der kapitalistischen Buchführung täuscht sie günstige Ergebnisse vor, wo Verluste vorliegen. Indem die Abschreibungen des stehenden Kapitals zu klein angesetzt werden, weil man von der Nominalsumme des seinerzeitigen Anschaffungswertes ausgeht, und die scheinbaren Werterhöhungen, die sich am umlaufenden Kapital ergeben, so gebucht werden, als ob sie wirkliche Werterhöhungen wären, werden Gewinne ausgewiesen, wo eine Rechnung in einer stabilen Währung Verluste aufweisen würde[2]). Damit gelingt es zwar nicht, die Folgen übler

---

[1]) Vgl. Marx-Engels, Gesammelte Schriften 1852—1862, herg. v. Rjasanoff, Stuttgart 1917, I. Bd., S. 127.

[2]) Vgl. meine Ausführungen in „Nation, Staat und Wirtschaft", a. a. O., S. 129 ff. Seither ist eine ganze Anzahl Schriften erschienen, die sich mit dem Gegenstande befassen.

etatistischer Politik, von Krieg und Revolution zu beseitigen, wohl aber sie dem Auge der großen Menge zu entziehen. Man spricht von Gewinnen, man glaubt in einer Zeit wirtschaftlichen Aufschwunges zu leben, man preist am Ende gar die weise Politik, die alle reicher zu machen scheint.

Wenn aber die Inflation ein gewisses Maß überschreitet, dann ändert sich das Bild. Sie fördert dann die Destruktion nicht nur mittelbar, indem sie die Folgen destruktionistischer Politik verhüllt; sie wird selbst zu einem der wichtigsten Werkzeuge des Destruktionismus. Sie verleitet jedermann zur Aufzehrung seines Vermögens; sie hemmt das Sparen und damit die Neubildung von Kapital. Sie fördert die konfiskatorische Steuerpolitik. Die durch die Geldentwertung ausgelösten Erhöhungen des Geldausdruckes der Sachwerte und ihre Rückwirkung auf die buchmäßige Berechnung der Kapitalveränderungen werden, vom Steuerrecht als Einkommens- und Vermögensvermehrung angesehen, zu einem neuen Rechtstitel für die Einziehung eines Teiles des Vermögens der Eigentümer. Der Hinweis auf die hohen Scheingewinne, die man den Unternehmern nachzuweisen vermag, wenn man für die Rechnung von der Annahme der Wertbeständigkeit des Geldes ausgeht, bildet ein ganz vortreffliches Mittel zur Entfachung der Volksleidenschaften. Damit vermag man unschwer alle Unternehmertätigkeit als „Schieberei", als Schwindel und Schmarotzertum, hinzustellen. Und wenn dann schließlich das Geldwesen durch die hemmungslose, lawinenartig anschwellende Neuausgabe von Noten ganz zusammenbricht, dann bietet das Chaos die günstigste Gelegenheit, um das Werk der Zerstörung zu vollenden.

Die destruktionistische Politik des Interventionismus und Sozialismus hat die Welt in schwere Not gestürzt. Ratlos stehen die Politiker der Krise gegenüber, die sie heraufbeschworen haben. Und sie wissen keinen anderen Ausweg zu empfehlen als neue Inflation oder, wie man in der jüngsten Zeit zu sagen pflegt, Re-Deflation. Die Wirtschaft soll „angekurbelt" werden durch neue zusätzliche Bankkredite (d. h. durch zusätzliche Zirkulationskredite), wie die Gemäßigten wollen, oder durch Ausgabe von neuen Staatsnoten, wie die Unentwegten wünschen.

Doch die Vermehrung der Menge des Geldes und der Umlaufsmittel wird die Welt nicht reicher machen und das nicht wieder aufbauen, was der Destruktionismus niedergerissen hat. Ausdehnung des Zirkulationskredits führt zwar zunächst zum Aufschwung, zur Konjunktur; doch diese Konjunktur muß notwendigerweise früher oder später zusammenbrechen und in neue Depression einmünden. Durch Kunstgriffe der Bank- und Währungspolitik kann man nur vorübergehende Scheinbesserung erzielen, die dann zu umso schwererer Katastrophe führen muß. Denn der Schaden, der durch die Anwendung solcher Mittel dem Volkswohlstand zugefügt wird, ist um so größer, je länger es gelungen ist, die Scheinblüte durch fortschreitende Schaffung zusätzlichen Kredits vorzutäuschen[1]).

§ 9. Der Sozialismus hat die Zerstörung der Gesellschaft nicht bewußt gewollt. Er dachte eine höhere Gesellschaftsform zu schaffen. Doch weil sozialistische Gesellschaft nicht möglich ist, muß jeder Schritt, der sie herbeiführen will, gesellschaftsvernichtend wirken.

Daß jede sozialistische Politik notwendig in Destruktionismus umschlagen muß, tritt am klarsten in der Geschichte des marxistischen Sozialismus zutage. Der Marxismus hatte den Kapitalismus als unvermeidliche Vorstufe des Sozialismus bezeichnet und erwartete das Kommen der neuen Gesellschaft nur als Folge der Reife des Kapitalismus. Stellt man sich auf den Boden dieses Teiles der Lehre von Marx — neben dem er freilich noch ganz andere, schlechterdings unvereinbare Theorien vorgetragen hat — dann erscheint die Politik aller sich auf Marx berufenden Parteien durchaus unmarxistisch. Die Marxisten hätten alles bekämpfen müssen, was die Entwicklung des Kapitalismus irgendwie behindern könnte. Sie hätten gegen die Gewerkschaften und ihre Kampfesweise, gegen Arbeiterschutzgesetze, gegen die Sozialversicherung, gegen Besitzsteuern auftreten müssen; sie hätten die börsenfeindliche Gesetzgebung, die Preistaxen, die kartell- und trustfeindliche Politik, sie hätten den Inflationismus bekämpfen müssen. Sie haben von alledem das Gegenteil getan und sich damit begnügt, von Zeit zu Zeit Marxs abfällige Urteile über die „kleinbürgerliche" Politik zu wiederholen, ohne aber daraus die Folgerungen zu ziehen. Die Politik der Marxisten, die sich in ihren Anfängen scharf von der aller Parteien unterscheiden wollte, die das vorkapitalistische Wirtschaftsideal verherrlichen, ist zum Schlusse auf denselben Standpunkt gelangt, den diese eingenommen haben.

Der Kampf der Marxisten gegen die Parteien, die sich mit Emphase als antimarxistisch bezeichnen, wird von beiden Seiten mit solcher Erbitterung und mit einem derartigen Aufwand an Kraftausdrücken geführt, daß man leicht zur Annahme gelangen könnte, zwischen diesen Richtungen bestehe in allem und jedem unversöhnbarer Gegensatz. In der Tat aber ist dem durchaus nicht so. Beide — Marxismus und Nationalsozialismus — stimmen in der Gegnerschaft gegen den Liberalismus und in der Ablehnung der kapitalistischen Gesellschaftsordnung überein. Beide streben eine sozialistische Gesellschaftsordnung an. Der einzige Unterschied in ihren Programmen ist der, daß das Bild, das sich die

---

[1]) Vgl. meine „Theorie des Geldes und der Umlaufsmittel", 2. Aufl., München 1924, S. 347ff.; ferner meine „Geldwertstabilisierung und Konjunkturpolitik", Jena 1928, S. 43ff.

— 463 —

Marxisten vom sozialistischen Zukunftsstaat bilden, in einigen, wie wir zeigen konnten, nicht wesentlichen Dingen von dem Ideal des Staatssozialismus, das auch das der Nationalsozialisten ist, abweicht. Die Nationalsozialisten lassen in ihrer Agitation andere Forderungen in die erste Reihe treten als die Marxisten: sprechen die Marxisten von der Abschaffung des Warencharakters der Arbeit, so sprechen die Nationalsozialisten von der Brechung der Zinsknechtschaft, machen die Marxisten die „Kapitalisten" für alles Unheil verantwortlich, so glauben die Nationalsozialisten sich konkreter auszudrücken, wenn sie „Juda verrecke" rufen[1]).

Was Marxismus, Nationalsozialismus und die übrigen antikapitalistischen Parteien trennt, sind zwar nicht nur Cliquengegnerschaften, Stimmungen und persönliche Verstimmungen, Worte und Formen, sondern auch Fragen der Metaphysik und der Lebensführung. Doch in den entscheidenden Fragen der Gestaltung der Gesellschaftsordnung stimmen sie alle überein: sie lehnen das Sondereigentum an den Produktionsmitteln ab und streben gemeinwirtschaftliche Gesellschaftsordnung an. Die Wege, die sie zu dem gemeinsamen Ziel einschlagen wollen, sind zwar nur streckenweise dieselben, doch sie führen, wo sie nicht zusammenfallen, über benachbartes Gelände.

Daß ungeachtet dieser Verwandtschaft die Fehde mit großer Erbitterung durchgekämpft wird, kann nicht wundernehmen. In jedem sozialistischen Gemeinwesen müßte das Los der politischen Minderheiten unerträglich werden. Wie würde es wohl Nationalsozialisten unter bolschewistischer oder Bolschewiken unter nationalsozialistischer Herrschaft ergehen?

Es ist für die Wirkungen destruktionistischer Politik ohne Bedeutung, welcher Schlagwörter, Fahnen und Abzeichen sich ihre Vertreter bedienen. Ob nun die Männer der „Rechten" oder die der „Linken" gerade am Ruder sind, immer wird das Morgen unbedenklich dem Heute geopfert, immer wird getrachtet, durch Kapitalsaufzehrung das System aufrechtzuerhalten, solange es noch etwas aufzuzehren gibt[2]).

---

[1]) Zur Kritik der Lehren des Nationalsozialismus vgl. meine „Kritik des Interventionismus", Jena 1929, S. 91 ff.; ferner Karl Wagner, Brechung der Zinsknechtschaft? (Jahrbücher für Nationalökonomie und Statistik, III. Folge, 79. Bd., S. 790ff.)

[2]) Die beste Charakteristik des Destruktionismus sind die Worte, mit denen Stourm die Finanzpolitik der Jacobiner zu kennzeichnen suchte: „L'esprit financier des jacobins consista exclusivement en ceci: épuiser à outrance le présent, en sacrifiant l'avenir. Le lendemain ne compta jamais pour eux: les affaires furent menées chaque jour comme s'il s'agissait du dernier: tel fut le caractère distinctif de tous les actes de la Révolution. Tel est aussi le secret de son étonnante durée: la déprédation quotidienne des réserves accumulées chez une nation riche et puissante fit surgir des ressources inattendues, dépassant toute prévision." Und Wort für Wort trifft auf die

III.
Die Überwindung des Destruktionismus.

§ 1. Für Marx ist die politische Stellung des Einzelnen durch seine Klassenzugehörigkeit, die politische Stellung der Klassen durch das Klasseninteresse bedingt. Die Bourgeoisie sei genötigt, für den Kapitalismus einzutreten. Umgekehrt könne das Proletariat sein Klasseninteresse, die Befreiung von der kapitalistischen Ausbeutung, nicht anders verfolgen als durch die Anbahnung der sozialistischen Produktionsweise. Damit sei die Stellung, die Bürgertum und Proletariat im politischen Kampf einnehmen müssen, gegeben. Kaum eine zweite der Lehren von Marx hat so tief und nachhaltig auf die politische Theorie gewirkt wie diese. Weit über die Kreise des Marxismus hinaus hat sie sich Geltung zu verschaffen gewußt. Man hat sich allgemein daran gewöhnt, im Liberalismus die Lehre zu erblicken, in der die Klasseninteressen der Bourgeoisie und der Großkapitalisten ihren Ausdruck gefunden hätten. Wer liberale Anschauungen äußert, sei ein mehr oder weniger gutgläubiger Vertreter von Sonderinteressen, die dem allgemeinen Wohle entgegenstehen. Nationalökonomen, die die marxistische Wertlehre ablehnen, werden als „geistige Leibgarde des Kapitalprofits — mitunter auch der Grundrente" bezeichnet[1]), ein Standpunkt, der allerdings außerordentlich bequem ist, weil er der Mühe, sich kritisch mit ihnen auseinanderzusetzen, auf die einfachste Art enthebt.

Durch nichts kann die allgemeine Anerkennung, die diese Auffassung der Marxisten gefunden hat, besser gekennzeichnet werden als durch die Tatsache, daß auch die Gegner des Sozialismus sie sich ganz zu eigen gemacht haben. Wenn man verkündet, daß die Abwehr der sozialistischen Bestrebungen vor allem oder gar ausschließlich Sache des Bürgertums sei, und wenn man eine Einheitsfront aller „bürgerlichen" Parteien gegen den Sozialismus zu bilden versucht, hat man zugegeben, daß die Verteidigung des Sondereigentums an den Produktionsmitteln das Sonderinteresse einer bestimmten Klasse sei, das sich dem allgemeinen Besten entgegenstelle. Daß ein Kampf einer immerhin, im Vergleich mit der großen Masse der Wenigerbesitzenden, kleinen Schichte für ihr Sonder-

---

deutsche Inflationspolitik von 1923 zu, wenn Stourm fortfährt: „Les assignats, tant qu'ils valurent quelque chose, si peu que ce fût, inondèrent le pays en quantités sans cesse progressives. La perspective de la faillite n'arrêta pas un seul instant les émissions. Elles ne cessèrent que sur le refus absolu du public d'accepter, même à vil prix, n'importe quelle sorte de papier-monnaie." Vgl. Stourm, Les Finances de l'Ancien Régime et de la Révolution, Paris 1885, II. Bd., S. 388.

[1]) So von Kautsky (zitiert bei Georg Adler, Die Grundlagen der Karl Marxschen Kritik der bestehenden Volkswirtschaft, Tübingen 1887, S. VII).

interesse aussichtslos sein müßte, und daß das Urteil über das Sondereigentum gesprochen ist, wenn man es als ein Privileg der Besitzenden ansieht, scheinen diese merkwürdig kurzsichtigen Gegner des Sozialismus gar nicht zu bemerken. Noch weniger sind sie imstande, zu sehen, wie sehr die Parteigestaltungen ihrer Annahme widersprechen.

Der Liberalismus tritt nicht als eine dem Klasseninteresse der Besitzenden dienende Lehre auf. Wer ihn so auffaßt, hat von vornherein dem Hauptgedanken des Sozialismus zugestimmt; für einen Liberalen darf er sich nicht halten. Der Liberalismus verlangt Sondereigentum nicht im Interesse der Besitzenden, sondern im allgemeinen Interesse; er geht davon aus, daß die Aufrechterhaltung der kapitalistischen Gesellschaftsordnung nicht nur im Interesse der Besitzenden, sondern im Interesse aller Glieder der Gesellschaft gelegen sei. Im sozialistischen Gemeinwesen werde es wohl keine oder nur geringe Ungleichheit in der Einkommensverteilung geben. Da aber wegen der geringeren Ergiebigkeit der sozialistischen Produktion die Summe dessen, was zu verteilen ist, bedeutend kleiner sein müsse, werde auf jeden Einzelnen weniger entfallen, als jetzt auch dem Ärmsten zukommt. Ob man diese Argumentation für richtig ansieht oder nicht, ist eine andere Frage. Doch darum eben handelt es sich beim Streit zwischen Sozialismus und Liberalismus. Wer sie von vornherein ablehnt, hat damit auch schon den Liberalismus abgelehnt. Es geht aber keineswegs an, das ohne jedes Eingehen in die Probleme und in die Argumentation der Parteien selbst zu tun.

In der Tat liegt nichts den besonderen Interessen und Aufgaben einzelner Unternehmer oder des ganzen Unternehmertums ferner als die grundsätzliche Verteidigung des Sondereigentums und die grundsätzliche Bekämpfung der sozialistischen Bestrebungen. Daß die volle Durchführung des Sozialismus, indem sie alle schädigt, auch diejenigen Personen, die heute Unternehmer oder Kapitalisten sind, falls sie diesen Tag erleben sollten, oder ihre Nachkommen schädigen wird, kann nicht bestreiten, wer von der sozialistischen Gesellschaftsordnung Not und Elend für alle erwartet. Insofern also haben auch die Besitzenden ein Interesse an der Bekämpfung des Sozialismus; doch dieses Interesse ist nicht größer als das irgendwelcher anderer Mitglieder der Gesellschaft und ist ganz unabhängig von ihrer bevorzugten Stellung. Würde die Möglichkeit bestehen, daß die sozialistische Gesellschaftsordnung über Nacht eingeführt wird, dann könnte man noch allenfalls sagen, daß das Interesse jener, die heute Unternehmer oder Kapitalisten sind, an der Erhaltung der kapitalistischen Gesellschaftsordnung ein größeres sei, weil sie mehr zu verlieren hätten als die anderen. Wenn auch das Elend, das alle zu erwarten haben, dasselbe sei, so müßten doch diejenigen mehr darunter leiden, die von einem höheren Wohlstand hinabgestürzt würden. Doch die Möglichkeit, daß der Sozialismus so schnell durchgeführt wird, besteht nicht, und bestünde sie, so würden die gegenwärtigen Unternehmer wohl noch zumindest in der ersten Zeit infolge ihrer Fachkenntnis und Eignung zur Bekleidung wichtigerer Stellen eine bevorzugte Stellung innerhalb des sozialistischen Gemeinwesens einnehmen.

Für Enkel und Urenkel Sorge zu tragen, ist dem Unternehmer nicht möglich. Denn das ist die charakteristische Eigentümlichkeit des Sondereigentums an den Produktionsmitteln in der kapitalistischen Gesellschaftsordnung, daß es keinen ewigen Rentenfonds bildet, sondern immer wieder neu erworben werden muß. Der Grundherr der feudalen Gesellschaft schützt, wenn er für die Aufrechterhaltung des Feudaleigentums eintritt, nicht nur seinen eigenen Besitz, sondern auch den seiner Enkel und Urenkel. Der Unternehmer der kapitalistischen Gesellschaftsordnung weiß wohl, daß seine Kinder und Kindeskinder sich neu auftretender Konkurrenten nur dann werden erwehren können, wenn sie selbst imstande sind, sich in der Stellung von Produktionsleitern zu behaupten. Denkt er an das Schicksal seiner Nachkommen und will er sie gegen das Interesse der Gesamtheit in ihrem Besitz sichern und befestigen, dann muß er sich in einen Gegner der kapitalistischen Gesellschaftsordnung verwandeln und Konkurrenzbeschränkungen jeder Art fordern. Auch der Weg zum Sozialismus kann ihm als ein hierzu geeignetes Mittel erscheinen, falls der Übergang sich nicht allzu schroff vollzieht; denn dann ist zu erwarten, daß die Enteignung gegen Entschädigung platzgreift und den enteigneten Besitzern für kürzere oder längere Zeit der Genuß einer sicheren Rente zugestanden wird, für die sie das unsichere und ungewisse Schicksal des Besitzers einer Unternehmung hingeben. Gerade die Rücksichtnahme auf seine eigenen und seiner Nachkommen Besitzinteressen mögen also beim Unternehmer eher für eine Unterstützung denn für eine Bekämpfung des Sozialismus sprechen. Alle jene Bestrebungen, die dahin abzielen, die neu entstehenden und neu wachsenden Vermögen zu bekämpfen, ganz besonders alle Maßnahmen zur Beschränkung der Wirtschaftsfreiheit u. dgl. m. müssen seinen besonderen Beifall finden, weil sie ihm das Einkommen, das er sich, solange der Wettbewerb nicht gehemmt ist, täglich neu im Kampfe erwerben muß, rentenmäßig sichern und die ungestüm nachdrängenden neuen Mitbewerber ausschalten[1]).

---

[1] „Beaucoup d'ouvriers, et non les meilleurs, préfèrent le travail payé à la journée au travail à la tâche. Beaucoup d'entrepreneurs, et non les meilleurs, préféraient les conditions qu'ils espèrent pouvoir obtenir d'un Etat socialiste à celles que leur fait un régime de libre concurrence. Sous ce régime les entrepreneurs sont des „fonction-

Die Unternehmer haben ein Interesse daran, sich zusammenzuschließen, um in Lohnverhandlungen mit der gewerkschaftlich organisierten Arbeiterschaft einheitlich vorgehen zu können[1]). Sie haben ein Interesse daran, sich zusammenzuschließen, um Zoll- und andere Beschränkungen, die mit dem Wesen und dem Prinzip des Liberalismus im schroffen Gegensatz stehen, durchzusetzen oder ähnliche Eingriffe, die ihnen schaden könnten, abzuwehren. Aber sie haben gar kein **besonderes** Interesse daran, den Sozialismus und die Sozialisierung als solche und damit den Destruktionismus zu bekämpfen. Das Wesen des Unternehmers verlangt es, daß er sich immer den jeweiligen Bedingungen der Wirtschaft anpaßt. Nicht den Sozialismus zu bekämpfen, sondern sich den durch die zum Sozialismus hinstrebende Politik geschaffenen Bedingungen anzupassen, ist es, was der Unternehmer anstrebt. Niemals kann man von den Unternehmern oder von irgendeiner anderen besonderen Gruppe der Bevölkerung erwarten, daß sie aus Sonderinteresse irgendein allgemeines Prinzip der Wohlfahrt zu ihrer eigenen Maxime machen. Die Notwendigkeit, in die sie das Leben hineinstellt, zwingt sie, sich mit den gegebenen Verhältnissen abzufinden und aus ihnen das zu machen, was möglich ist. Es ist nicht Sache des Unternehmers, den politischen Kampf gegen den Sozialismus zu führen; er trachtet, sich und sein Unternehmen den durch die auf den Sozialismus hinzielenden Maßnahmen geschaffenen Verhältnissen derart anzupassen, daß für sein Unternehmen unter den gegebenen Verhältnissen der größte Gewinn herausgeschlagen werden kann.

Darum sind denn auch die Vereinigungen von Unternehmern oder solche Organisationen, bei denen die Unterstützung der Unternehmer irgendwelche Rolle spielt, nicht geneigt, grundsätzlich den Kampf gegen den Sozialismus durchzuführen. Der Unternehmer, der Mann, der den Augenblick ergreift, hat wenig Interesse für die Austragung eines säkularen Kampfes. Ihm kommt es darauf an, sich den augenblicklichen Verhältnissen anzupassen. Die Organisation der Unternehmer hat immer nur unmittelbare Abwehr einzelner Übergriffe der Arbeiterverbände zum Ziel, sie bekämpft etwa auch noch einzelne Maßnahmen der Gesetzgebung, wie zum Beispiel einzelne Steuervorlagen; sie erfüllt überdies alle jene Aufgaben, die ihr von der Gesetzgebung und Verwaltung dort übertragen werden, wo, um der destruktionistischen Arbeiterbewegung einen Einfluß auf die Wirtschaft zu geben, die organisierte Unternehmerschaft

---

naires" payés à la tâche; avec une organisation socialiste ils déviendraient des „fonctionnaires" payés à la journée." Vgl. Pareto, Cours d'Economie Politique, a. a. O., II., S. 97, Anm.

[1]) Vgl. Hutt, The Theory of Collective Bargaining, a. a. O., S. 25ff.

mit der organisierten Arbeiterschaft zusammenzuwirken hat. Den grundsätzlichen Kampf für die Beibehaltung der auf dem Sondereigentum an den Produktionsmitteln beruhenden Wirtschaftsverfassung zu führen, liegt ihr fern. Sie steht dem Liberalismus ganz gleichgültig gegenüber, wenn sie ihn nicht überhaupt, zum Beispiel in der Zollpolitik, offen bekämpft.

Dem Bilde, das sich die sozialistische Lehre von der Interessentenorganisation macht, entsprechen nicht die Unternehmerverbände, sondern die Vereinigungen von Landwirten, die für Zölle auf landwirtschaftliche Produkte eintreten, oder die Vereinigungen von Kleingewerbetreibenden, die — wie vor allem in Österreich — für die Ausschaltung der Konkurrenz kämpfen. Daß dies keine Kämpfe für den Liberalismus sind, ist klar.

Es gibt keine Einzelnen und keine Klassen, deren Sonderinteressen für den Kapitalismus sprechen würden. Der Liberalismus ist die Politik des allgemeinen Besten, die Überwindung der Sonderinteressen durch das allgemeine Interesse, eine Überwindung, die freilich vom Einzelnen nicht Verzicht auf seine Sonderinteressen, sondern lediglich Einsicht in die Harmonie aller Einzelinteressen verlangt. Es gibt daher keine Einzelnen und keine Gruppen, deren Interesse in letzter Linie durch den Sozialismus besser gewahrt werden könnte als durch die auf dem Sondereigentum an den Produktionsmitteln beruhende Gesellschaftsverfassung.

Aber wenn es auch niemand gibt, der in letzter Linie an der Verwirklichung des Sozialismus wirklich interessiert ist, so gibt es doch genug Leute, deren augenblickliches Sonderinteresse durch die auf die Herbeiführung des Sozialismus gerichtete Politik besser gewahrt wird als durch das Festhalten am Liberalismus. Der Liberalismus hat alles Sinekurenwesen bekämpft und danach getrachtet, die Zahl der öffentlichen Angestellten auf das geringste Maß herabzusetzen. Die interventionistische Politik schafft Tausende und Tausend von Stellen, auf denen es sich auf Kosten der übrigen Glieder der Gesellschaft sicher, ruhig und ohne allzuviel Arbeit leben läßt. Jede Verstaatlichung, jede Einrichtung eines städtischen oder eines gemischtwirtschaftlichen Betriebes knüpft Interessen an die das Sondereigentum bekämpfende Bewegung. Sozialismus und Destruktionismus finden ihre stärkste Stütze heute in den Millionen, für die Rückkehr zu freieren Wirtschaftsformen zunächst und unmittelbar eine Schädigung ihrer Sonderinteressen bedeutet.

§ 2. Die Auffassung, die in dem Sondereigentum ein Privileg der Besitzer erblickt, ist ein Nachklang aus älteren Perioden der Geschichte des Eigentums. Alles Eigentum ist einst durch Okkupation herrenloser Sachen begründet worden. Die Geschichte des Eigentums ist durch eine Periode durchgegangen, in der gewaltsame Vertreibung alter Eigentümer die

Regel bildet. Man kann ruhig sagen, daß es kein Stück Grundeigentum gibt, das sich nicht auf eine gewaltsame Erwerbung zurückführen läßt. Für die kapitalistische Gesellschaftsordnung hat dies freilich keine Bedeutung mehr, da hier das Eigentum immer wieder im Produktionsprozeß neugewonnen wird. Aber da die liberalen Grundsätze — zumindest in Europa — noch nirgends voll durchgeführt wurden und überall noch, besonders im Grundeigentum, sehr viel vom alten Gewaltverhältnis übriggeblieben ist, so hat sich auch die Tradition der feudalen Eigentümer lebendig erhalten. „Ich lieg und besitze." Der Kritik des Eigentumsrechts wird durch gewaltsame Niederwerfung geantwortet. Das ist die Politik, die das deutsche Junkertum gegenüber der Sozialdemokratie eingeschlagen hat; mit welchem Erfolge ist bekannt[1]).

Die Anhänger dieser Richtung wissen zur Rechtfertigung des Sondereigentums an den Produktionsmitteln nichts anderes anzuführen, als daß es eben durch Gewalt erhalten wird. Das Recht des Stärkeren ist das einzige, was sie geltend zu machen wissen. Sie pochen auf die physische Gewalt, fühlen sich stark in ihrer Waffenrüstung und glauben, jedes andere Argument verachten zu dürfen. Erst in dem Augenblick, in dem sie anfangen, sich schwach zu fühlen, holen sie noch ein weiteres Argument herbei, indem sie sich auf den Standpunkt des erworbenen Rechtes stellen. Die Verletzung ihres Eigentums erscheint als Rechtsbruch, der vermieden werden soll. Über die Schwäche dieses Standpunktes gegenüber einer Richtung, die ein neues Recht begründen will, braucht kein Wort verloren zu werden. Er vermag die öffentliche Meinung, wenn sie das Eigentum verurteilt hat, nicht mehr umzustimmen. Das erkennen seine Nutznießer mit Entsetzen und wenden sich in ihrer Not mit einem eigentümlichen Ansinnen an die Kirche. Sie soll die misera plebs in Bescheidenheit und Demut erhalten. Sie soll die Begehrlichkeit bekämpfen und die Aufmerksamkeit der Nichtbesitzenden von den irdischen Gütern auf die himmlischen Güter ablenken[2]). Dem Volke soll das Christentum erhalten bleiben, damit es nicht begehrlich werde. Die Zumutung, die damit der Religion gestellt wird, ist geradezu ungeheuerlich. Es wird ihr die Aufgabe zugewiesen, den — wie man glaubt — der Gesamtheit schädlichen Sonderinteressen einer Anzahl von Privilegierten zu dienen. Daß die wahren Diener der Kirche sich gegen diese Zumutung empört haben,

---

[1]) Dem Junker geht es gar nicht um die Erhaltung des Sondereigentums als Verfügung über das Produktionsmittel, vielmehr um seine Erhaltung als Titel eines besonderen Einkommensbezuges. Daher ist er für den Staatssozialismus, der ihm seinen privilegierten Einkommensbezug sichern will, leicht zu gewinnen gewesen.

[2]) Das war z. B. die Auffassung Bismarcks; vgl. seine Landtagsrede vom 15. Juni 1847 (Fürst Bismarcks Reden, herg. v. Stein, I. Bd., S. 24).

und daß die Gegner der Kirche in dieser Anschauung über die Funktion der Kirche eine wirksame Waffe im Befreiungskampfe gegen die Kirche gefunden haben, ist klar. Erstaunlich ist nur, daß auch kirchliche Gegner des Sozialismus in ihrem Bestreben, den Sozialismus möglichst als ein Kind des Liberalismus, der freien Schule und des Atheismus darzustellen, zu derselben Ansicht über die Aufgaben der Kirche im Dienste der Erhaltung der bestehenden Eigentumsverhältnisse gelangt sind. So sagt der Jesuit Cathrein: „Nimmt man einmal an, mit diesem Leben sei alles aus, dem Menschen sei kein anderes Los beschieden als jedem anderen Säugetier, das im Schlamm herumwühlt; wer will dann von den Armen und Bedrückten, deren Leben ein beständiger Kampf ums Dasein ist, verlangen, daß sie mit Geduld und Ergebung ihr hartes Los tragen und ruhig zusehen, wie sich andere stets in Seide und Purpur kleiden und täglich reichliche Mahlzeit halten? Hat nicht auch der Arbeiter den unzerstörbaren **Trieb nach vollkommenem Glück** in seinem Herzen? Wenn man ihm jede Hoffnung auf ein besseres Jenseits raubt, mit welchem Recht will man ihn dann hindern, sein Glück nach Möglichkeit auf Erden zu suchen und deshalb gebieterisch seinen Anteil an den Erdengütern zu verlangen? Ist er nicht ebensogut Mensch als der Arbeitgeber? Warum sollen die einen in Not und Armut ihr Leben fristen, während die anderen im Überfluß schwelgen, da doch alle dieselbe Natur haben und sich von ihrem Standpunkte kein Grund angeben läßt, warum die Güter dieser Erde mehr den einen als den anderen angehören sollten? Ist der atheistisch-naturalistische Standpunkt berechtigt, dann ist auch die Forderung des Sozialismus begründet, daß die Güter und Freuden dieser Erde allen möglichst gleichmäßig zugeteilt werden sollen, daß es verwerflich ist, wenn die einen in herrlichen Palästen wohnen und mühelos sich allen Genüssen hingeben können, während die anderen in armseligen Kellerlöchern und Dachstübchen leben und trotz der angestrengtesten Arbeit oft kaum das nötige tägliche Brot erwerben"[1]). Angenommen, es wäre wirklich so, wie Cathrein es sich vorstellt, daß das Sondereigentum ein Privileg der Besitzer ist, daß das, um was sie mehr besitzen, die anderen weniger besitzen, daß die einen darben, weil die anderen prassen, daß sie in elenden Kämmerchen wohnen, weil die anderen in herrlichen Palästen wohnen, glaubt Cathrein, daß es die Aufgabe der Kirche sein könnte, solche Zustände zu erhalten? Was immer man auch aus den Soziallehren der Kirche herauslesen mag, läßt nicht dahin schließen, daß ihr Stifter oder seine Nachfolger sie als eine Schutzwehr zur Erhaltung unbilliger und die größere Hälfte der Menschheit offenbar benachteiligender Gesellschaftseinrichtungen gedacht haben könnten. Und längst schon wäre das

---

[1]) Vgl. Cathrein, Der Sozialismus, 12. u. 13. Aufl., Freiburg 1920, S. 347f.

Christentum von der Erdoberfläche verschwunden, wenn es das wäre, wofür mit vielen seiner erbittertsten Feinde es auch Bismarck und Cathrein gehalten haben: eine Schutzgarde einer die Massen schädigenden Gesellschaftseinrichtung.

Man kann die sozialistische Idee weder durch Gewalt noch durch Autorität niederwerfen, weil Gewalt und Autorität beim Sozialismus sind und nicht bei seinen Gegnern. Wenn die Kanonen und die Maschinengewehre heute losgehen, dann arbeiten sie für Syndikalismus und Sozialismus und nicht gegen sie, weil die weitaus überwiegende Menge der Zeitgenossen vom Geiste des Syndikalismus oder von dem des Sozialismus erfüllt ist. Wenn heute eine Autorität aufgerichtet werden kann, so kann es gewiß nicht die des Kapitalismus sein, weil die Massen an den Kapitalismus nicht glauben.

§ 3. Es ist ein Irrtum, wenn man glaubt, der Sozialismus könnte durch die bösen Erfahrungen, die man mit ihm gemacht hat, überwunden werden. Tatsachen an sich können nichts beweisen oder widerlegen; alles kommt auf die Deutung an, die man ihnen gibt. Von den Ideen, von den Theorien hängt alles ab.

Wer am Sozialismus festhält, wird fortfahren, alles Übel der Welt dem Sondereigentum zuzuschreiben und alles Heil vom Sozialismus zu erwarten. Die Mißerfolge des russischen Bolschewismus werden von den Sozialisten allen anderen Umständen zugeschrieben, nur nicht der Unzulänglichkeit des Systems. An allem Elend, das die Welt in den letzten Jahren erdulden mußte, ist nach Ansicht der Sozialisten nur der Kapitalismus schuld. Sie sehen nichts als das, was sie sehen wollen, und finden nichts, was ihrer Theorie widersprechen könnte.

Ideen können nur durch Ideen überwunden werden. Den Sozialismus können nur die Ideen des Kapitalismus und des Liberalismus überwinden. Nur im Kampfe der Geister kann die Entscheidung fallen.

Liberalismus und Kapitalismus wenden sich an den kühlen, ruhig abwägenden Verstand, sie gehen streng logisch vor, sie schalten mit Bewußtsein alles aus, was nur zum Gefühl spricht. Anders der Sozialismus. Er sucht durch Gefühlseindrücke zu wirken, will die logische Erwägung durch Erregung des Interesses vergewaltigen, die Stimme der Vernunft durch Erweckung primitiverer Instinkte übertönen. Das alles scheint dem Sozialismus schon bei den geistig Höherstehenden, den wenigen, die selbständigen Nachdenkens fähig sind, einen Vorsprung zu geben; bei den übrigen, bei der großen Masse, die nicht denken kann, könne, meint man, seine Stellung überhaupt nicht erschüttert werden. Wer die Instinkte der Massen aufpeitsche, habe immer mehr Aussicht auf Erfolg als der, der zu ihrem Verstand sprechen will. Die Aussichten des Liberalismus, im Kampf mit dem Sozialismus zu bestehen, seien daher recht ungünstig.

Diese pessimistische Auffassung geht jedoch in der Beurteilung des Einflusses, den vernünftige und ruhige Überlegung auf die Massen auszuüben vermag, durchaus fehl; sie überschätzt auch ganz außerordentlich die Bedeutung, die den Massen und mithin auch den massenpsychologischen Elementen bei der Bildung und Gestaltung der herrschenden Ideen einer Zeit zukommt.

Die Massen denken nicht; das ist richtig. Doch gerade darum folgen sie jenen nach, die denken. Die geistige Führung der Menschheit haben die ganz wenigen, die selbst denken; sie wirken zunächst auf den Kreis derer ein, die das von anderen Gedachte zu fassen und zu begreifen fähig sind; auf dem Wege über diese Mittler gelangen die Ideen in die Massen hinaus und verdichten sich dort zur Zeitmeinung. Nicht so ist der Sozialismus zur herrschenden Idee unserer Zeit geworden, daß die Massen den Gedanken der Vergesellschaftung der Produktionsmittel ersonnen und dann auf die geistig höherstehenden Schichten übertragen hätten; solches wagt nicht einmal die materialistische Geschichtsauffassung zu behaupten, in der doch genug vom Volksgeist der Romantik und der historischen Rechtsschule spukt. Die Massenpsyche hat aus sich selbst heraus nie etwas anderes hervorgebracht als das Massenverbrechen, als Verwüstung und Vernichtung[1]). Der Gedanke des Sozialismus ist zwar in seiner Auswirkung auch nur Zerstörung, doch er ist immerhin ein Gedanke; er mußte ersonnen werden, und das konnte nur das Werk einzelner Denker sein. Wie jeder andere große Gedanke ist er in die Massen nur durch die Vermittlung der geistigen Mittelschichte gedrungen. Nicht das Volk, nicht die Massen wurden zuerst sozialistisch — sie sind eigentlich auch heute nicht sozialistisch, sondern agrarsozialistisch und syndikalistisch — sondern die Intellektuellen. Sie und nicht die Massen sind die Träger des Sozialismus[2]). Auch die Macht des Sozialismus ist wie jede Macht geistiger Art, und ihre Stütze findet sie in Ideen; Ideen aber gehen immer von den geistigen Führern aus und werden von ihnen in das Volk getragen. Wenn die Intelligenz sich vom Sozialismus abwenden würde, dann wäre es um die Macht des Sozialismus geschehen. Die Massen können auf die Dauer den Ideen der Führer keinen Widerstand entgegenstellen. Wohl können einzelne Demagogen auftreten, die um der Karrière

---

[1]) Vgl. Maciver, Community, London 1924, S. 79 f.

[2]) Das gilt natürlich auch vom deutschen Volke; nahezu die ganze Intelligenz des deutschen Volkes ist sozialistisch: die nationalen Kreise staatssozialistisch oder, wie man heute zu sagen pflegt, nationalsozialistisch, die katholischen kirchensozialistisch, die anderen sozialdemokratisch oder bolschewistisch.

willen wider besseres Wissen dem Volke Ideen vorzutragen bereit sind, die den niedrigen Instinkten schmeicheln und darum auf günstige Aufnahme rechnen dürfen. Doch auf die Dauer können Propheten, die das Bewußtsein ihrer eigenen Falschheit in der Brust tragen, gegen die, die von der Kraft einer aufrichtigen Überzeugung durchdrungen sind, nichts ausrichten. Ideen können durch nichts korrumpiert werden. Man kann gegen die Ideen weder durch Geld noch durch andere Belohnung Kämpfer werben.

Die menschliche Gesellschaft ist ein Gebilde des Geistes. Gesellschaftliche Kooperation wird zuerst gedacht, dann erst gewollt und durch die Tat verwirklicht. Nicht die „materiellen Produktivkräfte", diese nebelhaften und mystischen Schemen der materialistischen Geschichtsauffassung, die Ideen machen die Geschichte. Wenn die Idee des Sozialismus überwunden werden könnte, wenn die Menschheit zur Erkenntnis der gesellschaftlichen Notwendigkeit des Sondereigentums an den Produktionsmitteln gelangen könnte, müßte der Sozialismus vom Schauplatze abtreten. Auf nichts anderes kommt es an als auf das.

Der Sieg der sozialistischen Idee über die liberale ist nur durch die Verdrängung der sozialen, die gesellschaftliche Funktion des einzelnen Instituts und das Gesamtwirken des ganzen gesellschaftlichen Apparats betrachtenden Auffassung durch die asoziale, die einzelnen Teile des gesellschaftlichen Organismus gesondert betrachtende Auffassung herbeigeführt worden. Der Sozialismus sieht die einzelnen Hungernden, Arbeitslosen, Reichen und krittelt nun daran herum; der Liberalismus vergißt bei seiner Betrachtung nie den Gesamtprozeß und ordnet jede Erscheinung in den Zusammenhang der Dinge ein. Daß auch das Sondereigentum an den Produktionsmitteln nicht imstande sei, die Welt in ein Paradies umzuschaffen, weiß er sehr wohl; er hat nie mehr behaupten wollen als das, daß die sozialistische Gesellschaftsordnung undurchführbar und daher weniger geeignet sei, Wohlstand für alle zu schaffen als die kapitalistische.

Niemand hat den Liberalismus weniger verstanden als jene, die in den letzten Jahrzehnten behauptet haben, Liberale zu sein. Sie haben geglaubt, „Auswüchse" des Kapitalismus bekämpfen zu müssen; damit haben sie die charakteristische asoziale Betrachtungsweise der Sozialisten ohne Bedenken übernommen. Eine Gesellschaftsordnung hat keine „Auswüchse", die man beliebig beschneiden kann. Wenn eine Erscheinung sich notwendig aus dem Wirken des auf dem Sondereigentum an den Produktionsmitteln beruhenden Gesellschaftssystems ergibt, kann keine ethische oder ästhetische Laune sie verurteilen. Die Spekulation zum Beispiel, die zum Wesen alles Wirtschaftens, auch des in einer sozialistischen Gesellschaftsordnung gehört, kann in ihrer dem Kapitalismus eigenen

Form nicht verdammt werden, weil der Moralrichter ihre gesellschaftliche Funktion verkennt. Nicht weniger unglücklich als in der Erkenntnis des Wesens der kapitalistischen Gesellschaftsordnung waren die Epigonen des Liberalismus in der Kritik des sozialistischen Systems. Sie haben immer wieder erklärt, der Sozialismus sei ein schönes und edles Ideal, dem man zustreben müßte, wenn es zu verwirklichen wäre; bedauerlicherweise könne man aber den Sozialismus nicht durchführen, weil er sittlich vollkommenere Menschen voraussetze als jene, mit denen man rechnen müsse. Es ist nicht einzusehen, wieso man das Urteil abzugeben vermag, der Sozialismus sei in irgendeiner Hinsicht besser als der Kapitalismus, wenn man nicht zu behaupten vermag, daß er als Gesellschaftssystem besser fungiere als der Kapitalismus. Man könnte mit demselben Rechte etwa behaupten, eine Maschinenkonstruktion, die auf dem Perpetuum mobile aufgebaut sei, sei zwar besser als eine, die mit den gegebenen Gesetzen der Mechanik rechne, sie wäre nur bedauerlicherweise unausführbar. Wenn in der Vorstellung des sozialistischen Gesellschaftssystems ein Fehler enthalten ist, der das System nicht das leisten läßt, was es leisten soll, dann ist der Sozialismus mit dem System des Kapitalismus, das sich als wirkendes bewährt hat, überhaupt nicht vergleichbar; dann kann man ihn auch weder als edler, noch als schöner oder gerechter bezeichnen.

Der Sozialismus ist aber auch nicht nur darum unausführbar, weil er edlere und uneigennützigere Menschen voraussetzt. Es war eine der Aufgaben, die sich dieses Buch gestellt hat, zu zeigen, daß dem sozialistischen Gemeinwesen vor allem das fehlt, was alle Wirtschaft mit weiterausholenden Prozessen, alle Wirtschaft, die nicht von der Hand in den Mund lebt, sondern mit kapitalistischen Produktionsumwegen arbeitet, vor allem braucht: die Möglichkeit zu rechnen, d. h. rationell vorzugehen. Ist einmal diese Erkenntnis allgemein geworden, dann müssen alle sozialistischen Ideen aus den auf die Vernunft abgestellten Erwägungen der Menschen verschwinden.

Daß die Meinung, der Sozialismus müsse kommen, weil die Entwicklung der Gesellschaft mit Notwendigkeit zu ihm hinführe, nicht aufrechtzuerhalten sei, konnte in den vorstehenden Abschnitten dieses Buches gleichfalls gezeigt werden. Die Welt nähert sich dem Sozialismus, weil die große Mehrzahl es will; sie will es, weil sie den Sozialismus für eine höheren Wohlstand verbürgende Gesellschaftsordnung hält. Tritt in dieser Auffassung ein Wandel ein, dann ist es um den Sozialismus geschehen.

Schlußausführungen.

Die geschichtliche Bedeutung des modernen Sozialismus.

§ 1. Nichts ist schwerer als sich über die geschichtliche Tragweite einer Bewegung, die man miterlebt, klar zu werden. Die Nähe, aus der man die Erscheinungen sieht, macht es unmöglich, Maße und Formen entsprechend zu erkennen. Das geschichtliche Urteil verlangt vor allem Distanz.

Wir sehen heute den Sozialismus überall am Werke, wo Europäer oder Nachkommen ausgewanderter Europäer wohnen; in Asien ist er das Banner, um das sich die Kämpfer gegen die europäische Gesittung scharen. Bleibt die Herrschaft des Sozialismus über die Geister unerschüttert, dann wird in kurzer Zeit das gesamte Kooperativsystem der europäischen Kultur, das mühsam durch die Arbeit von Jahrtausenden aufgebaut wurde, zertrümmert sein. Denn sozialistische Gesellschaftsordnung ist undurchführbar. Alle Bestrebungen, den Sozialismus zu verwirklichen, führen nur zur Zerstörung der Gesellschaft. Die Fabriken, die Bergwerke, die Bahnen werden stillstehen, die Städte werden veröden. Die Bevölkerung der Industriegebiete wird aussterben oder abwandern. Der Bauer wird zur Selbstgenügsamkeit der geschlossenen Hauswirtschaft zurückkehren. Ohne Sondereigentum an den Produktionsmitteln gibt es auf die Dauer keine andere Produktion als die von der Hand in den Mund für den eigenen Bedarf.

Welche kulturellen und politischen Folgen ein derartiger Umschwung nach sich ziehen müßte, muß man nicht erst näher ausmalen. Wieder könnten Nomadenstämme aus den Steppen des Ostens auf schnellen Rossen Europa plündernd durchstreifen. Wer sollte ihnen im dünnbevölkerten Land Widerstand leisten können, wenn einmal die von der höheren Technik des Kapitalismus ererbten Waffen abgenützt sein werden?

Das ist eine Möglichkeit. Es gibt aber auch noch andere. Es könnte sein, daß der Sozialismus nur bei einigen Völkern die Oberhand behält, daß aber die anderen zum Kapitalismus zurückkehren. Dann werden die sozialistischen Völker allein dem gesellschaftlichen Verfall entgegengehen, die kapitalistischen Nationen aber zu höherer Entwicklung der Arbeitsteilung fortschreiten, bis sie endlich, getrieben durch das gesellschaftliche Grundgesetz zur Einbeziehung der höchsten Menschenzahl in die persönliche und der ganzen Erdoberfläche in die örtliche Arbeitsteilung, daran gehen werden, die zurückgebliebenen Völker der Kultur zu erschließen oder sie, wenn sie sich widersetzen sollten, zu vernichten. Daß die Völker, die die Bahn kapitalistischer Entwicklung nicht betreten oder frühzeitig auf ihr Halt gemacht haben, dieses Schicksal erleiden, war auch bisher immer der Gang der Geschichte.

Es kann aber auch sein, daß wir die Bedeutung der sozialistischen Bewegung unserer Zeit gewaltig überschätzen. Sie hat vielleicht nicht mehr zu sagen als die sondereigentumsfeindlichen Ausbrüche der mittelalterlichen Judenverfolgungen, der franziskanischen Bewegung oder der Reformationszeit. Und Lenins und Trotzkis Bolschewismus ist vielleicht nicht wichtiger als Knipperdollings und Bockelsons Wiedertäuferregiment in Münster; er überragt in seinen Maßen dieses nicht mehr als der moderne Kapitalismus den Kapitalismus des sechzehnten Jahrhunderts. Und wie die Kultur die Anfechtungen, die sie damals erfahren hat, siegreich überwunden hat, so mag es ihr auch gelingen, kräftiger und reiner aus den Wirren dieser Zeit hervorzugehen.

§ 2. Die Gesellschaft ist ein Erzeugnis des Willens und der Tat. Wollen und Handeln können immer nur Menschen. Alle Mystik und Symbolik der kollektivistischen Philosophie kann uns nicht darüber hinweghelfen, daß wir vom Denken, Wollen und Handeln von Gesamtheiten nur figürlich reden können, und daß die Vorstellung empfindender, denkender, wollender und handelnder Kollektiva nur Anthropomorphismus ist. Gesellschaft und Individuum bedingen sich wechselseitig; jene Gesamtheiten, die der Kollektivismus als logisch und historisch vor den Individuen gegeben annimmt, mögen Herden und Horden gewesen sein, Gesellschaft, d. i. durch das Zusammenwirken von denkenden Geschöpfen entstandene und bestehende Verbände, waren sie keineswegs. Die Menschen setzen die Gesellschaft, indem sie ihr Handeln zu einem wechselseitig bedingten Kooperieren machen.

Grundlage und Ausgangspunkt gesellschaftlicher Kooperation liegen in der Friedensstiftung, deren Inhalt die wechselseitige Anerkennung des Besitzstandes bildet; aus einem tatsächlichen, durch Gewalt behaupteten

Haben wird das Rechtsinstitut des Eigentums geschaffen, damit auch zugleich die Rechtsordnung und der Zwangsapparat zu ihrer Aufrechterhaltung. All das ist wohl das Ergebnis bewußten und seine Ziele erkennenden Wollens. Doch dieses Wollen sieht und will nur das nächste und unmittelbare Ergebnis: von den weiteren Folgen weiß es nichts und kann es nichts wissen. Die Frieden und Normen schaffenden Menschen wollen nicht mehr als für die Bedürfnisse der kommenden Stunden, Tage und Jahre sorgen; daß sie damit zugleich an dem Bau eines großartigen und feingegliederten Gebildes arbeiten, wie es die menschliche Gesellschaft ist, entzieht sich ihrer Einsicht. Darum werden die einzelnen Institute, die in ihrer Gesamtheit den Gesellschaftsorganismus tragen, aus keinem anderen Gesichtspunkte heraus geschaffen als aus dem der augenblicklichen Zweckmäßigkeit. Sie erscheinen ihren Schöpfern als individuell notwendig und nützlich; ihre gesellschaftliche Funktion bleibt ihnen fremd.

Langsam nur reift der menschliche Geist zur Erkenntnis der gesellschaftlichen Zusammenhänge. Zunächst ist ihm die Gesellschaft ein so rätselhaftes und unbegreifliches Gebilde, daß er zum Verständnis ihres Werdens und Wesens noch immer zur Annahme eines von außen her die menschlichen Geschicke leitenden göttlichen Willens greift, als er schon in der Naturwissenschaft längst gelernt hatte, auf diese Hilfskonstruktion zu verzichten. Kants „Natur", die die Menschheit einem besonderen Ziele entgegenführt, Hegels „Weltgeist", aber auch der Darwinianer „natürliche Zuchtwahl" sind nichts als die letzten großen Versuche dieser Methode. Erst die liberale Gesellschaftsphilosophie hat es vermocht, die Gesellschaft aus dem Handeln der Menschen heraus zu erklären, ohne Metaphysik in Anspruch nehmen zu müssen. Sie erst bringt es zustande, die soziale Funktion des Sondereigentums zu deuten. Sie begnügt sich nicht mehr damit, das Gerechte als eine gegebene Kategorie, die man nicht zu analysieren vermag, hinzunehmen oder es aus einem unerklärlichen Wohlgefallen an gerechtem Verhalten abzuleiten; sie sucht es aus den Folgen des Handelns und aus der Einschätzung dieser Folgen zu begreifen.

Der alten Anschauung galt das Eigentum als heilig. Der Liberalismus zerstört diesen Heiligenschein wie alle anderen; das Eigentum wird zu einer Sache der Welt und der Nützlichkeit „erniedrigt". Es gilt nicht länger als absoluter Wert, es wird als Mittel, d. i. seines Nutzens wegen gewürdigt. In der Philosophie vollzieht sich dieser Wandel der Anschauungen ohne besondere Schwierigkeiten; an die Stelle einer als unzulänglich erkannten Lehrmeinung tritt eine zulänglichere. Doch im Leben und im Bewußtsein der Massen kann sich eine grundstürzende Revolutionierung des Geistes nicht mit der gleichen Reibungslosigkeit vollziehen. Es ist keine Kleinigkeit, wenn ein Götzenbild, in dessen Furcht die Menschheit Jahrtausende gelebt hat, zerstört wird und der zitternde Sklave auf einmal die Freiheit erlangt. Was bisher galt, weil Gott und das Gewissen es befahlen, soll nun gelten, weil man es selbst gelten lassen kann, wenn man will. Was gewiß war, wird ungewiß; recht und unrecht, gut und böse, alles gerät ins Wanken. Die alten Tafeln der Gesetze sind zertrümmert, ein neues Gesetz soll der Mensch sich nun selbst geben. Das kann sich nicht in den Formen der parlamentarischen Wechselrede und der ruhigen Abstimmung bei Wahlen vollziehen; eine Revision des Sittenkodex kann nicht ohne tiefste Erregung der Geister und wildeste Ausbrüche der Leidenschaft durchgeführt werden. Der gesellschaftliche Nutzen des Sondereigentums kann nur erkannt werden, wenn man sich die Verderblichkeit jeder anderen Ordnung der Dinge klar vor Augen geführt hat.

Daß dies der Gehalt des großen Kampfes zwischen Kapitalismus und Sozialismus ist, erkennt man am besten, wenn man zur Einsicht gelangt ist, daß derselbe Prozeß sich auch auf anderen Gebieten des sittlichen Lebens abspielt. Nicht nur das Eigentumsproblem steht heute zur Erörterung; es ist nicht anders mit dem Problem des Blutvergießens, das in verschiedener Gestalt, vor allem in der des Kriegs- und Friedensproblems, die Welt bewegt. Ganz besonders sichtbar aber wird die grundsätzliche Gleichartigkeit des moralischen Prozesses auf dem Gebiete der geschlechtlichen Sittlichkeit. Auch hier sind uralte Gewissensvorschriften im Wandel begriffen. Was als Tabu, als heilige Satzung, gegolten hat, soll nun gelten, weil man es als dem Wohle der Menschen zuträglich erachtet. Und es konnte nicht ausbleiben, daß man auch diesen Umsturz des Geltungsgrundes zum Anlaß nahm, um zu prüfen, ob die Normen, die bisher gegolten haben, auch wirklich förderlich seien, oder ob man sie nicht etwa beseitigen könnte.

Im Innenleben des Einzelnen löst die Unausgeglichenheit dieses Kampfes schwere seelische Erschütterungen aus, die dem Arzte unter dem klinischen Bilde der Neurose bekannt sind[1]). Sie ist die charakteristische Krankheit unserer Zeit des moralischen Überganges, der geistigen Reifeperiode der Völker. Im gesellschaftlichen Leben wirkt sich der Zwiespalt in den Kämpfen und Irrungen aus, die wir schaudernd miterleben. Wie es für das Leben des einzelnen Menschen von entscheidender

---

[1]) Vgl. Freud, Totem und Tabu, Wien 1913, S. 62ff.

Bedeutung ist, ob es ihm gelingt, aus den Wirren und Ängsten der Reifezeit heil und kraftvoll hervorzugehen, oder ob er Narben davonträgt, die ihn dauernd an der Entfaltung seiner Fähigkeiten hindern, so ist für die menschliche Gesellschaft nichts wichtiger als die Art und Weise, wie sie die Kämpfe um das Organisationsproblem überstehen wird. Aufstieg zu engerer gesellschaftlicher Verknüpfung der Individuen und damit zu höherem Wohlstand auf der einen Seite, Zerfall der gesellschaftlichen Kooperation und damit des gesellschaftlichen Reichtums auf der anderen Seite, das sind die beiden Möglichkeiten. Eine dritte gibt es nicht.

Die große gesellschaftliche Auseinandersetzung kann nicht anders vor sich gehen als im Denken, Wollen und Handeln der Individuen. Die Gesellschaft lebt und wirkt nirgends als in den Individuen; sie ist nichts als eine bestimmte Einstellung der Einzelnen. Jeder trägt auf seinen Schultern ein Stück der Gesellschaft; keinem wird sein Teil Verantwortung durch andere abgenommen. Und niemand kann für sich allein einen rettenden Ausweg finden, wenn die Gesellschaft als Gesamtheit dem Untergang entgegengeht. Darum muß jeder im eigensten Interesse am Kampf der Geister mit dem Aufgebot aller Kräfte teilnehmen. Niemand kann abseits stehen und sich für unbeteiligt halten; jedermanns Sache wird auf der Wahlstatt ausgetragen. In den großen geschichtlichen Entscheidungskampf, vor den uns unsere Zeit gestellt hat, wird jeder hineingezogen, ob er will oder nicht.

Die Gesellschaft ist Menschenwerk. Kein Gott, keine dunkle „Naturgewalt" hat sie geschaffen. Ob sie sich fortentwickeln soll oder ob sie untergehen soll, liegt in dem Sinne, in dem die kausale Determiniertheit alles Geschehens es zuläßt, von freiem Willen zu sprechen, in der Menschen Hand. Ob die Gesellschaft ein Gut oder ein Übel ist, mag verschieden beurteilt werden. Doch wer das Leben dem Tode, die Glückseligkeit dem Leid, den Wohlstand der Not vorzieht, wird die Gesellschaft bejahen müssen. Und wer die Gesellschaft und ihre Fortbildung will, muß auch, ohne Einschränkungen und Vorbehalte, das Sondereigentum an den Produktionsmitteln wollen.

Anhang.
Zur Kritik der Versuche, ein System der Wirtschaftsrechnung für das sozialistische Gemeinwesen zu konstruieren.

Die Versuche, ein in der sozialistischen Gesellschaftsordnung wirkendes System der Wirtschaftsrechnung zu ersinnen, lassen sich, wenn wir von den auf dem Boden der Arbeitswertlehre stehenden und daher schon von Anfang an verfehlten Arbeiten absehen wollen, in zwei Hauptgruppen sondern: in die, die dabei in syndikalistische Konstruktionen abgleiten, und in die, die der Unlösbarkeit des Problems dadurch auszuweichen suchen, daß sie Unveränderlichkeit der Wirtschaftsdaten annehmen. Was beide Gruppen von Vorschlägen verfehlt erscheinen läßt, ist nach dem oben auf S. 96—117 Gesagten klar. Um es noch besser zu verdeutlichen, folgen hier die kritischen Bemerkungen, die ich zu zwei typischen Konstruktionen dieser Art gemacht habe[1]):

In einer „Sozialistische Rechnungslegung" überschriebenen Abhandlung versucht Karl Polányi[2]) „die Frage der Rechnungslegung", die, wie er meint, „allgemein als das Schlüsselproblem der sozialistischen Wirtschaft anerkannt wird", in besonderer Weise zu lösen. Polányi gibt zunächst unumwunden zu, daß er die Lösung des Problems „in einer zentralen Verwaltungswirtschaft" für unmöglich erachte[3]). Sein Lösungsversuch ist nur auf die Verhältnisse „einer funktionell organisierten sozialistischen Übergangswirtschaft" zugeschnitten. Mit diesem Namen bezeichnet er einen Gesellschaftstypus, der ungefähr dem Ideal der englischen Gildensozialisten entspricht; die Vorstellung, die er sich von den entscheidenden Punkten des Wesens und der Wirkungsmöglichkeiten seines Systems macht, ist leider nicht minder nebelhaft und verschwommen als die der Gildensozialisten. Als Eigentümer der Produktionsmittel „gilt" die politische Gemeinschaft; „ein direktes Verfügungsrecht ist jedoch mit diesem Eigentum nicht verbunden". Dieses steht den Produktionsverbänden zu, die von den Arbeitern der einzelnen Produktionszweige durch Wahl gebildet werden. Die einzelnen Produktionsverbände schließen sich zum Kongreß der Produktionsverbände zusammen, der „die gesamte Produktion vertritt". Diesem steht als zweiter „funktioneller Hauptverband der Gesellschaft" die „Kommune" nicht nur als politisches Organ, sondern auch „als eigentliche Trägerin der höheren Ziele des Gemeinwesens" gegenüber. Jedem der beiden funktionellen Hauptverbände steht „im eigenen Umkreis Legislative und Exekutive zu". Die höchste Macht in der Gesellschaft verkörpern die Vereinbarungen dieser funktionellen Hauptverbände[4]).

---

[1]) Vgl. Archiv für Sozialwissenschaft, Bd. 51, S. 490—495.
[2]) Ebendort, 49. Bd., S. 377—420.
[3]) S. 378 und S. 419.
[4]) S. 404f.

Der Fehler dieser Konstruktion liegt in der Unklarheit, mit der sie der Kernfrage: Sozialismus oder Syndikalismus? auszuweichen sucht. Ganz wie die Gildensozialisten spricht Polányi das Eigentum an den Produktionsmitteln ausdrücklich der Gesellschaft, der Kommune, zu; damit glaubt er wohl genug gesagt zu haben, um seiner Konstruktion den Vorwurf des Syndikalismus zu ersparen. Doch gleich mit dem nächsten Satze nimmt er das Gesagte wieder zurück. Eigentum ist Verfügungsrecht; wenn das Verfügungsrecht nicht der Kommune, sondern den Produktionsverbänden zusteht, so sind eben diese Eigentümer, und wir haben ein syndikalistisches Gemeinwesen vor uns. Hier kann es nur das eine oder das andere geben; zwischen Syndikalismus und Sozialismus gibt es keine Vermittlung und keine Versöhnung. Polányi sieht das nicht. Er meint: „Funktionelle Vertretungen (Verbände) ein und derselben Menschen können nie in einen unlösbaren Widerstreit miteinander geraten, — das ist die Grundidee jeder funktionellen Verfassungsform. Zur fallweisen Schlichtung von Gegensätzen werden entweder gemeinsame Ausschüsse von Kommune und Produktionsverband, oder eine Art oberster Verfassungsgerichtshof vorgesehen (koordinierende Organe), denen jedoch keine Legislative und nur eine beschränkte Exekutive zusteht (Rechtsprechung, Sicherheitsdienst usf.)"[1]. Diese Grundidee der funktionellen Verfassungsform ist jedoch verfehlt. Wenn — und das ist die stillschweigende Voraussetzung der Polányischen und aller verwandten Konstruktionen — das politische Parlament durch die Wahl aller Genossen bei gleichem Stimmrecht jedes einzelnen gebildet werden soll, dann kann sehr wohl zwischen ihm und dem Parlament der Produktionsverbände, das aus einer ganz anders aufgebauten Wahlordnung hervorgeht, ein Widerstreit entstehen. Solche Gegensätze können dann weder durch gemeinsame Ausschüsse, noch durch Gerichtshöfe geschlichtet werden. Die Ausschüsse könnten nur dann den Streit austragen, wenn in ihnen der eine oder der andere Hauptverband das Übergewicht hätte; sind beide gleich stark vertreten, dann kann es auch im Ausschuß zu keiner Entscheidung kommen. Hat aber der eine der beiden Verbände bei der Bildung oder im Verfahren des Ausschusses das Übergewicht, dann liegt die letzte Entscheidung eben bei ihm. Ein Gerichtshof kann Fragen der politischen oder ökonomischen Praxis nicht bereinigen. Gerichte können immer nur auf Grund schon feststehender Normen, die sie auf den einzelnen Fall anzuwenden haben, ihre Sprüche fällen. Sollen sie Fragen der Zweckmäßigkeit behandeln, dann sind sie in Wahrheit nicht mehr Gerichte, sondern höchste politische Instanz, und dann gilt von ihnen all das, was über die Ausschüsse gesagt wurde.

Hat weder die Kommune noch der Kongreß der Produktionsverbände die letzte Entscheidung, dann ist das System überhaupt nicht lebensfähig. Ist die letzte Entscheidung bei der Kommune, dann haben wir es mit einer „zentralen Verwaltungswirtschaft" zu tun, für die auch Polányi die Unmöglichkeit der Wirtschaftsrechnung zugesteht. Ist aber die letzte Entscheidung bei den Produktionsverbänden, dann haben wir ein syndikalistisches Gemeinwesen vor uns.

Die Unklarheit, in der sich Polányi über diesen grundlegenden Punkt befindet, läßt ihn eine Scheinlösung als brauchbare Lösung des Problems hinnehmen. Seine Verbände und Unterverbände stehen in einem wechselseitigen Tauschverkehr, sie empfangen und geben als ob sie Eigentümer wären; so bildet sich ein Markt und Marktpreise. Daß das mit dem Wesen des Sozialismus unvereinbar ist, merkt Polányi

---

[1] S. 404, Anm. 20.

nicht, da er sich einmal über den unüberbrückbaren Gegensatz von Sozialismus und Syndikalismus hinweggesetzt hat.

Es wäre noch manches über andere Mängel zu sagen, die Polányis Konstruktion im einzelnen anhaften. Doch sie treten an Bedeutung hinter dem gerügten grundsätzlichen Mangel zurück und können nur geringes Interesse beanspruchen, da sie dem Gedankengang Polányis eigentümlich sind. Jener prinzipielle Fehler aber ist keine Besonderheit Polányis; er wird von allen gildensozialistischen Konstruktionen geteilt. Polányi hat das unzweifelhafte Verdienst, diese Konstruktion schärfer herausgearbeitet zu haben als die Mehrzahl der übrigen Schriftsteller; er hat damit ihre Schwächen klar dargelegt. Auch daß er die Unmöglichkeit der Wirtschaftsrechnung in der verkehrslosen zentralistischen Verwaltungswirtschaft einsieht, muß ihm unter den gegenwärtigen Verhältnissen hoch angerechnet werden.

Ein anderer Beitrag zur Behandlung unseres Problems rührt von Eduard Heimann her[1]). Heimann ist Bekenner eines ethisch und religiös motivierten Sozialismus. Seine politische Gesinnung macht ihn aber durchaus nicht blind für das Problem der Wirtschaftsrechnung. Er folgt in seiner Behandlung den Ausführungen Max Webers. Max Weber hat das Problem als für den Sozialismus „durchaus zentral" erfaßt und in eingehender Auseinandersetzung, in der er die „Naturalrechnungs"-Schwärmereien Otto Neuraths zurückweist, gezeigt, daß ohne Geldgebrauch und Geldrechnung rationales Wirtschaften nicht möglich ist[2]). Heimann will nun zeigen, daß man auch in einer sozialistischen Wirtschaftsordnung rechnen könnte.

Geht Polányi von einer Konstruktion aus, die dem englischen Gildensozialismus verwandt ist, so entwickelt Heimann seine Vorschläge im Anschlusse an die deutschen Planwirtschaftsideen. Charakteristischerweise ähneln seine Ausführungen denen Polányis dennoch in dem Punkte, auf den es allein ankommt; sie sind gerade dort bedauerlich unklar, wo das Verhältnis der einzelnen Produktionsgruppen, in die die planwirtschaftlich organisierte Gesellschaft zerfällt, zu dem Ganzen scharf zu umschreiben gewesen wäre. So gelangt er dazu, von einem sich marktmäßig vollziehenden Verkehr zu sprechen[3]), ohne zu beachten, daß die Planwirtschaft, voll und folgerichtig durchgeführt, verkehrslos ist, und daß das, was man dort etwa als Kauf und Verkauf benennen wollte, seinem Wesen nach ganz anders zu charakterisieren ist. Heimann verfällt in diesen Fehler dadurch, daß er das bezeichnende Merkmal der Planwirtschaft vor allem in der monopolistischen Zusammenfassung der einzelnen Produktionszweige erblickt, statt in der Abhängigkeit der Produktion vom einheitlichen Willen eines gesellschaftlichen Zentralorgans. Dieser Mißgriff ist um so erstaunlicher, als doch schon der Name „Planwirtschaft" und alle zugunsten der Idee ins Treffen geführten Argumente das Einheitliche der Wirtschaftsführung stark in den Vordergrund treten lassen. Freilich, Heimann durchschaut die Hohlheit des mit dem Schlagwort „Anarchie der Produktion" arbeitenden Arguments[4]). Doch darüber hätte er nie vergessen dürfen, daß gerade hier und nirgends sonst das liegt, was Sozialismus und Kapitalismus scharf scheidet.

Wie die Mehrzahl aller Schriftsteller, die sich mit der Planwirtschaft befaßt haben, bemerkt Heimann nicht, daß auch die streng durchgeführte Planwirtschaft

---

[1]) Heimann, Mehrwert und Gemeinwirtschaft, Kritische und positive Beiträge zur Theorie des Sozialismus, Berlin 1922.

[2]) Vgl. Max Weber, Wirtschaft und Gesellschaft, a. a. O., S. 45—49.

[3]) Vgl. Heimann, a. a. O., S. 184ff.

[4]) Ebendort, S. 174.

nichts anderes ist als reiner Sozialismus und daß sie sich nur in Äußerlichkeiten vom straff zentralistisch organisierten sozialistischen Gemeinwesen unterscheidet. Daß unter der einheitlichen Leitung der Zentralstelle eine Reihe von äußerlich selbständigen Departements mit der Verwaltung einzelner Produktionszweige betraut ist, ändert nichts an der Tatsache, daß die Zentralstelle allein die Führung innehat. Die Beziehungen zwischen den einzelnen Departements werden nicht auf dem Markte durch den Wettbewerb von Käufern und Verkäufern geregelt, sondern durch obrigkeitlichen Befehl. Daß für diese obrigkeitlichen Eingriffe jeder das Rechnen und Berechnen ermöglichende Maßstab fehlt, weil sich die Obrigkeit nicht an auf einem Markte gebildeten Austauschverhältnissen zu orientieren vermag, das ist das Problem. Wohl kann die Obrigkeit Substitutionsverhältnisse für die Rechnung zugrunde legen, die sie selbst bestimmt. Aber diese Bestimmung ist willkürlich, sie ist nicht auf den subjektiven Wertschätzungen der Individuen gegründet und auf die Produktivgüter durch das Zusammenwirken aller in der Produktion und im Verkehr Tätigen übertragen wie die Preise des Marktes. Sie kann mithin nicht die Grundlage einer rationellen Wirtschaftsrechnung bilden.

Heimann gelangt zu seiner Scheinlösung des Problems durch Anwendung der Kostentheorie. Die Wirtschaftsrechnung wird an den Kosten orientiert. Man errechnet die Preise auf Grundlage der „Erzeugungskosten", welche die der Verrechnungsstelle angeschlossenen Werke durchschnittlich aufgewendet haben, einschließlich ihres Arbeitslohnes"[1]). Das ist eine Lösung, mit der sich die Theorie vor zwei oder drei Menschenaltern zufriedengegeben hätte. Uns kann sie nicht genügen. Wenn man unter Kosten den Nutzentgang versteht, der bei anderweitiger Verwendung der Aufwendungen zu vermeiden gewesen wäre, erkennt man unschwer, daß Heimanns Ausführungen sich im Kreise bewegen. Anderweitige Verwendung ist im sozialistischen Gemeinwesen nur auf Befehl der Obrigkeit möglich; und das Problem, das uns beschäftigt, ist eben das, ob die Obrigkeit, um zu ihren Entschlüssen zu gelangen, rechnen könnte. Der Wettbewerb der Unternehmer, die in der auf dem Sondereigentum beruhenden Gesellschaftsordnung bestrebt sind, Güter und Dienste der rentabelsten Verwendung zuzuführen, ist in der Planwirtschaft wie in jeder denkbaren Gestalt der sozialistischen Gesellschaftsordnung durch das planmäßige Handeln der Obrigkeit ersetzt. Nur dieser Wettbewerb der Unternehmer, die die sachlichen Produktionsmittel und die Arbeitskräfte einander zu entwinden suchen, bildet Preise. Wo „planmäßig", d. h. von einer Zentralstelle, der alles untertan ist, gewirtschaftet werden soll, schwindet die Grundlage der Rentabilitätsrechnung; nur die Naturalrechnung der Produktivität bleibt übrig. Heimann meint: „Sobald auf dem Markte der Genußgüter ein wirklicher Wettbewerb herrscht, pflanzt sich der dadurch bestimmte Preisstand von dort ohne weiteres durch alle Erzeugungsstufen hindurch fort, wofern nur die Preisregel sinngemäß angewandt wird, und unabhängig von der Verfassung der Parteien auf den Märkten der Beschaffungsgüter"[2]). Das würde jedoch nur dann der Fall sein, wenn wirklicher Wettbewerb bestünde. Heimann stellt sich die Gesellschaft als die Vereinigung einer Anzahl von „Monopolisten" vor, also von Departements des gemeinwirtschaftlichen Gesamtkörpers, denen je ein abgegrenztes Gebiet der Produktion zur ausschließlichen Besorgung zugewiesen ist. Wenn die auf dem „Markte" der Beschaffungsgüter einkaufen, dann ist das kein Wettbewerb, weil ihnen durch die Obrigkeit von vornherein das Gebiet, auf dem sie sich zu betätigen haben und das sie nicht

---

[1]) Vgl. Heimann, a. a. O., S. 185.
[2]) Ebendort, S. 188f.

verlassen dürfen, zugewiesen ist. Wettbewerb besteht nur dann, wenn jeder das produziert, was ihm die günstigste Rentabilität in Aussicht zu stellen scheint. Ich habe zu zeigen versucht, daß diesen Bedingungen nur das Sondereigentum an den Produktivgütern entspricht.

Heimanns Darstellung des sozialistischen Gemeinwesens berücksichtigt nur die laufende Verarbeitung von Rohstoffen zu Genußgütern; so erweckt sie den Eindruck, als ob die einzelnen Abteilungen der Gemeinwirtschaft selbständig vorzugehen in der Lage wären. Weit wichtiger als dieser Teil der Produktion ist aber die Erneuerung des stehenden Kapitals und die Investierung des neugebildeten Kapitals; in den Entscheidungen, die darüber fallen, nicht in den Verfügungen über das umlaufende Kapital, die durch jene schon bis zu einem gewissen Grade vorgezeichnet sind, liegt der Kern des Wirtschaftens. Diese Entscheidungen aber, die auf Jahre und Jahrzehnte hinaus binden, kann man nicht von der augenblicklichen Gestaltung der Nachfrage nach Genußgütern abhängig machen; sie müssen immer an der Zukunft orientiert, d. h. „spekulativ" sein. Heimanns Schema, das Erweiterung oder Einschränkung der Produktion gewissermaßen mechanisch und automatisch aus der Gestaltung der Nachfrage nach den Genußgütern hervorgehen läßt, versagt hier vollkommen. Die Lösung des Wertproblems durch Zurückführung auf die Kosten ist eben nur für den theoretisch denkbaren, empirisch jedoch niemals und nirgends gegebenen Gleichgewichtszustand ausreichend. Nur in diesem aber fallen Preis und Kosten zusammen. In der sich verändernden Wirtschaft ist das nicht der Fall.

Heimanns Versuch, das Problem zu lösen, dessen Unlösbarkeit ich erwiesen zu haben glaube, ist m. E. mißglückt.

Sachregister.

(Die Zahlen bedeuten die Seiten.)

A.

Adler Max über Klassenkampf 318f.
— über Marxismus und philosophischer Materialismus 325.
Hl. Ägidius als Beispiel eines Asketen 375.
Agrarsozialismus 26, 238f.
Aktiengesellschaft als Vorstufe des sozialistischen Betriebes 186f.
Anarchismus 31, 212.
Andler über konservativen Sozialismus 219.
Angebotsmonopol 356.
Arbeit und Askese 374.
—, freie und unfreie 304ff.
—, Produktivität der 150ff., 153ff., 158.
—, Grenzproduktivität der — und Rohertragsprinzip 124f.
—, Recht auf 36f.
Arbeiter als Klasse 310.
—, Ideologie der 324f.
—, Empfänglichkeit des — für Sozialismus 331f.
Arbeiterbewegung, revolutionärer Charakter der 58.
Arbeiterschutz 436ff.
Arbeitervereine 445ff.
Arbeitsertrag, Recht auf den vollen 33.
und Gewinnbeteiligung 240.
— und arbeitsloses Einkommen 34.
Arbeitsintensität und Gewinnbeteiligung 240.
Arbeitsleid und Arbeitsfreude 140ff., 144f., 241, 275.
Arbeitsleid und Arbeitsfreude im sozialistischen Gemeinwesen 152ff., 275.
Arbeitslohn (s. a. Lohn) Bildung des — in der Gemeinwirtschaft 135f.
— und Kapitalsbildung 425.
Arbeitslosenunterstützung 450ff.
Arbeitslosigkeit als Lohnproblem 450f.
—, Ursachen der 37.
Arbeitsqualität, Gleichartigkeit der — als eine Voraussetzung der Arbeitswertrechnung 113.
Arbeitsteilung als allgemeines Gesetz 260f.
—, Ursprung der 262f.
—, ökonomische Theorie der 269.
—, internationale 263f.
— und Standesunterschied 305.
— und Rassentheorie 297.
— und Konzentration der Betriebe 337, 340.
— und Produktivität der Arbeit 275.
— und Einseitigkeit der Arbeit 275f.
—, Rückbildung der — als Völkertod 280.
Arbeitswerttheorie, Kritik der 112ff.
— als Verteilungstheorie 135.
— als Voraussetzung des Sozialismus 114.
— und Wirtschaftsrechnung (s. d.) 111.
Arbeitswille im sozialistischen Gemeinwesen 153ff., 157.
Arbeitszeit 437ff., 439f.
Armenpflege 433, 441f.
— als subjektives öffentliches Recht 35.
Askese 373ff., 382.
Ausbeutungstheorie 240, 307, 439.
Auslese durch Kampf und Wettkampf 292.

— 486 —

Ausleseprinzipien in Monarchie und Demokratie 162f.
Autarkie, wirtschaftliche III, 198, 206.
Autonomie, politische 50.

B.

Bagehot über geschichtliche Berechtigung der Unfreiheit 305.
Ballod über relative Verelendung 353.
Bauer, Otto über das Nebeneinanderbestehen mehrerer sozialistischer Gemeinwesen 200.
Bauernpolitik 436.
Bauerntum als vierter Stand 322.
Bebel über Arbeitsteilung 275.
— über die Ehe im sozialistischen Gemeinwesen 79.
— über das Leben im sozialistischen Gemeinwesen 167.
— über Überfluß im sozialistischen Gemeinwesen 140.
Bedarfsdeckungswirtschaft 118.
Bedarfsgestaltung in der Gemeinwirtschaft 176f.
Bedürfnisse der Verbraucher nicht hervorgerufen durch Unternehmer 414ff.
Bentham über eudämonistische Ethik 369.
— über Produktivität des Privateigentums 282.
— über Verteilung des Reichtums 433.
Berufswahl im sozialistischen Gemeinwesen 164f.
Besteuerung des Unternehmergewinns 241.
Betrieb, Begriff des 338.
Betriebsgröße und Ertragsgesetz 339.
Betriebskonzentration 337ff., 452.
Bevölkerungsgesetz 139, 174ff., 286ff.
— und Recht auf Existenz 35.
Bibelauffassung im Wandel der Geschichte 380, 386.
Biologische Analogien in den Sozialwissenschaften 260.
Boden- und Heimstättenkommunismus 26, 238.
Bodenreform 249.

Böhm-Bawerk über den Begriff der kapitalistischen Produktion 117.
— zum Eigentumsbegriff 11.
— über Marxens Arbeitswerttheorie 113.
Bolschewismus 58.
— als Abschluß der gewerkschaftlichen Bewegung 445.
— und Agrarsozialismus 26.
—, Wurzeln seiner Macht 4.
„Bourgeois", Romantische Verhöhnung des 409f.
„Bourgeoisie", Herrschaft der — und Herrschaft des Proletariats 321f.
Bourguin über Stellung der Bauern und Handwerker im sozialistischen Gemeinwesen 218.
Brentano, Lujo über Arbeiterschutz 438.
— über Arbeitszeit und Arbeitsleistung 440.
Büchers Stufentheorie 270f.
Bürgertum und Liberalismus 24.
Bürokratie in der Gemeinwirtschaft 164, 184f., 193.

C.

Cabet über Preßfreiheit 165.
Cathrein über Kirche und Sozialismus 470.
Chiliasmus, sozialistischer 250.
Christentum und Askese 382.
— und herrschende Gesellschaftsordnung 387, 391.
— und Sozialismus 381f., 387, 393f.
Christlicher Sozialismus 224—227, 390, 393, 395.
Hl. Chrysostomus (Kirchenvater) über Kommunismus 394f.
Clark, J. B. über Monopol und Privateigentum 336.
Cohen, Hermann über Kausalität als Grundprinzip sozialwissenschaftlicher Erkenntnis 258.
— über Liberalismus 401.
— über Sozialismus und seine Gegner 6f., 400ff.
— über Sprache 293.

Cole über Organisation der Gilden 231.
Comtes Dreistadiengesetz 270.
Considerant über Konzentration der Vermögen 350.
Cunow über marxistische Klassendoktrin 315.

D.

Darwinismus (biologischer und soziologischer) 286f.
—, Theorie über Entstehung der gesellschaftlichen Einrichtungen 18.
Demokratie, Funktion und Bedeutung der 47ff.
— (politische), Wesen der 411.
—, reine und parlamentarische 51ff.
—, wirtschaftliche X, 410ff.
— und Liberalismus 46f., 53, 60f.
— und Sozialismus 5ff.
— und Etatismus 53.
— und Freiheit 47.
— und Friedensidee 48f.
— und Revolution 49f.
—, Führerauslese in der 48, 163.
Denken und gesellschaftliches Sein 323, 325f., 334f.
— und Klasseninteresse 329.
— und Sprache 293.
—, sozialer Faktor des 378.
Denkökonomie, Prinzip der 91.
Destruktionismus 423ff.
Determinismus 285f.
Dezentralisation im Sozialismus 205.
Dickens' Hard Times als Beispiel für soziale Kunst 432f.
Dietzgen über proletarische Logik 5.
Diktatur des Proletariats 58f.
Durkheim über Arbeitsteilung 262.

E.

Egoismus 366, 370f., 421f.
Ehe unter Gewalt und Vertragsprinzip 65—78.
Ehrenberg über den Gesichtskreis des Unternehmers und des Arbeiters 324.
Eigentum s. a. Sondereigentum, Grundeigentum.

Eigentum Definition des — als soziologische und juristische Kategorie 11.
— an Produktiv- und Genußgütern 12ff., 14ff.
— an Gebrauchs- und Verbrauchsgütern 12f.
—, natürliches — als physisches Haben 15f.
—, Entstehung des 16ff.
— und Recht 19.
—, Kritik des — durch Imperialismus und Sozialismus 25.
— nach solidaristischer Theorie 236f.
— nach syndikalistischer Theorie 244f.
Eigentumsbeschränkung 248f.
— als Mittel der Sozialisierung 31.
— als Ursache von Interessengegensätzen 309f.
Einkommen, arbeitsloses — und Recht auf vollen Arbeitsertrag 34.
Einkommensbildung in der kapitalistischen Wirtschaftsordnung 126.
Einkommensgleichheit (s. a. Verteilung) 35, 405f.
Ely über Monopole 356.
Energistische Auffassung des Sittlichen 370.
Engel über Arbeitergewinnbeteiligung 239.
Engels (s. a. Marx).
— über Arbeitsleid und Arbeitslust im sozialistischen Gemeinwesen 144.
— über Arbeitszeitbeschränkung 440f.
— über Geschichte des Kriegswesens 256f.
— über klassenlose Zukunftsgesellschaft 318.
— über kommunistische Gesellschaftsordnung 61.
— über Staat als Repressionsgewalt 137.
—, seine Staatsauffassung 59.
— über Steigerung der Produktivität in sozialistischer Wirtschaft 318.
— über Verstaatlichung der Produktionsmittel 212f.
— über die Stellung des Proletariats zur Wissenschaft 330.
— über Wirtschaftsrechnung im sozialistischen Gemeinwesen 111f.

Entwicklung, gesellschaftliche 256f., 284.
Entwicklungsmetaphysik 257.
Erbrecht 239, 246.
Erlösungsglaube, christlicher 254.
Ersparnisse in der Gemeinwirtschaft 160.
Ertragsgesetz (s. a. Produktivität) 139, 174, 338f.
Erwerbstrieb, Kritik der Ethik am 406f.
Etatismus und subjektives Recht 21.
Etatistischer Sozialismus 216.
Ethik, kapitalistische 419ff.
—, Kritik der — am Erwerbstrieb 406f.
— und Wirtschaft 364f.
Ethischer Sozialismus 364, 369.
— und Romantik 409.
Eudämonistische Ethik 368ff.
— Theorie des Handelns 89f.
Eudämonismus 105f.
— und Sozialismus 364.
Evolutionistischer Sozialismus 251.
Existenz, Recht auf 33ff.
Expropriation der Expropriateurs 332f.

F.

Familie, Geschichte der 66.
Familienverfassung nach dem Gewaltprinzip 66.
— und Kapitalismus 71.
— in der kommunistischen Gesellschaftsordnung 63.
Feldgemeinschaft, Ursprung der 28.
Ferguson über technischen Fortschritt und Arbeitsteilung 273.
Fetter über Demokratie des Marktes 412.
Feuerbach, L. über das eudämonistische Prinzip 90.
— über Verhältnis von Denken und Sein 325.
Fichte über gesellschaftliche Natur des Menschen 261.
Finanzmonopole 453.
Fortschritt der Gesellschaftsentwicklung in der Geschichte 276ff.
—, wirtschaftlicher Begriff des 182.
—, soziologischer Begriff des — in der Geschichtsbetrachtung 269f.

Fortschrittstheorie der materialistischen Geschichtsauffassung 251f.
Fouillée über idées-forces 370.
— Kritik der utilitaristischen Gesellschaftstheorie 268.
Fourier, seine Persönlichkeit 64f.
— über Arbeitsleid und Arbeitsfreude im sozialistischen Gemeinwesen 140f.,145.
— über Lebensbedingungen im sozialistischen Gemeinwesen 139.
Frau, Stellung der — nach dem Gewaltprinzip 67f.
—, Stellung der — im Morgen- und Abendland 80f.
Frauen- und Kinderarbeit 437ff.
Frauenbewegung, Stellung der — zur Ehe 77f.
Freihandel (s. a. Liberalismus) und Sozialismus 206.
Freiheit, politische — in der Demokratie 47.
— im Kapitalismus 171ff.
— im Sozialismus 168ff.
— der Kunst, Wissenschaft und Presse im sozialistischen Gemeinwesen 165ff.
— in der materialistischen Geschichtsauffassung und Unentrinnbarkeit des Sozialismus 56.
—, Hegel über 56.
Frieden und Liberalismus 291.
— und Demokratie 19, 48f.
— in der kommunistischen Gesellschaftsordnung 63.
— als Vergesellschaftung 285.
— als Voraussetzung der Arbeitsteilung 273.
— als Voraussetzung der Kontinuität der Wirtschaft 19.
Friedensstiftung als Funktion der Rechtsordnung 19, 21.
Friedensverträge von Versailles und St. Germain über Warencharakter der Arbeit 404.
Führerauslese 48, 50f., 162ff.
Führertum und Masse XIIf., 471ff.
Fünfjahresplan in Sowjetrußland 180f.

G.

Gebrauchsgüter, Eigentum an 12f.
—, Normalisierung der 417.
Gebrauchswert, subjektiver — keine Recheneinheit 92f.
Geburtenregelung in der Gemeinwirtschaft 176.
„Geburtshelfertheorie" (s. a. Unentrinnbarkeit des Sozialismus) 363.
Geld kein Maßstab des Wertes und der Preise 94.
— in der sozialistischen Wirtschaft 133f.
Geldrechnung 94ff.
— und Begriff des Wirtschaftlichen im engeren Sinne 105f.
— und Kapitalsbegriff 102f.
— als Schutz gegen Willkür 171.
Gemeineigentum im Urzustand 26f.
Gemeinschaftshandeln in der kommunistischen Gesellschaft 62.
Gemeinwirtschaft (s. a. sozialistisches Gemeinwesen).
—, Preisbildung in der 111.
—, Wirtschaftsrechnung in der 97ff., 100—115, 134, 188f.
—, Arbeitsrechnung in der 111ff.
—, Geldrechnung in der 133ff.
—, Reinertrags- und Verteilungsprinzipien in der 125ff., 129.
—, Produktivität in der 318, 322, 334.
—, Ersparnisse in der 160.
—, Organisationsprobleme der 195f.
—, Problem der Leitung in der 182, 185f., 192.
— nur im stationären Zustand denkbar 138.
—, „dynamische" Probleme der 176ff., 182, 188ff.
—, Bedarfsveränderungen in der 176f.
—, Auswirkung des Bevölkerungsgesetzes in der 175.
—, Handelspolitik in der 205.
—, Kapitalaufzehrung in der 425.
Gemischtwirtschaftliche Unternehmungen 228.
— — und Gewinnbeteiligungsprinzip 242.
Genußgüter, Eigentum an 15f.

Genußgüter, Kommunismus an — im Urchristentum 383, 393f.
—, Verteilung der — abhängig von Verfügung über Produktionsmittel 14.
—, Verteilung der — und Recht auf Existenz 35.
Gerechtigkeit der Löhne und Preise nach scholastischer Auffassung 226.
Gervinus über Idee der Freiheit in der Geschichte 56.
Geschichtsauffassung der Klassenkampftheorie 317f., 320.
—, rationale — und Gesetzlichkeit in der Gesellschaftsentwicklung 255f.
—, kollektivistische 42.
—, materialistische s. d.
— und Metaphysik 252f.
— Herders 40.
— Kants 40f.
Gesellschaft, Begriff der 107.
—, Begriff der — bei Marx 107f.
— und Arbeitsteilung 261—264, 267—269
— und Ethik 365.
— und Recht 366.
Gesellschaftsvertrag 17ff.
Gewalt, Entstehung des Eigentums durch 17.
— auf fremdes Eigentum gerichtet 19.
—, unsozialer Charakter der 23.
Gewaltprinzip und Familienverfassung 66.
—, Imperialismus als Ausfluß des 24f., 44f.
— und Krieg 45f.
— und Sondereigentum 469.
— und Vermögenskonzentration 344.
—, Stellung des Marxismus und Liberalismus zum 50.
Gewerkschaften 445ff.
— Ursachen ihrer Macht 449f.
— Interessengegensätze innerhalb der 313.
Gewinn, Begriff des 118.
—, Regelung des — nach etatistischer Vorstellung 217f.
Gewinnbeteiligung der Arbeiter 239.
Gides Solidarismus 239.
Gierke über Kollektivismus 42.

Gildensozialismus englischer 230—234.
Gleichgewichtszustand der Wirtschaft 138.
—, Ursachen für seine Veränderung 173 ff.
Gleichheit als Postulat des Naturrechts 53, 290.
—, politische 47, 53.
— vor dem Gesetz 54, 300.
— der Geschlechter 82 f.
—, wirtschaftliche 53.
— des Einkommens 55, 405 f.
— des Vermögens 25 f., 34 f.
Gleichheitsbegriff der naturrechtlichen Gesellschaftstheorie 290.
Gleichheitsideal, geschichtliche Bedeutung des 53 f.
Gobineaus Rassentheorie 296, 298.
Godwin über Lebensbedingungen im sozialistischen Gemeinwesen 139.
Goldscheid über Überwindung des Steuerstaates 454 f.
Goltz Freiherr von der, über Rohertrag und Reinertrag in der Landwirtschaft 123.
Gossen über Unmöglichkeit sozialistischer Wirtschaftsrechnung 114.
Grenznutzen und Werteinheit 92 f.
Grenznutzentheorie, Sozialisten als Anhänger der 328.
Griechische Kirche 379 f.
Groß- und Kleinbetrieb in der Urproduktion (Landwirtschaft) 339 f.
Groß- und Kleinunternehmungen, ihre Eignung zur Sozialisierung 217 ff.
Großgrundbesitz, seine Entstehung 344 f., 469.
— und Kapitalismus 466.
Grundbesitzer als Klasse 306, 310.
Grundrechte, liberale 60.
—, ökonomische 33.
—, politische 32 f.
Grundrente, Einfluß des Monopols auf die 361.
Gut (s. a. Gebrauchsgüter, Genußgüter, Produktivgüter, Verbrauchsgüter).
—, Einteilung der Güter 12 f., 92, 96.
Gütergemeinschaft an Genuß- und Produktivgütern 14.
Guyau über Pflichtethik 370.

H.

Handeln, rationales und Denken 91.
—, rationales — gleich Wirtschaften 90.
—, rationales — und Prinzip der Wirtschaftlichkeit 87.
Handelspolitik in der Gemeinwirtschaft 205.
Handlung, ethischer Wert der 368.
Harnack über Urchristentum und Askese 382.
Hauswirtschaft geschlossene 96 f.
Hegels Geschichtsphilosophie 56, 283 f., 321.
— Stellung zum Staat 367.
Herder über Kants Geschichtsphilosophie 40 f.
Hertwig über Arbeitsteilung 260.
Historische Schule der Staatswissenschaften 87.
Hochkapitalismus, Übergang in Sozialismus nach marxistischer Doktrin 334.
Hohoff über Böhm-Bawerk 328.
Hume über den Neid 354.

I.

Ideelle Güter als Gegenstand des Wirtschaftens 104.
Ideologie 322 f.
—, gesellschaftliche — unabhängig von technischer Entwicklung 273.
— der gewerkschaftlichen Organisation 450.
— des Sozialismus 423 f.
Imperativ, kategorischer und Sozialismus 399.
Imperialismus 24 f.
—, Kritik des Eigentums durch den 25.
—, Ethik des 371.
— und Arbeitsteilung 270.
— und Darwinismus 288.
— und Nationalismus 294.
— und natürliches Eigentum 25.
— und Rassenbegriff 25.
— und Schutzzollpolitik 202.
— und Staatssozialismus 219.
— und Wanderungsbeschränkung 202.

Individualismus und Kollektivismus 38f., 269, 421.
Individuum und Klasse 311f.
Inflation 460ff.
Intellektuelle als Träger des Sozialismus 472.
Interessen der Verbraucher und Unternehmer 414.
Interessengegensatz zwischen Branchegenossen 308f.
— und Wettbewerb 311f.
Interessenharmonie 365ff.
Interessensolidarität (politische), Marx über — des Proletariats 428.
Interventionismus 456.
— und Steuerpolitik 458f.
— als Voraussetzung der Entstehung von Kartellen 360.
Investitionen des Unternehmers 349.
Islam 378f.
Izoulet über Arbeitsteilung 261, 280.

J.

Jainismus 373.
Jodl über Pflichtethik 365.
Judentum 378f.
—, Stellung zum Sondereigentum 388.

K.

Kammerer über Darwinismus 290.
Kampf als Entgesellschaftung 285.
— ums Dasein (s. a. Darwinismus) 286ff.
Kant über Ungleichheit der Einkommensverteilung 403.
—s Ethik 399.
— Gesellschaftstheorie 268f.
— Geschichtsauffassung 40.
— Pflichtethik und Eudämonismus 369.
— über Wesen des Organismus 401f.
Kapital als nationalökonomischer Begriff 102f.
Kapitalaufzehrung 424f.
— durch Wegsteuerung 459.
Kapitalbildung und Arbeitslohn 425.
Kapitalbildung durch öffentliche Körperschaften 180.
— im sozialistischen Gemeinwesen 179.
Kapitalerhaltung 348f., 178ff.

Kapitalismus als politisches Schlagwort 101f.
— und Liberalismus 471.
Kapitalismus, Expansionstendenz des 207.
— als Gegensatz zum Sozialismus 103.
—, sozialistische Kritik am 408.
— und Ethik 419ff.
— und Freiheit 171ff.
— und Kirche 398.
— und Grundeigentum 466.
— und Unternehmertum 466.
—, Rolle des Erwerbsstrebens im 407f.
Kapitalrechnung 179.
Kartelle 341.
— und Trusts, protektionistische Maßnahmen als Voraussetzung der 360.
Kathedersozialismus 219.
Katholizismus und Sozialismus (s. a. christlicher Sozialismus) 227.
Kaufmann, Weseneigenschaften des 193.
Kautsky über Antriebe zur Arbeit im sozialistischen Gemeinwesen 158.
— über „bürgerliche" Nationalökonomie 464.
— über Klassenbedingtheit der Wissenschaft 4.
— über Konzentration des Kapitals 334.
— über Lebensbedingungen im sozialistischen Gemeinwesen 139.
— über Produktivität der Arbeit im sozialistischen Gemeinwesen 159ff.
— über Reife zum Sozialismus 319f.
— über Sozialisierung der Kleinbetriebe 218.
— über Verelendungstheorie 351.
— über Verstaatlichung der Produktionsmittel 212f.
Kirche und Kapitalismus 398.
— und Nationalismus 398.
— und Sondereigentum 469f.
— und Sozialismus 389ff., 397f., 392f.
—, Sozialethik der 390ff.
Kirchlicher Sozialismus 224—227.
Klasse, Begriff der 288f., 299f., 303, 315, 323f.
Klasseninteresse 312f., 329, 464f.
— und Ideologie IV, 5, 32, 323.

Klassenkampf 293, 316f.
— Charakter 317.
Klassenkampftheorie 288f., 312f.
—, Geschichtsauffassung der 252.
— und Unentrinnbarkeit des Sozialismus 317.
Klosterwirtschaft nicht sozialistisch 395.
Knies über kanonisches Zinsverbot 387.
Koalitionsfreiheit und Zwang 445f.
Kollektivistische Geschichtsauffassung 42.
Kolonialpolitik der europäischen Mächte insbes. Englands 207f.
Kommunalisierung von Unternehmungen und Staatssozialisierung (s. a. Verstaatlichung) 220.
Kommunistische Gesellschaftsordnung (s. a. Sozialismus) 61ff.
Konkurrenz (s. a. Wettbewerb) als Gesellschaftsprinzip 291f.
— innerhalb einer Klasse 311.
Konkurrenzlosigkeit führt nicht immer zu Monopolpreisen 359.
Konservativer Sozialismus 219, 225.
Konsument 15, 412f.
Konzentration der Betriebe 337ff.
— der Vermögen 343ff.
— der Unternehmungen 341ff.
—, horizontale und vertikale 341f.
Krankenversicherung 442f., 451.
Krieg 45f., 289.
Kriegerkommunismus 221.
Kriegssozialismus 435, 459.
Kropotkin über Darwinismus 290.
Kulturentwicklung, Kontinuität der 279f.
Kunst, Freiheit der — im Sozialismus 168.
—, sozialistische 429ff.

L.

Lamprechts Fünfstadiengesetz 270.
Landrys Versuch einer nationalökonomischen Begründung des Rohertragsprinzips 124.
Landwirtschaft, Aufgaben der — nach etatistischer Vorstellung 217.
—, Groß- und Kleinbetrieb in der 322.

Landwirtschaftliche Vereinigungen 468.
Lapouge über Krieg als Auslese 288.
Lassalle über Entwicklungstendenz zur Aufhebung des Privateigentums 283f.
— über den Nachtwächterstaat 128.
Latifundienbesitz, Entstehung und Erhaltung des 344f.
Laveleye über Ureigentum 29.
Lebenswichtige Güter, Begriff der 355.
Leitung, Problem der — in der Gemeinwirtschaft 182, 185f., 192.
Lenin über Diktatur des Proletariats 59.
— über kapitalistische Unternehmertätigkeit 191.
— über Zwang im sozialistischen Gemeinwesen 136f.
Leo XIII. Enzyklika rerum novarum 227.
Leroy-Beaulieu über die moderne Staatsvergottung 40.
Lessing über Kollektivismus 42.
Lexis über Lohnarbeit und Sklavenarbeit 307.
Liberalismus und Anarchismus 31.
— und Arbeitsteilung 272.
— und Bürgertum 24.
— und Darwinismus 288.
— und Demokratie 46f., 53, 60f.
— und Ethik 372.
— und Frieden 45f., 291.
— und Gewaltprinzip 50.
— und Gleichheitsideal 53f.
— und Kapitalismus 471.
— und Kirche 392f.
— und Klasse 32, 465.
— und Nationalismus 295.
— und Rassentheorie 297f.
— und Rechtsordnung 21, 31ff.
— und Staat 212, 367, 455f.
—, Steuerpolitik des 456.
—, Sozialphilosophie des 22ff., 281, 290f., 372.
— Kritiker des 23f.
—, politische Taktik des 429.
Liebe, freie 65, 78f.
Lilienfeld über die Methode der „organischen" Soziologie 259.
Logik proletarische 4.

Lohn, statischer oder natürlicher 149.
—, Stücklohn, Zeitlohn und Produktivität der Arbeit 149f.
— in der Gemeinwirtschaft 135.
Lohnarbeit und Sklavenarbeit 306f.
Lohnhöhe und Arbeitslosigkeit 450f.
— und Gewerkschaftspolitik 447f.
— und Grenzproduktivität der Arbeit 154.
— und Kapitalbildung 425.
Lohnkampf, Mittel und Wirkung 447ff.
Lust — Unlust in der Ethik 90, 368ff.
Luxus, fortschrittfördernde Funktion des 178.

M.

Malthus' Bevölkerungstheorie (s. d.) 286ff.
de Man über bürgerlichen Ursprung des Marxismus 329.
Mandeville über den Neid 354.
Mangel als Beweggrund des Handelns 90.
Marx, seine Persönlichkeit 426f.
— über Abhängigkeit der gesellschaftlichen Ideologie von technischer Entwicklung 273.
— über Arbeitsleid und Arbeitsfreude im Sozialismus 144.
— über Arbeitsteilung 275.
— über Arbeitszeitbeschränkung 440f.
— über Bevölkerungsgesetz 139.
— über bürgerliche und proletarische Nationalökonomie (Ricardo) 327.
— über Descartes' Ansicht der Tierseele 326.
— über Differenzen der Arbeitsqualität 113.
— über Diktatur des Proletariats 59.
— über Expropriation des Expropriateurs 333.
— über Gesellschaftsbegriff 107f.
— über Gewerkschaftspolitik 447f.
— über Hegels Entwicklungsschema 284.
— über intensive und extensive Bodenbewirtschaftung 122f.
— über Interessensolidarität (politische) des Proletariats 428.
— über Internationalität des Sozialismus 199.

Marx, über kapitalistische Produktion 401.
— über Klassen 299, 301f., 303.
— über Klasseninteresse als Determinante des Denkens 327.
— über kommunistische Gesellschaftsordnung 61f.
— über Konzentration des Kapitals 333f.
— über Kostenersparnis in Großbetrieben 339.
— über Mängel des naturwissenschaftlichen Materialismus 326.
— über Locke 327.
— über Organisation der Proletarier 313.
— über Produktivität und Sondereigentum 318.
— über Rolle der sachlichen Produktionsfaktoren in der Wirtschaftsrechnung 112f.
— über Prostitution 83f.
— über Staat 108, 367.
— über Stand und Klasse 303.
— über Steuerpolitik 459f.
— über Untergang von Gesellschaftssystemen 320f.
— über Verelendungstheorie 351.
— über Verhältnis der Produktivkräfte zur Gesellschaftsordnung 326.
—, Technik seiner Polemik 6.
Marxismus (s. a. Sozialismus), seine destruktionistischen Tendenzen 462f.
—, seine Stellung zum Gewaltprinzip 50.
—, sein Begriff der Revolution 58.
—, seine Methode der Verteidigung des Sozialismus IV.
—, sein Staatsbegriff 59.
—, sein Wissenschaftscharakter 329f.
— als Wissenschaft und Politik 363.
— und kritische Philosophie 399.
— und Staatssozialismus 220.
—, Ursachen seines Erfolges Vf.
Massen, Anteil der — an den Zeitideen 472.
Materialismus, naiver, sozialistische Grundhaltung des 325.
Materialistische Geschichtsauffassung 273f., 321, 364.
—, ihre drei Elemente 251.

— 494 —

Materialistische Geschichtsauffassung, ihre erkenntnistheoretische Grundlage 325.
—, ihre metaphysischen Voraussetzungen 255.
—, Kritik der 334f.
—, über Abhängigkeit des Denkens vom gesellschaftlichen Sein 323.
— und Freiheitsidee 56.
— und Internationalität 199.
— und Wissenschaft 4.
Maximierung der Sondervermögen 238f.
Mehring über Schopenhauer und Nietzsche 327.
Menger, Anton über ökonomische Grundrechte 33.
Menger, Carl über Monopolpreise 357.
Menschen- und Bürgerrechte 32f.
Messer über künstliche Erweckung von Bedürfnissen durch Unternehmer 414f.
Messiasidee 382f.
Milieutheorie 286, 325f.
Militärsozialismus 220ff.
Militarismus, antisozialer Charakter des 281.
—, Stellung des — zu Besitz und Wirtschaft 221f.
— und Vergesellschaftung 277f.
Mill, J. St. über Produktivität der Arbeit im Kapitalismus und Sozialismus 153ff.
— über das utilitaristische Prinzip 90.
Mittel, Begriff des wirtschaftlichen 88.
Monogamie, Entstehung der 72f.
Monopol 336, 341, 354ff., 356f., 358f., 361ff.
—, Definition des 356.
—, Vorbedingungen für seine Entstehung 359f.
—, seine dreifache Wirkung 357ff.
— in der Urproduktion 361.
—, Einschränkung der Erzeugung des Monopolguts 358f.
Monopole, staatliche 451.
Moral restraint 287f.
Müller, Adam über Arbeitsteilung 274.
Müller, Hermann über relative Verelendung 351f.

N.

Nährpflicht, allgemeine 249.
Nation und Sozialismus 200.
— und Sprache 294.
Nationalismus, antisozialer Charakter des 281.
— und Darwinismus 288.
—, Einstellung des — zum Sozialismus 2.
— und Kirche 398.
— und Liberalismus 295.
—, Parteiideologie des 323.
Nationalitätenkampf 293.
Nationalökonomie, bürgerliche und proletarische 327f.
Nationalsozialismus 462f.
Naturrecht über das Wesen des Eigentums 17f.
— und Gleichheitsideal 53.
— und Demokratie 52.
Neukantianer, Stellung der — zum Sozialismus 399f.
Neurath über Naturalwirtschaft 100.
Nietzsche über den Staat 39.
Nominalismus in der Sozialphilosophie 38.
Normalisierung der Produktion 416f.
Novikow über Krieg 285.

O.

Okkupation, Entstehung des Eigentums durch 17.
Ökonomische Grundrechte 32f.
Oppositionsparteien, Einstellung der — zum Staat 212.
Organisation und Organismus 265f.
„Organische" Gesellschaftstheorie 259, 401.

P.

Paraguay, Jesuitenstaat in 397.
Pareto über Interesse des Unternehmers am Sozialismus 466f.
Paris, Matthäus über den hl. Franziskus 375.
Paulus (Apostel) über Pflicht zum Arbeiten 403.
Pecqueur über Verteilung nach den Bedürfnissen des Einzelnen 131f.

Pesch über Solidarismus 236.
— über Stellung des Christentums zum Sondereigentum 388.
Petritsch über Spekulation 183.
Pfleiderer über die Evangelien als Quelle der Wirtschaftsethik 388.
Pflichtethik 89f., 365f.
Pius XI. Enzyklika Quadragesimo anno 227.
Planwirtschaft (s. Gemeinwirtschaft) Xf., 227ff.
Polanyi über sozialistische Rechnungslegung 480ff.
Polemik, Methoden der marxistischen 6, 427.
Popper-Lynkeus 249.
Post- und Telegraphenmonopol 451f.
Preise, obrigkeitliche Regelung der — im Staatssozialismus 217.
— im sozialistischen Gemeinwesen 11.
Preßfreiheit im sozialistischen Gemeinwesen 155f.
Privateigentum s. Sondereigentum.
Produktionsfaktoren, Einteilung der — und Klassenbegriff 302.
—, Proportionalität der — entscheidend für Betriebsgröße 338, 340.
Produktionskosten, relative Höhe der — maßgebend für die internationale Arbeitsteilung (Ricardo) 263f.
Produktionsmittel, doppelter Begriff des Eigentums an 15.
— im kapitalistischen Gemeinwesen 179.
— in der Gemeinwirtschaft 107, 179.
— — — —, Bewertung der 100.
— — — —, Eigentum an ausländischen 209.
— — — —, sachliche 117.
Produktionspolitik des Monopolisten 358.
Produktionsrichtung bestimmt durch Konsumenten 412.
Produktionsumwege, Wahl der — und Geldrechnung 96.
— und Wirtschaftlichkeit 92.
Produktionsverhältnisse und ideologischer Überbau 326.
Produktivgüter, Eigentum an 15f.

Produktivität der Arbeit 150ff., 155`
— und Arbeitsteilung 264, 269, 275, 298.
—, höhere — in der Gemeinwirtschaft 318f., 322, 334.
Produktivität und Rentabilität 119f. 361, 417f.
Profitwirtschaft und Bedarfdeckungswirtschaft 118.
Proletariat, Herrschaft des — und Herrschaft der Bourgeoisie 321f.
— als Klasse 313.
—, Sozialismus als Ideologie des 330f.
Proletarisches Denken 329.
Prophetie, Erlösungsidee der jüdischen 253.
Prostitution 83f.
Protektionismus als Voraussetzung der Entstehung von Kartellen 360.
Proudhon, Begriff des Monopols bei 122.
— über Demokratie 55.
— über Rohertrag und Reinertrag 122.
Prudhomme über das solidaristische Ideal 235f.
Putschismus 58.

Q.

Quadragesimo anno (Enzyklika) 398.

R.

Rangordnung, gesellschaftliche nach etatistischer Vorstellung 216f.
Rasse 25, 286, 293, 295f., 297, 324.
Rathenau über Normalisierung der Produktion 416.
Rationales Handeln 274.
Rationalisierung der Wirtschaft durch Geldrechnung 86.
Rationalismus, Auffassung des — vom Wesen des Eigentums 18.
—, Einstellung des Sozialismus zum 9f.
Realismus in der Sozialphilosophie 58.
Realkapital und Produktionsumwege 117f.
Rechenhaftigkeit des Wirtschaftshandelns 92f., 96.
Recht auf Arbeit 36f.
— auf Existenz und Gleichheit der Vermögensverteilung 34f.

Recht, auf vollen Arbeitsertrag 33f., 240.
Recht, privates und öffentliches 21.
— und Eigentum 19.
Rechtsordnung und Liberalismus 21, 31.
— und Sozialismus 30f.
—, Ursprung der 17, 19ff.
Rechtsstellung der Stände 304, 307, 308.
Re-Deflation 461.
Reformation und Gegenreformation 396.
Reichtum, bürgerlicher, Bildung und Verfall des 348.
—, Stellung des Christentums zum 388f.
Reinertragsprinzip als Ziel alles Wirtschaftens 120, 125.
„Reinwirtschaftliches" Handeln 104ff.
Relativismus und Liberalismus 60f.
Religion und Sozialethik 378ff.
Rentabilität gemischtwirtschaftlicher Betriebe 228.
— der Staatsbetriebe 454f.
— als Wirtschaftsziel 104f.
— und Produktivität 119f., 361, 417f.
— — — in der Monopoltheorie 359, 362.
Rentabilitätsprinzip 93f.
Repräsentation in der naturrechtlichen Theorie der Demokratie 52.
Ressentiment als Grundlage sozialistischer Ideen 406.
— als Ursprung der Idee der Einkommengleichheit 55.
— der Massen- und Verelendungstheorie 354.
— im Sozialismus 363, 424.
Revisionismus 58, 330.
Revolution 210f.
—, Begriff der — nach marxistischer Auffassung 58.
— und Demokratie 49f.
Ricardo über das Prinzip der internationalen Arbeitsteilung 264.
— über Reinertragsprinzip in den verschiedenen Produktionszweigen 121f.
—s Klassentheorie 301.
— über Marx 327.
Rodbertus über Entlohnung nach normalen Werkarbeitstagen 151.
— über relative Verelendung 351f.

Rohertrag und Reinertrag 120—125.
Romantische Nationalökonomie über Arbeitsteilung 274.
— über Rohertrag und Reinertrag in der Landwirtschaft 123.
Romantische Gesellschaftstheorie 259f.
Romantische Kunst 429ff.

S.

Saint-Simon über den Unternehmer 190.
Say über Ricardos Reinertragsprinzip 122.
Schädelindex 295f.
Schellings Natur- und Geschichtsphilosophie 320f.
Scholastik, Wirtschaftsideal der — im christlichen Sozialismus 226.
Schutzzollpolitik und Imperialismus 202.
—, Nachteile der 205f.
Selbstverwaltung in der Planwirtschaft 229.
Selfgovernment in industry 234, 409ff.
Sexualverhältnisse, Einwirkung des Wirtschaftlichen auf die 70f.
Sicherheit der Kapitalanlagen und -renten 349f.
Sismondi über Ricardos Reinertragsprinzip 122.
Sklaverei 304ff.
Smith, Adam über Produktivität 121.
Solidarismus, französischer 234—238.
Solidarität der Klasseninteressen 308ff.
Sombart über die Führer der Syndikalisten 328.
Sondereigentum, Wesen des 13, 248.
—, Entstehung des 28f., 468f.
—, soziale Funktion des 282.
— und Nahrungsspielraum 287f.
— und Unternehmertum 465f.
— als politisches Problem 8.
—, Gewaltprinzip und 469.
—, Expropriation des 332f.
— als Voraussetzung der Preisbildung 111.
— und Liberalismus 465.
— an Produktionsmitteln und Arbeitsteilung 305.

Sondereigentum an Produktionsmitteln in christlicher Auffassung 382, 387f.
— — — im christlichen Sozialismus 225.
— — —, Militärstaat als Gegner des 220ff.
— — — und Solidarismus 235.
Souveränitätsbegriff, naturrechtlicher 53.
Sozialdemokratie 210.
—, politische Idee der 57ff.
Sozialdividende, Begriff der 127ff.
—, Verteilung der — nach etatistischer Vorstellung 216.
„Soziale" Kunst des 19. Jahrh. 431ff.
Sozialethik und Individualethik 421.
Sozialisierung, Eigentumsbeschränkung als Mittel der 31.
— als ethisches Problem 184.
— und Rechtsordnung 30f.
—, Undurchführbarkeit der 455.
Sozialisierungskommission, deutsche vom Jahre 1919 über Monopol 336.
Sozialisierungsversuche in Österreich und Deutschland 214, 228.
Sozialismus, Begriff und Definition des VIIIf., 2, 30f., 209.
— als Erbe des Liberalismus 27.
—, seine Einstellung zum Rationalismus 9f.
— als geistige Macht 472f.
— als Ideologie des Proletariats 314, 330f.
— als Objekt der Wissenschaft 8f.
—, seine ethischen Voraussetzungen 419f.
—, sein asozialer Charakter 281, 473.
—, seine revolutionäre Haltung 210.
—, Vorbedingungen für seine Verwirklichung 319f.
—, christlicher 224—227, 390, 393, 395.
—, ethischer 364, 369.
—, ökonomisch-rationalistischer 364.
—, wissenschaftlicher V, 4, 251, 330.
— und Askese 376f.
— und Christentum 383, 387f., 393f.
— und Demokratie 56ff.
— und Freihandel 206.
— und Freiheit 168ff.
— und Kirche 397f.

Sozialismus und Steuerpolitik 457ff.
— und Unternehmertum 466ff.
Sozialistische Ideologie und Großbetrieb 330f.
Sozialistischer Staat, Verteilung im 128.
Sozialistisches Gemeinwesen (s. a. Gemeinwirtschaft), Begriff des „geschlossenen" 110.
Sozialversicherung 441ff.
Sozialwille in kollektivistischer Auffassung 43.
Sozialwissenschaft, Wertfreiheit der 258.
Soziologie, Aufgabe der 259.
Spanns Wirtschaftsbegriff 87f.
Sparen, Funktion des — in der kapitalistischen Wirtschaft 179.
—, — — im Sozialismus 180.
Spekulation 182f., 473f.
— in der kapitalistischen und in der sozialistischen Wirtschaft 119, 184.
— und Kapitalserhaltung 348f.
Spencer über Umwandlung des kriegerischen in den industriellen Gesellschaftstypus 222.
Sprache 293.
Spranger über Organisation des Fortschritts 167.
Staat, Aufgabe des — im Gildensozialismus 231, 233.
—, — — in der kommunistischen Gesellschaftsordnung 61f.
—, Einstellung der marxistischen Parteien zum 211f.
— und Kirche 396f.
— und Liberalismus 127, 455f.
— als Zwangsapparat 137, 366.
Staatsbegriff bei Marx 59, 108.
— der modernen Staatslehre 108.
Staatsbetriebe 451ff.
Staatsgrenzen, Überschätzung der wirtschaftlichen Bedeutung der 294.
Staatskapitalismus XI, 230.
Staatsmonopole 451f.
Staatssozialismus XI, 197f., 211—220.
Stand 84, 300, 303ff.
Standort der Industrie und Frachthöhe 358.

— 498 —

Standort, natürlicher — der Produktion 340.
Stationäre Wirtschaft 138, 173.
— als Gesellschaftsideal des christlichen Sozialismus 224.
— als Voraussetzung des Syndikalismus 245f.
—, Wirtschaftsrechnung in der 101.
Statistischer Beweis für Konzentration 335, 337.
— für Verelendungstheorie 347f.
Steuerpolitik 241, 456ff.
Stourm über Finanzpolitik der Jakobiner 463.
Streik 355, 445ff., 450.
Stücklohn 155.
Stufentheorie 270f.
Syndikalismus 59, 205, 242—247.
— und Gildensozialismus 234.
— als Konsequenz des Gewinnbeteiligungsprinzips 241.
— als Produzentenherrschaft 413f.

T.

Taine, Begriff der Rasse bei 286.
Tarde über Luxus 178.
Tauschverkehr in Genußgütern im sozialistischen Gemeinwesen 133.
— als Voraussetzung der Geldrechnung 96.
Tawney über Stellung der Arbeiter im Gildensozialismus 232f.
Technischer Fortschritt und Arbeitsteilung 273.
Teilbarkeit des Eigentums 14ff., 247f.
Teleologie in der Sozialwissenschaft 258.
Theokratischer Sozialismus 223—227.
Toleranz 166.
Tönnies über Stellung des Proletariats zur Wissenschaft 330.
Tolstois soziales Ideal 434.
Troeltsch über urchristliche Idee vom Gottesreich 254f.
Trotzky über Lebensbedingungen im sozialistischen Gemeinwesen 139.
Trusts und Kartelle, protektionistische Maßnahmen als Voraussetzung der 360.

Typisierung der Produktions- und Konsumgüter 416f.

U.

Unabweisbarkeit, Begriff der ökonomischen — bei Engels 213.
Unentrinnbarkeit des Sozialismus IVf., 56, 252, 320, 363.
— — — und Kapitalkonzentration 332.
— — — und Klassenkampftheorie 317.
Unfallversicherung 442f., 451.
Unternehmer 193.
—, Aufgabe des 190, 207.
—, Einfluß des —, auf Produktionsrichtung 412.
—, Rolle des — im Produktionsprozeß 15.
— in sozialistischer Auffassung 189f.
— im Staatssozialismus 217.
—, Vererbung der Stellung des 350.
Unternehmerideologie 324.
Unternehmerorganisationen 467f.
Unternehmerrisiko 349.
Unternehmertum und Kapitalismus 466.
— und Sondereigentum 465f.
— und Sozialismus 466f.
— in der Planwirtschaft 228.
Unternehmungen, Konzentration der 341ff.
Urchristentum, angebliche kommunistische Verfassung des 226.
—, Sozialehren des 384f.
Urproduktion, Konzentration in der 335, 339.
—, Monopolisierbarkeit der 361.
Urzustand, Gemeineigentum im 27ff.
Utilitarismus 89f., 290.
—, Kritik des — in Dickens' Hard Times 432ff.
—, Stellung des — zum Staat 367.
Utopischer Sozialismus 62, 250.

V.

Verbraucher bestimmend für Produktionsziele X, 15.
—, Einfluß des — auf Produktionsrichtung 412f.

Verbrauchsgüter, Eigentum an 12f.
—, Normalisierung der 417.
Verelendungstheorie 346f., 351f.
Verfügung, mittelbare und unmittelbare — über Produktionsmittel 15.
Vergesellschaftung, fortschreitende — als Inhalt der Geschichte 276f., 284f.
— der Produktionsmittel 107, 332ff.
— — — nach sozialistischer Auffassung geschichtsnotwendig 283.
— — — nach syndikalistischer Auffassung 242.
Verkehrsanstalten als Monopolisten 358.
— als Objekte der Verstaatlichung 213.
Verkehrsfreiheit 200f.
Verkehrswirtschaft, arbeitsteilige und Liberalismus 24.
— — und Wirtschaftsrechnung 93.
Vermögen, Konzentration der 343ff.
Vermögensabgabe 459.
Vermögensverteilung, Gleichheit der 25f.
— und Klasse 300f.
—, Vorschläge zur Reform der 238f.
Verstaatlichungs(Verstadtlichungs)bewegung 8, 213f., 220f.
— und Verstadtlichung von Unternehmungen 97, 451ff.
— und Vergesellschaftung der Produktionsmittel 211f.
Verteilungsprinzip im Kapitalismus 126, 128f.
— in der Gemeinwirtschaft 125ff., 129ff., 135f., 315.
— im Militärsozialismus 216, 220.
— im etatistischen Sozialismus 212.
Verteilungsgedanke 26.
Verteilungskosten in der kapitalistischen und in der sozialistischen Gesellschaftsordnung 136.
Vielweiberei und Gewaltprinzip 71.
Vogelstein, Kritik des Gewinnbeteiligungsprinzipes 241.
—, Begriff des Monopols 356.
Vogt über Verhältnis von Denken und Sein 325.
Völkerrecht, Idee des 21f.

Völkertod 279f.
Volksvermögen und Volkseinkommen in Geld nicht schätzbar 95.
Vollsozialisierung 214.
Volonté générale 53.
— (Gesamtwille) und Regelung der Bedarfsgestaltung 177.
Vorziehen als Wesen des Handelns 91f.

W.

Waffenindustrie als Staatsbetrieb 452f.
Wanderproblem im Liberalismus 204.
— im sozialistischen Gemeinwesen 203ff.
Wanderungen 263f.
— und Nationalitätenproblem 201f.
Webb (Sidney u. Beatrice) über Entwicklung des Sozialismus 1.
— über Wirtschaftsdemokratie X, 411ff.
Weber, Max über Jainismus 373f.
Wechselwirkung, Gesellschaft nicht bloße 267.
Weltkrieg, Ansätze zum Militärsozialismus im 222.
Weltsozialismus 197f.
Wert, nationalökonomischer 371f.
Wertabsolutismus und -relativismus 88f.
Werte, ethische und wirtschaftliche 365.
Werteinheit nur für Tauschwert ermittelbar 93.
Wertfreiheit der Sozialwissenschaften 258, 270.
Wertlehre, subjektivistische 92.
—, subjektivistische — und Recht auf vollen Arbeitsertrag 34.
—, marxistische (Arbeitswerttheorie) 111ff. 135.
Wertrechnung (s. a. Wirtschaftsrechnung), Störung der — durch Inflation 460.
Wertsystem und Zweck-Mittel-Relation 88f.
Werturteile als Voraussetzung des Wahlhandelns 92.
Wettbewerb als Grundprinzip des gesellschaftlichen Zusammenwirkens 291f.
— als Arbeitsantrieb 145ff.

Wettbewerb, innerhalb einer Klasse 11f.
Wettbewerb, freier, demokratische Funktion des 412.
— und Monopol 336.
Wiesers Monopoltheorie 358, 360.
Willensgemeinschaft und Arbeitsgemeinschaft 267.
Wirtschaft, freie — als Verbraucherdemokratie 412.
—, verkehrslose — und Naturalrechnung 96f.
Wirtschaften abhängig von Zielsetzungen 104.
— gleich rationales Handeln 90, 103, 274.
— als Spekulation 183.
Wirtschaftlich, Begriff des —en 87, 103f.
Wirtschaftlichkeit und Askese 376.
— und Geldrechnung 105f.
Wirtschaftsbegriff der älteren Nationalökonomie 87f.
Wirtschaftsdemokratie X, 410ff.
Wirtschaftsgeschichte, Rechtfertigung des Gemeineigentums durch die 28f.
Wirtschaftsleitung und Gildensozialismus 231.
Wirtschaftsrechnung und Arbeitswerttheorie 111f., 135.
— im Betrieb, Prinzipien der 110f.
— in der Gemeinwirtschaft 97ff., 100 bis 116, 134, 188f.

Wirtschaftsrechnung, des isolierten Wirtes 93.
— des Produzenten 99.
— und rationales Handeln 98.
— der Staats- und Kommunalbetriebe 116, 214.
— in der stationären Wirtschaft 101.
— des Verbrauchers 99.
— in der Verkehrswirtschaft 93, 99.
—, Zweck der 96f.
Wissel u. Möllendorf (Denkschrift über Planwirtschaft) 229.
Wissenschaft, Klassenbedingtheit der 5.
—, im sozialistischen Gemeinwesen 165ff.
Wissenschaftlicher Sozialismus s. Sozialismus.
Wissenschaftstheorie und Politik 328.
Wollen und Mitwollen als konstitutives Element der Gesellschaft 267.

Z.

Zeitlohn 155.
Zinsverbot, kanonisches 386.
Zirkulationskredit, Ausdehnung des 461.
Zurechnung, ökonomische 15, 34, 302f.
— im sozialistischen Gemeinwesen 129, 135.
— und Klassentheorie 311, 315.
Zweck und Mittel in der Gesellschaft 267ff., 400ff.
Zweckmittelrelation 88f.